清朝回疆伯克制度研究

（下冊）

陳殷宜著

文史哲學集成
文史哲出版社印行

國家圖書館出版品預行編目資料

清朝回疆伯克制度研究 / 陳殷宜著. -- 初版. --
臺北市：文史哲, 民 108.08
　　頁；　　公分（文史哲學集成；719-720）
ISBN 978-986-314-465-6（上冊，平裝）
ISBN 978-986-314-478-6（下冊，平裝）

1.中國政治制度 2.清代

573.17　　　　　　　　　　　108007894

文史哲學集成　720

清朝回疆伯克制度研究（下冊）

著　　者：陳　　　　殷　　　　宜
出　版　者：文　史　哲　出　版　社
http://www.lapen.com.tw
e-mail：lapen@ms74.hinet.net
登記證字號：行政院新聞局版臺業字五三三七號
發　行　人：彭　　　　正　　　　雄
發　行　所：文　史　哲　出　版　社
印　刷　者：文　史　哲　出　版　社
臺北市羅斯福路一段七十二巷四號
郵政劃撥帳號：一六一八○一七五
電話886-2-23511028・傳真886-2-23965656

定價新臺幣六八○元

二○一九年（民一○八）八月初版

清朝回疆伯克制度研究

目　次

下篇　伯克制人事與職權管理

表目次

下　篇

伯克制人事與職務管理

第七章　回疆伯克職掌

第一節　伯克職掌的分類

　　回疆各城依其管理所需及人口數，設置伯克數量、品級及伯克職缺，伯克多依職缺各行執掌。本章伯克職掌，以道光年版《欽定回疆則例》卷二「回疆各城伯克等職掌」為主，並依卷一所列各城額設伯克作成表 7-1 道光年版《欽定回疆則例》回疆各城伯克職掌簡表。為了較為詳細說明各伯克之職掌，參考乾隆朝奉敕所撰之《欽定西域同文志》、《欽定皇輿西域圖志》、《新疆回部志》各書，及嘉慶年版《欽定回疆則例》，及劉義棠《「欽定西域同文志」校註》等，以期呈現伯克初設時期至道光年間變化的樣貌，整理而成表 7-2 回疆伯克職掌表。[1]以上二表伯克序列 1-33 項皆以表 5-4 回疆各城設

---

[1]　嘉慶年版卷一各城伯克大多設置於乾隆二十四年（1759）至乾隆二十五年（1760），烏什則是乾隆三十年（1765）後至嘉慶年間；《欽定西域同文志》於乾隆二十八年（1763）奉敕撰，乾隆四十六年（1781）十二月完成；《欽定皇輿西域圖志》於乾隆二十一年（1756）二月至乾隆四十七年（1782）五月刊刻。（清）托津等人編纂，《欽定回疆則例》，卷1，頁 1-23，收入天龍長城文化藝術公司編，《新疆史志》，第二部，冊 11，頁 53-98；（清）紀昀、陸錫熊、孫士毅 等纂，《西域同文志》一，提要，頁 1-3，收入王雲五主持，《四庫全書珍本》三集；（清）傅恒等奉敕撰，《欽定皇輿西域圖志》，冊 1，諭旨，頁 1-3。

置伯克名稱及數量表為準，但為詳明各項內容，表 7-2 回疆伯克職掌表改為橫式，伯克職稱增加至四十三項。

　　核對嘉慶年版《欽定回疆則例》卷一「**各城伯克等分任管理事務**」所列，與道光年版《欽定回疆則例》卷二回疆各城伯克等職掌，列載的伯克職稱及數量是相同，應是道光版照抄嘉慶年版內容，只是部分伯克職稱之漢譯名稱為求劃一，文字稍作修改而已。伯克職稱修改的有：鄂爾沁伯克改為鄂勒沁伯克，巴匝爾伯克改巴咱爾伯克；哈子伯克改為哈資伯克，因此與哈子伯克相關之斯帕哈子伯克，被修改為斯帕哈資伯克，喇雅哈子伯克改喇改為拉，再加哈子的改變，成為拉雅哈資伯克；[2]巴克瑪塔爾伯克改為巴克瑪塔勒伯克，默提色布伯克修改為摩提色布伯克。[3]

　　儘管如此，《欽定回疆則例》道光年版部分伯克名稱，卷一各城所列名稱，卻與卷二職掌所列的伯克名稱在音譯漢字使用未見統一，有時卷一以修改之名稱，但卷二部分仍依嘉慶年版內所用舊稱，如道光年版《欽定回疆則例》卷一，葉爾羌城雜布提瑪克塔普伯克，但卷二職掌卻仍作雜布第默克塔布伯克，實依嘉慶年版《欽定回疆則例》卷一，各城及職掌皆作雜布第默克塔布伯克而來，是為伯克舊稱；拉雅哈資伯克，道光年版《欽定回疆則例》卷一葉爾羌作此稱，但卷二作喇雅哈資伯克，即依嘉慶年版內所用舊稱，只是將哈子改為哈資，但喇未改為拉，等於只改一半，可能是習慣用字，或是校對疏忽所致。

　　此外，嘉慶年版《欽定回疆則例》卷一各城所列伯克名稱，與職掌所列伯克名稱不同，道光年版《欽定回疆則例》也依此沿用，

---

[2]（清）托津等人編纂，《欽定回疆則例》，卷 1，頁 5，收入天龍長城文化藝術公司編，《新疆史志》，第二部，冊 11，頁 61；（清）賽尚阿等修，《欽定回疆則例》，卷 1，頁 1。

[3]《理藩院修改回疆則例》，卷 2，頁 6-9，收入姜亞沙、經莉、陳湛綺主編，《理藩院公牘則例三種》（二），頁 117-124。

如和闐城採金伯克，在卷二職掌部分稱為阿爾屯伯克；阿克蘇等採銅伯克，在職掌部分稱為密斯伯克，是直接使用維吾爾語音譯。道光年版《欽定回疆則例》列於各城伯克之名，與嘉慶年版《欽定回疆則例》的各城伯克名稱及職掌伯克名稱皆同，但道光年版職掌內名稱不同，如默提色布伯克、巴克瑪塔爾伯克，在道光年版《欽定回疆則例》卷二職掌稱為摩提色布伯克、巴克瑪塔勒伯克，可能是校對了疏失，未能齊一。由以上的變更或疏失，反而可以看到嘉慶年版改為道光年版的痕跡，請見表 7-2 回疆伯克職掌表。

表 7-2 回疆伯克職掌表內，所列伯克為四十三項，其中有道光年版《欽定回疆則例》卷二伯克職掌，與卷一各城伯克額設缺相符者有二十六項，即表 7-2 回疆伯克職掌表第 1-33 項中標記＊者；未標記者，為各城列缺之伯克職稱，但道光年版《欽定回疆則例》卷二之伯克職掌部分，卻未列該伯克職稱。表 7-2 回疆伯克職掌表第 34-43 項標＃者，為道光年版《欽定回疆則例》卷二之伯克職掌所列，但卷一回疆各城未列伯克缺。其中第 36 項哈什伯克（五品）及第 39 項多博伯克（七品）在《欽定西域同文志》為和闐官屬，哈什伯克曾在嘉慶年版的《欽定回疆則例》和闐本城列出。[4]第 40-41 項的鄂克他克奇伯克、克圖瓦爾伯克於《欽定皇輿西域圖志》曾列出，是為回部舊官制。[5]第 42 項群奇由布伯克則是曾在《欽定西域同文志》出現，參考《「欽定西域同文志」校註》將其列出。[6]第 43 項都貝伯克，在嘉慶年版《欽定回疆則例》列於和闐所屬哈喇哈什城之七品伯克，[7]但嘉慶年版及道光年版之《欽定回疆則例》各伯克

[4]（清）紀昀、陸錫熊、孫士毅等纂，《西域同文志》七，卷 13，頁 24、28，收入王雲五主持，《四庫全書珍本》三集；（清）托津等人編纂，《欽定回疆則例》，卷 1，頁 8，收入天龍長城文化藝術公司編，《新疆史志》，第二部，冊 11，頁 67。

[5]（清）傅恒等奉敕撰，《欽定皇輿西域圖志》，冊 4，卷 30，頁 28。

[6]劉義棠校註，《「欽定西域同文志」校註》，頁 132。

[7]（清）托津等人編纂，《欽定回疆則例》，卷 1，頁 8，收入天龍長城文化藝術公司

分任管理事務與伯克職掌部分，皆未列載該伯克。若僅以嘉慶年版及道光年版之《欽定回疆則例》在各城設置的伯克及職掌，曾列載共有三十九種伯克職稱，即 1-38、43 項。

　　《欽定回疆則例》所載各城伯克職稱與伯克職掌，存在著未能相互搭配的情況。《欽定回疆則例》嘉慶年版及道光年版各城所列伯克內，未有該職稱，但伯克職掌部分卻列出的有 34、35、37、38 項的都爾噶伯克、巴雜爾伯克、伊爾哈齊伯克、喀嚕爾伯克。反之，各城列出職稱，卷二職掌卻未提及該伯克之職掌的有七種：都管伯克、密爾巴雜爾、塔噶喇木伯克、色依特爾伯克、道蘭伯克、管修理穆蘇爾嶺回子伯克及管驛伯克。

　　伯克的職缺，有時在不同書名內名稱各異，額設與職掌也互有交錯，不完全可以釐清與分辨，例如都貝、都管、都觀、都爾噶伯克等。都貝伯克，雖在嘉慶年版《欽定回疆則例》，列於和闐所屬哈喇哈什城之七品伯克，和闐本城設有七品都管伯克一位。但參酌道光年版《欽定回疆則例》相對應是都管伯克，在《新疆回部志》亦列哈拉哈什七品都觀伯克，這樣對比之下，似乎都觀、都管與都貝三者皆為相同，只是漢文音譯不同。然而《新疆回部志》在各城伯克皆未列都貝伯克，但在伯克的職掌，卻分列都貝伯克（《新疆回部志》寫為「具」都伯克）、都觀伯克兩種伯克名稱，工作職掌各異。都貝伯克「**算計攢湊分散數目，料估一切錢文**」，工作應是計算各項所需提出預算，都觀伯克「**原管書札，今管供應外夷使、客，口糧、衣用、馬匹，兼理接濟需用事務**」，原為管理公文等文書工作，後來轉為在驛站專管外國來使及賓客各項所需，與都管伯克工作相同，這又說明了都貝伯克是不同於都觀、都管伯克。[8]

　　都管（dukan）伯克的任命曾於烏什事件後被檢討。都管伯克

編，《新疆史志》，第二部，冊 11，頁 68。

[8] 永貴、舒赫德，《新疆回部志》，官制第 29，收入張羽新、趙曙青主編，《清朝治理新疆方略匯編》，冊 21，頁 450-451。

是各處遞送兵馬糧餉文移記檔，一切官物及分攢事務。由於與掌控公文、錢糧有關，郡王玉素布（富）之弟阿卜都拉任烏什阿奇木伯克時，多以自家子弟、親戚較為親信者出任都管伯克，這因應與當時烏什阿奇木伯克又分理吐魯番之哈喇和卓、闢展、魯克察克、托克三、連木齊，事務龐雜有關。[9]但阿卜都拉對伯克任命的方式，也造成阿奇木伯克的擴權與攬權，損及其他小伯克出任的權益，影響甚大，因此伊犁將軍明瑞於烏什事件善後事宜的奏呈內容及軍機大軍覆議，決定嗣後都管伯克要由伊什罕伯克、噶匝納齊、商伯克，共同公開保舉，阿奇木伯克家族及姻親皆需迴避。[10]這也意味六、七品的小伯克雖由駐箚大臣決定，卻也是先由該城三至五品伯克所公推。然而再核對《欽定皇輿西域圖志》的記錄，烏什事件後，原列三十八位伯克中，因人口銳減，僅存四位伯克職缺，其中哈喇都管伯克及都管伯克七位額設之缺，皆被撤除。

　　其次，都管伯克又與都爾噶伯克似乎也有關聯。在《欽定西域同文志》列為烏什官屬的都爾噶（dorGa, durGa）伯克，在烏什事件前設為七品，是伯克品級最低，也有七位，其職責是阿奇木伯克首領官，劉義棠在《「欽定西域同文志」校註》，也說明都爾噶伯克是突回語，或是波斯外來語，其義為公差、聽差、衙役。[11]若以此而言，《欽定皇輿西域圖志》曾載烏什設有照料入覲伯克之侍衛一員，似與此有關。[12]由於乾隆三十年（1765）之前，烏什在設有管理驛站之哈喇都管伯克一位及都管伯克有六名，猜測都爾噶伯克可能在伯克年班入覲路程中，進入烏什所轄範圍，在各驛站間負責配

---

[9]劉義棠校註，《「欽定西域同文志」校註》，頁126；劉義棠，〈伯克制度的研究〉，收入《維吾爾研究》，頁284；（清）傅恒等 奉敕撰，《欽定皇輿西域圖志》，冊4，卷30，頁8-9。

[10]《大清高宗純（乾隆）皇帝實錄》，卷746，頁12-15，乾隆二十年十月甲寅，軍機大臣等議覆伊犁將軍明瑞等奏回部善後事宜。

[11]（清）紀昀、陸錫熊、孫士毅等纂，《西域同文志》，六，卷12，頁34-35，收入王雲五主持，《四庫全書珍本》三集；劉義棠校註，《「欽定西域同文志」校註》，頁126。

[12]（清）傅恒等奉敕撰，《欽定皇輿西域圖志》，冊4，卷30，官制2，頁7。

合引領前行及照料所有伯克們的各項事務者，或者就如《新疆回部志》列載都（觀）管伯克之職，是在驛站照料與提供外國使者及賓客吃食、衣服等日常用品、騎乘馬匹之事相關，但在烏什事件後，都管伯克等撤除，也未見都爾噶伯克之職稱。[13]若將《欽定皇輿西域圖志》與《欽定西域同文志》所列比較，《欽定西域同文志》列都爾噶伯克七位，與《欽定皇輿西域圖志》列哈喇都管伯克及及都管伯克，也正好是七位，皆為七品，且《欽定西域同文志》列都爾噶伯克，不列哈喇都管伯克及都管伯克，反之，《欽定皇輿西域圖志》亦然。

　　巴雜爾伯克在《欽定西域同文志》是烏什及葉爾羌曾設置之七品伯克。[14]《欽定回疆則例》各城未設，而是設密爾巴雜爾。然而密爾巴雜爾伯克，密爾（mir bazar）可能是粟特語星期日，亦是阿拉伯語音譯（emir,imir,mir），其義如同「伯克」，巴雜爾是維吾爾語市集之意，若以此解釋，密爾巴雜爾之意即是巴雜爾伯克，所轄職掌是管理市集貿易細事，即市集行政官吏，密爾巴雜爾伯克在嘉慶年版是葉爾羌色呼庫勒所設置之伯克設置，即是以民族語言直接稱呼此職位，道光年版亦是，只是兩個版本在管理事務與職掌，又回到漢文記載方式，以巴雜爾伯克稱之。[15]

　　色依特爾伯克是葉爾羌獨有的伯克，職責為修理街道、巡察林果木諸務。[16]塔噶喇木伯克在《欽定回疆則例》卷二伯克管理事務職掌，未見解釋，塔噶喇木在《乾隆朝內府抄本理藩院則例》是葉爾羌所屬十六村之一；[17]在嘉慶朝所修《欽定回疆則例》則歸於葉

---

[13]劉義棠校註，《「欽定西域同文志」校註》，頁 127-128。

[14]（清）紀昀、陸錫熊、孫士毅等纂，《西域同文志》，六，卷 12，頁 35；《西域同文志》，七，卷 13，頁 21，收入王雲五主持，《四庫全書珍本》三集。

[15]劉義棠校註，《「欽定西域同文志」校註》，頁 131。

[16]林恩顯，《清朝在新疆的漢回隔離政策》，頁 75；此與都爾里伯克職掌相同，都爾里伯克解釋見劉義棠校註，《「欽定西域同文志」校註》，頁 133。

[17]見中國哲學書電子化計劃維基之 9.《乾隆朝內府抄本理藩院則例》，第 55 條，柔遠清吏司之徠遠司葉爾羌城領段，http://ctext.org/wiki.pl?if=gb&chapter=236630。

爾羌所屬色呼庫勒地方之七品伯克之一，《清史稿》卷一百十七載職稱七品伯克，職掌是管理臺站，塔噶喇木是其中之一。[18]道蘭伯克、管修理穆蘇爾嶺回子伯克可能專屬管理阿克蘇柯爾坪轄內居住之人，目前尚無其他資料可確知。至於阿克蘇的管驛伯克，應與管理驛館供給的什琥勒伯克相同。

　　回疆伯克的職掌，若依所轄事務分類，大致可分為十類：[19]
1.行政：阿奇木伯克、伊什罕伯克、道蘭伯克、管修理穆蘇爾嶺回子伯克；（4）
2.地畝糧賦：噶雜那齊伯克、商伯克、明伯克、鄂爾沁伯克、玉資伯克及卷二所列多博伯克；（6）
3.租稅：阿爾巴布伯克、巴濟格爾伯克；（2）
4.商貿：克呼克雅拉克伯克（或稱克勒克雅喇克伯克）、密爾巴雜爾伯克、色特爾伯克及卷二所列巴雜爾伯克；（4）
5.水利灌溉：密喇布伯克；（1）
6.工礦匠役：訥克布伯克、採金伯克（或稱阿爾屯伯克）、採銅伯克（或稱密斯伯克）、哈什伯克（採玉伯克），卷二伊爾哈齊伯克，克圖瓦爾伯克；（6）
7.教育：布伯克（又稱摩提色布伯克、茂特色布伯克）、雜布提瑪克塔普伯克、群奇由布伯克；（3）
8.軍臺交通：喀喇都管伯克、都管伯克、塔噶喇木伯克、哲博伯克、什琥勒伯克（又稱什和勒伯克）、管驛伯克、色依特爾伯克，及卷二喀嚕爾伯克、都爾噶伯克、都貝伯克；（10）
9.園藝、宴會：巴克瑪塔爾伯克、鄂克他克奇伯克；（2）
10.捕盜詞訟：密圖瓦里伯克（又稱木特幹里伯克或稱木特窪里伯

---

[18]（清）托津等人編纂，《欽定回疆則例》，卷1，頁7，收入天龍長城文化藝術公司編，《新疆史志》，第二部，冊11，頁65；趙爾巽等撰，《清史稿》，冊12，卷117，頁3405。
[19]劉義棠，〈伯克制度的研究〉，收入《維吾爾研究》，頁308-310。

克）、帕沙提布伯克、拉雅哈資伯克（又稱喇雅哈資伯克，哈資亦記作哈子）、斯帕哈資伯克、哈資伯克。（5）

表 7-1 道光年版《欽定回疆則例》回疆各城伯克職掌簡表

序號	1*	2**	3*	4*	5*	6*	7*	8*	9*	10*	11**	12*	13**	14*	15*	16	17**	18**	19*	20	21	22*
職類	行	行	地	地	水	訟	商	訟	訟	訟	訟	地	租	地	軍	軍	軍	軍	工	商	軍	教
伯克	阿奇木	伊什罕	噶雜那齊	商	密喇布	密圖瓦里（木特幹里）	克呀克雅拉克	帕提沙布	拉（喇）雅哈資	斯帕哈資	哈資	明	阿爾巴布	鄂爾沁	喀喇都管	都管	什琥勒	哲博	訥克布	密爾巴雜爾	塔噶喇木	默（摩）提色布
職掌	總轄城村大小事務，職繁權重	協同阿奇木伯克辦理事務	管理庫藏錢糧，地畝糧賦賦	管理糧務，徵輸糧賦	管理水利疏濬灌溉	管理買賣田園房屋稅契，治其爭訟	徵收商稅，外藩商賈貿易徵收其稅	緝奸捕盜兼管獄務	分理小回子詞訟	分理回子頭目詞訟	總理刑名	管回子一千名，徵輸千戶糧賦	管理派差催科，猶里正鄉長	管回子數十名，徵輸數十人糧賦	管理臺站修整軍器	管理兵馬冊籍遞送公文管理館驛[20]	管理驛館供給	協同喀喇都管伯克辦事，修造甲械	管理營造稽查匠役	管理市集貿易細務	管臺站[21]	管理回教經典整飭教務不預民事

---

[20]林恩顯，《清朝在新疆的漢回隔離政策》，頁 74。
[21]趙爾巽等撰，《清史稿》，冊 12，卷 117，頁 3405。

序號	23*	24*	25	26*	27*	28*	29	30	31	32*	33*	34*	35*	36*	37*	38*	39	40	41	42	43@
職類	園	教	軍	租	工	工	行	行	軍	地	商	行	商	工	工	軍	地	園	工	教	軍
伯克	巴克瑪塔爾（勒）	雜布提瑪克塔普	色依特爾	巴濟格爾	採金（阿爾屯）	採銅（密斯）	道蘭	管修理穆蘇爾嶺回子	管驛	玉資	色特爾	都爾噶伯克	巴咱爾伯克	哈什伯克	伊爾哈齊伯克	喀嚕爾伯克	多博伯克[22]	鄂克他克奇伯克	克圖瓦爾伯克	群奇由布伯克	都貝伯克
職掌	管理瓜果園圃	專管教習念經館務，稽查學舍諸務	修理街道、巡察林果木諸務[23]	稽查稅務	承辦淘金事務	承辦挖銅				管回子一百名，徵輸百戶糧賦	整齊市廛管理行販	阿奇木伯克之首領官	市集細務	承辦採玉事務	管理修治城濠開山墊路	管理卡倫、軍臺事務	徵輸二千戶糧賦	掌宴會牲果品之屬	辦理工程事務	職司教習回童經典	算計攢湊分散數目料估一切錢文

資料來源：1.以道光 22 年 4 月 30 日版本為主，（清）賽尚阿等修，《欽定回疆則例》，卷 2，頁 1-2。

[22]林恩顯，《清朝在新疆的漢回隔離政策》，頁 75。
[23]（清）傅恒等奉敕撰，《欽定皇輿西域圖志》，冊 4，卷 30，官制 2，頁 25-28。

2.林恩顯，《清朝在新疆的漢回隔離政策》，頁 74-75。
3.（清）傅恒等奉敕撰，《欽定皇輿西域圖志》，冊 4，
　　卷 30，官制 2，頁 25-28。
4.劉義棠校註，《「欽定西域同文志」校註》，頁 121-133。
5.永貴、舒赫德，《新疆回部志》，官制第 29、制祿第 30、
　　養贍，收入張羽新、趙曙青主編，《清朝治理新疆方略匯編》，
　　冊 21，頁 447-457。

　　若就伯克職掌分類而言，除了一般的市政運作各項工作外，因回疆位處清朝版圖最西部，各城與周邊各國或部落接壤，尚需增加邊防、外交出入境管理及國際貿易等事務管理，實與一個國家運作相差無幾。各項分類以軍臺及交通類為最多，重在邊防軍臺、卡倫的管理，兵械的修造，以及驛站管理提供國內外人員往來的食、衣、住宿、騎乘車馬、公文驛遞、預算等各項事務，以應邊防與服務。地畝糧賦、租稅、商貿三項合計占十二種伯克，除了噶雜那齊伯克、商伯克品級較高，其餘多為六至七品的小伯克，而明伯克與其他伯克職缺相比，也是最多，成為管理回人及納糧的基礎單位，也顯見回疆多以農業為主，而西部各城更呈現了經貿往來的社會樣貌。伯克負責催繳糧賦及管理各城的農墾屯田生產、國內外的經貿、店舖租賦，是為回疆主要經濟營收的來源。而農業生產所需的灌溉，溝渠引道的水利事務，則為各城皆需要，因此除了未明確設置各伯克職位的吐魯番外，各城都設有密喇布伯克。建築、道路的修造，各種工匠的管理，依各城物產特色，所設的採礦，以及解決回人或伯克間的爭擾、訴訟等事務的這兩類，也各占伯克種類的六至五種。

表 7-2 回疆伯克職掌表

序號	職類	伯克名稱	《欽定西域同文志》			《新疆回部志》職掌	《欽定回疆則例》職掌
			語源	意義	職掌		
1*	行	阿奇木	回	聽政公平	總理城村諸務	總辦該處一切事務	總轄城村大小事務
2*	行	伊什罕；《西》伊沙噶	回	司門	協理城村諸務	協辦該處一切事務	協同阿奇木伯克辦理事務
3*	地	噶雜那齊《西》噶匝納齊	回	噶匝納：庫；齊：典守	職司糧賦	專理一切庫藏銀糧	管理庫藏錢糧
4*	地	商伯克	準	商：布；回人舊輸布於準部，因以名官	徵輸糧賦者	專司該處城村交納錢糧事務	管理糧務
5*	水	密喇布、《新》密拉卜	帕	密：職；喇布：水	職司水利	向理該處田務水利導引溝渠澆灌田訟	管理水利疏濬灌溉
6*	訟	密圖瓦里；《西》木特窪里	帕	木特：經紀次窪里地畝	職司地畝質劑諸務	管理買賣房屋地土諸事	管理買賣田園房屋稅契
7*	商	克呼克雅拉克；《西》克勒克雅喇克	回、蒙	一切事宜	職外藩稅務		徵收商稅
8*	訟	帕提沙布；《西》帕察沙布；《新》帕奮沙卜	帕	帕察：頭目；沙布：夜	職司夜巡及提牢諸務	巡查城市捕繫凶盜照管監牢	緝奸盜兼管獄務
9*	訟	拉（喇）[24]雅哈資；《嘉》喇雅哈子	《校》阿	《校》拉雅：遵守；哈資：審問，遵守法律之法官	《校》辦理細民詞訟		分理小回子詞訟
10*	訟	斯帕哈資；《嘉》斯帕哈	《校》阿	《校》斯帕：官員；官吏的	《校》在辦理頭目詞訟		分理回子頭目詞訟

[24]道光年版《欽定回疆則例》，卷1，頁1，葉爾羌城拉雅哈資伯克，但卷2，頁2，作喇雅哈資伯克，二者名稱音譯漢字有差別，卷2實是依嘉慶年版《欽定回疆則例》，卷1，頁5，葉爾羌城及頁22原有舊名稱而來。

序號	職類	伯克名稱	《欽定西域同文志》			《新疆回部志》職掌	《欽定回疆則例》職掌
			語源	意義	職掌		
		子		法官			
11*	訟	哈資；《西》《嘉》哈子；《新》哈滋	阿	審問	職理詞訟	專理一切刑名	總理刑名
12*	地	明	回	千數	徵輸千戶糧賦	千夫長專理該屬應納錢糧	管回子一千名
13*	租	阿爾巴布；《新》阿爾巴卜	帕	阿爾：收掌；巴布：門關之屬	職司派遞鄉城差務	催徵違限錢糧，幫辦攢湊雜費	管理派差催科
14*	地	鄂勒沁；《西》《嘉》鄂爾沁	準	圍合	徵輸數十人糧賦，在明伯克及玉資伯克之下		管回子數十名
15*	軍	喀喇都管	回	喀喇：瞭望；都管：公廨	職安臺站修軍械	管理圍場臺卡整飭營陣修造兵器	管理臺站軍器
16	軍	都管；《西》都官；《新》都觀	回	公署	職司驛館廩給諸務	原管書扎，今管供應外夷使客口糧衣用馬匹，兼理接濟需用事務	X
17*	軍	什琥勒；《西》什和勒；《新》石笏爾	回	什：右；和勒：臂	職司驛館薪芻細務	都觀伯克之副，供芻糧路費	管理驛館供給
18*	軍	哲博；《新》哲坡	帕	鎖子甲	職修甲械	副喀拉都觀伯克辦理事務（葉爾羌六品）	協同喀喇都管伯克辦事
19*	工	訥克布；《新》訥克卜	回	督催	承催一切公務	專管修造董正工匠	管理營造稽查工匠役
20	商	密爾巴雜爾	《校》栗特、	《校》密爾：星期天，若為	《校》市集行政官吏		

序號	職類	伯克名稱	《欽定西域同文志》			《新疆回部志》職掌	《欽定回疆則例》職掌
			語源	意義	職掌		
			阿	阿拉伯語為伯克			
21	軍	塔噶喇木			《清》管臺站		
22*	教	默(摩)提色布[25]；《嘉》默提色布伯克；《西》茂特色布[26]；《新》莫啻色卜	帕	利益	教習回人經典禮拜，以祈福佑	調停規矩，教化風俗，宣譯經文	管理回教經典整飭教務，不預民事
23*	園	巴克瑪塔爾（勒）[27]《嘉》巴克瑪塔爾	回、帕	巴克(回)：有果木處；瑪塔爾(帕)：專司	職司果園	管瓜果園	管理瓜果園圃
24*	教	雜布提瑪克塔普（雜布第默克塔布伯克）[28]；《西》匝布梯墨克塔布；《新》雜布啻瑪克墖卜	帕	匝布梯：稽察；墨克塔布：學舍	職司稽察學舍諸務	總管教習經文	專管教習念經館務
25	軍	色依特爾[29]；《西》賽特里	帕	賽特：百數、里道路。《校》阿拉伯文 siter	職修道路以百里計云。職司修理道		

---

[25]默提色布伯克，道光年版《欽定回疆則例》，卷1，頁3，作此稱，但卷2，頁2作摩提色布伯克，嘉慶年版《欽定回疆則例》，卷1，頁5及頁23，皆作默提色布伯克。

[26]默（莫）提色布伯克，即為茂特色布，在阿拉伯語義為檢查者，其任務是檢查天秤是否合於規定，教徒是否遵守經規，見劉義棠校註，《「欽定西域同文志」校註》，頁126。

[27]巴克瑪塔爾伯克，道光年版《欽定回疆則例》，卷1，頁3，作此稱，但卷2，頁2作巴克瑪塔勒伯克，嘉慶年版《欽定回疆則例》，頁6及頁23，皆作巴克瑪塔爾伯克。

[28]雜布提瑪克塔普伯克，道光年版《欽定回疆則例》，卷1，頁3，作此稱，但卷2，頁2作雜布第默克塔布伯克，是依嘉慶年版《欽定回疆則例》，頁6及頁23，皆作雜布第默克塔布伯克而來。

[29]劉義棠校註，《「欽定西域同文志」校註》，頁129。

序號	職類	伯克名稱	《欽定西域同文志》			《新疆回部志》職掌	《欽定回疆則例》職掌
			語源	意義	職掌		
				是色依特爾對音。	路，巡察果林諸務。		
26*	租	巴濟格爾；《西》巴濟吉爾；《新》巴吉格爾	回	巴濟：什一；吉爾：徵收；《校》ger與職業或行業有關，義為稅務員等[30]。	職理稅務	專管抽收牲畜稅課	稽查稅務
27*	工	採金(阿爾屯)[31]	《校》突回、蒙	《校》黃金	《校》承辦採金事務	管淘金	承辦淘金事務
28*	工	採銅(密斯)[32]	《校》突回	《校》銅、紫銅	《校》管理採銅事務	管淘鍊銅觔	承辦挖銅事務
29		道蘭					
30		管修理穆蘇爾嶺回子					
31	軍	管驛					
32*	地	玉資；《新》玉子、羽滋	回	百數	徵輸百戶糧賦	次明伯克為百夫長	管回子一百名
33*	商	色特爾；《新》色依德爾				整理市廛，調停商販	整理市廛管理行販
以上《欽定回疆則例》配合各城伯克額設序列，* 為道光年版卷1各城列載之伯克，但卷2伯克職掌未列出。							
以下《欽定回疆則例》# 道光年版卷2伯克職掌列出，但卷1各城卻未列之伯克職缺。							

---

[30]劉義棠校註，《「欽定西域同文志」校註》，頁127。

[31]採金伯克，在嘉慶年版及道光年版《欽定回疆則例》，皆作和闐所屬克里雅採金伯克，但卷2，頁2，職掌作阿爾屯伯克，兩種不同名稱應是保留早期稱呼，如《新疆回部志》以和闐克里雅阿爾屯伯克稱之。永貴、舒赫德，《新疆回部志》官制第29、制祿第30、養贍，收入張羽新、趙曙青主編，《清朝治理新疆方略匯編》，冊21，頁447-457；嘉慶年版《欽定回疆則例》，卷1，頁8及頁23，道光年版《欽定回疆則例》，卷1，頁10。

[32]採銅伯克，亦與採金伯克情況相同，道光年版《欽定回疆則例》，卷1，頁12，作阿克蘇等地所屬採銅伯克，但卷2，頁2職掌作密斯伯克，兩種不同名稱應是仿傚嘉慶年版《欽定回疆則例》，卷1，頁12及頁23-24而來。

序號	職類	伯克名稱	《欽定西域同文志》			《新疆回部志》職掌	《欽定回疆則例》職掌
			語源	意義	職掌		
34#	行	都爾噶	回	都爾：隸屬；噶：首領	烏什官屬七品，為阿奇木首領[33]		阿奇木伯克之首領官
35#	商	巴咱爾；《西》《嘉》巴匝爾	回	市集	烏什、葉爾羌官屬，職司巡察市集細務		管理市集細務
36#	工	哈什	《校》突回	《校》玉	和闐官屬；採玉石	管採玉	承辦採玉事務
37#	工	伊爾哈齊；《校》、《新》依爾哈齊	《校》蒙、回	《校》土撥鼠	《校》職司修造城垣街市，開山修路	專管修建城市開山修路	管理修活城濠開山墊路
38#	軍	喀魯爾	《校》突回	《校》能動的	《校》職管軍臺事務	專管坐卡回民	管轄卡倫
39	地	《西》《圖》多博[34]	《西》回；《校》突回	《西》部落；《校》全體、集體、群[35]	和闐官屬；徵二千餘戶糧賦職在明伯克及玉資伯克之上		
40	園	《圖》鄂克他克奇[36]	突回	《校》製造牙帳	《圖》付每歲汗設大宴會三次牲牽果品之屬該伯克掌理；《校》職司宴會牲牽果品之屬		
41	工	《圖》克圖瓦爾[37]	突回	《校》克圖：等待、守候；	保壘守候官，職司辦理工程		

---

[33] （清）紀昀、陸錫熊、孫士毅等纂，《西域同文志》，六，卷12，頁34-35；劉義棠校註，《「欽定西域同文志」校註》，頁127-128；（清）傅恒等 奉敕撰，《欽定皇輿西域圖志》，冊4，卷30，官制2，頁7。

[34] 原為和闐所屬伯克，列於《西域同文志》，卷13，頁28下，劉義棠校註，《「欽定西域同文志」校註》，頁130。

[35] 劉義棠認為《西域同文志》解釋為部落並不貼切，應是全體等之義，劉義棠校註，《「欽定西域同文志」校註》，頁130。

[36] 《西域同文志》、《欽定回疆則例》未列，《欽定皇輿西域圖志》回部舊官制列，見（清）傅恒等奉敕撰，《欽定皇輿西域圖志》，冊4，卷30，官制2，頁28，及冊5，卷39，風俗，頁18；劉義棠校註，《「欽定西域同文志」校註》，頁132。

[37] 《西域同文志》、《欽定回疆則例》未列，《欽定皇輿西域圖志》回部舊官制列，見（清）傅恒等奉敕撰，《欽定皇輿西域圖志》，冊4，卷30，官制2，頁28；

序號	職類	伯克名稱	《欽定西域同文志》			《新疆回部志》職掌	《欽定回疆則例》職掌
			語源	意義	職掌		
				瓦爾：堡壘	事務		
42	教	《校》群奇由布[38]	《校》群奇：因為；由布：兒童，兒童即將成年	《校》群奇：職司教習回童經典			
43@	軍	《嘉》、《新》都貝[39]				算計攢湊分散數目，料估一切錢文（和闐哈喇哈什城）	

註　釋　：1.序號*：1-33 項，*表示道光年版《欽定回疆則例》卷 1 各城列出該伯克名稱，但在卷 2 伯克職掌，卻未列此伯克工作內容；34-38 項，#表示道光年版《欽定回疆則例》，卷 2 列入，但卷 1 卻無該項職缺；39-41 項為《欽定皇輿西域圖志》回部舊官制所列及《欽定西域同文志》所列；@表示 43 項為嘉慶年版和闐哈拉哈什城伯克，但嘉慶年版及道光年版《欽定回疆則例》皆未列入職掌的說明。

2.伯克名稱：以道光年版《欽定回疆則例》，卷 1 各城所列為，《西》即《欽定西域同文志》所稱；《圖》即《欽定皇輿西域圖志》；《校》即《「欽定西域同文志」校註》；《清》即《清史稿》；《新》即《新疆回部志》；《嘉》為嘉慶年

劉義棠校註，《「欽定西域同文志」校註》，頁 131。

[38] 《西域同文志》、《欽定回疆則例》、《欽定皇輿西域圖志》回部舊官制皆未列，劉義棠校註，《「欽定西域同文志」校註》，頁 132。

[39] 都貝伯克在《欽定回疆則例》嘉慶年版列於和闐哈喇哈什城七品伯克缺，但《欽定回疆則例》各伯克分任管理事務部分，即伯克職掌部分，並未列載，參酌道光年版《欽定回疆則例》相對應是都管伯克，在《新疆回部志》亦列哈拉哈什七品都觀伯克，然而《新疆回部志》各城伯克皆未列都貝伯克，但在伯克的職掌，卻分列都貝伯克（原寫為具）、都觀伯克二個伯克職，工作內容各異，因此仍予保留，待有更多資料再議。（清）托津 等人編纂，《欽定回疆則例》，卷 1，頁 9；收入天龍長城文化藝術公司編，《新疆史志》，第二部，冊 11，頁 69；（清）賽尚阿等修，《欽定回疆則例》，卷 1，頁 9；永貴、舒赫德，《新疆回部志》，官制第 29，收入張羽新、趙曙青主編，《清朝治理新疆方略匯編》，冊 21，頁 450-451。

版《欽定回疆則例》。

　　3.語言部分以《欽定西域同文志》為主：回，回語，即今維吾
　　　爾語；準，準噶爾語；阿，阿喇布語，即阿拉伯；帕，帕爾
　　　西語（Parsian），即波斯語，《「欽定西域同文志」校註》，
　　　頁 125；突回：突厥回紇語。

資料來源：1.（清）紀昀、陸錫熊、孫士毅等纂，《西域同文志》，六，
　　　　　　　卷 12、卷 13。

　　　　　2.（清）賽尚阿等修，《欽定回疆則例》，卷 1 及卷 2，頁 1-2。

　　　　　3.林恩顯，《清朝在新疆的漢回隔離政策》，頁 73-75。

　　　　　4.劉義棠校註，《「欽定西域同文志」校註》，頁 121-133。

　　　　　5.（清）托津等人編纂，《欽定回疆則例》，卷 1，頁 1-23，
　　　　　　　收入天龍長城文化藝術公司編，《新疆史志》，第二部，冊
　　　　　　　11，頁 53-98。

　　　　　6.（清）傅恒等奉敕撰，《欽定皇輿西域圖志》，冊 4，卷 30，
　　　　　　　官制 2，頁 25-28。7.趙爾巽等撰，《清史稿》，冊 12，卷
　　　　　　　117，頁 3405。

　　　　　8.永貴、舒赫德，《新疆回部志》，官制第 29、制祿第 30、
　　　　　　　養贍，收入張羽新、趙曙青主編，《清朝治理新疆方略匯編》，
　　　　　　　冊 21，頁 447-457。

第二節　各城伯克職掌設置特色

　　以各城設置伯克與職掌分類合併觀察，也可以發現回疆各城伯
克設置各俱特色。葉爾羌設二十五種伯克，該城在回疆各城中，商
貿、營造工匠、教育、司法、農業、軍事等各項發展及設施最為完
善與多元。葉爾羌設有克呼克雅拉克伯克表示該城與外藩貿易頻
繁，密圖瓦里伯克處理該城田產房屋的買賣及其糾紛、稅務各項稅
務，表現出葉爾羌國際商貿繁盛，國內外商賈匯聚，居住、置產買
賣及繳交稅務等事務量大，甚至紛擾也不少。為了因應國籍、民族
或部落，人口混雜情況，設有捕盜詞訟帕沙提布伯克、拉雅哈資伯
克、斯帕哈資伯克，以維護社會生活安全與秩序，及貿易紛爭的司

法處置。葉爾羌所屬鄂坡爾地方，設喀喇都管伯克、都管伯克、什琥勒伯克，可知當地設有軍臺、驛館，對於軍事防禦、人員往來及文書傳遞具有重要的地位。

　　喀什噶爾除本城及所屬城莊額設的阿奇木伯克外，以密喇布伯克及明伯克最多，尤其是明伯克。喀什噶爾本城及各地方總共十八處，各設六至七品明伯克，至少一名至三名不等，在額設的六十個伯克職缺，明伯克就有二十六位，占伯克總數的百分之四十三，是該城伯克設置的特色。明伯克的職掌是管理一千名回眾，由此可知道喀什噶爾各城及所屬地方，皆有千人以上居住之處，以有效管理六萬六千多的城市人口。密喇布伯克則是管理水利灌溉，在喀什噶爾本城及各地方總共十八處中，有九處設有密喇布伯克，其中有六處更是只設密喇布伯克，而未設總轄城村大小事務為職責的阿奇木伯克，代表其所屬地方是以農業為主，且有一千名人口在此居住從事耕作，因此密喇布伯克所負責的水利灌溉，就成為當地最重要的事，也代表喀什噶爾是一個商業貿易往來頻繁的城市，其所屬各城莊則是農業發展興盛，二者機能各異，卻也在農產物資及貿易商務的提供互補條件，形成一個農商兼具的綠洲城市。

　　同樣的，和闐也是密喇布伯克及明伯克最多。和闐本城及各所屬城村共十八處，只設這二種職稱伯克就有八處，另有三處只設明伯克。而和闐所屬克里雅勒城設有五品採金伯克，表示有金礦的產出，哈什是維吾爾語玉石之意，和闐哈喇哈什及玉瓏哈什皆是產玉之地，乾隆二十四年（1759），平定回疆按當地舊俗各城設立阿奇木伯克等官管理一切事務，在和闐本城設有負責承辦採玉之五品伯克一員，《欽定皇輿西域圖志》卷三十，也記載和闐本城設五品哈什伯克一員，但在道光年刊刻《欽定回疆則例》卷一，和闐已無此

官,而《欽定回疆則例》卷二記伯克職掌,仍保有哈什伯克承辦採玉事務的記載。[40]這與高宗喜愛玉器,和闐設哈什伯克專管,但仁宗不喜珠玉,因而在高宗駕崩後,嘉慶四年(1799),即下令停止起運新疆玉石至京,並停止開採和闐產玉之哈拉哈什、桑谷樹、雅哈琅、圭塔克等四處之玉石;到了道光元年(1821)四月,宣宗因張格爾亂事起,及宮廷玉石貯存尚多為由,下令每歲應進貢玉,暫行停採,且後來新疆又有浩罕入侵等亂事紛起,以致清朝未再恢復常態性的年歲貢玉,因而撤除哈什伯克的設置。[41]這顯示帝王喜好的轉變,也影響著伯克設置與存廢的變化。

　　阿克蘇本城重視農業發展的,在額設的四十六個伯克職缺,其中設有十四位明伯克,七位密喇布伯克,已占全城伯克人數的百分之四十六,加上管理地畝糧賦徵收的噶雜納齊及商伯克,表示該城人口應有一萬四千多人以上,主要從事農業生產。該城位於交通樞紐,設置軍臺防禦、文書遞送及驛館等相關伯克,而營造工匠及採銅亦有其重要性。該城所屬的阿勒坪設置其他各城沒有的伯克名稱,即六品道蘭伯克一員及管修理穆蘇爾嶺回子伯克,道蘭尚未完全知曉其職掌,但二者似乎只是特定管理居住在兩地的回人。

　　烏什也是以農業發展為主,烏什事件後,移入其他各城回人入

---

[40] (清)托津等人編纂,《欽定回疆則例》,卷1,頁8,收入天龍長城文化藝術公司編,《新疆史志》,第二部,冊11,頁67;(清)賽尚阿等修,《欽定回疆則例》,卷2,頁2;(清)傅恒等奉敕撰,《欽定皇輿西域圖志》,冊4,卷30,頁22。

[41]《大清仁宗睿皇帝實錄》,卷38,頁9-10,嘉慶四年正月丁丑,上諭;《大清仁宗睿(嘉慶)皇帝實錄》,卷45,頁14,嘉慶四年五月辛巳,命停止和闐產玉;《上諭檔》,方本,嘉慶十一年冬季檔十一月分,頁89-91,十一月初八日,內閣奉上諭;《上諭檔》,方本,嘉慶七年冬季檔十一月分,十一月十五日,頁137-139,內閣奉上諭;《大清宣宗成皇帝實錄》,卷17,頁26-27,道光元年四月乙巳,奉上諭;《欽定回疆則例》,卷2,頁2。

住，主要也是為了良田的墾種。至嘉慶年已設有四位明伯克及二位密喇布伯克。賽哩木、拜城伯克的設置，也同樣是以農業發展為主。庫車除了農業之外，對於田產房屋買賣、維持地方治安、教育、建築營造，以及文書傳遞等事務及機構設置較為完善與多元。

在回疆有五城產銅較多，阿克蘇、庫車、沙雅爾、庫爾勒、布古爾皆設有採銅伯克，是具有探勘礦脈能力的專業技術者。[42]設置默提色布伯克及雜布提瑪克塔普伯克負責伊斯蘭教經典教育及管理而觀，最完善是葉爾羌，其次是阿克蘇及庫車。伊犁設色特爾伯克，負責管理市集及管理行販，且多達七人，顯示當地商貿發達，官方為商人建築存儲貨物的房舍，再出租給商販，作為買賣貨物之地，也利於官方集中管理及增加地方經濟收益。

葉爾羌所屬城莊設伯克有一特色，各莊等僅設一名伯克專管，如霍什拉木地方、桑珠地方，各只一個阿奇木伯克管理。派斯牽地方、喇布齊地方、鄂通楚魯克地方，各只一個密喇布伯克管理，由於他是職掌水利疏濬灌溉，也可知此三地方以農業生產為主；伊墾蘇拉斯地方，只設一位斯帕哈資伯克負責管理；密沙爾地方由喀喇都管伯克管理；塔哈爾齊地方只有一位默提色布伯克負責；卡拉木地方由雜布提瑪克塔普伯克管理；奎里鐵木地方由巴克瑪塔爾伯克負責；塔哈爾莫克里特地方只一個色依特爾伯克；察特西林地方只一個管一千名回眾的明伯克管理。

然而值得注意的是，各城伯克的職掌，不能單純只看伯克名稱，即僅認為伯克的職掌或是該地因重視該項業務，而設置此伯克職。尤其是道光八年（1828）張格爾事件善後，為符合當地增加人

42《宮中檔咸豐朝奏摺》，文獻編號第 40609031 號，2779 箱，咸豐六年十月十八日，常清、法福禮奏。

口新設回莊，又為了避免增加清朝國庫歲增支付伯克的養廉銀、帕特瑪地、耕地回人（供役者）等行政管理費用，因而管控伯克的編制，於是保留伯克原有職稱和品級，但管理內容已不限於原有職掌。以葉爾羌所屬城莊設伯克僅設一名伯克專管該地為例，即因道光九年（1829）葉爾羌參贊大臣武隆阿發現新增的回莊，與原有的回莊相距一百至二百多里，伯克勢必難以兼顧，因此調動其他原有伯克，移管他莊，而該伯克應得的養廉地畝及耕地回人，均照原設給予，不必增損清廷國庫開銷。這些調整的伯克，包括了將葉爾羌額設五品斯帕哈資伯克二缺內，以一缺移駐伊墾蘇阿拉斯莊；原管回人烏拉馬匹之五品喀喇都管伯克一缺，移管密沙爾莊回戶，不再負責管理臺站及軍器；管理禮拜寺之六品莫提色布伯克一缺，移管塔哈爾齊莊，所遺禮拜寺飭令各阿渾自行經理；管理官園之六品巴克瑪塔爾伯克一缺，移管奎里鐵木莊回戶，管理官園之事，轉交由明巴什（明伯克）接手；經管幼童讀書之六品雜布提瑪克塔普伯克一缺，移管卡木拉莊回戶，由莫洛接管幼童讀書之事；管理街道之六品色依得爾伯克一缺，移管塔塔爾莫克里特莊回戶，所遺管理街道一併交由緝捕盜賊之帕提沙普伯克兼管；坡斯坎木舊回莊，由經管工匠之五品訥可普伯克一缺移往，與原有設置的六品哈子伯克一位分管。[43]這些調整意味伯克原有的工作，已由他人取代或兼管，調動的伯克就任所管是為全莊事務，即為阿奇木伯克之職掌般，但保有原來職稱下，清廷不需增加國庫支出；同時也顯示高宗原有將管理回教經典整飭教務，及負責幼童教育等，宗教事務納入伯克管理的部分，到了道光年間，宣宗也予以鬆綁，恢復由伊斯蘭教內之阿渾及莫洛自行管理。

---

[43]《大清宣宗成（道光）皇帝實錄》，卷153，頁19-21，道光九年三月丙午，又諭。

再者，伊什罕伯克其職責主要雖在協助阿奇木伯克，在喀什噶爾四品伊什罕伯克的職責包括兼任回兵總管，四品噶雜納齊兼任回兵副總管，四品商伯克二名中，亦有一名兼任回兵副總管，是回疆其他各城未見，可見喀什噶爾在邊城防禦上的重要地位。[44]

在《新疆回部志》養贍部分而觀其職掌，葉爾羌五品密拉卜（密喇布）、密圖瓦里、都觀、哈滋（子或資）各一員及拉雅哈滋三名等七位，六品密拉卜二位、哈滋三位、明伯克一位，共六名，這十一位伯克的收入來源是為亡人念經，由喪家餽送禮物；《新疆回部紀略》，喀什噶爾哈滋伯克有五品一位，六品四位，也是為亡人念經作為收入來源，這與伯克原有的職掌不盡相同的，清廷也未提供該職位伯克的養廉銀兩，也未配給帕特瑪地及供役的回人。葉爾羌、喀什噶爾較為特別與其他各城伯克不同之處，這意味著密拉卜、密圖瓦里、都觀、明伯克、哈滋及拉雅哈滋等伯克，兼顧多種不同的業務，[45]以及有可能這些伯克是由伊斯蘭教的阿訇擔任，等於將宗教職務者，也納入伯克制度內管理，也表現高宗修其教不易其俗的政策。[46]

此外，尚有職司宴會的鄂克他克奇伯克，是與《欽定皇輿西域圖志》曾記載準噶爾統治時期所留下的禮俗有關。在準噶爾統治回疆時期，每年汗王需為伯克們設宴三次，各項牲禮、果品的準備，即由鄂克他克奇伯克負責掌理。同樣地，各城阿奇木伯克每年也要設宴兩次，是由各村莊的明伯克備辦，以饗宴犒賞僚屬。而清朝統

[44]（清）松筠、徐松編纂，《欽定新疆識略》，卷3，頁17，收入張羽新、趙曙青主編，《清朝治理新疆方略匯編》，冊19，頁124。

[45]永貴、舒赫德，《新疆回部志》，養贍，收入張羽新、趙曙青主編，《清朝治理新疆方略匯編》，冊21，頁455；（清）慕暲撰（光緒十年），《新疆回部紀略》，收入張羽新、趙曙青主編，《清朝治理新疆方略匯編》，冊22，頁179。

[46]潘向明，《清代新疆和卓叛亂研究》，頁30-31。

治既無汗王設宴，也就取消了鄂克他克奇伯克之職的設置。由此而觀，伯克的設置的源變及伯克制的實行，不僅是以回治回的政治制度，也是一種行政位階高低、伯克從屬之間，相互禮敬的文化結叢，亦顯現因地制宜的彈性設置。

　　總之，回疆各城伯克的設置職稱，在《欽定回疆則例》留存著準噶爾統治時期，以及清乾隆朝設置之初與嘉慶朝至道光朝的變化，以致伯克職稱的變化，有時未必在各城設置及伯克職掌部分的職稱相符，甚至為了行政經費的考量，伯克就任之職位與職掌亦可不相符。由各城伯克的設置及職掌，可以了解該地的人口、產業、教育、貿易、防禦等特色，帝王的喜好也影響伯克職位的存廢。各城莊也未必以阿奇木伯克為總管事務，而是依各莊之人口及產業特色，設置伯克所需之伯克，如以農業生產為主的村莊需要水利灌溉的管理者，則設密喇布伯克等作為該村總管。凡此種種都是為伯克制因地制宜及各時期變化的實際表現。

第八章　伯克俸給

第一節　回疆的錢法

　　由於回疆採行幣制與清朝各省不同，先概述回疆錢法、兌換及貶值，作為了解伯克薪俸前的背景。高宗平定回疆，採依俗而治的政策，使用準噶爾統治時期的普爾，再加以改良，幣面如各省鐫刻乾隆通寶漢字，背面有鑄造局地名，如葉爾羌局所鑄，即鐫刻葉爾羌，阿克蘇、烏什、伊犁等地，也依此辦理。普爾為紅銅鑄造，亦稱紅錢，其重量也曾有變化，原是每一普爾重二錢，乾隆三十六年（1771），改為重一錢五分，乾隆三十九年（1774），再更定為每一普爾重一錢二分。[1]

　　回疆各城為了鑄造新錢，葉爾羌在乾隆二十五年（1760）建局鑄造，以軍營備帶剩餘的銅鑄錢五十餘萬，易換回疆舊錢銷毀後，更換新鑄錢作為流通。回疆產銅地有哈（喀）喇沙爾、庫車、沙雅爾、烏什、阿克蘇、賽喇（里）木、拜城等，請見表 8-1 回疆各城紅銅貢賦表。回疆各城的鑄幣方式略異，若當地產銅，則由該城伯克負責交納貢銅及官採銅斤開鑄，阿克蘇在乾隆二十六年（1761）至三十年（1765）鑄幣方式即採用這樣的方式；若如葉爾羌未產銅之城，則由產銅之城烏什及阿克蘇等撥銅，交葉爾羌局鼓鑄，伊犁曾由烏什解銅三千斤，阿克蘇、哈喇沙爾等城則以餘糧折銅，支援鑄造。[2]新舊貨幣交替之際，也依各城需求量鑄

---

[1]（清）傅恒等奉敕撰，《欽定皇輿西域圖志》，冊 4，卷 35，錢法，頁 1-2。
[2]（清）傅恒等奉敕撰，《欽定皇輿西域圖志》，冊 4，卷 35，錢法，頁 2-3。

造發行，例如葉爾羌辦事大臣奏稱，回人以普爾錢文，兌換新錢，不能全數繳交，高宗同意軍機大臣議奏舊普爾可與新錢摻雜行使，等新錢鑄至十萬騰格時，足可因應市場流通之需，即停止鑄造，待舊錢收回到一定量，再繼續鑄造，舊錢自然收盡，不必急於一時要求回人全數易換，有益於回眾生計。[3]新舊普爾的兌換，初期以新錢一易換舊普爾二，但高宗恐回人難支生計，於乾隆二十七年（1762）採普爾一枚換新錢一文。[4]高宗依回疆舊俗使用普爾，目的一如伯克制依俗而治的思考，希望一般回眾的生活，即便在統治政權交替之際，仍可如常進行，不受影響，並依實際需求作彈性的調整，採逐步汰換，以利民生。

高宗曾希望其開拓西北新疆之功，永遠被人紀念，於是在乾隆三十九年（1774）高宗以回疆是其所開廓之地，諭令各回城所用錢文要永遵乾隆年號鼓鑄，不要像各省按年代改鑄，並諭令戶部、工部及回部各辦事大臣，將此事記檔，成為永垂的定制。[5]但高宗死後的第二年，仁宗即於嘉慶五年（1800）將幣面改為乾隆錢二成、嘉慶八成方式鑄錢，仁宗也同樣要萬世子孫一體行用。[6]如此既不違令於高宗永行紀念之意，又可加上當朝年代之鑄幣，以期貨幣的更新與流通，同時又能巧妙地打破高宗不可更替的諭

---

[3]（清）傅恒等編纂，《平定準噶爾方略續編》，卷14，頁28-29，乾隆二十六年十一月癸亥，軍機大臣奏，收入張羽新、趙曙青主編，《清朝治理新疆方略匯編》，冊6，頁440。

[4]以一普爾易一新錢，在《平定準噶爾方略續編》記為乾隆二十七年，而《欽定皇輿西域圖志》則記為乾隆二十六年，前者有檔案日期及內容，故依此為乾隆二十七年。（清）傅恒等編纂，《平定準噶爾方略續編》，卷15，頁24-25，乾隆二十七年二月乙亥，諭軍機大臣，收入張羽新、趙曙青主編，《清朝治理新疆方略匯編》，冊6，頁433；（清）傅恒等 奉敕撰，《欽定皇輿西域圖志》，冊4，卷35，錢法，頁4。

[5]《大清高宗純（乾隆）皇帝實錄》，卷963，頁30-31，乾隆三十九年七月丙寅，又諭。

[6]（清）托津等人編纂，《欽定回疆則例》，卷2，頁45-46、卷3，頁9，收入天龍長城文化藝術公司編，《新疆史志》，第二部，冊11，頁193-195、213-214。

令，嗣後道光以下各朝也遵此比例鑄錢。[7]

表 8-1 回疆各城紅銅貢賦表

城　　名	紅　　銅（觔）
哈（喀）喇沙爾	905 觔
庫車	729 觔 10 兩
沙雅爾	358 觔 10 兩 5 錢
烏什	乾隆 26 年 3190 觔
	乾隆 27 年 5571 觔
阿克蘇	4667 觔
賽喇（里）木	383 觔 8 兩 5 錢
拜城	370 觔 10 兩
葉爾羌	X
喀什噶爾	X
和闐	X

資料來源：（清）傅恒等奉敕撰，《欽定皇輿西域圖志》，
冊 4，卷 34，貢賦，頁 13-28。

　　高宗制定普爾的使用，主要是以因俗而治為考量，並非僅為
回疆的隔離政策思考，因為當北疆伊犁錢文貶值，回疆普爾升值，
造成不法商民摻合使用之際，高宗諭令曾派駐過新疆的舒赫德及
阿桂二人，以當地實際經驗，再加上中央行政的高度，商議伊犁
錢文一體改用回疆普爾，使南北疆幣制統一的可能性。後來雖未
執行，卻也表示高宗欲將普爾推行至北疆之意。[8]

---

[7]（清）賽尚阿等修，《欽定回疆則例》，卷 6，頁 7。

[8]《大清高宗純（乾隆）皇帝實錄》，卷 1009，頁 1-2，乾隆四十一年五月丙戌，
諭軍機大臣等；《大清高宗純（乾隆）皇帝實錄》，卷 1119，頁 12-13，乾隆
四十五年十一月己亥，諭軍機大臣等；穆淵，《清代新疆貨幣史》，頁 42-43。

　　貨幣價值往往受到戰亂或貨幣流通數量的多寡,而有升貶的震盪,回疆的幣值也不例外。清朝統治回疆初期,乾隆二十四年(1759),定五十普爾為一騰格(tängä),作銀一兩。乾隆二十五年(1760),曾奏准七十普爾為一騰格,[9]十一月為了回人繳糧換算,依阿克蘇等城之例,再改為每錢一文,作銀一分,百文為一貫,錢百文為銀一兩;[10]乾隆二十六年(1761),明定為一百普爾為一騰格,值銀一兩,騰格即為當時南疆白銀秤量單位,而銀兩與騰格、普爾的兌換,以普爾換錢一文,即銀一分,百文為一貫,一百普爾換一騰格,即值銀一兩。[11]不過,這個兌換比也隨時局變動有所差異,嘉慶六年(1801),曾貶至二百二十普爾換銀一兩,時至光緒十三年(1887)已貶至普爾三百餘枚換一騰格,即銀一兩,但大致上,道光初年以前大多維持至二百二十枚至一百六十枚普爾為一騰格,作銀一兩。[12]相對變動幅度較大的時期,是道光初年(1820)由一兩銀換 250-260 文紅錢(普爾),到道光七年(1827)張格爾事件最嚴重時,大量軍隊入疆,士兵攜帶白銀,一兩白銀僅能兌換 80 至 100 文紅錢,由此至咸豐四年(1854)只得鑄大錢因應,以一當五、當十、當五十、當百大錢,卻也造成回疆物價飛漲,民不聊生,降低清廷威信及貨幣的價值。[13]各省為因應太平天國、天地會、雲南回民事變、英法聯軍、陝甘回民事變等事,協餉不濟於新疆,回疆面對玉素普入侵,七和卓事件

[9](清)賽尚阿等修,《欽定回疆則例》,卷6,頁8。
[10]《大清高宗純(乾隆)皇帝實錄》,卷625,頁14,乾隆二十五年十一月癸亥,
　諭軍機大臣。
[11]潘志平,〈騰格〉條,《新疆各族歷史文化詞典》,頁435;(清)賽尚阿等修,
　《欽定回疆則例》,卷6,頁8。
[12]林恩顯,《清朝在新疆的漢回隔離政策》,頁230-231;林恩顯,〈清朝在新疆
　開採銅礦分析〉收入《新疆論叢》(臺北:唐山出版社,2014年),頁316。
[13]穆淵,《清代新疆貨幣史》,頁3-5、84-93、103。

時，伯克及商民常主動捐款，捐輸章程施行後，伯克升遷多需捐輸錢糧，皆成為支應回疆官兵的餉銀、軍需與各項建設的來源，伯克捐輸有串文及銀兩，其中串文即為普爾。[14]

十九世紀六十年代，回疆被阿古柏佔領，他仿浩罕幣形鑄成每枚值銀五分的騰格銀幣，騰格至此有銀幣之稱；光緒三年（1877），清廷重掌新疆，亦仿此，幣面印察合台文，稱為光緒小騰格；光緒十五年（1889），開始以土法機器打制如各省龍洋的小銀元。[15]顯見清朝在回疆貨幣變化，一如回疆各項事務及法規，也隨時局推移而有彈性的變動。

第二節　伯克薪給

高宗在乾隆二十四年（1759）設置伯克制度，諭令伯克為具有品秩及官俸之職，各城伯克依職位品級等差，給予土地及種地人（燕齊、供役者），作為經濟的來源，部分伯克亦有騰格作為養廉銀。[16]回疆各城底定，即制定各城貢賦，豐盈地方經濟，伯克的俸給來源，也一併被考量。例如乾隆二十四年（1759）年和闐底定，酌定和闐六城稅賦，即以稅收內的七千七百兩，作為和闐各城村共四十多位伯克俸給支用，六城官有果園，也賞給伯克。[17]

---

[14]《宮中檔咸豐朝奏摺》，文獻編號第 406013283 號，2714 箱，咸豐十年十月十一日，英蘊奏；《宮中檔咸豐朝奏摺》，文獻編號第 406014219 號，2714 箱，咸豐十一年三月二十日，英蘊奏。

[15]潘志平〈騰格〉條，《新疆各族歷史文化詞典》，頁 435。

[16]（清）托津等人編纂，《欽定回疆則例》，卷 3，頁 18-19、27，收入天龍長城文化藝術公司編，《新疆史志》，第二部，冊 11，頁 231-234、249-250；（清）賽尚阿等修，《欽定回疆則例》，卷 5，頁 16-17、23。

[17]《大清高宗純（乾隆）皇帝實錄》，卷 602，頁 10-11，乾隆二十四年十二月辛巳，諭軍機大臣等。

高宗以地方之稅，養地方之官，不因開疆拓土而增加國庫人事支付的成本。宣宗也秉持此一原則，處理增額的伯克薪給，如道光二十九年（1849）六月二十五日英吉沙爾添設六、七品伯克各一員，由已奏准在喀什噶爾庫貯紅錢餘項內，撥給八串五百文作為養資，以資辦公。[18]

　　此外，回疆伯克均享有免予納糧的優惠，只有庫車及沙雅爾兩城，在乾隆四十二年（1777）十月之前，因高宗統治回疆初期，考量其雖位處交通孔道，差務繁盛，人口數卻有限，而諭令兩城伯克需要納糧。[19]

　　對於有貢獻之伯克，亦以增加養廉銀作為鼓勵，接任其職位者，可以繼續享有前人加給。乾隆二十六年（1761）十一月，高宗諭令依回人舊習，伯克多有朘削所屬回眾之情，因此賞給各城阿奇木伯克等錢幣、地畝及供役之人，希望伯克們可以奉公自愛，而聽聞葉爾羌阿奇木伯克及喀什噶爾阿奇木伯克噶岱默特等，「**頗知安分，無苛擾回人之事，深屬可嘉，念伊等歸誠日久，効力有年，著於官給六百騰格外，再加二百以示鼓勵**」[20]。由此可知，高宗為改變準噶爾不支薪，以致伯克向回眾需索的舊風，將伯克改為有給職，給付錢幣、地畝及供役之人，不僅為伯克，亦有用心待民的深意，且為了引領新風氣，更以加薪方式，鼓勵不苛擾回眾之伯克，表現寬待伯克，力改舊習之心。道光八年（1828）七

----

[18] 中國第一歷史檔案館編，《嘉慶道光兩朝上諭檔》，冊 54，頁 200，675 條，道光二十九年六月二十五日，內閣奉上諭。

[19] 《大清高宗純（乾隆）皇帝實錄》，卷 1043，頁 2-3，乾隆四十二年十月己酉，又諭。

[20] （清）傅恒等，《平定準噶爾方略續編》，卷 14，頁 24-25，乾隆二十六年十一月癸丑，諭軍機大臣，收入張羽新、趙曙青主編，《清朝治理新疆方略彙編》，冊 6，頁 439。

月，宣宗任命伊薩克為喀什噶爾阿奇木伯克，為表彰他在張格爾事件的貢獻，特別在每年應領的養廉銀外，再加賞普爾錢十串。[21] 自此繼任的喀什噶爾阿奇木伯克，皆享有此項額外加給，如道光十二年（1832）喀什噶爾阿奇木伯克作霍爾敦，照舊例賞給普爾十串，以資辦公。[22]道光二十九年（1849）六月二十四日，沙雅爾阿奇木伯克邁瑪特為新任喀什噶爾阿奇木伯克，葉爾羌參贊大臣德齡奏准循例賞給新任喀什噶爾阿奇木伯克普爾錢十串文，以資辦公，皆得利於宣宗嘉獎伊薩克之功。[23]

反之，伯克薪給也有因故調降的情形，乾隆三十一年（1766），因喀什噶爾增設沙爾琥勒八名伯克，需要增加養廉銀的支出，喀什噶爾大臣栢琨等奏，認為同為阿奇木伯克及伊什罕伯克，和闐比起葉爾羌、喀什噶爾兩城所得養廉騰格錢數實在超出太多，若與其他各城阿奇木伯克、伊什罕伯克相比，更是懸殊，因而奏定調降和闐阿奇木伯克、伊什罕伯克、哈喇哈什阿奇木伯克之養廉銀，勻出九百騰格給沙爾琥勒等八名伯克。[24]此奏收錄於《欽定回疆則例》卷五喀什噶爾阿奇木伯克等養贍停其攢奏由庫支給，及勻出和闐阿奇木伯克等養廉給予沙爾琥勒兩條則例，依其內容整理成表，請見表 8-2 乾隆朝伯克養廉騰格表。

---

[21] （清）容慕安輯，《那文毅公籌畫回疆善後事宜奏議》，卷 74，頁 24-25，道光八年七月初三日，奉上諭，收入張羽新、趙曙青主編，《清朝治理新疆方略匯編》，冊 10，頁 230-231。

[22] 聯合報文化基金會國學文獻館，《清代起居注冊-道光朝》，冊 25，頁 014890-014891，道光十二年六月初七日壬午，又奉諭旨；中國第一歷史檔案館編，《嘉慶道光兩朝上諭檔》，冊 37，頁 273，716 條，道光十二年六月初七日，內閣奉上諭。

[23] 中國第一歷史檔案館編，《嘉慶道光兩朝上諭檔》，冊 54，頁 194，644 條，道光二十九年六月二十四日，內閣奉上諭；魏秀梅，《清季職官表》，頁 782。

[24] （清）賽尚阿等修，《欽定回疆則例》，卷 5，頁 24-27。

表 8-2 乾隆朝伯克養廉騰格表

城　　　名	三品伯克阿奇木伯克	四品伯克伊什罕伯克	五品伯克、阿奇木伯克	六品伯克	七品伯克
添設 伯什克呼木			150	明伯克 100	
添設 烏帕勒				阿奇木伯克 100	
添設 塔什密里克				阿奇木伯克 50	
葉爾羌	800	300	150	125	100
和闐	1100 調降為 800	伊什罕伯克、哈喇哈什阿奇木伯克 900 調降為 600			
添設 喀什噶爾沙爾琥勒			150	伊什罕伯克、商伯克各給 125	哈資伯克、什琥勒伯克、阿爾巴布伯克、密爾巴哈爾伯克、塔噶喇木伯克各 80
			所餘 100 騰格以備公用		

資料來源：（清）賽尚阿等修，《欽定回疆則例》，卷 5，頁 24-27。

　　由該則例內容可知，喀什噶爾伯克的養廉騰格，原是直接由其執行業務之城莊支付，乾隆四十年（1775），軍機處議覆奏定喀什噶爾阿奇木伯克等養贍騰格的支付方式，改由回人每月繳納糧錢入庫後，按季支給阿奇木伯克等伯克。[25]乾隆三十一年（1766），奏定葉爾羌三品阿奇木伯克養廉銀為八百騰格，四品

---

[25]（清）賽尚阿等修，《欽定回疆則例》，卷 5，頁 24。

伊什罕伯克為三百騰格，五品伯克為一百騰格，六品伯克約一百二十五騰格，七品伯克約為一百騰格至八十騰格，與其他各城也相差不多，但相對於當時各城，和闐伯克的養廉銀是相當非常優渥的，三品阿奇木伯克有一千一百騰格，四品伊什罕伯克及四品哈喇哈什伯克有九百騰格。[26]

清廷通常為了不增加新疆經費，當各地人口增加或屯墾有成，添設伯克管理時，多由屯墾地的產值考量，撥給伯克養廉地畝數，而《欽定回疆則例》也提供範例，即裁汰原有伯克或是減省伯克的養廉銀內支給。乾隆四十年（1775），將喀什噶爾密喇布（密拉卜）伯克二百五十騰格撤出，並裁汰念經不必要的費用二百騰格，以及之前裁汰克呼克雅喇克伯克應得的一百騰格，一共五百五十騰格，分支給新添設伯什呼木、烏帕勒及塔什密里克三處阿奇木伯克及明伯克共四百騰格，其餘則賞給格外勤奮者，阿幹勒一百騰格及謨羅瑪瑪第伊木五十騰格。和闐由三品阿奇木伯克、四品伊什罕伯克及四品哈喇哈什伯克三人中，各減三百騰格，以拉近各城伯克的待遇，阿奇木伯克已與喀什噶爾等相同，但伊什罕伯克及哈喇哈什阿奇木伯克，仍高於他城同職品的伯克兩倍，是較為特別的，減省下來的九百騰格則支給沙爾琥勒八名伯克，依品級差異，由一百五十至八十騰格，餘一百騰格則作公務備用。[27]

綜合上述可歸結四個部分：一可窺見乾隆三十一年（1766）之前喀什噶爾、葉爾羌、和闐伯克的薪俸水準，調整前和闐阿奇

[26]（清）賽尚阿等修，《欽定回疆則例》，卷5，頁26。
[27]（清）賽尚阿等修，《欽定回疆則例》，卷5，頁24-27。

木伯克及伊什罕伯克的養廉銀較葉爾羌多了三成之多，若與乾隆
二十四年（1759）喀什噶爾、葉爾羌未調整前的六百騰格相比，
等於多了將近一倍，這可能與和闐產玉稅收較豐，也為嘉勉和闐
阿奇木伯克等每年幫皇家採運玉石的辛勞，同時也為減少貪瀆及
朘削，給予較優渥的養廉銀；二由這三城阿奇木等伯克養廉銀的
不同，可推知各城伯克的養廉錢不一，應依各城之大小，人口數、
地理位置或商貿往來而異；三清廷為不增加新疆總體支出，撙節
歲支，即便有新設的伯克，多以檢討伯克裁汰或降減原有伯克養
廉錢作支應，若因屯田新墾地而新增設伯克的養廉錢，也以屯田
錢糧所得作為因應，成為嘉道等各朝所遵循原則，此奏摺收錄於
《欽定回疆則例》的重要目的也在此；[28]四伯克支領養廉銀由各城
村直接給，改由庫支統一按季給付，可減少弊端或城村供支不均，
駐箚大臣對各城村的經費收支，易於掌控及管理。

　　高宗對於回疆各城及城村大小，有其主張及定見，影響了伯
克的補放原則，那麼伯克的職分薪給也應有所差異。探討各城伯
克職分的薪給前，參考高宗對回疆各城及伊犁等地駐箚大臣工作
的承擔，以及地理位置的設想，而決定的待遇之別，也可作為伯
克薪給的對比參考。乾隆二十五年（1760）十一月，高宗酌照西
藏西寧大臣之例，定立新疆各駐箚大臣養廉銀，將其整理成表 8-3
乾隆二十五年（1760）十一月回疆駐箚大臣養廉銀表。

---

[28]中國第一歷史檔案館編，《嘉慶道光兩朝上諭檔》，冊 53，頁 142，451 條，道
　　光二十八年四月二十七日，內閣奉上諭；（清）賽尚阿等修，《欽定回疆則例》，
　　卷 5，頁 24-27。

表 8-3 乾隆二十五年（1760）十一月回疆駐劄大臣養廉銀表

城　　名	總理辦事大臣	協辦大臣	領隊大臣
伊　　犁	2000	1200	1000
阿 克 蘇	2000	1200	1000
葉 爾 羌	1500	1000	800
喀什噶爾	1500	1000	800
烏　　什	1200	800	600
庫　　車	1200	800	600
和　　闐	1200	800	600
哈喇沙爾	1200	800	600
闢　　展	1200	800	600
烏魯木齊	1200	800	600
巴 里 坤	1000	600	500
哈　　密	1000	600	500
吐魯番公木薩	500		

資料來源：（清）傅恒等，《平定準噶爾方略續編》，卷 7，頁 19-20，
　　　　　乾隆二十五年十一月巳未，諭軍機大臣，收入張羽新、趙曙
　　　　　青主編，《清朝治理新疆方略匯編》，冊 6，頁 383。

　　新疆駐劄大臣除了一切用度及賞賚之需，高宗諭以宜酌籌寬
裕，照舊例支給鹽菜銀兩，各辦事大臣等在他們自己的本任品級
職銜應得分例，仍准支給外，再酌定養廉銀，考量各地情況異差，
給予不同的銀兩數。伊犁有駐紮官兵、屯田、築城等，事務繁忙；
而阿克蘇為伊犁要路，辦事亦繁，因此兩處養廉銀相同；葉爾羌、
喀什噶爾兩城地處極邊，養廉銀次之；烏什、庫車、和闐、哈喇
沙爾、闢展、烏魯木齊，與內地相近，養廉銀再減；至於巴里坤
及哈密雖係內地，因承辦軍需事務，也給養廉銀，減二百兩為一
千兩，但其原得鹽菜銀兩應行裁省，米石仍按月酌給，在屯田收
穫內支領。[29]官員若是獲罪發往新疆効力者，本應按無支給之例，

---

[29]（清）傅恒等，《平定準噶爾方略續編》，卷 7，頁 19-20，乾隆二十五年十一

但念其仍為帶品級之駐箚大臣,所定養廉等項,一律減半支給。[30]
而乾隆二十五年(1760)十一月吐魯番公木(茂)薩正好派往伊
犁屯田,後來任命為伊犁阿奇木伯克,則給予養廉銀五百兩。[31]至
於協助阿奇木伯克辦事的伊犁伊什罕伯克,參考乾隆四十年
(1776)伊犁將軍伊勒圖為伊什罕伯克阿克伯克奏准,有數戶的
燕齊回人及每年養廉銀有二百兩。[32]由表 8-3 乾隆二十五年(1760)
十一月回疆駐箚大臣養廉銀表及高宗思考可知,駐箚大臣依各城
工作及地理形勢位置,養廉銀因而有差等,推論伯克的養廉銀,
也應是依各城所在及職分之別,各不相同。

　　《新疆回部志》成書於乾隆三十七年(1773),是由曾派駐
回疆擔任回疆參贊大臣的永貴及舒赫德所撰,該書卷三有官制、
制祿、養贍部分,詳列了各伯克養贍費用。由於《新疆回部志》
與嘉慶年版排列方式相同,各城以品級為準,有城莊之別時,易
於混淆,也就是《新疆回部志》官制列各城伯克品級員數,與制
祿及養贍所列人數有所差誤,恐有誤植或計算錯誤的狀況。若以
《新疆回部志》統計清廷每年要為回疆伯克各品級養贍的花費及
種地回人數,並不能夠全然準確。但《新疆回部志》所提供的各

月巳未,軍機大臣奏,收入張羽新、趙曙青主編,《清朝治理新疆方略匯編》,
　冊 6,頁 383。
[30] (清)傅恒等,《平定準噶爾方略續編》,卷 11,頁 9,乾隆二十六年四月甲申,
　諭軍機大臣,收入張羽新、趙曙青主編,《清朝治理新疆方略匯編》,冊 6,
　頁 413。
[31] (清)傅恒等,《平定準噶爾方略續編》,卷 8,頁 15,乾隆二十五年十二月癸
　巳,參贊大臣舒赫德等奏,收入張羽新、趙曙青主編,《清朝治理新疆方略匯
　編》,冊 6,頁 390;(清)傅恒等,《平定準噶爾方略續編》,卷 7,頁 19-20,
　乾隆二十五年十一月己未,軍機大臣奏,收入張羽新、趙曙青主編,《清朝治
　理新疆方略匯編》,冊 6,頁 383。
[32] 《大清高宗純(乾隆)皇帝實錄》,卷 996,頁 41,乾隆四十年十一月丁亥,諭。

城回疆伯克薪資所得，已是目前所見最為詳細的資料。[33]請見表8-4 三至七品《新疆回部志》乾隆三十七年（1773）回疆伯克養廉表。

表 8-4 三至七品《新疆回部志》乾隆三十七年（1773）回疆伯克養廉表

城 名	品級一人數	伯克職稱	帕特瑪籽種的土地	燕齊（種地回人）	歲 給 養 廉 銀 / 騰格
和闐	三	阿奇木	150	80	800
葉爾羌	三	阿奇木	150	80	600
喀什噶爾	三	阿奇木	150	80	300(原 100 後奉特旨增給 200)
英阿雜爾	四	阿奇木	80	80	250
阿克蘇	三	阿奇木	200	100	X各城地小商稀，多不用騰格，俱以種地為生
庫車	三	阿奇木	150	70	X各城地小商稀，多不用騰格，俱以種地為生
庫爾勒	三	阿奇木	120	50	X各城地小商稀，多不用騰格，俱以種地為生
布古爾	三	阿奇木	120	50	X各城地小商稀，多不用騰格，俱以種地為生
沙雅爾	三	阿奇木	100	25	X各城地小商稀，多不用騰格，俱以種地為生
賽里木	三	阿奇木	100	35	X各城地小商稀，多不用騰格，俱以種地為生
拜城	三	阿奇木	100	25	X各城地小商稀，多不用騰格，俱以種地為生
烏什	五	阿奇木	100	30	X各城地小商稀，多不用騰格，俱以種地為生
和闐	四	伊什罕	100	50	600
喀什噶爾	四	伊什罕	100	50	300
葉爾羌	四	伊什罕	100	50	300

---

[33] 永貴、舒赫德，《新疆回部志》，官制第 29、制祿第 30，養贍，收入張羽新、趙曙青主編，《清朝治理新疆方略匯編》，冊 21，頁 452-456。

城　　名	品級一人數	伯克職稱	帕特瑪籽種的土地	燕齊（種地回人）	歲給養廉銀／騰格
阿克蘇	四	伊什罕	150	70	X 各城地小商稀，多不用騰格，俱以種地為生
拜城	四	伊什罕	100	20	X 各城地小商稀，多不用騰格，俱以種地為生
沙雅爾	四	伊什罕	60	12	X 各城地小商稀，多不用騰格，俱以種地為生
庫車	四	伊什罕	50	25	X 各城地小商稀，多不用騰格，俱以種地為生
庫爾勒	四	伊什罕	40	20	X 各城地小商稀，多不用騰格，俱以種地為生
布古爾	四	伊什罕	40	20	X 各城地小商稀，多不用騰格，俱以種地為生
賽里木	四	伊什罕	30	10	X 各城地小商稀，多不用騰格，俱以種地為生
和闐	四	哈拉哈什阿奇木	100	50	600
和闐	四	克里雅阿奇木	100	50	450
和闐	四	玉隴哈什阿奇木	100	50	400
葉爾羌	四	噶雜那齊	100	50	300
葉爾羌	四-2	商	100	50	300
和闐	四	庫爾勒阿奇木	100	50	300
和闐	四	墧克阿奇木	100	50	300
喀什噶爾	四-2	商	80	30	250
喀什噶爾	四	噶雜那齊	80	30	250
喀什噶爾	四	牌素巴特阿奇木	80	30	250
喀什噶爾	四	塔什密里克散秩大臣布魯特阿奇木伯克	X	X	200
和闐	五	噶雜那齊	60	30	300
和闐	五	商伯克	60	30	250
和闐	五	哈滋	60	30	250

城　名	品級一人數	伯克職稱	帕特瑪籽種的土地	燕齊（種地回人）	歲給養廉銀／騰格
和闐	五	克里雅爾屯	60	30	200
喀什噶爾	五	莫嗇色卜	40	15	150
喀什噶爾	五	玉（阿）思圖阿爾圖什[34]伯克＊	40	15	150
喀什噶爾	五	他思渾密拉卜[35]	40	15	150
葉爾羌	五	訥克卜	60	30	150
葉爾羌	五	克勒克雅拉克	60	30	150
葉爾羌	五	哈拉都觀	60	30	150
葉爾羌	五	帕嗇沙卜	60	30	150
葉爾羌	五	哈爾噶雜	60	30	150
葉爾羌	五	胡什拉卜伯克＊	60	30	150
葉爾羌	五	明伯克	60	30	150
葉爾羌	五	英額奇攀伯克＊	60	30	150
葉爾羌	五	托果斯遷伯克＊	60	30	150
葉爾羌	五	桑竺伯克＊	60	30	150
阿克蘇	五	噶雜那齊	100	30	X各城地小商稀，多不用騰格，俱以種地為生
阿克蘇	五	商	100	30	X各城地小商稀，多不用騰格，俱以種地為生
喀什噶爾	五	哈滋	60	15	X
喀什噶爾	五	密圖瓦里	60	15	X
喀什噶爾	五	訥克卜	60	15	X

---

[34] 與永貴、舒赫德，《新疆回部志》，制祿第 30，收入張羽新、趙曙青主編，《清朝治理新疆方略匯編》，冊 21，頁 448，以及嘉慶版《欽定回疆則例》核對，應是阿斯圖阿爾圖什之阿奇木伯克，請見（清）托津等人編纂，《欽定回疆則例》，卷 1，頁 1，收入天龍長城文化藝術公司編，《新疆史志》，第二部，冊 11，頁 54。

[35] 密拉卜即《欽定回疆則例》內之密喇布伯克。

城　名	品級一人數	伯克職稱	帕特瑪籽種的土地	燕齊(種地回人)	歲給養廉銀／騰格
沙雅爾	五	噶雜那齊	50	10	X各城地小商稀，多不用騰格，俱以種地為生
沙雅爾	五	商	50	10	X各城地小商稀，多不用騰格，俱以種地為生
庫車	五	噶雜那齊	40	15	X各城地小商稀，多不用騰格，俱以種地為生
庫車	五	商	35	13	X各城地小商稀，多不用騰格，俱以種地為生
庫爾勒	五	噶雜那齊	32	12	X各城地小商稀，多不用騰格，俱以種地為生
布古爾	五	噶雜那齊	32	12	X各城地小商稀，多不用騰格，俱以種地為生
庫爾勒	五	商	30	11	X各城地小商稀，多不用騰格，俱以種地為生
布古爾	五	商	30	11	X各城地小商稀，多不用騰格，俱以種地為生
拜城	五	噶雜那齊	30	8	X各城地小商稀，多不用騰格，俱以種地為生
賽里木	五	噶雜那齊	25	8	X各城地小商稀，多不用騰格，俱以種地為生
葉爾羌	五	密拉卜(密喇布)	X	X	例為亡人念經，應得餽送禮物不給騰格地畝
葉爾羌	五	密圖瓦里	X	X	例為亡人念經，應得餽送禮物不給騰格地畝
葉爾羌	五-3	拉雅哈滋	X	X	例為亡人念經，應得餽送禮物不給騰格地畝
葉爾羌	五	都觀	X	X	例為亡人念經，應得餽送禮物不給騰格地畝
葉爾羌	五	哈滋	X	X	例為亡人念經，應得餽送禮物不給騰格地畝
喀什噶爾	六	都觀	30	4	100
喀什噶爾	六	克勒克雅拉克	30	4	100
喀什噶爾	六	阿爾巴卜	30	4	100
喀什噶爾	六	石笏爾	30	4	100

城　名	品級一人數	伯克職稱	帕特瑪籽種的土地	燕齊(種地回人)	歲給養廉銀／騰格
喀什噶爾	六	帕奮沙卜	30	4	100
喀什噶爾	六	巴克瑪他思	30	4	100
喀什噶爾	六	明伯克	30	4	100
喀什噶爾	六	玉思圖阿爾圖什伯克＊	30	4	100
喀什噶爾	六	阿爾古伯克＊	30	4	100
喀什噶爾	六	罕愛里克密拉卜伯克	30	4	100
喀什噶爾	六	化什密里克[36]伯克＊	30	4	100
喀什噶爾	六	霍爾罕明伯克	30	4	100
葉爾羌	六	莫奮沙卜	30	15	100
葉爾羌	六	石笏爾	30	15	100
葉爾羌	六-2	阿爾巴卜	30	15	100
葉爾羌	六	巴克瑪他爾	30	15	100
葉爾羌	六	鄂坡爾明伯克	30	15	100
葉爾羌	六	鄂坡爾墧克	30	15	100
葉爾羌	六	鄂坡爾尚(商)伯克	30	15	100
葉爾羌	六	巴爾楚克伯克	30	15	100
葉爾羌	六	哈爾哈里哈滋	30	15	100
葉爾羌	六	哈爾哈里密拉卜	30	15	100
葉爾羌	六	哈爾哈里明伯克	30	15	100
葉爾羌	六	英額奇攀明伯克	30	15	100
葉爾羌	六	拉卜啟密拉	30	15	100

---

[36] 應是他什密里克筆誤。

城　　名	品級一人數	伯克職稱	帕特瑪籽種的土地	燕齊（種地回人）	歲　給　養　廉　銀　/　騰格
		卜			
葉爾羌	六	玉爾里克明伯克	30	15	100
葉爾羌	六	玉爾里克雜卜喜瑪他克卜	30	15	100
葉爾羌	六	玉爾里克巴吉格爾	30	15	100
和闐	六	伊里啟哈滋	30	15	90
和闐	六	哈拉哈什哈滋	30	15	80
和闐	六	克里雅爾哈滋	30	15	70
和闐	六	玉隴哈什哈滋	30	15	65
和闐	六	車勒哈滋	30	15	65
和闐	六	塭克哈滋	30	15	60
和闐	六	訥克卜	X向俱有種地	X	60
和闐	六	莫喜色卜	X向俱有種地	X	60
和闐	六	都觀	X向俱有種地	X	60
阿克蘇	六-2	哈滋	50	15	X各城地小商稀，多不用騰格，俱以種地為生
阿克蘇	六	克爾品阿奇木	50	15	X各城地小商稀，多不用騰格，俱以種地為生
烏什	六	哈滋	50	15	X各城地小商稀，多不用騰格，俱以種地為生
沙雅爾	六	哈滋	30	5	X各城地小商稀，多不用騰格，俱以種地為生
拜城	六	哈滋	30	7	X各城地小商稀，多不用騰格，俱以種地為生
喀什噶爾	六	巴吉格爾	30	4	X

城　名	品級一人數	伯克職稱	帕特瑪籽種的土地	燕齊（種地回人）	歲 給 養 廉 銀 / 騰格
喀什噶爾	六	玉思圖阿爾圖什哈滋	30	4	X
喀什噶爾	六	阿思圖阿爾圖什哈滋	30	4	X
喀什噶爾	六	罕愛里克哈滋	30	4	X
喀什噶爾	六	伯什克勒木哈滋	30	4	X
英阿雜爾	六	哈滋	30	4	X
庫車	六	哈滋	25	8	X各城地小商稀，多不用騰格，俱以種地為生
庫爾勒	六	哈滋	21	6	X各城地小商稀，多不用騰格，俱以種地為生
布古爾	六	哈滋	21	6	X各城地小商稀，多不用騰格，俱以種地為生
賽里木	六	哈滋	20	6	X各城地小商稀，多不用騰格，俱以種地為生
喀什噶爾	六	伯什克勒木密拉卜	向有耕地	但給3	X
喀什噶爾	六	合色爾布依密拉卜	向有耕地	但給3	X
喀什噶爾	六	托古雜克密拉卜	向有耕地	但給3	X
喀什噶爾	六	賽爾滿密拉卜	向有耕地	但給3	X
喀什噶爾	六	霍爾罕密拉卜	向有耕地	但給3	X
英阿雜爾	六	密拉卜	原有耕地	3	X
葉爾羌	六	哈爾哈里克哈滋	X	X	例為亡人念經，應收餽送禮物，不給騰格地畝
葉爾羌	六	托果思遷哈滋	X	X	例為亡人念經，應收餽送禮物，不給騰格地畝
葉爾羌	六	哈爾哈里克密拉卜	X	X	例為亡人念經，應收餽送禮物，不給騰格地畝
葉爾羌	六	英額奇攀密	X	X	例為亡人念經，應收餽送

城　名	品　級一人　數	伯克職稱	帕特瑪籽種的土地	燕齊（種地回人）	歲　給　養　廉　銀 / 騰格
		拉卜			禮物，不給騰格地畝
葉爾羌	六	鄂屯楚魯克密拉卜	X	X	例為亡人念經，應收餽送禮物，不給騰格地畝
葉爾羌	六	明伯克	X	X	例為亡人念經，應收餽送禮物，不給騰格地畝
和闐	七	密圖瓦里	X舊有種地	X	65
和闐	七-3[37]-1	訥克卜	X向俱有種地	X	55
和闐	七-3-1	莫嗇色卜	X向俱有種地	X	55
和闐	七-3-1	都觀	X向俱有種地	X	55
和闐	七-3-1	喀拉都觀	X向俱有種地	X	55
和闐	七-3-1	帕嗇沙卜	X向俱有種地	X	55
和闐	七-3-1	石笏爾	X向俱有種地	X	55
和闐	七	薄爾遵布雜克密拉卜	X向俱有種地	X	55
和闐	七	薄爾遵布雜克明伯克	X向俱有種地	X	55
和闐	七	托素拉古野密拉卜	X向俱有種地	X	55
和闐	七	托素拉古野明伯克	X向俱有種地	X	55
和闐	七	依里齊明伯克	X向俱有種地	X	55

---

[37]《新疆回部志》在養贍列和闐七品伯克本城密圖瓦里一名，及七品伯克三員，但此三員未再詳細列名職稱，但和闐在各城伯克品級員數本城列有七缺，較養贍少三缺，但表中仍保留《新疆回部志》養贍所列 3 位，即七-3-1，並將養贍多列之三缺也列上，也許日後有更多資料可參酌再議。

城　名	品級一人數		伯克職稱	帕特瑪籽種的土地	燕齊（種地回人）	歲給養廉銀／騰格
和闐		七	克爾布斯噶遵明伯克	X向俱有種地	X	55
和闐		七	哈拉哈什都觀伯克	X向俱有種地	X	55
和闐		七	哈拉哈什帕齊沙卜	X向俱有種地	X	55
和闐		七	哈拉哈什所屬瑪爾呼雅密拉卜	X向俱有種地	X	55
和闐		七	哈拉哈什所屬瑪爾呼雅明伯克	X向俱有種地	X	55
和闐		七	哈拉哈什所屬古野雜瓦密拉卜	X向俱有種地	X	55
和闐		七	哈拉哈什所屬古野雜瓦明伯克	X向俱有種地	X	55
和闐		七	哈拉哈什所屬巴拉木斯雅密拉卜	X向俱有種地	X	55
和闐		七	哈拉哈什所屬巴拉木斯雅明伯克	X向俱有種地	X	55
和闐		七	哈拉哈什所屬烏哈什明伯克	X向俱有種地	X	55
和闐		七	克里雅所屬哈爾魯克密拉卜伯克	X向俱有種地	X	55
和闐		七	克里雅所屬哈爾魯克明伯克	X向俱有種地	X	55
和闐		七	克里雅所屬鄂和賴里明伯克	X向俱有種地	X	50

城　名	品級一人數	伯克職稱	帕特瑪籽種的土地	燕齊（種地回人）	歲給養廉銀／騰格
和闐	七	玉隴哈什所屬三普拉密拉卜	X向俱有種地	X	50
和闐	七	玉隴哈什所屬三普拉明伯克	X向俱有種地	X	50
和闐	七	玉隴哈什所屬色依密拉卜	X向俱有種地	X	50
和闐	七	玉隴哈什所屬色依明伯克	X向俱有種地	X	50
和闐	七	玉隴哈什所屬庫勒密拉卜	X向俱有種地	X	50
和闐	七	玉隴哈什所屬庫勒明伯克	X向俱有種地	X	50
阿克蘇	七	密圖瓦里	30	10	X各城地小商稀，多不用騰格，俱以種地為生
阿克蘇	七	訥克卜	30	10	X各城地小商稀，多不用騰格，俱以種地為生
阿克蘇	七	都管	30	10	X各城地小商稀，多不用騰格，俱以種地為生
烏什	七-3	明	30	4	X各城地小商稀，多不用騰格，俱以種地為生
烏什	七-2	密拉卜	30	4	X各城地小商稀，多不用騰格，俱以種地為生
烏什	七	巴吉格爾	30	4	X各城地小商稀，多不用騰格，俱以種地為生
阿克蘇	七	莫啻色卜	20	4	X各城地小商稀，多不用騰格，俱以種地為生
阿克蘇	七	帕啻沙卜	20	4	X各城地小商稀，多不用騰格，俱以種地為生
阿克蘇	七-2	石笏爾	20	4	X各城地小商稀，多不用騰格，俱以種地為生

城　名	品級一人數	伯克職稱	帕特瑪籽種的土地	燕齊（種地回人）	歲　給　養　廉　銀／騰格
阿克蘇	七	阿爾巴卜	20	4	X各城地小商稀，多不用騰格，俱以種地為生
阿克蘇	七-13	明	20	4	X各城地小商稀，多不用騰格，俱以種地為生
阿克蘇	七	哈滋	20	4	X各城地小商稀，多不用騰格，俱以種地為生
庫車	七	密圖瓦里	15	4	X各城地小商稀，多不用騰格，俱以種地為生
庫車	七	訥克卜	15	4	X各城地小商稀，多不用騰格，俱以種地為生
庫車	七	都管	15	4	X各城地小商稀，多不用騰格，俱以種地為生
庫車	七-2	密拉卜	15	4	X各城地小商稀，多不用騰格，俱以種地為生
賽里木	七	明	15	4	X各城地小商稀，多不用騰格，俱以種地為生
庫車	七-2	明	12	3	X各城地小商稀，多不用騰格，俱以種地為生
庫車	七	莫瞢色卜	10	2	X各城地小商稀，多不用騰格，俱以種地為生
庫車	七	喀拉都觀	10	2	X各城地小商稀，多不用騰格，俱以種地為生
沙雅爾	七-6	訥克卜	10	2	X各城地小商稀，多不用騰格，俱以種地為生
賽里木	七	密拉卜	10	2	X各城地小商稀，多不用騰格，俱以種地為生
拜城	七	明	10	2	X各城地小商稀，多不用騰格，俱以種地為生
拜城	七	密拉卜	10	2	X各城地小商稀，多不用騰格，俱以種地為生
庫爾勒	七	明	8	3	X各城地小商稀，多不用騰格，俱以種地為生
庫爾勒	七	訥克卜	8	3	X各城地小商稀，多不用騰格，俱以種地為生
庫爾勒	七-2	玉子	8	3	X各城地小商稀，多不用騰格，俱以種地為生

城　名	品級－人數	伯克職稱	帕特瑪籽種的土地	燕齊（種地回人）	歲　給　養　廉　銀／騰格
布古爾	七	明	8	3	X各城地小商稀，多不用騰格，俱以種地為生
布古爾	七	訥克卜	8	3	X各城地小商稀，多不用騰格，俱以種地為生
布古爾	七-2	玉子	8	3	X各城地小商稀，多不用騰格，俱以種地為生
庫車	七	帕嗇沙卜	5	1	X各城地小商稀，多不用騰格，俱以種地為生
庫車	七	阿爾沙卜	5	1	X各城地小商稀，多不用騰格，俱以種地為生
阿克蘇	七	雅爾巴什密拉卜	X尚有地畝不另給	10	X各城地小商稀，多不用騰格，俱以種地為生
阿克蘇	七	哈拉哈密什密拉卜	X尚有地畝不另給	10	X各城地小商稀，多不用騰格，俱以種地為生
阿克蘇	七	雅爾賽里木密拉卜	X尚有地畝不另給	4	X各城地小商稀，多不用騰格，俱以種地為生
阿克蘇	七	阿哈雅爾密拉卜	X尚有地畝不另給	4	X各城地小商稀，多不用騰格，俱以種地為生
阿克蘇	七	愛扈爾密拉卜	X尚有地畝不另給	4	X各城地小商稀，多不用騰格，俱以種地為生
阿克蘇	七	胡木巴什密拉卜	X尚有地畝不另給	4	X各城地小商稀，多不用騰格，俱以種地為生
阿克蘇	七	克爾品密拉卜	X尚有地畝不另給	4	X各城地小商稀，多不用騰格，俱以種地為生
喀什噶爾	七-15[38]-2	哈什噶爾明伯克	向有耕地	3	X
喀什噶爾	七-15-2	牌素巴特明伯克	向有耕地	3	X
喀什噶爾	七-15-2	玉思圖阿爾圖什明伯克	向有耕地	3	X

---

[38]《新疆回部志》在養贍列喀什噶爾七品伯克 15 位，英阿雜爾七品伯克 4 位，但與其各城伯克品級員數合併計卻只 17 缺，較養贍少 2，且兩部分伯克細分，及參考嘉慶年版《回疆則例》所列養贍伯克應是喀什噶爾七品明伯克 13 位，但表中仍保留《新疆回部志》養贍所列 15 位，待日後有更多資料可參酌再議。

城　名	品 級一人 數	伯克職稱	帕特瑪籽種的土地	燕齊（種地回人）	歲　給　養　廉　銀　／　騰格
喀什噶爾	七-15-4	阿思圖阿爾圖什明伯克	向有耕地	3	X
喀什噶爾	七-15-1	罕阿里克明伯克	向有耕地	3	X
喀什噶爾	七-15-1	木什素魯克明伯克	向有耕地	3	X
喀什噶爾	七-15-1	岳普爾湖明伯克	向有耕地	3	X
英阿雜爾	七-4-1	賽里克密拉卜伯克	向有耕地	3	X
英阿雜爾	七-4-1	總管五處卡倫伯克	向有耕地	3	X
英阿雜爾	七-4-2	明伯克	向有耕地	3	X
葉爾羌	七	塘克瓦里伯克	X	X	遇買賣房地水磨者，每騰格收普爾5文，不給騰格地畝
葉爾羌	七	帕賫沙卜伯克	X	X	遇買賣房地水磨者，每騰格收普爾5文，不給騰格地畝
葉爾羌	七	沙爾笏爾哈滋伯克	X	X	遇買賣房地水磨者，每騰格收普爾5文，不給騰格地畝
葉爾羌	七	阿爾巴卜伯克	X	X	遇買賣房地水磨者，每騰格收普爾5文，不給騰格地畝
葉爾羌	七	石笏爾伯克	X	X	遇買賣房地水磨者，每騰格收普爾5文，不給騰格地畝

資料來源：永貴、舒赫德，《新疆回部志》，卷3，官制第29、制祿第30、養贍，收入張羽新、趙曙青主編，《清朝治理新疆方略匯編》，冊21，頁447-456。

有關《新疆回部志》有疑義的部分，如喀什噶爾「四品他什密里克散秩大臣布魯特阿奇木伯克一員，每員養廉銀二百騰格」，此應指高宗任命之散秩大臣布魯特阿奇木，但若是一員，何必再

寫每員呢？在《新疆回部志》官制第二十九各城伯克品級員數，僅列「他什密里克伯克一」，即指該地有一個伯克缺，並未指名職稱，亦未列他什密里克散秩大臣布魯特阿奇木伯克，參考嘉慶年版《欽定回疆則例》乾隆二十四年（1759）平定回疆所設喀什噶爾伯克內，他（塔）什密里克該地卻未設四品伯克，最高為六品塔什密里克阿奇木伯克，或許這正呈現乾隆朝至嘉慶朝的變化，因為嘉慶年版雖載乾隆二十四年（1759）所設，實已是嘉慶朝的狀況。而雖列為阿奇木伯克，並未如其他伯克有養廉地畝，僅給養廉銀，可能是當時布魯特阿奇木未居該地的彈性處理。

　　再者《新疆回部志》內，在官制、制祿、養贍三個部分所列也有差異，如喀什噶爾與英吉沙爾是合併計算，在官制第二十九喀什噶爾六品伯克列二十五缺，但養贍喀什噶爾與英吉沙爾六品伯克合計為二十四名，而兩者相比對確有誤差，官制第二十九阿爾胡哈滋伯克、烏帕爾伯克、伯什克勒木明伯克、罕阿里克密拉卜，則未見列於養贍部分，而列於養贍部分，克勒雅拉克、化（應是「他」筆誤）什密里克，二者卻未被列於官制第二十九。七品伯克兩城在官制第二十九列十七缺，但養贍有十九位，亦不相符，且未寫伯克職稱，無法進一步比對差異。喀什噶爾有許多城莊，僅列地名加上伯克，如玉思圖阿爾圖什伯克、烏帕爾伯克，而未指有伯克職稱，顯其初創未細分的情形。[39]在嘉慶年版《欽定回疆則例》仍有此情況，即便是道光年再次修撰，部分地方也仍是如此，如葉爾羌所屬玉拉里克地方六品伯克一缺，塔克六品伯克一缺，皆未列職稱。[40]

[39]永貴、舒赫德，《新疆回部志》，制祿第 30、養贍，收入張羽新、趙曙青主編，《清朝治理新疆方略匯編》，冊 21，頁 448-455；（清）托津 等人編纂，《欽定回疆則例》，卷 1，頁 2-4，收入天龍長城文化藝術公司編，《新疆史志》，第二部，冊 11，頁 56-60。

[40]永貴、舒赫德，《新疆回部志》，官制第 29、制祿第 30、養贍，收入張羽新、

　　哈喇沙爾所屬庫爾勒及布古爾列伯克總數為十六人，但在制祿數兩城各列為九人，七品多二位，應為十八人。庫車所屬庫車及沙雅爾兩城列二十七位伯克，伯克數與制祿數各品皆同，但制祿載為二十八位，伯克應是二十七位。阿克蘇所屬阿克蘇、賽里木、拜城伯克總數列五十四缺，制祿是寫四十七位，但實際為四十八，以此又與伯克數五十四差六位，各品級差異為六品少二位，七品少四位。喀什噶爾、英吉沙爾伯克人數與養贍同為五十七位，但制祿五至六品較總數各少一，七品多二位。葉爾羌伯克人數與制祿雖同為列為四十九人，但在制祿所列實際計算在五品多一名，故應為五十。和闐伯克總數與養贍皆載四十九位，但養贍實際計算列載四十八位，五品制祿少一位，六品多三位，七品則少三位。

　　《新疆回部志》各城祿制及養贍總計有二百五十五位伯克，與官制各城伯克品級員數總計二百六十人，少了四人，但實際計為二百五十六位伯克。請見表 8-5 各城伯克養贍、制祿與品級人數表。計算有差異部分，在表內以斜體，合計有差別的則再加底線，以茲分別。

表 8-5 各城伯克養贍、制祿與品級人數表

城　名／總　數	品級	人　數	制祿數	養　贍
哈喇沙爾所屬庫爾勒及布古爾	三	2	2	X
哈喇沙爾所屬庫爾勒及布古爾	四	2	2	X
哈喇沙爾所屬庫爾勒及布古爾	五	4	4	X
哈喇沙爾所屬庫爾勒及布古爾	六	2	2	X
哈喇沙爾所屬庫爾勒及布古爾	七	6	8	X
哈喇沙爾所屬庫爾勒及布古爾合計		*16*	*__18__*	X
庫車所屬庫車及沙雅爾	三	2	2	X
庫車所屬庫車及沙雅爾	四	2	2	X

趙曙青主編，《清朝治理新疆方略匯編》，冊 21，頁 447-457。

城　名／總　數	品級	人　數	制祿數	養　贍
庫車所屬庫車及沙雅爾	五	4	4	X
庫車所屬庫車及沙雅爾	六	2	2	X
庫車所屬庫車及沙雅爾	七	17	17	X
庫車所屬庫車及沙雅爾合計		*27*	*28/27*	X
阿克蘇所屬阿克蘇、賽里木、拜城	三	3	3	X
阿克蘇所屬阿克蘇、賽里木、拜城	四	3	3	X
阿克蘇所屬阿克蘇、賽里木、拜城	五	4	4	X
阿克蘇所屬阿克蘇、賽里木、拜城	六	*7*	*5*	X
阿克蘇所屬阿克蘇、賽里木、拜城	七	*37*	*32*	X
阿克蘇所屬阿克蘇、賽里木、拜城合計		54	*47*	X
烏什	五	1	1	X
烏什	六	1	1	X
烏什	七	6	6	X
烏什合計		8	8	X
喀什噶爾、英吉沙爾	三	1	X	1
喀什噶爾、英吉沙爾	四	7	X	7
喀什噶爾、英吉沙爾	五	*7*	X	*6*
喀什噶爾、英吉沙爾	六	*25*	X	*24*
喀什噶爾、英吉沙爾	七	*17*	X	*19/17*
喀什噶爾、英吉沙爾合計		*57*	X	*56/55*
葉爾羌	三	1	X	1
葉爾羌	四	4	X	4
葉爾羌	五	*16*	X	*17*
葉爾羌	六	23	X	23
葉爾羌	七	5	X	5
葉爾羌合計		*49*	X	*49/50*
和闐	三	1	X	1
和闐	四	6	X	6
和闐	五	*5*	X	*4*
和闐	六	*6*	X	*9*
和闐	七	*31*	X	*28/31*
和闐合計		*49*	X	*49/51*
總計		260	255/256	

資料來源：永貴、舒赫德，《新疆回部志》，官制第 29、制祿第 30、
　　養贍，收入張羽新、趙曙青主編，《清朝治理新疆方略匯編》，

冊 21，頁 447-456。

　　由《新疆回部志》內容可知，伯克的收入來源分為三項：一是帕特瑪籽種地，《新疆回部志》稱巴特滿，一帕特瑪為各省六百四十勛，即四石五斗，乾隆二十五年（1760）改為五石三斗，[41]生產的作物供給伯克之糧食，多餘的糧食，亦可轉賣成為所得的一部分；二是撥給種地回人，漢譯稱為洋起或燕齊，亦具供役之意；三是養廉騰格。這三項並非每位伯克各項皆有，而是依城商務活動、伯克品級及職務而有不同。此外，較特別的是三項俸給方式皆無，即清廷不提供給付，伯克所得來源，是依伯克職掌執行公務，而得傭金或餽贈，作為養廉收入的來源。以下即依三項的不同搭配組合，觀察各城伯克待遇之別。

　　伯克沒有養廉銀，僅有帕特瑪籽種地及耕地回人，計有庫爾勒、布古爾、庫車、沙雅爾、賽里木、拜城、阿克蘇及烏什等七城。其因是回疆參贊大臣舒赫德等考察，這些城規模小，商業活動稀少，大多不用騰格，俱以種地為生，因此伯克按職分撥給地畝及種地回人作為所得。再者伯克因品級與職掌也有差異，如阿克蘇七品密拉卜伯克七位，是為管理該處田務、水利、導引溝渠，灌溉田畝者，因其原有地畝，不再另外撥給土地，但撥配耕種回人，在七位伯克中，雅爾巴什密拉卜、哈拉哈密什密拉卜兩位，撥給十位種地回人，其餘則各為四位。[42]

　　喀什噶爾、英吉沙爾、葉爾羌、和闐四城，大多數的伯克依

[41]（清）托津等人編纂，《欽定回疆則例》，卷 4，頁 1-2，收入天龍長城文化藝術公司編，《新疆史志》，第二部，冊 11，頁 271-273。
[42]永貴、舒赫德，《新疆回部志》，制祿第 30、養贍，收入張羽新、趙曙青主編，《清朝治理新疆方略匯編》，冊 21，頁 454。

品級給予養贍騰格、地畝，並撥給種地回人，但其中清廷也有不給養贍騰格的。英阿雜爾（英吉沙爾）除了四品阿奇木伯克有養廉騰格外，其餘伯克皆無，且只有六品密拉卜伯克撥給地畝，三十帕特瑪，其餘伯克以向有耕地為由，不再撥地，僅撥給種地回人三位。在喀什噶爾部分，五品訥克卜伯克、密圖瓦里伯克、哈滋伯克，各莊之六品哈滋伯克，以及巴吉格爾伯克，皆無養廉銀，但按品級撥給地畝，五品六十帕特瑪（巴特滿），六品伯克減半為三十帕特瑪，其他五位六品密拉卜伯克及十五位七品伯克，因向有耕地，也不再撥給地畝，僅給種地回人各三名。

較特別的是和闐，所有伯克皆有養廉銀，是回疆各城獨有的待遇。三品阿奇木伯克有八百騰格，七品伯克也有五十五至五十騰格不等。而和闐六品都觀伯克、訥克卜伯克、莫喜色卜伯克，七品伯克之密拉卜、明伯克、都觀、訥克卜、莫喜色卜、石笏爾等，皆因向有種地，即不再撥給地畝，亦不給種地回人，僅支養廉銀。[43]

以各城伯克職務為主，僅撥給地畝及種地回人，有阿奇木伯克、伊什罕伯克、噶雜那齊伯克、商伯克等，大多是各城五品以上的職位，而這些伯克的職位，相對的也是各城較為重要的。阿奇木伯克撥給數量通常較伊什罕伯克多，庫爾勒、布古爾、庫車兩職位相差達三倍，賽里木則差三倍以上，沙雅爾則差四成，阿克蘇相差四分之一，拜城則是二者相同。烏什在經歷烏什事件後，原有人口幾乎滅淨，雖由各城遷來，但人數已大不前，僅設五品阿奇木伯克，直到道光十二年（1832）六月前，都未有伊什罕伯

---

[43] 永貴、舒赫德，《新疆回部志》，制祿第 30、養贍，收入張羽新、趙曙青主編，《清朝治理新疆方略匯編》，冊 21，頁 454-457。

克，[44]該城僅次於阿奇木伯克之位的六品哈滋伯克，地畝及種地回人數都較阿奇木伯克少一半。各城噶雜那齊伯克、商伯克的地畝，在庫爾勒、布古爾、庫車、沙雅爾、賽里木較伊什罕伯克少五至十五帕特瑪，拜城及阿克蘇約少三分之一。

以撥給養廉騰格的四城而觀，喀什噶爾、英吉沙爾、葉爾羌、和闐之阿奇木伯克、伊什罕伯克，僅有喀什噶爾二者所得騰格同為三百，和闐伊什罕伯克較阿奇木伯克少了百分之二十五，葉爾羌則是相差一半。因此伊什罕伯克待遇和阿奇木伯克齊頭相等的僅為喀什噶爾，不過喀什噶爾阿奇木伯克騰格所得，卻是四城有養廉銀中最低的，與和闐八百，葉爾羌六百，少了近百分之四十至五十，且還低於和闐伊什罕伯克的六百，甚至較和闐所屬各城之阿奇木伯克，如哈拉哈什阿奇木、克里雅阿奇木、玉隴哈什阿奇木等，各有六百至四百騰格低，這應與當地產玉等物產因素有關，但與喀什噶爾商貿來往繁盛、人口數多，伯克所得應較高的既定印象，是有相當落差的。噶雜那齊伯克、商伯克部分，在葉爾羌噶雜那齊伯克待遇與伊什罕伯克同為四品，騰格數同為三百；和闐噶雜那齊伯克比伊什罕伯克少一品，所得騰格少一半，商伯克則比同為五品之噶雜那齊伯克再少五十；喀什噶爾噶雜那齊伯克、商伯克較同為四品的伊什罕伯克少六分之一。

在撥給地畝及耕地回人部分，喀什噶爾、葉爾羌、和闐之阿奇木伯克為一百五十帕特瑪，八十位回人；伊什罕伯克各為一百帕特瑪，回人五十位。英吉沙爾阿奇木伯克僅為八十，但回人有八十位，是給養廉的四城中，耕地回人佔比最高的。若與未有養

---

[44] 聯合報文化基金會國學文獻館，《清代起居注冊-道光朝》，冊 25，頁 014889-014890，道光十二年六月初七日壬午，又奉諭旨。

廉銀的各城一起比較，地畝及耕地回人最多為阿克蘇阿奇木伯克
的二百帕特瑪，耕地回人有一百人。阿克蘇伊什罕伯克、庫車阿
奇木伯克，與喀什噶爾、葉爾羌、和闐三城阿奇木伯克皆為一百
五十，排名第二，但耕地回人前二者為七十位，後三者有八十位。
布古爾及庫爾勒阿奇木伯克有一百二十帕特瑪，排第三。三品阿
奇木伯克有拜城、沙雅爾、賽里木；四品伊什罕伯克有拜城、喀
什噶爾、葉爾羌及和闐，葉爾羌四品噶雜納齊伯克，以及和闐所
屬各城阿奇木伯克，包括哈拉哈什阿奇木、克里雅阿奇木、玉隴
哈什阿奇木、庫爾勒（《回疆則例》稱徹呼、策呼）阿奇木、墻
克（塔克）阿奇木；五品烏什阿奇木伯克、阿克蘇之噶雜納齊伯
克及商伯克，各有一百帕特瑪，排名第四。但是種地回人則有較
大差異，四品伯克與有一百二十帕特瑪的布古爾、庫爾勒阿奇木
伯克，同為五十人；三品及五品伯克，則為三十五人至二十人不
等。其餘四品之英吉沙爾阿奇木伯克及各城四品伊什罕伯克、噶
雜納齊、商伯克為八十至三十帕特瑪，以賽里木伊什罕伯克為最
低，耕地回人以英吉沙爾阿奇木伯克八十名最高，其餘各伯克皆
在三十名以下。

　　僅給種地回人作為養廉薪給，皆因其向有耕地，而不再給養
廉銀，也不配撥地畝，這樣薪給方式尤見於密拉卜（密喇布）伯
克及明伯克。在回疆有三城，分別是喀什噶爾、英吉沙爾六品密
拉卜伯克六位，七品明伯克十七位，配給耕地回人各三名；阿克
蘇七品密拉卜伯克七位中，雅爾巴什密拉卜伯克、哈拉哈密什密
拉卜伯克兩位，各配給十位種地回人，其他五位則各配給四名。

　　至於在耕地回人部分，他們除了為伯克執行農耕外，也具有

供役者之意，高宗也稱其為供役之人。[45]佐口透在《18-19世紀新疆社會史研究》也引用毛拉‧穆薩的《安寧史》，亦提及這樣的觀點。[46]若由各回城伯克其所分配到的耕地回人比例作觀察，部分伯克明顯高於其他伯克，例如給予養廉銀的三品阿奇木伯克和闐、葉爾羌及喀什噶爾三城，為一百五十帕特瑪，耕地回人為八十人，四品英吉沙爾阿奇木伯克為八十帕特瑪，卻仍配給八十位耕地回人，應有補其養廉銀低於其他三城之意。再以同為商伯克而觀，喀什噶爾為四品，和闐為五品，養廉銀同為二百五十，前者帕特瑪地八十，後者為六十，相差二十，若照比例應降為二十五或二十，且品級又差了一級，但給予的耕地回人卻同為三十人，可見和闐的待遇優於喀什噶爾，且耕地回人的多寡，亦是代表伯克可支配供役人數的高低，成為清廷提供薪給、地位的另一種象徵方式。

不同於前面的所得方式，部分伯克的所得，並不來自於清廷所給養廉銀、地畝、種地回人三項，而是由伯克執行其職掌的公務，進而收取之費用，以作為所得的來源。如葉爾羌七品伯克之塘克瓦里伯克、阿爾巴卜伯克、帕奇沙卜伯克、沙爾筊爾哈滋伯克、石筊爾伯克等，在職務上以抽取傭金作為所得，遇有買賣房、地、水磨者，每騰格抽普爾五文。葉爾羌五品密拉卜（密喇布）、密圖瓦里、都觀（管）、哈滋（子或資）各一員及拉雅哈滋三名等七位，六品密拉卜二位、哈滋三位、明伯克一位，共六名，皆例為亡人念經，收其家人所餽送之禮物，作為收入來源。這雖與伯克職稱之職掌有所出入的，或者葉爾羌特別與其他各城伯克不

[45]（清）傅恒等，《平定準噶爾方略續編》，卷14，頁24-25，乾隆二十六年十一月癸丑，諭軍機大臣，收入張羽新、趙曙青主編，《清朝治理新疆方略匯編》，冊6，頁439。
[46]佐口透，凌頌純譯，《18-19世紀新疆社會史研究》，上冊，頁154-155。

同，密拉卜、密圖瓦里、都觀、明伯克、哈滋及拉雅哈滋等伯克，
兼顧多種不同的業務，[47]也有可能這些伯克是由伊斯蘭教的阿訇擔
任，等於將宗教職務者，也納入伯克制度內管理，也表現高宗修
其教不易其俗的政策。[48]而由慕暲撰《新疆回部紀略》內，也可補
充《新疆回部志》的記載，例如訥克布伯克管理匠役共一千多人，
每一匠役每年繳六文，養廉錢即視當年所管匠役多寡而定；喀什
噶爾哈滋伯克也是為亡人念經，但密喇布伯克則以巡田罰款偷懶
者做為收入，這顯示伯克收入來自工作職務內容，而不是《新疆
回部志》所載，因向有田產，而不給養贍騰格。[49]亦或是密喇布伯
克等未撥地畝或由執行業務所得之伯克，在乾隆朝統治初期，舒
赫德以其實地觀察，確實向有田產，而如此制定，但後來也因清
廷未給養贍騰格，伯克由職務發展出來的變通方式，成為慕暲在
於光緒朝的不同記載。

　　整體而言，和闐伯克的待遇最好，葉爾羌第二，喀什噶爾第
三。就全城伯克平均可以配得地畝最高依次為拜城、烏什、葉爾
羌，若是扣除未撥配土地的伯克數做平均，伯克可得地畝收入依
次為和闐、英吉沙爾、葉爾羌、喀什噶爾及拜城，和闐四十九位
伯克，實際撥配土畝僅為十七人，英吉沙爾七位伯克，實際撥配
土畝為二人，葉爾羌伯克四十九人，撥配者為三十二人，不過這
是平均數。若除去有養廉銀的各城伯克，以品級排序細觀各城伯
克地畝分配，阿克蘇於各品伯克撥配地畝都是最多的，這應是阿
克蘇位於交通樞紐，伯克未有養廉銀，而以地畝為主要收入的原

---

[47]永貴、舒赫德，《新疆回部志》，養贍，收入張羽新、趙曙青主編，《清朝治理
　　新疆方略匯編》，冊 21，頁 455。

[48]潘向明，《清代新疆和卓叛亂研究》，頁 30-31。

[49]（清）慕暲撰，《新疆回部紀略》，收入張羽新、趙曙青主編，《清朝治理新疆
　　方略匯編》，冊 22，頁 179。

故。若以耕地回人撥配而觀，全城伯克平均最高依次為葉爾羌、
英吉沙爾、庫爾勒、布古爾，但以實際配得耕地回人之伯克數計
算，依序為和闐、葉爾羌、英吉沙爾，和闐四十九位伯克，撥給
耕回人僅有十七位伯克，約佔伯克總數百分之三十五，因而平均
實配有三十四人，較葉爾羌十五人，多出一倍有餘。在養廉銀部
分，全城伯克總平均依次為和闐、葉爾羌、喀什噶爾、英吉沙爾；
若以實際給予養廉銀之伯克平均，英吉沙爾僅阿奇木伯克一人獨
得二百五十騰格為最高，喀什噶爾次之，但該城四十九位伯克，
領養廉銀者只二十二位；排名第三為和闐，清廷撥付的養廉銀額
度，也是以和闐為最多，是回疆各城之冠。《新疆回部志》雖計
和闐為四十九位，但實際列載領養廉銀之伯克有五十一位，伯克
三至七品皆有養廉銀，是各城僅有，且七品伯克僅給養廉銀，不
再給予土地及耕地回人，也是不同於各城的部分。請見表 8-6《新
疆回部志》各城帕特瑪、耕地回人及養廉銀統計表。

　　以《新疆回部志》統計，乾隆三十七年（1772）以前，清廷
每年需由新疆稅收撥銀一萬四千六百五十兩，作為回部伯克養廉
銀。若與表 8-3 乾隆二十五年（1760）十一月回疆駐箚大臣養廉
銀表內，阿克蘇、葉爾羌、喀什噶爾、烏什、庫車、和闐、哈喇
沙爾各辦事大臣、協辦大臣及領隊大臣等二十一位大臣總支付養
廉銀二萬四千四百兩，與當時伯克總數二百五十五人的銀一萬四
千六百五十兩相較，大臣每人平均需花費一千一百六十二兩，伯
克平均僅五十七兩。而各城阿奇木伯克與大臣養廉銀比對，其待
遇大約與領隊大臣相當。高宗籌謀回部，因俗而治地設置伯克制，
再以因地制宜及職務之別，撥配養廉銀、地畝及耕種回人，以回
治回等於用當地原有土地、人民，供給各城行政職位的伯克薪給，
也為國庫不必增加支付。商貿經營繁盛之喀什噶爾、英吉沙爾、
葉爾羌、和闐四城撥給養廉銀為主。阿克蘇、庫爾勒、布古爾、

庫車、沙雅爾、賽里木、拜城及烏什等城，城地小或商業活動稀少，仍是以物易物，不用騰格，都以種地為生，即以因地制宜地撥給地畝及耕地回人作為薪給。若是伯克原先已有土地，則僅撥耕地回人作為薪給，若伯克在職務上已有收入，甚至養廉銀、土地、耕地回人皆不撥給，這是人員由外地派來所沒有的優點。如此一來，回疆人事成本大幅降低，清廷不需因為版圖的擴展增加管理成本的負荷，只要再派出少量的滿洲大臣監督治理，展現以回治回及以少數管理多數的民族政策，也為清朝國庫省下大筆開銷，是高宗相當睿智的擘劃。

表8-6《新疆回部志》各城帕特瑪、耕地回人及養廉銀統計表

城名	伯克數	帕特瑪/實配伯克數	總平均	實配帕特瑪	耕地回人/實配伯克數	耕地回人總平均	實配伯克耕地回人	養廉銀/實配伯克數	養廉銀平均	實配養廉銀
和闐	49	1170/17	23.88	68.82	590/17	12.04	34.71	6740/51	137.55	132.16
葉爾羌	49	1660/32	33.88	51.88	835/32	17.04	17.04	4460/32	91.02	139.38
喀什噶爾	49	1380/29	28.16	47.59	444/41	10.83	10.83	3200/22	65.3	145.45
英阿雜爾	7	110/2	15.71	55	99/7	14.14	14.14	250/1	35.71	250
沙雅爾	11	350	31.82	31.82	74/11	6.73	6.73	X	X	X
庫爾勒	9	275	30.56	30.56	111/9	12.33	12.33	X	X	X
布古爾	9	275	30.56	30.56	111/9	12.33	12.33	X	X	X
阿克蘇	35	1170/25	32	44.8	406/35	11.6	11.6	X	X	X
庫車	17	429	25.24	25.24	160/16	9.41	10	X	X	X
賽里木	6	200	33.33	33.33	65/6	10.83	10.83	X	X	X
拜城	6	280	46.67	46.67	64/6	10.67	10.67	X	X	X
烏什	8	330	41.25	41.25	69/8	8.63	8.63	X	X	X

資料來源：永貴、舒赫德，《新疆回部志》，卷3，官制第29、制祿第

30、養贍，收入張羽新、趙曙青主編，《清朝治理新疆方略匯編》，冊21，頁447-457。

　　若以表 8-4 三至七品《新疆回部志》乾隆三十七年（1773）回疆伯克養廉表內，所呈現的資料，相對於以乾隆四十七年（1782）五月初十日完成《欽定皇輿西域圖志》為主，內載當時所定給各品伯克的帕特瑪籽種地畝、種地人，[50]後者就顯得簡略許多，推測傅恒等撰寫時，應是參考《新疆回部志》資料簡化而成。請見表 8-7《欽定皇輿西域圖志》伯克帕特瑪籽種地畝、種地人表。

表 8-7《欽定皇輿西域圖志》伯克帕特瑪籽種地畝、種地人表

伯克品級	帕特瑪籽種地畝	種地人
三品伯克	200	100 人
四品伯克	150	50 人
五品伯克	100	30 人
六品伯克	50	15 人
七品伯克	30	8 人

資料來源：（清）傅恒等奉敕撰，《欽定皇輿西域圖志》，冊4，卷30，官制2，頁25。

　　不過，上述各書記載，若與檔案相互比對，又有差異。乾隆四十四年（1779）正月，葉爾羌阿奇木伯克鄂對涉及葉爾羌大臣高樸私鬻玉石案，永貴要鄂對之子鄂斯瑪時任三品喀什噶爾阿奇木伯克代繳鄂對欠款七千八百八十兩時，鄂斯瑪言阿奇木伯克所得分例養廉普爾八百個騰格，再阿奇木伯克分例有一百五十帕特瑪田地所得，食用不完的麥子可折價及普爾合計每年可得銀八百

---

[50]（清）傅恒等奉敕撰，《欽定皇輿西域圖志》，冊1，諭旨，頁3，及卷首表文，頁7。

兩。[51]以此而觀，更清楚伯克養廉薪給的結構，但也顯示此時一騰格已不及銀一兩。若以乾隆二十六年（1761）十一月高宗以葉爾羌阿奇木伯克鄂對及喀什噶爾阿奇木伯克噶岱默特二人安分又未苛擾回眾，在官給的六百騰格外，再加二百騰格，以示鼓勵，但也諭此為特恩，不可援以為例。[52]換言之，喀什噶爾及葉爾羌在乾隆二十六年（1761）的養廉銀已達八百騰格。再加上乾隆三十一年（1765）原是為調降和闐阿奇木伯克原有一千一百騰格，而檢視各伯克養廉銀重新調整及分配，當時葉爾羌阿奇木伯克養廉銀為八百騰格，伊什罕伯克為三百騰格，喀什噶爾伯克所得也不相上下之語等。[53]這就比較符合鄂斯璊所言情形。然而這與乾隆三十七年（1773）《新疆回部志》所載喀什噶爾三品阿奇木伯克養廉銀給普爾三百騰格，似乎又差了很多。永貴在《新疆回部志》喀什噶爾阿奇木伯克養廉銀寫道，舊給普爾一百騰格，後奉特旨增給二百騰格，因此才有三百騰格等語。[54]這若比對乾隆二十六年（1761）因鼓勵而加二百騰格的特旨，成為八百騰格的記錄是所有差誤，且既為特恩又不可援例，應是鄂對及噶岱默特才享有，接任二城的阿奇木伯克，應是不可援例，但事實上，鄂斯璊仍受益於前人之功，繼續享有特恩援例。

　　乾隆二十六年（1761）三月，葉爾羌因毗連戈壁，雨水又少，

[51]《奏摺檔》，文獻編號第 305000009 號，頁 28-30，乾隆四十四年正月初八日，永貴奏。
[52]（清）傅恒等，《平定準噶爾方略續編》，卷 14，頁 24-25，乾隆二十六年十一月癸丑，諭軍機大臣，收入張羽新、趙曙青主編，《清朝治理新疆方略匯編》，冊 6，頁 439。
[53]（清）托津等人編纂，《欽定回疆則例》，卷 3，頁 25，收入天龍長城文化藝術公司編，《新疆史志》，第二部，冊 11，頁 245-246。
[54]永貴、舒赫德，《新疆回部志》，養贍，收入張羽新、趙曙青主編，《清朝治理新疆方略匯編》，冊 21，頁 454。

全賴引水灌溉，而查勘引水溉田之責為密喇布伯克，葉爾羌辦事大臣新柱查舊例，該伯克的薪給是查緝怠於灌溉及紊亂成規者罰款項目充公而來，所以無庸另給，而當時現任密喇布伯克邁達雅爾來自和闐，未帶丁役，懇請照噶雜那齊伯克、商伯克之例，給予丁役五十人，而新柱詢問了阿奇木伯克及伊什罕伯克，也認為需要屬實。[55]再以阿奇木伯克及伊什罕伯克的回應而觀，五十人或可視為當地密喇布伯克的過往實際的配備人力，也可以看到耕地回人的另一層為供役者的含意。但再與《新疆回部志》葉爾羌五品密拉卜（密喇布伯克）帕特瑪籽種地及種地回人比對，仍是未派給丁役，其因例為亡人念經，應得餽送禮物，不給騰格、地畝。[56]

再者，乾隆三十三年（1768），軍機處覆奏定的給予烏什伯克燕齊數，即准給烏什五品伯克屯田燕齊為二十戶，六品哈資伯克六戶，七品明伯克、巴濟格爾伯克各五戶，且因乾隆三十二年（1767）阿克蘇、葉爾羌、喀什噶爾、和闐陸續徙撥回人七百零八戶至烏什，而要配置伯克管理，因此烏什阿奇木伯克瑪瑪達布拉先佔鄰近的阿克蘇訥克布伯克缺之燕齊補充，乾隆三十三年（1768），耕地生產及遷移人口穩定後，再重新辦給烏什伯克燕齊，並撤回原佔阿克蘇伯克缺之燕齊，即是較為特殊處理，而配給烏什阿奇木伯克燕齊，又與《新疆回部志》、《欽定皇輿西域圖志》內載數量不同的，且計算的基準也不同，一個是以人數作

---

[55] （清）傅恒等，《平定準噶爾方略續編》，卷 10，頁 13-14，乾隆二十六年三月丁未，新柱奏，收入張羽新、趙曙青主編，《清朝治理新疆方略匯編》，冊 6，頁 406。

[56] 永貴、舒赫德，《新疆回部志》，養贍，收入張羽新、趙曙青主編，《清朝治理新疆方略匯編》，冊 21，頁 455。

計算，一是以戶數為基準，或者這兩者實是相同的。[57]

　　由上述而觀，清廷給予養廉土地、燕齊數及養廉錢，應是依各地地理、人口條件及伯克們職掌的不同，而有所差異，展現清廷因地治宜的彈性政策，《新疆回部志》、《欽定皇輿西域圖志》提供伯克的養廉銀、燕齊、帕特瑪等，僅可視為回疆伯克薪給制度的梗概，但詳細數字則未必如此，更非一層不變，只能是個參考值，需一併參酌當時奏摺等實務情況而定。

　　若以清朝晚期光緒十年（1884）慕暲撰成之《新疆回部紀略》而觀，伯克制廢除前，伯克的養廉銀，因其職務不同，來源仍是多元化的。喀什噶爾伯克依品級、職掌，所配得養廉的土地、燕齊數及養廉銀各有不同，如表 8-8 道光八年（1828）以前喀什噶爾伯克養廉的土地、燕齊數及養廉銀表所列，然該書喀什噶爾參贊大臣等的養廉銀數目，[58]應是道光八年（1828）以前的狀況，因此再參考那彥成道光八年（1828）正月的奉准的的奏議內容，作成表相互參考。[59]請見表 8-9 新疆各城官員養廉銀表。表 8-9 新疆各城官員養廉銀表內，加薪是為現支加上外加的加薪，才為新核定養廉銀，從《宮中檔道光朝奏摺》道光十九年（1839）「**阿克蘇辦事大臣應支十九年一歲加增養廉銀六百兩**」而觀，亦可證明大臣養廉銀數仍持續以現支為主，大臣在預估經費時，仍以外加

---

[57]（清）托津等人編纂，《欽定回疆則例》，卷 3，頁 27，收入天龍長城文化藝術公司編，《新疆史志》，第二部，冊 11，頁 249-250；（清）賽尚阿等修，《欽定回疆則例》，卷 5，頁 23。

[58]（清）慕暲撰，《新疆回部紀略》糧餉，收入張羽新，趙曙青主編，《清朝治理新疆方略彙編》，冊 22，頁 162-164。

[59]（清）容慕安輯，《那文毅公籌畫回疆善後事宜奏議》，卷 74，頁 15-16，道光八年正月二十五日，奉上諭，收入張羽新、趙曙青主編，《清朝治理新疆方略彙編》，冊 10，頁 227。

方式支放加薪部分，才成為新核定養廉銀的額數。[60]

表 8-8　道光八年（1828）以前喀什噶爾伯克養廉的土地、燕齊數及養廉銀表

伯克品級	伯克職稱	帕特瑪籽種地	燕齊人數（種地佃戶）	養　廉　銀
三品伯克	阿奇木伯克	150	80	30000 文[61]
四品伯克	伊什罕伯克	100	50	15000 文
	商伯克	80	30	12500 文
	噶雜納齊伯克	80	30	12500 文
	阿奇木伯克	80	30	12500 文
五品伯克	阿奇木伯克	40	15	7500 文
	莫提色布伯克	40	15	7500 文
	訥克布伯克	60	15	管匠役千餘人，每年 6 文/人（不支養廉）
	密喇布伯克	40	15	管灌溉田地按日巡查捉懶惰者罰錢文為養贍（不支養廉）
	哈孜(資)伯克	60	15	管詞訟念經分產如有罰款謝禮作養廉錢(不支養廉)
六品伯克	阿奇木伯克	30	4	5000 文
	什呼爾伯克	30	4	5000 文
	巴克瑪塔爾	30	4	5000 文
	明伯克	30	4	5000 文
	阿爾巴布伯克	30	4	5000 文
	都觀[62]伯克	30	4	5000 文
	帕提色布伯克	30	4	5000 文
	巴濟格爾伯克	30	4	管納牲畜駝馬牛驢 1-5 文/匹（不支養廉）
	密喇布伯克	20	3	管灌溉田地按日巡查捉懶惰者罰錢文為養贍

---

[60] 《宮中檔道光朝奏摺》，文獻編號第 405001889 號附件二，2726 箱，道光十八年七月二十六日。

[61] 一百文約為銀一兩，銀一兩約一騰格。（清）慕暲撰，《新疆回部紀略》，喀什噶爾錢法，收入張羽新、趙曙青主編，《清朝治理新疆方略匯編》，冊 22，頁 165。

[62] 應是《欽定回疆則例》的都管伯克，（清）賽尚阿等修，《欽定回疆則例》，卷 1，頁 57。

				(不支養廉)
	哈孜(資)伯克	30	4	管詞訟念經分產如有罰款謝禮作養廉錢(不支養廉)
七品伯克	密喇布伯克	10	2	管灌溉田地按日巡查查捉懶惰者罰錢文為養贍(不支養廉)
	明伯克	10	2	(不支養廉)
合　　計		1070	338	192500

資料來源：（清）慕暲撰，《新疆回部紀略》，回務，伯克養廉，收入
　　　　　張羽新，趙曙青主編，《清朝治理新疆方略匯編》，冊22，
　　　　　頁 179。

表 8-9 新疆各城官員養廉銀表

官　　　　名	現支（年/兩）	（道光八年正月上諭核定）	
		加　　薪	新核定養廉銀
伊犁將軍	3000	1000	4000
伊犁參贊大臣	1000	500	1500
伊犁領隊大臣	700	200	900
烏魯木齊都統	1800(1888)[63]	500	2300
庫爾喀喇烏蘇領隊大臣	400	400	800
哈密辦事大臣	700	200	900
哈密幫辦大臣	400	200	600
喀什噶爾參贊大臣	1500	500	2000
喀什噶爾幫辦大臣	700	300	1000
喀什噶爾領隊大臣(道光 12.5.27 辛未內閣奉諭旨改設）＊		照和闐、英吉沙爾之例歲支600+加增 200 =800 兩	
葉爾羌辦事大臣	1100	200	1300
葉爾羌幫辦大臣	700	200	900
烏什辦事大臣	700	200	900
阿克蘇辦事大臣	400	600	1000
庫車辦事大臣	600	200	800
喀喇沙爾辦事大臣	600	200	800

---

[63] 《清代新疆貨幣史》原列 1888，但若參照其他大臣及加薪新核定養廉銀推估應是 1800 較為合理，可能是打印上的誤失，穆淵，《清代新疆貨幣史》，頁73。

和闐領隊大臣	600	200	800
英吉沙爾領隊大臣	600	200	800

資料來源：（清）容慕安輯，《那文毅公籌畫回疆善後事宜奏議》，卷74，頁15-16，道光八年正月二十五日，奉上諭，收入張羽新、趙曙青主編，《清朝治理新疆方略匯編》，冊10，頁227；穆淵，《清代新疆貨幣史》，頁73-74；＊聯合報文化基金會國學文獻館，《清代起居注冊-道光朝》，冊25，頁014804，道光十二年五月二十五日辛未，內閣奉諭旨。

　　表8-8 道光八年（1828）以前喀什噶爾伯克養廉的土地、燕齊數及養廉銀表與表8-4 三至七品《新疆回部志》乾隆三十七年（1773）回疆伯克養廉表相較，以一百文大約為銀一兩，銀一兩大約一騰格來算，養廉銀除了阿奇木伯克外，其他伯克少了近一百騰格，或少一半。不過慕暲《新疆回部紀略》伯克養廉最後計算「**以上共支養廉錢一百九十二千五百文**」，但筆者依其所列各項合計為一百三十二千五百文，少了六十千文，是有些疑義的。[64]

　　《新疆回部紀略》亦記庫爾勒及布古爾兩城伯克的燕齊數，而未言養廉銀，此與《新疆回部志》記載相同，請見表8-10庫爾勒及布古爾兩城伯克的燕齊數表。然而若是慕暲所記，未參考《新疆回部志》，而是在光緒十年（1884）之前所見，表示伯克的薪給方式從乾隆朝至光緒朝一百多年間，未曾改變。

表 8-10 庫爾勒及布古爾兩城伯克的燕齊數表

伯克品級	庫　　爾　　勒		布　　古　　爾	
	職　　　稱	燕　　齊	職　　　稱	燕　　齊
三品伯克	阿奇木伯克	種地人 50 戶	阿奇木伯克	種地人 50 戶
四品伯克	伊什罕伯克	種地人 20 戶	伊什罕伯克	種地人 20 戶
五品伯克	商伯克	種地人 11 戶	商伯克	種地人 11 戶
六品伯克	哈孜(資)伯克 2 員	種地人 6 戶	哈孜(資)伯克	種地人 6 戶

---

[64]（清）慕暲撰，《新疆回部紀略》，回務，伯克養廉，收入張羽新、趙曙青主編，《清朝治理新疆方略匯編》，冊22，頁162、150、185。

七品伯克	玉孜(資)伯克 4 員	種地人 3 戶	明伯克	種地人 3 戶
	挖銅伯克		訥克布	
	密喇布伯克		玉孜伯克 2 員	
			挖銅伯克	
			密喇布伯克	

資料來源：（清）慕暲撰，《新疆回部紀略》，收入張羽新、趙曙青主
　　　　　編，《清朝治理新疆方略匯編》，冊 22，頁 199-200。

　　若以《新疆回部紀略》一書所列，各大臣養廉銀，喀什噶爾
參贊大臣歲支養廉銀一千五百兩，葉爾羌辦事大臣一千一百兩，
協辦大臣七百兩，英吉沙爾領隊大臣六百兩，三品阿奇木伯克為
養廉銀相當於領隊大臣的一半，若再與乾隆朝伯克原有的養廉騰
格比較，三品阿奇木伯克大約與領隊大臣相當，見表 8-9 新疆各
城官員養廉銀表，此表與表 8-3 乾隆二十五年（1760）十一月回
疆駐箚大臣養廉銀表相比，除了喀什噶爾參贊大臣維持相同為一
千五百兩，這應是與辦事大臣職缺升為回疆參贊大臣職缺有關之
外，阿克蘇辦事大臣少了五分之四的養廉銀，庫車、烏什、喀喇
沙爾少了二分之一，葉爾羌少四百兩，哈密少三百兩。再以乾隆
三十一年（1766）三月高宗降旨將吐魯番郡王額敏和卓遣至葉爾
羌，與額爾景額一起辦事為例，每年給養廉銀一千五百兩，這是
與當時回疆最高為葉爾羌參贊大臣的養廉銀相同。[65]這似乎表示乾
隆二十五年（1760）至道光八年（1828）的六十八年間，新疆駐
箚大臣、伯克的養廉銀皆是不增反減，即使道光八年（1828）善
後檢討大臣及衙門弊端，需要提高待遇因應，但是新核定的養廉
大多也未回到乾隆二十五年（1760）的水準，且道光至咸豐年間，

---

[65] 《大清高宗純（乾隆）皇帝實錄》，卷 755，頁 6，乾隆三十一年三月丁巳，又
諭。

原是一兩銀換 250-260 文紅錢，僅能兌換 80 至 100 文紅錢，駐箚大臣所得在回疆物價通貨膨脹下更形減少，官兵生計艱困可見一般。

若是道光八年（1828）以後駐箚大臣已調整養廉銀，但伯克未隨之調整，阿奇木伯克與同城喀什噶爾領隊大臣相較，已有 2.7 倍的差別。咸同年間清廷國庫拮据，官兵協餉未到，大臣以捐輸章程為名，伯克為升遷配合捐輸之額數，更顯清廷以制度之名，掩飾國家苛索於伯克的事實，更何況伯克還要因應大臣家人及衙門等日常生活的用度索求，故而轉嫁攤派於回眾，真正的苛索者實是大臣及國家制度，而駐箚大臣面對官兵及該城各項行政事務的推動，亦是捉襟見肘。

時至光緒十年（1884）新疆建省改為郡縣制，廢除按丁索賦辦法，伯克多經裁撤，土地賦稅重訂，伯克養廉地畝改以「准歸官招佃承種，額糧照則收納，如未裁伯克廉地及撥作義學壇廟香火各官地，均科額糧」，[66]伯克養廉地畝、燕齊等，也隨伯克制逐漸終止，走入歷史。[67]然而改制後的新疆各地官員品秩大幅下降，俸銀也較低，清廷國庫需支付各國賠款，新疆官員所得就更是雪上加霜了，此時官員已無伯克可需索，直接以各種名目稅額加諸於新疆各族，那麼馬亮在光緒二十七年（1901）至三十一年（1905）擔任伊犁將軍以其所見，奏言新疆改為行省，各州縣官員，吏治不修，貪瀆苛擾之盛，無異於伯克，也就不足為奇了。[68]

---

[66]（清）王樹枏、王學曾 總纂，《新疆圖志》，卷 30，賦稅一，頁 4，收入張羽新、趙曙青主編，《清朝治理新疆方略匯編》，冊 20，頁 151。

[67]田澍、何玉紅、馬嘯主編，《西北邊疆管理模式演變與社會控制研究》（天津：天津古籍出版社，2012 年），頁 482-484。

[68]《軍機處‧月摺包》，文獻編號第 165171 號，2730 箱，光緒三十四年七月十七日，馬亮奏。

第三節 伯克陞轉補助

伯克升遷，最初僅在同城內進行，然而若遇到同城伯克，有多位同時因優良表現而得諭升賞時，等待同城之內升遷，必然造成人事的壅塞，而且回疆各城五品以上伯克缺出，是由各城應陞人選一起挑選奏補，在這樣的制度的設計下，伯克在各城升遷流動，也就成為必然。而回疆各城依規模有大、小之分，尤其是葉爾羌、喀什噶爾及和闐三城已佔回疆近七成人口，又有較好的養廉銀待遇，阿克蘇位於交通樞紐，亦為清廷所重之城。當伯克有好的表現時，清廷也以晉升至這些城作為獎勵。伯克的轉陞，有東西兩邊各城，也有這從條件較優之城轉陞至東部各城，成為總管一城的阿奇木伯克或其副手伊什罕伯克，也有跨越南北疆的伊犂伯克與回疆各城伯克間調動。高宗見伯克因攜眷舉家搬遷，衍生借糧的奏請日增，又考量伯克升調路程所衍生的費用，因而諭令給予糧食及費用的補貼。

乾隆朝伯克制施行後，伯克換城陞調狀況越加頻繁，乾隆三十七年（1772）十一月起，已施行京師大臣派往新疆任職，可以攜眷前往，當時也諭以哈密郡王職銜貝勒伊薩克前往伊犂隨舒赫德學習辦事，亦可攜眷。[69]而回疆三、四品之阿奇木伯克及伊什罕

---

[69]《大清高宗純（乾隆）皇帝實錄》，卷 921，頁 28-29，乾隆三十七年十一月丁巳，諭軍機大臣等。乾隆五十三年二月起，高宗諭駐劄大臣不能遽易生手，久留邊疆未免心存內顧，伊犂將軍、參贊大臣、領隊大臣、烏里雅蘇臺將軍、參贊大臣俱可攜眷外，塔爾巴哈臺、喀什噶爾、科布多等參贊大臣，葉爾羌、阿克蘇、庫車等處辦事大臣，一體可攜眷，烏魯木齊都統及副都統依舊例可攜眷，但塔爾巴哈臺、喀什噶爾、葉爾羌三處協同辦事大臣，烏什、庫車、和闐、英吉沙爾、喀喇沙爾、哈密等處駐劄大臣，俱不必攜眷，三年期滿仍行奏請更換，所有應行賞給攜眷路費，由軍機處量加核減，向例各外省將軍、副都統等由戶部及兵部撥給車馬口糧，准攜眷照舊例酌減。《大清高宗純（乾隆）皇帝實錄》，

伯克需要迴避本城，轉陞調任必是跨城，攜眷舉家遷移，若是橫跨兩疆或東西之城，搬遷及糧食費用，就成了沈重的負擔，進而發生阿奇木伯克需要向駐劄大臣借糧度日的窘境。乾隆四十一年（1776），阿克伯克由伊犁陞至庫車阿奇木伯克，由於所攜家眷眾多，當年所種之糧尚未收獲，到任後只得向庫車辦事大臣常喜借官糧麥種一百石，懇請待秋收後，再照數繳納。高宗發現不久前回疆參贊大臣綽克托等才奏准，前往阿克蘇赴任的阿奇木伯克鄂斯璊（庫車郡王鄂對之子）所帶糧食無多，請求借官糧一百石，待秋收繳還之事。高宗有感於同樣情況一再發生，不希望新陞遷移者再為此節次請旨，同時也考慮阿奇木伯克秋收一次繳還糧石，不免拮据，因此諭令嗣後新陞移居之阿奇木伯克都准借麥種一百石，並給予三年期限繳還。[70]

　　由於五品以上伯克亦需跨城調補，為避免伯克因升調，產生的額外支出，造成負擔或侵貪弊端，於是定立伯克調放的補助標準。乾隆四十二年（1777）八月，高宗諭葉爾羌噶匝納齊（噶雜那齊）伯克巴喇特補放伊犁伊沙噶（伊什罕）伯克，考量升補前往伊犁路途遙遠，需攜眷遷徙，到該地又需置辦各項用品，定有額外的許多花費，伯克因表現良好，而升補他城，豈可令他因轉陞，造成經濟拮据之理？且為了避免伯克因這些費用的支出，被迫在本城起程時，向眾回人科派，或者因升補不能度日，而行貪瀆之事發生。於是諭令烏什參贊大臣綽克托酌定具奏，伯克升轉他處者，依品秩大小及路程遠近，賞銀一百兩至二、三百兩，讓

卷 1298，頁 30-31，乾隆五十三年二月甲辰，諭。

[70]（清）托津等人編纂，《欽定回疆則例》，卷 3，頁 20-21，收入天龍長城文化藝術公司編，《新疆史志》，第二部，冊 11，頁 235-237；（清）賽尚阿等修，《欽定回疆則例》，卷 5，頁 18-19；林恩顯，《清朝在新疆的漢回隔離政策》，頁 90-93。

伯克起程時不致拮据，到達該城就任後，生計不致窘迫。[71]

　　烏什參贊大臣綽克托等，在乾隆四十二年（1777）為各回城調放伯克議定，依路途遠近，及職分大小賞給銀兩。依路程遠近可分為兩大項，一是回疆各城與北疆的伊犁互調，以距離再分為兩種，回疆極西四城及最東之喀喇沙爾所屬之布古爾、庫爾勒，跨移至北疆的伊犁，距離最遠，賞給費用也最高；再次是距離伊犁較近的阿克蘇、烏什、賽哩木、拜城、庫車、沙雅爾各城的調動。二是回疆各城互調，依距離再分為兩種，較遠的兩端城市，回疆極西四城葉爾羌、和闐、喀什噶爾、英吉沙爾與極東三城庫車、沙雅爾喀喇沙爾所屬之布古爾、庫爾勒互調；最後是較近的各回城伯克調動，費用補助最低，由喀什噶爾調至葉爾羌，也依此最低原則計算。[72]而距離伊犁較近的回疆六城的南北疆調動，與回疆東西極遠兩端各城的調動補助費用相同，請見表 8-11 回疆各城調放伯克品級賞給銀兩表。由於六、七品伯克只在該城調動，因此僅有皇帝諭准調動的三、四、五品伯克，依其品級大小賞給銀兩，依路程遠近約為歲支養廉銀的四分之一至八分之一的補貼，作為獎勵及益於搬遷的需求，這些措施使伯克制度補放、陞調更臻完備。[73]此議定也收錄於嘉慶年版及道光年版之《欽定回疆則例》內，供各城大臣於實務上參考應用。伯克搬遷若與由京調動至新疆的大臣補助作比較，則無戶部及兵部提供的車、馬，請

---

[71] 中國第一歷史檔案館編，《乾隆朝滿文寄信檔譯編》，冊 12，2093 條，頁 558，乾隆四十二年八月初八日，奉上諭。

[72] 《大清高宗純（乾隆）皇帝實錄》，卷 1055，頁 1-2，乾隆四十三年四月丙午，又諭。

[73] （清）托津等人編纂，《欽定回疆則例》，卷 3，頁 22-24，收入天龍長城文化藝術公司編，《新疆史志》，第二部，冊 11，頁 235-243；（清）賽尚阿等修，《欽定回疆則例》，卷 5，頁 20-22。

見表 8-12 新疆大臣攜眷遷移車馬口糧表。不過若依伯克年班慣
例，各城伯克入京年班及返回，清廷皆以哈密作為提供車馬的起
迄點[74]，因此依慣例而言，提供車、馬給各城伯克搬遷，應是清廷
原本就不會考量的補助。

表 8-11 回疆各城調放伯克品級賞給銀兩表

調　放　轉　陞　區　域	品級、賞銀兩		
	三	四	五
葉爾羌、和闐、喀什噶爾、英吉沙爾、喀喇沙爾所屬之布古爾、庫爾勒六城←→伊犂	200	150	100
阿克蘇、烏什、賽哩木、拜城、庫車、沙雅爾←→伊犂	150	100	50
葉爾羌、和闐、喀什噶爾、英吉沙爾←→庫車、沙雅爾喀喇沙爾所屬之布古爾、庫爾勒	150	100	50
葉爾羌、和闐、喀什噶爾、英吉沙爾、喀喇沙爾所屬之布古爾、庫爾勒六城←→阿克蘇、烏什、賽哩木、拜城	100	50	30

資料來源：（清）賽尚阿等修，《欽定回疆則例》，卷5，頁20-22。

表 8-12 新疆大臣攜眷遷移車馬口糧表

官　　　　品	車　　輛	馬	口　　糧
將軍	7	40	30
副都統	6	30	20
四品	5	20	10
四品以下官照此遞減			

資料來源：《大清高宗純（乾隆）皇帝實錄》，卷1298，頁30-31，乾
隆五十三年二月甲辰，諭。

---

[74]（清）慕暲撰，《新疆回部紀略》，哈密官制，收入張羽新，趙曙青主編，《清
朝治理新疆方略彙編》，冊22，頁244。

　　由於議定當時並未將吐魯番考量進來，其因是吐魯番以扎薩克制為主，且雖設伯克管理，但皆以該地內部升補為主，未參與回疆各城伯克的流動制度。然而當吐魯番郡王或其家族成員出任其他各城伯克時，也就不能直接享有此項議定的補助。於是駐箚大臣改為援例方式上奏，為其爭取權益。道光元年（1821），吐魯番郡王邁瑪薩依特調放為喀什噶爾阿奇木伯克時，喀什噶爾羌參贊大臣武隆阿追溯前任阿奇木伯克伊斯堪達爾，由吐魯番郡王調放喀什噶爾阿奇木伯克時，乾隆五十三年（1788）正月初四日，奉上諭施恩賞給伊斯堪達爾一百兩作為搬眷之需。當時因庫車貝子喀什噶爾阿奇木伯克鄂斯璊年班入覲，在京臥病溘逝，高宗見吐魯番郡王伊斯堪達爾為可造之材，因此任命他補授喀什噶爾阿奇木伯克之缺，並給銀一百兩，作為吐魯番至喀什噶爾家口遷徙之需，費用由吐魯番官銀內撥給。[75]於是武隆阿奏請同樣補助邁瑪薩依特一百兩，並由喀什噶爾庫貯項下動銀一百兩賞給。[76]但若參照綽克托定議的原則，吐魯番至喀什噶爾，已跨極東西兩城標準，應補助 150 兩。由上述伯克調陞各項補助而觀，伯克制確是依伯克實務所需，經上奏、議定或諭令，逐步發展而成，且具施行的彈性，而非一套事先定立完善的制度規範。

第四節　伊犁伯克加賞緞疋

　　清廷為了增加伊犁的開墾，回部尚未全然底定前，舒赫德已

---

[75] 《大清高宗純（乾隆）皇帝實錄》，卷 1296，頁 5-6，乾隆五十三年正月丁卯，又諭。
[76] 《外紀檔》，文獻編號第 30300020 號，頁 153，道光元年九月初四日，武隆阿、秀堃奏；《奏摺檔》，文獻編號第 305000029 號，頁 103-105，道光元年九月，武隆阿、秀堃奏。

於乾隆二十四年閏六月上奏，待平定後稍作休息，即令各城回眾
十分之一的人遷往伊犁屯田，高宗以伊犁烏沙克回人及厄魯特雜
居年久，反覆無定，尚不能掌握，回眾數年皆覺窮困，驟然遷徙，
勢必不能順利執行，主張暫緩一、二年，再選老年者前往。[77]

　　乾隆二十五年（1760）六月，舒赫德借各城伯克到阿克蘇會
議之便，上奏建議，由回疆各地回人調徙五百戶至伊犁屯田，各
城分配阿克蘇一百六十一戶，烏什一百二十戶，賽里木十三戶，
拜城十三戶，庫車三十戶，沙雅爾十三戶，多倫一百五十戶，於
乾隆二十六年（1761）二月各城阿奇木伯克協助，調撥回人，辦
給籽種、器具，攜眷前往，並提供行走至伊犁口糧及收穫前的糧
食。[78]同年，即乾隆二十五年（1760）十一月又決定於來年麥熟後
再送二百戶前往，所辦籽種及口糧俱可節省，各城由伯克酌議，
派阿克蘇回人七十五戶，烏什四十五戶，賽里木六戶，拜城四戶，
庫車十四戶，沙雅爾六戶，多倫五十戶。[79]截至乾隆二十六年（1761）
伊犁屯田回人將有一千七百戶。到了乾隆四十一年（1776）伊犁
已移駐回戶六千戶，以軍機處所議而言，多為貧窮或是較難約束
之人，伯克管理之責較重。[80]

　　高宗為管理由回疆陸續遷至伊犁的回戶，於乾隆二十五年

[77]（清）傅恒等，《平定準噶爾方略正編》，卷 74，頁 15-16，乾隆二十四年閏六
　　月辛卯，諭軍機大臣，收入張羽新、趙曙青主編，《清朝治理新疆方略匯編》，
　　冊 6，頁 231。

[78]中國第一歷史檔案館編，《乾隆朝滿文寄信檔譯編》，冊 2，頁 558-559，46 條，
　　乾隆二十六年正月三十日，奉上諭；（清）傅恒等，《平定準噶爾方略續編》，
　　卷 4，頁 5-6，乾隆二十五年六月丁酉，舒赫德等奏，收入張羽新、趙曙青主
　　編，《清朝治理新疆方略匯編》，冊 6，頁 339。

[79]（清）傅恒等，《平定準噶爾方略續編》，卷 7，頁 9-10，乾隆二十五年十一月
　　辛丑，舒赫德等奏，收入張羽新、趙曙青主編，《清朝治理新疆方略匯編》，
　　冊 6，頁 381。

[80]（清）紀昀、陸錫熊、孫士毅 等纂，《西域同文志》，七，卷 13，頁 31，收入
　　王雲五主持，《四庫全書珍本》，三集。

（1760）四月依回疆參贊大臣舒赫德所奏，在伊犁設三品阿奇木伯克一員，及四品伊什罕伯克至六品密喇布伯克十五員，管理回眾。[81]在嘉慶年版《欽定回疆則例》的記載，伯克及金頂回子已增加至三十八缺，[82]見表 8-13 伊犁屯田交糧奮勉回人小伯克等加賞緞匹表。

表 8-13 伊犁屯田交糧奮勉回人小伯克等加賞緞匹表

職　稱	品　級	缺　數	奮　勉　者　升　賞				
			養廉銀	調城/留城	陞品頂戴	燕齊數	賞　緞
阿奇木伯克	三	1	500	調城		100 人	
伊什罕伯克	四	1	200	調城		50 人	
噶雜那齊伯克	五	2	X	留城	准戴四品	30 人	八疋
商伯克	五	2	X	留城	准戴四品	30 人	八疋
哈資伯克	六	1	X	留城	准戴五品	15 人	六疋
密喇布伯克＊	六	7	X	留城	准戴五品	15 人	六疋
都管伯克＊	六	1	X	留城	准戴五品	15 人	六疋
巴濟格爾伯克＊	六	1	X	留城	准戴五品	15 人	六疋
什琥勒伯克＊	七	1	X	留城	准戴六品	8 人	四疋
帕提沙布	七	1	X	留城	准戴六品	8 人	四疋
明伯克	七	7	X	留城	准戴六品	8 人	四疋
色特爾＊	七	1	X	留城	准戴六品	8 人	四疋
戴虛銜金	X	12	X	留城	准戴七品	X	二疋

[81]（清）托津等人編纂，《欽定回疆則例》，卷 3，頁 18，收入天龍長城文化藝術公司編，《新疆史志》，第二部，冊 11，頁 231；（清）傅恒等，《平定準噶爾方略續編》，卷 2，頁 5-6，乾隆二十五年四月戊子，諭軍機大臣，收入張羽新、趙曙青主編，《清朝治理新疆方略匯編》，冊 6，頁 339。

[82]（清）托津等人編纂，《欽定回疆則例》，卷 1，頁 21，收入天龍長城文化藝術公司編，《新疆史志》，第二部，冊 11，頁 93-94。

頂玉資伯克							

註　　釋：＊條文未直接指名之伯克，是該城後來設置之伯克。

資料來源：（清）傅恒等 奉敕編纂，《欽定皇輿西域圖志》，卷30，官制2，頁25；（清）托津 等人編纂，《欽定回疆則例》，卷1，頁21、卷3，頁18-19，收入天龍長城文化藝術公司編，《新疆史志》，第二部，冊11，頁93-94、231-234。

　　清廷有鑒於伊犁伯克的辛苦勞瘁，必須管理較難約束的回人，所交的官糧，卻又比各回城多，而伯克的陞途，制度上雖是伊犁與回疆各城大伯克等一體陞用，但伊犁伯克並未因此實際得益，反而因身處北疆，不能像回疆各城大、小伯克般靈活陞用或調轉。為了鼓勵升遷機會較少的伊犁伯克，乾隆四十一年（1776），由軍機處議定，以獎賞緞匹做為彌補。每年伊犁燕齊（供役者、耕種回人）繳納米糧後，伊犁將軍即開具名單奏請獎賞，直至同治二年（1864）皆有獎賞的記錄。[83]伊犁阿奇木伯克、伊什罕伯克皆有燕齊（供役者、耕種回人），阿奇木伯克有養廉銀五百兩，伊什罕伯克奏准奮勉者，每年給予養廉銀二百兩作為鼓勵，出任這兩個職位者，皆可以陞調回疆各城。[84]伊犁阿奇木伯克的待遇與回疆各城相較，燕齊（供役者、耕種回人）數量與回疆各城最多的阿克蘇阿奇木伯克相同，但阿克蘇阿奇木伯克未領養廉銀，而500 兩的養廉銀則介於回疆兩大城葉爾羌及喀什噶爾之間，伊什

---

[83]（清）托津等人編纂，《欽定回疆則例》，卷3，頁18-19，收入天龍長城文化藝術公司編，《新疆史志》，第二部，冊11，頁231-234；《大清高宗純（乾隆）皇帝實錄》，卷1119，頁7，乾隆四十五年十一月乙未，又諭；《宮中檔道光朝奏摺》，文獻編號第405007758 號，2731 箱，附件二，清單，道光二十五年六月十九日，布彥泰奏；《軍機處·月摺包》，文獻編號第098446 號，2742 箱，錄副清單，同治三年八月初九日。

[84]（清）托津等人編纂，《欽定回疆則例》，卷1，頁21、卷3，頁18-19，收入天龍長城文化藝術公司編，《新疆史志》，第二部，冊11，頁93-94、231-234。

伯克燕齊（供役者、耕種回人）人數與兩大城相同，但養廉銀則較低。依檔案實例而觀，亦有相同的記載，乾隆四十三年（1778）十一月，伊犁將軍伊勒圖奉准為原由葉爾羌噶雜納齊伯克升補至伊犁新任的伊什罕伯克畢勒（魯）特，因協助阿奇木伯克辦理回人在伊犁種地實心奮勉，依照前任阿克伯克每年賞給養廉銀二百兩之例賞給畢勒特。[85]

　　而小伯克內若有奮勉者，因陞途較少，改以升級頂戴、應得燕齊（供役者、耕種回人）及每年加賞緞匹作為鼓勵，即五品伯克准戴四品頂戴，得本應得燕齊（供役者、耕種回人），每年加賞緞八疋，六品伯克准戴五品頂戴，得本應得燕齊（供役者、耕種回人），加賞緞六疋，以此類推，虛銜金頂回子玉資伯克，也准戴七品伯克頂戴，賞緞二疋，七品伯克出缺時補用。不過，留在伊犁的伯克，日後若經升品，加賞緞疋部分，則予以裁汰。[86]

　　乾隆四十一年（1776），該項議定的獎勵，也收錄於嘉慶年版《欽定回疆則例》。該項議定當時伯克人數為十五名，與乾隆二十五年（1760）四月所報伯克數相同，然若與嘉慶二十年（1815）二月撰修之嘉慶年版《欽定回疆則例》相互比對，伊犁伯克設置種類人數未含金頂已增為二十六人，因此在軍機處的議定獎勵條文內，未含括後來增加的六品伯克尚有密喇布伯克（管理水利疏濬灌溉）、巴濟格爾伯克（稽查稅務），都管伯克（管理兵馬冊籍遞送公文管理館驛），即表中加註「＊」之各品伯克。[87]這是乾

[85] 伊什罕伯克畢勒特在檔案同頁內容又記為畢魯特，若與中國第一歷史檔案館編，《乾隆朝滿文寄信檔譯編》，冊 12，2093 條，頁 558，乾隆四十二年八月初八日，奉上諭，相互參酌，應是該件上諭葉爾羌噶匝納齊伯克巴喇特升任伊犁伊什罕伯克同一人，因回語譯音記為漢字的差異，《奏摺檔》，文獻編號第 305000009 號，頁 58-60，乾隆四十四年正月初九日，伊勒圖、拉旺多爾濟奏。

[86] （清）托津等人編纂，《欽定回疆則例》，卷 3，頁 18-19，收入天龍長城文化藝術公司編，《新疆史志》，第二部，冊 11，頁 231-234。

[87] （清）托津等人編纂，《欽定回疆則例》，卷 1，頁 21、卷 3，頁 18-19，收入

隆四十一年（1776）議定，與嘉慶二十年（1815）二月嘉慶年版
《欽定回疆則例》撰修完成，已有將近四十年的落差，伯克人數
已隨人口而有增加所致。《欽定回疆則例》只將原議照錄，未對
增加之伯克獎勵再加補述，道光年版《欽定回疆則例》亦然。這
意味著《欽定回疆則例》是供大臣參酌的實務案件，以為慣例，
同時也顯示伯克制的彈性，伊犁將軍可依實際發展自行斟酌處
理。時至同治國勢衰弱，伊犁伯克已有一百一十七人，雖可依例
得賞布匹，但原是所有伯克皆賞緞匹的獎勵，改為僅賞阿奇木伯
克及伊什罕伯克，其他伯克改賞紗，玉子（資）伯克只賞回布，
且布匹數量也縮減，僅給一疋或半疋。[88]獎賞緞匹的整體品質，因
國庫不豐及伯克人數倍增而稀釋。

第五節　回部王公雙薪待遇

各城阿奇木伯克等伯克，若是承襲郡王公等爵位，除了伯克
薪給，還可領王公俸銀，每年應領俸銀俸緞，由理藩院行文戶部
核對，於每年正月至正月底間放給。[89]如道光十六年（1836）八月
和闐辦事大臣向清廷豫調給和闐官兵經費，理藩院咨文給和闐辦
事大臣法豐阿，其中說明邁瑪特愛孜斯於道光十四年（1834）十
一月奉文承襲阿克蘇郡王品級多羅貝勒，所有應得俸銀應自道光
十五年（1835）春季起算，和闐應調道光十八年（1838）歲需費
銀八千四百七十一兩，另給和闐阿奇木伯克郡王銜貝勒邁瑪特愛

天龍長城文化藝術公司編，《新疆史志》，第二部，冊 11，頁 93-94、231-234。
[88] 《軍機處・月摺包》，文獻編號第 098446 號，2742 箱，清單，同治三年八月初
　　九日。
[89] 《外紀檔》，文獻編號第 303000023 號，頁 294-295，道光元年十二月二十日，
　　御前大臣管理理藩院事務賽沖阿等奏。

孜斯應支道光十五年（1835）至十八年（1838）俸銀共三千二百兩，也就是承襲爵位的邁瑪特愛孜斯，既有伯克俸給，又有貝勒年俸八百兩。[90]

　　道光十九年（1839）四月，理藩院因應由當年起年班伯克改為間二年朝覲，為入貢及俸給支給之事上奏，宣宗即諭示哈密及吐魯番每年遣使呈進之例貢，亦改為間二年遣使歸併呈進，郡王每年應領俸銀一千二百兩及俸緞，原是趁著來京例貢之便，在京關支，也皆改為照庫車郡王在關外支之例，由陝甘總督按年附餉撥解各該處，就近飭令關支，再報部查覈，以歸於簡易。[91]當同治年間新疆失陷，戶部於同治七年（1868）三月奏明暫准改由京支。直至新疆平定後，光緒十年（1884）六月十四，戶部奏准新疆蒙古、回部王公等俸銀俸緞，於光緒十一年（1885）起改回舊例，即按年照例在外支領，由甘肅藩庫撥解，俸緞則向由陝甘總督將預期各項數目、色樣奏明，交江寧、蘇州、杭州等處織造照所需式樣辦齊。[92]

　　由於回部王公也無可倖免地經歷同治三年（1864）至光緒四年（1878）的新疆戰亂，為了安葬前任郡王或重整家園，都向清廷借支廉俸。然而回疆未有回部王公借俸規定，因此依蒙古則例規定，御前乾清門行走之內外扎薩克王公、貝勒、貝子等因修廟

---

[90] 中國第一歷史檔案館編，《嘉慶道光兩朝上諭檔》，冊 41，頁 345-346，1193 條，道光十六年八月初六日，內閣奉上諭。

[91] 哈密郡王一年俸銀一千二百，見《宮中檔咸豐朝奏摺》，文獻編號第 406011481 號，2714 箱，咸豐九年十二月初一日，多慧、穆輅奏；《外紀檔》，文獻編號第 303000133 號，頁 107-109，道光十九年四月初九日批，管理理藩院事務戶部尚書室宗奕紀等奏；中國第一歷史檔案館編，《嘉慶道光兩朝上諭檔》，冊 44，頁 135，505 條，道光十九年四月初九日，內閣奉上諭。

[92] 《軍機處·月摺包》，文獻編號第 129652 號，2729 箱，光緒十年七月初八日，金順奏。

宇及祖父墳塋可借俸，分年繳還，親王借俸銀不得超過五年，貝
勒、貝子、公等不得超過十年，哈密親王援例在光緒九年（1883）
特旨准借。[93]光緒十七年（1891）及光緒十八年（1892）新疆巡撫
曾收哈密親王沙木胡索第七、八次兩次，各應扣俸銀一千兩，表
示哈密親王按年在俸銀中扣還借支，每年還一千兩。[94]

　　當時庫車郡王阿密特及吐魯番郡王瑪木特，也同樣表達希望
可借俸銀三年，以修故父墳墓及衙署。理藩院以二人非御前乾清
門行走，與理藩院定例不符，並以戶部查覆咸豐年間陝甘總督未
有吐魯番、庫車請銷銀糧案內未有回王等歲支俸銀，也無報部支
給廉銀之案，對其所請預支養廉以毋庸議回絕。[95]若依本節前述檔
案記載而言，應是理藩院、戶部或陝甘總督那個環節出了誤失，
對於自雍正朝及道光朝已封爵之吐魯番郡王及庫車郡王，恐怕是
心有不服，氣憤難平。同時也表示同光時期新疆戰亂，甚至遠溯
至咸豐年，兩位郡王皆未領年俸，不管是在京關支或關外支領時
期。依筆者在翻閱檔案經驗，咸豐朝以下檔案紙質、抄寫，較之
於乾嘉道三朝，已是每下愈況，更顯其國勢衰頹之象，西北經歷
回民事變和同光新疆政權的失落，戰亂檔案散佚，恐怕也多有影
響。

　　光緒二十年（1894）二月，庫車回部郡王阿密特因病延班後，
首次僅以郡王身分年班入覲，在京得賞三眼花翎，賞乾隆門行走，

[93]《軍機處・月摺包》，文獻編號第 127373 號，2722 箱，光緒十年閏五月初二日，
　　經筵講官吏部尚書管理理藩院事務都統廣壽等奏。
[94]《軍機處・月摺包》，文獻編號第 136783 號及附件，2739 箱，光緒二十二年十
　　二月十三日，甘肅新疆巡撫饒應祺奏；《宮中檔道光朝奏摺》，文獻編號第
　　408002840 號，2711 箱，光緒十九年十二月初一日，頭品頂戴甘肅迎疆巡撫陶
　　模奏。
[95]《軍機處・月摺包》，文獻編號第 127373 號，2722 箱，光緒十年閏五月初二日，
　　經筵講官吏部尚書管理理藩院事務都統廣壽等奏。

同年逢皇太后六旬萬壽奏留京隨班祝賀；[96]此時阿密特已有乾清門行走的資格，郡王阿密特因年老疾發，家事窘迫，同光期間，屢遭兵燹搶掠一空，請以歲支一千二百兩，於年班在京借俸銀五年，理藩院雖認為與例稍有未符，但為濟急需，理藩院尚書仍代奏懇請借支。後來阿密特因病，又在返程途中，於十月十七日行至蘭州時，再借湘平銀一千兩，七日後阿密特隨即病故，陝甘總督楊昌濬以其身後蕭條，為其籌措了搬柩費二百兩，清廷也決定不再追回借俸，以作為禮遇。[97]回部王公的經濟條件，在同光兩朝亂事之後，確已大不如前。

　　光緒二十七年（1901），因為八國聯軍等事，清廷為支應各國賠款，由閩浙總督許應騤奏准停給世職支領世俸，以濟時艱。而經由新疆布政使的調查，發現回部王公等除支領世俸外，已別無津貼，當時伯克制已廢除十多年，回部王公不如以前仍有伯克職位，且新疆物價昂貴，回部王公年俸由數百兩至多二千兩銀不等，每次輪值年班，由新疆至京道遠，準備貢物所需花費甚多，所得銀兩常是寅支卯用，辦公費用的支出更為拮据，布政使調查後曾在奏摺內以「窮苦」來形容回部王公的生活實情。甘肅新疆巡撫饒應祺為當時已回復年班之哈密親王、吐魯番郡王、庫車郡王、阿克蘇郡王銜貝勒、拜城輔國公、和闐輔國公共六位，奏請免停世俸，畢竟清廷每年支付王公共六千九百餘兩，對國庫與賠

---

[96]《軍機處・月摺包》，文獻編號第 131287 號，2729 箱，光緒二十年三月十五日，太子少保頭品頂戴理藩院尚書崇禮等奏奏。
[97]《軍機處・月摺包》，文獻編號第 132021 號，2729 箱，光緒二十年四月二十一日，太子少保頭品頂戴理藩院尚書崇禮等奏；《大清德宗景（光緒）皇帝實錄》，卷 335，頁 16，光緒二十年二月丙子，賞；《大清德宗景（光緒）皇帝實錄》，卷 357，頁 3，光緒二十年十二月乙卯，諭內閣；《月摺檔》，文獻編號第 603001444 號，頁 263-265，光緒二十年十二月十三日，陝甘總督楊昌濬奏；上海大學法學院、上海市政法管理幹部學院、張榮錚、金懋初、劉勇強、趙音，《欽定理藩部則例》，卷 13，續纂二百〇四之 441 條例，頁 145。

款是屬杯水車薪，若停支世俸，對回部王公則有枵腹之虞。[98]

第六節 回部王公及伯克退休金

清朝定內外三品以下官員，均准以原品休致相同，三品大臣於年老休致時，可享有全俸。伯克除非因罪黜革，或少數奉旨強制退休外，多為終身職。因病或年老退休者，是否與各省大臣一樣享有退休俸給？就實例而觀，同為三品官員，阿奇木伯克未必有同等的待遇。[99]乾隆四十七年（1783）十二月，和闐阿奇木伯克阿里木沙因病告休，高宗以其協助平定回疆有功，阿奇木伯克任內効力多年，今病告休殊感怜憫，賞給阿奇木伯克應得養廉的三分之一，作為餘養天年費用。[100]這是因為他有軍功及又任阿奇木伯克多年，高宗可憐他，才固定以養廉銀三分之一賞給。而這是否與其病休年齡相關而有減少，或是為伯克病休退休金的通例，年老退休的伯克是否也有退休金，若依准以原品休致及准戴用頂戴的規定，推論可能不僅是為榮退的禮遇而已，應有退休之俸。至於是退休金或保有帕特瑪地畝及燕齊，這還需要有更多證據才能確定。畢竟伯克薪資給付，不同於各省，且回疆各城、各品、不同職稱伯克的薪給來源也各異，有的本就未支養廉銀，有些伯克收入的來源，僅為執行業務時，他人所給的餽禮而已。[101]

至於清朝一般大臣任職受爵，當其爵俸優於職俸時，休致後

---

[98] 《宮中檔光緒朝奏摺》，文獻編號第 408006417 號，2748 箱，光緒二十八年二月十三日，甘肅新疆巡撫饒應祺奏。

[99] 艾永明，《清朝文官制度》，頁 283-285。

[100] 《大清高宗純（乾隆）皇帝實錄》，卷 1171，頁 21，乾隆四十七年十二月辛卯，諭。

[101] 永貴、舒赫德，《新疆回部志》，卷 3，官制第 29、制祿第 30、養贍，收入張羽新、趙曙青主編，《清朝治理新疆方略匯編》，冊 21，頁 447-457。

領食爵俸。[102]而承襲郡王等職之阿奇木伯克，或出任阿奇木伯克期間受爵，退休後是否也如一般大臣，可領取爵位俸給呢？雖未見相關規定，但回疆在光緒十年（1884）年因新疆建省逐步將伯克制廢除，清廷對於具有世職的各回王，仍繼續支付世職俸銀而觀，則是確實存在的。[103]這或許也可以類推於伯克制未廢除前，回部王公自伯克之位退休，仍可領爵俸，至於是否優於伯克之俸，除了輔國公外，應該多以爵俸較優，但仍因城及品級職位各異，且伯克是否有退休金筆者並未確定，無可定論。

　　就檔案資料而觀，光緒十七年（1891），分管收除在各款銀糧草束數目繕具四柱清單內，支發給哈密、庫車、吐魯番三處回王俸銀列有四千四百兩。[104]光緒十八年（1892）至光緒二十二年（1896）間，三位回王共支給四千四百兩，應是哈密親王二千兩，吐魯番郡王及庫車郡王各一千二百兩。[105]光緒二十五年（1899），清單內增加拜城輔國公，較之前增加二百兩，共支四千六百兩，表示拜城輔國公每年俸銀為二百兩。[106]光緒二十九年（1903），新疆通省司庫收支各款銀糧草束數目四柱清單，僅寫支發回部王公世俸為五千六百兩，以年班入覲時間作為參考，應是增加阿克蘇郡王銜貝勒哈的爾及和闐輔國公木沙加入，因此光緒二十九年

---

[102] 艾永明，《清朝文官制度》，頁 283-285。

[103] 《大清德宗景（光緒）皇帝實錄》，卷 497，頁 14，光緒二十八年二月戊寅，甘肅新疆巡撫饒應祺奏。

[104] 《軍機處‧月摺包》，文獻編號第 136783 號及附件，2739 箱，光緒二十二年十二月十三日，甘肅新疆巡撫饒應祺奏。

[105] 《軍機處‧月摺包》，文獻編號第 140170 號附件，2739 箱，光緒二十三年六月二十日，甘肅新疆巡撫饒應祺奏；《軍機處‧月摺包》，文獻編號第 142320 號附件，2739 箱，光緒二十三年九月十三日，甘肅新疆巡撫饒應祺奏；《軍機處‧月摺包》，文獻編號 149853 號附件，2755 箱，光緒二十八年八月十五日，甘肅新疆巡撫饒應祺奏；《軍機處‧月摺包》，文獻編號第 156317 號附件，2770 箱，光緒二十九年四月初一日，甘肅新疆巡撫藩效蘇奏。

[106] 《軍機處‧月摺包》，文獻編號第 159024 號附件，2763 箱，光緒三十年正月二十二日，甘肅新疆巡撫藩效蘇奏。

（1903）增加的一千兩，應是支付阿克蘇郡王銜貝勒八百兩，和闐輔國公二百兩。[107]自光緒二十九年（1903）起，回部王公與伊犁古城二滿營、喇嘛皆有津貼京斗糧，較之光緒二十五年（1899）未含支發回部王公京斗糧數，共增加七千七百一十二石一升九斗六合五勺，即應是供給六位回部王公糧食總數。[108]哈密親王沙木胡索特光緒十年（1884）曾借俸銀二萬兩，分二十年攤還，每年扣銀一千兩，於光緒三十年（1904）還清。[109]由光緒十八年（1892）至光緒三十二年（1906）各年司庫收支各款銀糧草束數目四柱清單所列，回部王公每年支發的世俸銀兩佔比，皆未及新疆總支發銀的百分之一。

綜合檔案所載，推算光緒年間回部王公世俸，郡王為銀一千二百兩，若是郡王銜貝勒為八百兩，輔國公一年僅二百兩世俸，此與光緒朝《欽定理藩部則例》所載蒙古王公俸銀亦是相同。[110]哈密伯錫爾王咸豐三年（1853）受賜親王銜前，年俸為一千二百兩。[111]賜親王一年俸銀為二千兩。[112]道光年間伊薩克晉封為多羅郡王，

---

[107] 中國第一歷史檔案館編，《光緒朝硃批奏摺》，輯115，頁595-596，光緒三十年十月初八日，甘肅新疆巡撫西林巴圖魯藩效蘇奏；《軍機處‧月摺包》，文獻編號第165657號附件，2730箱，光緒三十四年八月十一日，甘肅新疆巡撫聯魁奏。

[108] 《軍機處‧月摺包》，文獻編號第159024號附件，2763箱，光緒三十年正月二十二日，甘肅新疆巡撫藩效蘇奏；《軍機處‧月摺包》，文獻編號第165657號附件，2730箱，光緒三十四年八月十一日，甘肅新疆巡撫聯魁奏。

[109] 《宮中檔光緒朝奏摺》，文獻編號第408006237號附件二，2748箱，光緒二十二年二月二十五日。

[110] 上海大學法學院、上海市政法管理幹部學院、張榮錚、金懋初、劉勇強、趙音，《欽定理藩部則例》，頁137-138。

[111] 親王應是清室十四等爵的第二等，他死後追封為和碩親王為第一等，郡王為第三等，上海大學法學院、上海市政法管理幹部學院、張榮錚、金懋初、劉勇強、趙音，《欽定理藩部則例》，天津：天津古籍出版社，1998年，頁37、42；《宮中檔咸豐朝奏摺》，文獻編號第406011481號，2714箱，咸豐九年十二月初一日，多慧、穆輅奏；趙爾巽等撰，《清史稿》，冊29，卷211，頁8738-8740。

[112] 《大清德宗景（光緒）皇帝實錄》，卷164，頁10，光緒九年六月辛酉，伯都

其一歲俸銀再多四百兩，為一千二百兩。[113]年俸依其爵位升級作調整，哈密親王應是回疆各城封爵最高品秩者，郡王、貝勒、輔國公等封爵者，俸銀依品秩往下遞減。若是擔任阿奇木伯克等伯克職者，等於另有一份加給，由擔任阿奇木伯克之城支付伯克俸給部分，具有爵位退休之伯克，尚有爵位年俸。

　　光緒十年（1884），新疆建省後，伯克之名逐步走入歷史，為安撫回部王公家族出任伯克職者，妥協折衷改為擔任鄉約、書吏等職，但其職級為配合州縣官員，已非原有三、四品職等，回部王公等若出任鄉約、書吏所得則更少，顯示其在經濟、政治、行政權力、薪俸，已被大幅削弱，僅能倚賴世職之俸。見表 8-14光緒年間回部王公薪資表。

表 8-14 光緒年間回部王公薪資表

時　　間	回部王公薪俸	當年總支/佔當年	支發伊犁古城二滿營、回王、喇嘛津貼京斗糧	收 應 扣 銀
光緒 18 年	哈密、庫車、吐魯番回王俸銀 4400 兩	493127 兩 1 錢 9 分/0.8923		哈密親王沙木胡索特第 8 次扣銀 1000 兩
光緒 19 年	哈密、庫車、吐魯番回王俸銀 4400 兩			哈密親王沙木胡索特第 9 次扣銀 1000 兩
光緒 21 年	哈密、庫車、吐魯番回王俸銀 4400 兩	505962 兩 7 錢 4 分 1 釐/0.8697		哈密親王沙木胡索特第 11 次扣銀 1000 兩
光緒 22 年	哈密、庫車、吐魯番回王俸銀 4400 兩	526042 兩 7 錢/0.8365		哈密親王沙木胡索特第 12 次扣銀 1000 兩
光緒 25 年	哈密、庫車、	898860 兩 2 分 2 釐	51151 石 4 斗	哈密親王沙木胡

訥副都統（哈密辦事大臣）明春奏。
[113]《宮中檔道光朝奏摺》，文獻編號第 405001889 號附件一，2726 箱，道光十八年七月二十六日。

時　　間	回部王公薪俸	當年總支/佔當年	支發伊犁古城二滿營、回王、喇嘛津貼京斗糧	收　應　扣　銀
	吐魯番、拜城四處回部王公俸銀 4600 兩	/0.5118	5 升 1 合 1 勺（未含回部王公）	索特第 15 次扣銀 1000 兩
光緒 29 年	回部王公世俸銀 5600 兩	567448 兩 9 錢 2 分 7 釐/0.9869	58863 石 6 斗 4 升 7 合 6 勺	哈密親王沙木胡索特第 19 次扣銀 1000 兩
光緒 30 年	回部王公世俸銀 5600 兩	572460 兩 6 錢 6 分 6 釐/0.9783	78069 石 7 斗 1 合 8 勺	哈密親王沙木胡索特第 20 次扣銀 1000 兩
光緒 31 年	回部王公世俸銀 5600 兩	572572 兩 8 錢 2 分 7 釐/0.9781	54915 石 5 斗 1 升 1 合	
光緒 32 年	回部王公世俸銀 5600 兩	862860 兩 4 錢 5 分 9 釐/0.6490	53810 石 9 斗 5 升 6 合 8 勺	

資料來源：《軍機處・月摺包》，文獻編號第 140170、142320、149853、156317、159024、165657、175176、178396、182441 號附件，光緒各年司庫收支各款銀糧草束數目四柱清單。

　　高宗依準噶爾舊俗採行伯克制，將伯克改為有給職，給付錢幣、地畝及供役之人，是期待因準噶爾不支薪，致使伯克向回眾需索的舊風可以改觀，不僅是為伯克謀求福祉，更具用心待民之思。

　　清朝伯克的薪給支付原則為：一以當地之稅賦，養當地之伯克，大幅降低國庫的支出，以伯克與回疆各城辦事大臣及回疆參贊大臣等相較，大臣每人平均由國庫支付銀一千一百多兩，伯克由當地稅賦支領平均五十七兩，兩者相差十九倍，以當地人任官，薪資及遷移成本都減省，是清廷以回治回及以少治多的設計，產生的另一項優點；二前任伯克因功增加薪給，後任者皆可依慣例延用享有；三伯克薪給以儘量不增總額支付為準則，人口新增或新墾之地而新置伯克，多由他處原有伯克調補，以控制伯克額數，

或是裁汰原有伯克經費轉支;四伯克薪給分為撥給地畝、種地回人及養廉銀三個部分,依各城、職分各有偏異,最優渥的三項皆有,和闐每位伯克皆有養廉銀,且養廉銀的支給最多,阿克蘇伯克土地最豐,部分伯克三項皆無,僅依執行業務按件計酬、抽成或饋禮作為薪給,所得未有固定;五伯克薪給可依實際之需或獎勵,而彈性增減;六各志書所載伯克薪給,僅可視為梗概的參考,並非一成不變,必須再加上檔案相參酌,變動較多在乾隆朝,資料也較詳細,若以駐箚大臣的養廉銀而觀,道光朝所定尚不如乾隆朝,又因戰亂有通貨膨脹,官兵及伯克薪給所得每下愈況。

　　為彌補伊犁伯克轉陞之機不如回疆各城,清廷在收成之際,以加賞緞匹作為獎勵。伯克升調他城,依距離及品級之別,而有不同的銀兩補助及提供官糧借用,以減輕伯克舉家遷調的負擔。伯克除革職外,多為終身職,因病或年老退休者,可保留原品及頂戴,是否有如各省官員有全額退休俸給,尚未確定,病退者依其功及年齡,減俸給付。具爵位而出任伯克之回部王公,可領雙薪,伯克職位退休後,尚有爵位俸給。

第九章　回疆伯克年班制度

第一節　伯克輪班朝覲

　　年班入覲是清廷統治內屬外藩的朝覲制度，強調中央與地方的隸屬關係，具有義務性及強制性。早在清順治五年（1648）及順治九年（1652）清廷已先後要求蒙古王公內外扎薩克，以及西藏達賴喇嘛遣使祝賀元旦及萬壽聖節。隨著清朝版圖擴展，配合各地施行盟旗制、噶廈制、伯克制、土司制及封爵制度，蒙古王公、西藏喇嘛、回疆伯克、四川土司、青海、臺灣等地各族上層階級者，皆需按年輪流朝覲。[1]年班的目的是讓清朝統治的各地民族菁英匯聚於京，目睹國家的政經繁盛，具有震懾與籠絡之意，使其心生嚮往及鞏固歸服之心。

　　清廷年班朝覲，主要有兩個地點，可依各民族適應天氣的差

---

[1] 內屬外藩指蒙古、回部、西藏，及陸續收歸清朝版圖的四川土司、青海、臺灣等，境外外藩指新疆以外哈薩克、布魯特、愛烏罕、浩（霍）罕、安集延、巴達克山等部落或國家，以及安南、朝鮮、暹羅等，伯克年班若在十二月二十一日左右到京，多與之共同瞻覲，及一同參與除夕等朝正外藩筵宴，內屬外藩入覲設有時限，境外外藩則無，只要日程可以趕上，則一起參與，未及者則是到京再入覲。雖然《清實錄》多以外藩稱呼所有，為利於區分，將外藩分為內屬及境外，見張雙智，〈清朝外藩體制內的朝覲年班與朝貢制度〉，《清史研究》，第 5 期（2010 年 8 月），頁 109-113；張雙智，〈論清代前後藏朝覲年班制度〉，《西藏研究》，第 5 期（2009 年 10 月），頁 17；紅霞，〈清代喀爾喀蒙古王公的朝覲制度述略〉，《內蒙古民族大學學報》（社會科學版），第 36 卷第 2 期（2010 年 3 月），頁 17。

異，選擇北京或是熱河避暑山莊，前來請安、入貢。嘉慶十八年
（1813）二月，仁宗諭令北疆民族各部入覲，外扎薩克蒙古王公
台吉未出痘及六十五歲以上，至熱河瞻觀，已出痘者年班來京，
其餘外扎薩克四部、土爾扈特、和碩特、杜爾伯特、青海、蒙古
汗王公台吉內，年逾六十五歲免來京皆輪赴熱河，隨同喀爾喀四
部兩翼派定善獵之王公台吉等進哨當差，永為定例。[2]其目的是在
避免各族前來入覲，卻因出痘而危及生命，顯示清廷作為少數民
族入主中原，更能體諒各民族文化、生活、氣候適應的差異，保
有懷柔遠人之思。避暑山莊及木蘭圍場舉行圍獵活動，對於機動
性較強的北方游牧民族，則有顯現清廷軍容壯盛，促進各民族對
清朝向心力的政治目的。[3]

　　回疆伯克年班是高宗在平定回疆過程所宣示的政策，高宗依
舒赫德所奏，於乾隆二十四年（1759）閏六月十一日酌議回城官
制，以阿奇木伯克管理，酌給官俸，其中即諭示軍機大臣等伯克
要輪班入覲。[4]回部王公及伯克依各城輪流方式，於每年十二月至
一月中旬間，入京朝覲，與皇帝一起在京過年及參與各項活動，
在乾嘉兩朝也包括八月至京或是到熱河慶祝皇帝的大壽。

　　籌劃回部王公與伯克首次進京入覲，是於乾隆二十四年
（1759）十月至十一月間展開，高宗在回疆底定之際，曾多次諭
示定邊將軍兆惠藉凱旋之便，以入覲之名，將較有疑慮的回疆原
有勢力霍集斯及霍（和）什克伯克等人，帶回京安置，且為不讓

[2]《大清仁宗睿（嘉慶）皇帝實錄》，卷 266，頁 7，嘉慶十八年二月辛丑，又諭。
[3]莊吉發，〈清初諸帝的北巡及其政活動〉，收入於《清史論集》一，（臺北：文
　史哲出版社，1997 年），頁 235-236、271-272。
[4]《大清高宗純（乾隆）皇帝實錄》，卷 592，頁 15-16，乾隆二十四年閏六月己未，
　諭軍機大臣；（清）傅恒等，《平定準噶爾方略正編》，卷 75，頁 28-29，乾
　隆二十四年閏六月己未，諭軍機大臣，收入張羽新、趙曙青主編，《清朝治理
　新疆方略匯編》，冊 6，頁 243。

霍集斯等心生疑慮，高宗請兆惠等一同安排伯克來京入覲，於是奏定以貝勒霍集斯、公噶岱默特、署阿奇木伯克和什克伯克，成為首班，其餘伯克再分為三班，自乾隆二十五年（1760）十二月起，依次輪班到京入覲。[5]乾隆二十五年（1760）二月二十七日，定邊將軍兆惠帶領首批入覲的回疆新附伯克、王公抵達京城附近，參與高宗的賜宴；二月二十九日，高宗於正大光明殿召見哈密扎薩克郡王品級貝勒玉素布（富）郡王[6]、和闐阿奇木伯克郡王品級貝勒霍集斯、阿克蘇貝勒品級貝子鄂對等一行四十六人，並賜各有差等的服飾。[7]高宗也趁此機會，宣布任命回疆各城的阿奇木伯克名單，高宗諭令烏什阿奇木伯克由哈密郡王玉素布（富）之弟阿卜都拉補授，和闐阿奇木伯克由阿什默特出任，喀什噶爾阿奇木伯克以拜城輔國公噶岱默特擔任，葉爾羌阿奇木伯克以賜予庫車公品級之鄂對補授，阿克蘇阿奇木伯克由烏什三品總管色提（梯）巴勒氏調補，英噶薩爾（英吉沙爾）阿奇木伯克著索勒屯和卓出任，拜城阿奇木伯克作為四品，由噶岱默特長子阿卜都喇瑪出任，讓協助回疆底定新附的回部王公及伯克有功者，感受到皇權直接賦予的權責，也藉此拉籠彼此的關係。[8]

---

[5] 《大清高宗純（乾隆）皇帝實錄》，卷 599，頁 26-27，乾隆二十四年十月庚子，諭軍機大臣等；（清）傅恒等，《平定準噶爾方略正編》，卷 82，頁 29-30，乾隆二十四年十一月癸酉，兆惠奏，收入張羽新、趙曙青主編，《清朝治理新疆方略匯編》，冊 6，頁 303；《大清高宗純（乾隆）皇帝實錄》，卷 601，頁 28，乾隆二十四年十一月癸酉，又奏。

[6] 玉素布（富）在乾隆十九年正月十五日已曾參與朝正外藩筵宴。《乾隆朝起居注》（桂林：廣西師範大學出版社，2002 年），冊 13，頁 9-10，乾隆十九年正月十五日乙丑，御正大光明殿賜朝正外藩筵宴。

[7] （清）傅恒等，《平定準噶爾方略正編》，卷 85，頁 25-26，乾隆二十五年二月壬寅，定邊將軍兆惠；（清）傅恒等，《平定準噶爾方略正編》，卷 85，頁 29-30，乾隆二十五年二月甲辰，御正大光明殿，收入張羽新、趙曙青主編，《清朝治理新疆方略匯編》，冊 6，頁 326-327；鄭鶴聲《近世中國史日對照表》（臺北：臺灣商務印書館，1978 年 5 月臺四版），頁 489。

[8] （清）傅恒等，《平定準噶爾方略續編》，卷 1，頁 5-6，乾隆二十五年三月癸丑，

　　清朝回疆以伯克為主的年班就此展開，回疆年班參與成員主要以各回部王公兼任伯克、一般伯克及北疆伊犁伯克，有時扎薩克制的哈密、吐魯番郡王也一起同行。以乾隆二十四年（1759）十二月出發，直至咸豐六年（1856）到京入覲，回疆伯克年班制度共持續九十七年。[9]若依例奏准伯克入覲是同治四年（1865）入覲，但同治三年（1864）新疆已陷落，自此直到光緒十年（1884）新疆建省廢除伯克制前，皆未有伯克入京年班朝覲的記錄。嗣後光緒十二年（1886）恢復回疆年班，也改為僅由回部王公輪值，此則持續至光緒三十二年（1907）十二月，吐魯番郡王葉（業）明和卓入京，完成回部王公年班的最後一次，共有一百四十八年。[10]若以奏准按例出發，但中途因驛道不通折回的宣統三年（1911）九月止，則回疆年班制度共計實行一百五十二年。[11]本章探討範疇以伯克年班入覲為主。

一、伯克入覲品秩、人數更迭

　　伯克和各民族一同參與外藩年終朝覲，始於乾隆二十五年（1760）十二月。回疆參贊大臣舒赫德為安排伯克首次參與外藩

諭軍機大臣，收入張羽新、趙曙青主編，《清朝治理新疆方略匯編》，冊6，頁331。

[9]《大清文宗顯（咸豐）皇帝實錄》，卷216，頁22，咸豐六年十二月壬子，和闐三品阿奇木伯克阿里。

[10]《大清德宗景（光緒）皇帝實錄》，卷568，頁16，光緒三十二年十二月乙酉，賞。

[11]庫車郡王瑪木特於光緒二十四年二月十九日病故，由光緒二十二年預保現年四十二歲嫡長子買買的敏頭等台吉，於光緒三十四年十二月十二日奉准承襲爵位，見《軍機處・月摺包》，文獻編號第186633號，2777箱，宣統二年正月二十七日，頭品頂戴甘肅新疆巡撫聯魁奏；《大清宣統政紀實錄》，卷63，頁8-9，宣統三年九月丙子，又諭，電袁大化；《大清宣統政紀實錄》（臺北：臺灣華文書局，1964年），卷63，頁42-43，宣統三年九月甲申，又諭，電袁大化。

年終朝觀，也是第二次回部伯克入京，朝觀事宜已在乾隆二十五年（1760）七月初六日上奏，明令各駐箚大臣安排各城伯克於八月初旬陸續到達，會聚於阿克蘇，八月中旬起程，十二月抵京，並派輔國公如松沿途護送伯克入京。可是高宗見各城伯克入觀名單，人數太多，七品伯克又佔了大半，考量各城仍要有人留守辦公，來京勞頓沿途花費頗多，決定伯克六品以上才來入觀，七品伯克則待轉陞為六品伯克，再行輪班引見。[12]

當時伯克人數，乾隆二十六年（1761）六月，左都御史永貴奏請為回部設置阿奇木伯克之城有三十一個，乾隆二十七年（1762）正月，又增加伊犁阿奇木伯克。[13]僅就阿奇木伯克即有三十二位，若以嘉慶年版《欽定回疆則例》加上乾隆三十年（1765）烏什事件前相比對，扣除北疆伊犁伯克二十六人，其中三品伯克有十位，四品伯克有九位，五品伯克有三位，六品伯克有九位，三至七品伯克，包含三十九位阿奇木伯克，共有三百二十八位，若分四次入觀，一次要八十二位，若扣除七品伯克一百七十七位，尚有一百五十一位，若伯克分四班來京作為一輪，分四次入京，一次約三十八人次。[14]因此每班入觀以四十人為限。

乾隆二十八年（1763）二月，永貴奏稱回部六品以上伯克，四班俱已入觀完畢，今年底入觀又輪回第一班。高宗諭以六品以上伯克既然多已入觀，四班尚有留下辦事及有病未前來者，向來

---

[12]（清）傅恒等，《平定準噶爾方略續編》，卷 4，頁 13-14，乾隆二十五年七月戊申，諭軍機大臣，收入張羽新、趙曙青主編，《清朝治理新疆方略匯編》，冊 6，頁 357。

[13]《大清高宗純（乾隆）皇帝實錄》，卷 642，頁 31，乾隆二十六年八月戊寅，軍機大臣等議覆；《大清高宗純（乾隆）皇帝實錄》，卷 653，頁 1-2，乾隆二十七年正月辛亥，軍機大臣等議准。

[14]（清）托津等人編纂，《欽定回疆則例》，頁 1-21，收入天龍長城文化藝術公司編，《新疆史志》，第二部，冊 11，頁 53-94；（清）傅恒等奉敕撰，《欽定皇輿西域圖志》，冊 4，卷 30，官制 2，頁 1-24。

入覲大約以四十人為準，嗣後只需四品以上伯克，四年一輪分班入覲，五品以下除非是新授之外，都不必來京，每年以不超過二十員為原則，高宗直言伯克前來的人數太多了，所以限制人數，不過在《平定準噶爾方略續編》、《大清實錄》將此句修飾為「以別等威，而示體恤」。[15]

乾隆二十八年（1763）三月，高宗更進一步諭示，四班皆應各有一位權位稍大的伯克做為帶領者，指定葉爾羌阿奇木伯克鄂對、喀什噶爾阿奇木伯克噶岱默特、和闐阿奇木伯克阿什（沙）默特、阿克蘇阿奇木伯克色提巴勒氏等四名伯克，各領一班伯克來京。這四位既是回疆四大城的三品阿奇木伯克，又是封爵的回部王公，若當次輪班阿奇木伯克因公務未能前來，這四位帶領者也可以派其子弟近親代往，但每年來京仍限於二十員。[16]這表示高宗重視平定回疆有功的回部王公及其家族成員，也表達對其倚重及籠絡之意。

綜觀第一輪的四次年班，品秩為三至六品，人數約四十人，以維持行政運作，因公務或生病者，可延班入覲。第二輪乾隆二十八年（1763）起，每班人數限縮一半，以二十人為限，品級拉高至四品及五品以下新授者入覲。就當時具有入覲資格的伯克而觀，因烏什事件影響，產生了數量的變化，乾隆三十年（1765）

---

[15]中國第一歷史檔案館編，《乾隆朝滿文寄信檔譯編》，冊 4，429 條，頁 483，乾隆二十八年二月二十六日，奉上諭；（清）傅恒等，《平定準噶爾方略續編》，卷 20，頁 29-30，乾隆二十八年二正月甲寅，收入張羽新、趙曙青主編，《清朝治理新疆方略匯編》，冊 7，頁 33；《大清高宗純（乾隆）皇帝實錄》，卷 681，頁 17-18，乾隆二十八年二月甲寅，諭軍機大臣等。

[16]中國第一歷史檔案館編，《乾隆朝滿文寄信檔譯編》，冊 4，441 條，頁 490，乾隆二十八年三月十六日，奉上諭；（清）傅恒等，《平定準噶爾方略續編》，卷 1，頁 5-6，乾隆二十五年三月癸丑，諭軍機大臣，收入張羽新、趙曙青主編，《清朝治理新疆方略匯編》，冊 6，頁 328-329；《大清高宗純（乾隆）皇帝實錄》，卷 608，頁 11-12，乾隆二十五年三月癸丑，諭軍機大臣等；趙爾巽等撰，《清史稿》，冊 29，卷 211，頁 8773-8779。

之前，回疆三至四品伯克有三十六位，包含十一位三品阿奇木伯克及八位四品阿奇木伯克。乾隆三十一年（1766），烏什事件後，烏什三品阿奇木伯克被降為五品，四品伊什罕伯克也撤除，具有資格入覲三至四品伯克成為三十四人，四班輪流，每班基本約有九人，每年各由一位出任葉爾羌、喀什噶爾、和闐、阿克蘇四大城三品阿奇木伯克的回部王公，作為年班帶領之人。

以四大城伯克實際入覲記錄，自乾隆二十八年（1763）起伯克第二輪四城輪值順序為：和闐、阿克蘇、葉爾羌、喀什噶爾，和闐及阿克蘇。[17]但輪到葉爾羌輪值之年，正逢烏什事年發生，伯克們往常大多在十二月十九至二十九日間抵京入覲，當次則遲至乾隆三十一年（1766）正月初二日才到京，且改由葉爾羌四品商伯克托克托帶領，當次輪值的阿奇木伯克鄂對應是為了烏什事件而留在葉爾羌，其妻熱衣木也發揮安定該城的作用。[18]烏什事件平息後，鄂對才帶領下一班伯克入京，於乾隆三十二年（1767）正月與各朝正外藩在正大光明殿參與賜宴，鄂對至御座前接受賜酒之禮。[19]這是鄂對因公務延班，第二年來京補班。依年班輪值帶領之序，乾隆三十一年（1766）十二月，應由喀什噶爾噶岱默特帶領伯克來京，也因此順延一班，於乾隆三十二年（1768）十二月才年班入覲。[20]

---

[17] 《大清高宗純（乾隆）皇帝實錄》，卷702，頁2，乾隆二十八年十二月甲寅，御紫光閣；《大清高宗純（乾隆）皇帝實錄》，卷725，頁13，乾隆二十九年十二己亥，回部阿克蘇三品阿奇木伯克；《大清高宗純（乾隆）皇帝實錄》，卷752，頁1-2，乾隆三十一年正月壬申，賜葉爾羌四品商伯克托克托食。

[18] 《大清高宗純（乾隆）皇帝實錄》，卷752，頁1-2，乾隆三十一年正月壬申，賜葉爾羌四品商伯克托克托食；佐口透，凌頌純譯，《18-19世紀新疆社會史研究》，上冊，頁195。

[19] 《大清高宗純（乾隆）皇帝實錄》，卷776，頁15，乾隆三十二年正月庚辰，御正大光明殿。

[20] 《大清高宗純（乾隆）皇帝實錄》，卷801，頁9，乾隆三十二年十二月辛巳，回部喀什噶爾阿奇木伯克噶岱默特。

　　第三輪年班自乾隆三十三年（1769）起，重新輪到和闐阿奇木伯克阿瓜斯伯克帶領。[21]第二班應是阿克蘇阿奇木伯克帶領，乾隆三十二年（1768）十一月，卻改由招撫無業回眾開墾有功，而升任英吉沙爾二品頂帶阿奇木伯克素勒坦和卓帶領，然而因其未有封爵之位，正月十五日，在正大光明殿朝正外藩至御前接受賜酒之禮，則由在京的回部郡王霍集斯完成。[22]乾隆三十五年（1770）八月，高宗六十大壽，年班回疆伯克由葉爾羌阿奇木伯克貝勒品級鄂對帶領十七位伯克及浩罕使臣來京祝壽，其中有新授庫爾勒五品商伯克德爾伯克等來京，得賜冠服；而年終的年班就不再派伯克來京，高宗只在乾隆三十六年（1771）正月初五日於紫光閣賜宴蒙古王公及在京回部郡王霍集斯。[23]乾隆三十七年（1773）十二月，率領回疆伯克十六人入覲為鄂對之子二等台吉庫車阿奇木伯克鄂斯璊。[24]這是具爵位者派其子弟，且已在中城歷練的阿奇木伯克為領隊之例。乾隆三十八年（1773）六月，原本該年輪值入覲的是阿克蘇阿奇木伯克色提巴勒氏，因承辦理遷移土爾扈特渥巴錫移居珠勒都斯事務，高宗諭其妥為辦理運送糧穀事務，下一班再行來京。[25]改由英吉沙爾四品阿奇木伯克素勒坦和卓率領年班

---

[21]《大清高宗純（乾隆）皇帝實錄》，卷825，頁9，乾隆三十三年十二月乙亥，回部和闐阿奇木伯克阿瓜斯伯克等。

[22]《大清高宗純（乾隆）皇帝實錄》，卷849，頁14，乾隆三十四年十二月己巳，回部英吉沙爾二品頂帶阿奇木伯克素勒坦和卓；《大清高宗純（乾隆）皇帝實錄》，卷850，頁21-22，乾隆三十五年正月癸亥，御正大光明殿。

[23]《大清高宗純（乾隆）皇帝實錄》，卷866，頁9，乾隆三十五年八月戊寅，年班回部庫爾勒阿奇木伯克；《大清高宗純（乾隆）皇帝實錄》，卷876，頁4，乾隆三十六年正月丁未，御紫光閣。

[24]《大清高宗純（乾隆）皇帝實錄》，卷932，頁21，乾隆三十七年十二月辛巳，回部庫車阿奇木伯克二等台吉鄂斯璊等十六人。

[25]中國第一歷史檔案館編，《乾隆朝滿文寄信檔譯編》，冊10，1679條，頁635，乾隆三十八年六月十二日，奉上諭；《大清高宗純（乾隆）皇帝實錄》，卷936，頁23，乾隆三十八年六月庚子，諭軍機大臣。

伯克入覲。[26]

　　隨著伯克入覲每輪四班，增為六班，再改為九班，伯克年班入覲人數，也由乾隆時期首批的四十六人，在乾隆二十八年（1763）二月第二輪降為二十人，乾隆三十九年（1774），增為六班，每班定為十餘人，仍保持由一位伯克作為首領，帶領伯克到京。[27]嘉慶十六年（1811），再改增為九班。[28]嘉慶年間每年入覲人數大概在為十至十六人不等，也偶有十人以下到京的狀況。[29]儘管如此，乾嘉時期伯克來京入覲人數，大致都維持在十一人至十九人間。[30]不過，人數亦有落差，較特殊的如乾隆四十六年（1781）十二月回部庫爾勒阿奇木伯克密爾薩圖拉等三十二人入覲，是乾隆二十八年（1763）以來入覲最多人數的一次，可能與皇太后過世，停止乾隆四十二年（1777）及四十三年（1778）兩年年班，以及乾隆四十五年（1780）高宗七旬萬壽聖節在熱河舉行，累積了多位新授或晉陞伯克有關，當次入覲有冠服賞賜，即表示有第一次入覲的新授伯克。[31]嘉慶十三年（1808），則為次高，由庫車貝子邁

---

[26]《大清高宗純（乾隆）皇帝實錄》，卷949，頁10，乾隆三十八年十二月甲辰，哈薩克汗名布賚子阿底勒蘇勒坦等十五人。

[27]（清）托津等人編纂，《欽定大清會典事例（嘉慶朝）》（臺北：文海出版社，1991年），卷747，頁13，伯克年班。

[28]中國第一歷史檔案館編，《嘉慶道光兩朝上諭檔》，冊16，頁95，227條，嘉慶十六年三月初五日，內閣奉上諭；《大清仁宗睿（嘉慶）皇帝實錄》，卷240，頁6-7，嘉慶十六年二月癸丑，諭內閣。

[29]《大清仁宗睿（嘉慶）皇帝實錄》，卷281，頁30，嘉慶十八年十二月辛酉，回部伯克喇哈密九人；《大清仁宗睿（嘉慶）皇帝實錄》，卷301，頁12，嘉慶十九年十二月戊寅，幸瀛臺；《大清仁宗睿（嘉慶）皇帝實錄》，卷365，頁28-29，嘉慶二十四十二月庚戌，幸瀛臺。

[30]《大清高宗純（乾隆）皇帝實錄》，卷949，頁10，乾隆三十八年十二月甲辰，回部英吉沙爾四品阿奇木伯克素勒坦和卓等十九人；《大清高宗純（乾隆）皇帝實錄》，卷999，頁11，乾隆四十年十二月乙丑，回部葉爾羌三品阿奇木伯克貝勒品級鄂對等十一人瞻覲。

[31]《大清高宗純（乾隆）皇帝實錄》，卷1147，頁11，乾隆四十六年十二月己丑，幸瀛臺。

哈默特鄂三帶領二十二名伯克入覲。[32]反之，人數最低為嘉慶二年
（1798）十二月來京伯克人數則低至六名。[33]這都顯示伯克年班入
覲是逐步建立而成，在規定原則下，也仍保有彈性。

　　道光朝經歷張格爾事件後，對伯克補放制度多有檢討及改
革，入覲資格也有變化，修改為各城自郡王、貝勒、貝子、公至
五品伯克以上者可前來，六品以下伯克毋庸來京朝覲，以示年班
入覲的限制及榮耀。[34]伯克人數由喀什噶爾參贊大臣武隆阿曾奏定
南路八城三、四品阿奇木伯克共九名，四品伯克二十三員，五品
伯克三十八名，共編為九班，每年擬派領班阿奇木伯克一員，四
品伯克二員，五品伯克四員，每班伯克共七名，輪班入覲。[35]

　　儘管理藩院在道光十三年（1831）至十七年（1837）間，再
次補纂《欽定回疆則例》過程中時，曾咨葉爾羌參贊大臣興德，
也簽稱依長清奏定各城三品阿奇木伯克編為九班，但理藩院查覈
卻發現舊例漏了伊犁伯克的部分；[36]為此道光年版《欽定回疆則例》
雖仍維持九班輪派狀況，每班由三品阿奇木伯克帶領，四品伯克
二員，五品伯克四員，但增加伊犁五品伯克一員，共八人。[37]不過，
伊犁只列了五品伯克入覲，卻未見伊犁三品阿奇木伯克及四品伊

---

[32] 《大清仁宗睿（嘉慶）皇帝實錄》，卷 205，頁 8-9，嘉慶十三年十二月壬子，
　　幸瀛臺閱冰技。

[33] 《大清仁宗睿（嘉慶）皇帝實錄》，卷 25，頁 10，嘉慶二年十二月丙辰，太上
　　皇帝幸瀛臺。

[34] （清）賽尚阿等修，《欽定回疆則例》，卷 4，頁 1。

[35] 《軍機處・月摺包》，文獻編號第 063241 號及附件，2760 箱，道光十三年四月
　　十五日，長清奏。

[36] 魏秀梅，《清季職官表》，頁 782；《理藩院修改回疆則例》，卷 4，頁 19-20，
　　收入姜亞沙、經莉、陳湛綺主編，《理藩院公牘則例三種》（二），《理藩院
　　修改回疆則例》，頁 316-317。

[37] 《理藩院修改回疆則例》，卷 4，頁 19-20，收入姜亞沙、經莉、陳湛綺主編，
　　《理藩院公牘則例三種》（二），頁 317-320；（清）賽尚阿等修，《欽定回
　　疆則例》，卷 4，頁 9-10。

什罕伯克被列入，也未見理藩院對此安排加以解釋，道光年版《欽
定回疆則例》內，伊犁五品伯克共計四名，可以輪值入覲。儘管
如此，伊犁伊什罕伯克曾在道光二十一年（1841）有年班入覲的記
錄，伊犁阿奇木伯克則未見入覲資料，較為特別的是道光八年
（1828）已諭令限五品以上伯克才得入覲，但伊犁六品伯克卻仍可
於道光十五年（1835）入覲。[38]可能是伊犁阿奇木伯克已是吐魯番
扎薩克額敏和卓郡王家族，鄂羅木咱卜一系的子孫接續出任，猶
如世襲，意謂清廷深切信任，且吐魯番郡王家族也都要參與年班，
是額敏和卓另一子丕爾敦一脈參與，所以未再派伊犁阿奇木伯克
參與年班。[39]再者可能因伊犁伯克升遷不易，才特別給予六品伯克
入覲的機會。

　　至此伯克年班入覲的品秩及人數，一直沿用至咸豐六年
（1856），以及原先奏准緩班將於同治四年（1865）入覲的伯克。
[40]然而因文宗逝世的國喪及同治三年（1864）新疆陷落，自此不再
有伯克年班入覲。

　　左宗棠、劉錦棠匡復新疆後，善後工作百廢待舉，光緒四年
（1878），回疆尚在擬議伯克頂戴及暫行署理阿奇木伯克等事宜。

---

[38] 《清代起居注冊-道光朝》，冊 65，頁 038383-038385，道光二十一年十二月二
　　十三日壬午，吐魯番扎薩克多羅郡王阿克拉伊都等三人；《清代起居注冊-道
　　光朝》，冊 42，頁 024980，道光十五年十二月二十三日丁丑，庫爾勒三品阿
　　奇木伯克。《嘉慶道光兩朝上諭檔》，冊 44，頁 25，85 條，道光十九年正月
　　二十六日，內閣奉上諭；《大清宣宗成（道光）皇帝實錄》，卷 318，頁 23，
　　道光十九年正月癸亥，又諭；（清）賽尚阿等修，《欽定回疆則例》，卷 7，
　　頁 2-3。
[39] 佐口透，〈清朝統治下的吐魯番〉，《世界民族》，1987 年第 4 期，頁 50-51、
　　54。
[40] 《宮中檔咸豐朝奏摺》，文獻編號第 406004506 號，2714 箱，咸豐三年七月十
　　五日，德齡、圖伽布奏；《宮中檔咸豐朝奏摺》，文獻編號第 406007823 號，
　　2779 箱，咸豐六年三月初九日，常清、法福禮奏；《大清穆宗毅（同治）皇
　　帝實錄》，卷 23，頁 52，同治元年三月壬子，諭內閣。

[41]各項資料因戰亂散佚,仍在進行清查補發,如哈密扎薩克親王邁哈默特曾呈稱,回部舊存王公表傳、回疆則例及歷代寶冊遭兵焚燬,遇事無可稽考,請理藩院補行頒發。[42]光緒八年(1882),新疆將改為行省,南路道廳州縣等缺已奏准任命,並請裁撤伯克銜額,僅留頂戴。[43]光緒十一年(1885)十一月,奏准裁新疆各回官,各城阿奇木伯克自此改為鄉約或書吏。[44]清朝以伯克為主的年班入覲也自然告終,僅由回部王公輪值入覲。[45]

二、班次規定與變化

高宗將伯克年班先分為四班。伯克首先隨定邊將軍兆惠於乾隆二十五年(1760)二月進京入覲,於乾隆二十五年(1760)三月二十五啟程返回。乾隆二十五年(1760)十二月起,第一次與蒙古等各族、使節參與外藩年終朝覲。乾隆三十九年(1774),年班改為六班一輪,由回疆各城辦事大臣輪派伯克,交其帶領到京入覲,伯克名單要預先奏報理藩院,沿途所經之州縣官員,要查對冊籍,伯克抵京時間為十二月二十日前後,正月參加燈節後回返,皆沿驛站行走。[46]

---

[41]《大清德宗景(光緒)皇帝實錄》,卷65,頁3-4,光緒四年正月甲寅,又諭。
[42]《大清德宗景(光緒)皇帝實錄》,卷125,頁9,光緒六年十二月乙巳,哈密大臣明春奏。
[43]《大清德宗景(光緒)皇帝實錄》,卷149,頁17,光緒八年七月丁未,諭內閣。
[44]中國第一歷史檔案館,《光緒朝硃批奏摺》,第115輯,562條,頁584-585,光緒十一年十月二十七日,欽差大臣督辦新疆事宜尚書降一級留任甘肅新疆巡撫二等男劉錦棠奏;《大清德宗景(光緒)皇帝實錄》,卷220,頁11,光緒十一年十一月庚申,又奏。
[45]《宮中檔光緒朝奏摺》,文獻編號第408006608號,2748箱,光緒十五年四月二十一日,頭品頂戴護理甘肅新疆巡撫新疆布政使魏光燾奏。
[46](清)托津等人編纂,《欽定大清會典事例(嘉慶朝)》,卷747,頁13,伯克年班。

　　伯克六班入覲施行三十七年後，嘉慶十六年（1811），喀什噶爾參贊大臣鐵保奏准，阿奇木伯克入覲年班由六班再增改為九班，理由是當時阿奇木伯克分為六班，每班派三品阿奇木伯克一員，帶領四品以下伯克九人，但回疆三品阿奇木伯克共有九名，以六班輪派，只需要六位阿奇木伯克，其他的三名阿奇木伯克，總是成為散眾跟隨，未免與官制不符，而且四品以下伯克，六年一輪，很快又輪到。年班入覲路程長，往返旅費常有拮据，因此奏請改為九班，三品阿奇木伯克俱可作為領班者，四品以下伯克既可稍得寬緩，又可顯現朝廷體恤之意。[47]嘉慶十六年（1811），喀什噶爾參贊大臣議覆奏定自嘉慶十七年（1812）起，按各城行走的遠近分年前去，第一班由賽哩木三品阿奇木伯克起，接下來依次各城為布古爾、阿克蘇、葉爾羌、沙雅爾、庫爾勒、庫車、和闐，至喀什噶爾三品阿奇木伯克為第九班。[48]這也顯示伯克入覲初始，倚重回部王公為領隊，在伯克制施行五十二年後，已回歸伯克制，由各城三品阿奇木伯克作領隊。

　　道光朝以下，年伯克入覲常受戰亂道路不靖及善後工作影響，伯克入覲或有暫停。受張格爾事件期影響，道光元年（1821）至道光九年（1829），九年間有道光四年（1824）、六年（1826）至八年（1828）等四年未入覲，伯克入覲開始產生斷續的現象。事件平定後，喀什噶爾參贊大臣武隆阿曾奏定回部伯克三至五品共七十位，編為九班，每班七名。然道光十年（1830）八月安集延入侵，奉旨停止入覲，已行至途中之伯克，派兵護送返回各城。道光十一年（1831），因善後事務奏准暫緩入覲。道光十三年（1833）

---

[47] 中國第一歷史檔案館編，《嘉慶道光兩朝上諭檔》，冊 16，頁 95，227 條，嘉慶十六年三月初五日，內閣奉上諭；《大清仁宗睿（嘉慶）皇帝實錄》，卷 240，頁 6-7，嘉慶十六年二月癸丑，諭內閣。

[48] （清）托津等人編纂，《欽定回疆則例》，卷 2，頁 43-44，收入天龍長城文化藝術公司編，《新疆史志》，第二部，冊 11，頁 189-192。

　　三月，回疆參贊大臣長清以喀什噶爾、葉爾羌等西四城通商之事宜剛定，各城三品阿奇木伯克負有稽查外藩商務，需親自經手一切事務，奏准依各城三品阿奇木伯克事務繁簡，編為九班，並將嘉慶年間原有的各城輪派序調整為：布古爾、庫爾勒、賽哩木、庫車、沙雅爾、阿克蘇、和闐、葉爾羌，喀什噶爾。[49]讓善後事務較多的西四城阿奇木等伯克，增加至少五年辦理重建的時間。見表 9-1 各城回疆伯克朝覲定為九班輪班表。

表 9-1 各城回疆伯克朝覲定為九班輪班表

輪序	第一班	第二班	第三班	第四班	第五班	第六班	第七班	第八班	第九班
嘉慶年版	賽哩木	布古爾	阿克蘇	葉爾羌	沙雅爾	庫爾勒	庫車	和闐	喀什噶爾
道光年版	布古爾	庫爾勒	賽哩木	庫車	沙雅爾	阿克蘇	和闐	葉爾羌	喀什噶爾

資料來源：（清）賽尚阿等修，《欽定回疆則例》，卷 4，頁 9-10；（清）托津 等人編纂，《欽定回疆則例》，卷 2，頁 43-44，收入天龍長城文化藝術公司編，《新疆史志》，第二部，冊 11，頁 189-192。

　　宣宗為了體恤回疆伯克及土司們路長道遠，所費時間及體力甚多，於道光十九年（1839）正月二十六日諭示，保持原有班次，加上間隔，以減少來京次數，也就是伯克在原有九班輪流班次間，增加間隔二年才入覲，由道光十九年（1839）起，伯克延至於道光二十一年（1841）來京，成為改變後的第一班，第二班間隔二年於道光二十四年（1844）來京。照回部伯克之例入覲的四川土司，每五年朝覲一次也增加間隔，即第一班為道光二十四年（1844），第二班間隔五年，待道光三十年（1850）再來京入覲。

---

[49]《軍機處・月摺包》，文獻編號第 063241 號及附件，2760 箱，道光十三年四月十五日，長清奏。

[50]此諭也收入於道光年版《欽定回疆則例》續纂卷七部分,該條文在諭旨後再加入「*葉爾羌等處伯克,年班九班,每班間二年來京瞻覲一次。四川土司年班兩班輪流,每班間五年來京瞻覲一次*」[51],言簡意賅地說明其要,做為回疆伯克及土司年班的規範。這也打破乾嘉時期以來,除了皇家喪期外,每年入覲的慣例。

此後伯克年班班次,間二年來京一次未改,但除了道光二十四年(1844)伯克仍到京入覲外,道光年因戰亂、善後暫停,咸豐、同治兩朝在戰亂捐輸、國喪及亂事等因素影響下,年班都臨時諭令暫停,伯克僅於咸豐六年(1856)入京一次,該批入觀的伯克由和闐三品阿奇木伯克阿里帶領,並帶伊孫哈斯木等四人隨行,阿克蘇四品阿奇木伯克[52]阿比特,則帶其侄阿什木等二人同行,喀什噶爾四品商伯克玉素布帶其子邁瑪特熱依木等二人一起入京,葉爾羌五品阿奇木伯克邁瑪特雅爾等四人,喀喇沙爾五品商伯克邁瑪什里布亦隨帶其子塔伊爾等二人,伊犁五品噶雜納齊伯克愛瑪特也帶其子伊斯瑪依爾等二人一同進京。[53]他們也成為清朝以回疆伯克為主的年班入覲,最後一批完成到京年終朝覲的伯克。

---

[50]中國第一歷史檔案館編,《嘉慶道光兩朝上諭檔》,冊44,頁25,85條,道光十九年正月二十六日,內閣奉上諭;《大清宣宗成(道光)皇帝實錄》,卷318,頁23,道光十九年正月癸亥,又諭。

[51](清)賽尚阿等修,《欽定回疆則例》,卷7,頁2-3。

[52]阿克蘇四品阿奇木伯克應有疑義,《欽定回疆則例》阿克蘇設三品阿奇木伯克,未設四品阿奇木伯克,應是四品伊什罕伯克,且各城三品阿奇木伯克輪理,已有和闐三品阿奇木伯克帶領,不會再加上阿克蘇三品阿奇木伯克,若與咸豐三年入覲名單相比對,同名的阿比特是庫車所屬沙雅爾四品伊什罕伯克。《理藩院修改回疆則例》,卷1,頁28,收入姜亞沙、經莉、陳湛綺主編,《理藩院公牘則例三種》(二),頁61;《宮中檔咸豐朝奏摺》,文獻編號第406005318號,2709箱,咸豐三年十月二十九日,明誼、慶英奏。

[53]《大清文宗顯(咸豐)皇帝實錄》,卷216,頁22,咸豐六年十二月壬子,和闐三品阿奇木伯克阿里。

第二節　年班暫停或延班

一、喪禮、戰亂暫停年班

　　年班若遇皇室喪期、新疆或各省戰亂、善後等事，年班入覲常因此全部暫停，有時伯克個人病痛、工作要務，也需延班入覲。若遇事暫停，已行在途中伯克，也只能折返，入貢之物攜回，待明年或是下一次入覲時，再一起入貢。伯克若途中遇戰亂不能前行，各城駐劄大臣也要負責安置來自他城的伯克，並提供糧食照顧所需。

　　乾隆四十二年（1777）正月，皇太后逝世，高宗即諭令今年及明年年班及木蘭圍場應來的內扎薩克、喀爾喀、杜爾伯特、烏梁海、土爾扈特、和碩特等蒙古王公、額駙、台吉，回疆伯克及一切人等，俱停止前來，並由理藩院諭告，以符合守喪三年之禮，也成為日後皇家大喪不行伯克年班的慣例。[54]高宗在嘉慶四年（1799）正月逝世，伯克也還在京參與年班活動，仁宗即諭令停止例行的紫光閣筵宴，但仍照例賞賜物品，時至嘉慶六年（1801）十二月才恢復年班入覲。[55]同樣地，道光十三年（1833）六月初十日，宣宗諭示孝慎皇后喪事，明年正月未滿一年，因此蒙古王公、內外扎薩克、伯克等一律停止年班，各城大臣需在得諭後，查明伯克等行抵何處，令

---

[54] 但各蒙古王公札薩克嫁娶不必停止，《大清高宗純（乾隆）皇帝實錄》，卷1025，頁26，乾隆四十二年正月庚寅，又諭；《大清高宗純（乾隆）皇帝實錄》，卷1029，頁18，乾隆四十二年三月乙未，又諭；中國第一歷史檔案館編，《乾隆朝滿文寄信檔譯編》，冊12，2081條，頁551，乾隆四十二年六月十二日，奉上諭。

[55] 《大清仁宗睿（嘉慶）皇帝實錄》，卷37，頁15-16，嘉慶四年正月癸亥，又諭。

其旋回原城，而當時路程較遠的喀什噶爾四品商伯克密爾哈色木及葉爾羌五品伯克呢雅斯，已帶貢物出發。[56]阿克蘇辦事大臣誠端也上奏，西部各城和闐、葉爾羌、喀什噶爾伯克已於七月十四、十六、二十日陸續到達阿克蘇，誠端將伯克傳喚到署，諭示停止進京之因，令伯克各回原處，所攜貢物也一併帶回收貯，明年年班再入貢，並派委員照料伯克，護送回返，同時咨報葉爾羌參贊大臣長清查照。[57]

如遇戰亂，各伯克需因應戰況，進行守城各項事務，且道路未靖，年班皆行暫停。如道光六年（1826）及八年（1828）張格爾事件，以及道光十年（1830）八月安集延因不滿通商禁令等事入侵，伯克只得中途折返；道光十一年（1831），因善後招撫回人、稽查回戶、商民及軍隊凱撒等事，年班入覲皆告暫停。[58]受到連續兩年回疆伯克入覲暫停及善後工作影響，道光十三年（1833）起，各城帶領輪班排序也得重新調整。道光十三年（1833）七月，各城伯克起程後，卻又因孝慎皇后喪事，明年正月未滿一週，奉諭年班暫停。[59]道光二十七年（1847），回疆七和卓之亂，哈密大臣鍾方、安誠等奏准暫停年班，布魯特、安集延攻喀什噶爾，烏魯木齊等各處調兵八千六百多人前往支援，[60]伯克因具有撫輯稽查善後各項事務之

---

[56]《軍機處・月摺包》，文獻編號第 065005 號，2760 箱，道光十三年八月二十日，楊遇春奏。

[57]《軍機處・月摺包》，文獻編號第 065072 號，2760 箱，道光十三年八月十六日，誠端奏；《軍機處・月摺包》，文獻編號第 065067 號，2760 箱，道光十三年九月十五日，長清奏；《史館檔傳包》，文獻編號第 70200146 號，誠端傳包，（1）誠端列傳。

[58]《奏摺檔》，文獻編號第 305000140 號，頁 21-23，道光十一年六月，璧昌奏；《大清宣宗成（道光）皇帝實錄》，卷 189，頁 23-24，道光十一年五月己卯，喀什噶爾參贊大臣璧昌等奏。

[59]《軍機處・月摺包》，文獻編號第 067961 號，2743 箱，道光十四年四月十五日，長清奏。

[60]《宮中檔道光朝奏摺》，文獻編號第 405010771 號，2731 箱，道光二十七年八

責，葉爾羌參贊大臣奕山奏請依道光十年（1830）及十一年（1831）之例停班，且因道光十九年（1839）起已改為間二年入覲，擬議道光三十年（1850）再行年班，道光二十七年（1847）喀什噶爾、葉爾羌等地應貢額，俟道光三十年（1850）一併進呈。[61]道光二十八年（1848）三月，宣宗同意年班暫緩，至道光三十年（1850）再行入京。[62]而喀什噶爾、葉爾羌等地應貢之金絲緞、乾葡萄、菓膏等應貢物品，也都延至下一次年班再一併入貢。[63]

　　然而道光三十年（1850）正月宣宗逝世，同年四月理藩院咨奉上諭，伯克等均需經二十七箇月服滿，再依班次來京。到了咸豐三年（1853）三月，葉爾羌參贊大臣奏准以道光二十七年（1847）應輪班入覲，卻因喀什噶爾滋擾停班的和闐三品阿奇木伯克阿里等入覲。[64]咸豐三年（1853）七月，回疆已備妥道光二十七年（1847）及本年應貢額數時，理藩院卻在九月初三日奉上諭暫停年班，文宗有鑒於太平天國軍興以來，蒙古王公等急公報效，或捐馬或捐輸經費，若令本年年班再照往例入貢，費用浩繁，惟恐添增奔忙與苦累，

月十二日，鍾方、安誠奏；《宮中檔道光朝奏摺》，文獻編號第 405010719 號，2731 箱，道光二十七年八月初四日，舒精阿奏；《宮中檔道光朝奏摺》，文獻編號第 405010768 號，2731 箱，道光二十七年八月十一日，陝甘總督布彥泰奏；中國第一歷史檔案館編，《嘉慶道光兩朝上諭檔》，冊 52，頁 316，953 條，道光二十七年八月二十八日，內閣奉上諭。

[61] 《軍機處・月摺包》，文獻編號第 081648 號，2749 箱，道光二十八年三月二十八日批，奕山奏。

[62] 中國第一歷史檔案館編，《嘉慶道光兩朝上諭檔》，冊 53，頁 109，347 條，道光二十八年三月二十八日，內閣奉上諭。

[63] 《奏摺檔》，文獻編號第 305000108 號，頁 161-162，道光八年十月，札隆阿奏；《奏摺檔》，文獻編號第 305000334 號，頁 7-8，道光二十七年九月，鍾方、安誠奏；《宮中檔道光朝奏摺》，文獻編號第 405010650 號，2731 箱，道光二十七年七月二十二日，吉明奏；《軍機處・月摺包》，文獻編號第 078485 號，2749 箱，清單。

[64] 《宮中檔咸豐朝奏摺》，文獻編號第 406003581 號，2709 箱，咸豐三年三月十三日，德齡、倭仁奏。

因此諭令該年內外扎薩克蒙古王公、台吉、額駙年班均著暫停一年，伯克及後藏堪布如已起程，無論行至何處，即行折返，無庸來京；然而哈密辦事大臣明誼接理藩院咨開上諭摺，已是九月二十五日，當時除了喀喇沙爾年班土爾扈特頭等協理未到哈密外，北疆塔爾巴哈臺土爾扈特扎薩克頭等台吉圖布新克什克，南疆西四城最遠的和闐三品阿奇木伯克阿里、五品商伯克岳和普，喀什噶爾四品商伯克玉素普、五品阿奇木伯克薩依木，庫車沙雅爾四品伊什罕伯克阿比特，葉爾羌五品阿奇木伯克邁買提雅爾、阿克蘇五品商伯克邁瑪特阿布拉，伊犁五品噶雜納齊伯克愛瑪特等八員，皆已抵達哈密會合，只好遵旨請伯克再返回各城，貢物也一併攜回，派委哈密協副將參將等人分起照料，於十月十六日護送出哈密境。[65]由於依例回疆各城出發至哈密往返路程，車馬皆是伯克自備資斧，伯克為此次準備的所有，只能是徒勞而返。

咸豐四年（1854），經當時葉爾羌參贊大臣德齡奏准，各城回疆伯克統一在咸豐六年（1856）年班再來京，也奏准豁免道光二十七年（1847）貢物應貢額，至此回疆伯克年班已停止了九年。咸豐六年（1856）三月，照例由回疆參贊大臣自行奏報本年伯克年班應派和闐三品阿奇木伯克阿里等人名單，及貢物年份為咸豐三年（1853）及本年喀什噶爾及葉爾羌應進額。[66]為首的和闐三品阿奇木伯克阿里，等於六年間兩度在哈密折返，到第九年第三度起程，才順利入京朝覲，部分伯克如玉素布、阿比特、邁瑪特（買提）雅爾也是曾中途折返，第二次才得入京。

咸豐八年（1858）六月，文宗以蒙古汗王等或捐駝馬、銀兩、

---

65 《宮中檔咸豐朝奏摺》，文獻編號第 406005318 號，2709 箱，咸豐三年十月二十九日，明誼、慶英奏。

66 《宮中檔咸豐朝奏摺》，文獻編號第 406004506 號，2714 箱，咸豐三年七月十五日，德齡、圖伽布奏；《宮中檔咸豐朝奏摺》，文獻編號第 406007823 號，2779 箱，咸豐六年三月初九日，常清、法福禮奏。

米等，或念其路途遙遠不免辛苦，諭示除了御前行走的內扎薩克蒙古王貝勒來京，其餘皆停止來京。[67]咸豐九年（1859），回疆伯克年班本應輪至第八班，由葉爾羌阿奇木伯克世襲吐魯番郡王阿克拉依都領班入京，但是當時正在修理回城，所有捐辦口糧，雇用回夫及督率大小伯克採買一切，皆由阿克拉依都負責，同時又肩負貿易商賈卡倫出入及偵防稽查之責，因此欲派新補的和闐三品阿奇木伯克，也是世襲阿克蘇郡王貝勒銜邁瑪第敏入京，但和闐辦事大臣培成又命其辦理金廠事宜，而葉爾羌及喀什噶爾因咸豐七年（1857）張格爾之子倭里罕等入侵，善後撫輯及稽查各事尚須督管各伯克進行，於是奏請停班，至咸豐十二年（1862）再派年班伯克入京。屆時再攜咸豐九年（1859）及咸豐十二年（1862）應貢額進京併呈，文宗既已在前一年停止蒙古年班，也就准其所奏緩班至咸豐十二年（1862）再入覲。[68]

　　但文宗於咸豐十一年（1861）逝世，再也沒有見到年班伯克來京，次年原是回疆伯克屆例應年班入京之期，因逢國喪，需二十七個月期滿後，各城伯克才能入京，葉爾羌參贊大臣英蘊奏於同治元年(1862)准緩至同治四年(1865)才進京年班入覲，咸豐九年（1859）及今年（1862）所有應貢額也全部豁免。[69]

　　受到陝甘回民事變的影響，同治二年（1863）五月間，北疆伊犁已發生回民搶劫軍庫，殺斃官兵之事，清朝仍以但分良莠，不分漢人與回民的政策，希望阻擋陝甘回民事件漫延至新疆。[70]然

[67]《大清文宗顯（咸豐）皇帝實錄》，卷257，頁39-40，咸豐八年六月癸酉，諭內閣。
[68]參酌《大清文宗顯（咸豐）皇帝實錄》，此件應是慶英在咸豐九年三月左右所奏，《宮中檔咸豐朝奏摺》，文獻編號第406016553號，2714箱，無年月日；《大清文宗顯（咸豐）皇帝實錄》，卷281，頁5，咸豐九年四月戊午，諭內閣，慶英等奏。
[69]《大清穆宗毅（同治）皇帝實錄》，卷23，頁52，同治元年三月壬子，諭內閣。
[70]《大清穆宗毅（同治）皇帝實錄》，卷68，頁32-33，同治二年五月己巳，又諭。

而庫車回民馬龍、馬三保等，在同治三年（1864）四月，首先發難，新疆自此陷入十多年的戰亂中。[71]而這與回疆內部長久以來，存在政治及宗教等因素有關，伊斯蘭教有不同教團勢力，如庫車郡王家族屬納格什板迪耶，與同屬伊斯蘭教的蘇非主義，卻有不同修行主張及儀式的庫布忍耶素有紛擾；自高宗以來主張政教分離，不准阿訇干政，限制白山派居住地，將清真寺的瓦合甫地歸官，導致原來掌有政經資源的白山派信眾，累積長期的不滿，再加上駐箚大臣等的貪瀆等因素，致使回疆妥明、黃和卓、思的克、金相印等勢力各踞一方。[72]再者，浩罕及俄國勢力介入新疆，增加了新疆局勢的複雜與動亂，金相印至浩罕邀請白山派後裔張格爾之子布素魯克，浩罕為其政經利益，命布素魯克需聽命於隨其入疆的阿古柏。[73]一年後，回疆各方勢力盡歸於阿古伯。俄國也在此間，佔領伊犂，總計清朝咸同光三朝在西北失去五十多萬平方公里領土。[74]而原有受清朝封爵以黑山派為主的各城回部王公家族及伯克，就成了首先被殺伐及剝奪的對象，伯克及各族民眾避禍逃難，年班也告中斷。這時蒙古也曾因軍務緊要，奏准暫停年班。[75]

---

[71] （清）奕訢等編纂，《平定陝甘新疆回匪方略》，（朱絲欄寫本），卷 69，頁 1-4，同治三年六月十六日乙酉，常清奏。

[72] 曾問吾，《中國經營西域史》，頁 242；陳慶隆，〈論白山黨與黑山黨〉，《邊政學報》，二，頁 210-215、231；趙秋蒂，〈新疆依禪研究〉，頁 132-135；程溯洛，〈論大小各卓木〉，《中央民族學院學報》1987 年第 1 期，頁 20；馬通，《中國西北伊斯蘭教基本特徵》，頁 20-21；陳國光，〈中亞納合西底教團與我國新疆和卓、西北門宦〉，《世界宗教研究》，1988 年第 1 期，頁 106-109。

[73] 羅素娟，《阿古柏政權興起之研究》（臺北：政治大學民族所碩士論文，1991 年），頁 53-59。

[74] 陳維新，《失落的疆域：清季西北邊界變遷條約輿圖特展》，頁 vi。

[75] 《軍機處‧月摺包》，文獻編號第 111469 號，2745 箱，同治十二年八月十四日，長順奏。

　　同治年間伯克未曾年班入觀。新疆經歷同光年間亂事後，光緒四年（1878）正月，天山北路杜爾伯特、土爾扈特王、貝勒、貝子、公、台吉等，已能遣使入京。光緒十年（1884），已可年班朝觀，王、貝勒、貝子、公、台吉及其母、妻子等，皆得緞匹等賞物。[76]天山南路則處於重建、建省與廢除伯克制的議論中，理藩院於光緒十年（1884）曾咨伊犁將軍金順，回疆各地亂事既已肅清，回部王公及伯克至今尚未入京參與年終朝觀，要求伊犁將軍向回疆各城駐箚大臣查明，哈密辦事大臣因而詢問哈密親王沙木胡索特的意願，光緒八年（1882），承襲爵位之沙木胡索特，以大軍尚駐紮於哈密，差務繁忙，還需招撫流亡的回民，安排復業及耕作等理由，奏請暫緩兩年再入京。[77]時至光緒十二年（1886）七月，甘肅新疆巡撫劉錦棠代為奏准，哈密扎薩克親王沙木胡索特才進京入觀，[78]回部王公為主的年班入觀由此開始，但回疆伯克隨著光緒十年（1884）伯克制的廢除，再也沒有伯克入京朝觀。

　　伯克若在年班往返途中，遇戰亂道路不通，伯克也只能暫居他城，如道光五年（1825）入觀之和闐及葉爾羌伯克，道光六年（1826），回程行至阿克蘇，即因戰亂無法前行，阿克蘇辦事大臣長清只得酌給鹽糧以資糊口，直至一年後，道光七年（1827）五月，各城平復，由揚威將軍長齡酌給每位伯克馬一匹，跟役的回人步

---

[76]《大清德宗景（光緒）皇帝實錄》，卷 65，頁 6，光緒四年正月戊午，杜爾伯特；《大清德宗景（光緒）皇帝實錄》，卷 200，頁 12，光緒十年十二月乙未，賞杜爾伯特。

[77]《外紀檔》，文獻編號第 303000492 號，頁 53-55，光緒十年十二月十九日，明春、祥麟奏。

[78]該摺言明光緒十二年沙木胡索特已年班來京，《宮中檔光緒朝奏摺》，文獻編號第 408006608 號，2748 箱，光緒十五年四月二十一日，頭品頂戴護理甘肅新疆巡撫新疆布政使魏光燾奏；《軍機處・月摺包》，文獻編號第 124322 號，2735 箱，光緒八年六月十八日，明春奏。

行，派員護送，沿途滾運糧員按站支給鹽糧，伯克各自返回和闐及
葉爾羌等處，伯克為入觀已離家兩年之久。[79]道光二十七年（1847），
奏准停班，伯克均有防守之責，而各城已出發之年班伯克只得折
返，陸續於九月二十五日及十月初一等日回到阿克蘇，因往葉爾羌
的所有軍臺不靖，葉爾羌五品伯克毛拉沙及世襲郡王銜貝勒邁瑪第
敏，喀什噶爾所屬之排斯巴特四品阿奇木伯克阿布拉及和闐三品阿
奇木伯克阿里等暫住阿克蘇，直到回疆參贊大臣奕山收復喀什噶爾
及英吉沙爾二城，道路肅清，伯克等陸續於十月十五日及十一月十
一日，自阿克蘇起程返回本城。[80]這都是伯克年班入觀路程難以預
測的艱險。

二、伯克個人緩班入觀

伯克也有為個人因素，而延班入觀的情況，例如接受諭令留
在回疆辦事，或是伯克因職務繁忙，或因病、因案接受調查等，
皆可暫緩入觀，待下一次再補班進京入觀。

和闐阿奇木伯克阿什默特尚在處理巴達克山事，阿克蘇阿奇
木伯克烏什輔國公色提巴勒氏尚在辦理回人遣往伊犁屯田事務，
乾隆二十八年（1763）五月，禮部尚書喀什噶爾參贊大臣永貴，
即請示是否仍行年班入觀，高宗諭令兩位伯克事未竣之前，不必
來京，下一班再行入觀。[81]乾隆三十六年（1771），土爾扈特渥巴
錫率眾自俄羅斯逃往新疆[82]，急需各項衣物服物品，阿克蘇阿奇木

---

[79] 《軍機處・月摺包》，文獻編號第 058359 號，2747 箱，道光閏五月二十二日，長清奏。

[80] 《軍機處・月摺包》，文獻編號第 080298 號，2749 箱，道光二十七年十二月十八日，扎拉芬泰等奏。

[81] 中國第一歷史檔案館編，《乾隆朝滿文寄信檔譯編》，冊 4，476 條，頁 512，乾隆二十八年五月二十日，奉上諭。

[82] 土爾扈特原是四個衛拉特蒙古，因準噶爾部勢力強大，巴圖爾渾台吉於 1616 年，

伯克色提巴勒氏即協助朝廷置辦撥給土爾扈特人的皮襖、布匹、棉花。[83]乾隆三十八年（1773）六月，伊犁將軍舒赫德奏，阿克蘇阿奇木伯克色提巴勒氏本年輪值年班入京，但因辦理遷移渥巴錫移居珠勒都斯事務繁多，需要辦理各回城運送糧穀，接濟土爾扈特渥巴錫等的遊牧事務，是其他伯克等不能辦理的，因此請求下一班再安排前往，高宗准其所奏，並在色提巴勒氏尚未起程時，即寄信諭令烏什參贊大臣安泰及都統銜侍郎綽克托前往解釋，待其妥善辦理運糧穀之事，下一班再來京，以免色提巴勒氏產生誤解。[84]乾隆三十八年（1773）七月間，高宗因安泰奏報，得知阿克蘇阿奇木伯克色提巴勒氏及伯克們，自願磨麵八千石裝袋收貯，並自備牲口運糧至哈喇沙爾，以濟渥巴錫遊牧之需，諭令賞色提巴勒氏緞四疋，其他伯克也依品級分別賞緞，以資鼓勵。[85]

　　伯克輪值年班，若因父母病痛需要省親，皇帝也以百善孝為先的考量，准該地駐箚大臣另行選派其他伯克，如嘉慶十四年（1809）五月葉爾羌阿奇木伯克頭等台吉玉努斯，因母親生病，赴喀什噶爾省親，當時父親吐魯番郡王伊斯堪達爾攜眷在喀什噶爾擔任阿奇木伯克，仁宗認為此乃人子之情，並諭示玉努斯原是

進入額爾濟斯河流域，與土爾扈特發生衝突，土爾扈特因而遷至吉爾吉斯草原，後因長年受俄要求征戰，不堪其生存受脅，在乾隆三十六年（1771）正月准巴錫率三萬多戶十六萬八千多起程東歸。沿途受俄軍殺伐等因素，至伊犁僅存半數。請參見張體先，《土爾扈特部落史》（北京：當代中國出版社，1999年），頁 123-156；馬汝珩、馬大正，《漂落異域的民族》（北京：中國社會科學出版社，1991 年），頁 47、153-204。

[83]中國第一歷史檔案館編，《乾隆朝滿文寄信檔譯編》，冊 9，頁 598，1502 條，乾隆三十六年八月二十四日，奉上諭。

[84]中國第一歷史檔案館編，《乾隆朝滿文寄信檔譯編》，冊 10，1679 條，頁 635，乾隆三十八年六月十二日，奉上諭。

[85]中國第一歷史檔案館編，《乾隆朝滿文寄信檔譯編》，冊 10，1684 條，頁 637-638，乾隆三十八年七月十三日，奉上諭。

輪值本年年班入京,若伊母未瘥,可另行派員來京。[86]

　　伯克若遇事因案調查等,亦可延班入覲,如道光二十四年(1844)年班原是輪至第七班和闐三品阿奇木伯克,但該伯克邁瑪特因案調赴伊犁質訊未能前往,回疆參贊大臣輯瑞及賽什雅勒泰等改派庫爾勒三品阿奇木伯克雅霍普帶領入覲,間隔二年後再次年班,仍遵奏定章程依次補派第七班和闐阿奇木伯克,新任的和闐三品阿奇木伯克阿里就成為各城伯克的帶領者。[87]

　　回疆戰亂各城重建需要人手,這也影響入覲班次的變化,尤其是道光年起,因回疆戰亂頻仍,伯克因守城、軍務、善後等事,多有奏請緩班情形。道光六年(1826),因張格爾等不時入侵回疆各城,各城軍務吃緊,伯克需要率回兵佈署,葉爾羌辦事大臣音登額奏請五品伯克伊斯瑪依勒、六品伯克阿拉胡里、阿玉善、庫勒察克等,因正值軍務用人之際,需留城調撥,待明年年班再行入覲。[88]宣宗得知張格爾串通布魯特侵擾喀什噶爾及英吉沙爾等,回疆各城伯克或是守城,或是派出備差,因此諭令揚威將軍長齡及伊犁將軍德英阿等,轉行伊犁等十一處大臣,將道光六年(1826)應行入覲伯克全部停止,以全力進剿張格爾,待明年再依例瞻覲,以示體恤。[89]道光九年(1828)三月二十一日,喀什噶爾參贊大臣武隆阿循例編派班次開單呈覽,當時伯克依嘉慶年之改變之例分九班,今年依序入覲正好是喀什噶爾阿奇木伯克伊薩克,且去年宣宗因伊薩克擒張格爾之功,降旨准郡王伊薩克所請

准其今年隨帶其子邁瑪特來京瞻見，但武隆阿奏喀什噶爾等西四城剛平定，一切章程尚需伊薩克伯克等一手經理，而西四城大小伯克也甫經補放更替，宣宗為此諭以本年年班改由東四城內指定伯克前來，而西四城喀什噶爾、葉爾羌、和闐、英吉沙爾等所有伯克，俱准緩至一、二年後，再行入覲。[90]東四城五品以上伯克揀選補放，也依新定章程在同日諭令簡放，並成為該年班入覲人選。[91]

第三節　駐劄大臣奏報年班程序

一、入覲奏報

　　回疆伯克年班入覲，除了輪值的各城三品阿奇木伯克外，其餘各城伯克均係駐劄各城回疆辦事大臣等，每年輪派各品伯克，交首領阿奇木伯克帶領入京。各城派出伯克的名單，該城大臣要先行上奏。伯克出發之際，由該處大臣先行報告理藩院，伯克們所經之省分地方，官方要供食、給馳驛，每年十二月二十日前後到京，等到正月元宵節慶後，再馳驛返回。[92]

　　北疆土爾扈特及和碩特也分為四班輪流年班，以熱河八月朝覲為主，由伊犁將軍在前一年十一月即奏報年班名單。[93]高宗在乾

---

[90]中國第一歷史檔案館編，《嘉慶道光兩朝上諭檔》，冊34，頁99-100，349條，道光九年三月二十一日，內閣奉上諭。

[91]中國第一歷史檔案館編，《嘉慶道光兩朝上諭檔》，冊34，頁100，350條，道光九年二月二十一日，內閣奉上諭。

[92]乾隆四十一年理藩院奏定，（清）托津等人編纂，《欽定回疆則例》，卷4，頁29，收入天龍長城文化藝術公司編，《新疆史志》，第二部，冊11，頁327-328。

[93]《大清高宗純（乾隆）皇帝實錄》，卷1119，頁7，乾隆四十五年十一月乙未，又諭。

隆五十二年（1787）曾明確地對西北兩路土爾扈特、和碩特、杜爾伯特年班朝覲地點及自備資斧範圍作劃分：已出痘者，歸於年班入覲，人數少則間年入覲，未出痘者，不必來京，至熱河朝覲隨圍處，如何編隊交由伊犁將軍、烏里雅蘇臺將軍、科布多參贊大臣議奏。北路土爾扈特及杜爾伯特，自備資斧或行至張家口或喀爾喀、察哈爾毗連地方，再由官方為之辦理。西路土爾扈特及和碩特照原定章程，令其自備斧資到哈密。唐努烏梁海及阿勒臺烏梁海等，非土爾扈特、和碩特、杜爾伯特台吉後裔可比，不必同入年班朝覲，無論出痘與否，每年止赴熱河朝覲隨圍，若人數少間年派遣一次亦可。[94]其中西路土爾扈特及和碩特行至哈密，即與伯克會合，同行入京朝覲。高宗以各民族為本，考量南北疆地理氣候及民族對於溫度差異，安排合適地點，以表惠遠之心及親疏之別。親者原則上，年班入覲於京，未出痘者至熱河；關係較疏遠如烏梁海等，僅止於熱河。

回疆伯克的年班名單，通常由回疆參贊大臣在三月時，循例奏報編派該年十二月年班入覲領班之阿奇木伯克，及編列該班伯克名單呈覽，並提出可能因事等不適合當次前往的伯克名單及建議，皇帝再諭示調整方式及確定名單。[95]回疆年班入京朝覲的伯克，皆由該處大臣出具考語，繕摺具奏各城年班伯克履歷。在庫車辦事大臣例行公務上，每年五月間，要將年班伯克履歷清冊咨報喀什噶爾參贊大臣衙門，年班伯克進京貢物造冊，於六月內一樣要咨送喀什噶爾，派員護送年班伯克出境日期，要咨報兵部；喀什噶爾參贊大臣在每年例行奏摺內，八月分需奏報各城伯克年

[94]《大清高宗純（乾隆）皇帝實錄》，卷 1288，頁 1-2，乾隆五十二年九月乙丑，諭軍機大臣。

[95]中國第一歷史檔案館編，《嘉慶道光兩朝上諭檔》，冊 34，頁 99-100，349 條，道光九年三月二十一日，內閣奉上諭；《軍機處・月摺包》，文獻編號第 063241 號及附件，2760 箱，道光十三年三月初十日，長清奏。

班入觀起程的情況。[96]乾隆四十八年（1784）十二月，高宗也諭令北疆伊犁年班伯克，要由伊犁將軍如同回疆各城大臣，按伯克勞績，出具考語入奏。[97]道光十一年（1831）十一月，回疆參贊大臣由喀什噶爾改駐於葉爾羌，各城年班應奏報事項也改由葉爾羌處上奏。依慣例而言，回疆駐箚大臣及伊犁將軍等，在土爾扈特、和碩特及伯克於起程入觀時，需照例具奏，沿途各省巡撫及總督也會奏報行經日期及簡述狀況，但為減少驛站遞送奏摺的負擔，於乾隆五十四年（1789）七月起，沿途所經各城，只要特別加以照料入觀者，遇便才咨報理藩院即可，迨由京返回本處，也只要該管大臣咨報理藩院備核即可，稍微簡化了各省行政作業流程。[98]

二、伯克陪同境外使臣入觀

1.入京年終朝觀

清朝對於新疆周圍各國派來的使臣入觀，不似境內各民族有較嚴格的抵京定限，境外之哈薩克、布魯特、愛烏罕、浩（霍）罕、安集延、巴達克山等國使臣前來，高宗為體恤遠人，入觀時間較為寬鬆，二月、七或八月、十月皆有使臣前來。若是來京入觀，在新疆出發日期較遲，未與北疆各族及回部伯克一同出發，則另行派人護送。如哈薩克阿布勒比斯等遣使策伯克等七人及隨役者五人來京，伊犁將軍明瑞即派三等侍衛拉布棟阿等伴送，高

---

[96] （清）慕暲 撰，《新疆回部紀略》，庫車事宜、喀什噶爾年例摺奏，收入張羽新、趙曙青主編，《清朝治理新疆方略匯編》，冊22，頁194、170。

[97] 《大清高宗純（乾隆）皇帝實錄》，卷1195，頁11，乾隆四十八年十二月丁丑，又諭。

[98] 《大清高宗純（乾隆）皇帝實錄》，卷1335，頁36，乾隆五十四年七月壬子，又諭。

宗為讓使臣不要過於勞累，傳諭指示侍衛若能在正月十五日以內到京是最好的，不然十九日到也可以，但如果超過正月二十五日，已不能和其他來京年班入覲者一起進行各項活動，則另行安排，因此伊犁將軍需上奏使臣情形，以利到京事項的處理。[99]

若是外國使臣來不及與回部王公同行入京，也儘可能安排參與年終大宴。乾隆三十三年（1768）七月，正巧哈薩克右部之汗阿布勒比斯呈報遣子卓勒齊來京入覲，及哈薩克左部之汗阿布賚也奏請遣子來京，高宗決定讓他們一同自伊犁起程，諭伊犁將軍伊勒圖派員護送，在年終十二月中旬到京，再安排與回疆眾伯克同時入宴。[100]但事後僅阿布勒比斯之子卓勒齊與其他各部落十三人到京，與回疆伯克於乾隆三十四年（1769）正月十二日及十三日一同入宴；[101]至於阿布賚之子斡里蘇勒統及陪臣雅拉爾噶布比等十五人，晚至三月二十四日才在京接受高宗賜茶、賜冠服及賜宴。[102]

回疆周邊的各國使臣，第一次跟隨年班伯克一同入覲，是在乾隆二十七年（1762）十二月。當次年班除了回疆喀什噶爾等各城伯克及三品阿奇木伯克阿克伯克等入覲外，尚有愛烏罕使者和卓密哈爾、巴達克山使者阿布都爾阿木咱、浩罕使者巴巴什克、西哈薩克烏爾根齊部使者塞德克勒、奇齊玉斯部使者烏克巴什頗

[99] 《大清高宗純（乾隆）皇帝實錄》，卷701，頁15，乾隆二十八年十二月丙午，諭軍機大臣等。

[100] 趙爾巽等撰，《清史稿》，冊48，卷529，頁14719-14720；《大清高宗純（乾隆）皇帝實錄》，卷815，頁51，乾隆三十三年七月辛亥，又諭。

[101] 《大清高宗純（乾隆）皇帝實錄》，卷826，頁23，乾隆三十四年正月丙申，御同樂園；《大清高宗純（乾隆）皇帝實錄》，卷826，頁25，乾隆三十四年正月丁酉，御山高水長大幄次。

[102] 《大清高宗純（乾隆）皇帝實錄》，卷831，頁14，乾隆三十四年三月丁未，御正大光明殿；《大清高宗純（乾隆）皇帝實錄》，卷831，頁14，乾隆三十四年三月戊申，御山高水長大幄次；《大清高宗純（乾隆）皇帝實錄》，卷831，頁15，乾隆三十四年三月己酉，幸山高水長。

拉特等，也一同前來入覲。[103]該國若為第一次派使進貢，高宗多
給予較特別禮遇，例如愛烏罕汗愛哈默特沙遣使齎表進貢，高宗
以愛烏罕是一個大部落，為令使臣看見清朝的富庶及文化之美，
高宗諭沿途各省官員，預備筵席及戲劇給使臣們欣賞，而隨行尚
有多次入覲經驗的回疆伯克，沿途安排官駝護送起訖，並囑咐大
臣多予斟酌，以考量回疆各城伯克對於差別待遇的觀感；而當使
者入覲返程，高宗即諭沿途各省督撫，照應供給之項即可，不必
再筵宴。[104]

　　反之，雖為重要的國家遣使前來入覲，但已非首次前來，接
待上也有所調整，例如乾隆三十二年（1767）浩罕額爾德尼伯克
派遣使進京請安，跟隨因烏什事件延班的喀什噶爾阿奇木伯克噶
岱默特一同入覲；高宗對於接待規格，早在七月回疆各地伯克起
程前，即諭令駐箚在喀什噶爾、哈密及所經各省督撫準備之原則，
高宗認為若僅以年班伯克入覲一體辦理，稍覺招待禮數過薄，因
此決定照初次來使禮遇方式稍減，照年班伯克稍增，斟酌辦理，
無庸奢費。[105]這是高宗細緻地考量朝廷重視外來使臣，又考量內
屬伯克感受的惠愛之情，也成為日後清朝接待新疆周邊使臣與伯
克一同進京入覲的辦理慣例。

---

[103] 《大清高宗純（乾隆）皇帝實錄》，卷 677，頁 24-25，乾隆二十七年十二月丁
　　巳，愛烏罕使人、御重華宮；《大清高宗純（乾隆）皇帝實錄》，卷 679，頁
　　12，乾隆二十八年正月壬午，諭軍機大臣。

[104] 《大清高宗純（乾隆）皇帝實錄》，卷 672，頁 516-517，乾隆二十七年十月癸
　　卯，又諭；《大清高宗純（乾隆）皇帝實錄》，卷 679，頁 12，乾隆二十八年
　　正月壬午，諭軍機大臣等。

[105] 《乾隆朝滿文寄信檔譯編》，冊 7，1087 條，頁 726，乾隆三十二年七月十六
　　日，奉上諭；《乾隆朝滿文寄信檔譯編》，冊 7，1092 條，頁 732，乾隆三十
　　二年七月二十五日，奉上諭；《大清高宗純（乾隆）皇帝實錄》，卷 801，頁
　　9，乾隆三十二年十二月辛巳，回部喀什噶爾阿奇木伯克噶岱默特；《大清高
　　宗純（乾隆）皇帝實錄》，卷 789，頁 6，乾隆三十二年七月丙戌，諭軍機大
　　臣等。

　　嘉慶時期，仁宗對於新疆周邊各國使臣入覲，並不重視是否要參與年終朝覲，認為使臣入覲，原就不一定要隨伯克一同到京。以浩罕的使臣為例，仁宗諭以來使齎呈奏書，擅自矜誇者，則駁飭遣回，若是言詞恭順，喀什噶爾參贊大臣於筵宴時，也要觀察使臣是否行禮如儀，合於體制者，再將譯出的奏書及原奏書一起呈覽，在喀什噶爾候旨。不可以一面令其起程，一面上奏，而是要候旨遵辦，降旨何時到京，才計算日程，令貢使何時起程。[106]此時較重皇權尊崇的彰顯，而非一起參與年終入覲盛大的場面，卻也反映出清朝氣度恢宏不再及國勢下降的跡象 。

　　道光年間，清朝與浩罕因張格爾事件善後禁止通商，以致安集延犯邊，道光十二年（1832）三月，復准通商，浩罕遣使來京，各駐箚大臣即依照乾隆年間辦過成案之例，先行奏聞於皇帝知道，一面擬定起程日期，令其隨年班伯克進京。道光十四年（1834），浩罕遣使臣入京，五月初一日，浩罕伯克邁買底里為了感謝宣宗准令通商免稅，派額爾沁愛連巴依為使臣前來喀什噶爾，且為了趕上與回疆伯克一同入京的時程，於四月初一即起身出發，攜帶貨物、貢物、請求入覲書信，並將之前擄去的索倫兵一員、民人一位及回人十六名帶回喀什噶爾，但因途中路程水大難行，至喀什噶爾已是人馬疲乏，喀什噶爾領隊大臣西朗阿將其安置暫歇，並咨葉爾羌參贊大臣興德安排日程等事宜，浩罕入京前，依例葉爾羌參贊大臣要傳見詢問，並與筵宴、賞賚，以及選派人員和負責全程陪同往返的伯克。[107]六月二十三日，西朗阿派員將浩罕使臣護送至葉爾羌，使臣先呈遞表貢，回疆參贊大臣命阿奇木伯克伊斯瑪依爾譯出表文，六月二十八日，回疆參贊大臣

---

[106] 《大清仁宗睿（嘉慶）皇帝實錄》，卷336，頁429，嘉慶二十二年十一月癸卯，諭軍機大臣。

[107] 《軍機處‧月摺包》，文獻編號第068457號，2743箱，道光十四年六月初一日，興德奏。

傳見，問明來意，照例筵宴及賞賚，並令其與年班伯克於七月初十日一同起程入京。而向來浩罕使臣皆由期滿的卡倫侍衛一員護送，但道光八年（1828）已裁撤侍衛，因此改由葉爾羌換防班滿應撤之寧夏鎮標右營遊擊田善述，他曾兩次出征回疆，熟悉外藩事務，同時再由年班伯克內揀選和闐四品阿奇木伯克邁瑪特專令照料同行，再由屢次派赴卡外護送外藩使臣往返均屬妥善的喀什噶爾五品頂翎六品伯克毛拉愛里木協同伴送。由於田善述此次入京是要補行引見，回程僅由二位伯克負責照料使臣。[108]

　　宣宗依興德之奏，由軍機大臣寄諭各沿途駐劄大臣照料，哈密辦事大臣薩迎阿奏報將派副將倭恆額及通判額爾德蒙額在交界處等候接護，並依道光四年（1824）辦理之例，設筵宴接待。[109]當次伯克年班入覲包括布古爾三品阿奇木伯克邁瑪第敏等二人，和闐四品阿奇木伯克邁瑪特等四人，喀什噶爾四品商伯克密爾哈色木等二人，葉爾羌五品阿奇木伯克吒雅斯等二人，賽里木五品噶雜納齊伯克阿布都勒依木等二人，沙雅爾五品商伯克斯第克等二人，伊犁五品噶雜納齊伯克鄂斯璊等二人，吐魯番協理旗務伯克愛哈特巴和依等二人，浩罕伯克愛連巴依等二人。[110]道光十五年（1835），浩罕使臣額爾沁愛連巴依自京回程，至葉爾羌，回疆參贊大臣照例再傳見賞賚，派員護送至喀什噶爾，待行李等皆到齊後，於十一月十八日由喀什噶爾領隊大臣差伯克護送出卡。[111]由上可知，浩罕入覲行程，自喀什噶爾出入卡倫為準，需時一年半

---

[108] 《軍機處・月摺包》，文獻編號第 068845 號及附件，2743 箱，道光十四年七月十二日，興德奏。

[109] 《軍機處・月摺包》，文獻編號第 068906 號，2743 箱，道光十四年八月初一日，薩迎阿奏。

[110] 聯合報文化基金會國學文獻館，清代起居注冊-道光朝》，冊 37，頁 022369-022377，道光十四年十二月二十三日，上詣大高元殿拈香。

[111] 《軍機處・月摺包》，文獻編號第 069807 號，2768 箱，道光十六年正月廿六日，興德奏。

的時間，阿奇木伯克要負責翻譯呈表、安置住宿，途中有武將及二位伯克全程往返陪同，駐箚官員有責安排人員及呈奏日期及筵宴，各地官員查例依例辦理。

2.伯克陪同哈薩克至避暑山莊

新疆北路的哈薩克、土爾扈特、杜爾伯特或外藩使臣等，塞外天寒，常年習慣穿著氈裘，南來常感炎蒸鬱燠，即使官員為他們預置「單袷袍褂，並涼帽、靴襪」，讓他們在肅州換上，但仍因天氣熱，途中易染痘疹，輕者養息數日，而延誤入覲行程，重者也可能危及性命。[112]對於新疆周邊各國使臣，亦是以已未出痘，作為朝覲地點的決定。未出痘者，以氣候較為涼爽的熱河避暑山莊為主，已出痘可入京年班。

仁宗將哈薩克朝覲的部分，改在秋天於熱河避暑山莊進行，並由伯克全程陪同前往，各項事宜在嘉慶年版《欽定回疆則例》有條文規範，道光年版《欽定回疆則例》亦保留此條文，表示道光朝後仍繼續執行此入覲方式。仁宗以哈薩克常年游牧位處較北地方，北京天氣較暖，恐哈薩克不堪耐受，曾令未出痘之哈薩克等無庸朝覲，以免因途中或北京出痘不易照顧，造成憾事，但未出痘者為此被遣回時，常有悻悻之色。嘉慶初年哈薩克汗王、公、台吉欲派弟子中已無已出痘者，未出痘者毫無以出痘為懼，要求前來朝覲，因此仁宗決定將朝覲地點往北調整。嘉慶六年（1801），降諭旨不管出痘或未出痘的哈薩克王、公、台吉願派子弟朝覲者，皆於秋間赴避暑山莊，伯克需隨行負責照看，全程陪同往返。伯克與哈薩克在熱河朝覲期間的食物、住處、蒙古包及籬柵，由武

---

[112]中央研究院歷史語言研究所編，《明清史料》，庚編，第10本，頁968，乾隆五十二年六月初七日，福康安奏。

備院熱河總管熱河道茶膳房、內務府等辦理，馬匹由兵部負責，並有步兵統領衙門派兵為其巡邏。回程時，清廷派亦配給伯克每人一匹馬及一輛車，若皇帝賞賜給該哈薩克汗等物件較多，酌量再給車輛。[113]

大臣依例按時呈報該年入覲伯克名單及各項作業，同時也依使臣來疆時間，安排伯克同行。伯克因與周邊各國有相同宗教信仰，及語言溝通之利，皇帝及大臣令其陪伴使臣入京或至熱河朝覲，沿途有較好的照料，伯克也以內屬身份，接待國外使臣，在外交往來上貢獻一己之力。

第四節　年班入覲沿途官員照料

一、侍衛沿途照看

由於年班朝覲路程遠，往返時間長，沿途料照及護送是非常重要的。乾隆二十五年（1760），首批伯克入覲是與定邊將軍兆惠等凱旋之師，同行來覲；三月歸去時，高宗命輔國公如松護送，並留在回疆，以護送第二班伯克來京。[114]乾隆二十五年（1760）六月，高宗在回疆參贊大臣舒赫德上奏第二批入覲伯克名單時，即諭示由輔國公如松在八月初旬到達阿克蘇，以護送年班伯克來京，不必再另派大員赴疆。[115]十二月二十二日，如松帶領薩里等

---

[113]（清）托津等人編纂，《欽定回疆則例》，卷4，頁16-20，收入天龍長城文化藝術公司編，《新疆史志》，第二部，冊11，頁301-310。

[114]《大清高宗純（乾隆）皇帝實錄》，卷609，頁1，乾隆二十五年三月辛酉，又諭。

[115]（清）傅恒等，《平定準噶爾方略續編》，卷4，頁13-14，乾隆二十五年七月戊申，諭軍機大臣，收入張羽新、趙曙青主編，《清朝治理新疆方略匯編》，冊6，頁357。

葉爾羌、喀什噶爾、阿克蘇、和闐、烏什、庫車、沙雅爾、賽里
木、拜城伯克到京入覲。高宗在十二月二十六日定下以乾清門侍
衛輪班照料伯克年班方式，諭令此次入覲回部伯克起程，著派乾
清門侍衛額勒登額、伊德、殷濟圖等，隨永貴去回疆，換舒赫德
回京，侍衛皆留於駐箚大臣處聽候差遣，來年入覲，由棟保、訥
齊訥帶領回部伯克前來，嗣後乾清門侍衛照此輪班行走。[116]

　　由此至乾隆五十二年（1787）十二月之前，回疆伯克年班往
返，皆有侍衛輪班，全程同行護送。《欽定皇輿西域圖志》也記
載烏什設有照料入覲伯克的侍衛一名。[117]侍衛有二等侍衛，或是
乾清門侍衛，而乾清門侍衛不一定留在京城，有時是在回疆任職。
乾清門侍衛是皇帝親掌鑲黃、正黃、正白三旗內選擇子弟充任，
他們侍值於殿廷，也是皇帝隨行扈從，關係親近，可見皇帝對伯
克年班的重視。[118]

　　高宗曾安排赴任職或調職回京的大臣，與年班伯克同行，如
隨第二批年班至新疆赴任喀什噶爾參贊大臣的永貴，調回現任舒
赫德，又如乾隆二十七年（1762）乾清門侍衛保寧在回疆任領隊
大臣之職，原是呈請在回疆多留一年，高宗也諭以允准，但高宗
在五月時，以喀什噶爾今年事務不繁，諭保寧不必再留一年，要
他護送當年班入覲伯克等，一同來京。[119]如此既可藉大臣護送伯
克之機，觀察各回部王公及伯克，以拔擢未來伯克人選，增進彼
此情誼，也可減少大臣單獨赴任或回京的開銷。

---

[116]《大清高宗純（乾隆）皇帝實錄》，卷 627，頁 11，乾隆二十五年十二月壬辰，
　　幸瀛臺；《大清高宗純（乾隆）皇帝實錄》，卷 627，頁 16-17，乾隆二十五
　　年十二月丙申，諭軍機大臣。
[117]（清）傅恒等 奉敕撰，《欽定皇輿西域圖志》，冊 4，卷 30，官制 2，頁 7。
[118]楊樹藩，《清代中央政治制度》（臺北：臺灣商務印書館，1978 年），頁 212-213。
[119]中國第一歷史檔案館編，《乾隆朝滿文寄信檔》，冊 3，290 條，頁 494-495，
　　乾隆二十七年五月二十七日，奉上諭。

若有其他民族部落或外國使臣與伯克一起同行，入觀人數較多，侍衛人數也會增加。若未一起同行，則另派侍衛。路程較遠時，也分段派遣不同人員護送。如乾隆二十六年（1761），哈薩克阿布賚及阿布勒巴木比特使臣於正月二十日回返，高宗諭令派乾清門侍衛烏爾圖納遜護送，行至烏里雅蘇臺，交成袞扎布等，再另派妥適人員帶領經過烏梁海游牧地，返抵其本境後，護送者才回返。[120]

如果侍衛未盡責護送，也將遭受降級懲處。年班入觀雇用的車夫，若因故潛逃，也將判處重罪。乾隆二十八年（1763），回疆伯克入觀雖僅為二十人，但有布魯特、愛烏罕、巴達克山等處使臣及跟役，因此派三位乾清門侍衛隨行。[121]伊柱、舒常、鄂蘭帶領和闐阿奇木伯克等在六月初九及十三日已到庫車，達里善則於十八日帶領愛烏罕、巴達克山等處使臣到庫車。高宗原是要求舒常及鄂蘭兩人，既是京城所派遣的侍衛，要分開與地方所派之員伊柱及達里善各配編一隊，每隊有京城及地方各一員，畢竟愛烏罕、巴達克山為新近內附之邊遠部落之人等，不可與葉爾羌、喀什噶爾伯克等相比，而當時只交給達里善一個地方人員辦理帶領，一來是禮數規格考量不周，二是新近部落未如伯克已熟悉，因而遭到高宗諭斥。[122]再者，乾清門二等侍衛舒常及鄂蘭更大的

---

[120]《大清高宗純（乾隆）皇帝實錄》，卷 629，頁 4-5，乾隆二十六年正月庚申，又諭。

[121]中國第一歷史檔案館編，《乾隆朝滿文寄信檔》，冊 4，510 條，頁 533-534，乾隆二十八年七月初三日，奉上諭；（清）傅恒等，《平定準噶爾方略續編》，卷 20，頁 6-9，乾隆二十八年正月己巳，賜愛烏罕愛哈默特沙勅書，收入張羽新、趙曙青主編，《清朝治理新疆方略匯編》，冊 7，頁 27-28。

[122]中國第一歷史檔案館編，《乾隆朝滿文寄信檔》，冊 4，529 條，頁 546，乾隆二十八年七月二十日，奉上諭；以此推得當年年班伯克為和闐三品阿奇木伯克阿克伯克，《大清高宗純（乾隆）皇帝實錄》，卷 702，頁 2，乾隆二十八年

誤失，是同年浩罕額爾德尼伯克使臣巴巴什克也要來京入覲，原
是他們二人負責護送，但因他們照顧伯克及其他使臣，於數日前
先行，未能管照浩罕使臣同行，以致巴巴什克由哈密自行雇車馬
前往闕展，車夫竟在途中將使臣拋棄，並將車輛損壞，騎馬逃走。
高宗對此不法行徑，以貽笑遠人，情屬可惡為由，緝拿車夫，並
傳集車夫，即行正法示眾，讓所有車夫引以為戒。高宗以二人是
乾清門行走侍護，特派前往加意照看，卻任意自便先期行走，未
盡其責，故將舒常降為三等侍衛，鄂蘭降為藍翎侍衛，不准在乾
清門行走，於侍衛輪班應更換時，再留一年作為懲處。[123]

　　若年班入覲僅伯克及北疆土爾扈特等，在哈密會合出發後，
通常自嘉峪關起，就分為二起前進，因此侍衛至少有兩位。如乾
隆三十四年（1769）年班伯克經蘭州赴京，十一月初四日，頭起
由侍衛蒙古爾帶領阿奇木伯克素爾坦和卓等，到達蘭州，初五日
即起程，第二起由侍衛伊德帶領伯克二等台吉阿布都爾璊等及伊
犁厄魯特托克托瑪默特等，於初五日到蘭州，初六起程。[124]若是
乾隆三十五年（1770）逢高宗六十大壽，伯克則提早至六月十七
日，由侍衛德靈阿、特成額帶領阿奇木伯克鄂對等行抵蘭州，第
二起由侍衛公保寧帶領伯克色提巴勒氏於六月十八日行抵蘭州，
北疆伊犁阿奇木伯克台吉鄂羅木雜布及其弟丕爾敦也在六月十八
日抵蘭，合併行走，預計在八月初抵京。[125]

十二月甲寅，御紫光閣。
[123]（清）傅恒等，《平定準噶爾方略續編》，卷22，頁6，乾隆二十八年六月丙
　　午，諭軍機大臣，收入張羽新、趙曙青主編，《清朝治理新疆方略匯編》，冊
　　7，頁43；《大清高宗純（乾隆）皇帝實錄》，卷689，頁10-11，乾隆二十八
　　年六月丙午，又諭。
[124]《軍機處·月摺包》，文獻編號第011053號，2771箱，乾隆三十四年十一月
　　十八日，陝甘總督明山奏。
[125]《軍機處·月摺包》，文獻編號第012131號，2771箱，乾隆三十五年七月初

　　若是侍衛自己有病痛，則與各省護送人員協調。如乾隆三十七年（1772）乾清門侍衛玉麟帶頭起伯克，行至蘭州，自己患病不能前行，即由第二起同為乾清門侍衛納札爾帶領頭起伯克前行，第二起甘肅派委副將策卜坦及武職大員帶領，山西總督派參將楊星斗接手護送伯克八員及跟役十五名前行，於十二月十二日交直隸省繼續前往北京。[126]

　　侍衛負責全程陪同至京，若伯克有各項需求、伯克病痛或病故，以及各省地方該供而未供事項，皆可由侍衛通報各省官員或是直接上奏軍機大臣，以利後續處理。[127]例如回疆伯克年班所經各驛站需依例提供馬匹，以利遄行無阻，然而乾隆四十五年（1780）回疆伯克第一起行至直隸省密雲縣，第二起行至順義縣，兩縣皆未提供馴馬，以致伯克不能前行。伯克經過彰義門丟失一件行李，皆由照料伯克的侍衛特克星額呈報，兵部尚書福隆安即傳令兵部各站速行照例提供，也請旨懲處失職人員。[128]

　　乾隆五十二年（1788）十二月，大學士和珅等議奏，年班伯克等進京遵旨停派侍衛。[129]這與當次護送伯克們來京的侍衛夾帶私玉，又延誤入京有關[130]。乾隆五十三年（1788）過完上元節，伯克返回新疆的路程，不再有侍衛隨同伯克往返，而是交由途經

六日，陝甘總督明山奏。

[126]《軍機處・月摺包》，文獻編號第 019037 號，2765 箱，乾隆二十七年十二月十六日，山西巡撫兼管總督三寶奏。

[127]中國第一歷史檔案館編，《乾隆朝滿文寄信檔》，冊 12，2031 條，頁 519-520，乾隆四十一年十一月十七日，奉上諭。

[128]此條無奏者及年月，依前後奏摺時間為乾隆四十五年八初八日及初九日，此次年班較早，推估是為高宗七旬萬壽聖節來京。中國第一歷史檔案館編，《乾隆朝上諭檔》，冊 10，頁 192，544 條，乾隆四十五年八月初八日。

[129]《宮中檔乾隆朝奏摺》，文獻編號第 403053223 號，2774 箱，乾隆五十三年二月初七日，直隸總督劉峨奏。

[130]《寄信檔》，文獻編號第 60400032 號，頁 317-318，乾隆五十二年十二月二十一日，奉上諭。

各省派文武大員分段遞相照料，兵部需咨各省總督奏報伯克們行經該省日期，及各照料官員與之交替接護。以乾隆五十三年（1788）正月為例，由兵部咨各省總督要奏報伯克們行經該省日期，在直隸省由原來照料伯克入京的霸昌道同與及拱極營遊擊范舉先探明出京日期，並和清河道朱瀾護送；二月初三日，由朱瀾送交山西省平定州官員，而此次也有庫爾喀喇烏蘇領隊大臣佟福保領管伯克一起回新疆。[131]乾隆五十三年（1788）十月，年班伯克與土爾扈特、和碩特等入觀來京之際，沿途派委的總兵、副將護送，高宗又諭令要注意護送者及伯克跟隨的回眾，認為前次侍衛已可不顧顏面發生夾帶私玉之事，更要加強防範查察護送者，避免重蹈前轍，或滋生其他弊端。[132]

二、沿途照料的各省文武官員

乾隆二十六年（1761）八月，即第三批回疆伯克自各城出發入觀，永貴奏准伯克入觀人數，以及先通知行經路途的地方官員，酌派官員護送。[133]這是伯克入觀除了有侍衛等全程陪同照料之外，所經之甘肅、陝西、山西、直隸各省官員，第一次正式加入護送回疆伯克事務。伯克通常分為兩批行走，但有時依需要也可分為多批。如嘉慶二十年（1815）伯克入直隸境，分為四起行走，

---

[131]《宮中檔乾隆朝奏摺》，文獻編號第403053223號，2774箱，乾隆五十三年二月初七日，直隸總督劉峨奏；《宮中檔乾隆朝奏摺》，文獻編號第403053394號，2774箱，乾隆五十三年二月二十七日，陝西巡撫覺羅巴延三奏。
[132]高宗因葉爾羌辦事大臣高樸私鬻玉石案，下令查緝回疆私玉買賣。《大清高宗純（乾隆）皇帝實錄》，卷1314，頁763，乾隆五十三年十月壬寅，諭軍機大臣曰。
[133]《大清高宗純（乾隆）皇帝實錄》，卷642，頁10，乾隆二十六年八月庚午，又議覆。

由井陘到良鄉，頭起走了七日，其餘各起行走六日。[134]

　　各方入覲隊伍，多經陝甘二省，負責護送人員，要短時間分批於不同地點接護各地年班往返者，是相當忙碌的。如乾隆五十四年（1789）年班入京時間，陝西在十一月十四及十七兩日，接護行抵陝西長武的伯克，二十二日及二十六日，由潼關出陝境，同時達賴喇嘛、班禪額爾德尼差堪布赴京謝恩，也分兩起行走，於十一月二十二及二十六日先後經西安省城，均需委文武官員沿途照料。[135]乾隆五十五年（1790）三月，各地年班返程，伯克分兩起在二月十七、十八日抵陝西潼關廳境，二十七日及二十八日，由長武縣出陝西，而巴勒布貢使於二月二十九日抵潼關，三月初七日，由寧羌州離境入四川省。[136]

　　以甘肅或各省境內護送人員而觀，乾隆五十四年（1789）以前，由兵部咨各省總督及巡撫，需負責奏報伯克等人員入出省境時間、路線、行李、筵宴或變化事項的安排，及派委轄內接護各道、府文武人員之職銜、名字等，甘肅省官員如涼州鎮總兵巴彥圖及永昌協副將海注等前赴肅州迎候，伯克們入嘉峪關後分起由他們帶領護送。[137]在肅州大多是酌量派委布政使、按察使、道員、總兵、副將等旗員、漢員內輪派，甘肅省其他地方常以藩司及臬司、總兵為主。

　　陝甘總督勒保曾奏言各官難為之事，以藩臬兩司管全省刑錢

---

[134] 中國第一歷史檔案館編，《嘉慶道光兩朝上諭檔》，冊 21 頁 6，16 條，嘉慶二十一年正月初六日，內閣奉上諭。

[135] 《宮中檔乾隆朝奏摺》，文獻編號第 40358939 號附件，2727 箱，乾隆五十四年十一月二十六日，陝西巡撫覺羅巴延三奏。

[136] 《軍機處・月摺包》，文獻編號第 038452 號，2778 箱，乾隆五十三年十一月二十一日，暫署陝甘總督山西巡撫勒保奏；《軍機處・月摺包》，文獻編號第 043174 號，2744 箱，乾隆五十五年三月十二日，陝西巡撫秦承恩奏。

[137] 《軍機處・月摺包》，文獻編號第 037860 號，2778 箱，乾隆五十三年九月二十一日，陝甘總督勒保奏。

總匯，總兵要管地方公事及營務操防等事，未便離職守半年。於是在乾隆五十四年（1789）三月奏准，仿照乾隆四十九年（1784）以來，喇嘛貢包往返，每省派委道員會同武職護送，數年來均屬安妥之例，即由各省所管境內專派滿洲道員，會同滿洲副將，分界接替照料，及催趲前進各有專責；責任追究方面，嘉峪關以外，查處延誤之責在回疆各駐箚大臣，嘉峪關以東至陝甘兩省界內，查處陝甘各地方官員，山西及直隸也依此分省負責。[138]

伯克年班入覲是由回疆各城起程，西四城伯克匯聚於阿克蘇，侍衛由此接手護送。乾隆五十二年（1787）之前，高宗派隨行侍衛全程往返照顧，乾隆五十二年十二月（1788），是侍衛最後一次護送伯克入京，乾隆五十三年（1788）正月，伯克回程，即由兵部及各地方人員接手護送。[139]伯克需自備資斧及車馬行至哈密，待各地伯克集合，自此行李車馬，皆由官方負責運送及提供。[140]經甘肅、陝西、山西及直隸各省，各地派委道將，分段接替護送。[141]沿路分為兩起，兩批人馬相隔約三至六日左右，分別在九月二十一日及二十四日進入甘肅省，陝甘總督委派安肅道、甘涼道之官員，以及蘭州知府，會同滿洲副將、參將、游擊等，負責境內照料、護送，大約在十月二十三日及二十九日出嘉峪關，行經之地的總督要上奏伯克行經時間、護送官員名單及行李包馱

---

[138] 《宮中檔乾隆朝奏摺》，文獻編號第 403055066 號，2727 箱，乾隆五十三年九月二十一日，陝甘總督勒保奏；《宮中檔乾隆朝奏摺》，文獻編號第 403056679 號，2727 箱，乾隆五十四年三月初九日，陝甘總督勒保奏。

[139] 《宮中檔乾隆朝奏摺》，文獻編號第 403043136 號，2741 箱，乾隆四十七年十一月十四日，陝甘總督李侍堯奏。

[140] （清）托津等人編纂，《欽定回疆則例》，卷2，頁 40-41，收入天龍長城文化藝術公司編，《新疆史志》，第二部，冊 11，頁 183-185。

[141] 中國第一歷史檔案館編，《乾隆朝上諭檔》，冊 17，頁 89，262 條，乾隆五十七年十一月初六日。

情況。[142]伯克若有病痛或是病故，行李丟失，或遇風雪等耽誤行程事，乾隆五十三年（1788）正月後，皆改由各省巡撫等上奏處理情形。

三、沿途供支

哈密及吐魯番二處回部王公部分，因歸順清廷較早，行扎克薩制，所差來京請安及進貢人等，朝廷各按其品級照蒙古例，哈密部分在雍正四年（1726）曾奏准哈密扎薩克一等達爾漢伯克來使回返之時，管旗章京、美楞章京可各得賞緞二疋，布十二疋，參領及佐領賞緞二疋，布七疋，驍騎校緞一疋，布六疋，同時管旗章京、美楞章京、官員、兵丁、僕從人等，各照例給與廩給四十日，凡傳諭入京者，應酌量給與牧芻之費用；至於吐魯番部分，在乾隆二年（1737）奏准吐魯番輔國公額敏和卓前來朝覲，比照喀爾喀輔國公之例給與廩給，而其隨從正千戶則照佐領之例，副千戶、正百戶等，皆比照驍騎校之例，每日各給銀一錢，僕從日給銀五分，酌量給銀於驛騎牧芻等，皆與哈密四十日的限期相同，貢使來京也都照此辦理，乾隆三年（1738）奏准隨從吐魯番公來京的正千戶，也比照哈密佐領之例，副千戶、正百戶依照驍騎校之例，酬賞緞布。[143]此即哈密比照喀爾喀蒙古輔國公之例，而吐魯番比照哈密例，一視同仁。嘉慶年版《欽定回疆則例》也有關於哈密及吐魯番所差來京請安、進貢人銀兩動支單位以及各負責部門等事宜，朝廷依照蒙古例，各按其品級，各給四十日的吃食及盤費，所有銀兩由理藩院銀庫支領，並口糧則由戶部支領，在

---

[142] 《軍機處·月摺包》，文獻編號第 046448 號，2744 箱，乾隆五十五年十一月二十日，陝甘總督勒保奏。

[143] 理藩院徠遠清吏司朝覲，乾隆朝大清會典與則例對照檢索系統，臺北：臺灣大學數位人文研究中心，網址 http://cspis.digital.ntu.edu.tw/。

京需要騎用的官馬，均由兵部辦給，回程時，應領驛站馬匹，俱依照原來之數給，而其沿途支領食物的執照，也一併由兵部照例更換辦給。[144]

回疆伯克進京沿途供支飲食部分，不分品級，每伯克一員日支羊肉二斤、白麵二斤、米八合三勺、柴五斤、清油三兩，跟役每人日供羊肉一斤、白麵一斤、米八合三勺、柴三斤、清油二兩；乾隆四十一年（1776），四川各土司初次入覲，也仿照回疆伯克入覲之例辦理，沿途支供亦然，如有隨帶之人願折支自行買食，則照跟役例日支銀五分；回疆西四城伯克在途中於會齊之時，筵宴一次，年班事竣，回到會齊處，又筵宴一次，每大伯克一員，備席一桌，即多為回部王公出任的三品阿奇木伯克，小伯克們大約二、三位共用一桌。[145]而伯克會齊筵宴之地，據《新疆回部紀略》所載，每年進京年班伯克回至阿克蘇，以及八月間西部各城年班伯克起程，齊匯於阿克蘇時，均需辦理筵宴，這也是阿克蘇辦事大臣兩件必須固定具奏的事宜之一。[146]由於阿克蘇位處於前往烏什、喀什噶爾、葉爾羌、和闐各城的樞紐，也成為回疆西部各城伯克，年班會齊相遇與道別的慶宴之地。

高宗平定大小金川後，舒赫德奏准四川土司於乾隆四十一年（1776）初次入覲，於齊集成都時，准筵宴一次，但川省各土司

---

[144] （清）托津等人編纂，《欽定回疆則例》，卷2，頁36，收入天龍長城文化藝術公司編，《新疆史志》，第二部，冊11，頁175-176；以清廷給喀爾喀蒙古來京朝覲的廩餼為例，均核給四十天，每日親王給銀二兩二錢，郡王二兩七錢，貝勒一兩二錢五分，貝子一兩二錢五分，輔國公給銀一兩一錢一分。紅霞，〈清代喀爾喀蒙古王公的朝覲制度述略〉，《內蒙古民族大學學報》（社會科學版），36卷2期（2010年3月），頁23。

[145] 《寄信檔》，文獻編號第60400022號，頁260-266，乾隆四十一年十月十八日，大學士舒赫德奏。

[146] （清）慕暲撰，《新疆回部紀略》，阿克蘇事宜，收入張羽新、趙曙青主編，《清朝治理新疆方略匯編》，冊22，頁142。

向來已是服屬內地之人，不同於回疆是新附，將來回成都也毋庸更辦筵宴，所經各省也不用辦，只要按例給口食供支即可。[147]這顯示回疆伯克入覲的支供之例，也成為川省土司管理比照辦理的事項。該奏摺內提到，回疆伯克至此已歸入清朝版圖十七年了，仍以新附者的禮遇相待，可知高宗對於回疆遠人的惠愛。

　　若有新疆周邊外國使臣與伯克同行，來使待遇各項供支，各省巡撫及總督皆較初次來使略為簡便，仍與年班伯克等稍示區別。例如來使呢祿爾拜莫特於十一月二十日入境山西，至十二月初四日由平定州出境，只在平陽府城總兵官駐箚地酌備筵宴一次。[148]筵宴內容及份量，以《新疆回部紀略》所載，喀什噶爾筵宴浩罕愛里木來使入覲，照例進宴每人用羊一隻，白麵十八斤，白米、油、茶、柴薪、雜費錢五十二文，每日供支來使及僕役日給羊一隻，白米半觔，其僕役每名日給白麵一觔，若是起程前往葉爾羌面見回疆參贊大臣，日程是五天，供食羊二隻，茶、米折錢，若是到後即行返回，回時仍照此供應。[149]依此國外使臣，供應較伯克多。

　　然而伯克年班入覲由各回城出發至哈密前，伯克是需自備資斧，就如北疆土爾扈特及和碩特台吉等亦然，原則上都是由各游牧地出發，至烏魯木齊或哈密前的費用車馬，皆是自備資斧。接下來由肅州、涼州到熱河或至京的行程，才動用官項支應。[150]以檔案提及七、八月伯克即由回疆各城出發，路程約兩個多月不等

[147]《寄信檔》，文獻編號第 60400022 號，頁 260-266，乾隆四十一年十月十八日，大學士舒赫德奏。

[148]《宮中檔乾隆朝奏摺》，文獻編號第 403023669 號，2728 箱，乾隆三十二年十二月十六日，山西巡撫兼管提督彰寶奏。

[149]（清）慕暲撰，《新疆回部紀略》，喀什噶爾辦事章程，收入張羽新、趙曙青主編，《清朝治理新疆方略匯編》，冊 22，頁 171。

[150]《大清高宗純（乾隆）皇帝實錄》，卷 1243，頁 715，乾隆五十年十一月辛未，諭。

至哈密，若以清光緒建省後《新疆圖志》內較清楚的道路里程作
計算，請見表 9-2 回疆各城間里程數表，以較遠的喀什噶爾及和
闐而言，哈密經吐魯番、庫車、阿克蘇、巴爾楚克到喀什噶爾為
五千一百四里，哈密經阿克蘇、葉爾羌至和闐則要五千八百四十
里，和闐至京師路程共為一萬三千六十里計算，等於和闐伯克全
程的百分之四十五，喀什噶爾伯克有百分之四十二的路程，需要
自付車馬、行李等所有費用，即便以伊斯蘭教信仰而言，可千里
不持貲地宿清真寺等，也還是有許多花費，這還不包括途中因病
延遲的日程及診療、食宿增加的費用。伯克需自行跋涉於回疆，
歷經途中四至五省不同水土的適應，以及秋、冬、春三季，西四
城伯克往返之際，更需經歷新疆酷熱乾燥的夏季，對身體及體力
無疑是長期的考驗，也承受病痛或是病故等風險。

　　就國庫支付而言，《新疆圖志》載哈密至京師為七千二百二
十里，[151]伯克沿途經各省所需僱用車價及往返供支食物等項費
用，此段是由官方供給。乾隆五十年（1785）山西省永濟等州縣，
供應烏什等處年班伯克的往返支出，根據布政使鄭源璹報稱所
記，總計需花費銀七百六十五兩四錢八分，此等開銷皆列為山西
省乾隆五十年耗羨項下支付，經該省巡撫覆核無誤後，附清冊上
奏。[152]若以此推算，伯克路經山西境內，單程需時約十二天，[153]以
年班往返計算，則為二十四天，清朝為入覲伯克每日約付三十二
兩銀，從嘉峪關至京，順利行走大約六十八天，往返一百三十六

---

[151] 《大清一統志》、《大清會典事例》里程數各有異，見羅運治，《清高宗統治
　　新疆政策的探討》，頁 68；王樹枏、王學曾總纂，《新疆圖志》，卷 1，建置
　　一，頁 5，收入張羽新、趙曙青主編，《清朝治理新疆方略匯編》，冊 20，頁
　　5。
[152] 《宮中檔乾隆朝奏摺》，文獻編號第 403050267 號，2774 箱，乾隆五十二年二
　　月二十六日，山西巡撫勒保奏。
[153] 《宮中檔乾隆朝奏摺》，文獻編號第 403053349 號，2774 箱，乾隆五十三年二
　　月二十日，署理山西巡撫明興奏。

日，約需四千三百五十二兩，約等同於當時伊犁將軍一年多的養廉銀，[154]但這還未包括伯克在京及回疆境內的費用。

官方除伯克由哈密至京的吃食及車馬供應外，如遇伯克病痛或病故，得再多給付醫療及喪葬銀兩，若有國外使臣隨行，途中各地尚需筵宴接待，在京還有賞賜、賜宴等費用。若國庫不豐，增加伯克入覲班次的間隔，對清廷及伯克都可減輕負擔，伯克也可降低沿途往返八個月至一年多的風險。

表 9-2 回疆各城間里程數表

回疆各城間	驛站數	里程數
嘉峪關-哈密	18	1500
哈密-吐魯番	13	1230
吐魯番-庫庫	24	1780
庫車-阿克蘇	10	770
阿克蘇-烏什	4	270
阿克蘇-葉爾羌	18	1280
葉爾羌-和闐	9	780
阿克蘇-巴爾楚克	11	724
巴爾楚克-喀什噶爾	10	600
喀什噶爾-英吉沙爾	2	150

資料來源：王樹枬、王學曾總纂，《新疆圖志》，卷 83，道路 5，頁 6-18，收入張羽新、趙曙青主編，《清朝治理新疆方略匯編》，冊 20，頁 399-406。

四、在京吃食盤費

新疆歸入清朝版圖後，乾隆二十六年（1761），理藩院議定，哈密及吐魯番二處扎薩克的一切事宜，以及回疆各伯克進貢、放

---

[154]伊犁將軍一年的養廉銀三千兩。（清）容慕安輯，《那文毅公籌畫回疆善後事宜奏議》，卷 74，頁 15-16，道光八年正月二十五日，奉上諭，收入張羽新、趙曙青主編，《清朝治理新疆方略匯編》，冊 10，頁 227。

官的事項，俱歸由新設的徠遠司負責承辦；而分班輪值前來朝覲的回部王公出任伯克者及伯克等，哈薩克與布魯特的來使，到了京城及盤費，還有沿途行在地方的費用，則由內務府負責辦理。由於高宗關心各地新附之回疆伯克、布魯特、哈薩克來使，在京朝覲期間，恐其事事新奇，不善購買諸物，因此食物及盤費不照理藩院定例與蒙古一體給予盤費銀兩，而是指示內務府豐裕辦給。[155]道光年版保留此精神，並加列浩罕，仍由內務府備辦。[156]

第五節　年班往返時間及路線

一、抵京定限

年班朝覲伯克往返路程甚長，行走沿途有護衛，各省及地方需派員照料，皇帝也在北京掌握伯克們的行程及抵京日期，以利安排各項事宜。除了伯克首批入觀是隨凱旋大軍同行前來，未與蒙古王公等年班時間相同，是為特例之外，第二批年班伯克入觀，需與蒙古王公等一起瞻觀，但因駐箚大臣等未曾有過回疆到京日程計算的經驗，以致伯克自回疆出發時間太早，途中高宗還曾下旨緩行，待伯克抵京後，高宗又諭令來京入觀，理應核計日期起程，不必太早，嗣後抵京日期仿照此次為例，於十二月二十一日抵京即可。[157]

---

[155]（清）托津等人編纂，《欽定回疆則例》，卷2，頁37-38，收入天龍長城文化藝術公司編，《新疆史志》，第二部，冊11，頁177-179。

[156]（清）賽尚阿等修，《欽定回疆則例》，卷4，頁12。

[157]《大清高宗純（乾隆）皇帝實錄》，卷627，頁18，乾隆二十五年十二月丙申，又諭。

　　高宗重視年班來自各地入覲隊伍行程，隨時關注，派員迎探，若未如期抵達，即刻諭令查處沿途官員，仁宗亦然。以乾隆五十二年（1787）伯克因冰封改道，未如期到達為例，高宗查究各地官員，進而使陝甘總督提出各省日期定限的權責改革。伯克在乾隆五十二年（1787）於十二月二十日尚未到京，高宗關心如此一來，即無法於二十一日同外藩一體瞻觀，故而節次差員迎探，卻得報截至二十一日丑刻尚未抵達京師附近的良鄉，於是連夜傳諭各省嚴查究辦，斥責直隸總督漫不經心，未令地方官員妥為照料，否則豈有不知伯克們經過保定的時間，又責問是否因委派照料官員遲滯，或是夫、馬不齊以致遲悞，諭令直隸總督查參失職者。[158]

　　伯克行走所經各省官員得諭，也紛紛回報，直隸總督奏查是因山西永濟縣黃河冰凍不能渡，改走河南，分兩起行走，頭起伯克已在十二月十三日入直隸磁州，二起已在十二月十四入磁州境，至京共二十站，一千八十餘里，應於二十一、二十二日抵京，總督雖推諉未知二十一日應與外藩一體瞻觀之事，但高宗也認為此過不在直隸，才予寬宥。[159]接著暫署陝甘總督之山西巡撫勒保奉諭也回奏，帶領伯克的副參將祥保因行至潼關地方河冰凍結，繞道四日，改由孟津渡河，祥保曾稟報勒保及陝西巡撫巴延三，由於頭起阿奇木伯克鄂斯璊因薩木薩克案需與燕起對質，而奉旨馳驛遄行，只得派有年班經驗參將中柱照料先行，另派副將恒通在西安接替，雖叮囑副將要如期於十二月二十日到京，但在甘肅接獲改道，卻未奏報冰凍改道緣由而感自責，高宗硃批：「覽」。

[158]《廷寄檔》，文獻編號第 60400032 號，頁 317-318，乾隆五十二年十二月二十一日，奉上諭；中國第一歷史檔案館編，《乾隆朝上諭檔》，冊 14，頁 117，355 條，乾隆五十二年十二月二十一日，奉上諭。

[159]《宮中檔乾隆朝奏摺》，文獻編號第 403052873 號，2774 箱，乾隆五十二年十二月二十四日，直隸總督劉峩奏；《大清高宗純（乾隆）皇帝實錄》，卷 1295，頁 16-17，乾隆五十二年十二月甲寅，諭軍機大臣。

[160]陝西巡撫覺羅巴延三奏稱上年，即乾隆五十二年（1787）十二月初五日據潼關廳報，初二、三日伯克行抵潼關黃河冰凍，查以乾隆四十七年（1782）改由豫省行走之例，當年潼關同知稟稱因黃河冰凍不堅，不能行車，河南巡撫李世傑安排伯克由於十二月初五、六、七等日，全數由河南孟津渡河，在閿鄉縣入境，經至彰德府之安陽縣，於十二月十三、十四日出境護送至直隸磁州，並緊急安排境內所有應需車馬及食物。[161]於是乾隆五十二年（1787）永昌協副將恒通及甘肅督標左營參將祥保也以同樣路線，在十二月初三日及初四日送交河南閿鄉縣接送前進，於十二月十三、十四日護送出境河南，但勒保、覺羅巴延三都未將此事專摺上奏，而遭到高宗交部議處。[162]當次年班阿奇木伯克多羅善等伯克們至十二月二十九日，才在重華宮和杜爾伯特和碩親王車凌烏巴什等，參與高宗賜茶果及賞賚的活動。[163]

由於西藏喇嘛、四川土司及新疆南北兩路年班十二月入京朝覲，以及高宗壽誕八月在熱河的萬壽聖節，皆經由甘肅、陝西、山西、直隸各省，陝西成了各方年班入覲必經地。為了確保各方朝覲人員的行程掌控及行經之地的接待，地方官員常疲於奔命在省境不同的出入口岸，不但為此耗去大半年，又無法安住於職位

---

[160]《宮中檔乾隆朝奏摺》，文獻編號第 403052978 號，2774 箱，乾隆五十三年正月初六日，暫署陝甘總督山西巡撫勒保奏；《大清高宗純（乾隆）皇帝實錄》，卷 1295，頁 20-21，乾隆五十二年十二月乙卯，又諭。

[161]《宮中檔乾隆朝奏摺》，文獻編號第 40343504 號，2741 箱，乾隆四十七年十二月初八日，河南巡撫李世傑奏；《宮中檔乾隆朝奏摺》，文獻編號第 40343603 號，2741 箱，乾隆四十七年十二月十八日，河南巡撫李世傑奏。

[162]此為附片無年月日，依原奏編號日期為乾隆五十二年十二月初九日，請見《宮中檔乾隆朝奏摺》，文獻編號第 403052704 號附片二，2774 箱；《宮中檔乾隆朝奏摺》，文獻編號第 403052990 號，2774 箱，乾隆五十三年正月初八日，覺羅巴延三奏。

[163]《大清高宗純（乾隆）皇帝實錄》，卷 1295，頁 48，乾隆五十二年十二月壬戌，御重華宮。

上執行其他公務。陝甘總督勒保觀察到這些情形，又有上年署理陝甘總督任內因伯克延誤入京日期，被高宗交部議處經驗，於是在乾隆五十四年（1789）為伯克暨土爾扈特、霍碩特台吉等赴京觀見之事，奏請定下與山西、直隸各督撫一體可酌核限期，高宗也同意如其所議而行。[164]

　　綜合歷年檔案及勒保奏准限期而觀，以往年班入京朝觀的伯克，大約在七、八月陸續由回疆各城出發，也曾有較遠的和闐伯克在六月初九日已行抵庫車之例，[165]伯克可能在五月中旬已由和闐出發，兩地距離有二千八百三十里，見表 9-2 回疆各城間里程數表。喀什噶爾伯克大約在六月二十三日出發，道光十一年（1831）以後，回疆參贊大臣已由喀什噶爾改駐箚於葉爾羌，若有外藩使臣要入觀，需與年班伯克一同進京入觀，外藩使臣與伯克一同前往葉爾羌，面見回疆參贊大臣後，再葉爾羌伯克同行，大約於七月初十日出發。[166]和闐、葉爾羌、喀什噶爾等城伯克大約七月十四、十六、二十等日陸續到達阿克蘇。[167]而東四城的伯克較晚，如布古爾伯克八月再出發。[168]伯克所帶行李，需自備斧資搭車馬前往哈密集合，北路的哈薩克、土爾扈特、霍碩特等，在八月內初自伊犁出發，也在九月二十日以後間陸續會合於哈密，大概十

[164]《宮中檔乾隆朝奏摺》，文獻編號第 403056679 號，2727 箱，乾隆五十四年三月初九日，陝甘總督勒保奏。

[165]中國第一歷史檔案館編，《乾隆朝滿文寄信檔譯編》，冊 4，529 條，頁 546，乾隆二十八年七月二十日，奉上諭；以此推得當年年班伯克為和闐三品阿奇木伯克阿克伯克，《大清高宗純（乾隆）皇帝實錄》，卷 702，頁 2，乾隆二十八年十二月甲寅，御紫光閣。

[166]《軍機處‧月摺包》，文獻編號第 068845 號，2743 箱，道光十四年七月十三日，興德奏。

[167]《軍機處‧月摺包》，文獻編號第 065072 號，2760 箱，道光十二年八月十六日，誠端奏。

[168]《宮中檔道光朝奏摺》，文獻編號第 405010889 號附件一，2731 箱，道光二十七年八月二十六日，舒精阿奏。

月十五日或十月十七、八日左右到達嘉峪關。[169]新疆年班就此分為兩批行走，一批為土爾扈特、霍碩特及伯克，另一批則以伯克為主。依往年之例，大約在十月十七至二十日以前，行抵肅州，十一月十五、十六日及二十一日之間，即可離開甘肅境內，有時整個行程提早個四或五日，於十一月十一及十六日已由長武進入陝西境的情形也是有的，大約七或八天，即可由潼關交接走入山西永濟縣，即十一月二十八、二十九日或是提早於十九及二十三日即出陝西境。[170]

勒保參考往年記錄並得議准，定回疆各伯克抵肅州以十月二十日前為限，十一月二十一日前離開甘肅省境，十一月二十九日由陝西省離境，十二月二十日到京，作為定限，正月期間出京返疆。[171]行程若有延遲，凡嘉峪關以外，咎責於回疆各該城大臣，嘉峪關以東陝甘境內，則咎於該省地方官員，須分別給予議處，山西及直隸各地，也應一體遵照辦理。[172]此議定使得伯克及北疆各族年班行進時間及責任歸屬的判別，更為清楚。

嘉慶年版《欽定回疆則例》也收入乾隆五十四年（1789）三月陝甘總督勒保奏定之摺，自此回疆各城伯克王公等年班朝貢，經過各省，派遣滿洲道員會同滿洲參將，分界照看，於每年十月二十日以前抵達甘肅，臘月二十日前抵達北京，中途經過各省，

---

[169] 《軍機處・月摺包》，文獻編號第 037860 號，2778 箱，乾隆五十三年九月二十一日，陝甘總督勒保奏。

[170] 《宮中檔乾隆朝奏摺》，文獻編號第 403055781 號，2727 箱，乾隆五十三年十一月二十五日，陝西巡撫覺羅巴延三奏。

[171] 《宮中檔乾隆朝奏摺》，文獻編號第 403056679 號，2727 箱，乾隆五十四年三月初九日，陝甘總督勒保奏；《宮中檔乾隆朝奏摺》，文獻編號第 403056961 號，2727 箱，乾隆五十四年四月十九日，陝甘總督勒保奏；《宮中檔乾隆朝奏摺》，文獻編號第 403055066 號，2727 箱，乾隆五十三年九月二十一日，陝甘總督勒保奏。

[172] 《大清高宗純（乾隆）皇帝實錄》，卷 1324，頁 24-25，乾隆五十四年三月丙寅，陝甘總督勒保奏。

或有耽誤，各按奏定限期，分別奏參懲處。[173]道光年版《欽定回疆則例》更將伯克、四川番子土司、哈薩克的抵京日期，統一定於每年十二月二十日以前到京，由理藩院報明軍機處所有請安、進貢、朝覲及賞賜等各項事宜。[174]但哈薩克也可以選擇前往避暑山莊朝覲。

　　嘉慶朝至咸豐朝，都遵循抵京定限，伯克們大多在十二月二十一或二十二日在西苑門外或神武門外與土爾扈特、杜爾伯特等外藩一同瞻覲。若有遲到的狀況，也予追查究責，如嘉慶十八年（1814）遲至十二月二十八日，嘉慶二十年（1816），年班伯克更遲至十二月二十九日才抵京在午門外瞻覲，皆是舉行除夕朝正外藩保和殿筵宴的前一天才趕到。[175]仁宗要理藩院托津等向伯克查詢原因，據伯克所稱他們在甘肅安西等處延遲十餘日，未見護送大員，除了在靜寧有事故，及潼關風阻各耽延兩天外，在安西州等候六天，肅州稽遲了十一天，仁宗在十二月二十八日諭批，先福、朱勳、衡齡、那彥成均因循疲玩，怠忽遲延，應先行交部議處，各員要自行議罪，且限開印前要調查各驛站延誤之因，否則從重治罪。[176]那彥成於正月初六日覆奏，直隸派同知瑞賡、通判凍克金布護送，仁宗諭斥依例伯克年班所經各省應有道府大員負責護送，直隸僅派丞倅二人已不合例，該員又未沿途隨同照料，就連皇帝特派常福、阿布都爾滿前去迎接，途中數次傳喚該員也

---

[173] （清）托津等人編纂，《欽定回疆則例》，卷 2，頁 39，收入天龍長城文化藝術公司編，《新疆史志》，第二部，冊 11，頁 181-182。

[174] （清）賽尚阿等修，《欽定回疆則例》，卷 4，頁 6、23-24、卷 5，頁 2-3。

[175] 《大清仁宗睿（嘉慶）皇帝實錄》，卷 281，頁 30，嘉慶十八年十二月辛酉，回部伯克喇哈密第等九人；《大清仁宗睿（嘉慶）皇帝實錄》，卷 314，頁 24，嘉慶二十年十二月己卯，回部伯克莫羅阿布都爾咱咱等十一人。

[176] 中國第一歷史檔案館編，《嘉慶道光兩朝上諭檔》，冊 20，頁 715，1844 條，嘉慶二十年十二月二十八日，內閣奉上諭。

未見，故將那彥成交部議處。[177]而根據陝西巡撫朱勳調查，當時
道府前往各屬抽查保甲，因此朱勳僅派同知護送，仁宗在正月二
十三日責其違例，並諭巡查保甲應在護送伯克之後再做亦可，要
求嗣後伯克過境，務必遵照定例委派道府大員護送，毋再違誤。[178]
經調查後，寄諭寬免自請處分的陝甘總督先福，但也認為伯克稱
耽誤原因是雨雪淋濕包物，等候曬乾因而延遲八日，應是為託辭，
仁宗因而諭令持續追查何地耽延最久，護送文武之人，何以不催
令起程。[179]此事經理藩院調查後，也為此定立了懲處伯克等為商
人攜帶物品入京的標準及懲處。

二、伯克年班返程安排

有關伯克年班回返時程，則由正月十九日展開。伯克在京向
皇帝行陛辭禮後，由軍機處安排，分起陸續啟程回返。以乾隆五
十三年（1788）正月為例，其因有二：一是年前伯克延悞未如期
抵京，各省大臣才剛遭到議處，特別謹慎；二伯克這趟回程，是
伯克年班入覲以來，清廷首次未派侍衛全程陪同，也是僅由各省
派文武大員接遞照料之始，各省大臣責任更大，奏報的日期特別
詳實。伯克們回程首站由直隸霸昌道及拱極營遊擊負責，並委清
河道及沿途參遊等官一起遞送，於正月二十三日抵良鄉，二月初

---

[177]中國第一歷史檔案館編，《嘉慶道光兩朝上諭檔》，冊 21，頁 6，16 條，嘉慶
　　二十一年正月初六日，內閣奉上諭。

[178]中國第一歷史檔案館編，《嘉慶道光兩朝上諭檔》，冊 21，頁 24，66 條，嘉
　　慶二十一年正月二十三日，內閣奉上諭；《大清仁宗顯（嘉慶）皇帝實錄》，
　　卷 315，頁 14-15，嘉慶二十一年正月癸卯，又諭。

[179]《廷寄議覆檔》，文獻編號第 604000131 號，頁 33-34，嘉慶二十一年正月十九
　　日，軍機大臣字寄；中國第一歷史檔案館編，《嘉慶道光兩朝上諭檔》，冊
　　21，頁 18，55 條，嘉慶二十一年正月十九日，內閣奉上諭。

三日由山西平定州接手。[180]山西巡撫接獲伯克們起程回歸日期，即派冀寧道員會同營將在直晉兩省交界處等候護送，二月初四日，入山西平定州，於初八日至靈石交與河東道接替護送，二月十五日，已遞送到陝西潼關交界，由潼商道持續接護。[181]陝西巡撫得兵部咨文派潼商道員會同營員護送，至西安省城轉由鹽法道員及營員接護，由長武縣出陝西省為二月二十五日，再交甘肅護送。[182]陝甘總督接兵部咨文以平慶道、秦階道、蘭州道、甘涼道、安肅道各道員會同武職人職，按所轄地方督率照料，並陸續具報給領管此次伯克回程的庫爾喀喇烏蘇領隊大臣佟福保，伯克們分兩起於二且二十五日入甘省涇州境，四月初一日，到達肅州，初三日自肅州起身出口。[183]這與第二年即乾隆五十四年（1789）伯克們於二月二十四及二十六日，入甘肅省涇州時間相當，於三月二十二日及二十五等日，行至抵肅州，於二十七、二十八日自肅州起身，前往嘉峪關的時間也較早；但乾隆五十五年（1790）則晚至三月二十九及三十日到肅州，出嘉峪關已是四月初一及初三日了；[184]此段護送之總兵及副將就此回到本任上，繼續由安肅道員護送到哈密，伯克再各騎乘原有車馬返回各城。[185]

---

[180]《宮中檔乾隆朝奏摺》，文獻編號第 403053223 號，2774 箱，乾隆五十三年二月初七日，直隸總督劉峩奏。

[181]《宮中檔乾隆朝奏摺》，文獻編號第 403053349 號，2774 箱，乾隆五十三年二月二十日，署理山西巡撫明興奏。

[182]《宮中檔乾隆朝奏摺》，文獻編號第 403053394 號，2774 箱，乾隆五十三年二月二十七日，陝西巡撫覺羅巴延三奏。

[183]《宮中檔乾隆朝奏摺》，文獻編號第 40305379 號，2727 箱，乾隆五十三年四月十六日，暫署陝甘總督山西巡撫勒保奏。

[184]《軍機處・月摺包》，文獻編號第 044234 號，2744 箱，乾隆五十五年四月二十二日，陝甘總督明山奏。

[185]《宮中檔乾隆朝奏摺》，文獻編號第 403055066 號，2727 箱，乾隆五十三年九月二十一日，陝甘總督勒保奏；《宮中檔乾隆朝奏摺》，文獻編號第 403056961 號，2727 箱，乾隆五十四年四月十九日，陝甘總督勒保奏；軍機處・月摺包》，文獻編號第 040301 號，2778 箱，乾隆五十四年四月十九日，陝甘總督勒保奏。

三、年班行程及路線

　　以伯克年班全程時間而言，伯克年班由回疆各城至嘉峪關約兩個半月至五個月的時間；嘉峪關行至肅州，大約三到五天；由肅州到達陝西省界需時一個月，伯克從陝西至北京則要一個月的時間，十二月二十日到京，由西部各城出發經哈密，已離疆五至六個月。伯克在京活動需停留一個月，正月十九日後陸續分批回返。由京至肅州及嘉峪關，大概已是三月底至四月初之間，伯克再西行返回新疆各地。若以伯克六、七、八月陸續由各回城出發，第二年的五至八月間回到本城，伯克一次年班入京往返大約需要七個月至一年時間，而西四城和闐、喀什噶爾則更久。

　　如若遇特殊事件發生，伯克奉召脫隊趕赴，則不在此限。大多由侍衛單獨護送先行，如乾隆三十年（1765）閏二月烏什事件爆發，阿克蘇阿奇木伯克色提巴勒氏正在年班入覲回程，陝甘總督計算伯克行走此時已到蘭州，即命伴隨伯克回程之乾清門侍衛素勒，於文到之時，傳諭該伯克騎臺站馬匹日夜趕回阿克蘇處理。[186]乾隆五十二年（1787），鄂斯璊奉旨馳驛遄行，陝甘總督派有年班經驗參將中柱照料先行入京。[187]

　　至於新疆年班入京行走路線，北疆土爾扈、和碩特及伯克，由伊犁出發[188]，經塔爾巴哈臺、烏魯木齊、闢展、哈密；南疆由各回城出發，南北兩路人員會集於哈密。經巴里坤，進入甘肅嘉

---

[186]《宮中檔乾隆朝奏摺》，文獻編號第 403019883 號，2753 箱，乾隆二十年閏二月十二日，大學士管陝甘總督楊應琚奏。

[187]《宮中檔乾隆朝奏摺》，文獻編號第 403052978 號，2774 箱，乾隆五十三年正月初六日，暫署陝甘總督山西巡撫勒保奏。

[188]北疆土爾扈及和碩特年班也分為四班，見《大清高宗純（乾隆）皇帝實錄》，卷 1119，頁 7，乾隆四十五年十一月乙未，又諭。

峪關，然後大多分為兩起行走，經由肅州、蘭州，在長武進到陝西省境，沿官道行至西安，再到潼關，由此渡黃河，進入山西省境永濟，行經靈石來到平定州，再進入直隸省經保定、良鄉抵京；如果遇到陝西潼關附近黃河冰凍不能渡河，或是冰凍不堅不利車馬等因素，不能由潼關送交永濟縣入山西，則是依例繞道至河南省閡鄉，改由孟津渡河，從直隸省南端磁州進入，經保定、良鄉到京，這條路線需增加四天的行程。見表 9-3 乾隆五十二年（1787）及五十三年（1788）年班伯克入觀行走日程表。

表 9-3 乾隆五十二年（1787）及五十三年（1788）年班伯克入觀行走日程表

地　　名	52 年去京	53 年回程	53 年去京	54 年回程
回疆各城			7、8 月	
伊犁			8 月	
嘉峪關			10 月 17、18 日	
甘肅肅州		4 月初 1 日入 4 月初 3 日出	抵限 10 月 20 日	3 月 23、25 日入 3 月 27、28 日出
甘肅涇州		2 月 25 日	11 月 10、16 日 出限 11 月 21 日	2 月 24、26 日
陝西長武		2 月 25 日	11 月 11、16 日	2 月 24、26 日
陝西潼關	12 月 2、3 日	2 月 15 日	11 月 19、23 日 出限 11 月 29 日	2 月 13、18 日
山西永濟				2 月 13、18 日
山西靈石		2 月初 8 日		
山西平定州		2 月初 3 日入 2 月初 4 日出		
直隸磁州	12 月 13、14 日			
直隸良鄉		正月 23 日		
京師	12 月 21、22 日		抵限 12 月 20 日	

資料來源：《軍機處‧月摺包》，文獻編號第 039797 號，2778 箱，乾隆五十四年二月二十九日，護理陝西巡撫布政使秦承恩奏；《軍機處‧月摺包》，文獻編號第 038452 號，2778 箱，乾隆五十三年十一月二十一日，暫署陝甘總督山西巡撫勒保

奏;《軍機處·月摺包》,文獻編號第 038398 號,2778 箱,
乾隆五十三年十一月二十五日,陝西巡撫覺羅巴延三奏;《軍
機處·月摺包》,文獻編號第 040301 號,2778 箱,乾隆五
十四年四月十九日,陝甘總督勒保奏;《宮中檔乾隆朝奏
摺》,文獻編號第 403052873 號,2774 箱,乾隆五十二年
十二月二十四日,直隸總督勒保奏;《宮中檔乾隆朝奏摺》,
文獻編號第 403052978 號,2774 箱,乾隆五十三年正月初
六日,暫署陝甘總督山西巡撫勒保奏;《宮中檔乾隆朝奏
摺》,文獻編號第 403052990 號,2774 箱,乾隆五十三年
正月初八日,覺羅巴延三奏;《宮中檔乾隆朝奏摺》,文獻
編號第 403053223 號,2774 箱,乾隆五十三年二月初七日,
直隸總督劉峨奏;《宮中檔乾隆朝奏摺》,文獻編號第
403053349 號,2774 箱,乾隆五十三年二月二十日,暫署山
西巡撫明興奏;《宮中檔乾隆朝奏摺》,文獻編號第
403053394 號,2774 箱,乾隆五十二年二月二十七日,陝西
巡撫覺羅巴延三奏;《宮中檔乾隆朝奏摺》,文獻編號第
403053779 號,2727 箱,乾隆五十三年四月十六日,暫署陝
甘總督山西巡撫勒保奏。

第六節　年班伯克行李與馬車的規範

一、伯克行李及車馬數量

　　初始回部王公及伯克前往北京朝覲,除了朝貢攜帶的方物之
外,因往返路途甚遠,伯克們依據個人的需求攜帶行李、物品,
原是沒有太多限制,只是返程之時,多了許多高宗賞賜物品,以
及伯克自己在京所購之物,於是高宗諭令由官方辦理,增加車馬
運送,但特別申明只針對此次首批入覲之伯克、王公等,並非經
常之例,至於伯克等回至哈密時,即用所留馬匹更換,若有倒斃,

則酌量代雇起程，毋庸官辦。[189]

　　第三批回疆伯克入覲之前，清廷對於伯克騎乘及駁運行李的馬匹考量更為周詳。永貴以他隨同年班伯克返疆的經驗，提出具體建議，奏請應事先將伯克入覲人數，通知行經路途的地方官員，並酌派官員護送，伯克、王公自本城騎乘至哈密多已疲乏，抵達哈密要換給驛馬，原乘之疲馬，應交該處大臣及兵弁，以及哈密頭目牧養，待伯克及回部王公歸來時還給，高宗經軍機大臣議覆同意所請。[190]乾隆二十六年（1761）九月，為釐清伯克行李雇用馬匹的責任及費用，軍機大臣奏准，嗣後入覲若為賞物行裝牲隻不敷，由官方派員辦理，若是伯克們自行購置物品，皆以原有馬駝馱載，毋庸官方為其辦理。[191]

　　清廷累積數次回疆伯克入覲經驗後，逐漸形成伯克年班行李駁運之例：一是在京賞賜物品，由官方增派馬車運送，但伯克購買之物，須自行負責；二是以哈密做為官方運載行李的起訖地，伯克由本城往返哈密之段，行李運送由各伯克、王公自行負責；三伯克原有的馬匹，則留在哈密，由官派專人協助牧養，待伯克們回返至哈密，可騎乘返至各城；四是派遣沿途各地官員護送，保障伯克入覲的安全，讓伯克年班入覲的長途旅程，照顧措施更為完善。哈密自此成為南北疆年班朝覲者集合地，也是官方提供行李運送及騎乘車馬的起訖點，每年年班伯克人等銀糧車輛腳價，亦由哈密辦事大臣照例負責報銷。[192]而入覲伯克們馬匹騎乘，

---

[189] 《大清高宗純（乾隆）皇帝實錄》，卷 609，頁 17-18，乾隆二十五年三月己巳，諭軍機大臣等。

[190] 《大清高宗純（乾隆）皇帝實錄》，卷 642，頁 10，乾隆二十六年八月庚午，又議覆。

[191] （清）傅恒等編纂，《平定準噶爾方略續編》，卷 13，頁 25-26，乾隆二十六年九月壬戌，軍機大臣奏，收入張羽新、趙曙青主編，《清朝治理新疆方略匯編》，冊 6，頁 432。

[192] （清）慕暲撰，《新疆回部紀略》，哈密官制，收入張羽新、趙曙青主編，《清朝治理新疆方略匯編》，冊 22，頁 244。

皆由肅州標鎮、沙州、哈密二協營等，各提供一百匹馬給伯克們使用。[193]

　　高宗體諒回部王公及伯克入京年班往返所費不貲，對於年班伯克在行李中攜帶些什物進京買賣，用以來貼補旅費，向來寬容以待，認為並無不可，多任其行事，即使乾隆四十九年（1784）官員因查私玉，或甘肅馬明心、田五等因新舊教之爭弭平之後，搜查年班伯克行李及經卷等事，高宗仍諭令申斥官員此舉非是，並要回疆參贊大臣傳諭給伯克們知曉。[194]高宗不願官員對於信仰伊斯蘭教的伯克有所歧視，也不願將陝甘新舊教事件漫延，牽連至回疆伯克，以體恤遠人來京的辛勞。由於伯克入京經驗漸多，商民也以年班形成常態，藉機請伯克托帶貨物，以致伯克行李及物品也帶得越來越多，增加官方車馬的負荷。於是高宗就在當次年班伯克由京回返之際，於乾隆五十年（1785）正月二十日諭令年班來京入覲之伯克等的車輛馬匹，嗣後要核定數目，毋得溢額濫支，後來理藩院就以不得超過從前擬定之數額外多給方式辦理，並要求傳諭給回疆各城大臣等知道此規定，此諭也收入於嘉慶年版《欽定回疆則例》。[195]

　　到了乾隆五十六年（1791）二月二十八日經陝甘總督勒保奏請新疆各部、來使進京行李包物，應按品級定以應帶數目，當時西藏喇嘛來京包物已經各省及理藩院定明數目，而伯克及土爾扈特人等各部落、使臣等也應定明，若不限制行李，進而逐漸添加，徒增驛站的擾累。[196]高宗批由軍機大臣議奏，軍機大臣查明乾隆

[193] 《大清高宗純（乾隆）皇帝實錄》，卷 788，頁 2-3，乾隆三十二年七月癸亥，軍機大臣等議覆。

[194] 《大清高宗純（乾隆）皇帝實錄》，卷 1217，頁 6-7，乾隆四十九年十月辛丑，又諭。

[195] 《大清高宗純（乾隆）皇帝實錄》，卷 1223，頁 5-6，乾隆五十年正月庚午，諭；（清）托津等人編纂，《欽定回疆則例》，卷 2，頁 38，收入天龍長城文化藝術公司編，《新疆史志》，第二部，冊 11，頁 178-179。

[196] 《大清高宗純（乾隆）皇帝實錄》，卷 1373，頁 22-23，乾隆五十六年二月癸

五十六年（1791）之前，伯克及北疆各部入覲，馬匹口糧皆按品、按人給予，行李包物由哈密處秤明，再移咨內地。以車輛運送標準而言，在口外地方所帶包件按五百二十斤給一輛車，口內則以三百九斤給一輛車，山西及直隸兩省則是每六百斤給一輛車，都要先咨戶部、兵部及理藩院查核，等年班結束之日，再照例題銷。至於由京回返時，車馬是由理藩院移咨兵部，每一位伯克例給行李車一輪，馬一匹，跟役者一名給馬一匹。若行李加多，額外需索，將造成驛站的擾累，應按品級定以行李斤重數，以杜漸防微，故應令伊犁將軍及回疆各辦事、回疆參贊大臣，依品級斟酌議定。[197]高宗同意軍機處所議，規定回部王公及伯克的行李重量，回疆各地參與年班之伯克，為朝貢所帶方物，以及伯克自用的行李，伯克必須自備資斧運至哈密，官方再依回部王公封爵及伯克品秩，在哈密秤定斤數，分車運載。行李重量先依伯克品秩定出伯克的行李重量，回部王公兼任伯克者以此基準加倍，作為行李重量，即三品伯克是四千斤，郡王加給一倍，為八千斤，以示其名銜之尊貴及等差。嘉慶二年（1797），軍機處議定，以此為標準，再將王、貝勒之行李各減二千斤，貝子至五品伯克之行李各減五百斤，六品減三百斤，以節省官方的支出，即成為《欽定回疆則例》嘉慶年版有關伯克行李規定「**定准年班朝覲之各城伯克及王公等攜帶行李斤數**」及「**改定年班朝覲之各城伯克及王公等攜帶，跟役人數行李斤數**」兩條。[198]

　　道光八年（1828），欽差大臣那彥成奏定，各城年班六品伯克毋庸前往，道光年版將嘉慶年版《欽定回疆則例》分別在乾隆五十六年（1791）訂的行李斤數，及嘉慶二年（1797）各依品秩

酉，諭。

[197]《奏摺檔》，文獻編號第 305000013 號，頁 4-8，乾隆五十六年二月，軍機大臣奏；中國第一歷史檔案館編，《乾隆朝上諭檔》，冊 16，頁 177-179，437 條，乾隆五十六年二月二十八日，軍機大臣奏。

[198]（清）托津等人編纂，《欽定回疆則例》，卷 2，頁 40-42，收入天龍長城文化藝術公司編，《新疆史志》，第二部，冊 11，頁 183-188。

調減重量條文，依道光年五品伯克以上才得入覲的現況，修整為一個條例。[199]道光年版《欽定回疆則例》等於總整乾嘉時期以來，伯克行李的規定，並加上五品以下伯克入覲之限及防止伯克利用年班苛斂回人之弊的新規定。請見表 9-4 年班各城伯克及王公等定準攜帶行李斤數表。有鑒於張格爾事變，造成回疆動盪，為防止弊端，道光年版《欽定回疆則例》規定各城輪值年班伯克，不准藉土貢之名，橫加聚斂財物，或私派烏拉馬匹，勒索折抵錢文，若遇違規伯克，准許各回戶赴本管大臣衙門控告，即照枉贓治罪。[200]

表 9-4 年班各城伯克及王公等定準攜帶行李斤數表

官職名稱	品級	乾嘉兩朝		道光朝
		行李重量/配備（乾隆 56 年）	行李重量/配備（嘉慶 2 年定）	行李重量/配備
王爵	X	8000（較三品多一倍）	6000	6000
貝勒	X	6000（較四品多一倍）	4000	4000
貝子	X	4000（較五品多一倍）	3500	3500
公	X	3000（較六品多一倍）	3000	3000
伯克	三品	4000	3500	3500
	四品	3500	2500	2500
	五品	2000	1500	1500
	六品	1500	1200	x
隨從子弟	五品以上各員子弟二至三人	600	600	600
跟役	X	X	例外多帶跟役一名減行李 200 斤，多帶跟役二名減行李 400 斤	例外多帶跟役一名減行李 200 斤，多帶跟役二名減行李 400 斤

---

[199] 《理藩院修改回疆則例》，卷 4，目次頁 1，頁 15-17，收入姜亞沙、經莉、陳湛綺主編，《理藩院公牘則例三種》（二），頁 274、307-312；（清）賽尚阿等修，《欽定回疆則例》，卷 4，頁 7-8。

[200] （清）賽尚阿等修，《欽定回疆則例》，卷 7，頁 22。

奉差來京伯克	六品	X	1200	1200
馬/人	X	每人一匹	一匹	一匹
哈密起官方秤定	回疆各城至哈密，不分品級，自備斧資運送			

資料來源：（清）托津 等人編纂，《欽定回疆則例》，卷2，頁40-41，
收入天龍長城文化藝術公司編，《新疆史志》，第二部，冊
11，頁183-185；（清）賽尚阿等修，《欽定回疆則例》，
卷4，頁7-8。

二、夾帶私貨及行李丟失處理

　　由於伯克年班往來於途，商人趁機請託伯克夾帶貨物，省去
自行往返運費，卻增加了官方運輸的煩擾，高宗為體恤伯克遠道
的花費，只限制行李重量及馬匹用度，嘉慶朝始定罰則。伯克因
包物等事延誤抵京時間，大學士管理藩院事托津於嘉慶二十一年
（1816）奏請查參伯克為商人夾帶私貨的懲處，要求來京伯克行
李依規定稱檢，除了貢物之外，如有多帶物件，或是代商人私帶
貨物者，查出應予參辦。伯克懲處部分，夾帶私貨，在百斤以內，
停升一次，達一百斤者，降一等，每百斤加一等，但懲處最高之
罪是革去伯克之職；回部王、貝勒、貝子、公部分，凡年班進京
夾帶私貨者，皆按其兼任伯克之職等第，降革處罰，換言之，回
部王公懲治部分，僅止於其擔任伯克職位，並不影響爵位；商人
部分，五百斤以內者，分別擬以杖責，至六百斤者，杖六十徒一
年，每加一百斤罪加一等，罰則最高為杖一百流放三千里，而查
到的私貨，無論是商人、伯克或王公等，皆照例入官。[201]

---

[201] 《大清仁宗顯（嘉慶）皇帝實錄》，卷316，頁4-5，嘉慶二十一年二月癸丑，
大學士管理藩院事托津奏；中國第一歷史檔案館編，《嘉慶道光兩朝上諭檔》，
冊21，頁44，114條，嘉慶二十一年二月初二日，奉旨。

　　由罰則內容而觀，伯克的處罰較回部王公輕重，以影響升遷作為嚇阻的手段；商人則用刑罰制裁，以期嚴懲提供貨源者，截斷運載私貨之事；回部王公則尊重其位，處置最輕，懲罰目的是為減少驛站及官方運載事務上的負荷。

　　至於年班伯克沿途若有物品丟失，高宗早已諭令不可以要求皆由官方償還的原則。乾隆三十一年（1766），赴京年班喀什噶爾噶匝納齊伯克阿布勒阿三，在提子泉丟失銀兩，捉到賀文奎，但調查後非正犯而釋放，隨後伯克又稱銀兩另囊裝，並未丟失，事發時哈密道員薩瀚曾奏稱，若未捉到人犯，應由地方官員負責賠償，高宗認為如此一來，將助長伯克不加謹慎保管個人物品之責，或徒增謊報等事件，應由地方官員嚴緝人犯，至於阿布勒阿三到京，則應交軍機大臣詰問。[202]

　　伯克年班入覲由乾隆二十五年（1760）二月，至嘉慶二十一年（1816）定立行李罰則，有五十六年時間，伯克行李及車馬的規定，前三十年較為寬鬆，後二十五年間，即乾隆五十六年（1791）至嘉慶二十一年（1816）逐步制度化，規範也更為緊縮及嚴格，嘉慶二十一年（1816）起更定立罰則，意圖阻絕長久以來，伯克等代運商人貨物貼補旅費，而增加官方車馬及擾累驛站的情況。

第七節　年班伯克傷病、身故處置

一、伯克年班途中傷病處置

　　伯克由本城至京往返，旅途跋涉，路程顛簸，又經歷夏秋冬

---

[202] 中國第一歷史檔案館編，《乾隆朝滿文寄信檔譯編》，冊 7，1010 條，頁 671，乾隆三十一年十二月十一日，奉上諭。

春四季變換，與四至五省不同水土，伯克個人痼疾、年齡、身心勞累皆是考驗，有時不免也有意外受傷的情形，侍衛或護送官員依實際之需，給予醫療安排及上奏。伯克若有病痛，尚可勉強上路者，以不耽誤行程為原則，可放慢病者的車馬速度，減少顛簸，並由地方官員延醫診治；若有病重者，車隊難再前行，儘量至該省大城，醫療資源及環境較佳之地安置，如果計算入京日程尚有餘裕，大隊也暫停數日休息，或是分批讓健康者繼續行程；若病情不宜再行，則交由該省地方官員協助就醫診治及調養，待伯克們年班入覲返程再一起回新疆，貢物則交由其子或由同行伯克、侍衛等，繼續押送入京，也就是該伯克要獨自留在途中過年，無法一起進京入覲。對於進京準備已久的伯克而言，確屬遺憾，為此皇帝仍將原有應賞給伯克的各項綢緞及磁器等物品，交由其子或同行伯克領賚轉交，以彌補其憾。

乾隆四十七年（1782）十一月，陝甘總督李侍堯接獲葉爾羌等處頭起入覲伯克之侍衛安沖阿、鄂齊爾報稱，三品阿奇木伯克莫羅鄂多克素來患有痰疾，行至肅州時即因感染風寒，致舊病復發。行至涼州及平番等處，曾請地方官員延醫調治，尚未痊癒，但因伯克入覲有抵京定限之期，仍須繼續前行。然至蘭州又加腹瀉晝夜數十次，因此陝甘總督李侍堯決定由侍衛帶其他伯克繼續前行，而將莫羅鄂多克留在蘭州，並撥給醫師調治，待年班伯克明年由北京回返，再同行回到新疆，至於阿奇木伯克原有準備的貢物，即交由侍衛安沖阿代為呈進，李侍堯將處理情形上奏，高宗批示「知道了」。[203]

嘉慶十三年（1808）十一月二十三日，五品伯克阿布都色默特在甘肅瓦雲驛地方墜馬跌傷右腿，行抵西安傷勢加重，留在西

---

203 《宮中檔乾隆朝奏摺》，文獻編號第 403043136 號，2741 箱，乾隆四十七年十一月十四日，陝甘總督李侍堯奏。

安，陝西巡撫方維甸上奏已由官方撥醫調治，令其子金頂回子伊布拉伊木繼續護送貢物入京，於十二月初十日起程赴京。[204]伊布拉伊木到京入覲，向仁宗報稱其父墜馬一時未能痊癒之事，仁宗在十二月二十二日，諭令陝西巡撫在西安地方撥良醫前往調治，也傳諭伯克阿布都色默特毋庸急於來京，本年入覲例賞的綢緞、磁器，仍照常頒領，交伊子領賚攜回，待年班由京回返至西安時，阿布都色默特諒已養傷痊癒了，即可與伯克等一起返疆。[205]

至於哈薩克汗王等入覲，若是進京途中遇因熱出痘疹，也同樣受沿途官員安置，例如乾隆五十五年（1790）十月初一日左右，哈薩克汗王等進嘉峪關，陝甘總督派滿州道員及副將等護送，十一月初五日，可至平涼府，但因出痘停留於甘肅境內，陝甘總督就近派員支援，由知府、協副將等協助延醫診治，並安排住宿照料調養，陝甘總督上奏若痊癒尚可趕上入覲，則繼續護送進京。[206]

二、伯克病故處理

伯克入覲途中因病無法到京，對伯克可能已是個遺憾，若病故於途及逝於京者，甚至同行伯克父子先後亡故，更是家屬及朝廷的憾事。朝廷通常由地方大臣發給喪葬銀兩，協助安排後事辦理。原則上，亡故伯克隨行的子弟不准入京，貢物則視情況，由子弟一併帶回，或由其他伯克押送入京。

---

[204]《宮中檔嘉慶朝奏摺》，文獻編號第 404012986 號，2724 箱，嘉慶十四年正月初十日，陝西巡撫方維甸奏。

[205]中國第一歷史檔案館編，《嘉慶道光兩朝上諭檔》，冊 13，頁 781，1881 條，嘉慶十三年十二月二十二日，內閣奉上諭；《廷寄檔》，文獻編號第 604000098 號，頁 191，嘉慶十三年十二月二十二日，軍機大臣字寄。

[206]當年是高宗八十大壽，在熱河及北京慶祝，哈薩克汗王應是前來祝賀。《軍機處·月摺包》，文獻編號第 046448 號附片，2744 箱，乾隆五十五年十一月二十日，陝甘總督勒保奏。

在檔案所見，伯克年班朝覲，第一位病故於途者，是葉爾羌六品莫提沙布伯克塔里布，在乾隆二十六年（1761）由京行至新疆的返程途中，因舊疾復發病故。高宗認定此與伯克在籍病故不同，因此賞給伯克喪葬銀五十兩，並要回疆各城大臣通諭入覲伯克，了解朝廷這項補助措施。[207]若以上奏者為葉爾羌辦事大臣，高宗又諭此與在籍病故不同，再上所賞銀兩數較低，推估伯克塔里布可能已行至葉爾羌所轄境內才病逝，而高宗也以此表達朝廷對伯克入覲的重視及保障之意。

乾隆三十一年（1767）十二月，回疆幫辦大臣哈密郡王品級貝勒玉素布（富）與伯克一同進京入覲，由於哈密是回疆最早歸服於清朝，深受高宗的信任與倚重，並命其與吐魯番額敏和卓輪流出任幫辦大臣，協助葉爾羌等的事務，高宗由山西巡撫彰寶奏報得知，玉素布（富）患病，立即諭令布政使喀寧阿親自前往送藥及探視，未料已溘逝於山西省靈石縣，高宗諭賞五百兩，由山西庫帑動支，並由喀寧阿親自攜往賞給隨行玉素布（富）之子伊勒巴喇伊木作為治喪費用，且宣諭賜奠，並令沿途陝甘總督吳達善、山西巡撫彰寶、陝西巡撫明山加意照料，送他們回到其游牧處。[208]不料次月，即乾隆三十二年（1768）正月，伊子伊勒巴喇伊木也因出痘身故，父子相繼在入覲途中身故，高宗諭以身故雖是命定之數，但心中甚為不忍，於是再追加五百兩為其治喪，要陝甘總督吳達善派員將二人靈柩送至伊家，俟棺至哈密，由道員薩瀚在哈密庫貯銀兩內動撥，親自帶五百兩前往玉素布（富）家中致奠。[209]這是乾隆朝首次有回部王公在入覲途中病逝，既為高

---

[207] 中國第一歷史檔案館編，《乾隆朝滿文寄信檔》，冊 2，643 條，頁 176，乾隆二十六年八月二十七日，奉上諭。

[208] 《大清高宗純（乾隆）皇帝實錄》，卷 775，頁 8，乾隆三十一年十二月丙辰，諭。

[209] 《大清高宗純（乾隆）皇帝實錄》，卷 777，頁 18，乾隆三十二年正月辛卯，

宗所倚重之回疆舊僕，又是父子相繼亡故，高宗至為重視，派大
員親自前往賜奠、賞銀，同時諭令沿途各省最高首長在回程時，
特別觀照，以示尊榮與禮遇。

　　乾隆四十一年（1776）十一月，據參與回疆伯克年班隨行二
等侍衛唐蘇里呈報軍機大臣，拜城輔國公拜城四品阿奇木伯克阿
卜都喇璊（瑪）行至甘肅涼州府永昌縣病故，目前只將屍骸暫停
於永昌縣，其子邁瑪第敏與年班伯克繼續前行，由於邁瑪第敏在
此情況下，即便到了京城，也是不可入宴。高宗傳諭給唐蘇里不
拘何地接到諭令，即將邁瑪第敏交給地方官員照料，要他將屍骸
帶回，並賞銀一百兩為其父辦理後事，待明年再隨伯克年班前來，
並指示陝甘總督勒爾謹由官方責任護送他們至哈密，賞銀則由勒
爾謹處動支庫銀賞給，並將諭旨交付給辦理年班有關的理藩院及
內務府總衙門，以利事務的安排。[210]同年（1776）十二月，路程
最遠的和闐玉隴哈什四品阿奇木伯克伊西馬耶和卓，也同樣在前
往年班途中病故，侍衛唐蘇里呈報軍機大臣，高宗諭旨由葉爾羌
辦事大臣瑪興阿處動支賞銀一百兩，為其辦理後事。[211]同年兩個
月間，已有兩位伯克在入覲途中病故，一個離開新疆未久，一位
尚在回疆境內已然病故。

　　乾隆五十二年（1787）十月，年班又有兩位伯克病故，暫署
陝甘總督勒保接獲安西協副將扎爾杭及署安西州知州彭以懋稟
稱，回疆年班入覲伯克進京內，庫車四品伊什罕伯克阿克伯克途
中右乳忽染瘡毒，漸至潰爛。過了哈密後，已無法進食，經帶領
侍衛那保的知會，派醫診治，因病情沈重，隨雇小轎慢行，然而

諭。
[210]中國第一歷史檔案館編，《乾隆朝滿文寄信檔》，冊12，2031條，頁519-520，
　　乾隆四十一年十一月十七日，奉上諭。
[211]中國第一歷史檔案館編，《乾隆朝滿文寄信檔》，冊12，2034條，頁522-523，
　　乾隆四十一年十二月初二日，奉上諭。

十三日才過安西七十里的小灣地方即病故。由侍衛那保查驗妥為棺殮，勒保即派委本標千總何登元給銀四十兩，令其即日前赴安西州，在該處為伯克依伊斯蘭教喪禮辦後事，再將靈柩及跟役送至哈密，再由哈密派員轉送至庫車交阿奇木伯克家屬，同時飛咨哈密辦事大臣伊桑阿及庫車辦事大臣陽春保辦理，而伯克負責押解之貢物，則奏請交烏什阿奇木伯克代押進京。[212]同一批入觀因旨先行入京的庫車貝子喀什噶爾三品阿奇木伯克鄂斯璊，於乾隆五十三年（1788）正月初十日也因臥病在京溘逝，賞銀五百兩資辦喪禮。[213]正月十二日，高宗諭由鄂斯璊之子邁哈默特鄂三補授在年班途中病故的庫車四品伊什罕伯克阿克伯克之缺，令其隨同該處大臣學習事務，以示高宗惠愛回部王公及照顧其後嗣之意，並諭示吐魯番郡王伊斯堪達爾補授喀什噶爾阿奇木伯克缺。[214]這年年班入觀，接連兩位伯克病故，可見年班路迢迢，考驗著伯克身心的承受。

陝甘總督勒保上奏，乾隆五十七年（1792）十月初八日，回疆入觀喀什噶爾四品伯克邁瑪第散在玉門縣病故，其子拜拉沙木情願押送貢物進京，而將伯克棺柩暫時安厝於玉門縣，希望能遂其上京瞻仰之誠。高宗得奏斥責勒保所辦之事實屬大錯，其諭以伯克身故，其子應盡其孝，穿孝服，送棺柩回喀什噶爾，所有本城貢物亦即令一併帶回，高宗認為伯克之子厝棺繼續入觀行程，是因陝西巡撫秦承恩為漢人，不知回人禮俗所致，諭令若伯克一行尚未過陝西之境，應可遇見欽差大臣蘇凌阿，也要蘇凌阿當面

---

[212]《宮中檔乾隆朝奏摺》，文獻編號第 403052226 號，2774 箱，乾隆五十二年十一月初三日，署暫署陝甘總督山西巡撫勒保奏。

[213]《大清高宗純（乾隆）皇帝實錄》，卷 1296，頁 5-6，乾隆五十三年正月丁卯，又諭。

[214]《大清高宗純（乾隆）皇帝實錄》，卷 1296，頁 9-10，乾隆五十三年正月己巳，又諭。

傳諭給拜拉沙木即刻轉回，以免跋涉，並賞銀二百兩，高宗將此事硃批內容交大學士九卿等閱看，並持續追蹤下諭給陝甘總督勒保，直至十二月初九日。[215]而年班一行人到達西安時，北疆土爾扈特汗策林那木扎勒也病故，因其具有爵位，高宗派乾清門侍衛佛爾卿額前往賜奠，並由喀喇沙爾庫內支賞銀五百兩治喪。[216]

綜合上述，伯克有病痛及亡故之事，奏報者在乾隆五十二年（1788）十二月前，多為伯克入覲隨行負責照料之侍衛呈報軍機處，乾隆五十三年（1789）正月以後，已無侍衛全程同行，則多改由伯克行經該省之巡撫、總督。入覲途中遇伯克、回部王公或北疆土爾扈特汗病故，乾隆朝賞給治喪費用貝勒、貝子等級者為五百兩，輔國公品級為一百兩；依官方行李車馬起運之哈密計算亡故地點的遠近，若剛進甘肅，且為未有爵位之伯克給銀四、五十兩至一百兩，若已至較遠如陝西省境等，則賞銀二百兩，費用通常由病故之地所屬省份庫帑動支，若伯克年班亡故地點已近伯克或回部王公任職伯克之回疆各城，則由本處庫貯支應。封爵者位分高者，如哈密郡王玉素布（富）父子，高宗即派大員親自前往宣諭賜奠，親送治喪銀。一般伯克由當地官員前往致送，可見一般伯克與具有爵位者相遇相差甚大。

若是押運貢品的伯克病故，高宗以孝為本，不准伯克隨行的子弟再押送本城貢物入京，即使入京，也因服喪不得參與在京各

---

[215]《廷寄檔》，文獻編號第 60400040 號，頁 155-157，乾隆五十七年十一月初六日，奉上諭；中國第一歷史檔案館編，《乾隆朝上諭檔》，冊 17，頁 89-90，263 條，乾隆五十七年十一月初六日，奉上諭；中國第一歷史檔案館編，《乾隆朝上諭檔》，冊 17，頁 123，353 條，乾隆五十七年十二月初九日，遵；中國第一歷史檔案館編，《乾隆朝上諭檔》，冊 17，頁 123，354 條，乾隆五十七年十二月初九日，奉上諭；《大清高宗純（乾隆）皇帝實錄》，卷 1416，頁 1048-1049，乾隆五十七年十一月辛丑，諭軍機大臣。

[216]《大清高宗純（乾隆）皇帝實錄》，卷 1417，頁 1065，乾隆五十七年十一月庚申，諭。

項筵宴活動，因此高宗立規，亡故的伯克子弟或跟役等，考量伊斯蘭教的速葬，皆即行扶棺返疆，貢物視情形處理，由子弟一併帶回，或由其他伯克押解入京。原有同行子弟，可於明年再與下一班伯克進京入覲，以示補償及惠愛。棺木運送的責任區分，也以官方提供伯克車馬的起訖點哈密為準，陝甘負責範圍至哈密為止，接著就由回疆各城駐箚官員接手，送回至任職處或封爵之地，以利家屬治喪。

　　乾隆朝高宗遇到伯克或回部王公出任伯克者亡故，多以個案方式處理。至於明文確立喪葬禮儀，則是乾隆四十三年（1778）才由理藩院奏定以蒙古貝勒病故之例處理。依嘉慶年版《欽定回疆則例》內容，回部貝勒病故要依蒙古貝勒病故之例，祭用牛犢一隻、羊四隻、酒五瓶，並由理藩院送交祭文，派司員前往當地讀文、奠酒致祭，但因路遠調整為回疆駐箚大臣接獲驛遞祭文，再派員攜文及在庫貯項下支銀購祭品，前往致祭行禮。[217]

　　一般伯克於年班途中病故，明定機關權責、撫卹金高低與動支單位等相關事例，則遲至嘉慶朝。嘉慶年版《欽定回疆則例》內，以兩件伯克途中病故為例，一是嘉慶十六年（1811）軍機處奏年班朝覲的和闐四品伊什罕伯克阿散，行至肅州病故，軍機處依伯克在京參與的三次筵宴應給阿散的賞項裁汰，仁宗給銀二百兩作為喪葬費用，銀兩由甘肅藩庫內動支，由同行朝覲的伯克帶回，交阿散的家屬。[218]二是嘉慶十七年（1812）年班朝覲的六品伯克霍卓木呢雅斯在京病故，仁宗賞銀一百兩，由廣儲司項下支付，交給霍卓木呢雅斯之子，令其扶棺回返。[219]由這兩件事例，

---

[217] （清）托津等人編纂，《欽定回疆則例》，卷4，頁8，收入天龍長城文化藝術公司編，《新疆史志》，第二部，冊11，頁285-286。

[218] （清）托津等人編纂，《欽定回疆則例》，卷4，頁9-10，收入天龍長城文化藝術公司編，《新疆史志》，第二部，冊11，頁287-289。

[219] （清）托津等人編纂，《欽定回疆則例》，卷4，頁11，收入天龍長城文化藝

形成判別伯克病故處理的原則：一是依據伯克品級，決定撫卹金的數額，高階伯克二百兩，低階一百兩，較乾隆朝的喪葬銀高；二喪葬給銀方式，凡已扶棺回去的，交由同行伯克，於返程時攜回轉交家屬，在京逝者，交由隨行子弟帶回治喪；三是撫卹銀兩動支單位，主要取決於病故地點而不同，在京亡故由廣儲司動支，在途則由亡故地所屬之省藩庫動支；四是奏報及管理機構的權責之別，道光年版《欽定回疆則例》依此二例明訂，若年班伯克在京病故，由理藩院報軍機處，該處負責具奏請旨及酌賞銀兩等事，若是在途中病故，則由病故地之省督撫，咨報軍機處，但仍要咨報理藩院備案查核。[220]

第八節　伯克貢物

一、貢物來源

　　高宗平定新疆後，依各城土產方物的特色，定立入貢土產方物及數量，大臣先調查奏報各城成丁戶數，分派回戶負責照額納貢，若有新成丁之戶，也可歸入舊有納貢回戶數內，負責均攤納貢數量，以減輕負擔。[221]貢物依生產季節的差異，再派員或是由年班伯克等隨帶進京，清廷也依貢物價值，相對地給予賞賜，實為禮尚往來，而非強取豪奪。

　　新疆除了官方規定的入貢外，各方也有主動入貢之物，高宗總

術公司編，《新疆史志》，第二部，冊11，頁291。

[220] （清）賽尚阿等修，《欽定回疆則例》，卷4，頁13-14。

[221] 《大清高宗純（乾隆）皇帝實錄》，卷1015，頁10，乾隆四十一年八月己未，軍機大臣等議准。

以不侵擾回人生活及生計為主。例如庫爾勒、布古爾伯克色氏阿克伯克等，進貢馬匹、緞匹、狐皮，作為祝壽，高宗諭示他們遷居該地未久，生計尚屬不足，應照所貢價值賞賜，且為避免大小頭目競相仿傚，諭令僅限於大頭目於皇太后萬壽大典、伯克年班入覲等，才可收其所貢，平日不必進貢。[222]

有關伯克年班貢物，在《乾隆朝內府抄本理藩院則例》曾列出回疆各地應入貢之物，哈密及闢展應貢乾瓜、葡萄、綢帕、佩刀；闢展之羅布淖爾，要貢哈什翎毛，水獺皮；喀什噶爾則為黃金、綠葡萄、金絲緞、毛毯、木瓜、蘋果、秋梨、石榴等；葉爾羌以黃金、葡萄為主；和闐的黃金有歲貢的定額部分，而哈拉哈什、玉瓏哈什的玉石則是無定額。[223]其他如《乾隆朝大清會典則例》、《欽定皇輿西域圖志》及俄國學者卡塔諾夫採錄等，皆記載回疆各城之土貢，各有詳略，茲將各資料整理成表 9-5 回疆各城土貢表：

表 9-5 回疆各城土貢表

城　　名	土　　　　　　貢	欽定皇輿西域圖志數量	大清會典、乾隆朝內府抄本理藩院則例數量
哈密	鷹	5 架	5 架@
	羊角弓面	10 副	10 副@
	綽塔爾布	4 疋	4 疋@
	乾瓜		要@
	小刀		要@
	礦石		要@
	哈密瓜	200 圓 #	

---

[222] 中國第一歷史檔案館編，《乾隆朝滿文寄信檔譯編》，冊 3，312 條，頁 508-509，乾隆二十七年六月十二日，奉上諭。

[223] 《乾隆朝內府抄本理藩院則例》7. 乾隆朝內府抄本理藩院則例，第 7 條，諸子百家中國哲學書電子化計劃維基，網址 https://ctext.org/wiki.pl?if=gb&chapter=983875，2018 年 8 月 10 日。

城　　名	土　　　　　　貢	欽定皇輿西域圖志數量	大清會典、乾隆朝內府抄本理藩院則例數量
吐魯番	葡萄	240 觔	哈密關展土魯番歲貢 200 斤；乾隆 27 年奏准吐魯番郡王每年遣管旗章京貢葡萄 200 斤@
	瓜乾	要	2 筐；2(匣）@
	紬	要	
	布	要	要；10 疋@
	手巾	要	要；10 條@
	佩刀	要	要； 4 把@
另記:吐魯番每三年年班入覲所貢物品.據[日]佐口透引俄國學者卡塔諾夫採錄	綠葡萄	900 斤	
	甜瓜	9 袋	
	魯克沁產亞麻布	9 匹	
	糖	9 袋	
	虎皮	9 張	
	狼皮	9 張	
	山貓	9 隻	
	狐狸	9 隻	
	飾金鞘小刀	9 把	
	飾銀鞘小刀	9 把	
	繡龍錦襴、虎圖和闐絨氆	9 塊	
羅布淖爾回戶伊犁	歲貢水獺皮	要，9 張*	哈什翎毛、水獺皮諸物
	哈薩克馬	要	
	黑獺皮	要	
	野雞	要	
	鹿尾	要	
烏什	商稅遇有應貢物件，即以充貢	要	
阿克蘇	梨	200	
喀什噶爾	黃金	10 兩	10 兩
	痕都斯坦金絲緞	2 疋	2 疋
	葡萄	200 觔	1000 斤
	毛毯		4
	木瓜、蘋果、秋梨、石榴諸果品		隨時酌進非年例正供
葉爾羌	黃金	40 兩	40 兩
	葡萄	200 觔	1000 斤/200 斤送京/800 斤變價作官兵口糧需用

城　　名	土　　　　　　貢	欽定皇輿西域圖志數量	大清會典、乾隆朝內府抄本理藩院則例數量
	石榴	要	
	蘋果	要	
	木瓜	要	
	果實	要	
葉爾羌所屬赫色勒郭勒回人	黃金	27 兩 7 錢	葉爾羌所屬之沙爾虎爾回人 200 戶/各 1 錢/共 20 兩送葉爾羌轉貢
和闐	黃金	80 兩	60 兩亦交葉爾羌彙解
	玉隴哈什、哈拉哈什兩河產玉	駐箚大臣採取，量其所得進貢，無定額	歲令回人採取量其所得進貢無定額

註　　釋：要，該要入貢，但數量未明，#《軍機處・月摺包》、*（清）慕暲撰《新疆回部紀略》，@《欽定大清會典事例》

資料來源：（清）傅恒等 奉敕撰，《欽定皇輿西域圖志》，冊 4，卷 34，頁 3-28；佐口透，〈清朝統治下的吐魯番〉，《世界民族》1987 年第 4 期，頁 57；《軍機處・月摺包》，文獻編號第 099543 號，2742 箱，同治三年九月二十日，恩麟奏；（清）慕暲撰，《新疆回部紀略》，喀什噶爾年例摺奏，收入張羽新，趙曙青主編，《清朝治理新疆方略匯編》，冊 22，頁 237；（清）崑岡等修、劉啟端等纂，《欽定大清會典事例》，卷 986，收入《續修四庫全書・史部，政書類》（上海：上海古籍出版社，1999 年），冊 811，頁 767；《乾隆朝內府抄本理藩院則例》7. 乾隆朝內府抄本理藩院則例，第 7 條，諸子百家中國哲學書電子化計劃維基，2018 年 8 月 10 日 網 址 https://ctext.org/wiki.pl?if=gb&chapter=983875；理藩院徠遠清吏司土貢，乾隆朝大清會典與則例對照檢索系統，臺北：臺灣大學數位人文研究中心，2018 年 8 月 10 日，網址 http://cspis.digital.ntu.edu.tw/。

　　阿奇木伯克等個人若有貢物進獻，需先由各城辦事大臣代為轉奏，再由皇帝諭示定奪，如吐魯番郡王邁瑪薩依特出任喀什噶爾三品阿奇木伯克時，欲呈進海青雕馬一匹，喀什噶爾辦事大臣

永芹轉奏，宣宗諭交參與今年年班的邁瑪薩依特之侄佐爾霍迪音一起來京。[224]

回疆周邊之國，若使臣攜來貢物，回疆參贊大臣需予以檢視及奏報，貢物若是狀況不佳，則先行處理，以浩罕道光十四年（1834）遣使入貢物為例，貢物內容有：金絲緞四疋、花檔綢四對、駝絨四疋、水獺皮褙甬四件、猞猁猻皮四張、乾果四樣、塔爾糖四個、馬二匹，但回疆參贊大臣發現貢馬二匹已屬疲瘦，難以進京，照例交牧處牧養，並在奏摺及貢物清單內，加以說明。[225]浩罕入貢通常需隨同伯克年班一起入京，避免獨行，擾累驛站。咸豐九年（1859），浩罕派額爾沁阿布都剴里前來表達要入京遞呈貢物，但當時已奏准伯克年班暫停緩班，也不准浩罕使臣單獨入京，並派葉爾羌三品阿奇木伯克阿克拉依都轉知，文宗諭令若使臣堅持，可由回疆參贊大臣裕瑞代收遞京，賞物及敕書仍照例頒賞，以示懷柔遠人。[226]

由於新疆派遣入京的賫貢員弁，藉物騷擾所經各省驛站，高宗為此諭令軍機大臣研議而作出相關規範。高宗認為新疆進貢之物，途經各省境內行走、住宿，皆由地方專司者，加意照料，而各地所送只不過是鵰、鷹、犬、馬，賫送者怎可過於自恃矜張，又額外需索，專司管理者，若已及時照例提供所需，無玩愒之失，賫送者不可藉端騷擾，儘管一般專司管理者，多半不與計較，但新疆貢物賫送，未來將成為常態，驛使也將接踵而至，滋累之風斷不可長，因此要求各省督撫如遇此情況，需據實查奏，決不寬宥。[227]軍機大臣

---

[224]《大清宣宗成（道光）皇帝實錄》，卷 69，頁 26-27，道光四年六月癸丑，諭內閣。

[225]《軍機處‧月摺包》，文獻編號第 068845 號及附件，2743 箱，道光十四年七月十二日，興德奏。

[226]《宮中檔咸豐朝奏摺》，文獻編號第 406010960 號，2714 箱，咸豐九年七月二十八日，裕瑞奏；《大清文宗顯（咸豐）皇帝實錄》，卷 293，頁 19，咸豐九年九月癸酉，又諭。

[227]（清）傅恒等，《平定準噶爾方略續編》，卷 19，頁 10-11，乾隆二十七年十

商議後，決定嗣後除新疆年歲貢物，仍由驛馳遞送外，有關鷹、犬等尋常貢物，只要隨賫送金、玉之便，附送來京，回疆各地不需多作購辦。[228]這也成為乾隆朝以下，回疆貢物入京的慣例。

二、年班入貢程序

回疆入貢之物，若隨伯克年班入京，各城駐箚大臣需先造辦清冊，以利回疆參贊大臣彙整上奏，如庫車辦事大臣每年六月之內，先將年班伯克進京貢物造冊，咨送喀什噶爾參贊大臣。[229]年班入覲的貢物，通常在七月就要準備就緒，以利年班伯克隨帶入京，回疆參贊大臣要先將所有貢物名稱及數量繕成清單，也要奏明祗領貢物之伯克品級及名單。如道光十七年（1837）伯克年班在喀什噶爾輪派四品伯克邁瑪特熱依木，及五品伯克伊瑪莫特熱，二位伯克即負責祗領解運喀什噶爾貢物，葉爾羌輪派五品伯克二名為伊斯拉木、莫洛和色木，他們即負責祗領解運葉爾羌貢物。[230]以應進額貢之奏摺及清單等所見，照例喀什噶爾有金絲緞二疋、乾葡萄二百斤，葉爾羌有乾葡萄二百斤及某膏九瓶。道光二十七年（1847），喀什噶爾應進額貢，交給四品阿奇木伯克阿布拉祗領，葉爾羌是交給五品阿奇木伯克毛拉沙祗領解送，並委員照料前進，同時也行文各城及陝甘總督照例護送。[231]

一月乙丑，上諭大學士，收入張羽新、趙曙青主編，《清朝治理新疆方略匯編》，冊 7，頁 19-20。

[228]（清）傅恆等，《平定準噶爾方略續編》，卷 19，頁 17-18，乾隆二十七年十一月丁亥，上諭大學士，收入張羽新、趙曙青主編，《清朝治理新疆方略匯編》，冊 7，頁 21。

[229]（清）慕暲撰，《新疆回部紀略》，庫車事宜，收入張羽新、趙曙青主編，《清朝治理新疆方略匯編》，冊 22，頁 194。

[230]《奏摺檔》，文獻編號第 305000213 號，頁 67-68，道光十七年九月，廉敬、關福奏。

[231]《宮中檔咸豐朝奏摺》，文獻編號第 406004506 號，2714 箱，咸豐三年七月十

　　回疆貢物入京方式不一，並非皆由年班伯克攜帶入京，負責攜帶者也因時而異。以前段所述，葉爾羌及喀什噶爾的入貢的葡萄為例，乾隆二十六年（1761）時，歲例即需貢葡萄，但是因運輸費用太高而改變。當時左都御史永貴疏奏，葉爾羌及喀什噶爾歲例貢葡萄一千觔，每年五月自葉爾羌及喀什噶爾起程，需僱覓回人及牲隻運送，單是送至哈密就需費銀一千多兩，而各省驛站所需費用尚未計算於內，這已超出葡萄本身價值，因此酌議將此運費購買騾隻，在貢入金玉之時，令派出官兵帶至哈密，或者由千觔的葡萄中揀選一、二百觔入貢，其他令回人按時價折交，作為官兵的鹽菜銀兩之用，高宗同意以此辦理。[232]喀什噶爾、葉爾羌例行土產的貢金十兩、金絲緞二疋、葡萄二百觔等入貢時間及方式，在高宗逝後，又再次改變。仁宗諭令自嘉慶四年（1799）起，改為每年四月，由年滿卡倫侍衛，趁入京交差之便，順帶押送進呈。[233]但道光八年（1828）九月各城侍衛業經裁撤，宣宗於同年諭令，此後葉爾羌及喀什噶爾貢物，交由年班伯克進京時，解送前來，沿途仍照例，著各省派委妥人員，各按界址分段護送呈進。

　　若是年班因故暫停，原有貢物需儲存，於下次年班之際，連同當年應貢之數量，由伯克攜帶入京。以道光八年（1828）為例，因前次年班停止，當次需一次押解兩年貢物，即為平常應呈雙倍數額，葉爾羌辦事大臣扎隆阿需將金絲緞四疋及乾葡萄四百斤，

　　五日德齡、圖伽布奏；《宮中檔道光朝奏摺》，文獻編號第 405010650 號，2731箱，道光二十七年七月二十二日，吉明奏；《軍機處‧月摺包》，文獻編號第078485 號，2749 箱，清單。

[232]（清）傅恒等，《平定準噶爾方略續編》，卷 14，頁 19-20，乾隆二十六年十一月丁未，左都御史永貴，收入張羽新、趙曙青主編，《清朝治理新疆方略匯編》，冊 6，頁 438。

[233]《大清仁宗睿（嘉慶）皇帝實錄》，卷 43，頁 4-5，嘉慶四年四月丁未，又諭。

派人先解至阿克蘇，再由阿克蘇辦事大臣長清點，交由負責當次
帶領年班伯克之賽里木三品阿奇木伯克玉素普，由他解運，再交
陝甘總督，照例各省派遣人員，按省界分段護送。[234]直到咸豐六
年（1856）年班入覲喀什噶爾及葉爾羌的貢物，以及暫停年班收
儲的貢物，仍依此慣例，皆交該城輪派的伯克祇領，或由帶領的
阿奇木伯克協助負責，回疆參贊大臣也要行文回疆各城及陝甘總
督等行經各省，派員按界址分段護送，隨年班伯克入京。[235]

　　若因戰亂、天災、喪事等停止當次年班，進貢物品仍要由下一
次的年班伯克一併進呈。但若是連續停班，累積量太大，駐箚大臣
則奏請免貢，如道光十年（1830）、道光十一年（1831）因安集延
等入侵及善後暫停年班，喀什噶爾參贊大臣璧昌原已派喀什噶爾五
品密拉普伯克阿布都哈里克領解去年及今年應進金絲緞及葡萄
乾，但因停班只好收貯。[236]道光十三年（1833）六月，諭示停止年
班，但原來道光十三年（1833）四月長清奏准，喀什噶爾及葉爾羌
自道光十年（1830）起至本年止，每年累積應進額貢量為數較多，
應量加體恤，免除十一年（1831）及十二年（1832）的額貢，伯克
只要攜帶道光十年（1830）封貯及道光十三年（1833）的額貢入京。
[237]於是長清在六月時，將喀什噶爾及葉爾羌貢物，交給本年年班輪
派的喀什噶爾四品商伯克密爾哈色木及葉爾羌五品伯克雅呢斯解

---

[234]（清）慕暲撰，《新疆回部紀略》，喀什噶爾年例摺奏，收入張羽新、趙曙青
　　主編，《清朝治理新疆方略匯編》，冊22，頁170-171；《奏摺檔》，文獻編
　　號第305000108號，頁161-162，道光八年十月，扎隆阿奏。
[235]《外紀檔》，文獻編號第303000265號，頁7，咸豐六年九月初三日，常清、
　　法福禮奏。
[236]《奏摺檔》，文獻編號第305000140號，頁21-23，道光十一年六月，璧昌奏。
[237]《軍機處‧月摺包》，文獻編號第063243號，2760箱，道光十三年四月十五
　　日批，長清等奏（無奏日）；中國第一歷史檔案館編，《嘉慶道光兩朝上諭檔》，
　　冊38，頁203，550條，道光十三年四月十五日，內閣奉上諭。

運。[238]然而六月時，宣宗以皇后喪期未滿一年，又停止年班，而回疆收到理藩院清文奉旨停止進京已是七月，喀什噶爾及葉爾羌年班伯克在七月十六及二十日已到達阿克蘇，只得再攜回貢物收貯，俟道光十四年（1884）上京再進呈。[239]至道光十四年（1884）喀什噶爾及葉爾羌已累積三年入貢量，回疆參贊大臣長清恐擾累驛站，道光十四年（1884）四月，各地開始準備該年年班貢物之際，即奏請豁免道光十年（1830）分額貢，請年班伯克只攜道光十三年（1833）、十四年（1834）兩年額貢，宣宗批「如所請行」。[240]

　　道光二十七年（1847），因應七和卓之亂，依前例善後等事停止年班。道光三十年（1850）正月，宣宗逝世，歷服喪等事，原應是咸豐三年（1853）入覲，葉爾羌參贊大臣德齡等安排伯克前往，並由喀什噶爾大臣特克星額，將該城道光二十七年（1847）及本年應貢額，交給四品商伯克玉素普，葉爾羌則飭交派出的五品阿奇木伯克邁買提雅爾袛領，一同攜帶入覲。[241]然而文宗又諭示停止年班，回疆伯克年班直至咸豐六年（1856）才再入京年班，中間已停止了九年，因貢物封貯太久，也為減輕回人負擔，葉爾羌參贊大臣德齡奏准豁免道光二十七年（1847）應貢額。咸豐六年（1856），年班伯克以和闐阿奇木伯克阿里為領隊，葉爾羌參贊大臣常清將葉爾羌及喀什噶爾兩地咸豐三年（1853）及本年咸

---

[238]《軍機處・月摺包》，文獻編號第 064514 號，2760 箱，道光十三年六月二十五日，長清、興德奏。

[239]《外紀檔》，文獻編號第 303000092 號，頁 130-132，道光十三年九月初九日，陝甘總督楊遇春奏；《外紀檔》，文獻編號第 303000092 號，頁 211-212，道光十三年九月十五日，長清、誠端奏；《軍機處・月摺包》，文獻編號第 065072 號，2760 箱，道光十三年八月十六日，誠端奏。

[240]《軍機處・月摺包》，文獻編號第 067961 號，2743 箱，道光十四年四月十五日，長清奏。

[241]《宮中檔咸豐朝奏摺》，文獻編號第 406004506 號，2714 箱，咸豐三年七月十五日，德齡、圖伽布奏。

豐六年（1856）應進額貢，由喀什噶爾辦事領隊大臣德通等安排，交給原於咸豐三年（1853）輪班入覲的四品商伯克玉素普祗領，及葉爾羌五品阿奇木伯克邁買提雅爾祗領，委員照料前進，並行文各城及陝甘總督等照例派員護送，與伯克一同入京。[242]

　　回疆有些貢物則是依季節而入貢，有時貢物也因諭令而停貢。如哈密向來在夏末秋初之際，由陝甘總督差弁到哈密摘取兩百顆哈密瓜，皆是哈密親王伯錫爾[243]負責照料及備齊，送至蘭州，經揀選後呈進。[244]和闐及葉爾羌採得的玉石，以及陝甘總督派兵員到吐魯番，由伯克買辦梨果作為貢品，皆是另行差派人員送京。而宣宗則於道光年間，諭令停止玉石及梨果的入貢，其因有二：一是道光元年（1821）四月宣宗以造辦處所貯玉石尚多，暫停和闐及葉爾羌採玉入貢。[245]不過這個暫停的諭令，在事後看來，卻是結束了乾隆二十四年（1759）十二月以來，持續了六十二年，每年定時入貢玉石的制度，兩地的伯克及回人也就此卸下採玉之責；二是道光十年（1830）前，陝甘總督衙門向來都要差派兵員到吐魯番，由伯克買辦梨果作為貢品，宣宗認為大小伯克藉採辦之名，擾累回人，因而諭令停貢。[246]

　　而每年入貢的慣例，較大的變革是道光十九年（1839）起，年班伯克改為間二年朝覲，各地應進額貢及領俸方式，也有所變化。

---

[242]《宮中檔咸豐朝奏摺》，文獻編號第 406007823 號，2779 箱，咸豐六年三月初九日，常清、法福禮奏；《宮中檔咸豐朝奏摺》，文獻編號第 406008575 號，2779 箱，咸豐六年七月二十七日，常清、法福禮奏。

[243]咸豐三年賜親王銜。趙爾巽等撰，《清史稿》，冊 29，頁 8738-8739。

[244]《軍機處・月摺包》，文獻編號第 099543 號，2742 箱，同治三年九月二十日，恩麟奏。

[245]《大清宣宗成（道光）皇帝實錄》，卷 17，頁 26-27，道光元年四月乙巳，內閣奉上諭。

[246]中國第一歷史檔案館編，《嘉慶道光兩朝上諭檔》，冊 35，頁 39，136 條，道光十年二月十五日，軍機大臣字寄。

道光十九年（1839）四月，理藩院為入貢及俸給支給之事上奏，宣宗諭示所有哈密扎薩克郡王伯錫爾、吐魯番扎薩克郡王阿克拉依都，每年遣使呈進之例貢，亦改為間二年遣使歸併呈進，郡王每年應領俸銀一千二百兩及俸緞，原是趁著來京例貢之便，在京關支，也改由陝甘總督按年附餉撥解各該處，就近飭令關支，再報部查覈，以歸於簡易。[247]等於間二年的入貢，也影響哈密及吐魯番郡王俸銀的支領方式，自此由京關支，改為外關支。[248]七月二十一日，又諭示喀什噶爾及葉爾羌兩地每年應進額貢，也改為間二年呈進一次，無伯克來京之年，所有應進額貢即停止，也無庸於朝覲之年歸併進呈，與葉爾羌參大臣恩特亨額奏請按原有歸併方式入貢，更為寬鬆。[249]為了齊一回疆入貢方式，第二天即七月二十二日，宣宗又諭示四月哈密及吐魯番入貢方式，也統一改為無庸歸併呈進。[250]入貢方式的變革，也收入於道光年版《欽定回疆則例》卷七續纂部分。[251]

貢物運送若遇戰亂道路不靖，也只能暫停，如哈密在夏末秋初時，由親王伯錫爾備齊哈密瓜，再由陝甘總督差人帶回蘭州，當同治三年（1864）陝甘回民事變，驛路不通，阿拉善草地以民間駝運方式也難行走，陝甘總督只得上奏暫停，撤回差弁，議政王軍機大

---

[247]哈密郡王一年俸銀一千二百，見《宮中檔咸豐朝奏摺》，文獻編號第406011481號，2714箱，咸豐九年十二月初一日，多慧、穆輅奏；《外紀檔》，文獻編號第303000133號，頁107-109，道光十九年四月初九日批，管理理藩院事務戶部尚書宗室奕紀等奏；中國第一歷史檔案館編，《嘉慶道光兩朝上諭檔》，冊44，頁135，505條，道光十九年四月初九日，內閣奉上諭；《大清宣宗成（道光）皇帝實錄》，卷321，頁9，道光十九年四月甲戌，諭內閣。

[248]（清）賽尚阿等修，《欽定回疆則例》，卷7，頁5。

[249]中國第一歷史檔案館編，《嘉慶道光兩朝上諭檔》，冊44，頁298，1046條，道光十九年七月二十一日，內閣奉上諭。

[250]中國第一歷史檔案館編，《嘉慶道光兩朝上諭檔》，冊44，頁300，1056條，道光十九年七月二十二日，內閣奉上諭。

[251]（清）賽尚阿等修，《欽定回疆則例》，卷7，頁3-4。

臣也只能奉旨批「知道了」。[252]不過，時至清末宣統三年（1911）十月，哈密親王的貢差，依舊照例為呈遞哈密瓜，而奔波於入京道上。[253]

三、貢物到京收賞

哈密、吐魯番及伯克於年班入京時，皆照例攜帶貢物前往入覲。抵京報到，哈密、吐魯番將每年皆需入貢葡萄乾等各項物品，在奉旨賞收後，理藩院將當次貢物繕成清單，再依程序咨行內務府，照例折給賞項。伯克於年班朝覲時，進貢綢緞等物，程序也與哈密、吐魯番相同，內務府分別照例折給賞物，賚送伯克們。這些貢物固定收賞程序，皆記載於嘉慶年版的《欽定回疆則例》中，道光年版《欽定回疆則例》稍作修改，理藩院將哈密、吐魯番及伯克繕寫的貢物清單，「咨行內務府照例折賞領給」，一體修改為「移咨內務府照例折給賞項」。[254]

第九節 年班朝覲在京活動及賞賜

伯克年班在京期間，除了固定安排的活動及筵宴外，皇帝也在年班入覲時，宣布些相關事宜，例如高宗在首次伯克入覲時，宣布各城三品阿奇木伯克名單，[255]或是回部王公的封爵不降等承

---

[252] 《軍機處‧月摺包》，文獻編號第 099543 號，2742 箱，同治三年九月二十日，恩麟奏。

[253] 《大清宣統政紀實錄》，卷 65，頁 25，宣統三年十月壬寅，又諭，電寄袁大化。

[254] （清）托津等人編纂，《欽定回疆則例》，卷 2，頁 34-35，收入天龍長城文化藝術公司編，《新疆史志》，第二部，冊 11，頁 171-174；（清）賽尚阿等修，《欽定回疆則例》，卷 4，頁 3-4。

[255] （清）傅恒等，《平定準噶爾方略續編》，卷 1，頁 5-6，乾隆二十五年三月癸

襲，[256]或是宣布伯克年班由九班再改為間二年朝覲、四川土司間五年來朝覲一次等，以顯皇權之威及籠絡惠愛之心，讓伯克感到自身權益直接來自於皇帝，多了一份直屬的親近感。

　　回疆伯克等年班來京住宿安排，依身分而有差異，哈密、吐魯番回部王公、台吉等，到京俱住在哈密館，各城伯克等則住四譯館，若是皇帝住在圓明園，則王公、台吉、伯克等，俱住於營造司。[257]安排伯克在京活動及照看等事的辦理機構，包括內務府及軍機處，理藩院官員及其徠遠司、柔遠司、王會司，兵部則負責備辦車馬。[258]

　　高宗平定回疆後，對有疑慮的勢力者，皆封爵留京安置，每逢年節對駐京回部王、公、台吉等，照例有賞賜及筵宴，尤其是回部郡王霍集斯，他自乾隆二十五年（1760）入京起，時至乾隆四十六年（1781）七月離世前，都被邀請列席參與入覲的回疆伯克在京期間數次的賜宴；[259]甚至當次伯克年班未有爵位者領班，也他請作為御前賜酒行禮的代表，若是伯克因參加熱河萬壽聖節，年終按慣例不到京，高宗仍在紫光閣宴請他與其他蒙古王公。

丑，諭軍機大臣，收入張羽新、趙曙青主編，《清朝治理新疆方略匯編》，冊6，頁 328-329。

[256]《大清高宗純（乾隆）皇帝實錄》，卷 1296，頁 9-10，乾隆五十三年正月己巳，又諭。

[257]（清）賽尚阿等修，《欽定回疆則例》，卷 3，頁 20-21。

[258]（清）賽尚阿等修，《欽定回疆則例》，卷 3，頁 11-20；李鵬年、朱先秦、劉子揚、秦國經、陳鏘儀等編著，《清代中央國家機關概述》（北京：紫禁城出版社，1989 年），頁 242。

[259]《大清高宗純（乾隆）皇帝實錄》，卷 1137，頁 4，乾隆四十六年七月丁巳，諭；《大清高宗純（乾隆）皇帝實錄》，卷 627，頁 12，乾隆二十五年十二月癸巳，御西場幄次；《大清高宗純（乾隆）皇帝實錄》，卷 628，頁 1、5，乾隆二十六年正月辛丑、丙午，紫光閣落成、御紫光閣；《大清高宗純（乾隆）皇帝實錄》，卷 652，頁 7、12，乾隆二十七年正月壬寅、丙午，御紫光閣、賜扈從。

[260]這是高宗對霍集斯的特別禮遇,而乾隆朝其他由回疆遷京的回部公及台吉,則不得入宴,包括乾清門行走三等侍衛頭等台吉阿布都薩塔爾、輔國公三等侍衛巴巴克和卓等,只可拿賞荷包,道光朝這些人已逝,道光年版《欽定回疆則例》才將這部分規定刪除。[261]回疆伯克年班在京入覲行程、賞賜、活動也很多。請見表9-6駐京及回部王公年班朝覲在京日程及宴賞表。

一、駐京回部王、公、台吉等的賞賜

駐京的回部王、公、台吉,或是有功的回部王公、貝勒曾任伯克者等,在京乾清門御前行走者,以及閒散回部王、公、台吉,每年端陽及年終皆有賞賜或筵宴:

1. 端陽節:每年端陽令節等,徠遠司將駐京回部王公、台吉等名銜,繕寫綠頭牌移付王會司辦理,並由大內領賞。[262]
2. 年終賞賜:每年年終賞麀鹿給駐京回部王、公、台吉,由徠遠司開出名單移送柔遠司彙總,咨行內務府辦給。[263]
3. 賜食及筵宴:在京乾清門御前行走者,以及閒散回部王公台吉,由徠遠司繕寫綠頭牌移付王會司具奏後,分別安排在中正殿之西場子、南海勤政殿賜食,及除夕、紫光閣、正大光明殿等之筵宴,還有在山高水長看放烟火。[264]

---

[260] 《大清高宗純(乾隆)皇帝實錄》,卷850,頁21-22,乾隆三十五年正月癸巳,御正大光明殿;《大清高宗純(乾隆)皇帝實錄》,卷1122,頁4,乾隆四十六年正月壬午,御紫光閣。

[261] (清)托津等人編纂,《欽定回疆則例》,卷2,頁26,收入天龍長城文化藝術公司編,《新疆史志》,第二部,冊11,頁155;(清)賽尚阿等修,《欽定回疆則例》,卷3,頁12。

[262] (清)賽尚阿等修,《欽定回疆則例》,卷3,頁11。

[263] (清)賽尚阿等修,《欽定回疆則例》,卷3,頁11。

[264] (清)賽尚阿等修,《欽定回疆則例》,卷3,頁11-12。

二、年班朝覲回疆郡王、公、伯克在京日程安排及賞賜

伯克在京活動大約停留一個月，依《欽定回疆則例》內記載[265]
及檔案記錄整合如下：

1. 到京是日至除夕前二日：伯克先向軍機處報到，由軍機處奏
聞後，以當時皇帝在何處，由何門行走，理藩院派員照看帶領郡王、
伯克們在門外左側跪瞻覲後隨入賜食，皇帝還宮時，站班恭送，是
伯克們入京第一次見到皇帝。第二天由大內賞給鱘鰉魚，從此凡恭
遇皇帝，由何門行走，理藩院照看官員則帶領伯克等，固定在門外
左側站班迎送。凡是初次來京伯克及伯克們隨帶的子弟，皆可得賞
蟒袍補褂、帽、襖、靴、襪、帶子、荷包等物各一份，伯克子弟也
可賞戴六品虛銜。[266]

第二批到京入覲伯克，於乾隆二十五年（1760）十二月二十一
日到達，二十二日，葉爾羌、喀什噶爾、阿克蘇、和闐、烏什、庫
車、沙雅爾、賽里木、拜城等城入覲伯克薩里等一行九人，由宗室
公如松率領入覲，伯克們先在西華門外瞻仰，隨後於瀛臺賜食，高
宗復召薩里等人至重華宮賜茶果。[267]再以乾隆五十年（1786）為例，
伯克等人十二月到京，向軍機處完成報到，蒙古、外藩也已報到，
軍機處將名單上奏，再開出十二月二十日瞻覲皇帝於西華門的名
單，尚未到京者則不列入名單，如當時朝鮮使臣尚未到京，則不開
列名單中。安排於西華門道北瞻仰名單是以喀爾喀、歸化城、杜爾

---

[265]（清）托津等人編纂，《欽定回疆則例》，卷 2，頁 25-33，收入天龍長城文化
　　藝術公司編，《新疆史志》，第二部，冊 11，頁 153-169；（清）賽尚阿等修，
　　《欽定回疆則例》，卷 3，頁 11-21。
[266]（清）賽尚阿等修，《欽定回疆則例》，卷 3，頁 12-14。
[267]《大清高宗純（乾隆）皇帝實錄》，卷 627，頁 11，乾隆二十五年十二月壬辰，
　　幸瀛臺。

伯特、土爾扈特及杜爾伯特等蒙古各部落,而回疆伯克及外藩,由理藩院官員照看帶領伊等安排於西華門外道南跪瞻,當次伯克名單為穆喇特柏格、伊斯拉木、沙莽素爾、阿布都拉、玉素布、呼圖魯克拜、庫圖魯克、阿布都嘎帕爾、艾里穆、阿布拉、邁瑪第敏、邁瑪特、玉多克、艾瑪爾和卓。[268]蒙古部落在西華門內,伯克及外藩則同在西華門外,由瞻跪地點的安排,也顯出清廷對待各部族的親疏之別。嘉慶年間,仁宗大多先在瀛臺閱冰技後,再安排伯克們瞻觀,多選在西苑門外與神武門外,嘉慶十八年(1814)、二十年(1816)十二月,皆因伯克延遲到京,安排在午門外。[269]道光朝曾安排於神武門外、西華門外或是西苑門外瞻觀。[270]就如《欽定回疆則例》由軍機處奏聞後,當時皇帝臨幸於何處,行走何門,理藩院即帶領郡王、伯克們在門外瞻觀。

每年十二月二十三日回部郡王及伯克等在京當日,有皇帝賜茶飯及賞賜,在中正殿之西場子或是設筵宴於南海德昌門內勤政殿,若是皇帝駕幸中正殿之西場子,伯克們等皆由照看官員帶領在西邊排班跪迎,皇帝陞座大蒙古包,伯克即被帶入側首蒙古包內,賞給茶飯,當皇帝駕臨黃幕陞寶座,伯克們即帶出蒙古包列坐,皇帝還宮伯克們跪送後,每個人都可領賞器皿、荷包等物各一份,然後一起等在乾清門外謝恩。若是筵宴於南海德昌門內勤政殿,照看官員

---

[268] 中國第一歷史檔案館編,《乾隆朝上諭檔》,冊 16,1452 條,頁 617,乾隆五十五年十二日二十日,西華門外道南道北各回子伯克,各部落及各外藩使臣等分晰開列清單。

[269] 《大清仁宗睿(嘉慶)皇帝實錄》,卷 281,頁 30,嘉慶十八年十二月辛酉,回部伯克;《大清仁宗睿(嘉慶)皇帝實錄》,卷 314,頁 24,嘉慶二十年十二月己卯,回部伯克。

[270] 《大清宣宗成(道光)皇帝實錄》,卷 47,頁 20,道光二年十二月壬戌,吐魯番二品協理旗務伯克伊斯瑪依爾;《大清宣宗成(道光)皇帝實錄》,卷 163,頁 32-33,道光九年十二月癸未,敖漢扎薩克郡王;《大清宣宗成(道光)皇帝實錄》,卷 261,頁 36,道光十四年十二月癸丑,布古爾三品阿奇木伯克邁瑪第敏等。

將伯克帶入殿外側首蒙古包內賞給茶飯後，帶領伯克等出蒙古包列坐，宴畢皇帝還宮時，一切迎送禮儀與西場子相同，當天將伯克們帶至乾清門外領賞；此期間若賞給蒙古王公果品時，也一體賞給伯克等。[271]

　　乾隆二十五年（1760）十二月二十三日，高宗在西場賜宴於回疆伯克們及蒙古王公等，被留於京之回部郡王霍集斯，也與回部年班入覲伯克一起參與賜宴，高宗並賞賚薩里伯克們冠服、幣、帛。[272]乾隆二十九年（1765）十二月二十二日，伯克入覲之際，賜封回部阿克蘇三品阿奇木伯克公品級色提巴勒氏為輔國公。[273]道光十二年（1833）十二月二十三日，賞哈密郡王銜貝勒伯克錫爾、庫車郡王伊薩克，可以在紫禁城內騎馬，以示禮遇。[274]道光十四年（1837）十二月二十四日，宣宗賞阿克蘇阿奇木伯克阿里、葉爾羌五品帕提沙布伯克伊布喇依木花翎。[275]這皆令入覲的伯克們感受封賞升調的權力，直接來自皇帝的賦予，伯克是直屬於皇帝的官員，此與後來年班漸次斷續，伯克認為權力的賦予是來自於各城駐箚大臣及回疆參贊大臣的觀感，是大相逕庭的。

　　若伯克們十二月二十三日才進京入覲，瞻覲後宣宗隨命其至瀛臺賞冰嬉，並與蒙古王公等先前已抵京入覲者一同參與筵宴，道光十七年（1837）及十八年（1838）兩年為例，道光十七年（1837）十二月二十三日，回疆各城伯克庫車三品阿奇木伯克額則斯等二

---

[271] （清）賽尚阿等修，《欽定回疆則例》，卷 3，頁 14-15。

[272] 《大清高宗純（乾隆）皇帝實錄》，卷 627，頁 12，乾隆二十五年十二月癸巳，御西場幄次。

[273] 《大清高宗純（乾隆）皇帝實錄》，卷 725，頁 13，乾隆二十九年十二月己亥，諭旨。

[274] 《大清宣宗成（道光）皇帝實錄》，卷 228，頁 22，道光十二年十二月乙丑，命。

[275] 《大清宣宗成（道光）皇帝實錄》，卷 292，頁 35-36，道光十六年十二月癸酉，賞。

人，庫爾勒四品伊什罕伯克薩依特等二人，喀什噶爾四品商伯克邁瑪特熱依木等四人，沙雅爾五品噶雜納齊伯克伊密斯等二人，葉爾羌托庫斯謙五品伯克伊斯木等二人，伊犁五品商伯克薩底克等二人，及廓爾喀、朝鮮、暹羅國使臣，於西苑門外瞻觀後，隨命前往瀛臺閱冰嬉，並在勤政殿一起與賜蒙古王、貝勒、貝子、公、額駙、台吉及廓爾喀、朝鮮、暹羅國使臣及章嘉呼圖克圖等宴，並給不同的賞賚。[276]道光十八年（1838）十二月二十三日，吐魯番扎薩克郡王阿克拉依都等在西苑門外瞻觀後亦然。[277]

可見二十二日或二十三日是皇帝直接封賞升調伯克及一起觀賞冰嬉的榮耀與歡喜的日子，使伯克與皇帝建立親近感，藉以籠絡各族統治菁英，以期見到國之壯盛及心生效忠。

2. 除夕前一日：皇帝恭祭太廟，伯克們等要在午門外西邊迎送，待皇帝還宮後，五品以上伯克由照看官帶領由內右門進入重華宮，伯克們要先請安，再一起看戲，每人得賞瓷器及荷包等物各一份。[278]

3. 除夕當日：皇帝於保和殿筵宴，乾清門行走之哈密、吐魯番回部王公內，有奏請來京者，令他們與蒙古王公等一同列坐殿內，其餘伯克等，全部於殿外西邊，蒙古等之後列坐飲宴。[279]若是召至御前賜酒成禮之儀者，僅具有親王、固山貝子、多羅郡王、貝勒、輔國公等爵位者才資格，如乾隆四十七年（1783）十二月三十

---

[276]《大清宣宗成（道光）皇帝實錄》，卷304，頁32-34，道光十七年十二月庚寅，御勤政殿；《起居注冊-道光朝》，冊50，頁029902-029905，道光十七年十二月二十三丙寅，庫車三品阿奇木伯克。

[277]《大清宣宗成（道光）皇帝實錄》，卷317，頁30-33，道光十八年十二月庚寅，御勤政殿；《起居注冊-道光朝》，冊54，頁032156-032161，道光十八年十二月二十三日庚寅，吐魯番扎薩克多羅郡王。

[278]（清）賽尚阿等修，《欽定回疆則例》，卷3，頁14-16。

[279]（清）賽尚阿等修，《欽定回疆則例》，卷3，頁16-17。

日剛承襲留京回部郡王爵位的霍集斯子哈第（迪）爾、輔國公托克托、額色尹、伊巴喇伊木等曾至御前接受賜酒。[280]嘉慶十八年（1814）十二月二十九日，仁宗在保和殿筵宴受正、外藩等朝禮，科爾沁等蒙古各部、回部伯克、朝鮮國正、副使及文武大臣依次就坐，科爾沁親王等及回部阿克蘇郡王銜貝勒哈第爾至御座前賜酒成禮。[281]

4. 元旦至正月十二日：元旦當日，皇帝親詣堂子行禮，伯克們需午門外西邊迎送，待皇帝陞太和殿時，伯克們按品級排班行三跪九叩之禮，皇帝到弘仁寺，伯克又隨照看官帶領至神武門外西邊迎送；皇帝在紫光閣筵宴，除了乾清門行走之哈密、吐魯番回部王公內，有奏請來京者，令其坐殿內，其餘伯克俱坐於紫光閣外的西邊蒙古等之後的位置宴飲，皇帝還賞給銀兩及緞疋等物；這期間，伯克們也前往圓明園遊玩，若皇帝駕幸，則由照看官員帶領大家在蠶池口跪送。[282]

乾隆二十六年（1761）正月初一日，逢紫光閣落成，賜大學士傅恒以下及畫像諸功臣、文武大臣，蒙古王公一百七人，回部薩里伯克及回部郡王霍集斯、哈薩克阿布賚使臣等十一人與宴。[283]初六日，又再次在紫光閣賜宴外藩蒙古王公台吉、回部郡王霍集斯、葉爾羌各城伯克薩里等及哈薩克使臣。[284]乾隆五十八年（1793）

[280] 《大清高宗純（乾隆）皇帝實錄》，卷 1171，頁 21-24，乾隆四十七年十二月壬辰，御保和殿筵宴朝正外藩。

[281] 《大清仁宗睿（嘉慶）皇帝實錄》，卷 281，頁 32-33，嘉慶十八年十二月壬戌，御保和殿筵宴。

[282] （清）賽尚阿等修，《欽定回疆則例》，卷 3，頁 17-18。

[283] 《大清高宗純（乾隆）皇帝實錄》，卷 628，頁 1，乾隆二十六年正月辛丑，紫光閣落成。

[284] 《大清高宗純（乾隆）皇帝實錄》，卷 628，頁 5，乾隆二十六年正月丙午，御紫光閣。

正月初八日，高宗也在紫光閣宴請蒙古王公及回部年班伯克。[285]至於嘉慶及道光兩朝，紫光閣之宴僅限蒙古王公及朝鮮國等境外外藩使臣，未包括回部伯克或郡王。[286]

5. 正月十三日：皇帝來到山高水長看烟火時，如果令蒙古王公等入內，伯克亦一同進內，在藥欄內右邊列坐，享受皇帝賞食的元宵。[287]乾隆五十八年（1793）正月十三日高宗與蒙古王公、回部年班伯克、浩罕伯克、朝鮮、安南等使臣，在山高水長賜食。[288]嘉道兩朝山高水長的賜食也僅限蒙古王公等及外藩使臣，未包括回部伯克；[289]正月十九日同樣再度賜食蒙古王公等及外藩使臣，亦無伯克參與。[290]若有回部郡王參與年班，如嘉慶十四年（1809）哈密郡王扎薩克額爾德錫爾與年班伯克一同入覲，正月初十及十三日，也僅有回部郡王與宴，伯克仍未列席。[291]這應與其具扎薩郡王身份有關，宴會規模縮減，節省費用，更顯親疏之

---

[285] 《大清高宗純（乾隆）皇帝實錄》，卷1420，頁12，乾隆五十八年正月壬寅，御紫光閣。

[286] 《大清仁宗睿（嘉慶）皇帝實錄》，卷206，頁8，嘉慶十四年正月甲子，御紫光閣；《大清宣宗成（道光）皇帝實錄》，卷64，頁8，道光四年正月乙亥，御紫光閣；《大清宣宗成（道光）皇帝實錄》，卷164，頁2，道光十年正月甲午，御紫光閣；聯合報文化基金會國學文獻館，《清代起居注冊-道光朝》，冊3，頁001374-001375，道光六年正月初四日丙戌，御紫光閣。

[287] （清）賽尚阿等修，《欽定回疆則例》，卷3，頁18-19。

[288] 《大清高宗純（乾隆）皇帝實錄》，卷1420，頁16，乾隆五十八年正月丁未，御山高水長。

[289] 《大清仁宗睿（嘉慶）皇帝實錄》，卷206，頁18，嘉慶十四年正月癸酉，御山高水長。

[290] 《大清仁宗睿（嘉慶）皇帝實錄》，卷253，頁12，嘉慶十七年正月癸巳，御山高水長；《大清宣宗成（道光）皇帝實錄》，卷164，頁9，道光十年正月己酉，御山高水長。

[291] 《大清仁宗睿（嘉慶）皇帝實錄》，卷223，頁14-15，嘉慶十四年十二月丙午，幸瀛臺；《大清仁宗睿（嘉慶）皇帝實錄》，卷224，頁8-9，嘉慶十四年正月乙丑、戊辰，御山高水長。

別。

6. 正月十四日：皇帝來到山高水長時，伯克等在藥欄內右邊列坐，看烟火及各種技藝表演，再次享受皇帝賞食的元宵及果盒等物。[292]

7. 正月十五日：皇帝於正大光明殿筵宴，乾清門行走之哈密、吐魯番回部王公內，有奏請來京者，令其與蒙古王公等一同列坐殿內，其餘伯克俱坐於殿外西邊，蒙古等之後列坐飲宴，當晚皇帝來到山高水長時，一切典禮則與十四日相同。[293]

若召御前行賜酒之禮，通常是要具有爵位者才有資格，乾隆三十二年（1766），賜朝正外藩等筵宴時，回部貝勒品級阿奇木伯克鄂對伯克，曾至御前接受賜酒行禮；乾隆三十九年（1774），年班伯克英吉沙爾四品阿奇木伯克素勒和卓為領隊，未具爵位，因此賜酒禮由在京回部郡王霍集斯及輔國公霍（和）什伯克與蒙古王公等一起至御前完成。[294]不過，也曾有非爵位之伯克參加御座前賜酒之例，乾隆五十三年（1788），可能是當次年班伯克因渡口結冰，輾轉河南，延遲入京，又接連有庫車四品伊什罕伯克阿克伯克於十二月來京途病故，以及正月初四日散秩大臣貝子喀什噶爾三品阿奇木伯克鄂斯璊在京病故，在朝正外藩的賜宴上，和闐玉瓏哈什四品阿奇木伯克多羅善、賽里木四品伊沙噶伯克貝克濟、阿克蘇五品噶匝納齊伯克咱爾默特三人，與科爾沁和碩親王恭格喇布坦等各親王、郡王、貝勒、貝子，一起至御座前賜酒

---

[292]（清）賽尚阿等修，《欽定回疆則例》，卷3，頁18-19。
[293]（清）賽尚阿等修，《欽定回疆則例》，卷3，頁19。
[294]《大清高宗純（乾隆）皇帝實錄》，卷776，頁15，乾隆三十二年正月庚辰，御正大光明殿；《大清高宗純（乾隆）皇帝實錄》，卷950，頁26-27，乾隆三十九年正月己巳，御正大光明殿。

行禮，是較為特別的一次。[295]

8.正月十九日行陛辭禮： 皇帝於山高水長入座前，由理藩院堂官將應回各該處之回部王公、台吉、伯克等，與蒙古王公一體帶領跪安，行陛辭之禮，禮成後，仍令入坐，座位安排與十四、十五日安排相同。如果是安排在慶豐圖行陛辭禮，只有五品以上伯克被帶入，其餘者不許進內，可能是場地較小無法容納，所有的回部王公、台吉、伯克等一切賞項，俱由徠遠司將銜名繕寫綠頭牌，交給軍機處辦給。[296]

9.離京： 伯克返程，由軍機處擬定分為幾起，飭令陸續起程。[297]

由在京年班人覲各項活動有幾點觀察，伯克入覲在京有一個月的時間，有筵宴、瞻覲及賞賜物品、官服、瓜果等。伯克也有機會住宿於圓明園，見識宮殿及欣賞西式庭園，是一般各省官員也難得擁有的機會。高宗以回疆伯克的年班入覲之例，成為四川留子土司及哈薩克年班入覲賞賜官銜、什物、頂戴、衣帽的規範，嗣後各皇帝也都遵循，回疆伯克的管理等事務，成為清朝管理其他民族的典範。[298]然而清廷對待各民族是依內附時間與戰功，而有親疏之別，蒙古為先，次是哈密、吐魯番，再為回部王公，伯克更次於回部王公，更次則是仿伯克之例的金川番子土司及境外外藩哈薩克、浩罕等。這可由在京朝覲期間，瞻覲地點、賜果及

---

[295] 《大清高宗純（乾隆）皇帝實錄》，卷 1296，頁 31-33，乾隆五十三年正月戊寅，御正大光明殿。

[296] （清）賽尚阿等修，《欽定回疆則例》，卷 3，頁 19-20。

[297] （清）賽尚阿等修，《欽定回疆則例》，卷 3，頁 20-21。

[298] （清）賽尚阿等修，《欽定回疆則例》，卷 4，頁 23-24，卷 5，頁 2-3。

筵宴坐位安排中看出差別，蒙古各部與伯克瞻覲地點皆同一個門，但蒙古立於門內，伯克安排於門外；賞賜果品時，「**賞給蒙古王公等果品時，伯克等亦一體賞給**」[299]，表面上二者都有，但仍以蒙古為主，若未賞給蒙古王公，伯克亦無。筵宴座位安排，除夕日及元旦，皇帝分別在保和殿及紫光閣筵宴，乾清門行走之哈密、吐魯番回部王公內有奏請來京的人，令他們與蒙古王公等，一同列坐殿內，其餘伯克坐在殿外西邊，於蒙古等人的後一列飲宴。[300]

　　仁宗與高宗差異之處，仁宗未固定在八月熱河避暑山莊朝覲，伯克年班入京，瞻覲時間多固定於十二月二十一日，仁宗先在瀛臺或北海閱冰技，伯克們則在等候在西苑門外或是神武門外瞻覲，若遲到未與外藩一同瞻覲，則至午門外瞻覲；[301]筵宴部分，嘉道兩朝，若比對《大清實錄》及《起居注冊》，年班伯克大多僅參與十二月二十九日或三十日在保和殿或皇極殿舉行的除夕宴，及正月十五日的正大光明殿的兩場朝正外藩的筵宴。至於十二月二十三日撫辰幄次宴及正月初的紫光閣、山高水長等的賜宴、茶果或賜食規模縮減，多僅限於最親近的蒙古王公等及境外外藩使臣參加為主，若扎薩克回部郡王隨年班伯克到京，則參與山高水長宴，年班伯克則未列席，此與《欽定回疆則例》記載略有差異。[302]

---

[299]（清）賽尚阿等修，《欽定回疆則例》，卷3，頁15。
[300]（清）賽尚阿等修，《欽定回疆則例》，卷3，頁16-18。
[301]《大清仁宗睿（嘉慶）皇帝實錄》，卷301，頁12，嘉慶十九年十二月戊寅，幸瀛臺；《大清仁宗睿（嘉慶）皇帝實錄》，卷314，頁24，嘉慶二十年十二月己卯，回部伯克。
[302]《大清仁宗睿（嘉慶）皇帝實錄》，卷155，頁12，嘉慶十年十二月壬寅，御撫辰殿大幄次；《大清仁宗睿（嘉慶）皇帝實錄》，卷172，頁27，嘉慶十一年十二月丙申，御撫辰殿大幄次；《大清宣宗成（道光）皇帝實錄》，卷47，

再就舞樂安排而觀，道光三年（1823），禮部為元旦午宴相關事項請旨，午時皇帝御太和殿筵宴王公百官，殿內兩旁設內外王公，一、二品文武大臣，台吉、塔布囊、伯克等席，但《欽定回疆則例》卻僅吐魯番郡王公才可在殿內，其餘伯克是在殿外；筵宴的表演，高宗在乾隆九年（1744）曾諭除夕在保和殿宴蒙古王等，先進蒙古樂曲，再進慶隆舞，而元旦在太和殿筵宴京城王、大臣等，則先進慶隆舞，再進蒙古樂曲，而隨著清朝版圖擴展，乾隆三十年（1765）元旦，則安排先進慶隆舞，再進蒙古樂曲，再由掌儀司官引朝鮮、回部各擲倒伎人，再由金川番子番童表演，為表演節目的次第。嘉慶朝為了節省費用，減少筵宴桌次，嘉慶二十四年（1819），將太和殿、保和殿、正大光明殿筵宴樂舞節次，皆先進什幫樂曲，次進慶隆舞喜起舞，以歸化一；道光三年（1823），禮部對於樂舞節次，建議遵乾隆九年（1744）所奉諭旨，元旦太和殿筵宴及次日皇太后宮筵宴一併遵照辦理，仍先進慶隆舞，再進蒙古樂曲。[303]由舞樂亦可看到清廷對各族重視的次第，仍以蒙古為先，樂舞不論增減或排序調動，多保留蒙古樂。

回疆回部王公及伯克在乾嘉時期，僅有年班或皇帝大壽時，才有機會進京入觀，清朝為了感謝回部王公等在張格爾事件上的出力奮戰，道光年版《欽定回疆則例》增纂條文內，增加回部王公在皇帝大婚典禮，應令來京慶朝賀的禮遇。[304]由於許多回部王公出任各城阿奇木伯克等伯克之職，因此皇帝大婚也就成了他們需要上京的情況之一，就如年班入觀的責任與義務般。而一般未

頁 20，道光二年十二月癸亥，御撫辰殿大幄次；（清）賽尚阿等修，《欽定回疆則例》，卷 3，頁 14-19。

[303] 《外紀檔》，文獻編號第 303000025 號，頁 40-56，道光二年十二月初四日，禮部尚書玉麟奏。

[304] （清）賽尚阿等修，《欽定回疆則例》，卷 3，頁 24。

有封爵的伯克，在道光朝開始，僅有年班入覲才有機會入京，道光年因戰亂及善後，年班時有斷續，道光二十五年（1845）以後，更僅有咸豐六年（1855）一次入京參與年終朝覲，與乾嘉兩朝幾乎年年有年班的入覲盛況，已相去甚遠。

表 9-6 駐京及回部王公年班朝觀在京日程及宴賞表

時間	賞賜	節目	宴會	地點	跪迎處	座位	受賞者	辦理單位
端陽令節			由大內領賞				駐京回部王公台吉	徠遠司繕寫綠頭牌移送王會司辦理
年終	麕鹿						駐京回部王公台吉	徠遠司開名單移送柔遠司彙總咨行內務府
	荷包						在京御前乾清門行走者	徠遠司繕綠頭牌移付王會司
	賜食；分別入宴得賞，不入宴者仍得賞		中正殿之西場子；南海勤政殿；				在京御前乾清門行走者及閒散回部王公台吉	徠遠司繕綠頭牌移付王會司
	筵宴；分別入宴得賞，不入宴者仍得賞		除夕；紫光閣；正大光明殿；					
	分別入宴得賞，不入宴者仍得賞	看放烟火	山高水長					

時　間	賞　賜	節　目	宴　會	地　點	跪迎處	座　位	受賞者	辦理單位
年班到京報到	賜食			皇帝臨幸之處由門行走	理藩院帶領門外左側跪瞻觀			報軍機處、理藩院
				皇帝還宮	站班			
年班到京是日	蟒袍補掛、帽、襖、靴、襪、帶子、荷包			乾清門外謝恩			初次來京回部伯克	
	六品虛銜頂戴			乾清門外謝恩			伯克等之子弟	
到京次日	鱘鰉魚			大內賞給				
到京第三日至十二月二十二日間				恭遇皇帝臨幸之處由門行走	門外左側站班迎送			
十二月二十三日			皇帝駕幸中正殿之西場子		西邊排班跪迎		回部伯克等	理藩院照看官員
	茶飯		皇帝陞座大蒙古包			帶入側首蒙古包內	回部伯克等	
			皇帝駕臨黃幕陞寶座			帶出蒙古包列坐	回部伯克等	
	每人賞器皿、荷包各一份		皇帝還宮時	領賞即領伊等在乾清門外謝恩	中正殿之西場子跪送		回部伯克等	

時　間	賞　賜	節　目	宴　會	地　點	跪迎處	座　位	受賞者	辦理單位
	茶飯		若設南海德昌門內勤政殿筵宴皇帝陞殿			帶入殿外側首蒙古包內，賞得茶飯帶出蒙古包列坐	回部伯克等	
	每人賞器皿、荷包各一份		皇帝還宮時	帶至乾清門外領賞謝恩	南海德昌門內勤政殿跪送		回部伯克等	
	果品						賞蒙古王公時,回部伯克等亦一體賞給	
除夕前一日				皇帝恭祭太廟	午門外西邊跪迎跪送		回部伯克等	理藩院照看官員
	看戲、每人各賞瓷器及荷包等物各一份即時謝恩			皇帝還宮	由內右門入重華宮請安祇跪		五品以上伯克等	理藩院照看官員
除夕	宴飲		皇帝於保和殿筵宴			乾清門行走之哈密、吐魯番回部王公內，有奏請來京者，令他們與蒙古王公等一同列坐殿內，伯克		理藩院照看官員

時　間	賞　賜	節　目	宴　會	地　點	跪迎處	座　位	受賞者	辦理單位
						全部於殿外西邊，蒙古等之後		
元旦				皇帝親詣堂子行禮	午門外西邊跪迎跪送		回部伯克等	理藩院照看官員
				皇帝陞太和殿	按品級排班行三跪九叩禮		回部伯克等	
				皇帝幸弘仁寺	神武門外西邊跪迎跪送		回部伯克等	
	賜食；賞給銀兩、緞疋等物，即帶領謝恩		紫光閣			乾清門行走之哈密、吐魯番回部王公內，有奏請來京者，令坐殿內，其餘伯克俱於閣外西邊蒙古等之後列坐	乾清門行走之哈密、吐魯番回部王公內，有奏請來京者及伯克等	理藩院照看官員
		遊圓明園			圓明園蠶池口跪送		回部伯克等	理藩院照看官員
正月十三日	食元宵	看烟火		皇帝來到山高水長看烟火				理藩院照看官員

時 間	賞 賜	節 目	宴 會	地 點	跪迎處	座 位	受賞者	辦理單位
正月十四日	賞食元宵及果盒等物	看烟火及各種技藝表演		皇帝幸山高水長		藥欄內右邊列坐	回部伯克等	理藩院照看官員
正月十五日	飲宴		皇帝於正大光明殿筵宴			乾清門行走之哈密、吐魯番回部王公內，有奏請來京者，令其與蒙古王公等一同列坐殿內，其餘伯克俱坐於殿外西邊，蒙古等之後	如果令蒙古王等入內，回部伯克亦一同進內，在藥欄內右邊列坐	蒙古王等、回部伯克
	賞食元宵及果盒等物	晚上看烟火及各種技藝表演		當晚皇帝幸山高水長時，一切典禮則與十四日相同。		藥欄內右邊列坐	回部伯克等	

時　間	賞　賜	節　目	宴　會	地　點	跪迎處	座　位	受賞者	辦理單位
正月十九日				行陛辭，皇帝幸山高水長	入座前，由理藩院堂官將應回各該處之回部王公、台吉等，與蒙古王公一體帶領跪安，行陛辭禮	禮成後，仍令入坐，座位安排與十四、十五日安排相同。		理藩院堂官
				慶豐圖	慶豐圖行陛辭禮，		只將五品以上伯克帶入，其餘者不許進內	理藩院堂官
	一切賞項						所有的回部王公、台吉、伯克等	由徠遠司將回人銜名繕寫綠頭牌，交軍機處辦給
離京返回								軍機處擬定分為幾起，飭令陸續起程

資料來源：（清）托津等人編纂，《欽定回疆則例》，卷2，頁25-33，收入天龍長城文化藝術公司編，《新疆史志》，第二部，冊11，頁153-169；（清）賽尚阿等編纂，《欽定回疆則例》，卷3，頁11-21。

第十節　萬壽聖節朝覲

一、乾隆朝萬壽聖節

　　乾隆朝伯克除了每年年終至京朝覲外，高宗整數歲大壽的萬
壽聖節及逢皇太后生日等，伯克等也有機會前往。高宗多提前諭
令駐箚大臣調整伯克到京時間，或安排參與八月在熱河舉行的萬
壽聖節。回疆伯克曾在高宗六十、七十及八十歲大壽時，由輪值
年班伯克於七月到熱河參與為期一個多月的慶典，當年年終則不
再派伯克至京。高宗僅在過年時，在京紫光閣宴請留京回部郡王、
公及蒙古王公、貝勒、台吉。[305]比較特別的是高宗八十大壽，伯
克先參與熱河慶賀，八月又隨高宗回到京師慶祝。不過在八十大
壽的前一年，因陸續懇請參與大壽慶典者甚多，高宗恐怕各城伯
克持續跟進，造成各處無人辦事，因此下諭除了當次年班輪值伯
克外，哈密及吐魯番郡王者可由駐箚大臣代奏懇請前來，其他伯
克身分其祖必須如噶岱默特或鄂對等，曾為平定新疆有功而封爵
者的子孫，才可具奏前來，尋常伯克概行駁回，以限制人數。[306]

　　慶典日程安排，逐次施行累積成例，再依當次情況奏定日程。
乾隆二十六年（1761）皇太后七旬萬壽聖節，時間在十一月，距
年班十二月較近，高宗即在正月三十日降旨回疆參贊大臣舒赫
德，酌量路程，令入覲伯克提早在十一月十二、十三日萬壽聖節
前抵京慶賀。[307]而未到京之阿克蘇阿奇木伯克散秩大臣色提巴勒
氏與其母及眾伯克，率領百歲回人男女，為恭賀皇太后萬壽聖節，
而進獻九色貢物，高宗感受到他們遠在極邊之地，卻仍誠心祝壽
之情，諭令海明給予加倍賞賚，以示嘉獎。[308]

[305]《大清高宗純（乾隆）皇帝實錄》，卷 1122，頁 8，乾隆四十六年正月壬午，
　　御紫光閣。
[306]《大清高宗純（乾隆）皇帝實錄》，卷 1343，頁 8-9，乾隆五十四年十一月癸
　　卯，諭軍機大臣。
[307]中國第一歷史檔案館編，《乾隆朝滿文寄信檔譯編》，冊 7，1086 條，頁 726，
　　乾隆三十二年七月十三日，奉上諭。
[308]中國第一歷史檔案館編，《乾隆朝滿文寄信檔譯編》，冊 2，頁 664，208 條，
　　乾隆二十六年十一月二十三日；《大清高宗純(乾隆)皇帝實錄》，卷 649，頁

　　乾隆三十五年（1770），高宗六十大壽，伯克分二批在六月十七及十八日抵達蘭州，十八及二十日起程赴京。[309]此次由年班回疆伯克由葉爾羌阿奇木伯克貝勒品級鄂對帶領十七位伯克及浩罕使臣來京祝壽，從八月初五日至八月十三日，幾乎每天都有高宗的賜食或賜宴。[310]為了避免伯克們奔波，該年年終伯克就不上京年班，高宗只在乾隆三十六年（1771）正月初五日於紫光閣賜宴蒙古王公及在京的回部郡王霍集斯。[311]

　　乾隆四十五年（1780），高宗七十大壽，葉爾羌三品阿奇木伯克色提巴勒氏等十一人及喀什噶爾四品噶匝納齊伯克愛達爾之子烏魯克等三人，大約在六月中旬抵達蘭州，與六十大壽日程相當，七月中旬與北疆杜爾伯特親王凌烏巴什、土爾扈特貝子沙喇扣肯等抵達熱河一同入覲，和在京的回部郡王霍集斯、杜爾伯特汗蘇爾扎布、土爾扈特郡王色楞等二人，蒙古王公、班禪、金川木坪宣慰司、烏梁海散秩大臣、朝鮮使臣等陸續抵達者，一起參加為期一個月，在熱河避暑山莊慶賀活動。高宗多次召見、賞賚、賜食、賜宴於萬村園大幄次、卷阿勝境，及於澹泊敬誠殿行慶賀禮，直至八月十六日後才結束，參與者賦歸。[312]

　　27，乾隆二十六年十一月丙辰，又諭。

[309]此奏摺是為高宗六十大壽，伯克分二批在六月十七及十八日抵蘭州，十八及二十日起程赴京，《軍機處・月摺包》，文獻編號第 012131 號，2771 箱，乾隆三十五年七月初六日，陝甘總督明山奏。

[310]《大清高宗純（乾隆）皇帝實錄》，卷 866，頁 9，乾隆三十五年八月戊寅，年班回部葉爾羌阿奇木伯克；《大清高宗純（乾隆）皇帝實錄》，卷 866，頁 9-17，乾隆三十五年八月己卯、辛巳、癸未、乙酉。

[311]《大清高宗純（乾隆）皇帝實錄》，卷 876，頁 4，乾隆三十六年正月丁未，御紫光閣。

[312]此條無奏者及年月，依前後奏摺時間為乾隆四十五年八月初八日及初九日，推估是為高宗七旬萬壽聖節來京。中國第一歷史檔案館編，《乾隆朝上諭檔》，冊 10，頁 192，544 條，乾隆四十五年八月初八日；《大清高宗純（乾隆）皇帝實錄》，卷 1111，頁 1，乾隆四十五年七月癸巳，杜爾伯特親王；卷 1111，頁 10，乾隆四十五年七月庚子，御萬村園大帷次；卷 1111，頁 10-11，乾隆四

　　由於各方前去熱河慶賀的入覲團體，多經過陝甘境內，出入省境的口岸也各異，負責的總兵等官員，於不同地點及時間，進行接待護送工作，為釐清各省護送前去熱河慶賀者的責任，乾隆五十四年（1784）三月，陝甘總督勒保上奏，經議准酌定新疆土爾扈特、和碩特台吉於五月內抵肅州，七月初三或初四日出甘肅省境，七月十六至十七日左右出陝西省境。經寧夏、榆林等地，於萬壽聖節前至熱河，十一月內再回至嘉峪關。[313]

　　高宗大壽之際，土爾扈特、和碩特及伯克前往熱河參與八月萬壽聖節慶賀。[314]行走路線及時間，若北疆由伊犁出發，則經塔爾巴哈臺、烏魯木齊、闢展、哈密，伯克由南疆各城出發，匯集於哈密，再經巴里坤、甘肅、陝西、山西、直隸省至熱河。[315]大約是每年五月二十七、八日及六月初間抵達進入甘肅省境肅州，至六月二十六及七月初旬出甘省境，七月十六、七日出陝西省境，由寧夏、榆林等處沿邊行走。一般而言，出甘省後行至熱河大約要三十多天，[316]祝釐後旋即返回，約十一月內出嘉峪關，再向西行新疆各回本處；乾隆五十四年（1789）陝甘總督勒保也依此定限，以五月底前到肅州，七月初三、四日出甘省，七月十六、七

　　十五年七月辛丑，杜爾伯特汗；卷 1111，頁 13，乾隆四十五年七月壬寅，烏梁海散秩大臣；卷 1112，頁 2，乾隆四十五年八月戊申，御卷阿勝境；卷 1112，頁 17-18，乾隆四十五年八月戊午，御卷阿勝境；卷 1112，頁 19，乾隆四十五年八月己未，御澹泊敬誠殿。

[313]《大清高宗純（乾隆）皇帝實錄》，卷 1324，頁 24-25，乾隆五十四年三月丙寅，陝甘總督勒保奏。

[314]《宮中檔乾隆朝奏摺》，文獻編號第 403056679 號，2727 箱，乾隆五十四年三月初九日，陝甘總督勒保奏。

[315]中國第一歷史檔案館編，《乾隆朝滿文寄信檔譯編》，冊 10，1609 條，頁 587，乾隆三十七年十二月十二日，奉上諭。

[316]《軍機處・月摺包》，文獻編號第 044381 號，2774 箱，乾隆五十五年五月二十七日，陝甘總督勒保奏。

日出陝西省。[317]

　　乾隆五十五年（1790），高宗八十大壽誕，伯克與吐（土）爾扈特等一起至熱參加壽誕的安排，回疆各城伯克及北疆吐爾扈特、霍碩特王公、台吉皆前往熱河，在五月出發。陝甘總督勒保參考到熱河的各省定限，以及乾隆四十五年（1780）慶祝壽誕路線安排經驗，發現新疆南北兩路皆走蘭州西安大路方式，容易造成壅塞與暑熱狀況，因此奏報為他們安排分成兩條路線行走，一是伯克走原有年班入覲的蘭州、西安大路，二是考量吐爾扈特、霍碩特公、台吉有許多人是未經出痘之人，為避免暑熱出痘，令由寧夏沿邊前進，預計一行人在四月二十日集合於哈密，分批出發；[318]同時也奏報行抵時間與人員特殊安排，土爾扈特親王策林烏把什、霍碩特台吉諾海已於五月初三日出甘肅省境，可早到熱河；另一批由伊犁將軍寧保帶領哈薩克台吉卓爾濟已於五月初七日進嘉峪關，十三日抵涼州，為其舉行筵宴後啟程，大約二十二或二十三日出甘肅省境，高宗卻認為未免太張大其事及花費過多。[319]勒保預計沿寧夏行走的哈薩克、土爾扈特、霍碩特於五且二十四、五日，由陝西定邊縣交替給陝西省，哈密郡王額爾德錫爾、各城伯克以及土爾扈特貝勒莫們圖、霍碩特總管碩通二員腿疾不能騎馬者，皆由蘭州大路於五月二十九日及六月初一出甘肅省境，抵達陝西長武縣交接給陝西省護送，由此預估到熱河大約要三十多日，按站行走，應於七月初七月抵達熱河，高宗對此奏

---

317 《宮中檔乾隆朝奏摺》，文獻編號第 403056679 號，2727 箱，乾隆五十四年三月初九日，陝甘總督勒保奏。
318 《軍機處・月摺包》，文獻編號第 046771 號，2744 箱，乾隆五十五年四月二十二日，陝甘總督勒保奏。
319 《軍機處・月摺包》，文獻編號第 044381 號，2774 箱，乾隆五十五年五月二十七日，陝甘總督勒保奏。

硃批:「**實屬盛事,但汝所辦不無過於誇張矣**」。[320]

高宗認為四月二十日入嘉峪關,距七月初十前尚有八十天,可以從容前來,由於土爾扈特、霍碩特恐未出痘者多,安排寧夏沿邊較涼爽,去熱河即可,如果伯克們途中不能價行,轉赴京參加筵宴亦無不可,總之不要過於催迫,以免沿途價行之勞。其次對於沿途安排筵宴,彰顯內外之別及禮遇差等,認為土爾扈特汗王策林納木札爾、哈薩克台吉等,雖然親自前來祝釐,沿途官員一切應付,是應量加豐裕,然各駐箚處皆設筵宴,則於禮不合,因為他雖有汗號實與內外扎薩克蒙古汗王無異,並不如安南國王親自前來一般,更何況哈薩克台吉卓勒齊已進京兩次,沿途未備筵宴,如此作為徒滋繁費,應行停止,此諭旨即呼應高宗在勒保奏摺的硃批,並分別下諭給沿途各省大臣。[321]這突顯高宗照顧各族差異的周詳及各國參與賓客禮數的細緻思量。

在勒保日程的安排下,哈密郡王品級多羅貝勒額爾德尼爾及各回城伯克一行十七人,抵達熱河入覲的時間,比乾隆四十五年(1780)慶賀高宗七十大壽時早了八天。[322]高宗在七月初九日於避暑山莊卷阿勝境召見哈密郡王、伯克等,以及土爾扈特汗、杜爾伯特多羅郡王、和碩特多羅郡王、阿爾台烏梁海散秩大臣與緬甸國使臣、南掌國使臣、臺灣原住民頭目懷目懷等,並賜食及賞賚物品,其中伊犁阿奇木伯克一等台吉鄂羅木咱布,也是已故吐

---

[320] 高宗在六月二十二日硃批此奏,《軍機處·月摺包》,文獻編號第 044617 號,2774 箱,乾隆五十五年六月初二日,陝甘總督勒保奏。

[321] 《廷寄檔》,文獻編號第 60400035 號,頁 281-283,乾隆五十五年五月十四日,奉上諭;《大清高宗純(乾隆)皇帝實錄》,卷 1354,頁 23-24,乾隆五十五年五月甲午,又諭;《廷寄檔》,文獻編號第 60400035 號,頁 306,乾隆五十五年五月二十六日,奉上諭;《廷寄檔》,文獻編號第 60400035 號,頁 308-310,乾隆五十五年五月二十七日,奉上諭。

[322] 《大清高宗純(乾隆)皇帝實錄》,卷 1111,頁 1,乾隆四十五年七月癸巳,杜爾伯特親王車凌烏巴什。

魯番郡王額敏和卓之子，賞其為公品級一等台吉，哈密郡王品級
多羅貝勒額爾德錫爾賞黃馬掛及三眼花翎。[323]十七日，則也陞賞
吐魯番二等台吉丕爾敦為一等台吉，以表達高宗惠愛回疆舊僕之
意。[324]高宗召見後續前來的安南國、金川土司、哈薩克汗等，並
賜食回部王公伯克及所有已到者。[325]七月十四日，高宗賜宴於澹
泊敬誠殿，是為熱河慶典最盛大之事，並於十六至十九日賜食各
方後返京。[326]

　　哈密郡王及伯克等繼續到京參加慶典，八月初一日至初六
日，高宗在圓明園的同樂園，連續賜食六日，包括由熱河跟隨來
京的回部王公伯克、安南國王及陪臣，朝鮮、緬甸國、南掌國使
臣，金川土司、臺灣原住民頭目，以及在京王、貝勒、貝子、公、
大臣，以及蒙古王、貝勒、貝子、公、額駙、台吉等。[327]高宗於
八月十二日返宮，與皇子至皇元孫，以及所有參與者一同慶賀，
直至八月二十日高宗御正大光明殿賜食及賞賚，才完成所有慶
典。[328]與高宗六十及七十大壽一樣，年終回部未再派年班伯克到
京，而此次正月的紫光閣賜宴，在京回部王公也因故都未參加。[329]

---

[323] 《大清高宗純（乾隆）皇帝實錄》，卷 1358，頁 12-13，乾隆五十五年七月丁
亥，土爾扈特汗策凌納木扎勒。

[324] 《大清高宗純（乾隆）皇帝實錄》，卷 1359，頁 3，乾隆五十五年七月乙未，
諭。

[325] 《大清高宗純（乾隆）皇帝實錄》，卷 1358，頁 13，乾隆五十五年七月己丑，
安南國王阮光平。

[326] 《大清高宗純（乾隆）皇帝實錄》，卷 1358，頁 20，乾隆五十五年七月壬辰，
御澹泊敬誠殿；《大清高宗純（乾隆）皇帝實錄》，卷 1359，頁 1，乾隆五十
五年七月甲午，朝鮮國正使黃仁點。

[327] 《大清高宗純（乾隆）皇帝實錄》，卷 1360，頁 1，乾隆五十五年八月己酉，
御同樂園。

[328] 《大清高宗純（乾隆）皇帝實錄》，卷 1360，頁 24，乾隆五十五年八月庚申，
御禮輿，還宮；《大清高宗純（乾隆）皇帝實錄》，卷 1361，頁 11，乾隆五
十五年八月戊辰，御正大光明殿。

[329] 可能額色尹病故，其子喀沙和卓服喪未參加。《大清高宗純（乾隆）皇帝實錄》，

各方慶祝高宗八旬萬壽聖節結束後，多需經陝西省歸去，以陝西巡撫秦承恩的奏報日期，作為往年祝壽回程的參考，北疆的土爾扈特、霍碩特及哈薩克由沿邊一帶行走，在九月初七日全數由定邊縣出境，回疆伯克由省城西安一帶行走，於九月二十四日出長武縣境，進入甘肅，而四川土司於十月初五、初六等日，出寧羌州境赴藏辦事，噶勒丹錫勒圖禪師於九月二十五日也由寧羌州境出陝西。[330]

以奏摺內容計算路程，由新疆哈密至熱河大將近三個月，在熱河、北京約兩個月，往返及參加約需七、八個月的時間，為了沿途各地方安排護送人員、住宿及餐食，各方人馬分批在不同時間回返。而路程及時間對於參與者的體力及環境適應皆是考驗，因此各省總督對於入觀者沿途照護，奏報路線、行經時間、交接等情形，同時考量各民族對於環境氣候溫度的適應，各地方駐箚大臣所作的不同安排，皆需要花費心思。

二、嘉、道、咸三朝萬壽聖節

嘉慶時期，仁宗大壽之年及執政二十周年時，各有不同的慶祝方式。嘉慶十五年（1810）正月慶祝仁宗五旬大壽時，正月初十日曾在山高水長賜宴，於十三至十六日間每日賜食。[331]嘉慶二十四年（1819），仁宗六旬大壽，十二月年終有年班伯克喀什噶爾四品伯克體巴爾迪等三人，和闐五品伯克莫羅托克塔，葉爾羌

卷 1346，頁 15-16，乾隆五十五年正月戊子，諭；《大清高宗純（乾隆）皇帝實錄》，卷 1370，頁 379，乾隆五十六年正月甲申，御紫光閣。

[330] 《軍機處・月摺包》，文獻編號第 0450804 號，2744 箱，乾隆五十五年十月二十二日，陝西巡撫秦承恩奏。

[331] 《大清仁宗睿（嘉慶）皇帝實錄》，卷 224，頁 8-9，嘉慶十五年正月乙丑、戊辰，御山高水長。

六品伯克薩木薩克等七人，入京參與較為盛大的慶典，有撫辰大
幄次的筵宴，及正月十一日及正月十九日山高水長的賜宴及賞
賚。[332]不同於高宗的是大壽之年，嘉慶朝同一年伯克有兩批入覲，
分別在八月前往熱河與十二月年終年班到京，伯克們在嘉慶十四
年（1809）八月由回部伯克和卓木呼里率領，赴熱河參與壽宴，
同年（1809）年終有哈密郡王衙貝勒扎薩克額爾德錫爾等十四人
入京祝壽，嘉慶十五年（1810）年十二月，則不派回部伯克到京。
嘉慶二十四年（1819），仁宗六旬大壽，正月已准吐魯番回部郡
王邁瑪薩依特、哈密回部郡王衙貝勒博錫爾去熱河祝嘏，八月十
五日至十八日在熱河避暑山莊卷阿勝境以連續賜食四天慶祝。[333]
此外，仁宗在即位二十年，也就是嘉慶二十年（1815）正月初九
日在紫光閣，十四日至十六日在山高水長賜食，是較為熱鬧的，
其餘各年多以減省為要。[334]

　　至於宣宗及文宗雖仍有萬壽聖節的慶祝，但應是清廷節省經
費的考量，規模大幅限縮，僅有在京大臣及蒙古王公參與而已，
未有回部王公及伯克參與到京的記錄，也未有各族至熱河參與慶
典的記載。道光元年（1821），因逢國喪，宣宗八月初十日的萬
壽聖節，不御殿受賀，文武大臣官員僅在乾清門外行禮。[335]道光

---

[332] 《大清仁宗睿（嘉慶）皇帝實錄》，卷365，頁28-29，嘉慶二十四年十二月庚戌，幸瀛臺，嘉慶二十四年十二月辛亥，御撫辰殿大幄之；《大清仁宗睿（嘉慶）皇帝實錄》，卷366，頁6，嘉慶二十五年正月戊辰，御山高水長；《大清仁宗睿（嘉慶）皇帝實錄》，卷366，頁11-12，嘉慶二十五年正月丙子，御山高水長。

[333] 《大清仁宗睿（嘉慶）皇帝實錄》，卷217，頁15，嘉慶十四年八月戊戌，御萬樹大幄次；《大清仁宗睿（嘉慶）皇帝實錄》，卷361，頁15，嘉慶二十四年八月甲辰，御卷阿勝境。

[334] 《大清仁宗睿（嘉慶）皇帝實錄》，卷302，頁7，嘉慶二十年正月乙未，御紫光閣；《大清仁宗睿（嘉慶）皇帝實錄》，卷302，頁13，嘉慶二十年正月庚子，御山高水長。

[335] 《大清宣宗成（道光）皇帝實錄》，卷22，頁9-10，道光元年八月丁亥，詣皇太后宮行禮。

十一年（1831），宣宗五旬萬壽聖節，僅在京舉行，於八月初十日在正大光明殿受王公、大臣、蒙古王貝勒、文武官員及越南國陪臣等三人行慶賀禮，在同樂園賜慶賀者小食，十二日在同樂園看戲及賜小食。[336]道光十一年（1831），回疆伯克也因安集延入侵，尚在進行善後工作，已奏請暫停年班入覲。道光二十一年（1841），宣宗六旬慶祝及同樂園賜小食與五旬相同；[337]同年伯克年終年班入覲，宣宗特別於十二月二十四日，在重華宮漱芳齋賜阿克蘇三品阿奇木伯克頭等台吉愛瑪特等三人，伊犁四品伊什罕伯克頭等台吉散秩大臣銜哈里雜特一人，和闐四品伊什罕伯克阿布都瓦依特等二人，賽里木四品伊什罕伯克沙米斯頂等二人，庫車五品噶雜那齊伯克邁瑪底哩等二人，拜城五品伊什罕伯克阿那雅特二人，喀什噶爾五品阿奇木伯克阿布都色瑪依特等二人，葉爾羌五品納克布伯克邁瑪特哈色木等二人等全體伯克及隨行者，和當日入覲的朝鮮國、南掌國使小食。[338]

　　文宗在位期間，僅有咸豐十年（1860）六月初六日的三旬萬壽聖節，當日加恩賞給大臣等八十歲者，初七日，在同樂園賜王公、大臣、蒙古王、貝勒、貝子、公等小食，規模與宣宗相同，未有伯克參加。[339]同治朝因國喪及陝甘回變道路未靖，伯克連年班都已無法順利成行，更何況萬壽聖節，國勢衰微，各方來朝的

[336] 聯合報文化基金會國學文獻館，《清代起居注冊-道光朝》，冊 22，頁 012759-012760，道光十一年八月初十日己丑，皇上五旬萬壽聖節詣；《清代起居注冊-道光朝》，冊 22，頁 012767，道光十一年八月十二日辛卯，上詣同樂園。

[337] 《清代起居注冊-道光朝》，冊 64，頁 037480-037481，道光十一年八月初十日辛卯，皇上六旬萬壽聖節詣。

[338] 《清代起居注冊-道光朝》，冊 65，頁 038383-038385，道光二十一年十二月二十四日癸卯，御重華宮漱芳齋殿升座。

[339] 《清代起居注冊-咸豐朝》，冊 51，頁 030705，咸豐十年六月初六日戊辰，內閣奉諭旨；《清代起居注冊-咸豐朝》，冊 51，頁 030710-030711，咸豐十年六月初七日己巳，御同樂園。

盛事也難再。

第十一節　年班作用

一、聯結與親近

1.伯克隨帶子弟有助陞途

　　回部王公新襲爵位的王公於及歲時，即排入年班，進京引見，與朝廷建立直接的關係，也表達清廷對繼承者的重視。[340]回部王公也攜家族子弟參與年班，可得到皇帝的青睞，對於未來的陞途皆有助益，如道光十八年（1838）十二月吐魯番幫辦回旗事務伯克圖薩拉克齊邁瑪特沙第，呈請帶領伊子閒散回人海依木前來瞻觀，宣宗准其明年與別城伯克前來。[341]道光八年（1828），如庫車郡王喀什噶爾幫辦大臣阿奇木伯克伊薩克有擒獲張格爾之功，懇請攜子入觀求差使，宣宗准其所懇，於次年的年班時帶其子愛瑪特入京，以示對其惠愛之意。[342]十多年後，伊薩克之愛瑪特也攜子入觀，道光二十一年（1842）十二月，庫車郡王伊薩克之子阿克蘇阿奇木伯克愛瑪特，帶著伊薩克之孫阿密特一起年班入觀，即賞乾清門行走，及賞伊薩克大緞四疋，在六月間帶回給伊

---

[340] 中國第一歷史檔案館編，《嘉慶道光兩朝上諭檔》，冊48，頁516，1558條，道光二十三年十月初二日，內閣奉上諭。

[341] 《大清宣宗成（道光）皇帝實錄》，卷304，頁28，道光十七年十二月壬戌，又諭。

[342] （清）曹振鏞，《欽定平定回疆剿捕逆裔方略》，卷72，頁18，道光八年十月癸未，諭內閣，收入張羽新、趙曙青主編，《清朝治理新疆方略匯編》，冊10，頁96。

薩克，表示宣宗不忘其功及惦記之情。[343]愛瑪特後來出任過葉爾
羌及喀什噶爾三品阿奇木伯克，伊薩克之孫阿密特亦曾出任阿克
蘇、喀什噶爾及和闐三品阿奇木伯克。[344]

　　同樣的，一般伯克年班入覲，也可帶子弟二、三人，首次到
京的伯克子弟，均得賞六品虛銜頂戴。[345]這是清廷給予伯克的禮
遇，對於伯克或回部王公的子弟具有鼓勵之意，在歷練九個月至
一年的路程往返，各地見聞及到京入宮，讓子弟有心生嚮往，接
續父執輩的功業，也為家族的傳承及個人未來發展，有不同的眼
界。但因得到六品虛銜的子弟，回到各城，常有人藉此直接出任
六品伯克，於是在嘉慶元年（1796）理藩院議定郡王以下至五品
伯克以上，可酌量帶子弟二或三人，五品以下伯克則不得隨帶子
弟，各城六品伯克缺出，仍要由七品伯克內挑選，跟隨朝覲得六
品虛銜的回人，若有勤勉者，可暫補七品伯克，真能辦事者，再
行補授六品伯克。然而此項措施，使得已有勢力回部王公及高階
伯克家族未來發展更大，其他伯克的發展反而受限，造成失衡及
不公的現象。於是嘉慶四年（1799）理藩院又另作調整，放寬伯
克不論大小皆可隨帶子弟二、三人，但得賞六品虛銜的子弟，則
必須由本城大臣訓練五年，才可補放為七品伯克，不准越階補放
六品伯克。[346]

[343] 《宮中檔道光朝奏摺》，文獻編號第 405006566 號，2717 箱，道光二十二年八
　　月二十五日，札拉芬泰奏。

[344] 聶紅萍、王希隆，〈鄂對家族與清代新疆政治〉，《中國邊疆史研究》，第 13
　　卷第 2 期（2003 年 6 月），頁 43-44。

[345] （清）托津等人編纂，《欽定回疆則例》，卷 2，頁 27，收入天龍長城文化藝
　　術公司編，《新疆史志》，第二部，冊 11，頁 157-158；（清）賽尚阿等修，
　　《欽定回疆則例》，卷 3，頁 13。

[346] （清）托津等人編纂，《欽定回疆則例》，卷 2，頁 18-19，收入天龍長城文化
　　藝術公司編，《新疆史志》，第二部，冊 11，頁 139-142；（清）賽尚阿等修，
　　《欽定回疆則例》，卷 4，頁 1-2。

　　這項規定為現任伯克子弟晉升伯克之位，開闢了一條坦途，使伯克子弟比一般回眾更容易成為伯克，伯克年班攜子弟來京，可增廣見識，為伯克家族傳承經驗，持續鞏固其民族社會地位及政治管理階層的權力。清廷由乾隆朝較具鼓勵的意味，在嘉慶朝改變得更加制度化、公平，及具訓練次第之效，可避免有人倚勢取巧，直接以六品虛銜出任六品伯克的弊病，同時培養回部王公及伯克後裔，持續為回疆、清廷服務，清廷自此有更穩定及可信任的伯克來源，與完善的培養機制，提供進陞之道，也增加伯克的向心力。

2、賞賜物品

　　年班伯克除了觀見皇帝，參與筵宴或看煙火，賞食茶飯，果品、果盒、元宵等外，與初次來京的伯克及其子弟，到京向軍機處報到後，各得賞蟒袍補褂、帽、襖、靴、襪、帶子、荷包等物各一份，十二月二十三日，皇帝再賞給器皿、荷包等物一份；除夕前一日五品以上伯克再賞給瓷器及荷包，元旦筵宴後，又賞銀兩及緞疋。[347]皆可成為伯克來京的紀念，或是回到本城說與其他親友見聞，也有助提高其社會地位，也表達皇帝對伯克的惠愛。若伯克有特別貢獻，則選在年班入觀給予特殊獎賞及升調封爵，有助於皇帝與伯克建立直屬與親近感，心生效忠之忱。高宗曾在乾隆五十九年（1795）正月吐魯番郡王伊斯堪達爾年班來京時，賞給黃繮，作為表彰在喀什噶爾阿奇木伯克、幫辦大臣的表現，及示惠愛回疆舊僕之意。[348]

---

[347]（清）賽尚阿等修，《欽定回疆則例》，卷3，頁13。
[348]《大清高宗純（乾隆）皇帝實錄》，卷1468，頁5，乾隆六十年正月丁亥，諭旨。

　　即便是伯克年班途中生病，停留途中養病，而未能進京入觀
者，其入京應得之賞賜，也令其隨同入京子弟或是同城伯克，攜
回賞賜給該伯克。如嘉慶十三年（1808）五品伯克阿布都色默特
在甘肅瓦雲驛地方墜馬跌傷右腿，留在西安，其子伊布拉伊木繼
續護送貢物入京，仁宗即諭將本年入觀例賞的綢緞磁器，仍照常
頒領，交伊子領賚攜回。[349]在張格爾事件擒住張格爾，並在軍營
多所貢獻的庫車郡王伊薩克，因受宣宗賞示，於道光十一年（1831）
十一月命其進京當差，但因在京水土不服生病，於道光十五年
（1835）六月回到庫車調治，至道光十六年（1836）五月才痊癒，
即懇請再入觀及賞差使，宣宗念其逾六旬，不忍其再經差使遠道
之辛勞，特諭其毋庸來京，且令駐劄大臣要隨時為他加意調撫，
並由理藩院安排，轉交同城年班伯克庫車五品噶雜那齊伯克邁瑪
第敏，攜回諭令賞給伊薩克的物品，有大緞二疋、帽纓二匣、大
荷包一對、小荷包四個。[350]這些禮物表面上是謂皇帝的賞賜，卻
也傳遞歡迎遠道而來、禮尚往來的感謝與惦念之情。

3、年班封賞與任命

　　乾隆二十五年（1760）三月初八日，高宗趁著回疆首批伯克、
王公入觀，諭軍機大臣發佈補授回疆各城阿奇木伯克名單。[351]乾隆

---

[349]《宮中檔嘉慶朝奏摺》，文獻編號第 404012986 號，2724 箱，嘉慶十四年正月
　　初十日，陝西巡撫方維甸奏；中國第一歷史檔案館編，《嘉慶道光兩朝上諭檔》，
　　冊 13，頁 781，1881 條，嘉慶十三年十二月二十二日，內閣奉上諭；《廷寄
　　檔》，文獻編號第 604000098 號，頁 191，嘉慶十三年十二月二十二日，軍機
　　大臣字寄。
[350]《軍機處‧月摺包》，文獻編號第 070989 號，2768 箱，道光十六年四月初八
　　日，國椿奏；《軍機處‧月摺包》，文獻編號第 071007 號，2768 箱，道光十
　　六年四月初八日，國椿奏；《軍機處‧月摺包》，文獻編號第 071753 號，2768
　　箱，道光十六年七月初八日批，國椿奏。
[351]（清）傅恒等，《平定準噶爾方略續編》，卷 1，頁 5-6，乾隆二十五年三月癸

五十三年（1788）正月初四日，庫車貝子喀什噶爾阿奇木伯克鄂斯
璊年班入覲，在京臥病溘逝。[352]鄂斯璊是鄂對之子，當時已七十八
歲的高宗有鑒於回疆收歸清朝版圖已三十年，吐魯番、哈密世僕及
當年協助平定有功封為郡王、公、貝勒、貝子等，也已效力三十多
年，就連第二代的後裔出任伯克都已亡故，或許特別有所感觸，於
是在兩天後，乾隆五十三年（1788）正月初六日，趁伯克年班入覲
之際，諭令現襲之王、貝子、公、台吉等封爵出缺時，皆不必再降
等，即以原有爵位世襲罔替。原本回部王公等之封爵有的是定為世
襲罔替，或定為出缺後降等承襲，理藩院也照例辦理，可是如哈密
至品級貝勒額爾德錫爾之始祖額貝都拉歸附清朝已數世，額爾德錫
爾之祖玉素布（富）在軍營勤勞懋著；貝子鄂斯璊之父鄂對，在軍
營也奮勉為清廷，封授為貝勒品級，後來因高樸玉石案降削爵，又
因鄂斯璊的輸誠効力，又復封貝子；色提巴勒氏曾隨將軍兆惠出
兵，在軍營効力恩賞給公級，[353]又曾在阿奇木伯克數年任內留心辦
事；一等台吉鄂羅木咱卜、二等台吉巴巴、阿布勒、丕爾敦、三等
台吉阿卜都呢咱爾、帕爾薩等，多是曾在軍前効力或是其祖父功績
得賞的，因此若照原議出缺降等，實非原有撫恤回眾之意，於是決
定額爾德錫爾、色提巴勒氏、鄂斯璊、伊巴喇伊木、鄂羅木咱卜、
巴巴、阿布勒、丕爾敦、阿卜都呢咱爾、帕爾薩等十人現襲之王、
貝子、公、台吉等封爵出缺時，不必降等，都繼續世襲罔替，此諭
被記入嘉慶年版《欽定回疆則例》，以表彰他們的功蹟與聖意承傳

丑，諭軍機大臣，收入張羽新、趙曙青主編，《清朝治理新疆方略匯編》，冊
　　6，頁331。
[352] 《大清高宗純（乾隆）皇帝實錄》，卷1296，頁5-6，乾隆五十三年正月丁卯，
　　又諭。
[353] 《大清高宗純（乾隆）皇帝實錄》，卷699，頁19，乾隆二十八年十一月庚辰，
　　又諭軍機大臣等。

子孫之意。[354]同時也諭令將鄂斯璊之子邁哈默特鄂三補授此次年班途中病故庫車四品伊什罕伯克之缺,令其隨同該處大臣學習事務,以示照顧有功封爵的後裔。[355]

4、藉年班撫慰伯克

高宗不但擅於藉年班封賞,顯示皇帝賦權與直屬的權威,也藉年班表達安慰及關懷,可令其在往來途中散心,與其他伯克重新連結,平撫失落及傷痛,又可感到皇帝的眷顧之心。拜城輔國公喀什噶爾阿奇木伯克噶岱默特於乾隆四十年(1775)閏十月十三日因傷寒病逝,高宗在十一月十五日得知,即諭噶岱默特之子明年同年班伯克入覲,其子阿布都爾璊以不降等方式,直接承襲輔國公爵位。[356]同樣地,當乾隆四十六年六月(1781)英吉沙爾阿奇木伯克素勒坦和卓病故,高宗也令伊子邁瑪砥散與年班伯克一起前來引見,以表其眷顧、關注之情,高宗也因此與有功伯克的後裔建立直接的連結,尤其在喪親之痛時,格外感到溫馨。[357]

道光十年(1830),浩罕安集延及布魯特侵擾喀什噶爾,因久攻不下,造謠庫車郡王喀什噶爾阿奇木伯克伊薩克勾結賊匪,被喀什噶爾參贊大臣扎隆阿參奏勾結謀逆一案,宣宗信任伊薩克,下令調查,經長齡等調查確屬污衊,宣宗以伊薩克有軍功王爵在身,飭

---

[354] (清)賽尚阿等修,《欽定回疆則例》,卷2,頁4-7。

[355] 《大清高宗純(乾隆)皇帝實錄》,卷1296,頁9-10,乾隆五十三年正月己巳,又諭。

[356] 《大清高宗純(乾隆)皇帝實錄》,卷996,頁42,乾隆四十年十一月戊子,諭;《大清高宗純(乾隆)皇帝實錄》,卷997,頁27,乾隆四十年十一月癸卯,諭旨。

[357] 《大清高宗純(乾隆)皇帝實錄》,卷1134,頁10,乾隆四十六年六月己卯,又諭旨。

令駐京當差。[358]然而伊薩克聞此雖思前往,但赴京長途萬里資斧維艱,向長齡告假回庫車籌資,長齡查乾隆年間霍集斯及額魯特宰桑進京之例,奏請以年班入覲方式辦理。[359]宣宗召其入京,表達支持與安慰伊薩克及化解當時政治上的僵局,庫車郡王伊薩克此在京住了三年多,因水土不服生病,於道光十五年(1835)六月回到庫車調治。

5.增進伯克社會網絡的連結

　　為了維持行政運作,各城分散不同品級的伯克來京年班。伯克到京的組合來自各城,品級新舊各異且多元。道光三年(1823),回部入京年班有哈密扎薩克郡王銜貝勒伯錫爾、和闐三品阿奇木伯克穆巴喇布阿等二人、庫車四品伊什罕伯克阿布拉等三人、和闐哈拉哈什阿奇木伯克岳爾達什、布古爾伯克阿爾楚曼等二人、伊犁伯克圖爾都什、喀什噶爾六品密喇布伯克博巴等二人,葉爾羌六品巴克瑪塔爾伯克穆喇等二人。[360]道光十八年(1838),回疆伯克入覲一行有吐魯番扎薩克郡王阿克拉依都等三人,沙雅爾三品阿奇木伯克二等台吉邁瑪特瑪哈蘇等二人,喀什噶爾四品商伯克雅霍普等四人,和闐五品噶雜納齊伯克伊米勒等二人,葉爾羌所屬派斯謙莊五品密喇普伯克伊布拉依木等四人,伊犁六品密喇普伯克愛孜木沙等二人等。[361]就年班入覲陣容而觀,包括扎薩克哈密郡王、吐魯番郡王,各年各城不同的輪值帶領者和闐、沙雅爾三品阿奇木伯克,品級分佈三至六品,出任伯克經驗豐富的

[358]《大清宣宗成(道光)皇帝實錄》,卷 193,頁 8-12,道光十一年七月癸酉,諭內閣。

[359]《奏摺檔》,文獻編號第 305000144 號,頁 153-154,道光十一年十月,長齡奏。

[360]《大清宣宗成(道光)皇帝實錄》,卷 63,頁 14,道光三年十二月丙辰,土爾扈特扎薩克郡王。

[361]《大清宣宗成(道光)皇帝實錄》,卷 317,頁 30-33,道光十八年十二月庚寅,御勤政殿。

三品阿奇木伯克，新陞的六品伯克，南北疆伯克匯集參與，伯克隨行子弟與各伯克年齡差異，是相當有層次及經驗各異的豐富組合。西部各城伯克七月在阿克蘇會合，較東部及北疆其他各城伯克往返增加了四個的相處時間，若在哈密與南北疆各族及伊犁伯克會合，也有九個月的時間，伯克們要一起同行、同宿、同食，在京一同參與各項朝覲活動，彼此往來接觸是相當頻繁密切的，透過交換出任各城品級職務的經驗，了解各駐劄大臣習性及各伯克、子弟的個性，在旅程中相互的觀察應對處事與彼此扶持，伯克們位居回疆的統治階層，可藉此擴展政治、社會的人際網絡連結，互相提攜，結成親友，皆是旅程中的豐富收穫之一。

二、威服與善巧

1.彰顯軍容與無遠不服

高宗平定兩金川後，於乾隆四十一年（1776）二月下令，各土司、土舍頭人也要來京年班，考量歸途正值氣候炎熱，因此規定應在十一月內，由省內提督率領在年前至京，與蒙古王公、土爾扈特王公扎薩克，以及回疆年班伯克齊聚京師，一同參與年終外藩朝覲，讓土司親身體驗清廷有能力綏服幅員遼闊的邊疆，並將各地王公、伯克匯集於京。高宗於乾隆四十二年（1777）正月閱兵於閱武樓，令各族年班入觀的菁英及統治階層，感到清朝軍威壯盛，而生震懾及歸服之心。[362]

外藩、部落來京入觀，可請大臣代為轉達處理部族的紛爭之事。哈薩克卓勒齊與伯克等來京，其父布勒比斯要他向額駙福隆安請安，表達布魯特時常搶掠哈薩克帶來的困擾，福隆安轉奏高

---

[362] 《大清高宗純（乾隆）皇帝實錄》，卷 1024，頁 7，乾隆四十二年正月丙子，御武閱樓閱兵。

宗處置，高宗了解兩部族其實是相互搶掠，即寄諭照管哈薩克使臣卓勒齊之總管成明，表達福隆安已具奏皇帝，將派伊犁領隊大臣成國，前往查特穆爾圖等地時，於哈喇哲克得地方，要雙方議和，互不留容對方之人，也不搶掠物件。[363] 這也突顯高宗作為清朝的統治者及中亞共主，致力於維護區域各民族及各國和平共處的用心周密、公正與寬容，並以軍事實力作為後盾。

2.年班隨行者的效益

伯克年班常有隨行者，如大臣至新疆赴任或回京，回疆相關人犯釋回，國外使臣及被清朝捉拿的該國罪犯等，與年班伯克一同往返。高樸私鬻玉石，高宗下令查緝商民等販賣私玉，安集延回人阿布拉在葉爾羌販玉被捉拿審明擬以絞刑，關押在京，浩罕伯克那爾巴圖派使臣來京朝覲，高宗同意將阿布拉賞還，與使臣一同回浩罕，高宗亦諭沿途烏什、葉爾羌、喀什噶爾辦事大臣一體放行。[364] 高宗於乾隆五十七年（1792）私販大黃案內回人邁瑪第敏釋放，諭示若其願意回至本地，可與年班入覲伯克同往回至新疆，不願意也可以留京，歸入在京回人佐領下管束。[365] 回疆大臣上任、調職回京，也常成為伯克領護者，一同到京或至新疆赴任，例如永貴隨入覲伯克返回，換舒赫德回京；乾隆二十六年（1761），高宗令現在照料回人入覲納世通，於明年隨伯克回返換永貴回京。[366] 納世通於乾隆二十八年（1763）正月被任命為回

[363] 中國第一歷史檔案館編，《乾隆朝滿文寄信檔譯編》，冊 10，1620 條，頁 593-594，乾隆三十八年正月二十一日，奉上諭。

[364] 《大清高宗純（乾隆）皇帝實錄》，卷 1172，頁 24，乾隆四十八年正月丁未，又諭。

[365] 中國第一歷史檔案館編，《乾隆朝上諭檔》，冊 16，1877 條，頁 802，乾隆五十七年閏四月二十九日，內閣奉上諭。

[366] 《大清高宗純（乾隆）皇帝實錄》，卷 627，頁 16-17，乾隆二十五年十二月丙申，諭軍機大臣；《大清高宗純（乾隆）皇帝實錄》，卷 651，頁 11，乾隆二

疆參贊大臣，再次帶領伯克入覲返回新疆，並前往喀什噶爾總理回疆事務。[367]哈密郡王玉素布（富）在乾隆二十六年（1761）高宗令其於年班伯克次年返回哈密，即隨侍衛前往葉爾羌擔任參贊大臣之責，換回吐魯番的額敏和卓，再於乾隆二十七年（1762）隨入京年班伯克，經過吐魯番時，一同來京入覲。[368]如此既可減少人力戒護，促進外交和平，大臣可作領隊，沿途協調各省的支援，節省大臣單獨赴任的開銷，增進大臣與伯克關係的連結。永貴以他與年班伯克同行的觀察，奏請伯克入覲人數，要先通知沿途地方官員，並派官員護送，伯克、王公自騎到哈密的馬匹，交由該地官兵牧養，待伯克及回部王公年班歸來，即可騎乘歸去。[369]這是大臣作了第一手的觀察，而提出確切而有助益的建言，幫忙入覲伯克等馬匹的照料，也可節省回程雇用馬車回返其本處，回疆伯克入覲增加了沿途各地官員的護送及安全，讓伯克年班入覲的長途旅程，照顧措施更為完善。

3.以回疆伯克年班為典範

　　高宗將回疆伯克年班制度的運作，沿用於其他新定的民族入覲之例。定立四川各部落番子隔三年輪班朝覲，請安進貢朝覲等事，理藩院奏准都俱照伯克之例辦理。[370]伊犁所屬哈薩克等來京朝覲事宜，包括沿途抵達甘肅、到京時間，入宴、賞給官銜、衣

十六年十二月戊子，諭旨。
[367] 《大清高宗純（乾隆）皇帝實錄》，卷677，頁12，乾隆二十七年十二月壬子，諭軍機大臣等；《大清高宗純（乾隆）皇帝實錄》，卷679，頁14，乾隆二十八年正月甲申，又諭。
[368] 《大清高宗純（乾隆）皇帝實錄》，卷649，頁31，乾隆二十六年十一月壬戌，諭軍機大臣等。
[369] 《大清高宗純（乾隆）皇帝實錄》，卷642，頁10，乾隆二十六年八月庚午，又議覆。
[370] （清）托津等人編纂，《欽定回疆則例》，卷4，頁21、29，收入天龍長城文化藝術公司編，《新疆史志》，第二部，冊11，頁311、327-328。

服、什物等，皆於嘉慶年版及道光年版《欽定回疆則例》的條文，分別強調依照回疆伯克之例辦理。[371]回疆伯克的已成為清廷管理其他新定疆土少數民族的範例。

4.提高伯克地位

　　高宗為了提升回疆伯克在政治官僚體制中的地位，以及在回疆社會的地位，給予伯克高於各省官員品級標準的優待，以及如內扎薩克進京入覲之禮遇。高宗在伯克首次入覲之際，直接諭示各城阿奇木伯克的名單，目的也在宣示伯克任命權直屬於皇帝，伯克也是國家正式授予官職的官員，與回疆各城駐箚大臣是一樣授命於皇帝，以期各城大臣與伯克共同經營治理回疆。乾隆四十三年（1778）九月，爆發葉爾羌辦事大臣高樸私鬻玉石案，並查出高樸需索伯克銀兩之事，同年十一月高宗召見曾在乾隆三十八年（1773）至四十三年（1778）間，先後出任葉爾羌辦事大臣及喀什噶爾辦事大臣雅德，以了解回疆伯克與駐箚大臣的關係，得知伯克每日需入大臣衙門皆需叩頭行禮，高宗感慨大臣貪婪勒索，回人含怨，日久不免激成事端，因而諭令派駐大臣乃為國家億萬年之計，大臣要伯克每見叩首，實未長計遠慮之舉，大臣若能正己率屬，恩威並施，伯克們自然悅服，更何況伯克年班入京，施恩優待，與內扎薩克無異，駐箚大臣豈可不以恩禮相待，以撫綏遠人。[372]這可以看到高宗為提高伯克地位，示範以禮相待於大臣的深意，畢竟高宗作為回疆行政治理的設計及最高的管理者，他深知管理回疆必須仰賴伯克作為主力及執行者，才能發揮最高

---

[371] （清）托津等人編纂，《欽定回疆則例》，卷4，頁29-31，收入天龍長城文化藝術公司編，《新疆史志》，第二部，冊11，頁327-332；（清）賽尚阿等修，《欽定回疆則例》，卷4，頁6、16、23-24，卷5，頁2-4。

[372] 《大清高宗純（乾隆）皇帝實錄》，卷1070，頁8-9，乾隆四十三年十一月丁亥，又諭。

的效益。

5.警惕大臣作用

乾嘉時期，伯克年班幾乎年年入覲，皇帝可藉伯克年班入覲，直接垂詢伯克旅程及在回疆的狀況，伯克若因故延誤入京時間，到京後皇帝可由伯克口中探詢各地官員接待情形，查究疏失及議處，對於駐箚大臣及各省官員確有相當警惕的作用。甚至道光八年（1828）張格爾事件後，伯克也可藉入京之機，提告不法官員，由於善後調查了解駐箚大臣朘削回眾及伯克的情況，於是宣宗諭令回人及伯克可以至回疆參贊大臣及將軍各衙門控告，若是未被受理，伯克可藉入京年班時，直接向理藩院或各衙門控告。[373]

然而道光朝伯克在道光十年（1830）至十三年（1833）間，僅有道光十二年（1832）一次入覲，在道光二十五年（1845）至同治三年（1864）的十九年間，伯克入京年班也僅有咸豐六年（1856）一次。回疆因戰亂、善後工作、國喪等，駐箚大臣奏請暫停年班，或是皇帝諭令停班，伯克直接與皇帝的連結變少，原有來自於皇帝的任命，都由駐箚大臣上奏轉知，伯克制度在道光朝的簡化及改革，反而讓各城辦事大臣及回疆參贊大臣決定伯克升遷之權變得更大，伯克直接感受到的是大臣的權力，而非遠在京師的皇帝，更何況依五品以上伯克雖要上奏正陪由皇帝決定，但此僅佔伯克總數的四分之一左右，有些五品以上伯克缺出，回疆參贊大臣有權直接同品調補，正陪人選也由他決定，咸豐年間捐輸章程的施行，回疆參贊大臣可直接派捐輸最多者先行署理該缺，甚至正陪人選僅提名一人，皇帝之權從高宗在伯克年班於御前諭令直接行使任命權，到正陪選擇權，最後僅存同意權，皇權與駐箚大臣的權力消長可見一斑。伯克面對駐箚大臣的苛索，在

[373] 《大清宣宗成（道光）皇帝實錄》，卷140，頁9-10，道光八年八月甲戌，諭內閣。

年班斷續或暫停下，更是求告無門，或為一己升遷及在任之利，向回眾勒索，與大臣形成共犯結構。年班的施行，也顯現國勢興衰，年班有益於伯克與皇帝建立連結關係，也對大臣產生警惕作用，年班不行，監督機制亦少一層。

　　清朝以少數民族之姿入主中原，組成了多民族國家，以年班制度籠絡各民族統治菁英，鞏固其向心力，也具威懾之勢，也建立皇帝與各族菁英直屬情誼。清廷尊重各民族適應氣候的差異，選擇朝覲地點，體現滿清雖具政治優勢，卻仍擁有少數民族將心比心的思量。高宗最擅於利用年班展現皇權，展現軍威，行使伯克直接任命、封賞，甚至溫暖的撫慰喪親之痛，藉年班提高伯克的地位，蒙古參與年班者需具王公、台吉、駙馬等之爵位，但伯克依品級為準，即使未具爵位者亦可入覲。乾隆朝伯克參與年終朝覲，也參與皇太后及高宗六十至八十歲的萬壽聖節在京及熱河的慶典。嘉慶朝仁宗力求儉省開銷，縮減朝正外藩的宮廷筵宴的桌數及樂儀，而紫光閣及山高水長限制與宴者，回部伯克不再列席，但仍可參與萬壽聖節的慶典，保持每年年班的規模，建立伯克年班隨帶子弟，晉升為伯克的訓練次第及路徑。道光朝筵宴場次及縮減參與規模，皆延續嘉慶朝方式，且道咸兩朝伯克不再參與萬壽聖節。而道光朝年班開始遭到戰亂、善後產生斷續，以及間隔二年入覲影響，伯克入京的次數減少，但宣宗仍效法高宗在年班進行封賞，對有功者及其後裔展現惠愛之意。

　　就伯克年班制度而言，如同伯克制度般，是為動態式的發展，有著許多調整與變化。回疆伯克年班基本上是依蒙古年班年終入覲模式為主，加以經驗累積而成慣例，最後發展成為哈薩克等入覲的典範之例。伯克年班施行的前二十八年皆有侍衛全程隨行，乾隆五十三年（1789）正月，伯克回程起，改由各省分段護送。行李由限制車馬數量，改為限制重量，至嘉慶朝定立罰責，懲處伯克為商人帶貨，以減輕驛站的負擔。伯克年班班次及品級資格，

由乾隆朝的四班，改為六班，至嘉慶朝再配合阿奇木伯克人數分為九班，道光年間加為間隔二年，改變了自乾嘉時期以來，除了國喪以外，年年入覲的慣例。品秩由三至六品皆來，改為三至四品及五品以下新授者，道光再改為三至五品。人數最初四十六人，改為二十人，嘉慶年間成十五人左右，道光年再限縮至八人。道光年間起，張格爾、安集延、七和卓等入侵，回疆不靖，伯克守城、戰備、善後、國喪等事，年班時有斷續，道光二十五年（1845）起至同治三年（1864）間，伯克僅有咸豐六年（1856）入覲一次的記錄，也是清朝以伯克為主之入覲活動的最終回。

對伯克而言，年班朝覲可提升伯克社會地位，促進經貿繁榮。伯克路途見聞、賞賜及購買各項物品，回到本城將見聞說與人聽，身份地位及見識，也不同於其他伯克，其子弟可得六品虛銜，增加未來政治地位及家族勢力傳承與擴展之機。由於伯克年班，往返京城，有固定的路線及時節，回疆及北京商賈可藉伯克行旅之便，進行銷售或託帶貨品，伯克也可貼補旅費或購物金，帶動兩地經貿活動。然而年班朝覲的旅程，對伯克個人是嚴峻的歷練，伯克首先要有才能，升至六品或五品以上之職。在政通人和情況下，由駐箚大臣選派為該城入京人選，輪至入覲之年，回疆之境靜綏，至京驛道通暢，個人健康狀況良好，旅費充足，自付行往返哈密前所有行李、車馬費用，最遠的和闐伯克全程有百分之四十五的路程是要自付，西部各城伯克往返在回疆道路上，皆逢夏季酷暑。在哈密與各城伯克會合後，行經四或五省，歷練不同環境的四季變化，死於京，逝於途者，不分品級或封爵者皆有，倖者於途中養病，留著未能入覲的遺憾，阿里伯克更因皇帝諭令於六年間兩度在哈密折返，等到第九年，第三度出發，才得以入京朝覲，有些伯克途中遇到戰火，回到家已是離家兩年之後，確實相當折騰。不過，年班伯克間在九個月至一年的長途往返旅程中，亦可聯絡彼此情感，增進社會網絡的連結。伯克年班由南北兩疆各城不同品級職務伯克，隨帶子弟青壯老少一行，有時也包括扎

薩克制哈密郡王，吐魯番郡王，回部各王公出任阿奇木伯克及吐魯番協理旗務伯克等，多隨伯克年班一同入覲。外藩使者朝貢，也常隨伯克等一同入覲，令伯克體會回部王公及、各地品級伯克及各國文化的個性與風範，了解內屬與外藩之別，克盡外交服務之責。

　　各地大臣職權的部分，回疆各城大臣要先行上奏安排伯克名單、履歷、貢物，行經各省之大臣，沿途委員護送的選派，伯克行經路程車馬、渡船、食宿、日程的安排與奏報，若遇冰凍路程轉變，所有車馬、驛站、食宿、人員護送要馬上調整聯繫。若伯克有病痛需另行留置延醫，若有病故喪禮各事要依伊斯蘭教喪禮，或扶棺回返，各項事宜變化皆需奏報。伯克抵境、出境日期，各省大臣要派員配合各省定限日程，若伯克未在期限內到達，大臣將受議處。而安排各路朝覲者，分起分批往返，尤其是陝西省，要面對北疆土爾扈特、霍碩特、哈薩克、回疆各城伯克或浩罕等，四川土司、西藏班禪、喇嘛，各路人等由該省不同三個州縣出入境，護送人員往返也相當繁忙，年班入覲需要朝廷、各地方大臣、伯克等協力配合完成，實屬不易。

　　高宗為顯國威及籠絡各族向心力，擴大施行朝覲的規模，展現國勢的富強，也象徵中央與回疆統治階層伯克的直接連結的意義。嘉慶朝仁宗節制開銷，但仍依循維持每年入覲的慣例。道光朝以後，內憂外患，為節省開銷，也體恤伯克，採取間隔入覲，又遇回疆不靖，驛路未通而暫停，伯克與皇帝的直屬連結也中斷，轉而以各城辦事大臣等為馬首是瞻，年班實際上也間接彰顯了國勢的興衰之象。而伯克沿途見聞，也由經驗傳承津津樂道，成為久遠以前的傳說。

第十章 回疆伯克執行的職務

　　清朝回疆伯克就《欽定回疆則例》及各志書所列，大概有三十多種名稱及不同職掌，可分類為行政、管理田賦、租稅、工務採礦、外藩商務、市集、水利灌溉、民刑法務、軍警交通、果園生長、宗教或教經典、文書傳遞或宴會雜事等各種職稱的伯克。[1]但在清代檔案中發現，回疆伯克面對局勢改變，實際所執行的事務，早已超越了他們職掌的範疇。清廷僅派十多位滿、蒙大臣駐箚於回疆各城，這些極少數的大臣如何能夠管理各城事務，更何況他們也不懂當地維吾爾族等各民族語文，因此所有政務的推動，皆需倚賴伯克制度系統的運作，伯克就成了主要的管理與執行者。

　　由於過去國內外研究伯克制度的相關論文，對於伯克大多以貪瀆及苛虐維吾爾族等各民族的負面評價較多，這或許是受到左宗棠對伯克介於官民之間的觀點，以及囿於當時資料所見的影響。然而伯克的做為，若僅是貪瀆，伯克制度又何以能施行一百多年？即便是主張廢除伯克制的左宗棠，也認同回疆伯克在光緒初年各回城作戰及善後之功。而伯克制度廢除改成鄉約後，伯克的影響力，時至民國初年尤存。[2]而今得利於清朝各類檔案的整理及公開，較往昔易於查閱，也有大量檔案出版，本章以各城大臣的第一手觀察，及其上奏所成的各項檔案資料，依具體事例整理

---

[1]劉義棠，〈伯克制度的研究〉，收入《維吾爾研究》，頁 308-310。
[2]劉義棠，〈伯克制度的研究〉，收入《維吾爾研究》，頁 292-293、316-318。

分類為諭令辦理、大臣交辦、日常業務、外交折衝，以及戰亂時期備辦、作戰、善後等幾個面向，呈獻伯克們在伯克制施行一百二十五年的處事及做為，希冀能更豐富呈現伯克個人及群體的面貌，以及擴展原有對伯克職務範疇的認知，從而重新審視過去對伯克的評價。

第一節　配合諭令辦理事項

回疆伯克是清廷正式授予官位品級的官員，伯克也可因功晉升為參贊大臣及幫辦大臣，有權與各城駐箚大臣列名上奏。伯克工作需配合朝廷諭令，依各皇帝的偏好與需求，配合朝廷諭令及政策，加以執行，例如協助安置歸來的土爾扈特，高宗及宣宗重視屯墾移民，伯克要開發墾地、納糧、催稅；道光年因張格爾等事件善後，伯克要負責呈報陋規、查禁鴉片及貿易違禁者；乾隆朝採玉、挖礦、鼓鑄普爾，咸豐朝為振興經濟，採礦及鍊礦，伯克需具備相關專業能力，整合人力及調度；伯克也需配合中央政策及律法，收留及管理各省因案被判重刑的遣犯或為奴者，及參與捕捉逃犯等事務。

一、高宗諭令協辦事項

1、擔任參贊大臣或幫辦大臣

高宗對於最早歸服於清朝的扎薩克回部郡王哈密郡王玉素布（富）及吐魯番郡王額敏和卓最是信任，在治理回疆初期甚為倚重，認為請他們更替駐箚於回疆辦事，將有益於新定疆土的穩定，

因此諭令二人以相互輪流的方式出任葉爾羌參贊大臣。輪值的方式是藉年班伯克入覲回至哈密時，由乾清門侍衛一同護送玉素布（富）前往葉爾羌，與額敏和卓交接後，額敏和卓回吐魯番游牧休息，待來年入覲伯克行至吐魯番，額敏和卓再一同入覲。[3]如此安排既可就近監督各城阿奇木伯克，或協助大臣規勸伯克作為，亦可輪流入覲，讓高宗可以回人的角度，直接了解回疆情況，而有別於駐箚大臣的視角，更可增進回人統治階層與皇帝間的連結與親近。

乾隆三十年（1765），發生烏什事件，額敏和卓聞訊隨即奏請前往，高宗嘉許，命其仍以參贊大臣身份暫時駐箚烏什，並要其事竣後再前往喀什噶爾辦事。[4]額敏和卓深得高宗信任起於他在雍正時期，協助清廷將吐魯番回人內遷至瓜州，及其在平定回疆過程的貢獻所致，並出任滿州大臣才能出任的駐箚大臣職務，是清廷統治回疆最為特別的禮遇，也顯見扎薩克哈密及吐魯番郡王在高宗心中，遠高於其他回部王公。尤其是吐魯番家族自額敏和卓起，已奠定其在清朝回疆的政治地位，後裔經常出任各城阿奇木伯克，勢力橫跨南北兩疆，成為回部王公中最有勢力的家族。

同樣的，高宗為了運用在地勢力統治回疆，以及提高伯克在回疆政治的地位，對於回部王公兼任各城阿奇木伯克者，高宗要求駐箚大臣有關回疆事務的奏報，需將阿奇木伯克一起列名上

---

[3]哈密王額貝都拉在康熙三十六年（1697）即歸順清朝，授為扎薩克一等達爾漢，玉素布（富、卜）為其孫；吐魯番額敏和卓在雍正十一年（1733）歸順清朝，封扎薩克輔國公，乾隆二十三年（1758）賜郡王品級。趙爾巽等撰，《清史稿》，冊 29，卷 210，頁 8738-8742；（清）傅恒等編纂，《平定準噶爾方略續編》，卷 14，頁 26-27，乾隆二十六年十一月壬戌，諭軍機大臣，收入張羽新、趙曙青主編，《清朝治理新疆方略匯編》，冊 6，頁 439。

[4]（清）傅恒等編纂，《平定準噶爾方略續編》，卷 29，頁 6-7，乾隆三十年三月甲申，諭軍機大臣，收入張羽新、趙曙青主編，《清朝治理新疆方略匯編》，冊 7，頁 98。

奏。高宗在乾隆三十七年（1772）四月曾寄諭葉爾羌辦事大臣期成額，諭示鄂對稔知回疆各項事務，又為阿奇木伯克，回眾對他也很敬重，聽從其言，與他一同辦理公務，應將其列名具奏行文才是。[5]由於鄂對及噶岱默特皆係高宗任命之阿奇木伯克，又有貝勒、輔國公的封爵，也令他們在乾清門行走，乾隆三十九年（1774），高宗諭令烏什參贊大臣綽克托等，駐箚大臣不可將鄂對、噶岱默特與其他屬下回人一體看待，凡是有關回疆一帶的事務，駐箚大臣奏報時，要將鄂對等的職銜同列於大臣之後；若有領賞的謝恩奏摺，不只在奏文內提到，更要將他們與大臣一起列名同奏，以示高宗對伯克們與大臣一體寵渥之意，如此必使伯克們心生感激，愈加互相勸勉，對回疆政事大有裨益。[6]這實為高宗看重在地的力量，也深知回疆的長久治理及穩定是必須倚重伯克系統的運作，而非僅靠十多位回疆駐箚大臣可成，因此要大臣重視及尊重在地勢力。當伯克願意勤勉效忠於清朝，清廷以少治多的統治方式，即可實行久遠，人事經費的開銷也可節省。

　　高宗以此思維，也曾諭令額敏和卓之子伊斯堪達爾，在乾隆五十三年（1788）至嘉慶七年（1802）間，出任喀什噶爾阿奇木伯克的同時，也擔任幫辦大臣之職，協助回疆參贊大臣處理事務，他為人謹慎，辦事奮勉，甚得高宗賞識，曾賞乾清門行走，也曾得賞三眼花翎及黃繮。[7]喀什噶爾阿奇木伯克伊薩克在道光八年（1828）十月，因生擒張格爾有功，封為郡王，宣宗也比照伊斯

---

[5]中國第一歷史檔案館編，《乾隆朝滿文寄信檔譯編》，冊 10，頁 559，1564 條，乾隆三十七年四月初十日，奉旨。

[6]中國第一歷史檔案館編，《乾隆朝滿文寄信檔譯編》，冊 11，頁 654-655，1770 條，乾隆二十九年六月二十九日，奉上諭。

[7]《大清高宗純（乾隆）皇帝實錄》，卷 1438，頁 8-9，乾隆五十八年十月丙寅，諭；《大清高宗純（乾隆）皇帝實錄》，卷 1468，頁 5，乾隆六十年正月丁亥，諭旨。

堪達爾作幫辦大臣之例，除了營制、軍民交涉事務，不准干預外，
舉凡與回務有關及周邊各國事宜，皆准會銜具奏，名列幫辦大臣，
以示獎勵，並協助善後工作。[8]這都是有利於以回人眼光及在地能
力，協助清廷經營回疆，同時也提升了回人參政及政治地位，可
與京城派來的官員並駕齊驅，提高伯克在回疆民族社會的地位。

2、協助臺站[9]辦理馬匹及收助糧

　　高宗平定回疆，沿途為嚴守疆域要隘而設置臺站。舒赫德等
考察設置地時，乾隆二十七年（1762），授為三等輕車都尉的烏
什伯克薩里與其他五位伯克，為臺站承辦馬匹，共辦得馬匹一百
三十匹，解至阿克蘇，官方照回人採買馬匹之例，每匹給價十二
兩，高宗對其捐解馬匹有功，除了照價支付外，另行酌賞緞匹以
示鼓勵。[10]喀什噶爾至闢展共設有七十六個[11]臺站，由營員及筆帖

---

[8]《宮中檔嘉慶朝奏摺》，文獻編號第 404008532 號，2712 箱，嘉慶七年七月十七
　　日，富俊、伊斯堪達爾奏；（清）曹振鏞，《欽定平定回疆剿捕逆裔方略》，
　　卷 72，頁 18，道光八年十月癸未，諭內閣，收入張羽新、趙曙青主編，《清
　　朝治理新疆方略匯編》，冊 10，頁 96。
[9]臺站即軍臺，在於嚴守疆域要隘，以營員及筆帖式領之；卡倫：毗接外藩處所，
　　酌設卡倫以資捍衛，領以前鋒校、驍騎校，而以侍衛統之。（清）傅恒等 奉
　　敕撰，《欽定皇輿西域圖志》，冊 4，卷 31，兵防，頁 18-19。
[10]《大清高宗純（乾隆）皇帝實錄》，卷 609，頁 21-22，乾隆二十五年三月庚午，
　　參贊大臣舒赫德奏；《大清高宗純（乾隆）皇帝實錄》，卷 610，頁 5，乾隆
　　二十五年四月戊寅，諭軍機大臣。
[11]筆者實際依數統計，只有七十三個臺站，誤差為三個臺站，因此再以乾隆四十七
　　年（1782）《欽定皇輿西域圖志》所列臺站作計算，則為七十二臺站，這其中
　　有變化的有三個臺站，鄂依斯塔克齊克臺，於乾隆三十六年（1771）自雅爾幹
　　移此，舊屬阿克蘇，乾隆三十七年（1772）歸賽里木管轄，所以《欽定回疆則
　　例》原例在乾隆三十四年（1769）言阿克蘇有 14 臺站，鄂依斯塔克齊克臺尚
　　在此數內，《欽定皇輿西域圖志》在乾隆四十七年（1782）完成，則已算入賽
　　哩木，故阿克蘇所屬有 13 臺站；阿克蘇所屬察爾齊克，在乾隆三十六年（1771）
　　自雅哈里克移此，阿爾巴特臺於乾隆三十四年（1769）自特克和羅移此。二書

式帶領回人在臺站當差，大多可攜眷前往。但其中烏什所屬通伊
犁穆蘇爾嶺六個臺站、葉爾羌所屬六個臺站，則難以攜眷而居，
有些臺站受限於地理情況，住兩個月或三、四個月，守站回人就
必須輪換。其中可以屯田，則以屯田收入為主，若當地無法屯田，
大概有十六個站，需由伯克及回人等攢湊錢穀協助臺站者，或者
由附近居住屯田為生的回人幫忙。由於各地辦理方式不同，高宗
為使臺站當差回人，有較穩定的收入及糧食來源，於是在乾隆三
十四年（1769）由大學士等議覆奏定，諭令喀喇沙爾所屬無屯田
臺站及其餘各城無屯田臺站，照葉爾羌臺站回人之例，不計人口
的多寡，每戶每個月令其助糧四斗，交給伯克等，提供給臺站當
差回人，該奏成為處理臺站範例，並收錄於《欽定回疆則例》卷
五「臺站當差回子人等量給幫貼」，永遠遵行。[12]伯克即需依諭令，
負責執行收交助糧給臺站，以穩定邊防所需。請見表 10-1 臺站當
差回人等量給幫貼表。

表 10-1 臺站當差回人等量給幫貼表

地 區 所 屬	臺站數			糧 食 來 源	給 糧 幫 貼
	回疆則例	欽定皇輿西域圖志			
		臺 站	卡 倫		
阿克蘇	14	13		屯田	無庸另行辦理
喀什噶爾		5	10		
喀什噶爾英吉沙爾	6			屯田	無庸另行辦理
葉爾羌和闐	8	21		屯田	無庸另行辦理
葉爾羌			7		
庫車	4	10	2	屯田	無庸另行辦理
喀喇沙爾	8	10	1	屯田	無庸另行辦理
賽喇木（賽哩木）		4	2		

的各地軍臺總數雖只差一，但各臺站的差異甚大。

[12]（清）賽尚阿等修，《欽定回疆則例》，卷 5，頁 28-29。

地 區 所 屬	臺站數			糧 食 來 源	給 糧 幫 貼
	回疆則例	欽定皇輿西域圖志			
		臺 站	卡 倫		
辟展	5	6		屯田	無庸另行辦理
烏什		3	4		
烏什通伊犁穆蘇爾嶺	6			礙難攜眷居住或兩月或三四月一次更換	無庸另行辦理
葉爾羌所屬	6			礙難攜眷居住或兩月或三四月一次更換	無庸另行辦理
喀喇沙爾、其餘各城無屯田	16			無屯田	照幫助葉爾羌臺站之例，交與伯克等，不計人口多寡每戶每月令其助糧四斗
喀什噶爾→辟展	76	72	26		
但實際加總為	73				

資料來源：（清）賽尚阿等修，《欽定回疆則例》，卷5，頁28-29；（清）傅恒等奉敕撰，《欽定皇輿西域圖志》，冊4，卷31，兵防，頁32-41。

3、調查戶口數目

　　回疆底定後，因伊犁屯墾，遷移回疆各城回人前往，為了掌握人口，均衡差役勞務及賦稅，掌握人口數，對於行政及稅務至關重要。乾隆三十一年（1765）二月，高宗針對伊犁將軍明瑞及伊犁參贊大臣阿桂等人之奏，請各回城阿奇木伯克及伊什罕伯克調查該城及其所屬村莊回人戶口數，以均差務。由於大臣沒有那麼多的時間，親自調查，委其屬員，又恐不肖者轉而藉此擾累回眾，因此高宗諭令由阿奇木伯克等伯克進行，並規定改變回疆男丁十二歲，即登名當差之舊俗，而改與各省相同之例，需年滿十六歲以上者再令登派。[13]

---

[13] 《大清高宗純（乾隆）皇帝實錄》，卷754，頁26-27，乾隆三十一年二月辛亥，

4、伯克協助大臣挑選通事、親隨

清朝統治初期，駐箚於各回城大臣等多以哈密、吐魯番回人為通事，但常發生隨意傳話之弊，後來又多以當地人為通事，但往往以大臣傳話為由，仗勢苛取回眾物件，善惡之語隨意翻譯，甚至見利妄行，侵害回人權益。高宗於乾隆三十六年（1771）寄諭各回城大臣，交付阿奇木伯克揀選老實可信之人，做為大臣的通事，以防止倚勢大臣，苦累回人的弊端，日後若有相同情況，經查屬實，應從重治罪，于回眾前示戒。[14]

烏什事件後，高宗將回疆參贊大臣移駐至烏什，再將原有烏什領隊大臣移駐阿克蘇。[15]由於各城駐箚大臣到任後，需要有回人作為親隨，但烏什及阿克蘇則無先例，烏什大臣申保奏，阿奇木伯克阿勒呼里率眾伯克叩請，願在烏什挑選回人八名，在阿克蘇挑選十二名回人，充當親隨，但高宗認為人數太多，只准居住回人較少的烏什，挑選五名，阿克蘇居住回人較多，准挑八人充當親隨。[16]此奏也顯示大臣的親隨，例由阿奇木伯克負責挑選，再由駐箚大臣決定。不論是通事及大臣親隨，高宗以阿奇木伯克既是總管一城之人，對於在地的人事最能掌握，而信任其挑選的眼光，相對的也等於要求阿奇木伯克負責人事的把關，若有狀況，也將折損該伯克的威信，影響未來發展。

5、協助土爾扈特的回返及安置

又諭。

[14]中國第一歷史檔案館編，《乾隆朝滿文寄信檔譯編》，冊9，1532條，寄諭駐各回城辦事大臣等著揀選老實可信回人用為通事，乾隆乾隆三十六年十一月二十九日，奉上諭。

[15]《大清高宗純（乾隆）皇帝實錄》，卷1077，頁2-3，乾隆四十四年二月癸酉，軍機大臣等議覆。

[16]《大清高宗純（乾隆）皇帝實錄》，卷1089，頁8，乾隆四十四年八月庚午，諭。

　　土爾扈特渥巴錫等率領部眾自俄回歸清朝，乾隆三十六年
（1771），清廷為了協助土爾扈特，於是撥交三千五百兩給阿奇
木伯克色提巴勒氏，由他負責特備辦皮襖、布匹、棉花，而他卻
志願捐助，為朝廷省下布價及運輸費用八百多兩，高宗為感謝他
的協助，仍然照舊撥銀，再賞給緞匹作為酬謝。[17]乾隆三十八年
（1773），阿奇木伯克色提巴勒氏原是輪值年班入覲，為了辦理
渥巴錫游牧遷往珠勒都斯，事務甚為繁雜，也無其他伯克可以代
理，高宗諭令待此事完成，排入明年年班再入京。而由於糧穀需
要運糧袋及拴馱扎繩，阿奇木伯克鄂對及邁達雅爾自願備齊運往
哈喇沙爾，供給土爾扈特使用，色提巴勒氏也提供麥八千石磨成
麵，以自備牲口裝袋運送，為資助土爾扈的游牧之需，又自願捐
給牲畜，運糧三千石，高宗依伯克們的捐助，分別賞給緞匹或是
蠲免回人應繳的稅賦。[18]由這些酬庸也可以發現，高宗雖諭令阿奇
木伯克等協助，或對伯克自發性的提供所需，並不視為理所當然，
而是禮尚往來地酬賞及豁免稅額，作為回饋。

6、管束發遣回疆之人犯

　　在檔案中也常見邪教發配給回疆伯克管束的案例，伯克對該
犯狀況亦需呈報。高宗將此類重犯發遣回疆的目的是終止其教派
發展，也希望透過不同信仰者的管束，加以壓制。由於發生劉照
魁前往喀什噶爾探望八卦教王子重案，揭露了回疆大臣在查驗過
境路票及管理遣犯太過鬆散。於是高宗諭令，若管束該犯之原有

---

[17]中國第一歷史檔案館編，《乾隆朝滿文寄信檔譯編》，冊9，頁598，1502條，
　乾隆三十六年八月二十四日，奉上諭。
[18]中國第一歷史檔案館編，《乾隆朝滿文寄信檔譯編》，冊10，頁647-648，1699
　條，乾隆三十八年八月二十七日；中國第一歷史檔案館編，《乾隆朝滿文寄信
　檔譯編》，冊10，頁649，1701條，乾隆三十八年九月初四日，奉上諭；中
　國第一歷史檔案館編，《乾隆朝滿文寄信檔譯編》，冊10，頁651，1703條，
　乾隆三十八年九月初七日，奉上諭；《大清高宗純（乾隆）皇帝實錄》，卷
　941，頁36-37，乾隆三十八年八月壬子，諭軍機大臣。

伯克身故或因事革退等事，各城駐箚大臣應另指伯克約束及役使，不可漫不經心，任邪教遣犯安閒貿易，或與內地民人相見，致使邪教在新疆發展。[19]這顯現伯克具有管束發遣至回疆人犯之責，而各回城駐箚大臣則有分配管理之權。

嘉道兩朝也依此方式管理邪教遣犯，例如嘉慶六年（1803）因邪教發遣至喀什噶爾為奴王發生，雖未授徒，卻有張全央人探望送銀兩，仁宗批准喀什噶爾參贊大臣富俊請奏，將該犯改以永遠為奴，遇赦不赦，交伯克嚴加管束，也要求伯克伊布拉依木要據實呈報此事。[20]嘉慶二十二年（1817），有蘇光祖等因習教、從逆、刼獄、殺人案等記錄，其中僅習教未跟從與陳照等九人，發回城給伯克管束。[21]山東王富兒等六十六人，於道光四年（1824）四月，因傳習震卦、離卦、乾卦、坎卦及九宮等教被捉，五月又捉到周振西等傳習乾卦教及坐功運氣等，均被清廷視為邪教，依例所載，凡是傳習白陽、八卦等邪教，學習念誦荒謬不經咒語，拜師傳徒惑眾之人，為首者擬絞立決，若年逾六十歲及雖逾六十歲而有傳徒情形，俱改發回城給大小伯克，有力能管束之回人為奴，因而由山東發往新疆給伯克等為奴，情節重者在回城要永遠枷號。[22]清廷希望教徒遠離發源地，不再傳播發展，因而發遣至回疆被不同宗教信仰者管理，阿奇木伯克等伯克需負責管束他們及回報該犯情況。此外，若有因罪緣坐幼童被大臣帶回，亦交由伯克處理，如和闐領隊大臣德惠攜帶喀什噶爾幼童，後來調查是道

---

[19] 《大清高宗純（乾隆）皇帝實錄》，卷 1384，頁 15-17，乾隆五十六年八月庚戌，又諭；《大清高宗純（乾隆）皇帝實錄》，卷 1384，頁 17-18，乾隆五十六年八月辛亥，諭軍機大臣。

[20] 《宮中檔嘉慶朝奏摺》，文獻編號第 404006837 號，2712 箱，嘉慶六年十一月二十七日，軍機大臣字寄。

[21] 《外紀檔》，文獻編號第 303000005 號，頁 75-79，嘉慶二十二年十二月初七日，河南巡撫文寧奏。

[22] 《奏摺檔》，文獻編號第 305000059 號，頁 31-39，道光四年四月，署理山東巡撫琦善奏；《奏摺檔》，文獻編號第 305000060 號，頁 287-295，道光四年五月，署理山東巡撫琦善奏。

光六年（1826）張格爾事件緣坐發遣的孩童，依例釋回後，交由
阿奇木伯克轉分給有能力管束或是有功的伯克。[23]

二、配合皇帝喜好及政策發展

1、開採玉石、輓運及查報私玉

　　高宗在乾隆二十四年（1759）平定天山南北二路，十二月即
定立和闐玉石的開採，成為和闐六城賦稅之一。[24]新疆境內有二十
二處採玉地點，但多集中於葉爾羌及和闐兩地，有山玉及河玉，
乾隆二十六年（1761）至乾隆五十二年（1787）定玉隴哈什河等
地，採春、秋兩季入貢，乾隆五十三年（1788）春天，高宗下旨
停止春採。[25]每年大約有四千斤以上玉石入貢，截至嘉慶十七年
（1812）減貢為二千斤止，估計清廷有二十萬斤以上的玉石。[26]高
宗在乾隆三十六年（1777）御製詩和闐採玉圖曾寫「**上供歲貢下
私鬻，亦弗禁聽爾**」。[27]高宗認為玉石是上貢朝廷之物，對於私售
雖是禁止，但不深究，當時回疆玉料，因而得以穩定且大量地供
給宮廷與民間應用，進而開創中國玉器製作的鼎盛時期。

---

[23] 《軍機處・月摺包》，文獻編號第 064512 號，2760 箱，道光十三年六月二十五
　　日，長清奏；《奏摺檔》，文獻編號第 305000101 號，頁 219-221，道光八年
　　二月，揚威將軍長齡奏。
[24] 《大清高宗純（乾隆）皇帝實錄》，卷 602，頁 11，乾隆二十四年十二月辛巳，
　　舒赫德奏。
[25] 徐松，《西域水道記》，卷 1，頁 29。
[26] 《大清仁宗睿（嘉慶）皇帝實錄》，卷 258，頁 7，嘉慶十七年六月己酉，諭；
　　《上諭檔》，方本，嘉慶十七年夏季檔六月分，頁 89，六月初八日，內閣奉
　　上諭。
[27] 高宗認為「和闐採玉，充貢歲有常例，餘亦有私售者，雖為禁制，然利之所在，
　　亦弗深求，且良玉仍供內地貨肆之用耳」。（清）傅恒等 奉敕撰，《欽定皇
　　輿西域圖志》，冊 5，卷 43，頁 27。

　　回疆每年在秋分及春天二月時，主管採玉的和闐哈什伯克率領數百名回人，進行半個多月的採玉，工作結束後，大臣宴請伯克及回人，並依採玉多寡賞給綢緞、騰格、玉石、米糧作為酬賞。[28]密爾岱山開採的玉石，作磬聲音清脆，採取不定期入貢，乾隆二十七年（1762）及二十八年（1763）兩次入山採玉石作磬，沙爾渾阿奇木伯克穆喇特及其弟巴圖爾、沙布塔，什渾伯克薩爾巴爾，帶領回眾挖沙運石，葉爾羌阿奇木伯克鄂對、阿布都里野木等伯克，也派回人開採玉石，高宗請葉爾羌辦事大臣新柱，為辦理之官員及伯克、回人、匠人等照例分別賞賚，以示鼓勵。[29]乾隆三十五年（1770）時，共採了百斤至千斤不等的二十多塊玉石，經挑選大而無裂痕的有十二塊入貢，其餘折價，作為獎賞，採玉的官員、伯克及阿奇木伯克都記功，每人賞十個普爾，並奏請獎勵。[30]儘管乾隆五十三年（1788）起，已停止春季採玉，但若為特定用途則未限，如乾隆五十六年（1791）二月為作磬料採玉，採至五月，葉爾羌阿奇木伯克阿克伯克、商伯克莫羅果帕、色呼庫勒阿奇木伯克瑪塔喇木，各得賞緞二匹，參與採玉的三百位回人，各得布六匹作為鼓勵。[31]

　　而影響回疆玉石供應民間玉料最大的事件，莫過於葉爾羌辦事大臣高樸的私鬻玉石案。乾隆四十三年（1778），葉爾羌辦事大臣高樸再次奏請開採，動員回人三千八百多位上山採玉，所收

---

[28] 《清高宗御製詩文全集》（臺北：國立故宮博物院，1976 年），集 3，卷 98，頁 2。

[29] 《大清高宗純（乾隆）皇帝實錄》，卷 691，頁 6-7，乾隆二十八年七月甲戌，又諭。

[30] 徐松，《西域水道記》（臺北：文海出版社，1966 年），卷 1，頁 21-22；《大清仁宗睿（嘉慶）皇帝實錄》，卷 258，頁 7，嘉慶十七年六月己酉，諭。

[31] 《大清高宗純（乾隆）皇帝實錄》，卷 1238，頁 28，乾隆五十二年十一月乙巳，停回人春季採玉；《大清高宗純（乾隆）皇帝實錄》，卷 1373，頁 8，乾隆五十六年二月癸酉，諭。

量為平歲入貢的三倍，轉交商民及家人李福銷售獲利，葉爾羌阿奇木伯克鄂對亦請高樸代為銷售，葉爾羌阿奇木伯克鄂對病故時，高樸即奏請以鄂對之子鄂斯璊接任，高宗認為父子相繼，使鄂對家族成為葉爾羌世族，日久豈不與唐朝藩鎮割據無異？因此將鄂斯璊派至喀什噶爾擔任阿奇木伯克，而由色提巴勒氏接任葉爾羌阿奇木伯克。[32]他上任後發現高樸在葉爾羌役使回夫私採玉石，運送回京及販售，進而向烏什參贊大臣永貴控告高樸私竊玉石。由於葉爾羌辦事大臣是當時負責新疆玉石入貢的主要管理者，竟然監守自盜，高宗將高樸革職，並一改往昔對私販玉石不予深究的態度，轉而嚴格地全面查緝。[33]伯克也因此增加查緝私玉的工作，例如乾隆四十四年（1779）十月，伯克岳玉普查報私玉一千二八五觔十三兩五錢，葉爾羌五品伯克阿里雅等刨出玉六百一十六觔九兩，皆送運入京。[34]此舉對民間玉石貿易及玉料來源造成重大的衝擊，但也同時看到伯克有權糾舉大臣，以維護回人及清廷權益。

玉石開採後，集中於葉爾羌，再將玉石輓運入京，尤其是大型的山玉，官方需動用大量的人力、馬匹，伯克們多協助運送，高宗也以伯克升賞品級、翎頂及緞匹作為獎勵。例如乾隆四十年（1775）採獲密爾岱山玉塊數較多，阿克蘇五品噶匝納齊伯克阿拉瑚里、烏什明伯克納雅斯等，帶回眾解送玉石，晝夜照顧，送至庫車。高宗即諭令獎勵，由於阿拉瑚里已有花翎，因此升授一

[32]中國第一歷史檔案館編，《乾隆朝滿文寄信檔譯編》，冊 9，1415 條，頁 547，乾隆三十五年八月初五日社；苗普生，〈論清初維吾爾族地區伯克制度的改革〉，《清史研究通訊》，1988 年第 3 期，頁 30。
[33]中國第一歷史檔案館編，《乾隆朝上諭檔》，冊 9，頁 319，778 條，乾隆四十三年九月十七日，內閣奉上諭。
[34]中國第一歷史檔案館編，《乾隆朝上諭檔》，冊 9，頁 839-840，2041 條，乾隆四十四年十一月初六日，葉爾羌等處查出高樸案內尚未解到玉石數目清單。

等，賞戴四品頂戴，納雅斯已有藍翎，也升授一等，賞給五品頂戴，准戴花翎。[35]乾隆四十三年（1778），瑪興阿身為和闐領隊大臣，因高樸案後，暫辦葉爾羌大臣印務，當時採獲山玉及查出藏埋玉石有十萬七千多斤，除選為貢玉的三萬斤已運京之外，還有七萬六千多斤的玉，其中包含有九塊大玉，當他正在查詢上屆官場，是如何用馬匹將玉石運送到阿克蘇時，阿奇木伯克色提巴勒氏帶領眾伯克告知瑪興阿，伯克們願意提供牲口及飼牲的草料，負責修整葉爾羌至阿克蘇的橋樑及道路，以完成玉石的清運工作。事後烏什參贊大臣永貴上奏，擬請高宗獎勵二十二位伯克，三品阿奇木伯克貝子品級色提巴勒氏賞摹本緞二疋，四品伯克三位則賞蘇花緞各一疋，五品伯克十位各賞八庹彭緞一疋，六品伯克八位各賞四庹彭緞一疋，共銀一百六十九兩三錢一分。[36]

仁宗即位後，他曾表示不喜珠玉，私玉的追緝徒增煩擾，於是在高宗辭世的嘉慶四年（1799），諭令新疆玉石弛禁，新疆玉石無論是否已成器，買賣皆免治其罪，民間玉料又恢復自由流通買賣，而乾隆四十三年（1778）因禁採私玉，在密爾岱及巴爾楚克地方所設的卡倫，也自此撤除。[37]仁宗對於伯克以採玉獲賞頂翎等事，亦不已為然。嘉慶七年（1812）十一月，曾因和闐辦事大

---

[35]《大清高宗純（乾隆）皇帝實錄》，卷 996，頁 15-16，乾隆四十年十一月辛巳，諭。

[36]《軍機處‧月摺包》，文獻編號第 021343 號，2764 箱，無年月奏者；《軍機處‧月摺包》，文獻編號第 021565 號附件，2764 箱，乾隆四十三年十月二十九日，此件應是 021343 的錄副；《軍機處‧月摺包》，文獻編號第 021312 號，2764 箱，乾隆四十三年十月二十九日，永貴、瑪興阿咨呈；《軍機處‧月摺包》，文獻編號第 022493 號及附件，2764 箱，乾隆四十三年十二月二十四日，永貴奏；中國第一歷史檔案館編，《乾隆朝上諭檔》，冊 9，頁 454-455，1057 條，乾隆四十三年十一月二十日，奉上諭奏。

[37]《大清仁宗睿（嘉慶）皇帝實錄》，卷 39，頁 8，嘉慶四年二月甲午，刑部奏；《大清仁宗睿（嘉慶）皇帝實錄》，卷 45，頁 2，嘉慶四年五月甲戌，軍機大臣議覆。

臣興肇為伯克伊斯瑪伊勒及愛瑪爾霍卓帶回人採得白玉，奏請賞戴花翎及翎頂，仁宗認為翎枝頂戴為國家名器，伯克應勤勉於屯田、防卡之事，若以採玉即獲翎頂賞賜，伯克爭相搜採大玉妄加揣摹，甚至未得大玉誦經祈求，此實非報効國家之事。[38]道光元年（1821）四月，宣宗以造辦處貯玉尚多，足以敷用，令和闐及葉爾羌駐箚大臣暫停採玉入貢，兩地伯克及回眾也從此卸下採玉之責。[39]

三位皇帝對玉器喜好不同，伯克亦盡力配合所需，執行諭令。高宗喜玉，伯克協助開採玉石、運送等相關事務，可獲賞品級翎頂或緞匹，業務上增加查緝販賣或攜帶玉石者。仁宗不喜玉器，伯克減少了定期採玉數量，也不必再為查緝私玉耗費心力。宣宗即位，伯克不必再率眾採玉，和闐哈什伯克的設置，也予以廢除。

2、採銅鑄錢及採礦利民

高宗底定回疆初期，為了重新鑄造普爾，以利民生，文宗因太平天國等事，鼓勵回疆各地採金銀礦，以豐國庫，探詢礦脈及冶煉，一時間也成為伯克選派的標準。乾隆朝各地為了採礦鼓鑄之需，諭令由各城阿奇木伯克等負責協調人力、民意，阿奇木伯克主動捐麵、銀、牲口及督管，以利採鍊事務順利進行。各地上繳貢賦也包括各項礦產，請見表 10-2 回疆各城紅銅、硝、硫磺、鉛礦產表。

---

[38] 中國第一歷史檔案館編，《嘉慶道光兩朝上諭檔》，冊 7，頁 404，1017 條，嘉慶七年十一月十五日，內閣奉上諭。
[39] 《大清宣宗成（道光）皇帝實錄》，卷 17，頁 26-27，道光元年四月乙巳，諭內閣。

表 10-2 回疆各城紅銅、硝、硫磺、鉛礦產表

城名	紅銅（觔）	硝（觔）	硫磺（觔）	火藥（觔）	鉛（觔）
哈喇沙爾	905	428			
庫車	729 觔 10 兩	200	400	600	
沙雅爾	358 觔 10 兩 5 錢	100	100	300	
烏什	乾隆 26 年 3190 觔	100 增至 1100 觔 乾隆 31 年止			
	乾隆 27 年 5571 觔				
阿克蘇	4667	乾隆 25 年 700 觔	4200		300
		乾隆 33 年 3100 觔，後全數折交 硫磺			
賽喇木	383 觔 8 兩 5 錢				
拜城	370 觔 10 兩				
葉爾羌	✕	✕	✕	✕	✕
喀什噶爾	✕	✕	✕	✕	✕
和闐	✕	✕	✕	✕	✕

資料來源：（清）傅恒等 奉敕撰，《欽定皇輿西域圖志》，冊 4，卷 34，頁 3-28。

　　最初高宗為鑄造回疆貨幣普爾，銅礦的開採是為緊要之事，乾隆二十七年（1762）正月，海明等根據阿克蘇阿奇木伯克色提巴勒氏呈稱，採銅回人一百戶，只二名伯克管理，不敷差遣，需添一名伯克，及回人二百戶，每年才可交銅二千八百二十餘觔，高宗同意增添，同時為體恤採銅回人，原有應交官糧准其豁免，待鼓鑄既足，即行停採，再行按戶徵收，不必分派回人代為完納。[40] 各城為了貨幣流通致力於採銅鑄錢，阿克蘇阿奇木伯克色梯巴勒氏及喀什噶爾阿奇木伯克阿布勒吉斯等，都希望添人增加採銅

---

[40]（清）傅恒等編纂，《平定準噶爾方略續編》，卷 15，頁 15-16，乾隆二十七年正月庚戌，軍機大臣奏，收入張羽新、趙曙青主編，《清朝治理新疆方略匯編》，冊 6，頁 444。

量，而高宗認為採銅量應以該地錢文流通多寡為準，回疆新鑄錢文尚多，多採銅斤也用不上，又恐苦累回人，像布古爾地方較小，錢文流通少，若是阿克蘇地廣，需要用到錢幣之處較多，即准其添人採銅之請，喀什噶爾多採銅斤，尚無需用，即諭喀什噶爾參贊大臣永貴不必添人採辦。[41]至於庫車及沙雅爾是產銅之地，原是兩城輪派採礦，卻常推諉，乾隆三十一年（1766），高宗同意軍機大臣議准，不必輪派，改為每年固定由庫車派四十人，沙雅爾派二十人，免納官糧，專令其開採，官方支給錢文，提供衣服及採礦工具及驢隻馱銅，讓銅礦繳交變得穩定。[42]兩城皆設採銅伯克負責監督。[43]

文宗在咸豐五年（1855）要求各省積極開採金銀銅等礦，以利經濟或鑄錢，回疆各城也為此諭令積極投入採礦工作。咸豐六年（1856），阿克蘇、烏什、庫車、喀什噶爾採獲銅苗，和闐及喀喇沙爾採獲金砂，葉爾羌也由阿克蘇調來能識礦苗的六品伯克，發現伙什喇普、桑珠兩地的礦脈，葉爾羌阿奇木伯克吐魯番郡王阿克拉依都調遣樹木植被較豐的奇木都莊、伊希拜爾底莊兩莊回戶，撥入伙什喇普，負責燒炭鍊銅，阿克拉依都捐出五萬斤的白麵，以及五十隻駱駝，作為運送銅礦及鐵器之用，阿克蘇郡王銜貝勒四品伊什罕伯克邁瑪第敏捐普爾錢二千五百串，五品伯克薩木薩克捐普爾一千串，阿奇木伯克也與新撥的二莊回人協議，以採銅折換納糧的方式，豁免其正賦和雜差，使回戶無後顧

---

[41] 中國第一歷史檔案館編，《乾隆朝滿文寄信檔譯編》，冊 3，頁 460，235 條，乾隆二十七年二月初十日；中國第一歷史檔案館編，《乾隆朝滿文寄信檔譯編》，冊 3，頁 483，272 條，乾隆二十七年四月初八日。

[42] 《大清高宗純（乾隆）皇帝實錄》，卷 755，頁 27-28，乾隆三十一年二月丁卯，又議准。

[43] （清）賽尚阿等修，《欽定回疆則例》，卷 1，頁 17、18。

之憂的參與採礦及冶煉。[44]

　　同樣在咸豐六年（1856）庫車辦事大臣烏爾清阿奏庫車歲需
經費銀兩，除糧折抵充銀約五十兩外，尚需寔銀三千兩，各省協
餉，若一時未按期撥到，經費是相當短絀的。他據前任阿奇木伯
克邁瑪斯底克的考察，知道原有城北八十里的銅礦枯竭，已無法
續挖，商伯克玉蘇普也雇覓回夫，但開採量不敷成本。後來新探
得距城西北方二百里及距城北百餘里之族魯馬蹄山谷有銅礦，沙
雅爾阿奇木伯克邁瑪塔里普即清查各庄回戶人力，撥派八百一十
多人，至新廠輪流挖鍊，所撥回人係無差之人，每人每歲僅交銅
十斤，於咸豐六年（1856）正月撥派挖煉，已故阿奇木伯克伊克
拉依木在春卯時已交銅四千五百斤，署庫車阿奇木伊什罕伯克愛
莫特秋卯又交齊四千五百斤，截留每年送阿克蘇之銅，以利來年
在庫車就近鼓鑄。[45]

　　由於文宗的開礦政策，也造成各城大臣藉機官價收購等盤剝
回人，文宗有鑒於葉爾羌銅廠產銅量短絀造成苛歛，在咸豐十年
（1860）諭令庫庫雅爾及桑珠二莊折交銅斤錢文即行停止，改成
糧賦。但葉爾羌參贊大臣認為如此搭放兵餉時，官兵薪餉就更形
虧短，因此一改前任各大臣以官價買銅每斤八十文，造成伯克層
層剝削，回人不堪賠累，而以無銅為藉口不再供應。葉爾羌參贊
大臣派伊什罕伯克呢雅斯前往盛產銅礦各城，按市價運費一斤一
百五十文買收一萬多斤鼓鑄，並要求認真經理採買，維持銅廠經
常性的鼓鑄作業。[46]至於和闐城因擁有金礦，和闐三品阿奇木伯克

---

[44]《宮中檔咸豐朝奏摺》，文獻編號第 40609031 號，2779 箱，咸豐六年十月十八
　　日，常清、法福禮奏。

[45]《奏摺檔》，文獻編號第 305000442 號，頁 56-59，咸豐六年九月二十五日，烏
　　爾清阿奏。

[46]《宮中檔咸豐朝奏摺》，文獻編號第 406013534 號，2714 箱，咸豐十年十一月
　　二十五日，英蘊奏。

需永遠總司金場（廠）之事，並與克里雅勒（爾）城四品伯克及五品採金伯克相互配合，督催金礦採挖的責任。[47]由此可知，伯克帶領回眾盡力執行皇帝政策，也影響各地伯克的設置及人才的選拔，而駐箚大臣本應負監督之責，卻成為中間謀利的貪瀆者。

三、乾隆朝及道光朝開墾地畝

　　高宗為了移民實邊，增加屯墾面積，疏解糧荒，供應新疆軍隊糧需，在各地積極開墾屯田，鼓勵陝甘貧窮的百姓移民至新疆，回疆各城也積極開墾，並遷移回疆各城回人前往伊犁，設伯克管理。由於伊犁伯克升補途徑，不似回疆各城伯克利於流通調動，因而自乾隆朝起，即以增加獎勵的方式優待伯克，且持續執行至同治朝。當開墾之地已有穩定的收成，人口漸多，清廷即增設伯克，負責管理及督催等事宜。清朝新疆的開墾以乾隆及道光兩朝最為積極，道光朝尤其在林則徐因鴉片戰爭等因素遣戍新疆，受伊犁將軍布彥泰之請至各地調查，為新疆屯田帶起一波風潮。有關新疆屯墾向來是個研究的專題[48]，而本文僅就回屯中伯克參與部分，列舉實例說明。以下就回疆各城、伊犁及設伯克督催三部分，觀察伯克在其中的執行力及付出。

1、回疆各城地畝的開墾

---

[47]《宮中檔咸豐朝奏摺》，文獻編號第 406013529 號附件 4，2714 箱，咸豐十年十一月二十五日，常亮奏；（清）賽尚阿等修，《欽定回疆則例》，卷 1，頁 9-10。
[48]有關新疆屯墾可分為兵屯、旗屯、犯屯、民屯及回屯，相關研究請參見王希隆，《清代西北屯田研究》，蘭州：蘭州大學出版社，1990 年；方英楷，《新疆屯墾史》（烏魯木齊：新疆青少年出版社，1989 年），下冊，頁 505-873；華立，《清代新疆農墾發展史》（哈爾濱：黑龍江教育出版社，1998 年），頁 46-207；而其中帶來人口流動及文化的傳播影響等，請見賈建飛，《清乾嘉道時期新疆的內地移民社會》(北京：社會科學文獻出版社，2012 年)，頁 173-232。

　　高宗早在乾隆二十三年（1758）命德齡以侍郎銜前往哈喇沙爾辦理屯田，乾隆二十四年（1759）七月，多倫回人降清，德齡建議移往哈喇沙爾耕種，上疏請引水溉田，讓降眾五千多人得以安置，並與吐魯番郡王素賚滿一起辦理，另有羅卜淖爾托克托伯克也帶領三百餘戶，請德齡協助屯田。[49]乾隆朝官員在回疆各地調查得知，由阿克蘇至葉爾羌、喀什噶爾一帶，相距數千里，地方空闊，巴爾楚克、恒額拉克兩地，可召無業回民前往耕作，成為村落，即派千總一員駐紮，積極地進行屯墾。[50]由於回人的地畝，俱由山水灌溉，但不熟悉守護修茸，以致有淤阻塌陷的狀況。乾隆二十七年（1762），喀什噶爾辦事大臣永貴，奏派喀什噶爾伯克率領所屬管理水利灌溉的密喇布伯克等，前往各村莊詳加查勘，疏浚或是築堤，以利蓄其勢，並開通路徑及橋樑，方便人行。[51]葉爾羌阿奇木伯克阿克伯克也募人挖渠及解運布匹，得到高宗賞蟒緞及大緞各二匹的獎勵。[52]於此可見伯克運用個人的技術及統籌人力方式，協助建立灌溉溝渠及維護，讓農田利於種植生產。

　　嘉慶二十年（1815），葉爾羌阿奇木伯克貝子邁哈默特鄂三（庫車郡王家族）捐資挖渠，開墾一千二百九十餘頃的地畝，讓無業的回人得以裕其生計，仁宗對此急公好義之舉，賞緞四疋作為獎勵，其子邁哈默特鄂對、伊什罕伯克魯則依二人督辦認真，各賞給緞二疋，而隨同辦理的五品伯克阿布都瓦里、六品伯克巴

---

[49]《德齡列傳》，文獻編號第 701005723-1 號，2830 箱，頁 11-12，國史大臣列傳正編卷 144，清國史館本。

[50]《大清高宗純（乾隆）皇帝實錄》，卷 610，頁 17-18，乾隆二十五年四月己丑，軍機大臣議奏。

[51]（清）傅恒等，《平定準噶爾方略續編》，卷 16，頁 2-3，乾隆二十七年三月甲午，喀什噶爾辦事尚書永貴等奏，收入張羽新、趙曙青主編，《清朝治理新疆方略匯編》，冊 6，頁 449。

[52]《大清高宗純（乾隆）皇帝實錄》，卷 1496，頁 31-32，嘉慶二年閏六月丁巳，敕諭。

達雅爾、薩木薩克各賞緞一疋，以示鼓勵，所賞緞疋由葉爾羌庫貯下支給。[53]

宣宗承繼高宗移民實邊之志，也重視新疆的屯墾工作，張格爾事件善後調查中，有鑒於回疆雨水稀少，回眾的農田全藉著引水灌溉系統，以滋養耕種作物，宣宗諭令各城駐箚大臣於每年春夏需曉諭回眾及大小伯克，不准有侵占渠水的行為，務必使需水農田都得到均勻澆灌，伯克要負責巡查，如有損壞，要督促各城莊回眾一起修復，伯克如有侵占渠水或是倚勢強行截流，一經查出或遭人控告屬實，將予參劾革職，若是回眾所為，管理該處伯克，也要治以失察之咎。[54]

喀什噶爾阿奇木伯克世襲二等台吉作霍爾敦於道光十六年（1836）在喀什噶爾北方踏勘，得知連巴克地方，土脈肥沃，捐資開渠引水，發籽種、口糧給回兵等一千戶，將其移駐該地，每年生產足以交正賦二千石，並招募窮苦的回人三百五十戶參與闢地。三年之後，墾地生產已成熟，可以穩定增糧賦七百石。同時為了確保回人不再遭受外來入侵者，在卡倫、戈壁搶掠滋擾的情形，興工修建回城，由其子額布列拉每天督工五千回夫，由八月初六興工至十月初二日即完工，在舊回城基礎加寬擴展，並設礮臺四十多處。於是葉爾羌參贊大臣恩特亨額及喀什噶爾領隊大臣富興阿奏請予獎勵，宣宗以其籌墾該處地畝，在額徵糧石之外，永遠為當地增加糧食生產七百石，作為資助軍糈，並能迅速完成回城的修築，保障居民生活安全，因此嘉賞散秩大臣職銜，其子

---

[53] 《嘉慶道光兩朝上諭檔》，冊 21，頁 517，1372 條，嘉慶二十年十月初一日，內閣奉上諭。

[54] （清）賽尚阿等修，《欽定回疆則例》，卷 6，頁 20；（清）曹振鏞，《欽定平定回疆剿捕逆裔方略》，卷 80，頁 16-17，道光九年四月己巳，那彥成等奏，收入張羽新、趙曙青主編，《清朝治理新疆方略匯編》，冊 10，頁 184-185。

得到世襲五品翎頂。[55]

　　由於各省民人生齒日繁，宣宗希望他們前往回疆各城謀生，於是在道光二十四年（1844）諭令伊犁將軍布彥泰在回疆各城調查可耕之地，能將荒地招給戶民承種，如此就能實現無荒曠之地，鮮有遊民擾事，而回疆居民又可安居的願景。宣宗令遣戍至新疆的林則徐，偕同全慶，前往阿克蘇、和闐、烏什、庫車等地考察，各城阿奇木伯克等伯克為新疆增加更多可耕地，也積極尋找新墾地畝，因而受到宣宗的獎勵。[56]

　　道光二十四年（1844）六月，和闐達瓦克展開墾地的開發，林則徐、全慶也在道光二十五年（1845）前往查勘，預計有適合開墾之地約十萬畝，奕山時任和闐辦事大臣，為開墾地畝捐辦五萬工次之款，接任的舒興阿也持續開發，後來實墾七萬二千畝，三年間動用工人共三十一萬兩千六百六十人次，可生產三千六百石作為徵糧，共可折銀一千八百兩。在這過程中，和闐各品級伯克捐工、招募回戶前來開墾，並捐給新招回戶牛隻、牛具、籽種，得和闐前後任辦事大臣奕山及舒興阿奏請宣宗獎勵，伯克個人因而得到晉升的機會，或換賞藍翎及花翎，其中也有伯克將其功轉賞給兒子，為其未來晉升伯克鋪路。[57]請見表 10-3 和闐伯克開墾捐助陞賞表。

---

[55] 《宮中檔道光朝奏摺》，文獻編號第 405002160 號，2726 箱，道光十八年十一月十九日，恩特亨額、富興阿奏；中國第一歷史檔案館編，《嘉慶道光兩朝上諭檔》，冊 43，頁 501-502，1910 條，道光十八年十二月二十五日，內閣奉上諭。

[56] 《軍機處‧月摺包》，文獻編號第 073663 號，2752 箱，道光二十五年三月十二日，奕經奏；《宮中檔道光朝奏摺》，文獻編號第 405007758 號附件一，2731箱，道光二十五年六月十九日，布彥泰奏。

[57] 《宮中檔道光朝奏摺》，文獻編號第 405008828 號，2731 箱，道光二十六年二月十三日，奕山奏；《軍機處‧月摺包》，文獻編號第 081225 號，2749 箱，清單。

表 10-3 和闐伯克開墾捐助陞賞表

伯 克 職 稱 及 名 字	伯 克 作 為	奏 請 功 賞
阿奇木伯克阿里	捐 56000 工,招回人 892 戶,捐給新招回戶牛具籽種	已三品轉功伊長子六品頂戴伊敏賞五品頂戴
伊什罕伯克阿皮斯	捐 41660 工	各城三品阿奇木伯克儘先陞用
哈拉哈什四品阿奇木伯克皮達之子邁買底	捐牛 115 隻,籽種 31 石 2 斗 5 升	升六品頂戴
克里雅爾阿奇木伯克阿拉胡里之子呢雅斯	捐農具 52 副,籽種 226 石	賞戴六品頂戴
前任克里雅爾四品伯克現任布古爾三品阿奇木伯克玉努斯之子邁瑪特烏玉普	捐耕牛 142 隻	賞戴六品頂戴
和闐五商伯克托胡塔常川	捐牛 76 隻	以本處四品阿奇木伯克儘先陞用
和闐五品頂藍翎噶褲納齊伯克依斯瑪依勒	捐耕牛 95 隻	賞換花翎
克里雅爾五品頂藍翎採鉛伯克伊薩克	捐耕牛 95 隻	賞換花翎
哈拉哈什五品商伯克尼雅斯	修龍口安插回戶捐牛 95 隻	賞花翎
策勒六品哈資伯克約霍普	捐耕牛 98 隻	各城五品伯克儘先陞用
玉隴哈什六品哈資伯克阿布都薩塔爾之子伊斯坎達爾	捐籽種 515 石	賞戴六品頂戴
前任玉隴哈什四品阿奇木伯克現任阿克蘇四品伊什罕伯克阿那雅特之子欽賜六品頂戴哈斯木	捐牛 184 隻	賞戴藍翎
和闐七品明伯克愛孜木沙	捐農具 212 副	三人賞戴藍翎
和闐七品明伯克愛孜木沙之子正額金頂鄂斯滿	捐農具 212 副	三人賞戴藍翎
沙哈拉哈什七品帕提沙普伯克胡達巴爾底	捐農具 212 副	三人賞戴藍翎
和闐七品帕提沙普伯克愛孜木沙	捐籽種糧 690 石	賞戴藍翎
哈拉哈什七品都管伯克	捐籽種 693 石 5 斗	賞戴藍翎
和闐土薩拉莊七品明伯克邁瑪沙	捐 515 石	以六品伯克進用
哈拉哈什瑪庫雅爾莊七品明伯克烏舒爾	捐 515 石	以六品伯克進用
正額金頂玉素云常川	催挖渠道,捐籽種 390 石	以七品伯克儘先陞用

資料來源：《宮中檔道光朝奏摺》，文獻編號第 405008828 號，2731
箱，道光二十六年二月十三日，奕山奏;《軍機處‧月摺包》，
文獻編號第 081225 號，2749 箱，清單。

　　道光二十五年（1845）四月，庫車新墾托伊伯爾底地有六萬
八千多畝，伊犁將軍布彥泰派林則徐及全慶前往會勘，因為渠道
尚需整治挑挖，阿奇木伯克皮魯斯僱覓回夫，經兩個月施工，招
回人前來承種；宣宗在五月時重申，希望此荒地是招其他各省前
來回疆各城謀生者，而非再由原城屬之民承種，避免大臣或伯克
有勒派苦累回人的情形。[58]道光二十五年（1845），烏什舊有回戶
應交四千一百五十二石，加上屯兵，共交九百石，而當年在全慶
及林則徐查勘下，增加可墾地十萬三千多畝，招回人一千三百戶
耕種，經過兩年，在道光二十七年（1847）十二月，阿奇木伯克
邁瑪塔里催收，新增回戶納屯地科糧有五千一百五十石，等於為
當地增加了一倍的錢糧收入，再加上原有兵屯及舊有回戶收成，
三者合計折征普爾四百串文，作為抵用經費銀一千兩，以資搭放
官兵鹽菜之用。[59]

　　由於各省人口日漸增多，宣宗欲開墾回疆地畝作為安置，但
有時回疆城莊的各省游民人數寥寥無幾，開發出來的土地，只得
交由回人耕種。例如庫車在道光二十七年（1847）十一月阿奇木
伯克皮魯斯又查得與原在道光二十五年（1845）開發的伊伯爾底，
至阿哈吐拉一帶有三段地，共一萬二千畝地，平坦且靠近新開的
大渠，因此招得一百二十名窮苦回人願意承種，回人們自此有了

---

[58] 《宮中檔道光朝奏摺》，文獻編號第 405007758 號附件一，2731 箱，道光二十
　　五年六月十九日，布彥泰奏。
[59] 《軍機處‧月摺包》，文獻編號第 080302 號，2749 箱，道光二十七年十二月初
　　八日，鍾翔、興貴奏。

田地恆產，成為新墾之地的主人。庫車大臣德全雖了解宣宗開發
地畝，是為安置各省無業游民及眷屬，但庫車當地游民甚少，因
此上奏先給回人試種一年，秋後驗明確定升科，對國計民食均可
其益，宣宗批以軍機大臣議奏。軍機大臣穆彰阿等也認為庫車非
烏魯木齊居民眾多可比，為使地利不至拋荒，也贊同德全的建議。
[60]於是道光二十八年（1848）十月阿奇木伯克回報種植成效，德全
因此決定在道光二十九年（1849）起征收，酌定每畝地征糧五升，
共有六百石，每石可折銀五錢，共折銀三百兩，由糧餉章京收貯
於庫，作為道光三十年（1850）搭放官兵菜鹽正報銷。[61]宣宗原是
為了安置游民之策，回人反而因此受惠得到田產。

　　葉爾羌城也由阿奇木伯克伊斯瑪依爾率領眾伯克，開墾葉爾
羌和爾罕，林則徐、全慶亦在道光二十五年（1845）四月探查，
伊斯瑪依爾雇夫挖渠，捐牛八百隻，農具八百付，捐籽種小麥二
千四百石，各伯克及回人也都參與其中，捐助所需，共同開墾了
九萬八千畝，安插八百戶，伯克受宣宗賞升用，一般回人也換賞
頂帶或是賞戴花翎、藍翎，作為獎勵。[62]請見表 10-4 葉爾羌伯克
開墾升賞表。

---

[60]《外紀檔》，文獻編號第 303000194 號，頁 88-89，道光二十七年十一月十二日，
德全奏；《外紀檔》，文獻編號第 303000194 號，頁 189-190，道光二十七年
十一月二十六日，穆彰阿奏。

[61]《外紀檔》，文獻編號第 303000203 號，頁 192-193，道光二十八年十月三十日，
德全奏。

[62]《軍機處•月摺包》，文獻編號第 073663 號，2752 箱，道光二十五年三月二十
三日，奕經奏；《嘉慶道光兩朝上諭檔》，冊 53，頁 334-335，1103 條，道光
二十八年十月初四日，內閣奉上諭。

表 10-4 葉爾羌伯克開墾升賞表

伯 克 品 級 職 位	名 　 字	奏 定 升 用 賞 換
三品阿奇木伯克之子三品頂帶花翎	伊斯瑪依爾之子瑪普蘇	二等台吉三品頂花翎
四品伊什罕伯克	烏舒爾	以三品伯克儘先升用
世襲郡王銜貝勒六品伯克	邁瑪第敏	賞花翎，遇四五品伯克缺出儘先即補
四品頂花翎六品伯克	希爾	五品伯克儘先升用
五品頂花翎六品伯克	阿玉普	賞換四品頂帶
藍翎六品伯克	素皮呢雅	五品頂花翎
六品頂藍翎	伊底斯	五品頂花翎
六品頂藍翎	巴海	五品頂花翎
藍翎六品伯克	斯底克	換五品頂
藍翎六品伯克	伊斯瑪依勒	換花翎
藍翎六品伯克	胡達巴爾底	換花翎
藍翎六品伯克	邁瑪特熱依木	換花翎
六品頂藍翎	邁買提呢雅斯	換五品頂帶
六品頂藍翎	那斯爾	換五品頂帶
六品頂藍翎	邁買沙	換五品頂帶
六品頂帶	呢雅斯	賞戴藍翎以應升之缺升用
七品得什達回人	托克塔呢雅斯	賞戴藍翎
六品頂帶回人	薩木薩克	賞戴藍翎
六品頂帶回人	毛拉克賽魯拉	賞戴藍翎
六品頂帶回人	邁買底敏	賞戴藍翎

資料來源：《嘉慶道光兩朝上諭檔》，冊 53，頁 335，1103 條，道光二十八年十月初四日，內閣奉上諭。

到了咸豐年間，因為太平天國、捻亂等軍務未竣，經費浩繁，

各省歷年應撥給新疆的經費、軍餉單是葉爾羌、巴爾楚克兩地，至咸豐十一年（1861）就已累積十數萬兩未撥解。葉爾羌參贊大臣英蘊只得自找可濟兵食與安撫窮苦回人的營生之道，因此要求阿奇木伯克阿克拉依都在葉爾羌查勘開墾地，伯克查得塔斯哈瑪莊所屬的科諾阿瓦特地方，有十萬餘畝地可開墾，伊什罕伯克呢雅斯也認為此地肥沃，只要由該地南面開渠引入玉河之水，即可糧增及安置無業回人，因此奏請開發。[63]

由此可知，伯克們配合諭令，主動參與調查各地可供開墾的地畝，林則徐及全慶的勘查給予意見，開墾的地畝生產所得，既可供軍糧，折價為銀兩，有益於當地經濟收入，又可安置回疆及陝甘或其他各省窮苦無耕地者或游民，或讓維吾爾等各族之民，擁有恆產，可資生計。伯克們因應也政策，發揮行政組織的作用，分工招募回戶、募集工人整地、捐助口糧、工資，給予回戶牛隻、耕具、籽種，完成土地開發以資民生，也因而得到升賞品級頂戴，有益於未來的升途。

2、伊犁開墾部分

為利供應伊犁駐軍所需糧石，高宗除了調綠營前往屯田外，也由回疆各城遷移回人前往北疆伊犁開墾。乾隆二十四年（1759），回疆底定，阿桂及兆惠等開會決議，從阿克蘇、烏什、賽里木、拜、庫車、沙雅爾等城，酌派回人二、三百戶，在來年二月間，先遣丁壯前往伊犁屯墾，待青草發長才將回人家屬遷往，以充實伊犁人口及屯田事務。乾隆二十五年（1760）五月，鑿鑿了冰封的穆素爾嶺，帶領初次遣往伊犁的各城回人三百名，抵達

---

[63] 《宮中檔道光朝奏摺》，文獻編號第 406014297 號，2714 箱，咸豐十一年四月初三日，英蘊奏。

海努克進行屯墾工作。[64]此後幾年，皆有回疆各城回人，陸續經由
伯克徵集，前往伊犁。乾隆二十五年（1760），舒赫德奏稱事逢
各城伯克前來阿克蘇，開會決定將各城回人調撥五百戶至伊犁屯
田，計阿克蘇一百六十一戶，烏什一百二十戶，賽里木十三戶，
拜城十三戶，庫車三十戶，沙雅爾十三戶，多倫一百五十戶，於
次年二月出發，需辦給籽種器具，攜眷前往，需要之行走口糧及
來年收成前糧食。[65]到了乾隆二十五年（1760）九月伊犁收成，參
贊大臣阿桂奏稱其收穫可供一千戶屯田回人之食，高宗因此希望
原於明年要派來的五百名回人外，可再增派二百名一起前來，據
阿桂所奏，乾隆二十六年（1761）六月底，這二百名回人已前往
伊犁協助收割。[66]

各城遷往伊犁回人，皆經由伯克安排徵集，阿奇木伯克鄂斯
璊等辦理所需口糧，由庫車、沙雅爾、賽里木、拜四城伯克捐助，
共四萬八千七百餘觔。[67]乾隆二十六年（1761），阿克蘇、庫車、
烏什各地阿奇木伯克多出力協助，高宗為獎勵他們之功，准予免
貢賦十分之一。[68]而遷出人口所遺的田畝，伯克也需負責重新安排

[64]《大清高宗純（乾隆）皇帝實錄》，卷 603，頁 20-21，乾隆二十四年十二月乙
巳，諭軍機大臣；《大清高宗純（乾隆）皇帝實錄》，卷 613，頁 21-22，乾
隆二十五年五月壬申，諭軍機大臣等。

[65]《大清高宗純（乾隆）皇帝實錄》，卷 615，頁 12，乾隆二十五年六月丙申，參
贊大臣舒赫德等奏。

[66]《大清高宗純（乾隆）皇帝實錄》，卷 621，頁 13-15，乾隆二十五年九月辛未，
參贊大臣阿桂等奏；《大清高宗純（乾隆）皇帝實錄》，卷 639，頁 2，乾隆
二十六年六月癸未，參贊大臣阿桂等奏。

[67]（清）傅恒等，《平定準噶爾方略續編》，卷 7，頁 27，乾隆二十五年十一月甲
子，諭軍機大臣，收入張羽新、趙曙青主編，《清朝治理新疆方略匯編》，冊
6，頁 385。

[68]（清）傅恒等，《平定準噶爾方略續編》，卷 8，頁 9-10，乾隆二十五年十二月
乙酉，參贊大臣舒赫德，收入張羽新、趙曙青主編，《清朝治理新疆方略匯編》，
冊 6，頁 389；（清）傅恒等，《平定準噶爾方略續編》，卷 9，頁 20，乾隆
二十六年正月乙巳，諭軍機大臣，收入張羽新、趙曙青主編，《清朝治理新疆

由其他回人耕種，以補足該城原有應交的糧賦，例如庫車阿奇木伯克烏斯曼、沙雅爾阿奇木伯克瑪哈默特，從家口多而地少的回人中，挑選成丁者，令他們種田，以補遣往伊犁屯田六十戶，應繳之糧。[69]

　　接著在乾隆二十六年（1761）麥熟之際，各城又續派回人遷往，烏什阿奇木伯克阿布都拉捐贈物品資助遷往伊犁的三十戶回人，給三十頭驢，各三十件的袍子、皮襖、靴子，十五個鍋子，喀什噶爾、英吉沙爾阿奇木伯克噶岱默特等，自願捐助一百一十戶回人所需牲隻及生活物品，阿克蘇阿奇木伯克色提巴勒氏，自願捐助二十六戶七十五口回人，二十六頭驢，及袍子、皮襖各二十六件，靴子二十六雙，鍋子十三個，並由阿桂發給盤纏給回人前往伊犁，高宗諭以賞賚。[70]乾隆二十七年（1761）二月，葉爾羌阿奇木伯克等辦送回人一百三十戶，及和闐辦送回人二十四戶前往伊犁屯田，高宗亦加以賞賚。[71]乾隆二十八年（1763），官方為了接濟遷往伊犁之喀什噶爾、葉爾羌、英吉沙爾、和闐等四城回人口糧，也將買糧籌備之事交給伯克。[72]高宗寄諭理藩院侍郎依大臣的上奏，賞賜給阿克蘇阿奇木伯克色提巴勒氏及眾伯克，捐助

方略匯編》，冊6，頁399；中國第一歷史檔案館編，《乾隆朝滿文寄信檔譯編》，冊2，頁558-559，46條，乾隆二十六年正月三十日，奉上諭。

[69]中國第一歷史檔案館編，《乾隆朝滿文寄信檔譯編》，冊4，頁564，560條，乾隆二十八年九月十五日，奉上諭。

[70]（清）傅恒等，《平定準噶爾方略續編》，卷7，頁9-10，乾隆二十五年十一月戊戌，舒赫德等奏，收入張羽新、趙曙青主編，《清朝治理新疆方略匯編》，冊6，頁381；中國第一歷史檔案館編，《乾隆朝滿文寄信檔譯編》，冊2，頁641-642，173條，乾隆二十六年八月二十二日；中國第一歷史檔案館編，《乾隆朝滿文寄信檔譯編》，冊2，頁643-644，177條，乾隆二十六年八月二十九日，奉上諭。

[71]（清）傅恒等，《平定準噶爾方略續編》，卷15，頁22，乾隆二十七年二月庚午，收入張羽新、趙曙青主編，《清朝治理新疆方略匯編》，冊6，頁446。

[72]中國第一歷史檔案館編，《乾隆朝滿文寄信檔譯編》，冊4，頁558-559，551條，乾隆二十八年八月三十日，奉上諭。

撥往伊犁回人等乾糧、驢隻、鞍、鍋、皮襖等物，每戶一份，依
例賞給緞匹作為獎勵，而緞匹即由各處所存緞布內賞賜，以示鼓
勵。[73]由上可知，回疆各城遷往的人口的數量、選派，捐助沿途所
需口糧、驢隻、衣袍、皮襖、靴子、鍋子等用品，皆由各城伯克
負責，遷出者所遺之田畝，亦由伯克負責找人耕作，以維持原有
應繳糧賦之數。

　　為了伊犁屯墾實邊，由回疆各城陸續遷移回眾前去，人數漸
增，儘管伊犁屬北疆，又有伊犁將軍管理，高宗仍於乾隆二十五
年（1760）十二月設置了伯克，以利管理回眾。首任阿奇木伯克
即由吐魯番額敏和卓之子木薩擔任，並諭由吐魯番回人內補授伯
克一、二人，以資協辦，伊犁除阿奇木伯克外，自四品伊沙噶（伊
什罕）至阿爾巴卜（密喇布）伯克，先設十五缺，也決定將來有
應裁、應增、續放，或於阿克蘇等各城補放之處，待日後再行酌
定。[74]這表達高宗對額敏和卓家族的信任，由他安排移居至伊犁的
回眾，伯克的設置，因應未來遷入人口及自然增長等實際需求，
保留彈性，時至嘉慶十九年（1814）歷五十四年的經營及發展，
伊犁伯克已增為二十六缺及虛銜金頂回子十二缺。[75]

　　乾隆二十七年（1762），伊犁已有一千二百五十戶，其中有
老弱有疾的七十四戶，由木薩負責養贍，並與參贊大臣阿桂商議，
量其年力精壯者，給予籽種、牲隻及農具，安排伊犁之河北固勒
扎及河南兩岸設莊屯田，而考量接濟穆素嶺臺站，在霍格爾巴克

---

[73]中國第一歷史檔案館編，《乾隆朝滿文寄信檔譯編》，冊 4，頁 478，421 條，
　　乾隆二十八年二月初八日，奉上諭。

[74]（清）傅恒等，《平定準噶爾方略續編》，卷 8，頁 15-16，乾隆二十五年十二
　　月癸巳，參贊大臣舒赫德等奏，收入張羽新、趙曙青主編，《清朝治理新疆方
　　略匯編》，冊 6，頁 454。

[75]（清）托津等編纂，《欽定回疆則例》，卷 1，頁 21，收入天龍長城文化藝術公
　　司編，《新疆史志》，第二部，冊 11，頁 93-94。

編設一屯，安插八十戶，海努克也編設一屯，安插七十戶。[76]既顧及河兩岸皆有屯村的平衡與景觀，也照拂臺站邊防之需。

阿奇木伯克木薩要負責呈報屯田所需馬牛數量及計畫，駐箚官員再與官牧孳生計算，協助屯墾順利進行，如乾隆二十七年（1762）九月木薩按戶給馬一千二百五十四，每年准銷倒斃約三成，應補給馬二百七十五匹，但屯田用牛隻較馬為優，因此在孳生官牛內給回人四百四十隻，四年內可孳生牛一千餘隻，四年後又可孳生三百多隻計算，五年後原有牛隻約一千隻，即可不必再支付馬匹的費用。經參贊大臣阿桂計算後，奏准以官牧牛隻給回人牝牛四百隻，牡牛四十隻，令其孳生，四年內共應補的馬一千五百匹，以牛七百隻分三年抵補，五年後所需牲隻，仍以孳生牛隻抵補，屯戶即以一千隻牛孳補屯田所需，官牧可不必再支援。[77]

乾隆二十八年（1763）七月，喀什噶爾辦事尚書都統永貴再奏請由回疆各城派往伊犁屯田，詢問各城約有一千五百名左右的回人願往，因此阿克蘇以西，由伊犁阿奇木伯克木（茂）薩負責辦理查核、管控人數、給予口糧及行裝各項事宜。[78]八月時，烏什由阿奇木伯克阿布都拉辦理，派往伊犁有二百戶，給予口糧及牲隻，十月阿奇木伯克阿布都拉等，情願於官用的八百石糧照數採買外，再行捐麥四百石，伊什罕伯克摩羅和卓也願捐麥一百石，

---

[76] （清）傅恒等，《平定準噶爾方略續編》，卷16，頁21-22，乾隆二十七年四月甲戌，參贊大臣阿桂等奏，收入張羽新、趙曙青主編，《清朝治理新疆方略匯編》，冊6，頁454。

[77] （清）傅恒等，《平定準噶爾方略續編》，卷18，頁26-27，乾隆二十七年九月壬申，參贊大臣阿桂等奏，收入張羽新、趙曙青主編，《清朝治理新疆方略匯編》，冊7，頁14-15。

[78] （清）傅恒等，《平定準噶爾方略續編》，卷22，頁15-16，乾隆二十八年七月甲申，喀什噶爾辦事尚書都統永貴等奏，收入張羽新、趙曙青主編，《清朝治理新疆方略匯編》，冊7，頁45。

協助由阿克蘇至伊犁屯田之回人的口糧；[79]此次遷移至伊犁的一千五百名回人中，各城派出人數為烏什二百戶、阿克蘇二百七十戶、喀什噶爾三百戶、葉爾羌及和闐有四百戶、賽里木及拜城為一百三十戶、庫車及沙雅爾一百五十戶、哈喇沙爾及多倫有五十戶。[80]各城遷移的回戶於乾隆二十九年（1764）正月十四日陸續出發，以一百戶為一隊，每隔二天出發一隊，由伯克帶領，於噶克察哈爾海，按隊查點，到伊犁時，按地利，編設屯莊，給予籽種及牲隻。[81]

　　乾隆二十九年（1764）四月，伊犁屯田的回疆各城回人已增加至三千二十戶，由阿奇木伯克木薩管理，伊犁將軍也籌劃在伊犁、哈什二河之間，築一大城供回人居處，以利回人相互聯絡及有益回人生計。[82]同年八月，葉爾羌、和闐再派五百戶到伊犁，阿奇木伯克鄂對呈請照舊捐助各項所需什物，高宗恐擾累伯克，諭令衣服、路費，概由官方動支帑項，伯克給予回人的各項支助，仍照例給賞。[83]乾隆三十年（1765）正月，再由回疆各城遷移一千

79 （清）傅恒等，《平定準噶爾方略續編》，卷22，頁23-24，乾隆二十八年八月壬子，諭軍機大臣，收入張羽新、趙曙青主編，《清朝治理新疆方略匯編》，冊7，頁47；（清）傅恒等，《平定準噶爾方略續編》，卷22，頁23-24，乾隆二十八年十月丙午，諭軍機大臣，收入張羽新、趙曙青主編，《清朝治理新疆方略匯編》，冊7，頁50。

80 （清）傅恒等，《平定準噶爾方略續編》，卷23，頁11-12，乾隆二十八年十一月己巳，伊犁將軍明瑞等奏，收入張羽新、趙曙青主編，《清朝治理新疆方略匯編》，冊7，頁52。

81 （清）傅恒等，《平定準噶爾方略續編》，卷24，頁3-4，乾隆二十九年正月丙寅，伊犁將軍明瑞等奏，收入張羽新、趙曙青主編，《清朝治理新疆方略匯編》，冊7，頁58。

82 （清）傅恒等，《平定準噶爾方略續編》，卷25，頁4-5，乾隆二十九年四月庚子，伊犁將軍明瑞等奏，收入張羽新、趙曙青主編，《清朝治理新疆方略匯編》，冊7，頁66。

83 《大清高宗純（乾隆）皇帝實錄》，卷716，頁20，乾隆二十九年八月癸巳，又諭。

七百九十六戶，葉爾羌伯克等稟稱雖有捐助口糧，但因天寒路遙，尚屬不足，伊犁將軍明瑞要求伊犁阿奇木伯克木薩代為辦理，原有在安頓產糧後歸還部分，也因為數不多，上奏免於取償，同時庫爾勒哈子（資）伯克阿璊稟稱從前塔里雅沁回人遷居伊犁，多倫回人甚為羨慕，今有三十戶情願自備資斧前往伊犁，因此明瑞奏請一體安插。[84]

由乾隆二十六年（1761）至乾隆三十年（1765）正月止，短短的四年間，累計回疆各城遷往伊犁的回人已有四千八百四十六戶，若與回疆各城人口戶數相比，僅次於喀什噶爾、葉爾羌、和闐、阿克蘇及烏什（烏什事件未發生前之戶數）各大城。以王希隆的研究統計截至乾隆三十三年（1768）回疆各城已有五千七百四十四戶遷往伊犁，於乾隆三十八年（1773）分為九屯，包括海努克、哈什、博羅布爾噶素、濟爾噶朗、塔舒鄂斯坦、鄂羅斯坦、巴爾圖海、霍諾海及達爾達木圖。[85]

由於高宗對各城協助屯田回人的伯克俱加恩賞，認為若此類事務每次要候旨遵行，過於繁瑣，因此在乾隆二十八年（（1763）要求各駐箚大臣一面具奏，即一面照例給賞，不必再如以前候旨辦理。[86]同時惟恐各城伯克賚送回人，有所擾累，諭令概以官辦，若遇伯克們情願捐助，可照其所請量行協助，但衣物、路費概以動支帑項，協助事項需依例給賞，以示體恤。[87]不過在各城相競下，

[84] （清）傅恒等，《平定準噶爾方略續編》，卷28，頁5-6，乾隆三十年正月丁酉，伊犁將軍明瑞等奏，收入張羽新、趙曙青主編，《清朝治理新疆方略匯編》，冊7，頁90。

[85] 王希隆，《清代西北屯田研究》，頁210-211。

[86] （清）傅恒等，《平定準噶爾方略續編》，卷22，頁23-24，乾隆二十八年八月壬子，諭軍機大臣，收入張羽新、趙曙青主編，《清朝治理新疆方略匯編》，冊7，頁47。

[87] （清）傅恒等，《平定準噶爾方略續編》，卷26，頁16-17，乾隆二十九年八月癸巳，諭軍機大臣，收入張羽新、趙曙青主編，《清朝治理新疆方略匯編》，

也有伯克為使增派回戶屯田業績表現更佳,和闐阿奇木伯克將八戶派往烏什屯田的父子兄弟,拆報成十六戶,伯克因而遭懲,不列入獎賞名單,高宗為不偏袒,官員亦以罰俸論處。[88]

　　至於各城由伯克派出遷移的回人,是否都是出於志願呢?實際上,回人途中逃走,確是常有之事,尤其是在伊犁開墾初期,生活條件甚為困苦,且時至乾隆二十七年(1762)八月才在固勒扎建城垣供回人居住,命名為安遠城,伊犁其他各城也在七、八月間建成,十月設伊犁將軍管轄,人口聚居才漸成規模。[89]儘管乾隆二十九年(1764)正月回疆回人遷移時,伊犁將軍明瑞曾奏:「伊犁已成樂土,回人聞風欣悅」,但四月時,仍有逃回原籍被捉者,高宗諭以發給伊犁官兵為奴,若再逃匿捉獲,審明正法示眾,其妻許配給遞補者為妻。[90]由此可知,即便是伊犁建城後,生活條件較佳,仍有回人逃回原籍,更何況是屯墾初期,或者伯克選派的的該城回人,並非全是志願前往伊犁,即使是志願者,也不能後悔,一旦被捉到,反而將成為官奴或被處決,強制意味頗濃。

　　截至乾隆五十四年(1789)二月,伊犁阿奇木伯克鄂羅木咱

冊7,頁77。

[88] 中國第一歷史檔案館編,《乾隆朝滿文寄信檔譯編》,冊7,頁716-717,1072條,乾隆三十二年五月二十八日,奉上諭。

[89] 《大清高宗純(乾隆)皇帝實錄》,卷668,頁11,乾隆二十七年八月庚子,參贊大臣阿桂奏;《大清高宗純(乾隆)皇帝實錄》,卷673,頁13,乾隆二十七年十月壬子,軍機大臣等奏。

[90] (清)傅恒等,《平定準噶爾方略續編》,卷24,頁3-4,乾隆二十九年正月丙寅,伊犁將軍明瑞等奏,收入張羽新、趙曙青主編,《清朝治理新疆方略匯編》,冊7,頁58;(清)傅恒等,《平定準噶爾方略續編》,卷25,頁5-6,乾隆二十九年四月丙午,諭軍機大臣,收入張羽新、趙曙青主編,《清朝治理新疆方略匯編》,冊7,頁66;(清)傅恒等,《平定準噶爾方略續編》,卷25,頁11-12,乾隆二十九年五月丙辰,諭軍機大臣,收入張羽新、趙曙青主編,《清朝治理新疆方略匯編》,冊7,頁68。

卜呈稱，回疆移來回人耕作，人口成長日繁，已有新成丁者加入耕作，每年應可繳糧共十萬石。高宗顧及回人每年收成數量，因氣候等因素而異，諭令嗣後豐年可照伊等所請繳納，若遇歉收，仍照原定數額交納即可。[91]

道光朝伊犁地畝的開發，也有大臣提出規劃，引水開闢正渠及大小支渠，創造周邊有行的開墾條件，再由阿奇木伯克代表回眾切結承種。道光十八年（1838），伊犁將軍奕山與參贊大臣湍多布籌議奏准開渠，關福接任後，繼續依山穿鑿，引特克斯河水進額魯特營附近的塔什圖畢，開正渠二萬五千七百四十四丈，有百四十三里，再與大小支渠交織下，將膏腴之地由三十餘里，變成八十餘里，得可耕地達一十六萬四千多畝，除供額魯特營兵丁生計外，可設回屯十處，安插回人一千戶，伊犁當地的回眾都認為此地屬肥腴，因此由阿奇木伯克巴克依切結承種，伊犁參贊大臣關福亦上奏安排添設大小伯克以茲管理，分撥地畝、水務、牲畜及籽種各項事宜。[92]阿奇木伯克協助整治河渠，並配合伊犁將軍及林則徐等探查土地、水利建設的結合，增加地方稅收。道光二十五年（1845）五月，伊犁惠遠完成阿齊烏蘇地十萬餘畝的開墾，布彥泰奏請獎勵文武官員、錫伯營及伯克，由於阿奇木伯克哈里雜特（吐魯番郡王家系鄂羅木雜卜玄孫）[93]已賞有花翎，且是頭品台吉，又為散秩大臣職銜，已無可加之恩，只能賞恩其子十四歲的邁雜木雜特，他在道光二十三年（1843）因其父在伊犁開墾三

---

[91] 《大清高宗純（乾隆）皇帝實錄》，卷 1322，頁 22，乾隆五十四年二月己亥，諭。

[92] 《宮中檔道光朝奏摺》，文獻編號第 405003290 號，2726 箱，道光十九年九月二十六日，關福奏。

[93] （日）佐口透，〈清朝統治下的吐魯番〉，《世界民族》，1987 年第 4 期，頁 54。

顆樹時，已於道光二十五年（1845）得賞六品頂戴藍翎；[94]宣宗諭准其餘伯克的獎賞多以升品頂帶為主，三品伊什罕伯克楚魯克賞二品頂帶，四品頂帶花翎噶雜納齊伯克薩迪克賞給三品頂帶花翎，五品商伯克巴哈雜特賞給四品頂帶，六品都管伯克伊斯瑪依爾、六品密拉普伯克愛瑪特二人各賞戴藍翎，五品商伯克賴里柱普賞戴花翎，藍翎六品哈孜伯克伊薩克、藍翎六品密拉普伯克愛則孜均賞給五品頂帶，七品明伯克托胡塔、阿迪爾均賞給六品頂帶。[95]

3、閒墾地新設伯克

(1)添設伯克協助新墾地方的發展

清朝對於伯克的設置額數及品級是採因地制宜方式，在新墾地畝後，需新添伯克以管理分撥地畝的回戶，其養廉錢文及燕齊數在考量該城歲徵餘存可動支額外，同時也參酌該城近年新墾已奏准地畝，伯克額設支應之例，以及諮詢他城支應狀況作計算，再轉由理藩院與戶部會議查奏，阿奇木伯克等在開墾期間，需協助雇工、挖渠、捐糧、籌戶、安置及將各項事宜造冊，其他伯克若在開墾時期，表現出色，也即有可能陞任為新地添設之伯克。

道光二十三年（1843），伊犁將軍布彥泰開墾三顆樹計三萬三千二百五十畝，安置民人五百七十一戶，以增八旗生計。另開墾阿勒卜斯得地十六萬一千餘畝，布彥泰責成阿奇木伯克哈里雜特及伊什罕伯克楚魯克籌計戶口，酌量勻撥地畝給民戶，回屯應

---

[94]《軍機處・月摺包》，文獻編號第 075098 號，2752 箱，道光二十五年七月初五日，布彥泰奏；《宮中檔道光朝奏摺》，文獻編號第 405007856 號，2731 箱，道光二十五年七月初五日，布彥泰奏。

[95]中國第一歷史檔案館編，《嘉慶道光兩朝上諭檔》，冊 50，頁 268，690 條，道光二十五年五月二十八日，軍機大臣字寄；中國第一歷史檔案館編，《嘉慶道光兩朝上諭檔》，冊 50，頁 263-264，686 條，道光二十五年五月二十八日，內閣奉上諭。

如何安插及遷移安住，以及籌備牛具籽種等各項事宜，總計安設五處回莊，回人五百名，以每戶撥地二百畝，共計十萬畝，另有二萬七千四百畝，分給商伯克、愛里克巴什、溫巴什、阿渾及莫洛，所剩三萬畝則作為歇乏換地之用。每戶徵收百色糧十六石，每年應徵額糧八千石，斛麵二百四十石，以供滿營操演馬隊之用。最後兩人造冊呈送存案，列有三顆樹與阿勒卜斯二處，共開渠四萬一千二百零九丈，合計二百二十八多里，共用夫匠有五十三萬四千人次，建橋十四座，安水閘二十七座；布彥泰並依回戶人數五百應增設伯克之由，奏請在該地設五品商伯克、六品密拉普伯克、七品明伯克各一員，以及玉資（子）伯克五員，以資約束回人，商伯克擬以密拉普伯克邁瑪斯底充補放，密拉普伯克以明伯克愛孜斯補放，明伯克以玉資伯克阿底爾補送，並將擬放的五名玉資伯克名單一併咨送理藩院註冊。[96]

　　道光二十八年（1848）四月，宣宗同意伊犁將軍薩迎阿，在和闐續墾荒地二萬八千一百畝，除招戶承種外，尚餘四千一百畝賞給新伯克作為燕齊地畝，作為養贍。[97]伊犁將軍薩迎阿及葉爾羌參贊大臣吉明奏請將和闐新墾和闐之屬達瓦克添設伯克，即卷查前任伊犁將軍奕山開墾塔什圖畢添設伯克情形，以及去文咨詢和闐大臣德勒克呢瑪，有關策勒城當時新設伯克撥予的地畝、燕齊、養廉的考量事宜，決定擬新添四品阿奇木伯克及六品以下伯克三名，並要和闐大臣先選熟悉和闐之四、五伯克保送，由吉明奏請陞調，以協助屯墾事務及回人管理順利，宣宗選定新設四品阿奇

---

[96] 《外紀檔》，文獻編號第 303000161 號，頁 81-87，道光二十三年十二月二十九日，布彥泰、慶昌奏。

[97] 燕齊是為伯克種地人或是供伯克役使的僕人，他們不必向清廷納糧賦，見潘志平，〈燕齊〉條，《新疆各族歷史文化詞典》，頁 478；中國第一歷史檔案館編，《嘉慶道光兩朝上諭檔》，冊 53，頁 142，451 條，道光二十八年四月二十七日，內閣奉上諭。

木伯克由托胡塔升補。[98]

　　葉爾羌新墾的和爾罕地九萬八千畝，招回人八百戶，亦依和闐之例，添設五品阿奇木伯克一員，總司其事，吉明擬以葉爾羌所屬喀木拉莊六品伯克雜普提瑪塔勒伯克阿玉普擔任，因其在處理開墾的所有事宜及招安回戶上，甚為出力，並將本城六品喀喇都管伯克素皮呢雅斯，改任為該處六品明伯克，再添六名密拉普伯克一員及明巴什四名，作為管理該處的伯克陣容，吉明將五品及六品伯克名單，照例咨呈理藩院及奏請聖鑒。[99]至於奏准添設伯克的養廉銀，也由庫貯餘剩紅錢內撥給，五品伯克紅錢七串五百文，六品伯克紅錢五串。[100]而英吉沙爾因開墾地畝，需添加六、七伯克各一員，為阿奇木伯克分理回城及各莊事務，依葉爾羌由庫貯餘剩撥放之例，英吉沙爾每年一切領餉俱由喀什噶爾發給，每年尚餘一百餘串，添設的六、七品伯克之養廉即由此支出，共計紅錢八串五百文，以資辦公。[101]

　　清廷為了節省整體經費的支出，凡是開墾招募回戶，需添設伯克管理，多以開墾之地內，撥出部分土地給伯克作為養廉費用，若是該城向有支付養廉銀，每年庫貯若尚有剩餘款，即撥作伯克養廉銀，以應辦公之需。

(2)納交糧石、賦稅、積貯、設防

　　回疆各地應納交的糧石有其定額，以作為官兵的錢糧之用。

---

[98] 《外紀檔》，文獻編號第 303000202 號，頁 40-42，道光二十八年九月初六日，薩迎阿、吉明奏；中國第一歷史檔案館編，《嘉慶道光兩朝上諭檔》，冊 53，頁 360，1191 條，道光二十八年十月二十六日，內閣奉上諭。

[99] 《外紀檔》，文獻編號第 303000204 號，頁 286-287，道光二十八年十一月三十日，吉明、德齡奏。

[100] （清）薩奕、祥霖、薩德，《新疆龍堆奏議》（北京：全國圖書館文獻縮微複制中心，2005 年），卷之二，頁 13，道光二十九年五月二十八日，薩德奏。

[101] （清）薩奕、祥霖、薩德，《新疆龍堆奏議》，卷之二，頁 8-16，道光二十九年五月二十八日，薩德奏。

阿奇木伯克要負責各莊的稅收及回報，繳納項目依各城莊物產而有不同，伯克有責任要回報各地狀況，及協助達到應交糧額、賦稅，清廷在其全數完納後，也給伯克獎勵。為了鼓勵回人耕種，增加回疆官兵的錢糧經費，在《欽定回疆則例》卷五亦載，回疆凡是官方地畝，可以賞給回人耕種，每年交納錢糧，即歸入備支官兵鹽菜口糧項下，作為正開銷。[102]伯克也可以對糧賦管理，主動提出建議。例如清廷統治回疆初期，即由阿奇木伯克提出建倉積貯的建議，乾隆二十六年（1761）十月，阿克蘇阿奇木伯克色梯巴勒氏向阿克蘇辦事大臣海明呈稱，由於本年雨澤應時，收穫豐裕，但回人不知撙節，因此提出將現收的穀物，公家的五百石，先行建穀倉，以備賑貨之用，待貯存至五千石，已儲積充裕，才停止派收，海明認為此作法，有利於回人生計而允行。[103]

乾隆二十七年（1761）二月，英噶（吉）沙爾阿奇木伯克素勒坦呈稱當年秋收頗豐，與眾伯克商議除原定糧石五百四十帕特瑪外，再多加五十一帕特瑪，仍以十分取一為原則，高宗諭以賞給伯克蟒緞一端，再加賞緞二端，但若歉收之年，也應酌減繳糧之數，以體恤回人。[104]接著在乾隆三十二年（1767）十一月，三品頂帶阿奇木伯克素勒坦和卓，又因招撫無業回眾，開墾田地，也能約束小伯克，不去擾累窮苦回人，而四品頂帶伊什罕伯克托喀，對於交辦事又能勉力達成，因此高宗分別賞給二品及三品頂帶作為獎勵。[105]

---

[102] （清）賽尚阿等修，《欽定回疆則例》，卷 5，頁 30。

[103] （清）傅恒等，《平定準噶爾方略續編》，卷 14，頁 1，乾隆二十六年十月丁卯，阿克蘇辦事都統侍郎海明，收入張羽新、趙曙青主編，《清朝治理新疆方略匯編》，冊 6，頁 433。

[104] （清）傅恒等，《平定準噶爾方略續編》，卷 15，頁 23-24，乾隆二十七年二月甲戌，諭軍機大臣，收入張羽新、趙曙青主編，《清朝治理新疆方略匯編》，冊 6，頁 446。

[105] 《大清高宗純（乾隆）皇帝實錄》，卷 798，頁 5-6，乾隆三十二年九月壬辰，

(3) 補足撤屯兵丁應繳糧石

由於伯克要負責該城糧賦總數，也包括該城原設兵屯繳糧額數，一旦屯兵因故撤離，阿奇木伯克需改以回戶分攤，補足每歲兵屯應繳數額。如烏什向設屯兵四百人，揚威將軍大學士長齡在道光十二年（1832）奏准在寶興屯工內建築回城，為此撤六十名屯兵，歸城操演，他們每人每年應繳的糧石額數，改由屯工的回戶繳納。此後每年秋收時，阿奇木伯克呈報回戶應交寶興屯工額糧，均依往例屯兵六十名，每人應繳十五石為計，共交糧九百石，送至倉庫，大臣多於十二月時奏報朝廷。例如道光十四年（1834）烏什阿奇木伯克木薩依此數呈報交庫，烏什辦事大臣璧昌即派印房章京扎勒哈蘇與糧餉章京富海盤收。[106]同樣在道光十六年（1836）阿奇木伯克邁瑪塔里普依此呈報糧數交庫，烏什辦事大臣飭派印房章京達布唐阿，會同糧餉局章京富海照數盤收備儲，並咨明戶部備查。[107]

4、伊犁伯克的獎勵

伊犁屯田的回眾若俱在年內完納應繳糧石，高宗為鼓勵伊犁伯克們帶領有方，多准許伊犁將軍所奏，由阿奇木伯克以下，至玉資伯克以上，分別等第，賞給布帛。[108]到了乾隆四十一年（1776）軍機處議定移駐各地回人於伊犁有六千戶，他們承種官地納糧，每年應繳官糧數比各回城多，為了鼓勵伯克帶領回人耕種的績效，清廷訂立了獎勵，阿奇木伯克及伊什罕伯克表現勤勉者，不

諭。

[106]《外紀檔》，文獻編號第 303000110 號，頁 123-124，道光十四年十二月初八日，璧昌、景昌奏。

[107]《外紀檔》，文獻編號第 303000122 號，頁 171，道光十六年十二月初十日，岳良奏。

[108]《大清高宗純（乾隆）皇帝實錄》，卷 996，頁 41-42，乾隆四十年十一月丁亥，又諭。

但有養廉銀及燕齊，更可無庸另議的升調他城，其餘五品至七品伯克，因晉升機會較少，不如回疆各城伯克可在城際間補放流動，高宗採升其品級頂戴、增加燕齊，再依品級得賞緞疋等方式作為補償，而戴虛銜金頂玉資（子）伯克，奮勉者准戴七品頂戴，每年加賞緞二疋，若有應陞缺出，更可補缺，成為正式伯克。[109]伊犁伯克的加賞準則，也收錄於《欽定回疆則例》，以提供伊犁將軍奏報獎賞的參考依據。[110]若為耕種地處偏遠，有安全之虞，伯克也要負責與兵丁合作，維護回人的安全。如伊犁西南達爾木圖、厄莫根多羅圖等地，官方則在耕作期間，派伯克二人及兵丁四十名，加強駐防，以維護回人的安全。[111]

　　糧石的開徵時間，通常在八月，年底完成報銷，有時則遲至次年的二或三月，如有乾旱、大雪凍斃牲畜、水患等天災，或是賊匪擄掠、戰爭等因，發生歉收之事，阿奇木伯克必須先調查各地災損回報大臣，回疆參贊大臣再派領隊大臣或委託相關人員，前往各回莊實地查勘，避免阿奇木伯克有隱飾之情，皇帝也曾在戰亂後，直接下旨免除稅賦的徵收。道光元年（1821），伊犁回戶每年應交穀子五萬石、大麥二萬五千石、小麥二萬五千石，但因那年夏天遭蝗螟及霜降太早，結穗不飽滿，回戶原要向民間購糧補足應納糧數，卻造成糧價哄抬，阿奇木伯克霍什納雜特呈報伊犁將軍慶祥，慶祥調查兵糧庫存後，十月奏請以一麥二穀方式，

---

[109]（清）托津等人編纂，《欽定回疆則例》，卷3，頁18-19，收入天龍長城文化藝術公司編，《新疆史志》，第二部，冊11，頁231-234；（清）賽尚阿等修，《欽定回疆則例》，卷5，頁16-17。

[110]（清）傅恒等 奉敕編纂，《欽定皇輿西域圖志》，卷30，官制2，頁25；（清）托津 等人編纂，《欽定回疆則例》，卷1，頁21、卷3，頁18-19，收入天龍長城文化藝術公司編，《新疆史志》，第二部，冊11，頁93-94、231-234。

[111]《大清高宗純（乾隆）皇帝實錄》，卷1464，頁17-18，乾隆五十九年十一月戊戌，又諭。

即交小麥二萬五千石，抵穀子五萬石因應。[112]

　　伊犁伯克於納完糧石各稅後，伊犁將軍奏請照例給予伯克們緞疋、回布作為獎勵，這是高宗所諭令的獎勵，也與北疆扎薩克蒙古王公向來在伊犁將軍衙門折領緞疋有關。[113]嘉慶五年（1800），伊犁將軍松筠奏報去年伊犁回戶所種的田禾，因為雨水過多，農田稍有歉收，但應繳之糧數，十萬石已全數交納，仁宗給予阿奇木伯克鄂羅木札布（吐魯番家族系）之長子密里克扎特、次子邁爾諾什、姪子色莫特伯柯依都加一級賞用四品頂戴，四品伊什罕伯克托克托也因納糧勤勉，賞戴花翎。[114]由獎賞可知，伊犁納糧不是阿奇木伯克一人之事，而是阿奇木伯克及其家族共同事務。阿奇木伯克帶領伯克們領得賞賜的布疋及謝恩，將軍亦將此情再回奏給皇帝，照例的布疋之賞，一直持續到新疆回亂前的同治三年（1864）六月。[115]其賞賜內容若與《回疆則例》伊犁伯克的品級查對，緞疋是依伯克品級三至五品各有差異，六品與七品相同，不列入品級的玉資（子）伯克則不賞緞，而改賞回布。[116]在道光二十五年（1845）伊犁將軍布彥泰奏請照例賞給伯克緞疋，由於新設阿勒卜伯克，布彥泰將其分開列出，這應與道光二

---

[112]《外紀檔》，文獻編號第 303000012 號，頁 273-275，道光元年十月二十一日，慶祥奏。

[113]《全慶傳包・全慶列傳》，文獻編號第 702001715-2 號，院 2795 箱，頁 28-31。

[114]《史館檔・食貨志四・屯墾五十七・回屯》，文獻編號第 212000529 號，頁 68-69，嘉慶五年，奉旨。清國史館本，臺北：國立故宮博物院圖書文獻館藏。

[115]《軍機處・月摺包》，文獻編號第 094806 號，2742 箱，同治二年十二月初六日，常清奏；《軍機處・月摺包》，文獻編號第 098298 號，2742 箱，同治三年六月初二日，常清奏；《軍機處・月摺包》，文獻編號第 098445 號，2742 箱，同治三年六月十五日，常清奏；《軍機處・月摺包》，文獻編號第 098446 號，2742 箱，同治三年八月初九日，清單，此應是文獻編號第 098445 號錄副附片，常清照例擬賞清單，是六月十五日上奏，八月初九日由議政王軍機大臣奉旨批覽。

[116]（清）賽尚阿等編纂，《欽定回疆則例》，卷 1，頁 22。

十二年（1842）伊犁新開惠遠城東三顆樹三萬畝，及阿勒卜十七萬畝，共二十萬畝收成有關，三年後已應是納糧陞科之時，其例賞請見表 10-5 道光二十五年（1845）伊犁伯克完納稅糧照例賞表：

表 10-5 道光二十五年（1845）伊犁伯克完納稅糧照例賞表

伯　　克	人數	品級	名　　字	緞　　　匹	數　　　量
阿奇木伯克	1	3	哈里雜特	四廘倭緞、六廘揚緞	各一疋
伊什罕伯克	1	4	楚魯克	四廘倭緞、小花線緞	各一疋
噶雜那奇伯克	2	5	薩迪克	八廘蘇花緞	半疋
噶雜那奇伯克		5	邁瑪特斯迪克	八廘蘇花緞	半疋
商伯克	3	5	巴克雜特	八廘蘇花緞	半疋
商伯克		5	岳勒達什	八廘蘇花緞	半疋
商伯克		5	魯則依	八廘蘇花緞	半疋
海子伯克	1	6		八廘彭緞	半疋
都管伯克	1	6		八廘彭緞	半疋
巴吉格爾伯克	1	6		八廘彭緞	半疋
密拉布伯克	9	6		八廘彭緞	各半疋
色迪爾伯克	1	7		八廘彭緞	半疋
什扈爾伯克	1	7		八廘彭緞	半疋
帕提沙布伯克	1	7		八廘彭緞	半疋
明伯克	9	7		八廘彭緞	各半疋
玉子伯克	76			回布	各三疋
新設阿勒卜部分					
商伯克	1	5	賴里珠普	八廘蘇花緞	半疋
密拉布伯克	1	6		八廘彭緞	半疋
明伯克	1	7		八廘彭緞	半疋
玉子伯克	5			回布	各三疋
合計					緞 20 疋、回布 243 疋

資料來源：《宮中檔道光朝奏摺》，文獻編號第 405007758 號，2731 箱，附件二清單，道光二十五年六月十九日，布彥泰奏。

咸豐元年（1851），阿勒卜的部分，已直接與伊犁伯克歸併

計算，即商伯克成為四名，除了魯則依、賴里珠普之外，二名異動者為愛瑪特、伊薩克，而由清單所示，賞緞疋的質量皆未改變。再者，列名部分，伊犁將軍布彥泰及奕山於照例擬賞清單，都僅列出三品至五品伯克之名，六品至七品小伯克，則不列名，這應與伯克分品管轄的權責有關，三至五品需上奏由皇帝硃圈者，故需列名呈覽。請見表 10-6 咸豐元年（1851）伊犁伯克完納稅糧照例賞表。

表 10-6 咸豐元年（1851）伊犁伯克完納稅糧照例賞表

伯克	人數	品級	名字	緞疋	數量
阿奇木伯克	1	3	哈里雜特	四庹倭緞、六庹揚緞	各一疋
伊什罕伯克	1	4	楚魯克	四庹倭緞、小花線緞	各一疋
噶雜那奇伯克	2	5	薩迪克	八庹蘇花緞	半疋
噶雜那奇伯克		5	邁瑪特斯迪克	八庹蘇花緞	半疋
商伯克	3	5	愛瑪特	八庹蘇花緞	半疋
商伯克		5	伊薩克	八庹蘇花緞	半疋
商伯克		5	魯則依	八庹蘇花緞	半疋
商伯克		5	賴里珠普	八庹蘇花緞	半疋
海子伯克	1	6		八庹彭緞	半疋
都管伯克	1	6		八庹彭緞	半疋
巴吉格爾伯克	1	6		八庹彭緞	半疋
密拉布伯克	10	6		八庹彭緞	各半疋
色迪爾伯克	1	7		八庹彭緞	半疋
什扈爾伯克	1	7		八庹彭緞	半疋
帕提沙布伯克	1	7		八庹彭緞	半疋
明伯克	10	7		八庹彭緞	各半疋
玉子伯克	81			回布	各三疋
合計					緞 20 疋、回布 243 疋

資料來源：《宮中檔道光朝奏摺》，文獻編號第 406000508 號附件，2731 箱，清單，咸豐元年四月二十五日，奕山奏。

到了咸豐六年（1856）獎賞的緞疋，仍依例相同。而人事則有升遷，與道光二十五年（1845）相比，已相隔十一年，原有伊什罕伯克楚魯克升為阿奇木伯克，伊噶雜那奇伯克其中之一的邁瑪特斯迪克則升為伊什罕伯克，噶雜那奇伯克的二人已換成愛瑪特及伊薩克，此二人在咸豐元年（1851）已任商伯克，[117]而商伯克只有魯則依未有陞遷，如下表 10-7 咸豐六年（1856）伊犁伯克完納稅糧照例賞表：

表 10-7 咸豐六年（1856）伊犁伯克完納稅糧照例賞表

伯克	人數	品級	名字	緞疋	數量
阿奇木伯克	1	3	楚魯克	四廘倭緞、六廘揚緞	各一疋
伊什罕伯克	1	4	邁瑪特斯迪克	四廘倭緞、小花線緞	各一疋
噶雜那奇伯克	2	5	愛瑪特	八廘蘇花緞	半疋
噶雜那奇伯克		5	伊薩克	八廘蘇花緞	半疋
商伯克	4	5	魯則依	八廘蘇花緞	半疋
商伯克		5	邁孜木雜特	八廘蘇花緞	半疋
商伯克		5	阿布都魯遜	八廘蘇花緞	半疋
商伯克		5	蟒哩克	八廘蘇花緞	半疋
海子伯克	1	6		八廘彭緞	半疋
都管伯克	1	6		八廘彭緞	半疋
巴吉格爾伯克	1	6		八廘彭緞	半疋
密拉布伯克	10	6		八廘彭緞	各半疋
色迪爾伯克	1	7		八廘彭緞	半疋
什扈爾伯克	1	7		八廘彭緞	半疋
帕提沙布伯克	1	7		八廘彭緞	半疋
明伯克	10	7		八廘彭緞	各半疋
玉子伯克	81			回布	各三疋
合計					緞 20 疋、回布 243 疋

資料來源：《宮中檔咸豐朝奏摺》，文獻編號第 406008147 號，2779 箱，附件三清單，咸豐六年五月初十日，札拉芬泰。

---

[117]《宮中檔咸豐朝奏摺》，文獻編號第 406000508 號，2709 箱，咸豐元年四月二十五日，照例擬賞清單。

　　再經過七年後，儘管同治二年（1863）照例賞賜的緞疋數量未變，但品質及價格已明顯下降，請見表 10-8 同治二年（1863）伊犁伯克完納稅糧照例賞表，原有小花線緞，改為中片金，而八庹蘇花緞及八庹彭緞皆改賞為八庹紗，至於原有五品伯克所賜與六、七品賞賜是相異的，也改為相同，這可能與當時三品阿奇木伯克出缺，由四品伊什罕伯克署理而作調整有關。[118]當時原在咸豐朝的五品商伯克阿布都魯遜已成為四品伊什罕伯克，四庹倭緞不變，但小花線緞改為中片金一疋。

表 10-8 同治二年（1863）伊犁伯克完納稅糧照例賞表

伯　　　克	人數	品級	名　　字	緞　　　疋	數　　　量
伊什罕伯克	1	4	阿布都魯遜	四庹倭緞、中片金	各一疋
噶雜那奇伯克	2	5	愛瑪特	八庹紗	半疋
噶雜那奇伯克		5	伊薩克	八庹紗	半疋
商伯克	4	5	蟒哩克	八庹紗	半疋
商伯克		5	邁和皮爾	八庹紗	半疋
商伯克		5	密爾雜特	八庹紗	半疋
商伯克		5	色提	八庹紗	半疋
海（哈）子伯克	1	6		八庹紗	半疋
都管伯克	1	6		八庹紗	半疋
巴吉格爾伯克	1	6		八庹紗	半疋
密拉布伯克	10	6		八庹紗	各半疋
色迪爾伯克	1	7		八庹紗	半疋
什扈爾伯克	1	7		八庹紗	半疋
帕提沙布伯克	1	7		八庹紗	半疋
明伯克	10	7		八庹紗	各半疋
玉子伯克	81			回布	各三疋
合　　　計					緞紗 18 疋、回布 243 疋

資料來源：《軍機處・月摺包》，文獻編號第 094830 號，2742 箱，同治二年十月十六日，清單。

---

[118] 綢緞品質價格請參考林永匡、王熹，《清代西北民族貿易》（北京：中央民族學院出版社，1991 年），頁 460-462，表 2 乾隆時期江南三織造辦貿易綢緞品種色彩表；《軍機處・月摺包》，文獻編號第 094830 號，2742 箱，同治二年十月十六日，清單。

　　同治三年（1864）八月，阿布都魯遜已是署理阿奇木伯克事務之職的伊什罕伯克，四度倭緞不變，但小花線緞仍維持改賞的中片金一疋，愛瑪特已由商伯克陞為噶雜那奇伯克之位並署理伊什罕伯克之職，雖得賞與三、四品伯克同等的四度倭緞，可是仍依其五品賞八度紗，與其他五、六、七品伯克相同，請見表 10-9 同治三年（1864）伊犁伯克完納稅糧照例賞表。伊犁將軍常循例奏請賞緞匹，得旨著照所請，由阿布都魯遜率領大小伯克前往伊犁將軍府領取。[119]獎勵伯克的賞賜之意，雖與乾隆、道光年間相同，但緞匹的質量已是每下愈況，也顯示清朝國力的下降。

表 10-9 同治三年（1864）伊犁伯克完納稅糧照例賞表

伯　　　克	人數	品級	名　　字	緞　　疋	數　　量
署阿奇木伯克事務伊什罕伯克	1	4	阿布都魯遜	四度倭緞、中片金	各一疋
署伊什罕伯克事務噶雜那奇伯克	1	5	愛瑪特	四度倭緞、八度紗	一疋半疋
噶雜那奇伯克	1	5	伊薩克	八度紗	半疋
商伯克	4	5	蟒哩克	八度紗	半疋
商伯克		5	邁和皮爾	八度紗	半疋
商伯克		5	密爾雜特	八度紗	半疋
商伯克		5	色提	八度紗	半疋
海（哈）子伯克	1	6		八度紗	半疋
都管伯克	1	6		八度紗	半疋
巴吉格爾伯克	1	6		八度紗	半疋
密拉布伯克	10	6		八度紗	各半疋
色迪爾伯克	1	7		八度紗	半疋
什扈爾伯克	1	7		八度紗	半疋
帕提沙布伯克	1	7		八度紗	半疋
明伯克	10	7		八度紗	各半疋
玉子伯克	81			回布	各三疋
合計					緞紗 18 疋、回布 243 疋

資料來源：《軍機處‧月摺包》，文獻編號第 098446 號，2742 箱，同治三年八月初九日，清單。

---

[119] 《軍機處‧月摺包》，文獻編號第 098298 號，2742 箱，同治三年六月初二日，常清奏。

四、道光朝執行禁令

張格爾事件自嘉慶末年，延宕至道光七年（1827），是清朝統治回疆前所未有的長年戰亂，經那彥成實際考察，提列了大臣及伯克的各項弊端，為防止衙門等官員及其家人的苛扣，阿奇木伯克受諭負責切結是否有陋規。而清廷為懲罰浩罕拒交張格爾家屬，決定禁止通商，在此期間，阿奇木伯克等伯克也增加卡倫搜查商民貨品的工作，以免其夾帶商品給浩罕。伯克也要配合宣宗的禁煙政策，查禁鴉片。為因應道光朝戰亂較多，伯克也要負責搜羅硝磺，提供軍隊使用。

道光八年（1828），那彥成經考察後，上奏裁革回疆各城陋規，並勒石永行禁止，各城駐箚大臣要按季咨報大小衙門及伯克等，是否有干犯陋規，並要求各城阿奇木伯克加具印結，每到年終葉爾羌參贊大臣要彙報上奏。[120]宣宗唯恐時日一久弊端又起，曾在道光二十六年（1846）四月初九日伊犁將軍薩迎阿上任途中，下旨要求各城大臣到任之初，以及每年按四季必須集合官員宣讀一遍，使其責力奉行，各城阿奇木伯克及大臣需按季呈報各大小衙門及伯克等，有無干犯陋規，並由各城阿奇木伯克切實甘結，由各城大臣加具印結，逐條造冊，於年終彙報葉爾羌參贊大臣，再咨伊犁將軍備查，切勿陽奉陰違，而薩迎阿也認為伊犁將軍總轄西陲，有責任要詳加查訪。[121]各城阿奇木伯克依諭要按季加具印結呈報，成為各城大臣及葉爾羌參大臣每年例行彙報的基本資料，不過奏摺所見，盡是「均無干犯陋規」。[122] 奏摺內容千篇一

---

[120]《宮中檔道光朝奏摺》，文獻編號第 405002111 號，2726 箱，道光十八年十一月十二日，恩特亨額奏。

[121]《宮中檔道光朝奏摺》，文獻編號第 405009142 號，2731 箱，道光二十六年六月十一日，薩迎阿奏。

[122]《宮中檔咸豐朝奏摺》，文獻編號第 406009617 號，2714 箱，咸豐八年十一月

律，應是大臣每年例行公事照抄而已，其功效令人質疑。

　　阿奇木伯克要協助防止官衙苛扣回人，官方所需柴薪、布疋、生活用品，要按市價向回人購買，為防有短價剋苦之事，回人與之交易後，需呈報於阿奇木公署，每個月由阿奇木伯克出具印結證明。[123]

　　這些是阿奇木伯克等伯克在道光朝協助執行諭示禁令，監督官衙，以確保回人權益不受損的職務，顯見阿奇木伯克介於駐劄大臣、衙門與民之間，具有直接管理及監督的特殊地位，以及宣宗善用在地力量制衡大臣的弊端，只是伯克們的晉陞補授提名權及革職實權，仍在大臣之手，吏治未清，實質成效有限，年終彙報多流於形式。

　　阿奇木伯克也受諭負責查緝越邊私貨等違禁貿易事項。由於道光九年（1829）因張格爾事件而禁絕與浩罕通商，阿奇木伯克在管理卡倫時，被要求特別留心嚴查違禁貿易項目，例如茶葉等物品，以防商人借迂迴方式，將貨物帶出轉賣浩罕。如三品阿奇大伯克伊薩克稟卡倫驍騎校，民人楊生發用茶葉三十一封，與布魯特胡達巴爾底私下易換花檔紬二十疋、金線四把，被六品阿奇木伯克阿布都爾襟克查獲，由於此屬浩罕禁賣貨物項目，相關人等因而依律載販私茶潛往邊境與外國人交易發烟瘴地充軍。[124]道光十年（1830），浩罕因為貿易禁令攻打喀什噶爾，宣宗派長齡

二十一日，慶英奏；清代宮中檔奏摺及軍機處檔摺件資料庫中，文獻編號第066266、072401、080542、405008526、406013533 號，皆是參贊大臣於各年十一月下旬，固定彙報該年各城衙門及阿奇木伯克具結，未有回疆陋規事的奏摺。

[123]《宮中檔道光朝奏摺》，文獻編號第 405006468 號，2717 箱，道光二十二年八月初七日，惠吉、璧昌奏；（清）賽尚阿等修，《欽定回疆則例》，卷7，頁10-13。

[124]《外紀檔》，文獻編號第 303000067 號，頁 53-54，道光九年十一月初五日，札隆阿、額爾古倫奏。

平定後，浩罕來使又變得謙恭，於是在道光十二年（1832）宣宗諭以浩罕免罪，恢復通商，在喀什噶爾及葉爾羌卡外的各部落、布魯特及各外藩貿易者，進卡貿易皆一體免稅，這樣的繁重的查緝才告停歇。[125]

　　回疆在張格爾事件後，曾在葉爾羌搜獲火藥七十餘缸，因此要求專委綠營員不准偷漏隱匿，諭令回疆各城要用硝磺，均依過去之例，由阿奇木伯克負責採辦交納，綠營兵弁嚴查私採私煎，違者查獲從重治罪，以維護邊城安全。[126]道光十四年（1834），葉爾羌參贊大臣長清有鑒於回疆各城每次操防都由回戶熬硝採磺，交營配造火藥，為通盤整合邊疆防守，於是向各城調查存量，各城負責搜羅硝磺的阿奇木伯克的回應，自乾隆年間平定以來設立硝局，所有產硝磺之處早已告竭，現所供應都由四處八方搜羅而來，為此長清決下令要求各地除非緊急，不能輕易動用火藥，並全面清查各地備用數量。[127]

　　伯克查緝工作，也配合取締鴉片及緝拿毒犯。道光年間因宣宗對於鴉片烟毒日甚，官員奉諭及因應新頒嚴禁鴉片條例，要求將軍、都統、回疆參贊大臣、辦事大臣、領隊大臣、千總及阿奇木伯克等，嚴查來往商民及進卡貿易外國人，緝拿夾帶煙土及吸煙者。道光十九年（1839）十二月，阿克蘇阿奇木伯克愛瑪特查獲五起克什米爾及安集延回人，販買鴉片煙土、煙膏的案件，共起獲煙土、煙膏一千五百餘兩，所獲本地回人煙土採當堂銷毀，安集延人等分別枷責，以示警告，隨後將煙土固封和人犯一併交

[125] （清）賽尚阿等修，《欽定回疆則例》，卷6，頁10。
[126] （清）賽尚阿等修，《欽定回疆則例》，卷8，頁15；（清）曹振鏞，《欽定平定回疆剿捕逆裔方略》，卷80，頁13，道光九年四月己巳，那彥成等奏，收入張羽新、趙曙青主編，《清朝治理新疆方略匯編》，冊10，頁183。
[127] 《外紀檔》，文獻編號第303000106號，頁50-55，道光十四年三月初六日，長清、興德奏。

送葉爾羌參贊大臣懲治。[128]凡是因緝拿毒犯有功者，也可以得到
補放伯克的機會。道光十九年（1839）四月，塔爾巴哈臺參贊大
臣湍多布上奏獎賞拏拿外夷毒犯案件有功者，其中伊犁回人莫洛
伊布拉依木，平日雖是譯寫回文事件的通事，但由他策劃佈線詢
訪，引帶官兵，前往起出煙毒拏犯，奏請宣宗賞伊布拉依木七品
頂戴，待有玉子（資）伯克出缺即行補放。[129]

第二節　大臣交辦事務

　　伯克除了配合皇帝的諭令辦事，也要協助處理理藩院交辦事
務，以及配合該管大臣的各項要求，如王公返疆省親、王公及伯
克等世襲事務、跟隨官員追捕逃犯、充當大臣密差跨城查案、調
查民意動向、接受諮詢有關當地環境及牲畜蓄養、協助平穩物價，
為官員政策背書與執行，協助大臣處理民族事務，並為大臣處置
的誤失收拾善後。而咸同兩朝各省協餉不繼，伯克也要為新疆官
兵糧餉到處勸募及自行捐助，凡此種種都是伯克的責任。

一、協助理藩院

（1）駐京回部王公省親

　　阿奇木伯克要負責協助駐京回部台吉、侍衛回里省親的事
務。凡是駐京回部台吉、侍衛等，需要回到新疆歸葬、省親、修
墓等事，在呈報理藩院後，回務處照例飭交各地阿奇木伯克協助

---

[128] 《宮中檔道光朝奏摺》，文獻編號第 405005394 號，2719 箱，道光二十二年三
月初五日，圖明額、富興阿奏；《外紀檔》，文獻編號第 303000127 號，道光
十九年十二月二十五日，璧昌奏。
[129] 《宮中檔道光朝奏摺》，文獻編號第 405002750 號附件 4，2726 箱，道光十九
年四月二十四日，湍多布奏。

他們辦理。而駐京回部台吉、侍衛等到達該城，需將原領的兵部
路引，交印房存貯後，由阿奇木伯克陪同提供所需，等到他們事
情完竣要回京時，兵部路引再還給台吉等，回京仍呈交兵部。[130]

(2) 呈報世襲

伯克所管之城，若有世襲回部王公病故，以及戰亂陣亡有功
者後裔承襲異動，皆需負責呈報大臣，並進行承襲相關事務的前
置工作。庫車阿奇木伯克皮魯斯因伊薩克次子三品阿奇木伯克邁
瑪特至公署哭訴，庫車回部郡王伊薩克因氣喘，已於道光二十二
年（1842）八月十八日亥時病故，其父臨終感謝皇帝，並令其轉
稟原向理藩院註冊，准以長子愛瑪特承襲郡王之事，希望能在伊
薩克病逝出缺後，順利辦理承襲，於是皮魯斯將此呈報，以利庫
車大臣札拉芬泰奏請承襲事宜。[131]

清廷為照顧伯克、回人及布魯特等因功或陣亡者之子孫，設
有金頂世襲，當阿奇木伯克所轄之城有金頂回子或戴虛銜金頂之
布魯特過世的承襲，皆由他負責查報上呈繼承者姓名、年齡、祖
輩事緣，因何而得品級頂翎，給該城的辦事大臣，並要將人帶給
回疆參贊大臣驗看，再由回疆參贊大臣上奏，咨報造冊給理藩院，
作年終彙題。[132]道光十八年（1838）九月，喀什噶爾辦事領隊大
臣富興阿呈奏阿奇木伯克作霍爾敦呈報，喀什噶爾世襲金頂回子
阿巴斯因病出缺，查明了應承襲子弟姓名造冊咨送驗襲，經富興
阿覆查實核與承襲之例相符，將承襲世職子嗣清單奏呈御覽，並

---

[130] （清）慕暲撰，《新疆回部紀略》，喀什噶爾辦事章程，收入張羽新、趙曙青
　　　主編，《清朝治理新疆方略匯編》，冊 22，頁 173-174。

[131] 《宮中檔道光朝奏摺》，文獻編號第 405006781 號，2719 箱，道光二十二年九
　　　月二十五日，札拉芬泰奏。

[132] （清）賽尚阿等修，《欽定回疆則例》，卷 2，頁 13。

咨理藩院查照。[133]咸豐元年（1851）十月，葉爾羌參贊大臣德齡
奏，由喀什噶爾領隊大臣特克星額等咨呈喀什噶爾三品阿奇木伯
克邁瑪特報稱，世襲金頂回子素里滿在咸豐元年（1851）七月二
十六日病故，查明該回人嫡子姓名造冊咨送驗襲。[134]咸豐十一年
（1861），阿克蘇阿奇木伯克斯瑪依爾呈報給阿克蘇辦事大臣錫
拉那，回疆參贊大臣依此上奏兩件承襲案，一是阿克蘇有世襲五
品頂花翎補授六品伯克阿布拉病故，其生前過繼之子邁買色依特
堪以承襲；二是世襲五品頂花翎回人伊敏病故，由其子邁買特托
胡塔承襲。[135]

　　同治三年（1864）二月二十一日，葉爾羌參贊大臣奎棟呈奏
和闐承襲事，已故世襲金頂回子木沙的父親原是和闐阿合明巴什
土魯孫，道光六年（1826），被玉努斯殺害，其長子鄂斯滿沙押
送雅霍普到阿克蘇大營，又被派往喀什噶爾運送靮鞋，得到揚威
將軍長齡給予六品頂藍翎，今由其孫二十一歲的邁瑪特承襲。[136]
阿奇木伯克對所屬地方民族的世襲頂翎，也要負責呈報，道光二
十二年（1842），喀什噶爾阿奇木伯克作霍爾敦報稱有喀拉提錦
伯克，派遣二品翎頂布魯特比薩底克之子阿拜都拉前來喀什噶爾
面稱，伊祖父因拏獲入侵人犯差伊父薩底克押至大營，宣宗賞三
品頂翎，後來由欽差大臣那彥成奏換二品頂翎，今其父病故出缺，

---

[133] 《外紀檔》，文獻編號第 303000130 號，頁 120，道光十八年九月十一日，金
　　和奏。
[134] 《軍機處‧月摺包》，文獻編號第 406001404 號，2709 箱，咸豐元年十月二十
　　日，德齡奏。
[135] 《宮中檔咸豐朝奏摺》，文獻編號第 406014998 號，2714 箱，咸豐十一年十二
　　月二十六日，英蘊奏。
[136] 《軍機處‧月摺包》，文獻編號第 096126 號，2742 箱，同治三年二月二十一
　　日，奎棟奏；《軍機處‧月摺包》，文獻編號第 096127 號，2742 箱，奏報和
　　闐承襲金頂世職回子姓名清單。

請求承襲，經葉爾羌參贊大臣查覈，奏請承襲事宜。[137]

二、協助緝捕

　　由於伯克們熟悉地方及語言，有利於協助大臣或跟隨官員追拿逃犯等事，事後大臣亦奏請皇帝加以功賞。乾隆二十五年（1760），英吉沙爾阿奇木伯克色提巴勒氏因隨碩多隆武擒獲賊犯奈納克和卓有功，高宗諭賞二品頂帶。[138]乾隆二十六年（1761），玉克圖阿爾圖什[139]五品阿奇木伯克阿卜敦阿吉斯等，協助官員長保追捕脫逃犯人烏朗噶，高宗因其追捕有功，賞緞三匹及賞戴花翎；布魯特沖噶巴什之五品頂戴阿瓦勒比曾兩次分派八名布魯特及卜錄特等十一名布魯特追捕，亦賞緞三匹，木特幹里伯克侍衛莫羅爾咱及都管伯克之孫都喇呼敖各賞緞二匹，後者並賞戴藍翎，拜城公爵噶岱默特所遣回人阿力納咱爾及布魯特十九人，各賞緞一匹；而噶岱默特之子商伯克邁瑪第敏，及托古薩克密喇布伯克巴巴和卓，因自備資斧，率領回人兵丁，緝拿逃犯之妻四人，巴巴和卓恐怕追拿逃犯招致布魯特人生疑，先前往安撫，並暗中打探消息，以追拿烏朗噶，也得到高宗諭賞緞二匹，並加恩視其應升之伯克出缺時補用。[140]高宗在退位後，得知庫車貝勒鄂對之

---

[137]《外紀檔》，文獻編號第 303000160 號，頁 34-36，道光二十三年十一月初四日，聯順奏。

[138]（清）傅恒等，《平定準噶爾方略續編》，卷 6，頁 11-12，乾隆二十五年九月庚午，諭軍機大臣，收入張羽新、趙曙青主編，《清朝治理新疆方略匯編》，冊 6，頁 373。

[139]應是阿斯圖阿爾圖什才有五品阿奇木伯克，（清）托津等編纂，《欽定回疆則例》，卷 1，頁 2，收入天龍長城文化藝術公司編，《新疆史志》，第二部，冊 11，頁 54。

[140]中國第一歷史檔案館編，《乾隆朝滿文寄信檔譯編》，冊 2，頁 551、557，34條，乾隆二十六年正月初六日，奉上諭；中國第一歷史檔案館編，《乾隆朝滿文寄信檔譯編》，冊 2，頁 557，41 條，乾隆二十六年正月十七日，奉上諭。

孫，鄂斯璊之子，時任庫車阿奇木伯克邁哈默特鄂三，主動呈報
都管伯克庫楚克受行賄縱放人犯，他不似其祖父鄂對貪瀆私鬻玉
石，高宗回想當年未罪及鄂斯璊，如今其子有誠實的表現，因而
嘉賞邁哈默特鄂三金盒一個，蟒緞一匹，大緞二匹，黃緞大荷包
一對、小荷包四個。[141]

　　道光八年（1828），額魯特領隊大臣碩隆阿向伊犁將軍呈報
於哈爾噶圖地方失去牧放六歲以上大馬十六匹，德英阿即派該管
伯克前去調查，伯克帶同事主查認找到了偷馬的邁瑪呢雅斯等三
人，他們是伊犁種地回人，因窮苦而起意，約同夥偷額魯特人的
馬匹，以變賣換錢分贓。[142]

　　伯克有保護所管之城的安全，有時也受命於回疆參贊大臣，
擔任跨城密差，協助調查案件。在道咸兩朝，白山派後裔常入侵
回疆，引發社會的動盪及戰亂，大臣要伯克們多留意村莊的狀況
呈稟。阿克蘇辦事大臣長清曾聽聞，喀什噶爾有無業游民滋擾的
情況，他到任葉爾羌參贊大臣後，立即差派葉爾羌阿奇木伯克阿
布都爾海擔任密探，與喀什噶爾阿奇木伯克等伯克共同訪查此
事。[143]

布魯特沖噶巴什在《平定準噶爾方略續編》則記為「再加恩賞緞二端，所差屬
人等各賞銀三兩」，見（清）傅恒等，《平定準噶爾方略續編》，卷 8，頁 27，
乾隆二十五年十二月丁酉，諭，收入張羽新、趙曙青主編，《清朝治理新疆方
略匯編》，冊 6，頁 393；（清）傅恒等，《平定準噶爾方略續編》，卷 9，
頁 5-7，乾隆二十六年正月乙卯，諭，收入張羽新、趙曙青主編，《清朝治理
新疆方略匯編》，冊 6，頁 396。

[141] 《大清高宗純（乾隆）皇帝實錄》，卷 1497，頁 4-5，嘉慶二年八月王子，敕
諭。

[142] 《外紀檔》，文獻編號第 303000059 號，頁 21-22，道光八年九月初三日，德英
阿、容安奏。

[143] 《軍機處·月摺包》，文獻編號第 063370 號，2760 箱，道光十二年三月二十
日，長清奏。

三、提供諮詢及查訪民意

　　儘管駐箚大臣來到回疆任職前，可能有中央或其他各省職務的經驗，但畢竟回疆語言、文化及外商聚集不同於其他各省，大臣在考量新的施政構想，也常透過伯克的協助，事先了解當地實際的情況，以利政務的推動。為此伯克們也負責提供大臣相關的民意的調查，或是當地水土畜養、稅改等問題的諮詢，作為施政的參考，也成為大臣上奏說服中央的有利條件，伯克也發揮執行力，平穩物價，安定社會民生。

　　高宗為鞏固邊防，將回人及官兵移往伊犁，官兵攜眷駐防及屯田回人皆需棉花提供禦寒，伊犁試種棉花，但土性不適合，因此需要易換布匹，伊犁阿奇木伯克茂薩告知葉爾羌辦事大臣新柱此事，由於葉爾羌及和闐已停止購買回人馬匹，庫貯有剩餘之錢，於是葉爾羌辦事大臣新柱與阿奇木伯克鄂對商議，決定由鄂對動用折糧錢文，以每斤價錢十二文，購買回人棉花，再運往伊犁，以益回人生計。[144]然而執行日久，人員檢收鬆散，又意圖規避，葉爾羌參贊大臣責成阿奇木伯克探查，避免滋生更多弊端。葉爾羌糧餉章京毓祥在道光十二年（1832）未能親自檢收回人交來的布疋，而是綠營分撥額外外委龐煥章等二人及兵丁十名，與回人通事素皮、回人鐵里阿巴斯、邁買特雅爾及阿布都拉等在局裡充當驗收。道光十七年（1837）九月，回人當年所交回布中有四萬一千疋，已漸漸黴惡不堪，龐煥章不揀挑，反而邀請管理交回布的回人約洛達什吃飯，令他向交布回人需索。這些回布運往伊犁，

---

[144]（清）傅恒等，《平定準噶爾方略續編》，卷 22，頁 17-19，乾隆二十八年八月辛卯，葉爾羌辦事尚書都統新柱，收入張羽新、趙曙青主編，《清朝治理新疆方略匯編》，冊 7，頁 46；《大清高宗純（乾隆）皇帝實錄》，卷 692，頁 7-8，乾隆二十八年八月辛卯，葉爾羌辦事尚書都統新柱奏。

即被伊犁將軍查獲，要求葉爾羌重新換好布，並如數賠補，葉爾羌參贊大臣恩特亨額認為，葉爾羌一時採買這麼多數量布疋，恐怕又有人私向回人重徵，造成滋擾，於是派人分至喀什噶爾及和闐各城按市價採買，並嚴飭阿奇木伯克留心訪察，如發現滋擾立即稟明，以安民心。[145]

伯克熟悉當地，可提供大臣地理環境的諮詢。道光十三年（1833），於平定張格爾及玉素普亂事後，阿克蘇因軍需存有剩下駱駝，撥交給葉爾羌及巴爾楚克八百隻，喀什噶爾二百隻、阿克蘇五百隻，作為備用官駝，交營員派兵放牧，平時運送官物或馱柴薪，一半准牧駝之兵可以自行營運，以利添補繩索等費用之需，但春天時葉爾羌等地的官駝，卻大量倒斃達八百二十五隻，官員追查恐營員藉詞規避責任，因此先諮詢阿奇木伯克問明倒斃原委，伯克告知葉爾羌所屬各城是為湖灘地的草場，濕氣較重，又逢春天融化雪水具有毒性，不宜牧養駝隻，因此向來以西各城是不畜養駱駝，大臣因而決定不再究責。[146]

駐箚大臣希望改變錢幣兌換基準，及新增稅課，先請阿奇木伯克調查商民、外國商民、回眾輿情，遇有商人屯積貨物，物價波動，亦由伯克協助調查。嘉慶五年（1800），喀什噶爾參贊大臣富俊曾上奏，有關南路八城錢價兌換之事，遭戶部駁回。他在嘉慶七年（1802）仍然認為有調整貨幣兌換率的必要，為藉民意支持，說服朝廷，富俊去信請各城調查，並請喀什噶爾幫辦大臣喀什噶爾阿奇木郡王伊斯堪達爾等伯克們，詢問商民、回眾的意

---

[145] 此事有二件奏摺，均為恩特亨額於同日所奏，《宮中檔道光朝奏摺》，文獻編號第 405002837 號及第 405002838 號，2726 箱，道光十九年五月初十日，恩特亨額奏。

[146] 《軍機處‧月摺包》，文獻編號第 063893 號，2760 箱，道光十三年五月初一日，長清等奏。

見後，請伯克與商民聯名具結，奏請兌換。[147]由於回疆各城在咸豐年間，協餉不繼，葉爾羌參贊大臣為了開闢財源，決定要對貿易較為興盛的葉爾羌、英吉沙爾及和闐，開徵布疋、茶葉、雜貨、牲畜稅，於是先請伯克們分別查訪漢城及回城的商民看法，再由各城大臣聯名上奏徵稅事宜。[148]

伯克要協助大臣平穩物價，以利各城回人的巴雜爾（市集），兵民、回人都可以自由的進行交易買賣。為防私設牙行，哄抬物價，各駐箚大臣每到年終都要向軍機處理藩院報告查核情形，大臣也要嚴飭阿奇木伯克不可倚仗其位，私派家護衛，彈壓市集，藉機滋擾，違反的伯克將遭參劾治罪。[149]若是葉爾羌參贊臣發現地方上，物價昂貴數倍，每逢市集就請阿奇木伯克督管各伯克，催促回戶將屯積米糧出售。大臣甚至要求阿奇木伯克帶領伯克調查官兵、回眾、國內外商民的意見，以創造貿易及民生有益的市場秩序。[150]

四、處理各族事務

伯克有責任在大臣指揮下處理民族事務，有時因大臣不了解事務層級或是民族文化，伯克尚需冒險銜命前往。乾隆二十九年（1764），沖噶巴什布魯特阿瓦勒比向喀什噶爾參贊大臣納世通稟稱，去年有伊犁官兵七八人，至塔拉斯地方遇克特滿圖伯之布魯特，被誤以為是哈薩克而遭殺害，納世通即令阿奇木伯克素勒

---

[147] 《宮中檔嘉慶朝奏摺》，文獻編號第 404008532 號，2712 箱，嘉慶七年七月十七日，富俊、伊斯堪達爾奏。

[148] 《宮中檔咸豐朝奏摺》，文獻編號第 406011656 號，2714 箱，咸豐九年十二月二十五日，裕瑞、英蘊、培成、烏勒欣泰奏。

[149] （清）賽尚阿等修，《欽定回疆則例》，卷6，頁 19。

[150] 《宮中檔咸豐朝奏摺》，文獻編號第 406010692 號，2714 箱，咸豐九年五月二十七日，裕瑞奏。

坦和卓等前往索取戕害官兵之人，事後高宗以兵丁事為伊犁將軍所管，要求其奏報，並令素勒坦和卓等速回。[151]烏什辦事大臣慶廉不了解布魯特的風俗文化，回人於道光六年（1826）七月丟失馬匹，慶廉得知，認為與布魯特比噶爾察庫圖有關，立即要阿奇木伯克傳訊他前來，不但革除其翎頂，又將他圈禁數日，馬匹找回，才將其釋放。後來又因其他事務，派阿奇木伯克木薩逼迫他立刻前來衙署，噶爾察庫圖心生疑懼，不願前來，甚至砍傷木薩。[152]這實是大臣不諳民族風俗，自恃官威，卻讓伯克生命飽受威脅。

五、協助勸募

時至咸同年間，因太平天國及雲南、陝甘回民事變、英法聯軍，各省協餉不繼於新疆，回疆亦遭白山派後裔鐵完庫里及倭里罕等入侵，官兵塩菜不濟，伯克也要負責勸捐募款。同治二年（1863），喀什噶爾辦事大臣奎英有鑒於喀什噶爾近年來官兵塩菜不濟，軍餉見絀，文武官員及伯克，除了自行捐輸外，也要負責向各處勸捐，尤為出力者為之上奏請獎。[153]

第三節　伯克日常管理事務

伯克在平日負責全城事務可歸納為伯克管理、回報郡王狀況、承襲呈報，徵收催繳、救災，各項城工建築、設施修建，偷

---

[151] （清）傅恒等，《平定準噶爾方略續編》，卷25，頁7-11，乾隆二十九年五月甲寅，諭軍機大臣，收入張羽新、趙曙青主編，《清朝治理新疆方略匯編》，冊7，頁67-68。

[152] 《奏摺檔》，文獻編號第305000088號，道光六年十二月，兵部奏。

[153] 《軍機處・月摺包》，文獻編號第0919942號及附件清單，2742箱，同治二年十月十九日，奎英奏。

盜及結夥案件、白山派後裔的監控、維護治安、滿回城隔離、出入境管理等項，其業務包含行政、稅務、防災、工務、司法、經貿、涉外事務及邊境安全等不同層面。

一、負責監督伯克

阿奇木伯克為總管該城事務者，全城所管伯克是否恪盡職守，若有違法情事，則呈報該城大臣。乾隆二十九年（1764）三月，喀什噶爾阿奇木伯克噶岱默特呈告伊什罕伯克阿卜（布）都喇伊木，透露官方情報給浩罕，說明清廷遣使目的是專為索還侵佔阿濟比游牧之事，以及因應之法。噶岱默特建議將阿卜都喇伊木與阿克蘇伊什罕伯克薩里對調，或是調離回疆，前往伊犁阿奇木伯克木（茂）薩手下辦事，駐箚大臣及高宗進而查出阿卜都喇伊木涉及叛亂之事，高宗以噶岱默特舉發謀逆，賞緞十匹獎勵。[154] 又如葉爾羌阿奇木伯克郡王阿克拉依都向回務章京反應，其城所屬密沙爾莊五品喀喇都管伯克邁瑪第敏，因個性耽於安逸，不合回人輿情，遇有回人事件，又置之不理，葉爾羌參贊大臣常清遂予參劾革職。[155]

二、督催繳納

配合哈薩克到伊犁買布疋，回疆各城阿奇木伯克要負責統整

---

[154] （清）傅恒等，《平定準噶爾方略續編》，卷24，頁25-28，乾隆二十九年三月癸酉，納世通奏、諭軍機大臣，收入張羽新、趙曙青主編，《清朝治理新疆方略匯編》，冊7，頁63-64；（清）傅恒等，《平定準噶爾方略續編》，卷26，頁4-8，乾隆二十九年七月乙丑，納世通奏、諭軍機大臣，收入張羽新、趙曙青主編，《清朝治理新疆方略匯編》，冊7，頁74-75。

[155] 《宮中檔咸豐朝奏摺》，文獻編號第406006216號，2779箱，咸豐五年六月十三日，常清、法福里奏。

各村莊將布匹數量、姓名造清冊上繳,各伯克要收管回戶應交之布匹。乾隆二十七年(1762)三月,葉爾羌辦事都統新柱等曾以葉爾羌庫貯新鑄的錢文,向回人購買布疋,運送到伊犁與哈薩克交易,以四十錢購一疋布,共買布七千五百四十七疋,使用新錢六千二十七騰格二十文,和闐也依此折收紡絲布疋,陸續運送,如此可促進回人生計,又可加速庫貯錢文的流通。新柱因此與伯克們商議決定,自當年十月至第二年的九月,勸導回人織布五萬多疋,依照時價發給回人,同時防範伯克從中剋漏。[156]如果貿易數額增長,伯克們也需要配合官方加工量產。若因戰亂或天災,官方豁免回人繳納數額,阿奇木伯克等伯克亦需按清冊交還回戶。[157]

伯克要責任監督回戶各項應繳稅糧,如遇回人因故抗繳,阿奇木伯克要予以催收,若尚有未繳差額,也得先行墊賠,以利完成納糧事務。葉爾羌所屬托果斯鉛莊於咸豐十一年(1861),因葉爾羌參贊大臣英蘊藉故苛索回人,引發不滿,有十四人抗繳官項,並叫唆眾人一起持械抵抗,阿奇木伯克胡達巴爾底及五品伯克邁買托胡達見狀,決定先自行借款墊付差額,並繼續安撫群眾及勸說繳納。[158]伯克有時夾在大臣與回人之間,確實難為,只能先將官方應繳之項代墊,認賠交差了事。

三、救災及濟貧

---

[156] (清)傅恒等,《平定準噶爾方略續編》,卷 18,頁 2-3,乾隆二十七年八月己亥,新柱等奏,收入張羽新、趙曙青主編,《清朝治理新疆方略匯編》,冊 7,頁 8-9。

[157] 《軍機處・月摺包》,文獻編號第 058443 號,2747 箱,道光七年九月初六日,長齡奏。

[158] 《宮中檔咸豐朝奏摺》,文獻編號第 406014799-1 號,2714 箱,咸豐十一年九月二十九日,英蘊奏。

　　凡是伯克所管城村被災救助、瘟疫，建立救災措施，賑濟災民及貧民，皆是伯克們要負責之事。天災發生時，阿奇木伯克等伯克要前往巡查、捐助，直接協助災民，並將災損呈報地方大臣，也有伯克在勘災時，遭遇意外而身亡。乾隆二十七年（1762）十二月，喀什噶爾阿奇木伯克噶岱默特呈稱，眾伯克及其所屬人等，願意出穀一千石，就近在城村附近收貯，借給貧人，嗣後每遇豐年即照此辦理，由伯克等掌管，並設立檔冊，以利稽查進出，駐箚大臣永貴認為此事毫無勒派之嫌，又有益於貧人生計，即酌定出納條例，協助完成賑濟制度。[159]阿克蘇在乾隆二十八年（1763）遭蝗災欠收，以致回人對於本年應繳的二千八百多石官糧，倍感壓力，阿奇木伯克色提巴勒氏為減輕回人的負擔，願意先繳交二千石，回人因而踴躍納糧，順利完成應交官糧數，這等於阿奇木伯克獨立承擔了二千石，海明上奏高宗，卻被諭斥，有災害時要釋官倉糧，豈有催迫完納之事，伯克此時的捐糧，亦應另分倉庫儲放，待荒年借給度日，不列入官賦項下。[160]乾隆三十二年（1767），伊犁阿奇木伯克鄂羅木咱卜（屬吐魯番郡王家系）去年一到任，即遇災情，處境艱難，高宗認為他雖為接濟災民，但究屬年紀輕歷事不深，木（茂）薩及鄂羅木咱卜向官方及私人借債一萬多兩，因此要阿桂算清其欠官銀部分，若為賑濟災民部分，則予以寬免。[161]由以上二事，可見高宗是個對大臣、伯克應為應守界限清楚，不願苦累回人的主政者，也為回疆駐箚大臣執行政

---

[159] （清）傅恒等，《平定準噶爾方略續編》，卷 19，頁 19-20，乾隆二十七年十二月王辰，喀什噶爾辦事尚書永貴等奏，收入張羽新、趙曙青主編，《清朝治理新疆方略匯編》，冊 7，頁 22。

[160] 中國第一歷史檔案館編，《乾隆朝滿文寄信檔譯編》，冊 4，頁 558-559，551 條，乾隆二十八年八月三十日，奉上諭。

[161] 中國第一歷史檔案館編，《乾隆朝滿文寄信檔譯編》，冊 7，頁 710，1063 條，乾隆三十二年五月初七日，奉上諭。

務,建立慣例。

乾隆六十年(1795),葉爾羌發生瘟疫,大多數的回人逃離,以致河道無人清理而淤塞,阿奇木伯克阿克伯克招募回夫四百名挖通渠道,又派撥驢六百頭,將伊犁所需的布匹及棉花,幫忙解運到伊犁,高宗讚賞其能力,賞給蟒緞二匹,大緞二匹作為獎勵。[162]嘉慶十三年(1808),沙雅爾阿奇木伯克愛木爾因該城去年水災,共捐糧五百石及羊四百隻。嘉慶十三年(1808)春耕時,部分受災田地因淤沙過厚,阻礙播種,現有一百六戶無地耕種,有七十四戶已無糧食可用,統計有五百多人受影響,因此阿奇木伯克又隨即再捐羊隻以及二百九十六石麵粉均分給各戶,並向喀什噶爾辦事大臣成林呈報,志願將自己的產業地畝內撥出九百畝先借給災民外,再捐資籽種,待明年受災田地整理好,再還給他,成林考察當地狀況,奏請獎勵愛木爾,並以官倉之糧及籽種一起協助災民。[163]

揚威將軍長齡在道光十一年(1831)十二月奏其觀察所得,喀什噶爾阿奇木伯克作霍爾敦在浩罕入侵時,奮勇出力,以其薪俸恤貧小回戶,自甘刻苦生活,獲得輿情的好評,經驗老到,又能知大體,奏請獎勵由二品台吉賞給頭品頂戴以示鼓勵。[164]足見伯克們為各城之民,熱心地盡其所能的付出。

四、城工建築修繕維護

---

162 《大清高宗純(乾隆)皇帝實錄》,卷 1496,頁 31-32,嘉慶二年閏六月丁巳,敕諭。
163 《宮中檔嘉慶朝奏摺》,文獻編號第 404009885 號,2724 箱,嘉慶十三年二月初四日,成林奏。
164 《大清宣宗成(道光)皇帝實錄》,卷 203,頁 31-32,道光十一年十二月乙巳,以喀什噶爾任事出力。

　　伯克為所管之城，進行整修城垣、兵房、倉廠、新建磨房，為農墾修築河隄、水渠等事，在伯克職掌，雖有伊爾哈齊伯克負責管理修治城濠等工事，但檔案所見，此類工程多是大事，常需由阿奇木伯克帶領，指揮所管各伯克參與。凡是城垣因狹小新建、擴建，或是年久塌損，阿奇木伯克等伯克即帶領回人工匠，自捐物料、口糧、銀兩，進行督工修復，伯克們也因此受皇帝賞賜、陞其品級及調城升職，甚至將功賞轉給其子頂帶，而有的伯克即使已知其品級已達極限，無以復加，仍為該城竭力貢獻，當其所為而為。

　　乾隆二十六年（1761）四月，哈密貝勒玉素布（富），為安插移往塔勒納沁屯田的官兵添蓋房間，僱覓回人工作，高宗諭以賞大緞四端，大荷包一對，小荷包二對，而不領工價的回人也加給口糧，以示嘉獎。[165]回疆新定後，喀什噶爾舊城狹小，官兵暫時駐箚郊外，喀什噶爾辦事大臣永貴奏准修建新城。於乾隆二十七年（1762）四月初一日開工，至八月城垣完工，九月，陸續完成倉庫房屋等，而兵丁營房由於木料一時難以湊集，眾伯克即情願捐助木料，建成三百間營房，永貴決定在完工時，由稅款盈餘內，酌量賞給伯克，以示體恤伯克們的捐資。[166]乾隆二十八年（1764），伊犁將軍明瑞興建回城，伊犁阿奇木伯克木（茂）薩辦理回人事務，又協助城工木植等事，高宗給賞緞六品，作為獎勵。[167]嘉慶十九年（1814），和闐修軍臺房，鼓勵出力之伯克，

---

[165]（清）傅恒等，《平定準噶爾方略續編》，卷 11，頁 1，乾隆二十六年四月戊寅，諭軍機大臣，收入張羽新、趙曙青主編，《清朝治理新疆方略匯編》，冊 6，頁 411。

[166]（清）傅恒等，《平定準噶爾方略續編》，卷 19，頁 13-14，乾隆二十七年十一月辛未，喀什噶爾辦事尚書永貴等奏，收入張羽新、趙曙青主編，《清朝治理新疆方略匯編》，冊 7，頁 20。

[167]（清）傅恒等，《平定準噶爾方略續編》，卷 27，頁 10，乾隆二十九年十一月乙卯，諭軍機大臣，收入張羽新、趙曙青主編，《清朝治理新疆方略匯編》，

仁宗賞愛瑪爾和卓及阿布都各大卷緞一疋，賞邁瑪第敏、玉露斯
各小卷緞一疋。[168]

　　道光十三年（1833）十二月，巴爾楚克前任阿奇木伯克阿布
都爾滿（阿克蘇郡王）之子頭等侍衛邁瑪特愛孜斯修城捐備口糧，
督派回夫，長清奏請賞戴花翎，五品阿奇木伯克玉努斯則陞用為
四品伯克。[169]這二人又在道光二十年（1840）因修和闐城而受賞，
邁瑪特愛孜斯當時已升為和闐三品阿奇木伯克，又具世襲郡王銜
貝勒，他因此得宣宗賞給大緞二疋，同樣，玉努斯也由四品伯克
賞戴三品頂帶。[170]

　　庫車奏修城垣及兵房，於道光十四年（1834）完成，宣宗獎
勵捐修之阿奇木伯克胡達巴爾第之子六品頂帶，沙雅爾阿奇木伯
克阿勒瑪之子七品頂帶，伊什罕伯克則以應升之缺儘先即補。[171]伊
犁惠遠城因年久失修，多有坍塌毀損，城牆濠溝也有淤塞狀況，
道光十六年（1836），四品伊什罕伯克頭等台吉哈里雜特負責督
監及率領回眾完成工事，伊犁將軍奏請於本城三品阿奇木伯克出
缺時陞補。[172]阿克蘇阿奇木伯克愛瑪特向阿克蘇辦事大臣璧昌呈
稱，因阿克蘇地勢低窪，雖有回城之名，但周圍無城牆，附近有
數十丈的土坡或深溝可上下往來，回人多叢居坡下的房屋，東西
南三面雖在通往大馬路巷口，設有城門，但房屋間皆有小路散漫

　　冊 7，頁 83。
[168] 中國第一歷史檔案館編，《嘉慶道光兩朝上諭檔》，冊 19，頁 480，1239 條，
　　嘉慶十九年六月十八日，內閣奉上諭。
[169] 《軍機處・月摺包》，文獻編號第 066860 號，2743 箱，道光十三年十二月二
　　十六日，長清奏。
[170] 中國第一歷史檔案館編，《嘉慶道光兩朝上諭檔》，冊 45，頁 391-392，1436
　　條，道光二十年九月二十六日，內閣奉上諭。
[171] 中國第一歷史檔案館編，《嘉慶道光兩朝上諭檔》，冊 39，頁 353-354，1114
　　條，道光十四年九月二十日，內閣奉上諭。
[172] 《軍機處・月摺包》，文獻編號第 070485 號及附件清單，2768 箱，道光十六
　　年二月二十五日，特依順保奏。

其中，可以自由進出，遇賊匪來攻，不足以防守，盛夏大雨山上流水隨地勢而下，造成水患，愛瑪特博訪民情，都希望有城牆可包護，較為安全，他願意捐備白麵十五萬觔，供回夫在工程期間食用，璧昌咨呈葉爾羌參贊大臣恩特亨額也得到同意，於道光十九年（1839）正月二十二日興工，至四月二十八日回城垣已竣工，城牆上四周設有礮臺，城外有濠溝深一丈五尺，璧昌有鑑於漢城也有類似狀況，愛瑪特亦予以捐助，雇工完成，使得漢、回城皆足以有備無患，璧昌遂奏請獎賞已在阿克蘇任職阿奇木伯克十多年的愛瑪特。[173]

喀什噶爾領隊大臣華山泰因該城土質多為沙磧，性質鬆散，木料多用楊木，質地不夠堅硬，且近河源較為潮濕，被鹽鹼漸漸溲腐，因此趁葉爾羌參贊大臣圖明額移駐該城時，面稱希望重修已歷十年的城垣，以利邊防，並增建與修補倉廠之需，這時已進陞頭品頂帶的阿奇木伯克作霍爾敦負責雇募無業民回，每日有三、四百名，並按日發給口糧，歷經四個月，於道光二十二年（1842）六月完成。[174]

烏什辦事大臣維祿在查閱城垣，發現牆根全被硝鹼溲腐，外護城圍牆多半倒塌，四邊城樓及四角的敵樓已傾斜，不足以作為防禦，倉廠、監獄、軍械庫已傾圮，兵房已塌倒一百九十多間，城外水磨房已歪斜，估計需工料銀二千一百八十五兩，於是大臣、糧餉章京、副將捐銀，阿奇木伯克邁瑪塔里普捐麵共同完成修復，因為邁瑪塔里普已承襲公爵戴花翎，且正在候補各城三品阿奇木

----

[173] 《外紀檔》，文獻編號第 303000134 號，頁 27-29，道光十九年九月初三日，璧昌奏。

[174] 《宮中檔道光朝奏摺》，文獻編號第 405007009 號，2719 箱，道光二十二年十月二十八日，圖明額奏；《外紀檔》，文獻編號第 303000151 號，頁 21-23，道光二十二年十二月初四日，圖明額奏。

伯克，已無可請恩施，因而奏請理藩院議敘。[175]

五、灌溉設施修建

由於農墾灌溉，修築及維護河隄、水渠通暢，皆是有益民生收入的重要事項，伯克為了原有田地及新墾地增加水源，新建水渠，或於水患發生後，捐修毀壞的民生或灌溉用的設施，皆主動參與規劃及捐資，大臣在查看確認了工程品質後，多奏請賞勵，伯克們因而得到賞賜、進陞，或者藉此提攜子孫、姻親氏族的地位與榮耀。

乾隆二十八年（1763），喀什噶爾阿奇木伯克噶岱默特向辦事大臣永貴稟稱，喀什噶爾地畝所有灌溉之河及溝渠系統情況，因赫色勒河東南有浚渠四十餘里，引水入赫色勒布伊村，但水流湍急，所種地畝多被衝刷，因此議定派遣伯克添建土堤，并鑿開山石減緩水勢，且由伯克定期維護。[176]沙雅爾城於嘉慶十二年（1807）因渭干河沖垮了岸口，阿奇木伯克愛木爾帶領眾伯克捐輸，完成開渠及堤防等工程，庫車大臣公峩為此奏請獎勵，仁宗諭賞愛木爾大緞四疋，其他伯克有功者如五品商伯克岳勒達什、七品明伯克和夾什、七品密拉布伯克太賚巴賚巴海、七品管銅伯克愛木爾、七品明伯克愛達爾素皮，也各賞五絲緞二疋，空頂阿布都克里木、多拉克莫特，各賞五絲緞一疋，但成林因庫車向未設賞項緞疋，無從動用，因此由阿克蘇咨取，該處未有五絲而改

---

[175]《外紀檔》，文獻編號第 303000166 號，頁 161-164，道光二十四年九月十六日，維祿、興貴奏。

[176]（清）傅恒等，《平定準噶爾方略續編》，卷 21，頁 26-28，乾隆二十八年五月丙寅，喀什噶爾辦事尚書都統永貴奏，收入張羽新、趙曙青主編，《清朝治理新疆方略匯編》，冊 7，頁 40；《大清高宗純（乾隆）皇帝實錄》，卷 686，頁 17-18，乾隆二十八年五月丙寅，喀什噶爾辦事尚書都統永貴等奏。

以彭緞十二疋賞給。[177]嘉慶二十二年（1817）之前，伊犁惠遠城
的旗屯各田，與惠寧城的旗屯及回人地畝的灌溉，都用東山闖里
沁泉水，為了勻出水源，增加旗屯的灌溉，伊犁將軍松筠曾令伊
什罕伯克巴克伊添挖水渠，引用哈什河水接入濟爾噶朗山泉，灌
溉回人地畝，伯克已在前一年秋末完成渠岸的工程，但當時正值
枯水期，繼任的伊犁將軍長齡無法確認工程品質，因此等到春天
融雪，見引渠水流通暢，奏請賞給巴克依花翎，仁宗准予獎勵。[178]

　　道光九年（1829）九月，札隆阿奏阿奇木伯克散秩大臣阿布
都爾滿帶領伯克，完成塔塔爾及沙瓦特兩處挖河渠，開墾出三百
餘里荒地，安置九百餘戶，宣宗賞給阿奇木伯克大緞二疋，交理
藩院議敘，伊犁將軍長齡奏請依回部則例議敘加一級，給予鼓勵，
宣宗對於其他有功伯克亦有功賞，四品商伯克愛里木沙、五品密
拉普伯克頭依克俱賞花翎，六品伯克阿里、五品軍功金頂戈什哈
烏舒爾俱賞藍翎。[179]道光九年（1829），為獎勵辦理喀什噶爾七
里河等處城堡工程有功，長齡等擬給阿奇木伯克郡王伊薩克加二
級，賞給大緞四疋，三等侍衛邁瑪特留于喀什噶爾，遇有四品或
五品伯克出缺時補用，二品台吉四品噶雜訥齊伯克作霍爾敦，及
四品商伯克邁瑪第敏，以三品伯克升用。[180]道光十年（1830），
喀什噶爾新建滿城，西南沿著河岸，地勢較低，由伯克帶領工人

---

[177] 中國第一歷史檔案館編，《嘉慶道光兩朝上諭檔》，冊 12，頁 589，1340 條，
　　嘉慶十二年十一月三十日，奉旨；《宮中檔嘉慶朝奏摺》，文獻編號第 404009886
　　號，2724 箱，嘉慶十三年二月初四日，成林奏。
[178] 《軍機處・月摺包》，文獻編號第 051225 號，2751 箱，嘉慶二十二年三月十
　　一日，長齡奏。
[179] 《外紀檔》，文獻編號第 303000066 號，頁 135，道光九年九月二十四日，札
　　隆阿奏；《外紀檔》，文獻編號第 303000067 號，頁 60，道光九年十一月初
　　六日，長齡奏。
[180] 《外紀檔》，文獻編號第 303000067 號，頁 64-65，道光九年十一月初六日，長
　　齡奏。

在西面高阜接築成一條長隄，並開另一條新河，使河面離城較遠，以防河水漫流於城中，宣宗對有功伯克加以晉陞，二等台吉作霍爾敦由四品噶襍納奇伯克升為三品，同時與升用四品伯克的什克勒木，以及五品阿奇木伯克阿雅納特都得賞大緞二疋。[181]道光十三年（1833），伊犁惠遠城添築城外大河柴壩及歲修大河舊隄，伊什罕伯克頭等台吉哈里襍特，負責雇募回夫，不辭勞苦，伊犁將軍奏准照例每年賞給養廉銀二百兩。[182]

道光二十二年（1842），庫車遇河水疊漲，沖壞了堤壩、房屋、渠道，以捍衛家園，回部郡王伊薩克及阿奇木伯克皮魯斯，一起捐報修復所需銀兩三千二百四十餘兩，宣宗賞換伊薩克之孫阿布都拉由六品頂翎換成五品頂翎，而皮魯斯則賞換花翎外，也賞給其子巴拉特六品頂翎，庫車辦事大臣札拉芬泰將剩餘款加捐湊成一百兩，飭交皮魯斯在河岸種柳樹護隄壩。[183]同年（1842），烏什阿奇木伯克邁瑪塔里普也因為扎哈曼河漲發，渠道沖塌，他自備資斧自四月興工，至十月修竣，烏什辦事大臣瑞元前往查勘，其修堵水壩一道，將水逼從北流，再洩水壩分流，以及大渠、小渠引水灌溉，於是奏請獎勵，宣宗准其遇有各城三品阿奇木伯克缺時，儘先將他升補，而隨同出力的六品頂戴七品都管伯克雅和普，則以應升之缺升用。[184]

---

[181]《宮中檔道光朝奏摺》，文獻編號第 405011374 號，2726 箱，道光十年七月十五日，內閣奉上諭。

[182]中國第一歷史檔案館編，《嘉慶道光兩朝上諭檔》，冊 38，頁 594，1679 條，道光十三年十二月初五日，內閣奉上諭。

[183]《外紀檔》，文獻編號第 303000149 號，頁 77-79，道光二十二年十月初七日，札拉芬泰奏；中國第一歷史檔案館編，《嘉慶道光兩朝上諭檔》，冊 47，頁 183-184，831 條，道光二十二年七月初四日，內閣奉上諭；中國第一歷史檔案館編，《嘉慶道光兩朝上諭檔》，冊 47，頁 319-320，1378 條，道光二十二年十月初七日，內閣奉上諭；《宮中檔道光朝奏摺》，文獻編號第 405006565 號，2717 箱，道光二十二年八月二十五日，札拉芬泰奏。

[184]《宮中檔道光朝奏摺》，文獻編號第 405007150 號，2719 箱，道光二十二年十

　　道光二十五年（1845）三月，常清在交卸庫車辦事大臣後與全慶、林則徐前往各地查勘開墾事宜前，奏請獎勵庫車開大渠及支渠共三渠，長一百八十餘里，其中有功者庫車阿奇木伯克皮魯斯，捐輸羊隻麵觔及督催挖渠，因已是三品阿奇木伯克，因此將功轉給其子伊巴拉特，由六品頂翎賞給五品頂翎；五品頂翎六品伯克托胡素皮賞給四品頂戴；七品頂翎七品伯克薩木薩克以六品伯克儘先補用；六品頂翎七品伯克玉素普伊斯瑪依木薩換五品頂翎；六品頂戴七品伯克邁瑪特換五品頂翎。[185]兩個月後，即道光二十五年（1845）五月初八日，常清在喀喇沙爾大臣任內亦奏報該城續墾荒地共一萬三千五百畝，要開渠招戶，進行試種陞科以糧折銀等事宜，其中為了另挖大渠之事，布古爾阿奇木伯克願捐備口糧麵六萬斤，按時價計算合銀一千二百兩，而軍機大臣會議合計此地畝以糧折銀為一千一十二兩五錢，可以支放官兵鹽菜，將佔喀喇沙爾歲調經費一萬四千餘兩的十分之一。換言之，阿奇木伯克捐麵之數折銀亦為近十分之一，因此宣宗請常清詳加體察，是否是樂捐，有無需索之弊。[186]

　　在葉爾羌距城七十里和爾罕地方有閒荒之地約九萬八千多畝，宣宗諭布彥泰與全慶傳諭林則徐勘查，阿奇木伯克伊斯瑪伊爾覓工，在道光二十六年（1846）二月初二日起興工建渠，於次

　　一月初八日，瑞元、法福里奏；中國第一歷史檔案館編，《嘉慶道光兩朝上諭檔》，冊 47，頁 508，1915 條，道光二十二年十二月二十日，內閣奉上諭。

[185] 這份獎勵名單由常清奏，但因皮魯斯私墾地、逾額燕齊，以及新開墾地等因素，至道光二十七年才由薩迎阿開單奏准，伯克部分與常清所奏相同，見中國第一歷史檔案館編，《嘉慶道光兩朝上諭檔》，冊 52，頁 122-123，448 條，道光二十七年四月十九日，內閣奉上諭；《軍機處・月摺包》，文獻編號第 073131 號，2752 箱，道光二十五年三月初四日，常清奏；《軍機處・月摺包》，文獻編號第 073133 號，2752 箱，清單，此清單為文獻編號第 073131 號，捐資伯克官員名單。

[186] 中國第一歷史檔案館編，《嘉慶道光兩朝上諭檔》，冊 50，頁 269-271，693 條，道光二十五年五月二十九日，穆彰阿等奏。

年三月完成，共有大渠一道八十餘里及支渠八條，招墾窮苦回人八百戶，共一千九百多人，劃分界址建房安插，於道光二十七年（1847）春耕試種，並請葉爾羌參贊大臣在新墾地增設伯克管理。[187]

六、司法安全維護

1.罪犯處理權責的劃分

　　在《欽定皇輿西域圖志》，卷三十九，記載乾隆年間回疆犯罪的審理見聞，基本是依維吾爾族宗教信仰伊斯蘭教法之刑事法論處，回人若犯罪，依情節輕重有不同處罰，回人犯小罪，褫除其衣，以墨塗面，遊行示眾；重者擊鞭打，更重者枷號，最重至鞭腰為止。若是阿奇木伯克以下伯克犯小罪者革奪其職，派去當苦役，或派課耕，或派監放畜牧，或令其入山採銅鉛，受罰三年至五年，有時視情況再行復職；凡是竊物者，必斷其手，賠償所竊之物十倍，若無力償還，則用腳鐐等刑具，鎖於市街示眾，勞役其妻作為賠償，再犯者刑之如前外，再掘地為牢，幽禁一個月；若是鬬毆者，依被傷者情形作處罰，傷人眼者挖其眼睛，傷人手足者，亦斷其手足；若為犯姦者，依可蘭經論斷則殺，從寬則罰令當苦役，終其身不復，有証人則受罰，無証人則釋放。若為殺人案件，有証人據其佐証之言定讞，無証則用刑，可以讓犯人仰臥於地灌水，或攢縛其手腳懸於高處，或綁在柱子，令其腳不著於地，以繩子勒住其腹部，不服者則鞭其腰，接著再刖其腳，甚至囚於地牢，滿一年才出來，給被害人為奴，犯者吐實則定讞，

設置木架於街市，將他懸在上面示眾，時至三日很少有不死的，逃走的人，緝獲時，施罪責也是如此，甚至斬頭懸掛於桿上示眾；若作誣証使人入罪，就以誣告對方何罪來處罰他，有職者奪其職，褫除其衣，鞭打腰部，以墨塗抹其臉，令倒騎驢子，遊行示眾，以侮辱他。[188]

乾隆朝回疆底定後，高宗秉持從俗從宜為政策，多以伊斯蘭教法判罰為原則。但高宗也認為拿獲匪犯，自應從重辦理，但是若由各省來新疆之人，或有時是兵丁偷盜回人馬匹，僅以各省實行的大清律法完結盜案，不能昭顯公允，因此傳諭自乾隆二十五年（1760）起，回人盜本處及各省之人的馬匹，以及各省之人盜回人馬匹，皆照回疆例辦理，也就是在回疆遇有回人或各省之人犯罪，多由阿奇木伯克等照伊斯蘭教法處罰，當時曾發生阿克蘇回人盜馬，因為是累犯，照回人舊例被斬決梟示。[189]

行竊回人多交由該管伯克審訊，若該城設有負責緝奸盜兼管獄務之帕察提布伯克，則交其審問，如果回人抗拒不承認，遭伯克責打殞命，即使是被駐箚大臣奏報革職，高宗若認為是駐箚大臣太過拘執於內地各省之例，仍不偏失於大臣，對伯克加以寬宥，開復原職。[190]乾隆二十六年（1761），照管屯田回人伊斯拉木，因回人台因和卓之妻辱罵起釁，以致刺殺台因和卓及其弟，被判處依鬥殺律擬絞，但伊斯拉木曾隨副將軍富德在阿喇巴，始知兆惠將軍堅守戰事而傳遞訊息，因而功賞翎頂，高宗同意以古蘭經詢問死者家屬是否情願接受普爾一千騰格，以財抵免其罪，並要永貴曉示回眾，伊斯拉木本應按大清律定擬其罪，斷不姑息，但

[188]（清）傅恒等 奉敕撰，《欽定皇輿西域圖志》，冊 5，卷 39，頁 18-20。
[189]《大清高宗純（乾隆）皇帝實錄》，卷 612，頁 31-32，乾隆二十五年五月戊午，又諭。
[190]《大清高宗純（乾隆）皇帝實錄》，卷 1262，頁 1，乾隆五十一年八月辛丑，諭。

因其具有勞績，才受到格外加恩。[191]另一個案子是回人斯拉木拜將刦取的物品，攜往其舅父岳勒達什家，岳勒達什即告知阿奇木伯克沙雅豁布，經審明案情，即呈報葉爾羌辦事大臣處理，高宗諭賞阿奇木伯克大緞一匹，岳勒達什得銀二十兩，獎勵二人。[192]

　　由於乾隆四十年（1775）間，新疆陸續發生殺人案件，一是回疆發生回人奴僕殺家主，駐箚大臣僅判正法示眾，依律在各省則判凌遲，高宗視殺人為重罪，認為此案是輕判；二是伊犁發生民人因口角起衅殺人致死。高宗諭以新疆位處邊陲，非內地各省可比，五方雜處，易生事端，用法不得不嚴，俾使凶頑者儆俱，諭令對於奴僕殺家主等殺人案件，或是律法為斬監候之罪，自乾隆四十一年（1776）六月起，在新疆要從重辦理，為避免人犯斬期拖延至明年，日久忘卻，不足以示懲戒之意，或因病死、脫逃等心存僥倖，諭令刑部對新疆各地斬候及絞候重罪者，在秋決未勾到期之前，皆趕入當年辦理。至於回疆尋常鬥毆事件，也不再如以往僅止於枷杖，需如各省罪犯發遣，如係烏什回人，即發遣至西邊的葉爾羌及喀什噶爾，反之若為此西二城等人犯，則依路程遠近，發遣至東部各城如烏什、庫車、喀喇沙爾。[193]

　　到了乾隆五十七年（1792）九月高宗以新疆回人歸化有年，應諳悉大清法紀，因此諭令回人案件若有親侄殺死親伯叔，或有親弟弟殺死親兄長，或者親侄孫殺死親伯、叔、祖父等類似重大案件，新疆各城大臣應直接以大清律之例辦理，但若是血緣較遠

---

[191] （清）傅恒等，《平定準噶爾方略續編》，卷 14，頁 8-9，乾隆二十六年十月癸酉，諭軍機大臣，收入張羽新、趙曙青主編，《清朝治理新疆方略匯編》，冊 6，頁 435。

[192] 《大清高宗純（乾隆）皇帝實錄》，卷 1491，頁 10，乾隆六十年十一月丙寅，諭。

[193] 《大清高宗純（乾隆）皇帝實錄》，卷 1011，頁 15-16，乾隆四十一年六月乙丑，諭軍機大臣；《大清高宗純（乾隆）皇帝實錄》，卷 1011，頁 16-18，乾隆四十一年六月丙寅，諭軍機大臣。

親族命案，則仍照回人之例，引用可蘭經捐金贖罪方式處置。[194]可見高宗對於回疆殺人事件的處理，已由最初的從俗從宜，到邊疆重地加重處分，至統治三十後，重新釐清回歸大清律法與從俗的界限，讓回疆大臣有更清楚的準則可供依循，也看到高宗對回疆治理態度的轉變。

　　嘉慶十九年（1814），理藩院議定，各城阿奇木伯克若遇枷責輕罪的犯人，可以自行辦理，事後仍要稟明駐箚大臣存案備查，但如果遇有需要刑訊的重案，阿奇木伯克則不得擅自受理，及濫用夾棍、杠子，必須隨時稟明該城駐箚大臣，等候委員會同審查辦理。[195]然而時至咸豐年間仍有少數回疆駐箚大臣依伊斯蘭教法判案。[196]甚至時至清末光緒三十二年（1905），新疆設行省已二十多年，新疆巡撫聯魁尚能查獲魯克沁吐魯番郡王府第，舊有私刑具，於是下令查報，回疆各城有似此者，一律裁禁。[197]可見伊斯蘭教法及回部王公在宗教傳統及社會階級的舊勢力依然存在。

　　由檔案實際案例而觀，回人偷竊等一般案件，多半先由阿奇木伯克進行審訊及管轄，若是殺人未死，但已得財，或回人命案，或是民人殺回人，或是回民殺死回人之案時，皆由阿奇木伯克負責呈報該管大臣，再與回務章京一同驗屍後，交大臣審理，或與阿奇木伯克共同會審人犯，再由大臣查律擬以適當懲處方式，上奏裁奪，若阿奇木伯克處理案件，表現得有守有為，也將得到賞賜或陞遷。

---

[194]《大清高宗純（乾隆）皇帝實錄》，卷 1413，頁 15，乾隆五十七年九月辛酉，諭；《大清高宗純（乾隆）皇帝實錄》，卷 1417，頁 23-24，乾隆五十七年十一月癸亥，諭。

[195]（清）賽尚阿等修，《欽定回疆則例》，卷 6，頁 19。

[196]《月摺檔》，咸豐十一年十一月十一日，英蘊奏。

[197]《大清德宗景（光緒）皇帝實錄》，卷 564，頁 5，光緒三十二年九月辛丑，甘肅新疆巡撫聯魁奏。

　　回人偷盜未傷人或取財，由伯克捉拿處置。乾隆二十七年（1762）三月，額里齊城回人尼雅索丕因盜馬逃來阿克蘇，被伯克額肯阿克薩哈拉盤獲，交給帕提沙布伯克看管逃脫，而後在和闐被巡街回人拏獲，高宗以伯克額肯阿克薩哈拉盤獲賊犯，又審出案情，加恩賞緞二端，加以鼓勵，失職的帕提沙布伯克則遭斥革。[198]

　　由於回疆各省商民及各民族往來複雜，發生司法案件依身份之別，報案及管轄權責，也有所差異。回人盜人財物，由阿奇木伯克處理，若是殺人重案，由伯克捉拿，交該城大臣依律審理上奏；若殺商民，為維護國際商賈往來安全，則示眾正法，以為警惕；若是回民、遣犯、商民等殺害回人，則由大臣處置。

　　嘉慶十四年（1809），布古爾阿奇木伯克伊薩克緝拿王萬青案，因認真出力，又不接受伊布拉依木轉托明伯克愛木爾等要求免干連而賄餽之銀兩，受喀拉沙爾辦事大臣廣厚讚賞，奏請遇大城阿奇木伯克出缺調任，仁宗除依其所議外，在奏摺此行間硃批「甚是，先賞大緞二匹」。[199]嘉慶二十年（1815），因回人邁瑪第強詐他人放牧的羊隻，大臣西拉布命阿奇木伯克阿布都賴哈木與印房章京雙泰，查驗烏什所屬奇里部落戴空頂頭目布魯特愛什胡里傷勢，再由阿奇木伯克呈請大臣究辦。[200]嘉慶二十二年（1817），喀什噶爾所屬托庫薩克地方的回人圖第現年二十四歲，殺害商民李學標，由回莊六品伯克阿布都密奇特呈報給三品阿奇

---

[198]（清）傅恒等，《平定準噶爾方略續編》，卷 16，頁 8-9，乾隆二十七年三月辛亥，諭軍機大臣，收入張羽新、趙曙青主編，《清朝治理新疆方略匯編》，冊 6，頁 450-451。

[199]《宮中檔嘉慶朝奏摺》，文獻編號第 404013935 號，2724 箱，嘉慶十四年四月十九日，廣厚奏；《宮中檔嘉慶朝奏摺》，文獻編號第 404013465 號，2724 箱，此件為附片，未有奏者與年月日，而內容是為王萬青案及伊薩克事。

[200]《宮中檔嘉慶朝奏摺》，文獻編號第 404017748 號，2723 箱，嘉慶二十年二月初三日，西拉布奏。

木伯克額依默爾，再呈報喀什噶爾參贊大臣松福，松福以喀什噶爾係南路重地，民回雜處，且外國商民往來貿易此甚多，遇此刮殺重案，未便拘泥，因此命綠營副將及阿奇木伯克將該犯綁赴曹市，示眾正法，並用漢回榜文貼於通衢，以昭炯戒。[201]

　　若有回人殺遣犯的案件，則由阿奇木伯克審理，再交該管大臣上奏。道光二十五年（1845），銅廠工作的遣犯被殺，阿克蘇三品阿奇木伯克郡王愛瑪特向阿克蘇辦事大臣輯瑞呈報，捕訪盜賊的帕提沙普（帕察沙布）伯克阿布都拉訪查到兇嫌回人烏舒爾，並由愛瑪特審訊案情經過，再交與大臣上奏。[202]

　　反之，若為遣犯殺回人，則由阿奇木伯克呈報大臣，由大臣派書吏等作處理，例如道光二十七年（1840）為平定七和卓木之亂，清廷為補充兵源，讓已發遣至新疆的犯人作遣勇，殺入侵者平亂有特別功勞者，也可獲釋或改為民，不過遣犯本多是各省犯重罪者，不易管束，在亂事平定，撤回伊犁途中，遣勇數人在阿奇克莊偏僻路上，持軍械搶掠回人，用劍刃將愛木拉、賣瑪特二人戳傷身死，阿克蘇阿奇木伯克郡王愛瑪特呈報阿克蘇辦事大臣札拉芬泰，大臣派書吏等人前往相驗，再與伊犁參贊大臣等處理。[203]

　　若是回民殺死回人，回人稟報阿奇木伯克，回民則去稟告筆帖式，由阿奇木伯克及該管大臣會同審理。如阿克蘇辦事大臣誠端接獲筆帖式稟報內地回民王自成被回人托呼塔什用馬鞭打傷，同時阿奇木伯克愛瑪特報稱，回人和扎什稟報放牧駱駝在其所種

---

[201] 《軍機處‧月摺包》，文獻編號第 053645 號，2751 箱，嘉慶二十二年九月二十八日，松福奏。

[202] 《軍機處‧月摺包》，文獻編號第 073821 號，2751 箱，道光二十五年四月二十九日，輯瑞奏。

[203] 《外紀檔》，文獻編號第 303000200 號，頁 100-103，道光二十八年七月二十二日，海枚奏。

田禾中，因而向放牧的內地回民理論，卻將他弟弟托呼塔什用木棍打傷身死，誠端會同阿奇木伯克愛瑪特一起審理。[204]

　　若是在各省民人殺斃回人的案件，則是呈報回務處由大臣審理。如道光十一年（1831）喀什噶爾三品阿奇木伯作霍爾敦聽托古薩克地方的回人依斯瑪依報稱，民人馮玉貴向伊父努魯斯索債起口角，馮玉貴踢努魯斯腹致死，由回務處報告喀什噶爾參贊大臣璧昌，璧昌派回務章京及印房章京前往驗訊，再由璧昌提審奏擬懲處。[205]道光十三年（1833），葉爾羌阿奇木伯克阿布都爾滿向回疆參贊大臣長清呈報，阿克敏莊回人阿木魯拉報稱，民人張中仕欲進其園乞食，被其子所阻，反被張中仕撞跌身死案，長清委派回務章京福來前去驗訊。[206]

　　由上述各例可知，凡涉及回人之事，阿奇木伯克有管理之權，可先審或與大臣會審，若殺人者非回人，則以大臣為主導審理，看到回疆法律判定依據有其特殊性及變化，害人與被害人，回人和來自各地不同民族及遣犯等身份者在此間交錯，伯克及大臣管轄審理各有所屬。

2.查報私鑄錢幣及放高利貸

　　為保障回人生計，對於私鑄銅錢或是商民來疆借錢給回人，卻遭重利盤剝之事，皆由阿奇木伯克要負責調查，呈報該管大臣。尤其是張格爾事件後，經那彥成善後訪查，被列為平日禁止及查

---

[204] 《外紀檔》，文獻編號第 303000092 號，頁 207-210，道光十三年九月十五日，誠端奏。

[205] 《外紀檔》，文獻編號第 303000078 號，頁 243-244，道光十一年十二月十六日，璧昌、舒凌阿奏。

[206] 《軍機處·月摺包》，文獻編號第 063370 號，2751 箱，道光十三年三月二十日，長清奏。

報事項。回疆每年錢幣流通因各城經貿商業活動情況各異，因此不能加卯鼓鑄錢文，每年所收之銅，以七成鑄當作五錢文，以三成鑄當十錢文，可利於經貿之行使。如果有不肖商回以私煆私鑄的方式圖利，阿奇木伯克平日負有查緝私鑄銅錢之責，如有私煆私鑄者，即行緝送該管衙門，照例究辦，加重治罪。[207]伯克若有失察，將被視為過失懲處，但一般而言，若是由阿奇木伯克查獲人犯，地方大臣也多以功過相抵，不再究責，人犯送交地方大臣後，逕由大臣審理，或是會同阿奇木伯克審訊。例如喀什噶爾阿奇木伯克郡王邁瑪薩依特（吐魯番郡王家族）於道光二年（1822），拏獲阿布都爾滿及其家人私鑄錢文，於是邁瑪薩依特連同鑄造器具及存剩的私錢，一併送交回疆參贊大臣武隆阿究辦，武隆阿與邁瑪薩依特會審，因新疆在此前尚無私鑄案，僅依律辦不能儆戒，因此援照乾隆五十二年（1787）判例，將首犯阿布都爾滿即行正法，對於阿奇木伯克過去失察之過，因該犯是由伯克自行拏獲，而可功過相抵，大臣要求伯克不時查訪，查出即隨時銷毀。但此案上奏硃批刑部速議後，刑部事務大臣戴均元認為該犯所鑄錢僅五百多文，不若律載為十千以上，如果即行正法，其輕重之罪成了漫無區別，因此判阿布都爾滿為斬監侯，秋後處決。[208]

　　由於商人高利貸盤剝回人，為維護回人財產權益，伯克需調

---

[207] （清）賽尚阿等修，《欽定回疆則例》，卷 8，頁 4；（清）曹振鏞，《欽定平定回疆剿捕逆裔方略》，卷 80，頁 14，道光九年四月己巳，那彥成等奏，收入張羽新、趙曙青主編，《清朝治理新疆方略匯編》，冊 10，頁 183；（清）賽尚阿等修，《欽定回疆則例》及卷 8，頁 7；（清）容慕安輯，《那文毅公籌畫回疆善後事宜奏議》，卷 77，頁 37，道光九年三月初五日，那彥成、武隆阿奏，收入張羽新、趙曙青主編，《清朝治理新疆方略匯編》，冊 10，頁 311。

[208] 《外紀檔》，文獻編號第 303000024 號，頁 292-296，道光二年十一月十八日，武隆阿、秀堃奏；《外紀檔》，文獻編號第 303000024 號，頁 371-374，道光二年十一月二十一日，戴均元等奏。

查呈報管大臣。各省前來回疆的商民借給回人銀錢，經常以放債重利盤剝，三個月轉票利又加上一年利息，並以回人的房屋及土地折償抵債，造成回人重大損失。因此那彥成在回疆善後事宜奏定，商民只准取三分利息，若有利上加利，導致回人以低價房產折償抵債之事發生，阿奇木伯克查出後，需報本城大臣處置。[209]

七、監視白山派後裔動向

伯克要注意白山派後裔動向，隨時掌控所管之地的安全，如有逆謀行動或白山派後裔與回疆回眾，有所聯絡或書信往來，伯克即前往調查，並呈報大臣處理。高宗倚靠黑山派的支持，將回疆收入清朝版圖，白山派大和卓後裔的三個兒子，皆解至京看管，但當時因薩木薩克年齡小，已由乳母帶往浩罕，高宗未予追究，但喀什噶爾阿奇木伯克仍注意其動態。乾隆四十九年（1784），薩木薩克已三十歲，三月間，喀什噶爾阿奇木伯克鄂斯璊向喀什噶爾辦事大臣告稱，薩木薩克遣回人托克托素丕、巴爾哈特素丕，寄書信給喀什噶爾回人默羅色帕爾等五人書信，高宗即諭飭保成不可將捉獲五名回人由鄂斯璊看管，恐遭回眾生疑，鄂斯璊將難以孤身撫眾，也要鄂斯璊不要根究牽連回眾，高宗認為白山派回眾仍有對其依戀者，薩木薩克留戀故土，私通訊息是必有之事，諭示解至伊犁交由伊犁將軍處理。[210]但後來同意若可誘其來京，

---

[209]（清）賽尚阿等修，《欽定回疆則例》，卷 8，頁 12；（清）曹振鏞，《欽定平定回疆剿捕逆裔方略》，卷 80，頁 19，道光九年四月己巳，那彥成等奏，收入張羽新、趙曙青主編，《清朝治理新疆方略匯編》，冊 10，頁 186；（清）容慕安輯，《那文毅公籌畫回疆善後事宜奏議》，卷 77，頁 41，道光九年三月初五日，那彥成、武隆阿奏，收入張羽新、趙曙青主編，《清朝治理新疆方略匯編》，冊 10，頁 313。

[210]《大清高宗純（乾隆）皇帝實錄》，卷 1200，頁 23-24，乾隆四十九年三月丁酉，諭軍機大臣；《大清高宗純（乾隆）皇帝實錄》，卷 1200，頁 27-28，乾

如霍集斯留京般處理也可，要保成與鄂斯璊一起銜名上奏，並派鄂斯璊前往色默爾地方誘出薩木薩克來京，同時布魯特散秩大臣阿其睦之弟額穆爾因私行留住托克托素丕，被鄂斯璊訪獲，因懼怕遭查辦，私將托克托素丕打死，阿其睦為包庇伊弟，而聯合英吉沙爾阿奇木伯克阿里木等，誣告鄂斯璊亦曾受薩木薩克書札，官方派員追捕阿其睦，伊子燕起亦逃，負責追捕的六品阿奇木伯克沙巴克，也因追捕出力，高宗諭大伯克缺出即補；但相對於伯克出力，兩位南北疆的大員回疆參贊大臣綽克托、伊犁將軍伊勒圖卻皆意欲消弭，將就了事，事件因此拖延至九月才大抵結束，傳信回人、誣告的伯克及額穆爾等正法，只阿其睦為斬監侯，鄂斯璊因而晉封為貝子。[211]

　　嘉慶年間，喀什噶爾阿奇木伯克玉努斯仍秉持調查白山派後裔為己任，訪查薩木薩克之子訊息，卻被伊犁將軍松筠誤解，而遭革職及褫除爵位，此事在伯克間發生寒蟬效應，清廷也疏於防範，造成嘉慶至咸豐年間幾次白山派裔勢力欲重返回疆，為當地帶來長年的動盪，擾亂社會安定。時至咸豐朝，回疆參贊大臣責成伯克，需隨時注意白山派後裔的動向，或者為其帶信及裡應外合者，讓侵擾事件在萌發之時，即刻稟報與防範。[212]

八、隔離及邊境管制

隆四十九年三月己亥，又諭。

[211]《大清高宗純（乾隆）皇帝實錄》，卷1215，頁8-10，乾隆四十九年九月丙子，諭；《大清高宗純（乾隆）皇帝實錄》，卷1207，頁39-40，乾隆四十九年五月辛巳，諭；《大清高宗純（乾隆）皇帝實錄》，卷1211，頁34，乾隆四十七年七月癸未，諭軍機大臣會同理藩院；《大清高宗純（乾隆）皇帝實錄》，卷1206，頁14-19，乾隆四十九年五月辛酉，又諭。

[212]《宮中檔咸豐朝奏摺》，文獻編號第406009618號，2714箱，咸豐八年十一月二十一日，慶英奏。

1. 負責滿回城隔離管制

由於回人的生活與伊斯蘭教密切相關，在文化及生活上與一般官兵差異甚大，高宗為了避免官兵無端或藉機恃權滋擾回人生活，也為尊重回人保原有宗教生活，不受官兵干擾，因此採行隔離政策，由伯克負責加以管制。如乾隆二十七年（1762）永貴因回疆更換駐防官兵，恐官兵深入回疆阿克蘇、葉爾羌、喀什噶爾等大小村莊，回人或因貪利，提高物價，兵丁交易又恃強滋事，且官兵經過村莊，正值禾茂水滿之際，下令嚴禁官兵之馬駝踐踏地畝及溝渠，以防範衝突滋擾之事。[213]高宗在乾隆五十八年（1793）同意喀什噶爾參贊大臣永保興建官房時，以回疆入清朝版圖年久，無庸兵弁再行稽查，因而諭令駐箚回城的綠營兵弁撤出。[214]回人女子若是婚嫁安集延，照例是不准攜歸，但自乾隆六十年（1795）十月起，高宗諭令禁止回女嫁給安集延，違者從重治罪，十二月，更因喀什城兵、旗民、回人雜處，駐箚大臣卻多坦護內地旗人等事，高宗諭令大臣要秉公處置，以免回人負屈。[215]這是高宗知道官員、兵丁、旗民及商人等，不一定了解回人因信奉伊斯蘭教宗教其有著文化、生活習慣、衛生、飲食、語言的差異，官兵商民等卻恃其經濟及政治地位的優勢，倚勢欺壓回人，為減少滋擾事件一再發生，因而採行的措施。

宣宗在張格爾等事件後，檢討回疆弊端，也多依此精神而行。

---

[213]（清）傅恒等，《平定準噶爾方略續編》，卷 16，頁 29-30，乾隆二十七年四月丁亥，收入張羽新、趙曙青主編，《清朝治理新疆方略匯編》，冊 6，頁 456。

[214]《大清高宗純（乾隆）皇帝實錄》，卷 1442，頁 3-4，乾隆五十八年十二月壬戌，又諭。

[215]《大清高宗純（乾隆）皇帝實錄》，卷 1488，頁 10，乾隆六十年十月癸未，又諭；《大清高宗純（乾隆）皇帝實錄》，卷 1492，頁 4，乾隆六十年十二月庚辰，諭。

在回疆各城多另建滿城，以提供駐箚官兵戍防，嚴禁回婦私自入滿城，或是官兵招回婦私入滿城，綠營官兵以及發遣新疆給伯克為奴的遣犯，皆不准擅娶回婦，若有查獲，回婦要被離異，官兵遭責革照軍律治罪，遣犯則枷責，阿奇木伯克也要被參奏及遭嚴厲的處罰。[216]相對的，兵丁亦不可任意出入回莊遊蕩，或是潛赴回莊住宿，被發現准伯克及回人等，將其縛送該管大臣治罪；[217]各城營馬牧放吃草，不得恃強任意踐食禾稼，違者一經查出或被回人向伯克告發，照例究辦，並將約束不嚴之該管官一併懲處；[218]兵丁、遊手漢民更不可霸佔回人果園，尤其在瓜果成熟時，以較低價格強買或獲利，回人可以直接向阿奇木伯克衙門告發，由其呈報該城大臣，兵丁將依軍法判刑，遊手漢民照兇棍徒例治罪。[219]各

---

[216] （清）賽尚阿等修，《欽定回疆則例》，卷6，頁16；（清）曹振鏞，《欽定平定回疆剿捕逆裔方略》，卷80，頁18，道光九年四月己巳，那彥成等奏，收入張羽新、趙曙青主編，《清朝治理新疆方略匯編》，冊10，頁185；（清）容慕安輯，《那文毅公籌畫回疆善後事宜奏議》，卷77，頁41，道光九年三月初五日，那彥成、武隆阿奏，收入張羽新、趙曙青主編，《清朝治理新疆方略匯編》，冊10，頁313。

[217] （清）賽尚阿等修，《欽定回疆則例》，卷8，頁9；（清）曹振鏞，《欽定平定回疆剿捕逆裔方略》，卷80，頁18-19，道光九年四月己巳，那彥成等奏，收入張羽新、趙曙青主編，《清朝治理新疆方略匯編》，冊10，頁185-186；（清）容慕安輯，《那文毅公籌畫回疆善後事宜奏議》，卷77，頁41，道光九年三月初五日，那彥成、武隆阿奏，收入張羽新、趙曙青主編，《清朝治理新疆方略匯編》，冊10，頁313。

[218] （清）賽尚阿等修，《欽定回疆則例》，卷8，頁10；（清）容慕安輯，《那文毅公籌畫回疆善後事宜奏議》，卷77，頁41-42，道光九年三月初五日，那彥成、武隆阿奏，收入張羽新、趙曙青主編，《清朝治理新疆方略匯編》，冊10，頁313。

[219] （清）賽尚阿等修，《欽定回疆則例》，卷6，頁16，及卷8，頁8、11；（清）曹振鏞，《欽定平定回疆剿捕逆裔方略》，卷80，頁18-19，道光九年四月己巳，那彥成等奏，收入張羽新、趙曙青主編，《清朝治理新疆方略匯編》，冊10，頁185-186；（清）容慕安輯，《那文毅公籌畫回疆善後事宜奏議》，卷77，頁42，道光九年三月初五日，那彥成、武隆阿奏，收入張羽新、趙曙青主編，《清朝治理新疆方略匯編》，冊10，頁313。

省漢民前往回疆，若無原籍、年貌、執業印票及人票不符，即行遞解回籍，因為常有漢回藉稱同為伊斯蘭教，得回人私自留他居住，或者在回疆詐充當阿渾，又聘娶回婦引起紛爭，清廷要求入關查票，回疆各城亦要稽查治罪。[220]而這些禁令皆需伯克負責前往查訪執行，回人遇事也向伯克報案，伯克若有失察，有時也將遭到究責。

2.負責管制出入境人員及貿易商民

　　高宗因回人到巴達克山等地貿易，曾在噶勒盆地遇害，認為回疆各城均屬饒裕安堵之地，前往新疆同邊各國貿易的人是益圖便宜，惟利是求者，回疆寬廣到處都可以貿易，何必要往外國窵遠之地貿易，既是遠涉他處，就不免有劫殺勒索之事，高宗也不願回疆百姓挾清廷天子之威，私出牟利或欺壓外國之人，因此在乾隆五十九年（1794）下旨，如有前往外藩貿易者，視其路途遠近，大臣勒限給票，如有超過期限者，即行治罪，無票者其罪責加倍。[221]道光朝張格爾事件安集延商人在那彥成的調查中，扮演裡應外合的角色，為了懲罰浩罕不交張格爾家屬，宣宗斷絕浩罕通商，嚴禁安集延貿易茶葉及大黃出卡。[222]那彥成也令喀什噶爾阿奇木伯克伊薩克派布魯特巴哈提拜偵探浩罕情形，並由伊薩克

---

[220] （清）賽尚阿等修，《欽定回疆則例》，卷 8，頁 13-14；（清）曹振鏞，《欽定平定回疆剿捕逆裔方略》，卷 80，頁 19-20，道光九年四月己巳，那彥成等奏，收入張羽新、趙曙青主編，《清朝治理新疆方略匯編》，冊 10，頁 186；（清）容慕安輯，《那文毅公籌畫回疆善後事宜奏議》，卷 77，頁 42-43，道光九年三月初五日，那彥成、武隆阿奏，收入張羽新、趙曙青主編，《清朝治理新疆方略匯編》，冊 10，頁 313-314。

[221] （清）托津等人編纂，《欽定回疆則例》，卷 3，頁 13-14，收入天龍長城文化藝術公司編，《新疆史志》，第二部，冊 11，頁 221-224。

[222] 《大清宣宗成（道光）皇帝實錄》，卷 130，頁 16-20，道光八年七月丙寅，又諭。

嚴行收管浩罕來使及訊問浩罕一切事務。[223]後來雖是解禁回復貿易，但在道光年版《欽定回疆則例》為了防範及控管，伯克要負責稽查各城回人，若要往別城工作或貿易，均由阿奇木伯克呈報本城大臣，以請領路票，票上註明年齡、容貌、因何事前往及地點，再酌量路程遠近給予期限，最多以一年為限，到達前往之城經大臣查驗，照票即繳銷，交阿奇木伯克登記，回程再發給執照，馬上回來。若查獲未持照票者，阿奇木伯克需呈報大臣，照私越開齊（兩卡倫間巡哨及會哨之路）[224]例治罪，而管理該回人所屬的伯克、溫巴什、玉孜巴什等也要分別懲罰。[225]

　　從奏摺實例而觀，阿奇木伯克也曾因卡倫疏失遭連帶處分，或因守卡重責而延後年班上京之事。如道光九年（1829）二月張格爾事件剛平定，清廷為了防止浩罕間接買賣，巴達克山商人入卡貿易亦受限，而英吉沙爾卡倫守營遊擊在該商人入卡時，誤以是布魯特人，僅撥兵一名押送，此事經那彥成奏參，宣宗諭以領隊大臣多隆武失察交部議處，該城四品阿奇木伯克邁瑪特哈素特（吐魯番伊斯堪達爾孫）的任命亦遭撤回，而與喀什噶爾四品伯克斯底克對調，以示懲戒。[226]咸豐年間葉爾羌參贊大臣奏，因該

---

[223] （清）曹振鏞，《欽定平定回疆剿捕逆裔方略》，卷75，頁8-13，道光八年十二月癸巳，那彥成奏，收入張羽新、趙曙青主編，《清朝治理新疆方略匯編》，冊10，頁125-128。

[224] 開齊，通常在檔案上多書為「開齊」，那彥成在回疆兵民商回有干例禁各條中，也用開齊，但在（清）賽尚阿等修，《欽定回疆則例》，卷8，頁6，則用「開歧」，《欽定回疆則例》，卷8，頁6；潘志平，〈開齊〉條，《新疆各族歷史文化詞典》，頁26。

[225] （清）容慕安輯，《那文毅公籌畫回疆善後事宜奏議》，卷77，頁38-39，道光九年三月初五日，那彥成、武隆阿奏，收入張羽新、趙曙青主編，《清朝治理新疆方略匯編》，冊10，頁311-312；（清）賽尚阿等修，《欽定回疆則例》，卷6，頁12，及卷8，頁6；（清）曹振鏞，《欽定平定回疆剿捕逆裔方略》，卷80，頁15-16，道光九年四月己巳，那彥成奏，收入張羽新、趙曙青主編，《清朝治理新疆方略匯編》，冊10，頁184。

[226] 《大清宣宗成（道光）皇帝實錄》，卷151，頁3-4，道光九年二月乙丑，又諭。

城地處極邊，逼近卡倫，出入貿易國內外商民絡繹不絕，該城阿奇木伯克有偵探防守稽查彈壓之責，因此希望延後三品阿奇木伯克世襲郡王阿克拉依都，當次伯克年班入覲的輪派。[227]可見阿奇木伯克全權負起守卡的重責，統籌指揮伯克們分工擔任，也成為究責的對象，而卡倫已涉國境內外管制層級，這也是其他各省少有的業務。

3.邊防守卡與國土安全

伯克在卡倫守衛除了管制貿易商民外，更有防範倡亂或是入侵的賊匪，一旦有外來者入卡，除固守卡倫，需逐行稟報大臣，及督率回兵堵擊，一般回眾若因守卡有功，也可進陞伯克。乾隆二十五年（1760），英吉沙爾阿奇木伯克色提巴勒氏向葉爾羌辦事都統侍郎呈稱，回疆參贊大臣阿里袞已擊敗搶掠臺站賊眾，又聞喀什噶爾商伯克邁喇木倡亂，已前往喀什噶爾追緝。[228]而葉爾羌四品伊什罕伯克阿卜都喇伊木也發覺邁喇木等，有意圖逆謀內容書信，將此呈出，使得駐箚大臣可以先行阻止亂事，而該伯克又曾是清廷收回疆入版圖戰役中，率葉爾羌之眾歸附者，因此高宗依回疆參贊大臣舒赫德所奏請，加賞為二品頂帶。[229]葉爾羌烏帕勒村回人阿卜都色里木，在邁喇木倡亂時，也因實心報效，固守卡倫，辦事大臣海明上奏，高宗准授六品伯克，仍賞戴藍翎及

---

[227]《宮中檔咸豐朝奏摺》，文獻編號第 406016553 號，2714 箱，檔案因原是附件，故無年月日及奏者，但摺件內容提及和闐辦事大臣培成（咸豐六至九年任）、上年被賊侵擾（倭里罕事件）、咸豐九年應進額貢內容，推估應是咸豐八年左右，葉爾羌參贊大臣英蘊奏。

[228]《大清高宗純（乾隆）皇帝實錄》，卷 616，頁 13，乾隆二十五年七月癸丑，諭軍機大臣。

[229]（清）傅恒等，《平定準噶爾方略續編》，卷 6，頁 7，乾隆二十五年九月壬子，諭旨，收入張羽新、趙曙青主編，《清朝治理新疆方略匯編》，冊 6，頁 372。

賞緞二端，以示清廷鼓勵之意。[230]喀什噶爾為增強防禦，在乾隆
五十九年（1795）十二月已設有回兵五百人，並添設回人專門管
理兵隊的總管玉資巴什和副總管溫巴什。[231]

　　道咸兩朝白山派後裔張格爾、玉素普、七和卓木之亂、鐵完
庫里、倭里罕等入侵，由於滋事者常出沒不定，聚散無常，旋攻
即退，首當其衝皆是卡倫，平時入侵者多集結數十人或數百人，
騎馬突破卡倫搶掠而去。喀什噶爾阿奇木伯克庫圖魯克於咸豐十
一年（1861）五月初七日，向辦事大臣奎英稟報稱，在喀浪圭卡
倫開齊捷徑有賊匪二百多人進入卡倫，在回城滋擾，以致道路不
通，城外當差兵丁已有七人被殺，貿易民人也有二十多人遇害，
阿奇木伯克帶領回兵嚴加防堵，共計擒獲入侵者十餘人，擊斃數
十人，其餘逃走，官兵也相機剿捕，阿奇木伯克探得賊目是斜黑
阿渾之子糾約布孜爾罕之子入卡滋事，斜黑阿渾即是咸豐七年
（1857）迎請倭里罕和卓入卡滋事者，阿奇木伯克在事情平息後，
仍派人在山徑巡視及安撫卡內各回莊，並挑派伯克前往卡外偵
防。[232]二十九日，再次有入侵者由伊斯里克卡倫竄入阿爾琥莊，
放火燒回莊，阿奇木伯克帶回兵至卡倫堵截，捉到斜黑阿渾的第
三子阿布都熱依木等十多人，阿奇木伯克庫圖魯克在遭遇兩次入
侵時，都能即刻調撥軍隊，捉得賊首及隨眾，且喀什噶爾各卡倫
相距回城近則八九十里，遠則百餘里，防守實為不易，考驗伯克

[230]（清）傅恒等，《平定準噶爾方略續編》，卷 7，頁 6，乾隆二十五年十月戊戌，
　　諭軍機大臣，收入張羽新、趙曙青主編，《清朝治理新疆方略匯編》，冊 6，
　　頁 380。

[231]《大清高宗純（乾隆）皇帝實錄》，卷 1467，頁 13，乾隆五十九年十二月戊寅，
　　諭軍機大臣。

[232]《宮中檔咸豐朝奏摺》，文獻編號第 406014476 號，2714 箱，咸豐十一年五月
　　初九日，英蘊奏；《宮中檔咸豐朝奏摺》，文獻編號第 406014530 號，2714
　　箱，咸豐十一年五月二十日，英蘊奏。

們的反應，保護村莊生命財產的安全。[233]

第四節　處理周邊各國往來事務

　　清高宗平定準噶爾，將回部收歸版圖，清朝國力大盛，中亞各國、部落紛紛稱臣內屬入貢。清高宗在乾隆二十年（1755）平定準噶爾，乾隆二十一年（1756），左部哈薩克內附，乾隆二十四年（1759），阿布賚遣其兄子俄羅斯蘇爾統及其頭目克訥等來朝高宗賜勅諭、冠服；右部哈薩克隨後跟進，於乾隆二十二年（1757）也內附，乾隆二十三年（1758），吐里拜遣其子卓蘭及輝格爾之弟博索爾滿，到京朝覲，高宗賜宴。[234]乾隆二十三年（1758），將軍兆惠追捕哈薩克錫拉，兵臨東布魯特邊界，圖魯起拜等人即請願內附清朝，塔什干也奉表稱降，宣示臣屬。[235]到了乾隆二十四年（1759）回部歸入清朝版圖，西布魯特、安集延、那木干、瑪爾噶朗皆請內附，西布魯特有十五部落，有二十萬人，兆惠將軍平定喀什噶爾，該部請求內附，高宗請將軍傳諭頒給印文，兆惠追捕霍集占撫定布魯特諸部後，浩罕額爾德尼遣都管伯克迎至城內，請以內附，於乾隆二十五年（1760）正月遣安集延伯克托克托瑪哈默第來朝，九月，額爾德尼遣使貢馬。[236]乾隆二十四年（1759）八月，波羅尼都及霍集占戰敗逃入拔達克山，副將軍富德曉義，素爾沙坦遂獻霍集占首，拔達克山偕博洛爾部，

---

[233] 《宮中檔咸豐朝奏摺》，文獻編號第 406014595 號，2714 箱，咸豐十一年六月初十日，英蘊奏；《宮中檔咸豐朝奏摺》，文獻編號第 406014715 號，2714 箱，咸豐十一年八月初七日，英蘊奏。

[234] （清）傅恒等 奉敕撰，《欽定皇輿西域圖志》，冊 5，卷 44，頁 1-6、24。

[235] （清）傅恒等 奉敕撰，《欽定皇輿西域圖志》，冊 5，卷 45，頁 1、26-27。

[236] （清）傅恒等 奉敕撰，《欽定皇輿西域圖志》，冊 5，卷 45，頁 8-10、12-14、20-21。

共十三萬戶內附，乾隆二十五年（1760），遣使入覲、貢馬，並
頒勅諭，[237]乾隆二十八年（1763），獻波羅尼都屍體及其妻子，
並遣使來朝，乾隆二十九年（1764），巴達克山素爾沙坦入侵博
洛爾，乞援於葉爾羌駐箚正紅旗漢軍都統新柱，素爾沙坦歸還俘
虜罷兵。[238]乾隆二十五年（1760），有巴勒提及擅於治玉成器之
痕都斯坦等內附。[239]在乾隆二十六年（1761）及乾隆二十七年（1762）
又有坎巨提（即乾竺特）及愛烏罕（即阿富汗）等，分別內附入
貢，坎巨提自此至宣統元年（1909），多持續貢金。[240]

　　高宗秉持公平、正義原則，盡力維持各國勢力平衡，致力於
和平及商貿往來的安全。新疆位處西北邊陲，與周邊各國、部落
或是城市接壤，國內外商民往來貿易、居住甚為頻繁，伯克較了
解周邊各國或民族的歷史、語言、文化、宗教（伊斯蘭教）、風
俗，成為回疆各城滿、蒙駐箚大臣偵搜、諮詢、查證、翻譯得利
的助手，尤其乾隆時期，清廷成為中亞強權，各國有所紛爭時，
高宗總以公正持平方式排解，這也多倚賴阿奇木伯克居中協調及
大臣的判斷。[241]各國使臣也由阿奇木伯克等伯克負責接待及照

---

237 （清）傅恒等編纂，《平定準噶爾方略正編》，卷 85，頁 1-3，乾隆二十五年
　　二月丙子，兆惠奏，收入張羽新、趙曙青主編，《清朝治理新疆方略匯編》，
　　冊 6，頁 320。
238 （清）傅恒等 奉敕撰，《欽定皇輿西域圖志》，冊 5，卷 46，頁 1-3、9-10。
239 （清）傅恒等 奉敕撰，《欽定皇輿西域圖志》，冊 5，卷 46，頁 28、16；鄧
　　淑蘋，《國色天香伊斯蘭玉器》（臺北：國立故宮博物院，2012 年），頁 1-25。
240 （清）傅恒等 奉敕撰，《欽定皇輿西域圖志》，冊 5，卷 46，頁 13；趙爾巽
　　等撰，《清史稿》，冊 48，卷 529，頁 14726；清朝在新疆的官員多以「回部
　　貢金」為名上奏，即是坎巨提貢金之事，在臺北國立故宮博物院圖書文獻館清
　　代宮中檔奏摺及軍機處檔摺件資料庫內可找到，尤其在光緒十年建省至清末，
　　新疆政局重歸清廷且平靜時期，有近二十條，例如《宮中檔光緒朝奏摺》，文
　　獻編號第 408002855 號，光緒二十年三月初七日，陶模奏；《軍機處・月摺包》，
　　文獻編號第 178949 號，宣統元年三月二十七日，聯魁奏。
241 （清）傅恒等，《平定準噶爾方略續編》，卷 16，頁 18-20，乾隆二十七年四
　　月辛未，葉爾羌辦事都統新柱、喀什噶爾副都統伊勒圖奏，收入張羽新、趙曙

顧，遇有周邊各國相互交攻，大臣亦委阿奇木伯克調查，若有外交事務的折衝時，阿奇木伯克也要負責傳達清廷或大臣的官方立場，給予勸說及善後。同時也為了維護各國商民貿易的公平環境，執行外籍住民管理及緝捕非法，與外商建立良好關係，促進經貿安全保障等各項工作，竭盡心思。

為此若是伯克熟悉各國文化，友善服務，受到好評時，甚至可獲各方推舉，如托胡達出任沙雅爾伊什罕伯克前，他曾擔任烏什六品噶雜納齊伯克，由於他熟稔當地風俗民情，非常受到本城回人、阿渾、安集延等外來商民和卡倫附近的布魯特族人愛戴，眾人曾主動向印房回務章京呈請烏什辦事大臣文興，奏請晉陞托胡達出任烏什四品阿奇木伯克。[242]伯克也在外國商旅出入境人數較多的必經卡倫，執行防務及驗放通行。如和闐托漫之地是通博羅爾、推伯特等商民必經之路，業務繁忙，清朝依駐箚大臣提出的需求增派伯克，在乾隆五十年（1785）奏准添派官員及伯克各一名，管束兵丁及回人，以利邊防。[243]

回疆地處邊陲，伯克不但是介於大臣與維吾爾等各民族間的管理者，也是代表清廷直接面對各國及部落官員、商民、使臣，進行協調及服務的外事人員，更是與兵丁站在邊境第一線的守護者。

一、諮詢、情搜、查報與管理

伯克以其民族、宗教、語文之利，了解在地過往歷史，以及周邊各國相互爭奪抗衡之事，對於清朝派駐的大臣，可提供各項

青主編，《清朝治理新疆方略匯編》，冊 6，頁 453。

[242] 《宮中檔咸豐朝奏摺》，文獻編號第 406013925 號，2714 箱，咸豐十一年一月二十六日，英蘊奏。

[243] （清）賽尚阿等修，《欽定回疆則例》，卷 6，頁 13。

情資及風俗習慣的諮詢，減少不必要的誤解及啟釁的危機。乾隆
二十六年（1761），都統侍郎海明駐箚喀什噶爾時，有希卜（皮）
察克布魯特額穆爾比派使者前來，因其曾隨波羅尼都等攻取葉爾
羌，後聞波羅尼都欲相殺，因而帶領四百多戶布魯特逃往安集延，
續知清廷已平定回疆，希望可以率部眾歸來，並懇請指地游牧，
海明未知其過往之事是否屬實，徵詢喀什噶爾阿奇木伯克拜城輔
國公噶岱默特得其證實，因而賞給羊隻及口糧，並具奏安排使者，
與年班入觀伯克同行入京，高宗諭示賞給頂翎，令與布魯特散秩
大臣阿奇木一處游牧。[244]乾隆二十九年（1764）七月，拔（巴）
達克山素勒坦沙遣使為了要回喀什噶爾一處果園，此原是呢雅斯
索丕的故業，目前他雖安插在京師，但其妻尚在拔（巴）達克山，
喀什噶爾參贊大臣納世通未知此事，即詢問阿奇木伯克噶岱默
特，證實確為其產業，但已因案入官，無給還之例，納世通上奏，
高宗責素勒坦沙心存僥倖，妄有請求，應行斥責不可姑息。[245]

　　乾隆二十九年（1764）三月，喀什噶爾阿奇木伯克噶岱默特
向回疆參贊大臣納世通呈告，前往浩罕貿易回人噶帕爾與當地買
賣頭目拜默特提到，喀什噶爾伊什罕伯克阿卜都喇伊木密派哈勒
默特，私下對浩罕額爾德尼說，此次回疆遣使是專為索還侵佔阿
濟比游牧而來，使者未帶軍隊，只要在家坐候而不必遠迎，索地
之事不妨應允，給還與否，日後再議；納世通將此情資奏報，高
宗迅速派侍郎五吉攔截入觀回返的阿卜都喇伊木，押解至阿克蘇

---

[244] （清）傅恒等，《平定準噶爾方略續編》，卷 10，頁 10-11，乾隆二十五年三
　　月辛丑，都統侍郎海明奏，收入張羽新、趙曙青主編，《清朝治理新疆方略匯
　　編》，冊 6，頁 405；（清）傅恒等，《平定準噶爾方略續編》，卷 11，頁 6-7，
　　乾隆二十六年四月辛巳，諭軍機大臣，收入張羽新、趙曙青主編，《清朝治理
　　新疆方略匯編》，冊 6，頁 412。

[245] （清）傅恒等，《平定準噶爾方略續編》，卷 26，頁 3-4，乾隆二十九年七月
　　乙丑，諭軍機大臣，收入張羽新、趙曙青主編，《清朝治理新疆方略匯編》，
　　冊 7，頁 74。

審訊，查出其願為浩罕作內應，進行謀逆情事，阿卜都喇伊木被凌遲梟示，高宗並以阿卜都喇伊木罪狀，敕諭浩罕額爾德尼，並說明新疆的防禦措施，以示警告；浩罕額爾德尼本率眾入侵和濟雅特丕色勒，也因此於途中撤兵回返，安分游牧。[246]阿奇木伯克噶岱默特適時供情資，高宗果斷處置，即時化解外國勢力可能在回疆掀起的戰亂。

　　喀什噶爾參贊大臣那彥成因接奉廷寄，了解譯出浩罕伯克書信內容，與已往遣使貿易辭令恭敬的用語有天壤之別，為避免雙方誤會，引發邊防不必要的戰端，那彥成向時任喀什噶爾阿奇木伯克吐魯番郡王伊斯堪達爾諮詢浩罕的相關風俗。[247]

　　伯克負責搜集回報周邊各國政局更替的情資，提供各城駐箚大臣參考，亦使清廷有利於掌握動態及防範。高宗做為中亞各國的宗主國，重視對於各國、部落間的政權變化、土地或是爭奪之事，回疆駐箚大臣多藉由伯克派人前往打探各國查探訊息，儘管高宗以下各朝皇帝對於中亞情勢掌握需求各異，但伯克多持續保持回報，以利家園的防護。

　　乾隆二十九年（1764）九月，喀什噶爾卡倫報稱，浩罕貿易回人七名所帶貨物甚少，恐是在伊什罕伯克阿卜都喇伊木通信事件暴露後，前來偵探信息，回疆參贊大臣納世通即令阿奇木伯克

---

[246]（清）傅恒等，《平定準噶爾方略續編》，卷 24，頁 25-28，乾隆二十九年三月癸酉，納世通奏、諭軍機大臣，收入張羽新、趙曙青主編，《清朝治理新疆方略匯編》，冊 7，頁 63-64；（清）傅恒等，《平定準噶爾方略續編》，卷 26，頁 4-8，乾隆二十九年七月乙丑，納世通奏、諭軍機大臣，收入張羽新、趙曙青主編，《清朝治理新疆方略匯編》，冊 7，頁 74-75；（清）傅恒等，《平定準噶爾方略續編》，卷 26，頁 19-21，乾隆二十九年九月庚申，納世通奏、諭軍機大臣，收入張羽新、趙曙青主編，《清朝治理新疆方略匯編》，冊 7，頁 78。

[247]《宮中檔嘉慶朝奏摺》，文獻編號第 404014997 號，2724 箱，嘉慶十四年八月初一日，那彥成奏；劉義棠，〈伯克制度的研究〉，收入《維吾爾研究》，頁 309。

噶岱默特設法詢問這七人，並派出親信回人，前去浩罕進行偵探，以掌握浩罕局勢。高宗得奏浩罕突然退兵，並與哈薩克阿布賚通和遣使情勢，即諭令伊犁將軍明瑞及納世通不可張皇失措，毋得疑懼，指示派舒常及鄂蘭前去浩罕賚送勅諭。然納世通卻派未熟蒙古風俗的四十七，備賞緞布、茶葉，被高宗責其恐貽笑浩罕，於是再加派熟悉蒙古語栢琨為副都統前往輔佐。[248]相對於伯克努力搜集情資，防範戰亂，身為滿洲駐箚大臣又為回疆最高官職之喀什噶爾參贊大臣，如此懦弱無能，派遣使者又代為浩罕傳信，外交進退失據，再遭高宗申飭。[249]這與後來發生烏什事件，納世通未有能力妥善處理，造成回人大量死亡，也就不足為奇。

　　大臣鐵保奏喀什噶爾阿奇木伯克所稟浩罕情資，嘉慶十六年（1811），酋長愛里木全家因浩罕頭人海特黑發動政變，遭到掠殺，另推愛邁爾為阿奇木伯克，仁宗認為此等外國相爭，本可置之不問，即使阿奇木伯克等向該大臣稟及，亦毋庸辦理，只要在卡倫附近加意防範，保持邊疆寧謐即可。[250]這樣的回應，顯見仁宗對於新疆周邊各國事務較為漠視及劃地自限，與高宗胸懷各國的和平，並將周邊各民族納入清朝國土安全屏障的理念，相去甚遠。但截至同治朝，喀什噶爾阿奇木伯克仍持續將周邊各國及部

---

[248] （清）傅恒等，《平定準噶爾方略續編》，卷 26，頁 25-26，乾隆二十九年九月壬申，納世通奏，收入張羽新、趙曙青主編，《清朝治理新疆方略匯編》，冊 7，頁 79；（清）傅恒等，《平定準噶爾方略續編》，卷 26，頁 27-30，乾隆二十九年九月丙子、戊寅，諭軍機大臣，收入張羽新、趙曙青主編，《清朝治理新疆方略匯編》，冊 7，頁 79-80；（清）傅恒等，《平定準噶爾方略續編》，卷 27，頁 15-17 及 19-22，乾隆二十九年十月乙亥、己丑，諭軍機大臣，收入張羽新、趙曙青主編，《清朝治理新疆方略匯編》，冊 7，頁 84-86。

[249] （清）傅恒等，《平定準噶爾方略續編》，卷 27，頁 4-6，乾隆二十九年十月乙未、丙申，諭軍機大臣，收入張羽新、趙曙青主編，《清朝治理新疆方略匯編》，冊 7，頁 81-82。

[250] 《廷寄檔》，文獻編號第 604000107 號，頁 82，嘉慶十六年三月初五日，鐵保奏。

落相關情勢，向大臣呈報。如喀什噶爾阿奇木伯克在同治元年
（1862）探得，浩罕伯克被殺，目前浩罕政權改由希普察克伯克
沙魯克，以及毛拉愛里木庫里等二人擔任明巴什，辦事大臣奎英
得訊，亦轉奏朝廷知曉。[251]

　　由於商貿往來頻繁，周邊各國或部落商民時有居留於回疆各
城，伯克必須負責調查及掌控人數的變化，執行違反婚姻嫁娶的
規定，同時也協助各國要求查詢僑民狀況，或是應駐劄大臣的要
求，向各國查證所需事項。如瓦罕伯克派人呈信要求，若查有瓦
罕人前往色勒庫爾，請一律遣返，當時回疆參贊大臣那彥成即請
葉爾羌阿奇木伯克玉努斯查覆，阿奇木伯克派人調查後，回報庫
爾勒並無瓦罕人居住。[252]反之，也有大臣派伯克向他國或部落求
證之事，喀什噶爾捉到隨同倭里罕和卓的入侵者帕孜里，他堅稱
是遭挾持，而非志願跟從倭里罕和卓，他當時是為布魯特比坎加
什送信給喀什噶爾胡岱達，於是葉爾羌參贊大臣德齡在咸豐二年
（1852）命阿奇木伯克派人入山查證此事，並要求出具切結，以
茲證明其所言的真假。[253]

　　道光朝發生張格爾事件後，為鞏固國防，清廷特別管控浩罕
安集延商人流動人口及在各城居住情況，阿奇木伯克要負責督同
專管伯克，按月編查安集延人口的增減人數，呈報該管大臣的衙
門。若有回人與安集延結親，回人須以嫁娶違例之罪懲處，安集
延人即行驅離出卡，如有朦混匿報則受嚴厲懲罰，專管伯克將遭

---

[251] 《軍機處・月摺包》，文獻編號第 096598 號，2742 箱，同治元年二月二十四
　　日，奎英奏。

[252] 《宮中檔嘉慶朝奏摺》，文獻編號第 404015203 號，2724 箱，嘉慶十四年八月
　　二十五日，那彥成奏。

[253] 《宮中檔咸豐朝奏摺》，文獻編號第 406002266 號，2709 箱，咸豐二年七月十
　　二日，德齡奏；《宮中檔咸豐朝奏摺》，文獻編號第 406002439 號附件一，2709
　　箱，咸豐二年八月十五日，德齡奏。

革職，阿奇木伯克則降一等調用，以維國防安全。[254]

二、翻譯及修書

　　回疆周邊各國使臣前來入貢、貿易或是追查案件等，大多先寫信或帶其統治者之書函給回疆參贊大臣及阿奇木伯克，伯克將信譯出，隨大臣的奏摺向皇帝呈覽。若雙方有糾紛，亦由大臣授意請伯克口譯或修書解釋，以固邦誼。

　　乾隆二十六年（1761）六月，巴勒提部落頭目烏蘇完遣使愛哈瑪特，帶領商人前來葉爾羌貿易，由葉爾羌辦事大臣新柱接見，使臣呈獻書儀，新柱飭伯克查貨物，照例收稅，待其回程仍以書儀相答，並請伯克翻譯書信以及將覆信之文稿奏請高宗御覽。[255]

　　乾隆二十七年（1762），額德格訥名濟比所屬鄂斯諸處，被浩罕額爾德尼侵據，高宗盡宗主國之責，令喀什噶爾參贊大臣永貴遣員外郎扡穆齊圖等，諭額爾德尼還其所侵土地。次年，即乾隆二十八年（1763），額爾德尼即檄還所侵布魯特之地，高宗對有功大臣獎賞外，一同前往之伯克阿布都喇伊木也得賞緞匹。[256]但是事後查到阿布都喇伊木與浩罕額爾德尼私自通信，洩漏清廷交涉方式，意圖謀取喀什噶爾之事，遭到高宗以交通外國，希圖叛逆，處以凌遲梟示，這也說明高宗是嚴禁阿奇木伯克等伯克，私

[254]（清）賽尚阿等修，《欽定回疆則例》，卷 8，頁 7；（清）容慕安輯，《那文毅公籌畫回疆善後事宜奏議》，卷 77，頁 40，道光九年三月初五日，那彥成、武隆阿奏，收入張羽新、趙曙青主編，《清朝治理新疆方略匯編》，冊 10，頁 310。

[255]（清）傅恒等，《平定準噶爾方略續編》，卷 12，頁 30，乾隆二十六年七月丙寅，新柱奏，收入張羽新、趙曙青主編，《清朝治理新疆方略匯編》，冊 6，頁 425。

[256]《大清高宗純（乾隆）皇帝實錄》，卷 684，頁 14-15，乾隆二十八年四月丁酉，諭軍機大臣等。

自通信或送禮於外國。[257]

　　然而清廷明文禁止，則是嘉慶十九年（1814）五月二十五日理藩院會議由伊犁將軍松筠條奏：「**回疆阿奇木伯克假稱訪查事件，率與浩罕伯克致書放禮切宜嚴禁**」，其後理藩院議定：「**阿奇木伯克通信外藩嚴行禁止，遇有必應寄事件，皆稟明參贊大臣奏聞辦理**」，並收入於《欽定回疆則例》中。[258]仁宗也要求回疆參贊大臣留心查察，尤其是喀什噶爾、英吉沙爾等各城所屬阿奇木伯克及大小伯克，有無私通外國致以書信或送禮，於年終具奏一次，並檢視與各駐箚大臣查報情形是否相符。[259]這起因於清廷得知大和卓有後嗣薩木薩克身在浩罕，但浩罕拒絕交出，清廷為了監控其行蹤，每年由喀什噶爾阿奇木伯克交一萬兩給浩罕作為監控費用，以掌握其可能入侵訊息，但嘉慶十九年（1814）伊犁將軍松筠誤信他人之言，奏參當時喀什噶爾阿奇木伯克玉努斯，認為其捏造薩木薩克尚有子嗣，且又以卑下之姿，私自遣人送禮給浩罕伯克，以致浩罕提出在喀什噶爾設哈資伯克的無理要求，於是將玉努斯判刑，解往伊犁永行監禁，並下令禁止阿奇木伯克不准和浩罕通信及送禮的規定。[260]不過，嘉慶末年張格爾入侵回疆，即證實薩木薩克確有子嗣，松筠此舉不但錯將浩罕的無理要求，轉責於阿奇木伯克，致使伯克們對於各國情報因噎廢食，對

257 《大清高宗純（乾隆）皇帝實錄》，卷 715，頁 3-6，乾隆二十九年七月丙寅，侍郎五吉等奏。
258 《欽定回疆則例》，亦載理藩院議定此事，（清）賽尚阿等修，《欽定回疆則例》，卷 6，頁 17。
259 《宮中檔嘉慶朝奏摺》，文獻編號第 404017296 號，2723 箱，嘉慶十九年十二月十八日，恩長、永芹奏。
260 《大清仁宗睿皇帝實錄》，卷 286，頁 13-15，嘉慶十九年潤二月甲戌，諭入閣；《大清仁宗睿皇帝實錄》，卷 284，頁 14-15，嘉慶十九年二月戊戌，諭；《上諭檔》，方本，道光元年春季檔三月分，213-217，三月十九日，寄信上諭；賴永寶，〈清乾嘉道三朝治理回疆西四城研究〉（臺北：政治大學邊政所碩士論文，1981 年），頁 35。

周邊各國勢力的消長及吞併，疏於設想及防範，也導致清廷未能事先防範白山派後裔入卡滋擾的情勢，為新疆在嘉慶末年時至光緒初年，帶來局勢的動盪，藩籬盡失，國土遭侵蝕的後果。

三、折衝協調善盡宗主國之責

阿奇木伯克藉其職務地位，語文相通之利，常作為清廷曉諭周邊各國的官方代表，執行各國雙方的外交折衝，克盡宗主國之責。乾隆二十七年（1762）十二月，葉爾羌辦事大臣新柱為了拔（巴）達克山素勒沙坦統眾搶掠博洛克游牧，及圍困城池，博洛克派人求援，即派遣伯克薩里前往曉示素勒坦沙，又令吐魯番額敏和卓密行寄信，命素勒坦沙悔罪獻俘，交出大和卓波羅尼都屍骸及其妻子，並要求其給還齊特喇爾城、人民，若不肯止息或有抗拒，則當領兵問罪。葉爾羌辦事大臣新柱已與布魯特散秩大臣阿奇木，以及葉爾羌阿奇木伯克鄂對商討兵丁調度，計有四城的滿洲索倫兵及布魯特共三千八百餘人待命，待薩里曉示返回時再斟酌行動，高宗諭以可在集結兵力的同時再次遣使，以示羈縻，但不可輕易發兵。[261]高宗也要求葉爾羌辦事大臣新柱持續監督，直至拔（巴）達克山交還齊特喇爾城，再更換回京。[262]清廷以軍事實力作後盾，持續施壓之勢，展現清廷在中亞的影響力及外交智慧。

---

[261] （清）傅恒等，《平定準噶爾方略續編》，卷 19，頁 28-30，乾隆二十七年十二月癸丑，收入張羽新、趙曙青主編，《清朝治理新疆方略匯編》，冊 7，頁 24；（清）傅恒等，《平定準噶爾方略續編》，卷 20，頁 4-5，乾隆二十八年正月癸亥，收入張羽新、趙曙青主編，《清朝治理新疆方略匯編》，冊 7，頁 26-27；《大清高宗純（乾隆）皇帝實錄》，卷 677，頁 13，乾隆二十七年十二月癸丑，葉爾羌辦事都統新柱等奏。

[262] （清）傅恒等，《平定準噶爾方略續編》，卷 21，頁 9-10，乾隆二十八年三月丁丑，收入張羽新、趙曙青主編，《清朝治理新疆方略匯編》，冊 7，頁 36。

　　乾隆二十八年（1763）正月，薩里會同散秩大臣之姊濟爾噶勒，係波羅尼都的屬人，葉爾羌舊伯克及波羅尼都之妻確認波羅尼都屍骸，一併解送入京，薩里得賞御用荷包、鼻煙壺及緞疋，以示鼓勵。[263]同年即乾隆二十八年（1763）三月，薩里完成拔達克山交還齊特喇爾城及戶口、牛羊什物等，六月，高宗諭著賞三等輕車都尉世職及緞六疋，阿奇木伯克缺出列名請補，七月，阿克蘇伊什罕伯克剛好缺出，即先行補授獎勵。[264]乾隆二十九年（1764）八月，博洛爾伯克沙瑚默特之弟阿玉卜至葉爾羌告稱，齊特喇爾邁瑪特什丕與海魯蘭相約，搶掠村莊，請發兵復讐，高宗以阿玉卜與邁瑪特什丕為兄弟生隙，相互搶掠，豈有為兄弟不和而發兵，因而諭示了解其性之伯克薩里，前往協調化解紛爭。[265]

　　喀什噶爾副都統伊勒圖於乾隆二十七年（1762）奏稱，塔什干的勢力爭端之事，塔什干原由舍氏和卓及摩羅沙木什二人分管，但因舍氏和卓漸強侵奪摩羅沙木什，訴於浩罕額爾德尼伯克而出兵討還，舍氏和卓即聯合西哈薩克及霍濟雅特之丕色勒伯克，攻殺摩羅沙木什二子，浩罕遂攻塔什干，因此伊勒圖密委喀什噶爾阿奇木伯克噶岱默特前往確實查訪，再決定辦理之策。[266]

　　乾隆二十九年（1764）五月，喀什噶爾參贊大臣納世通因浩罕額爾德尼拘留阿濟比，及私取鄂斯布魯特賦稅。納世通派阿克

[263]（清）傅恒等，《平定準噶爾方略續編》，卷 21，頁 1-5，乾隆二十八年三月戊午，收入張羽新、趙曙青主編，《清朝治理新疆方略匯編》，冊 7，頁 34-35。
[264]（清）傅恒等，《平定準噶爾方略續編》，卷 22，頁 1-2，乾隆二十八年六月庚寅，收入張羽新、趙曙青主編，《清朝治理新疆方略匯編》，冊 7，頁 42；（清）傅恒等，《平定準噶爾方略續編》，卷 22，頁 9-10，乾隆二十八年七月己未，收入張羽新、趙曙青主編，《清朝治理新疆方略匯編》，冊 7，頁 44。
[265]（清）傅恒等，《平定準噶爾方略續編》，卷 26，頁 12-14，乾隆二十九年八月乙酉，收入張羽新、趙曙青主編，《清朝治理新疆方略匯編》，冊 7，頁 76。
[266]（清）傅恒等，《平定準噶爾方略續編》，卷 16，頁 19-20，乾隆二十七年四月辛未，喀什噶爾副都統伊勒圖奏，收入張羽新、趙曙青主編，《清朝治理新疆方略匯編》，冊 6，頁 453。

伯克等訪查，知愛哈默特沙為岱音沙所困，不足倚恃，浩罕也辯
稱是因鄂斯人與阿濟比不睦，且鄂斯布魯特無頭目，恐其離散，
遷入五十戶前往居住，在阿克伯克協商下，浩罕將鄂斯布魯特水
田給還，並撤去移住當地的五十戶人。[267]伯克前往外國斡旋，調
解部落紛爭，或是浩罕恃強欺壓鄰邦等事，實是為清廷維護宗主
國保護屬國最直接的執行者。

四、接待使臣

　　伯克需要負責安排使臣居住、照顧及護送，若是因故未能入
覲或因病滯留，甚至與清廷發生利益衝突，伯克亦作為官方代表
給予解釋及善後。新疆周邊各國入境貿易，除了伊犁外，在回疆
以葉爾羌及喀什噶爾為主。乾隆二十五年（1760）五月，在葉爾
羌附近裕里克卡倫，送來巴勒提貿易人，希望可以入覲及貿易，
高宗在六月諭示，嗣後向來在葉爾羌貿易之巴勒提、克什密爾、
痕都斯坦、哈普倫、土伯特、博羅爾、哈薩克、布魯特、巴達克
山等要入覲者，皆由葉爾羌辦事大臣代奏，貿易後護送出邊卡。[268]
各國入貢清廷或前來貿易，也多由阿奇木伯克負責安排處理使臣
在境內住所、行程及沿途護送事務，有時也與伯克年班同行入覲，
阿奇木伯克及回疆參贊大臣亦指定其中入覲之伯克，作為全程往
返路程的隨同照顧者。嘉慶朝伯克也要負責，另行陪同哈薩克前
往熱河入覲。[269]

---

[267]（清）傅恒等，《平定準噶爾方略續編》，卷 25，頁 14-15，乾隆二十九年五
月癸亥，喀什噶爾參贊大臣納世通等奏，收入張羽新、趙曙青主編，《清朝治
理新疆方略匯編》，冊 7，頁 68-69。
[268]《大清高宗純（乾隆）皇帝實錄》，卷 615，頁 16-17，乾隆二十五年六月辛丑、
壬寅，葉爾羌辦事都統海明、諭軍機大臣等。
[269]（清）托津等人編纂，《欽定回疆則例》，卷 4，頁 19-20，收入天龍長城文化
藝術公司編，《新疆史志》，第二部，冊 11，頁 307-310。

　　嘉慶二十一年（1816），布噶爾伯克以書信告知阿奇木伯克額依默爾，他派密爾里木為使臣進貢，阿奇木伯克為其安排入貢事宜。但喀什噶爾參贊大臣松福等未依往例辦理，僅予筵宴及賞賜緞八疋，就要使臣回去，但使臣疑心賞賜太少，也未到京入覲，執意不歸。停留三個月後，因病在喀什噶爾逗留，調治了一年才恢復健康。過程中阿奇木伯克雖曾呈報要求暫留治病，但松福並未依例上奏。使臣痊病癒後，因歸途費用不足，松福示意阿奇木伯克額依默爾私下為他湊足旅費，讓使臣早日歸去，阿奇木伯克等伯克只好私下借錢給使臣，並安排離境事宜，這原是大臣的疏失，卻由伯克負責善後。[270]道光二十二年（1842），布噶爾伯克遣使到卡倫邊境，由守卡士兵送來城中，回疆參贊大臣正好移駐在喀什噶爾，即飭交阿奇木伯克作霍爾敦照例安置回城居住。離境時，回疆參贊大臣亦令阿奇木伯克負責派人護送出卡。[271]可見伯克能補駐箚大臣的疏失及適當的協助，而大臣的能力及擔當，有時也未及伯克。

　　浩罕曾多次遣使要求貿易相關事宜，伯克代表官方說明立場。浩罕曾於道光二十六年（1846）及道光二十八年（1848）兩次派使臣額爾泌，由喀什噶爾領隊大臣陪同前來葉爾羌，交該城阿奇木伯克依斯瑪依爾接待。阿奇木伯克向葉爾羌參贊大臣說明，使臣所呈文件是要求清廷准許浩罕抽各國商人的貿易貨物稅，並豁免住在回疆的安集延人，所有應繳種地的糧租，且需將巴達克山、克什米爾、布噶爾、希皮察克布魯特等地之人，交給浩罕的胡岱達（商頭）帶回，葉爾羌參贊大臣賽什雅勒泰及後任者吉明皆斥其謬妄而加以駁斥，當場請阿奇木伯克曉諭使臣，說

<hr>

[270] 中央研究院歷史語言研究所編，《明清史料》，庚編，第 10 本，頁 970-972，道光元年八月十四日。

[271] 《宮中檔道光朝奏摺》，文獻編號第 405006139 號，2719 箱，道光二十二年六月二十二日，圖明額奏。

明清朝立場。[272]

　　浩罕在咸豐五年（1855）又再次遣使前來，提出相同的請求，於是葉爾羌參贊大臣再派阿奇木伯克阿克拉依都，代表官方說明嚴正立場，並與使臣進行多方詰問與辯駁。[273]咸豐九年（1859），浩罕遣使額爾沁莫蒙呈出浩罕明巴什及該阿奇木書信，同樣要求將葉爾羌及阿克蘇居住安集延回人所種之地，每年應交糧租，賞給他們胡岱達收取，也再次要求將巴達克山等四地之人交給胡岱達管束。葉爾羌阿奇木伯克阿克拉依都仍代表葉爾羌參贊大臣裕瑞曉諭駁詰，並派出伯克於七月二十四日起程，護送使臣回到喀什噶爾及出境。其後浩罕又派額爾沁阿布都剴里前來，表達要入京遞呈貢物，但咸豐九年（1859）已奏准伯克年班暫停緩班，回疆參贊大臣裕瑞查道光元年（1821）奉旨以乾隆朝成案之例，道光四年（1824）及道光十四年（1834），均隨伯克年班，未便外國使臣獨行進京，以致擾累驛站，文宗亦諭若使臣堅持，即由裕瑞代收遞京，仍照例頒賞物及敕書，又派阿奇木伯克阿克拉依都轉知年班已停，不能進京，且囑咐切勿逗留。[274]然而使臣額爾沁不滿年班暫停，不但滯留於葉爾羌，又於回城恣意妄為，發生捆綁及毆打軍民、回戶，及強姦回婦等事，大臣要求阿奇木伯克伊克拉依都前去勸導。額爾沁後遭兵丁格斃，阿奇木伯克又奉命安撫外國貿易商人及回眾。當浩罕來信關切該事件，阿奇木伯克也得受命函覆說明，並負責將所有人犯，交給原留在葉爾羌額爾沁

---

[272]《軍機處‧月摺包》，文獻編號第 080537 號，2749 箱，道光二十八年十一月二十三日，吉明奏。

[273]《宮中檔咸豐朝奏摺》，文獻編號第 406010960 號，2714 箱，咸豐五年七月二十八日，裕瑞奏。

[274]《宮中檔咸豐朝奏摺》，文獻編號第 406010960 號，2714 箱，咸豐九年七月二十八日，裕瑞奏；《大清文宗顯（咸豐）皇帝實錄》，卷 293，頁 19，咸豐九年九月癸酉，又諭。

親信自行管理，為緩和兩國外交情勢，回疆參贊大臣又令阿奇木寫信給與浩罕伯克，表達大清皇帝深仁厚澤，並頒給勅書賞件。[275]阿奇木伯克發揮居中協調及安撫之力，有效避免衝突，降低兩國外交的緊張情勢。

五、外國商民犯罪糾紛處置

由於葉爾羌、喀什噶爾等地，有來自周邊各國商民進卡倫貿易，伯克們為維護公平的交易環境，若得報偷盜、匡騙、索詐，外國商民相互搶掠，或是與本地回人發生衝突等事故，皆由阿奇木伯克指揮伯克們進行調查，並選派人員緝捕，呈報大臣進行跨城或跨境追緝懲處。

喀什噶爾貿易回人阿拜杜拉、伯克依等一行五人，來到亮噶爾鐵列克遭人毆打而躲避，事後銀兩、馬匹都被偷，因而告官，阿奇木伯克熟悉當地附近卡倫外有布魯特，於是派阿拉古里及布魯特侍衛額森緝拿偷竊者，且依布魯特慣用的律法，斷除為首者之手，杖責隨行的盜賊，高宗見奏諭示贊同嚴辦境外的布魯特結夥行搶者，但要求若為命案，則要解回給烏什參贊大臣審理，償命正法，以求達到示眾儆戒之效。[276]乾隆四十八年（1783）九月，布魯特比伯爾克私行率領所屬數百餘戶，逃赴充噶巴什游牧，並搶掠人畜。噶雜納齊伯克及護軍參領永寧，受喀什噶爾大臣保成之命，攜諭帖前往浩罕邊境申示利害。[277]

---

[275] 《宮中檔咸豐朝奏摺》，文獻編號第 406012035 號，2714 箱，咸豐十年三月十六日，裕瑞、英蘊奏；《宮中檔咸豐朝奏摺》，文獻編號第 406012313 號，2714箱，咸豐十年四月十三日，裕瑞、英蘊奏；《宮中檔咸豐朝奏摺》，文獻編號第 406013480 號，2714 箱，咸豐十年十一月十八日，英蘊奏。

[276] 中國第一歷史檔案館編，《乾隆朝滿文寄信檔譯編》，冊 12，2008 條，頁 505-506，乾隆四十一年七月二十九日，奉上諭。

[277] 《大清高宗純（乾隆）皇帝實錄》，卷 1189，頁 17-18，乾隆四十八年九月甲

烏魯木齊迪化縣籍花三及甘肅省武威縣籍民人黑林,於道光十四年(1833)在葉爾羌詐騙布魯特人的羊隻後逃跑,阿奇木伯克即行呈請緝拿,葉爾羌參贊大臣長清選派人員至喀什噶爾、和闐、巴爾楚克、阿克蘇等地查捕及懲處。[278]

伯克也需要處理各國商民間,相互搶掠或爭議之事,如額德格訥之阿濟比與浩罕額爾德尼伯克常因搶掠貿易商人等相互起釁,回疆參贊大臣舒赫德雖要求浩罕使臣額里卜密爾回部落時諭令和好,但不久使臣又來向喀什噶爾阿奇木伯克噶岱默特告稱,布魯特又來阻截,緝獲十人,噶岱默特查訊後,因俱為樵採之人,並未生事,故而將其放回。[279]道光二十一年(1841),喀什噶爾回人與安集延貿易商雙方為購買馬匹,發生口角進而互毆,因涉及兩國的貿易商人紛爭,阿奇木伯克採取與安集延胡岱達共同會審方式,決議枷號懲戒二人。[280]

可見各國及部落,視阿奇木伯克等伯克具有清朝官方代表的地位,擁有直接解決爭端及司法審理的能力,也成為駐箚大臣處理各國事務的主要協助者,伯克也了解國外商民向來互有釁端的事實,仍秉持公平公正的態度與立場,查明事實,而不偏頗坦護。

六、與國外商頭聯手維護區域安全

為了商業貿易活動可以順利進行,當回疆安全受到外來侵擾

寅,諭軍機大臣。

[278] 《軍機處・月摺包》,文獻編號第 067260 號,2743 箱,道光十四年二月初四日,長清奏。

[279] (清)傅恒等,《平定準噶爾方略續編》,卷 14,頁 6-7,乾隆二十六年十月己巳,左都御史永貴等奏,收入張羽新、趙曙青主編,《清朝治理新疆方略匯編》,冊 6,頁 434。

[280] 《宮中檔道光朝奏摺》,文獻編號第 405004436 號,2719 箱,道光二十一年十月二十九日,圖明額奏。

時，外國商頭也主動與伯克們一起聯手防禦。道光十年（1830），浩罕不滿清廷因張格爾事件斷絕通商，浩罕聯合朵蘭回人，自葉爾羌東北方進攻，葉爾羌三品阿奇木伯克阿克蘇郡王阿布都爾滿及伊什罕伯克斯底克率眾伯克及回人，將通大渠道上游挖開，讓水洩入草灘，以致回城東北兩面水深三四尺，藉此做為固城防禦的工事，使浩罕不易靠近。十月初七日，浩罕以騎兵五百人，步兵三四千人，雙方隔水對峙，伯克帶領回兵及兩百多位由外國商民巴達克山、乾竺特、巴勒底等組成的馬隊，再加上兵丁與商民八百人，以寡擊眾，殺斃三百多人，是伯克與國外商民聯手對抗入侵者的成功案例，維護了貿易及財產安全的共同利益。葉爾羌阿奇木伯克阿布都爾滿也因此得到宣宗的獎勵，得賞白玉鼻煙壺、白玉搬指各一，以及一對大荷包與四個小荷包，同時諭令交部從優議敘，葉爾羌辦事大臣璧昌也獲得一樣的賞賜。[281]可見宣宗將阿奇木伯克之功與辦事大臣等量齊觀，承襲高宗重視在地力量的策略。

布魯特有二十多人在道光二十七年（1847）八月，趁七和卓侵擾之際，悄然來到坎底里克地方，而在霍什拉普卡倫附近，據探子來報，庫色拉普地方也聚集四百多人，揚言將再次入侵劫掠。由於當地山勢險惡，向為官兵所忌憚，駐劄大臣只得令阿奇木伯克伊斯瑪依爾與五品伯克等，率領回兵四百名，以協助該莊伯克堵禦。此時巴達克山呼岱達（商頭）邁買提阿塔告知阿奇木伯克，該地區向為巴達克山商民熟悉的貿易常行之徑，願意帶領二百位巴達克山人，與回兵協同作戰。九月底出發作戰，十月十七日已將入侵者擊竄，為首滋事的阿哈斯依等也被押至城中審理。[282]阿

281 《外紀檔》，文獻編號第 303000074 號，頁 84-87，道光十年十一月初三日，璧昌、常豐奏；《宮中檔道光朝奏摺》，文獻編號第 405011383 號，2726 箱，道光十年十一月初六日，內閣奉上諭。
282 《軍機處‧月摺包》，文獻編號第 079901 號，2749 箱，道光二十七年十月二

奇木伯克以維護貿易安全公平的環境，贏得各國商民的支持，而伯克們貢獻所為，也常是官兵及大臣無力所及之處，充分發揮在地的獨特性及智慧的優勢。

第五節 保衛疆土與後勤支援

回疆在乾嘉時期除了烏什事件外，未有戰亂發生，直到嘉慶末年，即嘉慶二十五年（1820）才有白山派後裔張格爾不斷入侵，亂事持續至道光七年（1827）十二月張格爾被捉，長達七年的戰亂才告終，正在進行善後之際，又有浩罕及張格爾之兄玉素普入寇，其後又有七和卓之亂，鐵完庫里、倭里罕等入侵。清朝各省自咸豐朝因太平天國、雲南回民事變、湖南苗亂、英法聯軍等內憂外患，自顧不暇，新疆協餉不繼，駐箚大臣為自己及官兵的生計，挾捐輸章程及伯克升遷之權的掌控，貪瀆苛索伯克及回眾，吏治不清。同治三年（1846），受陝甘回民事變的影響，及回疆內部伊斯蘭教派的矛盾，以致新疆陷落十餘年。道光朝以來，伯克每次在面對白山派後裔、浩罕及布魯等侵擾，總是首當其衝，為了家園，伯克出錢、出力，有勇有謀，伯克雖在戰亂中建功，可得功賞，也可轉移給子孫，但出付生命者更多，宣宗也為此制定撫卹機制。本節以道咸兩朝為主，藉由戰前整備、捐輸、伯克參戰及善後復原等四個部分，揭示伯克在戰亂期間的作為與付出。

一、戰前資源的整備

1、伯克奉命採辦軍需代墊銀兩

十七日，吉明、舒興阿奏。

　　阿奇木伯克在軍興時，應駐箚大臣要求先至未受戰亂影響的各城酌買糧石、布疋、草束，以備戰時或他城前來支援兵馬之用。採買所需銀兩通常都由阿奇木伯克自行墊辦。道光六年（1826）八月，庫車辦事大臣那彥寶上任時，正值張格爾事件軍興之際，阿奇木伯克胡達巴爾弟負責採辦軍糧、草料，雇用牲口運軍糧、軍械及餉銀，並勸諭回戶，斷不可擡高物價，居奇囤積，回戶也踴躍捐輸，維持物價平穩，胡達巴爾弟安定民心有功，那彥寶奏請豁免回戶兩年貢賦，並奏准阿奇木伯克胡達巴爾弟由現有三品賞戴花翎，升賞給二品頂戴。[283]

　　長清出任阿克蘇辦事大臣正逢張格爾入侵，他命時任沙雅爾阿奇木伯克伊薩克（庫車鄂對家族）先到未受戰亂波及的拜城及賽里木城，購買軍糧，共折合京斗糧一萬一千六百一十四石二斗八升九合八勺。道光七年（1827）三月，大軍進擊之際，需要運送小麥及白麵，於是再命伊薩克雇用回人牲畜車駝，由伊犂運糧至阿克蘇，共有二萬五千多石。道光七年（1827）十一月，長清在戰後統計，由道光六年（1826）七月軍興，到道光七年（1827）十一月二十四日軍營陸續撤退，總計阿克蘇收到各地運來的軍糧有十三萬六千二百八十七石二斗八升八合五勺。

　　以此計算，張格爾事件中，阿奇木伯克伊薩克負責採買軍糧佔了各地運來的糧數 8.53%，若以其負責軍糧輓運之量而言，拜城、賽里木、伊犂三地運至阿克蘇，共佔所有糧食 26.8993%。換言之，阿克蘇全部軍糧的四分之一多，是倚靠伯克運補的，為清廷節省人力物力支出，貢獻是相當巨大的。[284]請見表 10-10 張格爾

---

[283] 《軍機處・月摺包》，文獻編號第 058520 號，2747 箱，道光七年十月二十一日，那彥寶奏；《軍機處・月摺包》，文獻編號第 058565 號，2747 箱，道光七年十一月二十八日，那彥寶奏。

[284] 《軍機處・月摺包》，文獻編號第 058312 號，2747 箱，道光七年四月初一日，長清奏；《軍機處・月摺包》，文獻編號第 058597 號，2747 箱，道光七年十

事件始末運到阿克蘇糧數表。

表 10-10 張格爾事件始末運到阿克蘇糧數表

起 運 地	糧 食 名	重量(石斗升合勺)	採 買 者	賣出(石)	賣價(銀兩)
烏魯木齊	白麵、粟米、小麥	97959.1048			
伊犁		26796.0421	伊犁將軍德英阿		
伊犁未過冰嶺賣回人			回人	1750	1750(一石/一兩)
實收伊犁		25046.0421			
烏什		1667.8518	協濟軍糧		
拜城、賽里木	白麵、小麥	11614.2898	阿奇木伯克伊薩克		
合計收到道光 6.7-7.11.24		136287.2885			1750 兩
現存軍糧道光 7.11.24		11099.9073			

說　　明：重量以石後為小數點為斗升合勺，例 11614.2898 為一萬一千六一十四石二斗八升九合八勺。

資料來源：《軍機處‧月摺包》，文獻編號第 058597 號，2747 箱，道光七年十一月二十七日，長清奏。

　　安集延於道光十年（1830）八月入侵喀什噶爾等城，宣宗要求回疆備辦軍務之需，戶部奏請在口外各城採備，阿克蘇阿奇木伯克愛瑪特（庫車郡王伊薩克長子）受命於阿克蘇辦事大臣長清辦理。愛瑪特先是陸續交獲大麥一萬石，小麥七千石，草束二十萬束，將近十天後，又買到大麥四千石及小麥六千石。愛瑪特為節省運費多儘量就近採購，回戶除了留下籽種及該戶口糧外，官方按時價收購其糧，布疋也以當地雇工方式，趕製一萬多疋，以

備急需。由於軍餉一時尚未運解到，長清除調用商民匯兌的一萬兩及庫存銀兩外，阿奇木伯克愛瑪特也墊辦銀二萬兩備用。[285]

和闐協辦領隊大臣舒倫保在道光十年（1830）九月初十日接獲諭令後，飭令阿奇木伯克依斯瑪依爾進行軍營需用兵糧採購，他在一個半月的時間裡，採買到一百萬斤的白麵及馬料四千斤，在十月二十六日起，及時提供由和闐進援的滿漢官兵及遣勇三千五百多人使用。剩餘的糧食、馬料，因葉爾羌辦事大臣璧昌在十一月二十五日要求咨調轉運大營，他又在短短的兩天內，負責採買白布，雇工做成糧袋五千五百六十個，在十一月二十七日起裝袋，並雇覓駝驢，在三個月內陸續滾運至葉爾羌，而糧料價、白布、製袋工錢及驢駝腳運費用共五萬兩，全由阿奇木伯克依斯瑪依爾代墊及借款。阿克蘇軍需局在四個月後，即次年正月二十二日才解到銀三萬兩，舒倫保全數支還阿奇木伯克，但在截至道光十一年（1831）八月，即已經過了一年的時間，舒倫保在善後造細冊報部核銷前，阿奇木伯克代墊各項費用尚有二萬兩，阿克蘇軍需局仍未償還。[286]請見表 10-11 道光十年（1830）和闐阿奇木伯克採購軍需兵糧表。由此可知，回疆備辦軍需情況緊急，官方資金給付卻很遲緩，更展現阿奇木伯克平日對於物資通路的掌握，人員調度的管理，以及資金流通與商民人脈動員的能力，大臣必須仰賴伯克系統運作，才能應付作戰軍需的整備。

作戰亦需採買馬匹，以喀喇沙爾為例，平日每匹騍馬約賣普爾錢一千多至二千文，銀一兩換普爾錢二百五六十文。但戰事起釁，銀一兩僅換普爾錢一百文，馬匹採買定價經揚威將軍長齡酌

---

[285] 《外紀檔》，文獻編號第 303000074 號，頁 226-227，道光十年十一月二十日，長清奏；《外紀檔》，文獻編號第 303000074 號，頁 359-361，道光十年十一月二十九日，長清奏。

[286] 《奏摺檔》，文獻編號第 305000142 號，頁 164-167，道光十一年八月，舒倫保奏。

定又不得過於十二兩，為了供吉林黑龍江官兵過境更替之用，經喀喇沙爾辦事大臣薩迎阿向供馬者，霍碩特貝子車丹多爾濟及吐爾扈特策伯克扎普台楞陳多爾濟再三商議，最後每匹馬以銀十一兩供應，薩迎阿飭令阿奇木伯克亦照此價買馬五百匹。[287]表面上看來，平日八兩銀買一匹馬，清軍已多付了三兩，但若依此購買，賣馬者的損失仍然很多，依清廷國庫的支付慣例，阿奇木伯克也需先自行代墊銀兩。

表 10-11 道光十年（1830）和闐阿奇木伯克採購軍需兵糧表

時　　　　間	大　　臣	購入者/支用者	購白麵（斤）每100斤/兩	購馬料(斤)	買白布雇工作夾口袋	駝驢	支出白麵(斤)	支出馬料（斤）
道光10.9.10	舒倫保	阿奇木伯克依斯瑪依爾	1000000	4000				
道光10.10.26	提督哈豐	滿漢官兵、遣勇3500多人					53700餘斤	1300餘斤
道光10.11.25		阿奇木伯克依斯瑪依爾			5560條	雇駝驢滾運至葉爾羌共三個多月		
道光10.11.27-11.2.29	葉爾羌辦事大臣璧昌						946200	560
道光11.1.22	阿克蘇軍需局解到銀30000兩	舒倫保支還阿奇木伯克調銀	銀30000兩					
道光11.8		阿奇木伯克依斯瑪依爾	代墊辦各項軍需局尚欠伯克銀20000兩					

資料來源：《奏摺檔》，文獻編號第 305000142 號，頁 164-167，道光

[287]《外紀檔》，文獻編號第 303000074 號，頁 289-290，道光十年十一月二十五日，薩迎阿奏。

十一年八月，舒倫保奏。

二、捐輸軍需

　　當亂事起釁時，大軍或回兵等需要各項軍需、器械、草料、馬匹，伯克除了依大臣指示採辦外，伯克多視需要主動捐輸，包括給予本城的，也有支援他城所用，甚至代為向商民借銀兩辦理所需。

　　道光二十六年（1846）閏五月，葉爾羌偵察到卡倫外有布魯特集結，回疆參贊大臣賽什雅勒泰即要求阿奇木伯克伊斯瑪依爾派撥回兵偵防，及卡外剿捕，阿奇木伯克伊斯瑪依爾率同伊什罕伯克烏舒爾、噶雜納齊伯克愛里木沙、商伯克邁瑪特薩賴等，志願共同捐備回兵所需製辦軍火、器械、口糧、馬匹等，賽什雅勒泰先是不准捐輸，但伯克們堅持，於是賽什雅勒泰要求不准攤派滋擾回眾，並將其功轉賞，除了阿奇木伯克給姪兒之外，其他伯克則轉賞給兒子。[288]

　　道光二十七年（1847），七和卓事件之際，庫爾勒阿奇木伯克雅霍普、布古爾阿奇木伯克玉奴斯、伊什罕伯克二等台吉邁瑪特等，至城面稟喀喇沙爾辦事大臣舒精阿願送捐麵二萬五千斤，提供烏拉馬（馱載軍需槍械之用）[289]一千匹，以備軍需，舒精阿以大軍需求米糧由烏魯木齊調來白麵十萬斤，已足夠婉拒伯克捐麵，但將烏拉馬留下聽候差遣。[290]葉爾羌、阿克蘇、和闐各城阿

---

[288] 《外紀檔》，文獻編號第 303000191 號，頁 14-15，道光二十七年八月初三日，賽什雅勒泰奏。

[289] 《軍機處・月摺包》，文獻編號第 061568 號，2747 箱，道光六年六月二十六日，長清奏。

[290] 《軍機處・月摺包》，文獻編號第 078929 號，2749 箱，道光二十七年九月十六日，舒精阿奏；《軍機處・月摺包》，文獻編號第 096125 號，2742 箱，清單，無年月日，覺羅奎棟奏；《宮中檔道光朝奏摺》，文獻編號第 405010889 號附件，2731 箱，道光二十七年八月二十六日，舒精阿奏。

奇木伯克也共同捐輸給各地前來新疆平亂的官兵，作為慰勞，阿克蘇愛瑪特捐輸器械等物資，葉爾羌伊斯瑪依爾等捐助大量的麵、馬料、草束、炒麵、柴火、饢、羊隻、布疋及封茶葉等物品勞軍，奕山確認阿奇木伯克伊斯瑪依爾捐非糾歛回眾而來，即下令均勻分領，犒賞兵勇。宣宗為此在道光二十八年（1848）三月諭示施恩給賞，頭等台吉散秩大臣葉爾羌阿奇木伯克伊斯瑪依爾的次子，現任和闐伊什罕伯克阿皮斯賞給二等台吉，世襲郡王散秩大臣乾清門侍衛阿克蘇阿奇木伯克愛瑪特賞換雙翎，署和闐三品阿奇木伯克伯巴克，以三品阿奇木伯克酌量升用，先換項帶。[291] 烏什阿奇木伯克邁瑪塔里普也捐辦烏拉馬四百匹，並派撥回兵二百名，自備資斧幫同官兵作戰。[292] 由於他是拜城輔國公，又已奉准遇三品伯克缺陞補者，烏什辦事大臣奏將其功賞轉給伊子買瑪特為三等侍衛，宣宗同時諭以幫同邁瑪塔里普捐辦烏拉馬之事的伊什罕伯克阿布都呼依木，賞換四品頂帶花翎，六品噶爾雜納齊伯克托胡達賞換五品頂帶。[293] 伯克們的捐輸熱情，為家園、軍隊奉獻，也為自己及其子升賞得前程。

　　吐魯番郡王阿克拉依都在道光二十七年（1847）八月，七和卓之亂起時，雖未出任回疆伯克之職，但仍呈請捐辦雙套車四百

---

[291] 《軍機處・月摺包》，文獻編號第 079507 號，2749 箱，道光二十七年十月初二日，奕山奏；《軍機處・月摺包》，文獻編號第 081644 號，2749 箱，道光二十八年二月二十七日，奕山奏；中國第一歷史檔案館編，《嘉慶道光兩朝上諭檔》，冊 52，頁 313-314，946 條，道光二十七年八月二十八日，軍機大臣字寄；中國第一歷史檔案館編，《嘉慶道光兩朝上諭檔》，冊 53，頁 109，349 條，道光二十八年三月二十八日，內閣奉上諭。

[292] 《軍機處・月摺包》，文獻編號第 078688 號，2749 箱，道光二十七年八月初八日，鍾翔奏。

[293] 《軍機處・月摺包》，文獻編號第 080301 號，2749 箱，道光二十七年十二月十八日，鍾翔奏；《軍機處・月摺包》，文獻編號第 080305 號，2749 箱，清單；中國第一歷史檔案館編，《嘉慶道光兩朝上諭檔》，冊 52，頁 510，1454 條，道光二十七年十一月十八日，內閣奉上諭。

輛供，以供兵差。[294]阿克拉依都因感念宣宗當年在張格爾事件，其祖玉努斯及父親邁瑪薩依特同時陣亡，而讓年僅六、七歲的他承襲郡王之位，如今因張格爾之子結合安集延及布魯特入卡滋事，欲報其恩，情願自備資斧，隨帶家族兵丁二四十人前赴喀什噶爾大營效力，宣宗批「**覽奏實堪嘉悅，但路途遙遠，徒勞跋涉，可毋庸前往也**」，而吐魯番領隊大臣景接奉硃批，將宣宗柔遠懷仁的至意，傳達給阿克拉依都。[295]時至文宗主政的咸豐年間，他才開始展露頭角。咸豐五年（1855）八月，鐵完庫里入卡滋擾，阿克拉依都時任葉爾羌阿奇木伯克，因感念宣宗之恩，捐助二千銀兩犒賞出力官兵，而他在咸豐四年（1854）也曾捐軍餉二千五百兩，葉爾羌參贊大臣常清奏請援照前任和闐阿奇木伯克伊斯瑪依爾之例，賞給散秩大臣職銜，以示激勵。[296]

當時缺少經費之城，不只葉爾羌一地。尤其是亂事前來支援蒙古兵及各處官兵、馬匹、防堵的遣勇，在進攻與撤退時，單是庫車作為過境之城，據戰後統計其支付已需三千三百六兩二錢五分六厘四毫，但葉爾羌大臣撥給庫車經費，只能分次、分年給付，共三千五百兩。[297]由此可知新疆各地庫存經費確屬捉襟見肘。若以戶部在咸豐九年（1859）的統計，僅是咸豐二年（1852）六月鐵完庫里和卓入侵一個月，各城調兵軍需等用度，即花費銀三十萬兩，但清廷卻是分成五次，陸續酌撥銀兩接濟。[298]請見表 10-12

---

[294] 《軍機處・月摺包》，文獻編號第 081803 號，2749 箱，道光二十八年四月初十日，景亮奏。

[295] 《軍機處・月摺包》，文獻編號第 078891 號，2749 箱，道光二十七年八月二十三日，景亮奏；《軍機處・月摺包》，文獻編號第 079729 號，2749 箱，道光二十七年十月二十一日，景亮奏；《宮中檔道光朝奏摺》，文獻編號第 405010851 號，2731 箱，道光二十七年八月二十三日，景亮奏。

[296] 《宮中檔咸豐朝奏摺》，文獻編號第 406006493 號，2779 箱，咸豐五年八月初三日，常清、法福禮奏。

[297] 《奏摺檔》，文獻編號第 305000463 號，頁 81-85，咸豐八年五月，特克慎奏。

[298] 《奏摺檔》，文獻編號第 305000477 號，頁 13-14，咸豐九年三月，戶部片。

咸豐二年（1852）鐵完庫里事件各城軍需銀兩表。由此可見，大臣經費調度，兵將的生活銀兩，多靠著伯克及回疆商民的民間力量在支撐，伯克們及商民在軍興當下的捐助與借款，真是新疆軍費的及時雨。

表 10-12 咸豐二年（1852）鐵完庫里事件各城軍需銀兩表

各城軍需	動支庫銀（兩）
伊　　犁	40000
烏魯木齊	50000
阿　克　蘇	107000
喀什噶爾	23000
英吉沙爾	23000
葉　爾　羌	50000
烏　　什	4000
喀喇沙爾	3000
合　　計	300000

資料來源：《奏摺檔》，文獻編號第 305000477 號，頁 13-14，咸豐九年七月，戶部片。

三、伯克參戰

伯克面對入侵滋擾，要守城，守護家園，伯克們分工負責，帶領回兵在各村莊的卡倫或重要口隘，進行偵防，打探情報提供本城或其他各城共享，擬定及執行各項作戰、反間計劃，帶領回兵打仗，協調回兵與清朝派來支援的大軍一起出戰，投効軍隊大營，隨營差遣，協助翻譯，作為回人與官兵的溝通橋樑。

1、跨城支援、奏摺遞送與情報共享

由於回疆各城間地勢多遼闊，回莊分散各處，或與布魯特或浩罕等接壤。滋事者常以騎馬或集結多人方式，突入卡倫，搶掠

軍臺或入莊搶掠回人、牲畜，即行離去，令人防不勝防。白山派後裔入侵方式，有全面入侵，或是被打敗後，跑出邊界，休養生息數月，又來攻擊等形式，因此卡倫外的動靜打探，就變得格外重要。為此阿奇木伯克多派有卡外探信之人，有消息立刻回報地方大臣，整合兵力，前往堵剿或是備戰。伯克們不僅坐鎮本城，若他城已處於戰亂中，需要支援，也銜命帶回兵趕赴，或飭派妥靠的回人前往他城查探反間，偵搜情報，各城共享，並協力遞送奏摺。有功之伯克或回人，駐箚大臣或負責平定亂事的將軍，多為其奏請功賞。

張格爾於道光六年（1826）入侵西部各城，沙雅爾阿奇木伯克伊薩克（庫車郡王家族）聞訊即帶領回兵三百人，前往阿克蘇，與其城回戶中湊集出來的三百人會合，他帶領兩地回兵六百人及官兵，總共八百一十八位，從和闐草地趕往葉爾羌支援，而當時伊犁將軍率軍隊還未到達。[299]道光六年（1826）十二月，和闐等城已被張格爾等人攻下，沙雅爾阿奇木伯克伊薩克奉揚威將軍長齡之令，派遣回人前往和闐查探賊情，他選派達里木等六人前往和闐、葉爾羌、喀什噶爾等城，設法拘絆各城的伯克，並趁機離間張格爾任命的和闐三品阿奇木伯克阿布拉，在和闐眾伯克商議下，成功地集結回人及伯克二千多人，進而拏獲佔領該城的張格爾表哥約霍普等，擊斃其隨眾一百多人，並將約霍普等人押解給長齡審理。[300]由於維吾爾族樣貌，再加語言的差異，這樣的反間計是滿、漢、蒙軍作不到的事，伯克、回人運用其智慧，完成了將軍長齡交給的任務。

---

[299] 《軍機處・月摺包》，文獻編號第 061617 號，2747 箱，道光六年七月十四日，長齡奏。

[300] 《軍機處・月摺包》，文獻編號第 058239 號，2747 箱，道光六年十二月二十八日，長齡奏。

　　道光二十七年（1847）七月，七和卓率眾入侵喀什噶爾，該城被圍困，伊犁等處援軍未到，葉爾羌參贊大臣吉明先派伯克帶領回兵二百人，赴英吉沙爾駐箚，詳細探明喀什噶爾路徑是否無阻，城下局勢情況，若尚有隙可乘，即先密函知會城中，給予內外夾攻之勢，並以這二百人支援軍力單薄的英吉沙爾城，以待官兵集結。[301]九月，英吉沙爾也被圍困，葉爾羌參贊大臣吉明派再派回人潛赴英吉沙爾探聽敵情。[302]葉爾羌阿奇木伯克伊斯瑪依爾也兩次奉命前往英吉沙爾支援，阿奇木伯克伊斯瑪依爾與四品商伯克邁瑪特薩賴管帶回兵二百人，前往奎里鐵列木莊堵禦。但派去的伯克及回兵，並未奮勇出力，因此多被裹脅或陣亡，遭賊拏去有百餘人之多。其後又率領回兵四百人，五品伯克庫爾班、六品伯克素皮呢雅斯兩位伯克，但行至察木倫軍臺迤西遇滋事之眾，先後派去的回兵多不竭力抵抗，即束手就縛，又不聽伯克管束，也被裹脅大半。吉明認為支援失力之因，應是阿奇木伯克伊斯瑪依爾未詳慎揀派伯克所致，於是奏請懲處，但正值戰事用人之際，懇以暫從寬恕，宣宗諭示寬免，以觀後效，怠玩的回兵及被捨去的伯克，即密緝按律懲治。[303]不過，這都顯示伯克及回兵皆負起參與守衛回疆的事實。

　　遇到亂事時，各城間道路不靖，大臣上奏摺或由京城遞送的諭令，或有延遲受阻的情形，伯克亦需肩負驛遞護送之責。道光六年（1826），張格爾之亂，西邊喀什噶爾戰事吃緊，因此專派

---

[301] 《宮中檔咸豐朝奏摺》，文獻編號第 406010664 號，2731 箱，道光二十七年七月二十六日，吉明、舒興阿奏。

[302] 《外紀檔》，文獻編號第 303000192 號，頁 22-25，道光道光二十七年九月初五日，吉明、舒興阿奏。

[303] 《奏摺檔》，文獻編號第 305000334 號，頁 91-93，道光二十七年九月，吉明奏；中國第一歷史檔案館編，《嘉慶道光兩朝上諭檔》，冊 52，頁 349-350，1045條，道光二十七年九月十九日，內閣奉上諭。

額外委員一名索倫，滿兵二名、漢兵二名及阿克蘇六品伯克玉素普等，奉回疆參贊大臣慶祥之命，在六月初二日子時發遞限行六百里奏摺，由巴爾昌卡倫外布魯特愛曼一帶，送至阿克蘇軍臺發遞去京。到了六月二十六日，戰事擴大，葉爾羌迤西至英吉沙爾道路均遭賊阻拒，驛遞之事更為艱難，需差派換防駐軍一百七十六名及伯克護送。[304]道光二十七年（1847）十一月，六品頂翎回人達烏塔、金頂回子烏普、閑散回人麥列克，當七和卓滋事，道路梗塞之際，冒險往來遞送奏摺，宣宗諭達烏塔賞換五品頂翎，烏普及麥列克均賞戴藍翎作為鼓勵；[305]此外也有支援遞送文報，如底臺六品頂戴溫巴什伊布拉依木、二臺溫巴什托克托莫特、四臺溫巴什阿克素皮，事後也都受到葉爾羌參贊大臣吉明鼓勵，奏請賞戴藍翎。[306]

各城伯克互通偵察所得，以利掌握敵情。道光二十七年（1847）九月，葉爾羌阿奇木伯克伊斯瑪依爾去函阿克蘇阿奇木伯克愛瑪特，告知為六、七月入卡為首滋事者的差異，六月之前僅有張格爾之弟巴布頂之子倭里，即倭里罕，聯結布魯特及安集延，共有百餘人潛入卡倫，而張格爾兄玉素普的兒子，則於七月集結了布魯特鄂斯瞞等侵入卡倫，包圍城池，愛瑪特也將此轉知趕來阿克蘇作戰的伊犁參贊大臣奕山，以利朝廷掌控情勢。[307]

---

[304] 《軍機處‧月摺包》，文獻編號第 061568 號，2747 箱，道光六年六月二十六日，長清奏。

[305] 中國第一歷史檔案館編，《嘉慶道光兩朝上諭檔》，冊 52，頁 471，1328 條，道光二十七年十一月二十五日，內閣奉上諭；《嘉慶道光兩朝上諭檔》，冊 53，頁 60，205 條，道光二十八年二月二十一日，內閣奉上諭。

[306] 《軍機處‧月摺包》，文獻編號第 080740 號，2749 箱，道光二十七年十二月十五日，吉明、舒興阿奏；《軍機處‧月摺包》，文獻編號第 080739 號，2749 箱，伯克清單，此件是《軍機處‧月摺包》，文獻編號第 080740 號之附件。

[307] 《軍機處‧月摺包》，文獻編號第 078933 號，2749 箱，道光二十七年九月十六日，奕山奏。

　　亂事平定後，各城大臣即奏請獎勵有功伯克。道光二十八年（1848）三月，阿克蘇辦事大臣扎拉芬泰因上年拜城五品伊什罕伯克藍翎素皮呢雅斯、庫車七品明伯克熱依木前往阿克蘇支援其防堵城垣、卡隘以及籌備後路糧餉、軍火等事宜有功上奏，宣宗分別以賞換花翎及賞戴藍翎為獎勵，並諭以應升之缺儘先升用。[308]庫爾勒三品阿奇木伯克雅霍普、布古爾三品阿奇木伯克玉奴斯，皆因上年回疆軍務，於喀喇沙爾安設糧臺供應支銷有功，喀喇沙爾辦事大臣奏請獎勵，宣宗於道光二十八年（1848）九月諭交理藩院議敘。[309]

　　而阿克蘇為了防患未然，伯克和回人共一千三百人，全部自備資斧、口糧，在柯爾坪渾巴什河沿岸各要隘，持續不懈的防守，阿克蘇辦事大臣札拉芬泰對他們的精神，甚為欣賞，又查例無可賞之條，因此由自己的養廉銀中撥一千三百兩賞給大家，以示體恤。[310]這實是伯克與回人共同守衛城池、家園之心。

　　咸同年間，伯克訊息的傳遞，仍是大臣及伊犁將軍判斷情勢及行動的重要依據。咸豐五年（1855）六月十七日，阿奇木伯克邁瑪特接獲卡外布魯特愛曼吉洋伯克探單，稱鐵完庫里、窩里罕及玉散和卓依散等，已帶人來布魯特地方。接著二十日又有六品密喇布伯克圖吐什來城回稱，窩里罕已帶領五六十人，進入玉斯圖阿爾什地方，二十五日、二十九日阿奇木伯克接連稟稱玉斯圖

<hr>

[308] 中國第一歷史檔案館編，《嘉慶道光兩朝上諭檔》，冊 53，頁 109-111，350 條，道光二十八年三月二十八日，內閣奉上諭。

[309] 中國第一歷史檔案館編，《嘉慶道光兩朝上諭檔》，冊 53，頁 309-310，1029 條，道光二十八年九月二十一日，內閣奉上諭。

[310] 《軍機處·月摺包》，文獻編號第 079876 號，2749 箱，道光二十七年十一月二十二日，札拉芬泰奏；《外紀檔》，文獻編號第 303000194 號，頁 174，道光二十七年十一月二十二日，扎拉芳泰奏。

阿爾圖什莊已有入侵者，七月二十日阿奇木伯克回稱塔什密里克莊，回人已有脅從之風。[311]同治三年（1864）庫車回民變亂，署理葉爾羌參贊大臣奎棟疊次接獲阿克蘇來函，四月二十九日夜間，庫車城起火，五月初五日阿克蘇辦事大臣富珠哩透過署賽里木阿奇木伯克阿克毛拉差信探報知，庫車辦事大臣及阿奇木伯克、伊什罕伯克皆已被殺，除派兵前往偵探外，一面又飭派靠近庫車的賽里木城阿奇木伯克阿克毛拉選派回兵前去查探，並加以防範。據阿奇木伯克回報探得軍臺大人衙門及愛王衙門都被放火，愛王（即庫車郡王愛瑪特）、庫車阿奇木伯克及大二阿渾皆被脅走。於是奎棟亦緊急要求伊犁將軍常清，由伊犁調兵前來應援，常清亦借由阿克蘇辦事大臣富珠哩，由兵丁馬伏回稱相同狀況，即派兵星夜馳往救援。[312]由此可知駐箚大臣及伊犁將軍等，倚重伯克系統作為耳目，從而了解滋擾者的行蹤，並用來指揮及調度軍隊，以弭平亂事或進行救援。

2、伯克守城有功與陣亡者

---

[311] 《宮中檔咸豐朝奏摺》，文獻編號第 406006318 號，2779 箱，咸豐五年七月初二日，札拉芬泰、圖伽布奏；《宮中檔咸豐朝奏摺》，文獻編號第 406006332 號，2779 箱，咸豐五年七月初四日，札拉芬泰、圖伽布奏；《宮中檔咸豐朝奏摺》，文獻編號第 406006351 號，2779 箱，咸豐五年七月初初七日，常清奏；《宮中檔咸豐朝奏摺》，文獻編號第 406006490 號，2779 箱，咸豐五年八月初三日，札拉芬泰、圖伽布奏。

[312] 《軍機處‧月摺包》，文獻編號第 097354 號，2742 箱，同治三年六月初九日，奎棟奏；《軍機處‧月摺包》，文獻編號第 098704 號，2742 箱，同治三年六月初九日，奎棟奏；《軍機處‧月摺包》，文獻編號第 098302 號，2742 箱，同治三年五月十四日，常清奏；《軍機處‧月摺包》，文獻編號第 098303 號，2742 箱，同治三年五月十四日，常清奏；《軍機處‧月摺包》，文獻編號第 122964 號，2735 箱，光緒八年四月十五日，欽差大臣督辦新疆軍務通政使二等男劉錦棠奏；《軍機處‧月摺包》，文獻編號第 125889 號，2722 箱，光緒十年三月二十一日，劉錦棠奏。

　　回疆有亂事之時，阿奇木伯克及各伯克多與回兵駐守回城，負責撫馭各莊回戶，使其安謐，尤其是白山派的村莊。伯克率領回兵採辦物料及輓運，守護卡倫及偵探，在要道上堵禦。情勢若變化，則全部回防本城，與阿奇木伯克一同坐鎮，成為安定人心之要。一旦城破，伯克被俘、受脅挾者甚多，陣亡率也相當高。

　　道光六年（1826），張格爾入侵回疆，由於他是白山派大和卓木博羅尼都之孫，各城莊白山派的回人，就成了阿奇木伯克主要安撫及曉以大義的對象。[313]而入侵者多先攻擊卡倫，守卡的伯克及回兵成為守護該城安全的第一線。阿克蘇所屬卡倫，守卡回人，受入侵者的警告，又見卡兵被殺斃，回返柯爾坪報告，阿奇木伯克、海孜伯克等得知，即刻馳赴營盤報告，以利軍方一同掌控形勢。[314]

　　伯克有守城之責，但往往也成為入侵者的重要目標。庫車散秩大臣固山貝子邁哈默特鄂對隨營出征，於道光六年（1826）九月，遭張格爾拴獲，囑其結合回眾滋事，事後也因此被阿克蘇辦事大臣長清拘禁在署，革去世職，改由其子伊薩克承襲。然伊薩克亦遭懷疑，宣宗認為當地其族眾甚多，要伊犁將軍小心查證，且認為伊薩克是有能力作事的人，正當用人之際，總是要善為駕馭，不要令伯克等失去向心力。[315]

　　然而數年後，伊薩克又遭大臣等懷疑，以致滋事者有反間之機。浩罕安集延及布魯特在道光十年（1830）入侵喀什噶爾時，

<hr />

[313] 《軍機處‧月摺包》，文獻編號第 06167 號，2742 箱，道光六年七月十四日，長齡奏。

[314] 《軍機處‧月摺包》，文獻編號第 061641 號，2747 箱，道光六年七月二十三日，長清奏。

[315] 《廷寄檔》，文獻編號第 604000164 號，頁 79-83，道光六年九月十五日，軍機大臣字寄。

喀什噶爾阿奇木伯克伊薩克（庫車郡王）卻又再次遇到流言攻擊。由於伊薩克在城，民心安定穩固，以致為首的明巴什久攻不下，因而用謠言誣陷伊薩克說其勾結賊匪，兵民不待回疆參贊大臣扎隆阿證實，在明巴什等圍城之際，即衝進阿奇木署衙抄沒殺斃大小伯克及回人三百多人，伊薩克因先至回疆參贊大臣署中，才得倖免。然而伊薩克卻遭扎隆阿依謠言奏參，其因是扎隆阿害怕自己要承擔失城的罪名，宣宗見奏至為重視，相信伊薩克不可能勾結外人，因此要伊犁將軍長齡親往喀什噶爾查辦，並諭令伊薩克案不結，善後章程不定，伊犁將軍斷不准回京，事後也證明伊薩克確實遭誣衊。[316]由此可見官民面對亂事極度恐懼之情，也看見阿奇木伯克在亂事中，安定回人的作用甚大，以及宣宗對伊薩克的信任及重視，同時也看到清廷吏治的敗壞，即使是回疆最高行政首長回疆參贊大臣也為免去失城之責，藉滋事者反間蜚言，妄奏伊薩克。而事後伊薩克雖被宣宗召入京當差，三年後因水土不服返疆，但僅留爵位，由檔案所見，未再出任伯克之職，而原有跟隨伊薩克的伯克，陞途也因此事大受影響。

同樣是喀什噶爾，道光二十六年（1846），因七和卓之亂侵擾，當時卡倫除了官兵六百人，回人馬隊一百人鎮守外，尚有伯克率領回人在閏五月十四日至七月初二日間，前後二千人次持續防守。[317]而滋事者入卡搶牲畜，亦入莊搶戕民人，守莊伯克也首

<hr/>

[316]《剿捕廷寄檔》，文獻編號第 604000447 號，頁 3-22，道光十一年正月初八至十九日，軍機大臣字寄；《剿捕廷寄檔》，文獻編號第 604000447 號，頁 35-39，道光十一年二月初九日，軍機大臣字寄；《剿捕廷寄檔》，文獻編號第 604000447 號，頁 53-55，道光十一年二月二十日，軍機大臣字寄；《剿捕廷寄檔》，文獻編號第 604000447 號，頁 61-63，道光十一年二月二十五日，軍機大臣字寄；劉志霄，《維吾爾族歷史》（北京：中國社會科學出版社，1996 年），中編，頁 11。

[317]《奏摺檔》，文獻編號第 305000326 號，頁 41-45，道光二十七年正月，揚威將軍長齡奏。

當其衝被殺,大臣派去支援的伯克既要剿捕,又要負責安撫回眾
與商民。喀什噶爾於道光二十七年(1847)六月十七日,在伊蘭
瓦斯卡倫及阿斯圖阿爾圖什莊有安集延人滋事,搶去駝隻,且殺
害該莊五品阿奇木伯克阿布都熱希拉及殺斃民人,喀什噶爾阿奇
木伯克作霍敦根據玉斯圖阿爾圖什莊六品伯克密爾呈稱,即行呈
報葉爾羌參贊大臣吉明,遂命作霍爾敦派四品伊什罕伯克阿布都
瑪里克、噶雜納齊伯克密爾哈色木、商伯克托胡達等,帶領回兵
趕往該莊剿捕及安撫回眾;十八日,有滋事之眾突入喀什噶爾圖
舒克塔什卡倫,伯克率回兵及滿漢官兵一起追至哈拉墩遇賊千餘
人,回兵等獲勝帶回數十名賊匪。[318]二十日,六品伯克呢雅斯馳
報,有入侵者四五百人,已到圖舒克塔什卡倫,正與四品伯克密
爾哈斯木所帶回兵交戰,滋事者勢眾不能敵,被執去多人,只好
帶回兵五十人回至霍爾罕莊駐箚。而受換防兵制影響,當年正值
新疆南路四城換防之際,要換防的兵丁有三千人,當時已撤二百
五十人,儘管有換防兵丁陸續到達,但綠營兵卻在一旁觀望,而
不出戰,導致喀什噶爾回城遭到入侵者圍困。[319]

　　據戰後統計,由道光二十七年(1847)六月至十一月二十日
為止,五個月之中,喀什噶爾伯克因堵禦與滋事者作戰陣亡的有
八位,其中負一莊之責的阿奇木伯克有四位,占喀什噶爾城莊共
設十一名阿奇木伯克的三分之一,包括阿斯圖阿爾圖什莊五品阿
奇木伯克阿布都熱希拉、伯什克呼木莊五品阿奇木伯克阿布都色
邁特、罕愛里克莊五品阿奇木伯克帕塔,以及之前去報信的玉斯
圖阿爾圖什莊六品阿奇木伯克密爾等四位陣亡,其他職位伯克有
五位,賽里曼莊六品密喇普伯克托胡達什、回城七品明伯克薩木、

[318] 《軍機處・月摺包》,文獻編號第 078348 號,2749 箱,道光二十七年六月二
　　十八日,吉明奏。

[319] 《宮中檔道光朝奏摺》,文獻編號第 405010649 號,2731 箱,道光二十七年七
　　月二十二日,吉明奏。

塔什密里克莊七品明伯克木薩、穆什蘇魯克莊七品密喇普伯克胡
達巴爾底、約伯爾胡莊七品明伯克阿布都熱希，以及額設金頂回
子巴海等三位，共有十二人陣亡，奕山為伯克奏請飭理藩院照例
議卹，宣宗批以該部議奏。[320]

　　道光二十七年（1847）十月，喀什噶爾、英吉沙爾亂事未平，
和闐也處於戒備狀態，和闐辦事大臣德勒克呢瑪將三品阿奇木伯
克傳至署內，當面要求要妥為安撫回眾，商民各安生理。[321]可見
伯克的角色在戰亂之時，更為大臣所倚重，也是守衛各莊的主要
負責之人，更常是首當其衝的犧牲者。

　　戰事平定後，各城駐箚大臣即為平定亂事有功的伯克奏請功
賞。烏什阿奇木伯克邁瑪塔里普、伊什罕伯克阿布都呼依木、六
品噶爾雜納齊伯克托胡達，除了捐辦烏拉馬事外，並與回兵防守
軍臺卡倫要隘，或是帶兵堵禦，或是激勵回眾，晝夜巡防，或是
出卡探信等事。[322]烏什城藍翎六品海孜（哈資）伯克雅和普、六
品頂藍翎七品密喇布伯克阿拉布敦則是督率回人前往梯子打坂箚
營，或在阿察他克軍臺箚營，晝夜堵禦防範，恪盡守城之功，奏
賞獲換五品頂戴。[323]見表 10-13 道光二十七年（1847）十一月烏什
有功伯克名單表。

---

[320] （清）賽尚阿等修，《回疆則例》，卷 1，頁 5-7；《軍機處・月摺包》，文獻
編號第 080335 號，2749 箱，道光二十七年十一月二十日，奕山奏。

[321] 《軍機處・月摺包》，文獻編號第 079228 號，2749 箱，道光二十七年八月初
八日，德勒克呢瑪奏。

[322] 《軍機處・月摺包》，文獻編號第 080301 號，2749 箱，道光二十七年十二月
十八日，鍾翔奏；《軍機處・月摺包》，文獻編號第 080305 號，2749 箱，清
單；中國第一歷史檔案館編，《嘉慶道光兩朝上諭檔》，冊 52，頁 510，1454
條，道光二十七年十二月十八日，內閣奉上諭。

[323] 《軍機處・月摺包》，文獻編號第 080301 號，2749 箱，道光二十七年十二月
十八日，鍾翔奏；《軍機處・月摺包》，文獻編號第 080305 號，2749 箱，清
單。

表 10-13 道光二十七年（1847）十一月烏什有功伯克名單表

功　　　績	所屬城	品級職稱	名　字	奏　賞	諭　賞
道光二十七年（1847）十一月，烏什軍興以來，捐辦馬匹、撥回兵防守臺卡、踴躍急公、善撫回眾	烏什	四品阿奇木伯克世襲公爵（拜城輔國公），道光二十二年，捐修渠壩奉旨遇各城三品阿奇木伯克缺出儘先陞補	邁瑪塔里普	恩施次子買瑪特賞給三等侍衛	賞給三等侍衛
道光二十七年（1847）十一月，烏什軍興以來，幫同阿奇木伯克捐辦烏拉馬、激勵回眾，防守要隘	烏什	藍翎五品伊什罕伯克	阿布都呼依木	賞換四品頂帶花翎	賞換四品頂帶花翎
道光二十七年（1847）十一月，烏什軍興以來，督率回人前往梯子打坂箚營堵禦，晝夜防範	烏什	藍翎六品海孜伯克	雅和普	賞換五品頂戴	賞換五品頂帶
道光二十七年（1847）十一月，烏什軍興以來，幫同阿奇木伯克捐辦烏拉馬、激勵回眾，防守要隘	烏什	藍翎六品噶襍納齊伯克	托胡達	賞換五品頂戴	賞換五品頂帶
道光二十七年（1847）十一月，烏什軍興以來，派往阿察他克軍臺箚營，督率回人前往梯子打坂箚營堵禦，晝夜防範	烏什	六品頂藍翎七品密喇普伯克	阿布敦	賞換五品頂戴	賞換五品頂帶
道光二十七年（1847）十一月，烏什軍興以來，管帶回兵、協守卡倫，晝夜巡防	烏什	六品頂七品明伯克	胡爾板	賞戴藍翎	賞戴藍翎
道光二十七年（1847）十一月，烏什軍興以來，屢次差赴卡外探信	烏什	六品頂戴回人	毛拉克里木	賞戴藍翎	賞戴藍翎
道光二十七年（1847）十一月，烏什軍興以來，屢次差赴卡外探信	烏什	金頂回子通事	伊薩克	賞戴六品頂戴	賞戴六品頂帶
道光二十七年（1847）十一月，烏什軍興以來，防守烏什捷徑要隘山口，晝夜防範無惧	烏什	卡內五品頂翎布魯特比	塔塔伯克	賞換四品頂戴	賞換四品頂帶

功　　　　　績	所屬城	品級職稱	名　字	奏　賞	諭　賞
道光二十七年（1847）十一月，烏什軍興以來，防守烏什捷徑要隘山口，畫夜防範無悞	烏什	卡內五品頂翎布魯特比	大莫洛	賞換四品頂戴	賞換四品頂帶
道光二十七年（1847）十一月，烏什軍興以來，防守烏什捷徑要隘山口，畫夜防範無悞	烏什	六品頂藍翎布魯特頭目	莫洛	賞換五品頂戴	賞換五品頂帶
道光二十七年（1847）十一月，烏什軍興以來，防守烏什捷徑要隘山口，畫夜防範無悞	烏什	布魯特	索海	賞戴六品頂翎	賞戴六品頂翎
道光二十七年（1847）十一月，烏什軍興以來，防守烏什捷徑要隘山口，畫夜防範無悞	烏什	布魯特	鄂爾堆	賞戴六品頂翎	賞戴六品頂翎
道光二十七年（1847）十一月，烏什軍興以來，防守烏什捷徑要隘山口，畫夜防範無悞	烏什	布魯特	鐵里木曲克	賞戴六品頂翎	賞戴六品頂翎

資料來源：《軍機處・月摺包》，文獻編號第 080301 號，2749 箱，道光二十七年十二月十八日，鍾翔奏；《軍機處・月摺包》，文獻編號第 080305 號，2749 箱，清單；中國第一歷史檔案館編，《嘉慶道光兩朝上諭檔》，冊 52，頁 510，1454 條，道光二十七年十一月十八日，內閣奉上諭。

　　到了道光二十七年（1847）十二月，吉明綜觀七月軍興以來，葉爾羌伯克在軍務上的表現，將伯克負責的工作分成了數項奏請獎勵：一是三品阿奇木伯克伊斯瑪依爾、四品伊什罕伯克烏舒爾及四品噶襍納齊伯克負責撫馭各莊回戶，居民安謐，委派回兵前往卡倫偵防，採辦一切的物料；二是由四品商伯克伊布拉依木負責帶領回兵在頭臺防堵，由於二臺出現首級，軍臺門被火焚燬，三臺兵丁一人陣亡，七人受傷，於是伊布拉依木帶兵移駐二臺，

並偵探賊數，並派兵前往三四臺驅賊，因為其領兵有方，又勇於任事，受吉明賞識，而奏請以三品伯克儘先陞用；三是五品伯克薩木薩克或六品都管伯克斯底克等伯克，協同撫輯回城，督催一切差務，採買物料；四是由五品伯克邁買提哈斯木等二人，派赴各莊撫綏回眾；五是藍翎戈什哈（滿文 gocika，高級官員親丁侍衛）[324]、回人胡達巴爾底等負責輓運糧料，督催一切差務；六是翻譯回字由毛拉（Maulā、Mullā、Mawla，有學問者或伊斯蘭教學者）[325]鄂斯木都拉等負責；七是防守卡隘及偵探，由閑散回人密爾里等六人負責；八是遞送文報由溫巴什伊布拉依木等負責。[326]請見表 10-14 道光二十七年（1847）七月至十二月葉爾羌軍務出力伯克表。阿克蘇辦事大臣扎拉芬泰在戰事結束後，也奏准獎勵該城有功伯克，尤其是在防堵城垣、卡隘及在糧臺籌辦後路糧餉、軍火有功者，其中亦包含兩位來自庫車及拜城伯克。[327]請見表 10-15 道光二十八年（1848）三月阿克蘇防堵城垣糧臺有功伯克名單表。在獎賞名單可看到，戰時僅是防守一城，已相當繁瑣，伯克對內安撫回莊、採購物資及輓運，文書翻譯及遞送，在城垣、要道上的防堵，對外要領軍守卡、籌運軍臺糧務與偵防等各項事務。

---

[324] 〈戈什哈〉條，高鴻達、劉景憲、季永海、徐凱編著，《清史滿語辭典》（上海：上海古籍出版社，1990 年），頁 91。

[325] 〈毛拉〉條，伊斯蘭教辭典編委會，《伊斯蘭教辭典》（上海：上海辭書出版社，1997 年），頁 534-535；馮今源，〈毛拉〉條，余太山、陳高華、謝方主編，《新疆各族歷史文化詞典》，頁 40-41。

[326] 《宮中檔道光朝奏摺》，文獻編號第 405010757 號，2731 箱，道光二十七年八月初八日，吉明、舒興阿奏；《軍機處・月摺包》，文獻編號第 080739 號，2749 箱，伯克清單，此件是《軍機處・月摺包》，文獻編號第 080740 號之附件；《軍機處・月摺包》，文獻編號第 080740 號，2749 箱，道光二十七年十二月十五日，吉明、舒興阿奏。

[327] 中國第一歷史檔案館編，《嘉慶道光兩朝上諭檔》，冊 53，頁 109-111，350 條，道光二十八年三月二十八日，內閣奉上諭。桂林市：廣西師範大學出版社。

表 10-14 道光二十七年（1847）七月至十二月 葉爾羌軍務出力伯克表

功　　　　績	品　級　職　稱	名　　字	升賞獎勵/轉　賞　子
撫馭各莊回戶悉臻安謐，派回兵守卡偵探，採辦物料，輓運	葉爾羌三品阿奇木伯克頭品台吉散秩大臣	伊斯瑪依爾	轉賞子/第三子五品頂戴花翎瑪普蘇/賞換五品頂戴花翎
撫馭各莊回戶悉臻安謐，派回兵守卡偵探，採辦物料，輓運	葉爾羌三品頂戴花翎四品伊什罕伯克	烏舒爾	轉賞子/子六品頂戴藍翎斯底克/賞換五品頂戴花翎
撫馭各莊回戶悉臻安謐，派回兵守卡偵探，採辦物料，輓運	葉爾羌三品頂戴花翎四品噶襍納齊伯克	愛里木沙	轉賞子/子六品頂戴藍翎七品戈什哈邁買底里/賞換五品頂戴花翎
帶領回兵在頭臺防堵，並派往三四臺驅賊實屬奮勉	三品頂戴花翎四品商伯克	伊布拉依木	請旨以三品伯克儘先陞用
協同撫輯回城，督催一切差務，採買物料	藍翎五品伯克	入則依	賞換花翎
協同撫輯回城，督催一切差務，採買物料	藍翎五品伯克	薩木薩克	賞換花翎
協同撫輯回城，督催一切差務採買物料	五品頂花翎六品伯克	希爾	賞換四品頂戴
協同撫輯回城，督催一切差務，採買物料	五品頂花翎六品伯克	素皮	以五品伯克儘先陞用
協同撫輯回城，督催一切差務，採買物料	六品伯克	伊斯瑪依爾	賞換五品頂戴
協同撫輯回城，督催一切差務，採買物料	六品都管伯克	斯底克	賞戴藍翎
派赴各莊撫綏回眾	藍翎五品伯克	邁買提哈斯木	賞換花翎
派赴各莊撫綏回眾	五品頂藍翎六品伯克	邁買提雅爾	賞換花翎
輓運糧料，督催一切差務	藍翎得什達回人	伊布拉依木	賞換五品頂戴
輓運糧料，督催一切差務	藍翎戈什哈回人	胡達巴爾底	賞換五品頂戴
輓運糧料，督催一切差務	六品頂戴戈哈什回人	邁買沙	賞戴藍翎
輓運糧料，督催一切差務	六品頂戴戈哈什回人	伊布拉依木	賞戴藍翎

功　　　　績	品級職稱	名　　字	升賞獎勵/轉賞子
輓運糧料，督催一切差務	六品頂戴戈哈什回人	愛邁爾	賞戴藍翎
輓運糧料，督催一切差務	六品頂戴戈哈什回人	沙斯依提	賞戴藍翎
輓運糧料，督催一切差務	六品頂戴戈哈什回人	吐底	賞戴藍翎
輓運糧料，督催一切差務	六品頂戴戈哈什回人	邁買底里	賞戴藍翎
輓運糧料，督催一切差務	額設金頂回子	愛邁里	賞戴藍翎
輓運糧料，督催一切差務	閑散回人	納斯爾	賞戴藍翎
翻譯回字	六品頂戴七品戈什哈回人	巴依斯	賞戴藍翎
翻譯回字	六品頂	毛拉鄂斯木都拉	賞戴藍翎
翻譯回字	六品頂	毛拉胡達巴爾底	賞戴藍翎
防守卡隘，探報一切	閑散回人	密爾里提普素皮呢雅斯邁買提呢雅斯哈斯木斯瑪依以上六人*	賞戴藍翎
遞送文報始終勤奮	底臺六品頂戴溫巴什	伊布拉依木	賞戴藍翎
遞送文報始終勤奮	二臺溫巴什	托克托莫特	賞戴藍翎
遞送文報始終勤奮	四臺溫巴什	阿克素皮	賞戴藍翎

註　：　＊ 六人名字《軍機處‧月摺包》、《外紀檔》檔案皆未分隔，不易辨識，目前無其他參考的檔案，筆者尚無能力確認個別名字，故予以保留。

資料來源：《軍機處‧月摺包》，文獻編號第 080740 號，2749 箱，道光二十七年十二月十五日，吉明、舒興阿奏；《軍機處‧月摺包》，文獻編號第 080739 號，2749 箱，伯克清單，此件是《軍機處‧月摺包》，文獻編號第 080740 號之附件；《外紀檔》，文獻編號第 3030000196 號，頁 45-51，道光二十八年正月十七日，吉明、舒興阿奏。

表 10-15 道光二十八年（1848）三月阿克蘇防堵城垣
糧臺有功伯克名單表

所屬城	品　級　職　稱	名　　字	奏　准　升　賞
阿克蘇	四品頂翎五品商伯克	邁瑪特阿布都拉	賞換三品頂帶
阿克蘇	五品頂翎六品軍臺伯克	阿布都拉	賞換四品頂帶
阿克蘇	六品巴吉格爾伯克藍翎	哈木斯	賞換五品頂帶
阿克蘇	六品柯爾坪阿奇木伯克藍翎	哈斯木	賞五品頂翎以應升之缺即用
阿克蘇	六品朵蘭伯克藍翎	毛拉呢雅斯	賞給五品頂翎
阿克蘇	七品明伯克	毛拉玉奴斯	賞戴藍翎
阿克蘇	六品頂帶回人	夭路布拉的	賞戴藍翎
阿克蘇	金頂回子	玉素普	賞戴藍翎
阿克蘇	四品伊什罕伯克花翎	阿納雅特	賞換三品頂帶
阿克蘇	六品頂帶回人	夭路布拉的	賞戴藍翎
阿克蘇	金頂回子	玉素普	賞戴藍翎
阿克蘇	四品伊什罕伯克花翎	阿納雅特	賞換三品頂帶
阿克蘇	七品明伯克	薩提宵阿布都拉	賞戴藍翎
阿克蘇	七品銅伯克	阿油普	賞戴藍翎
拜城	五品伊什罕伯克藍翎	素皮呢雅斯	賞換花翎以應升之缺儘先升用
庫車	七品明伯克	熱依木	賞戴藍翎以應升之缺儘先升用
阿克蘇	六品打坂伯克	毛拉邁瑪特呢雅斯	以五品伯克儘先升用
阿克蘇	七品明伯克	蘇皮	以六品伯克儘先升用
阿克蘇	七品明伯克	和卓托胡達	以六品伯克儘先升用
阿克蘇	七品帕提沙普伯克	阿布都拉	賞戴藍翎
阿克蘇	金頂回子	牙達噶爾	賞戴藍翎

資料來源：中國第一歷史檔案館編，《嘉慶道光兩朝上諭檔》，冊53，頁109-111，350條，道光二十八年三月二十八日，內閣奉上諭。

3、城破戰逃及被擄之伯克

　　由於伯克在戰亂時，身份相當特別，具有指標作用。城破時，滋事者往往將伯克們列為首要查緝對象。伯克逃脫被捉或考量家

人、城民安全，因而被脅從或被脅走，多遭人剪去髮辮[328]、關押、監禁、洗劫、被脅迫加入滋事者陣營或殺害，承受皮肉之傷與財物損失，甚至失去生命。一旦僥倖逃回，還得受清朝大臣或其他伯克的嚴鞫或革職處分。不過，若確查非志願跟隨滋事者，除特殊身份者外，仍可擔任伯克。

張格爾入侵時，時任葉爾羌阿奇木伯克玉素普被張格爾圈禁，喀什噶爾平定後，他也被調查是否跟從張格爾，經查明後釋放，宣宗賞其二品頂戴，後任為署英吉沙爾阿奇木伯克時，查緝殘餘滋事者，辦理回務極為妥適，揚威將軍長齡為其奏請賞花翎。[329]

道光十年（1830），與喀什噶爾三品阿奇木伯克伊薩克一起被調查的十四名伯克中，較特別的是曾經參與解送張格爾至進京，而被賞三品頂戴出任英吉沙爾四品阿奇木伯克斯底克。由於當時滋事者勢眾，回人又多被脅從，只好跟大家一起迎接滋事者入城，以減少傷亡。由於張格爾事件後，清廷為了鼓勵有功之四品以上阿奇木伯克，同意可以和駐箚大臣一樣蓄留髮辮，伯克的髮式因而很容易被辨識出來，斯底克因此被滋事者剪去髮辮，嚴行押管後，以碎銀五十兩賄賂管守的人才得釋放，投回清營，卻因其身份非比尋常，反而由長齡等奏請枷號一個月示眾，再撥調至伊犁回城，種地當差作為處分。[330]玉素普及斯底克二位伯克遭遇差異甚大。

---

[328] 清朝為表達對伯克在張格爾事件的忠誠及奮戰，訂四品以上伯克及盡忠伯克子孫與回部王公有世職者，可以留髮辮。（清）賽尚阿等修，《欽定回疆則例》，卷8，頁2。

[329] 《奏摺檔》，文獻編號第305000098號，頁129-133，道光七年十月，揚威將軍長齡奏；《外紀檔》，文獻編號第303000051號，頁111-114，道光七年十月初八日，揚威將軍長齡奏。

[330] 《外紀檔》，文獻編號第303000077號，頁145-148，道光十一年十一月十二日，長齡、玉麟、哈朗阿、璧昌奏。

　　而戰逃的伯克，若未歸來，則由阿奇木伯克令人捉拿，並提請補缺。道光十年（1830），浩罕入攻喀什噶爾，賊人入卡滋事時，即有五品採銅伯克（＿＿＿＿＿）敏及七品明伯克慶里等伯克逃走，經阿奇木伯克伊（斯）瑪依爾差人緝捕，稟明大臣原委，由誠瑞奏請革職，在所遺員缺未便久懸的考量下，即展開一連串的調升，尤為出力作戰的六品哈資伯克多拉署理五品採銅伯克，六品哈資伯克所遺缺，派七品都管伯克素皮呢雅斯暫行署理，七品所遺伯克缺，由六品軍功頂帶（金）頂回子（邁）瑪特熱依木暫時署理，慶里所遺七品明伯克缺，則由六品頂翎金頂回子鄂斯滿暫行署理。[331]

　　道光二十七年（1847），烏什辦事大臣鍾翔派往巴什雅哈瑪卡倫一帶作探信的通事，帶回喀什噶爾阿爾吐什莊七品明伯克破拉特。大臣命烏什阿奇木伯克邁瑪塔里普負責訊問，他原是受喀什噶爾城阿奇木伯克之命帶回兵五十人，前去巴爾昌當差，遇到逃往卡外的貿易回人說滋事者已入卡，怕被傷害，於是跟著逃難入山，在松塔石遇烏什探信通事回人被帶回。經反覆研鞫後，實非跟從滋事者，但大臣要阿奇木伯克邁瑪塔里普特別加意安置，嚴密看守，並且咨明葉爾羌參贊大臣吉明及喀什噶爾領隊大臣開明阿查照。直到十一月，喀什噶爾之危已解，道路也疏通後，鍾翔將破拉特交葉爾羌換防協領札克丹，帶回葉爾羌交回疆參贊大臣奕山處理。奕山在道光二十八年（1848）正月上奏，大營由葉爾羌及烏什送來兩位被視為跟隨滋事者的伯克，即喀什噶爾七品明伯克伊布拉依木及帕拉提（破拉特），經加以審訊的結果與阿奇木伯克所審供詞相同，認為伊布拉係奉派偵探哈拉敦，拏賊到

---

[331]（　）是為檔案原件空白格，括號已填入之字，是筆者參考其他檔案，補上可能的文字。《外紀檔》，文獻編號第 3030000075 號，頁 85-86，道光十年十二月初五日，誠瑞奏。

葉爾羌所屬軍臺報信，帕拉提在巴爾昌守卡，聽說入侵者已進吐舒克塔什卡倫，回城探信，城已被圍，逃出卡外，往烏什報信，均屬情有可原，奏請免議，仍留在伯克職位上供差，宣宗也諭既然未隨從滋事，均從寬免議，伯克仍留其職照舊供差。[332]

　　道光二十七年（1847），七和卓圍攻喀什噶爾，六品伯克帶回兵守圖舒克塔什卡倫，六品伯克愛里帶五十名回兵在狼奎卡倫堵禦，但是當他們知道回城被圍，即返城防守，伯克們守城十二天後，終究被攻破。伯克們馬上就成了七和卓之眾主要搜捕對象，伯克即使藏匿於回人家中，也多遭搜捕。阿布都卡哈爾是以五品頂翎花職充阿爾庫克莊六品阿奇木伯克，現年四十六歲，因其父和色堡依（《回疆則例》是和色勒布依）七品明伯克阿布都爾加帕，在道光六年（1826）因張格爾事件被害，其兄鐵列克烏帕爾莊七品明伯克，也在道光十年（1830）因安集延入侵被殺，因此他在一聽七和卓入侵，即逃去邁買達里木家藏避，仍被搜到，遭圈禁及勒索，另一位被搜捕的明伯克木薩則遭打死。喀什噶爾塔什密里克莊五品阿奇木伯克邁買特熱依木沙是世襲和闐輔國公爵位者，他的爺爺霍（和）什克在乾隆二十四年（1759）為定邊將軍兆惠帶路，前往巴達克山追緝霍集占有功而封賞爵位（因不被高宗信任留京封爵）。道光二十七年（1847）六月間，邁買特熱依木沙被派往塔什密里克防堵，十九日，因滋事者從喀浪圭進來，只得撤回城中防守，安集延胡岱達帶七和卓之眾破城，與城內安

---

[332] 七品明伯克破拉特在《軍機處‧月摺包》鍾翔奏稱是破拉特，在《外紀檔》奕山奏稱為帕拉提，《軍機處‧月摺包》，文獻編號第 078690 號，2749 箱，道光二十七年八月初八日，鍾翔奏；《軍機處‧月摺包》，文獻編號第 079874 號，2749 箱，道光二十七年十一月二十二日，鍾翔奏；《外紀檔》，文獻編號第 303000196 號，頁 37-39，道光二十八年正月十三日，奕山奏；中國第一歷史檔案館編，《嘉慶道光兩朝上諭檔》，冊 53，頁 13，46 條，道光二十八年正月十三日，內閣奉上諭。

集延會合，而邁買特熱依木沙是回部王公留有清朝髮辮，遭兩個布魯特人強行將其剪掉，布魯特頭目斯依提更要求他用物品贖命，每日遭受押綑與拷打。六品伯克愛孜雅爾、愛里、孜爾，以及六品海孜伯克呢雅斯、毛拉巴依等，曾被監禁十至五十多日不等。六品密拉普伯克業密斯頂、六品伯克愛里等，財物、馬匹遭受劫奪，甚至押送至他城，被要求參與作戰。七品明伯克托古打會寫滿洲字的，滋事者恐其與漢城通信，更極力訪緝，捉去看管。有些伯克自此失蹤，生死未卜，有的則四處躲藏未被賊抓，幸運地等到清朝大軍來到，自行逃回來。[333]

但無論伯克在滋事者手上遭遇如何，回來後皆需受大臣及伯克的隔離嚴鞫，以確定其為非志願跟隨於滋事者陣營，或是日後可能成為白山派或浩罕等入侵者的內應，再依情況奏請革職、充軍等處分。宣宗則諭以五品伯克世襲公爵邁買特熱依木沙（和闐輔國公家族）、六品阿奇木伯克世襲五品頂翎阿布都卡哈爾等雖被賊圈禁，但終究未被脅入夥的，給予加恩免其斥革，若是如塔斯渾莊七品明伯克巴克被脅隨行，旋即趁機逃回來的，則革去伯克之職，但免治其充軍等罪，以示法外之仁。[334]請見表 10-16 道光二十七年（1847）喀什噶爾陣亡及遭俘虜之伯克表。

---

[333] 《軍機處·月摺包》，文獻編號第 079857 號，2749 箱，道光二十七年十月二十四日，奕山奏；《軍機處·月摺包》，文獻編號第 079703 號，2749 箱，道光二十七年十一月十七日，奕山奏；《軍機處·月摺包》，文獻編號第 079710 號，2749 箱，供單；《軍機處·月摺包》，文獻編號第 079864 號，2749 箱，供單，此件係文獻編號第 079860 號附件，道光二十七年十一月二十一日，奕山奏；《外紀檔》，文獻編號第 303000194 號，頁 164-165，道光二十七年十一月十二日，奕山奏。

[334] 中國第一歷史檔案館編，《嘉慶道光兩朝上諭檔》，冊 52，頁 465，1320 條，道光二十七年十一月二十一日，內閣奉上諭。

表 10-16 道光二十七年（1847）喀什噶爾陣亡 及遭俘虜之伯克表

地　　　區	伯　克	姓名	戰時職責	被捉原因	遭　　　遇	逃回方式	奏請恩施/處分
伯什克呀木莊	五品阿奇木伯克	阿布都色邁特	堵禦與賊打仗		陣亡		念篤忠貞飭理藩院照例議卹
罕愛里克莊	五品阿奇木伯克	帕塔	堵禦與賊打仗		陣亡		念篤忠貞飭理藩院照例議卹
玉斯圖阿爾圖什莊	六品阿奇木伯克	密爾	堵禦與賊打仗		陣亡		念篤忠貞飭理藩院照例議卹
賽里曼莊莊	六品密喇普伯克	托胡達什	堵禦與賊打仗		陣亡		念篤忠貞飭理藩院照例議卹
回城	七品明伯克	薩木	堵禦與賊打仗		陣亡		念篤忠貞飭理藩院照例議卹
塔什密里克莊	七品明伯克	木薩	堵禦與賊打仗		陣亡		念篤忠貞飭理藩院照例議卹
穆什蘇魯克莊	七品密喇普伯克	胡達巴爾底	堵禦與賊打仗		陣亡		念篤忠貞飭理藩院照例議卹
約伯爾胡莊	七品明伯克	阿布都熱希特	堵禦與賊打仗		陣亡		念篤忠貞飭理藩院照例議卹
	額色金頂回子	巴海	堵禦與賊打仗		陣亡		念篤忠貞飭理藩院照例議卹
	額色金頂回子	邁瑪特	堵禦與賊打仗		陣亡		念篤忠貞飭理藩院照例議卹
	額色金頂回子	伊敏	堵禦與賊打仗		陣亡		念篤忠貞飭理藩院照例議卹

地　　　區	伯　克	姓名	戰時職責	被捉原因	遭　　　遇	逃回方式	奏請恩施/處分
喀什噶爾塔什	四品噶襍納奇伯克	密爾哈斯木	大人派帶回人一百名往明約洛卡倫		被安集延、布魯特約二萬多人及八十餘尊鎗，三百多杆大礮弓箭押往葉爾羌		軍罪上量減一等擬杖一百實徒三年不准折枷
喀什噶爾塔什密里克莊	五品阿奇木伯克和闐世襲公爵	邁買特依木沙	守回城打仗	城破賊上城	被布魯特割去辮子、圈禁、勒索	因病鬆綁乘隙逃出、改名名布都拉躲藏，大兵至，投軍台由葉爾送回	
喀什噶爾阿爾扈克莊	世襲五品頂翎充六品阿奇木伯克	阿布都卡哈爾		被賊搜出	其父、兄亦在六及十年前被賊殺，他被搜出遭圈禁、勒索	被布魯特比阿布都熱依木作保，逃出，投葉爾羌阿奇木伯克送回	
喀什噶爾塔斯渾莊	七品明伯克	伯巴克	守回城	城破躲阿布都木里家被搜出	遭圈禁、勒索、拷打	隨賊押至塔斯渾逃回喀什噶爾見阿奇木伯克	
喀什噶爾	二等台吉伊什罕伯克	阿布都邁里克	守回城	城破躲被賊搜	被搶去所有財產	大兵來隨眾至漢城迎接	革去台吉、伯克
喀什噶爾	四品商伯克	托胡達		城破被綑	被綑在滾達房，賊要求隨往科科熱依瓦特	有病未隨，出城捉賊八人	被脅於收復回城搜獲餘匪多名自應稍從末減,應先行撤任革去伯克

地　　區	伯克	姓名	戰時職責	被捉原因	遭　　遇	逃回方式	奏請恩施/處分
喀什噶爾	五品伯克	阿布拉		城破被綑	送至禁瑪特交帕提沙普	求巴達克山回人那瓦特領回家藏七十日	被脅於收復回城搜獲餘匪多名自應稍從末減,應先行撤任革去伯克
喀什噶爾	六品伯克	愛孜雅爾	帶回兵守圖舒克塔什卡倫,派阿爾圖什	押賊入城,派往阿爾圖什途遇賊	在回城被圍十二天破城被搜出押圈近四十天	帶往葉爾途中逃躲在草湖裡,大兵來會同伯克迎接	
喀什噶爾	六品海孜伯克	呢雅斯	守回城	城破躲地窖40天	被賊押圈在滾達房	賊跑被放,與空頂回人抓賊二人	被脅於收復回城搜獲餘匪多名自應稍從末減,應先行撤任革去伯克
喀什噶爾	六品伯克	愛里	帶50名回兵在卡倫狼奎堵禦及守回城	城破被捉	東西全被賊目毛拉邁買底拿走被綑押在房,賊要求隨往科科熱依瓦特未隨	偷跑回來	
喀什噶爾	六品伯克	愛散	往岳卜勒莊查事	回城破躲葉爾羌奎里鐵列木灘六天被捉	送喀什噶爾交毛拉愛里木帶去葉爾羌與官兵打戰,	將馬、衣送賊逃回	
喀什噶爾	六品都管伯克	入則	守回城	城破被捉	先送牙和普管押,往葉爾羌	逃入回人家中躲藏	

地　　　區	伯　克	姓名	戰時職責	被捉原因	遭　　　遇	逃回方式	奏請恩施/處分
喀什噶爾	六品阿奇木伯克	毛拉愛里木	帶回兵二百人在烏帕爾堵禦,被吊入回城與賊戰	城破被捉	被帶往罕愛里克莊	途中逃,回城迎大兵	
喀什噶爾	六品密拉普伯克	阿布都烏普爾	守回城	城破被捉	帶往葉爾羌賊要求一起作戰	逃走至霍爾罕莊邁哈斯木家藏待大兵進回城	
喀什噶爾	六品密拉普伯克	業密斯頂		城破被捉	被押十多天,家中財物被搶	與都管伯克入則逃藏托胡達家	
喀什噶爾	六品海孜伯克	毛拉巴依	守回城	城破被捉	關奈嗎特房,幾十天,押往葉爾羌	途中逃跑	
喀什噶爾	六品伯克	孜爾	守回城	城破躲回人家被捉	押關奈嗎特房五十多天,錢財衣物被搶	大兵到賊跑	
喀什噶爾	六品伯克	邁買提帕拉特	守回城	城破被捉	押關奈嗎特房四十多天,帶往罕愛里克莊	大兵到賊跑	
喀什噶爾	六品密拉普伯克	業密斯頂	守回城	城破被捉	押關賊頭薩賴房七天,轉押安集延奈嗎特六天	大兵到賊跑	
喀什噶爾	六品伯克	土底	帶回兵守依斯里克卡倫	城破被捉	被押六十多天,賊往葉爾羌	趁空逃走	
喀什噶爾	六品明伯克	賽頂	帶回兵五十抬礮八尊在玉都克巴什堵禦	回城破被捉	被賊押至滾達房	因病被放	

地　　區	伯克	姓名	戰時職責	被捉原因	遭　　　遇	逃回方式	奏請恩施／處分
喀什噶爾	七品明伯克	邁買底明	守回城	回城破被捉	被押	趁空逃入鎖蘆克山五十多天大兵來回城	
喀什噶爾	七品明伯克	哈拉	守回城	回城破被捉	被押二十多天	押帶至罕愛里克莊逃回	
喀什噶爾	七品明伯克	愛瑪爾	被吊入回城與賊戰守回城	回城破回人家藏被捉	押管十二天	押往葉爾羌途中逃	
喀什噶爾	七品明伯克	阿布都拉	守回城	回城破躲親戚家被捉	押關滾達房二十五天	大兵來賊走	
喀什噶爾	七品明伯克	阿布都拉	被吊入回城與賊戰守回城	回城破被捉	押關滾達房五十多天	大兵來賊走	
喀什噶爾	七品明伯克	密滿			押幾十天	押往葉爾羌途中逃	
喀什噶爾	七品明伯克	依斯瑪依	守回城	城破被捉	押五十幾天	押往葉爾羌途中逃	
喀什噶爾	七品明伯克	托古打	帶回兵前往伯什柯勒木，守回城	會寫滿洲字被追緝城破被捉	押幾十幾天	押往葉爾羌途中逃	
喀什噶爾	七品明伯克	雅得干爾	守回城	城破被捉	挐至奈嗎特處關二十多天	押往葉爾羌途中逃	
喀什噶爾	七品明伯克	巴海	守回城	城破被捉	挐至奈嗎特處關二十七天	押往葉爾羌途中逃	
喀什噶爾	七品明伯克	阿布都拉依木	守回城	城破藏加帕爾家被捉	挐至雅霍普處關五十多天	押往葉爾羌途中有病回	
喀什噶爾	七品明伯克	阿布都爾滿	帶回兵在圖舒克塔什卡倫，守回城	城破躲吐爾底家被捉	出城在鴉布纏庫吐魯克家藏三十一天，跑通古魯莊玉素普定藏三十三天	大兵來，帶回人數百人遇賊六十多人打一仗，捉一賊送大營	

資料來源：陣亡部分，《軍機處‧月摺包》，文獻編號第 080335 號，
2749 箱，道光二十七年十一月二十日，奕山奏；其餘部分
《軍機處‧月摺包》，文獻編號第 079709 號，2749 箱，供
單；《軍機處‧月摺包》，文獻編號第 079710 號，2749 箱，
供單；《軍機處‧月摺包》，文獻編號第 079857 號，2749
箱，道光二十七年十月二十四日，奕山奏；《軍機處‧月摺
包》，文獻編號第 079703 號，2749 箱，道光二十七年十一
月十七日，奕山奏。

伊犁將軍扎拉芬泰曾在咸豐八年（1858）四月，奏請略寬伯
克避賊之咎，以彌後患，希冀以此為去年倭里罕入侵遭到夥脅的
伯克法外施恩，文宗亦認為扎拉芬泰所慮周密。[335]

同治三年（1864），受陝甘回民事件影響，新疆漢回在各地
起事，庫車辦事大臣及阿奇木伯克、伊什罕伯克皆已被殺，庫車
回部郡王愛瑪特於同治三年（1864）五月初一日，在庫車城被滋
事者所執而不屈，監禁三日後旋即被戕害。光緒四年（1878）劉
錦棠於喀什噶爾行營採訪調查，回疆西四城歷年殉難官員及各阿
奇木伯克，喀什噶爾阿奇木伯克阿美提（阿密特）才向其稟稱祖
父愛瑪特的遭遇，並由左宗棠報卹賞銀一千一百兩，張曜再於喀
什噶爾、英吉沙爾善後總局，將愛瑪特之子阿美提（阿密特）之
年歲、樣貌、籍貫及宗圖、親供甘結蓋印，轉咨奏呈是否可以請
襲世爵。[336]可知亂事起時，伯克、回部王公等，皆成為滋事者執
殺的對象。

同治三年（1864）七月，伊犁將軍常清在烏魯木齊漢城失守，
滿城被圍，由北路發兵趕赴救援，阿克蘇及烏什亦有亂事，惟當

---

[335]《奏摺檔》，文獻編號第 305000462 號，頁 5-10，咸豐八年四月，札拉芬泰奏。
[336]奏摺為阿美提應是阿密特漢譯字不同，《軍機處‧月摺包》，文獻編號第 122964
號，2735 箱，光緒八年四月十五日，欽差大臣督辦新疆軍務通政使二等男劉
錦棠奏；《軍機處‧月摺包》，文獻編號第 125889 號，2722 箱，光緒十年三
月二十一日，劉錦棠奏。

時葉爾羌尚在回疆參贊大臣奎棟的掌握中，為安回眾，伊犁將軍常清必須透過伯克的系統指揮各項事務，由回務處書寫回字諭帖，交由吐魯番回部郡王阿克拉依都及各城阿奇木伯克及大小阿渾、外國貿易商人，盼能安撫所轄之回眾，曉以大義，協助官兵抗敵，不與同為伊斯蘭教的漢回起釁。[337]哈密漢回在八月二十九日夜間變亂放火，也是仰賴哈密回部親王伯錫爾率領一千五百名回兵及官兵，一同殄滅。[338]伯錫爾為了保衛哈密，在被滋事者執殺前，曾於同治五年（1866）八月間，自備鐵觔工價及口糧，呈請巴里坤總兵轉飭陳升恒，捐造捨抬礮四十桿。[339]由此可知，伯克及回部郡王在新疆各城守護、安撫及犧牲奉獻之功。

至於入侵的滋事者，捉捕伯克之因，可歸納為四個因素：一伯克多為黑山派回人擔任，當白山派後裔欲返回疆重新取得政權，黑山派伯克自然成為主要的殺伐對象；二伯克是帶領守城之人，伯克被捉，可影響民心向背及士氣；三伯克識字或懂滿文，可用來作文書工作，也可防止與清軍大營遞訊；四伯克在民族社會中是為官者，經濟能力較好，有利於索取財物。

一般而言，伯克若是被脅隨賊後，趁機逃回，大臣多以未便輕縱，先行撤任革職，奏請聖裁，如果被脅入夥，則是依充軍例上酌量減一等，擬以杖責一百，實徒三年不等之刑。[340]皇帝有時即予以革職，但有時考量軍務吃緊，戰事持續，急需用人，就予

---

[337] 《軍機處・月摺包》，文獻編號第 098705 號，2742 箱，同治三年七月二十五日，常清奏。

[338] 《軍機處・月摺包》，文獻編號第 099940 號，2742 箱，同治三年十月初四日，恩麟奏。

[339] 《月摺檔》，文獻編號第 603000523 號，頁 110-112，同治九年正月十二日，文麟奏。

[340] 《軍機處・月摺包》，文獻編號第 079857 號，2749 箱，道光二十七年十月二十四日，奕山奏。

以寬免及留任。[341]通常在戰事平定後,伯克因陣亡、戰逃、被脅或跟從滋事者,經奏准革職後,同城伯克將大量出缺,戰功得賞進陞者就有機會補授。

4、伯克投 大營差遣

在回疆戰亂之際,伯克也有投効清軍大營者,其因有解送戰犯到營,或因所在城莊淪陷,或者在戰時主動前往大營効力,或被大臣咨調隨營當差,伯克多擔任翻譯周邊各國來函文件或作回人、外商僑民與官員溝通,協助審訊,或奉命帶領回兵作戰,以及協調回兵與大軍聯合出擊。

伯克有時需押解重要戰犯前往清軍大營,或如押解張格爾等戰俘到京城,都是戰時的重要任務。道光六年(1826)十二月,和闐伯克伊敏等糾集伯克押解拏獲的張格爾任命的和闐王子約霍普等七人,前往揚威將軍大學士長齡的大營,而返程途中才知入侵者玉努斯已占領和闐,三品阿奇木伯克呼達巴爾第及五、六、七品伯克愛孜斯等二十四人及隨帶回人有五十人,只好暫行寄留阿克蘇大營,因正值嚴冬及融雪,伯克回人等在匆促押解戰犯中,僅有隨身衣履,阿克蘇大臣長清體恤給伯克每人銀十兩,回人五兩,添製衣帽。[342]

張格爾在道光七年(1827)十二月被俘,自喀什噶爾解京時,長齡派五品伯克斯底克及六品伯克邁瑪特二人,及回人庫圖魯克、呢雅斯、托哈素皮、賽里木、阿里雅爾、薩木、約霍達斯、

---

[341] 《軍機處・月摺包》,文獻編號第 080039 號,2749 箱,道光二十七年十一月初五日,吉明奏;中國第一歷史檔案館編,《嘉慶道光兩朝上諭檔》,冊 52,頁 349-350,1045 條,道光二十七年九月十九日,內閣奉上諭。

[342] 《軍機處・月摺包》,文獻編號第 058359 號,2747 箱,道光七年閏五月二十三日,長清奏。

鄂素滿、薩底克、買瑪素皮、依布拉伊木得十一名隨行送俘。[343]阿
克蘇辦事大臣長清考慮到阿克蘇迤東，拜城及賽里木一帶回莊稠
密，除有官兵協同護送外，又飭署阿奇木伯克愛瑪特跟隨送至庫
車，再移交各城派兵接替押護。[344]道光八年（1828）五月十六日，
宣宗諭令押解張格爾等戰俘至京的伯克及回人，分別賞加升銜頂
戴，斯底克五品伯克四品頂戴，及邁瑪特（庫車郡王伊薩克次子）
六品伯克五品頂翎暫給四品頂戴，無頂帶的回人庫圖魯克分別加
給頂戴，各城若遇到相當品級的伯克出缺時，量其才能酌予升補。
[345]不過伯克在押解人犯，也有反被敵方捉捕的風險，如道光二十
七年（1847）七和卓之亂，喀什噶爾六品伯克土底帶回兵守依斯
里克卡倫，捉到了四個滋事者，與官兵押解至漢城，再出城時七
和卓之眾已到了回城，他們反而被捉。[346]

　　再者，戰時有浩罕、布魯特等入卡被俘需要審訊，或滋事者
威脅各城文書的內容翻譯，或是隨營作通事，協調回兵與軍隊聯
合作戰安排，或是善後工作時期，官方相關審訊、清查及文書驗
證等事宜，都需要伯克作翻譯。揚威將軍長齡在道光十一年（1831）
十二月浩罕入侵的善後工作相當繁重，官方需要對伯克、回眾，
或是留在回疆的外國商旅，及城莊回戶，進行各項審訊或事務洽
辦等，皆需翻譯者，伯克負責的通事工作就變得相當吃重。長齡
也為辦理相關事務者奏請獎勵，如回人三等侍衛那遜，隨同當任
通事差使，稽查城內及各回莊之回戶事務，奏請升為二等侍衛，

---

[343]《議覆檔》，文獻編號第 602000051 號，頁 34-35，道光八年五月初三日，大學
　　士曹振鏞奏；《軍機處・月摺包》，文獻編號 059992 號，2747 箱，清單。
[344]《奏摺檔》，文獻編號第 604000101 號，頁 193-194，道光八年二月，阿克蘇辦
　　事大臣長清奏。
[345]《軍機處・月摺包》，文獻編號第 058574 號，2747 箱，道光八年五月十六日，
　　內閣奉上諭；《軍機處・月摺包》，文獻編號 059992 號，2747 箱，解俘伯
　　克等清單。
[346]《軍機處・月摺包》，文獻編號第 079710 號，2749 箱，供單。

喀什噶爾通事五品頂翎和闐六品伯克素皮呢雅斯、伊犁通事五品頂翎六品伯克托克托呢雅斯、七品伯克伯克楚魯克等，當差俱屬勤奮，前二者奏請以五品遇缺升補，楚魯克則奏賞戴藍翎。[347]

道光二十七年（1847），犁參贊大臣奕山收到六百里咨文，立刻帶兵支援英吉沙爾及喀什噶爾二城，所帶回人通事不敷委用，九月時，喀喇沙爾辦事大臣於是派所屬之布古爾伊什罕伯克邁瑪特前往，隨營聽候差遣。[348]十月至阿克蘇時，其所帶伯克回人通事等，又不敷差用，於是咨調拜城阿奇木伯克阿布都拉隨營聽差，其缺另揀派伯克署理。[349]喀什噶爾排斯壩特（派蘇巴特）七品明伯克伊布拉伊木及帕拉提因戰亂出逃，分別被葉爾羌及烏什官兵捉到，各自交由該城的阿奇木伯克審訊，阿奇木伯克亦將諭帖及供詞加以翻譯，與人犯一併交由回疆參贊大臣奕山處理。[350]

伯克在主動投效大營，若有好的表現，也很容易獲得賞識，不過確實需要較多的膽識及應變的能力。道光六年（1826），張格爾事件中，阿克蘇辦事大臣長清在奏摺中曾稱讚庫車沙雅爾阿奇木伯克伊薩克，他在張格爾事件中，自募回兵三百人，報效於軍營，揚威將軍長齡知他辦事能力好，要他跟隨長清作戰。阿奇木伯克到了阿克蘇之後，長清曾上奏讚賞伊薩克，言其不辭辛勞，認真出力，耳目甚寬，因而有能力搜獲各處零散逃竄的滋事者三十多人。當伊薩克面對由喀什噶爾撤退，已失馬匹，又手無寸鐵的索倫、錫伯等官兵六百多人，他即刻將其帶領回兵的馬匹、鎗

---

[347]《外紀檔》，文獻編號第 303000078 號，頁 495，道光十一年十二月二十七日，長齡等奏。

[348]《外紀檔》，文獻編號第 303000192 號，頁 77-78，道光二十七年九月十六日，舒精阿奏。

[349]《外紀檔》，文獻編號第 303000193 號，頁 28-30，道光二十七年十月初六日，札拉芬泰奏。

[350]《外紀檔》，文獻編號第 303000196 號，頁 37-39，道光二十八年正月十三日，奕山奏。

矛相贈，宣宗因而諭賞伊薩克二品頂戴，而隨同他一起効力的庫車四品伊什罕伯克阿布拉、沙雅爾五品商伯克阿里瑪、六品海孜伯克托胡達、七品伯克塔賴八海、阿克蘇七品軍臺伯克托庫達及七品伯克阿哈毛拉，長清也一起為他們請奏恩賞加一級，更換頂戴。次年，長齡以伊薩克庫車臨時集召的三百位回兵，因未經訓練，只作防守，未派令出戰，因此酌賞銀兩撤回沙雅爾自行做防堵工作。[351]

　　當時和闐、沙雅爾、拜城、庫車、阿克蘇、喀什噶爾、葉爾羌、伊犁等城伯克，也有前往揚威將軍長齡大營投効，並隨營移動及供差遣，以《軍機處‧月摺包》獎勵隨營出力大小伯克清單為例，其工作內容：有隨營打仗、採辦糧料、搜拏餘匪、運糧、探信、遞送文報、卡外運糧、採買糧料、分撥新設各臺站當差；若依伯克品級觀察工作則各有異：五品伊什罕伯克、商伯克以隨營打仗、採辦糧料、搜拏餘匪為主，阿克蘇五品商伯克托克托呢雜爾還成為署理和闐的阿奇木伯克；六品伯克或六品頂戴回人阿克約洛以隨營打仗、運糧、探信為主，喀什噶爾地區伯克更要屢次前往阿賴探信、運糧、遞送文報；七品伯克及部分金頂回子則以搜拏餘匪、卡外運糧為要；而金頂回子無伯克品級者大多以採買糧料、分撥新設各臺站當差為主。事後也多得到大臣奏請恩賞，大多在原有伯克品級加升一品級頂戴花翎、藍翎的獎勵，亦有伯克不幸身亡，如隨營卡外打仗陣亡、道光六年（1826）隨營在阿爾土（圖）什打仗陣亡、派作信探被戕，或者和闐伯克拏送約霍普被玉努斯戕害、奉派與黑帽回人擒張格爾查知被害，奏請所得之功賞則給其子；而當各地被克復時，長齡即酌賞每位伯克一匹馬，並派員沿途滾運糧食，按站支給鹽糧，護送伯克回到和闐及

351 《軍機處‧月摺包》，文獻編號第 061791 號，2749 箱，長清奏；《軍機處‧月摺包》，文獻編號第 058243 號，2747 箱，道光七年正月初九日，長清奏。

葉爾羌等處安業。[352]請見表 10-17 張格爾事件獎勵隨營出力及陣亡各城大小伯克表。

表 10-17 張格爾事件獎勵隨營出力及陣亡各城大小伯克表

功　　　　　績	城　屬	頂戴品級	伯克品級	姓名	恩賞	賞捐軀者子姓名
隨營打仗、採辦糧料、搜拏餘匪	沙雅爾	四品頂戴	五品商伯克	阿里滿	戴花翎	
隨營打仗、採辦糧料、搜拏餘匪	沙雅爾	五品頂戴	六品海子伯克	托胡塔	戴花翎	
隨營打仗、採辦糧料、搜拏餘匪	和闐	四品頂戴	署和闐阿奇木伯克阿克蘇五品商伯克	托克托呢雜爾	戴花翎	
隨營打仗、採辦糧料、搜拏餘匪	拜城	四品頂戴	五品伊什罕伯克	邁瑪第敏（阿克蘇霍集斯家族）	戴花翎	
隨營打仗、採辦糧料、搜拏餘匪	庫車		五品商伯克	斯底克	戴花翎	
隨營打仗、運糧、探信	阿克蘇		六品伯克	玉素普	五品頂戴花翎	
隨營打仗、運糧、探信	阿克蘇	六品頂戴		回人阿克約洛	五品頂戴花翎	
隨營打仗、運糧、探信	英吉沙爾		六品伯克	阿布都瓦依特	五品頂戴花翎	
隨營打仗、運糧、探信	庫車	六品頂戴		回人阿克莫洛	五品頂戴花翎	
隨營打仗、運糧、探信	庫車	六品頂戴		回人阿那雅特	五品頂戴花翎	
隨營打仗、運糧、探信	喀什噶爾		六品伯克	海斯木	五品頂戴花翎	
隨營打仗、運糧、探信	喀什噶爾		六品伯克	胡爾板	五品頂戴花翎	
屢次前往阿賴探信、運糧、遞送文報	喀什噶爾		六品伯克	愛散	五品頂戴藍翎	

---

[352]《軍機處・月摺包》，文獻編號第 057098 號，2747 箱，隨營出力大小伯克清單；《軍機處・月摺包》，文獻編號第 058359 號，2747 箱，道光七年閏五月二十三日，長清奏。

功　　　　　績	城　　屬	頂戴品級	伯克品級	姓名	恩賞	賞捐軀者子姓名
屢次前往阿賴探信、運糧、遞送文報	喀什噶爾		六品伯克	邁瑪特	五品頂戴藍翎	
屢次前往阿賴探信、運糧、遞送文報	喀什噶爾		六品伯克	沙依特	五品頂戴藍翎	
搜拏餘匪、卡外運糧	伊犁		七品伯克	托克托呢雅斯	戴藍翎	
搜拏餘匪、卡外運糧	阿克蘇	五品頂戴	七品伯克	薩木薩克	戴藍翎	
搜拏餘匪、卡外運糧	阿克蘇	六品頂戴	七品伯克	邁瑪底敏	戴藍翎	
搜拏餘匪、卡外運糧	阿克蘇	六品頂戴	七品伯克	庫圖魯克	戴藍翎	
搜拏餘匪、卡外運糧	阿克蘇	六品頂戴	七品伯克	薩木薩克	戴藍翎	
搜拏餘匪、卡外運糧	阿克蘇	六品頂戴	七品伯克	帕提特	戴藍翎	
搜拏餘匪、卡外運糧	庫車	六品頂戴	七品伯克	阿布都里木	戴藍翎	
搜拏餘匪、卡外運糧	喀什噶爾		七品伯克	雅胡普	戴藍翎	
搜拏餘匪、卡外運糧	喀什噶爾		七品伯克	胡達巴爾底	戴藍翎	
搜拏餘匪、卡外運糧	喀什噶爾		七品伯克	薩底克	戴藍翎	
搜拏餘匪、卡外運糧	喀什噶爾		七品伯克	依斯瑪依爾	戴藍翎	
搜拏餘匪、卡外運糧	喀什噶爾		七品伯克	約和卜	戴藍翎	
搜拏餘匪、卡外運糧	喀什噶爾		七品伯克	阿布都克里木	戴藍翎	
搜拏餘匪、卡外運糧	喀什噶爾		七品伯克	阿布都爾札克	戴藍翎	
搜拏餘匪、卡外運糧	喀什噶爾		七品伯克	阿底沙爾	戴藍翎	
搜拏餘匪、卡外運糧	喀什噶爾		七品伯克	阿布都拉	戴藍翎	
搜拏餘匪、卡外運糧	伊犁	金頂回子		薩提	戴藍翎	
搜拏餘匪、卡外運糧	庫車	金頂回子		邁瑪達里	戴藍翎	
搜拏餘匪、卡外運糧	庫車	金頂回子		依敏	戴藍翎	
搜拏餘匪、卡外運糧	庫車	金頂回子		他賴	戴藍翎	
搜拏餘匪、卡外運糧	庫車	金頂回子		斯底克	戴藍翎	
搜拏餘匪、卡外運糧	庫車	金頂回子		伊邁瑪特	戴藍翎	
搜拏餘匪、卡外運糧	庫車	金頂回子		依斯瑪依爾	戴藍翎	
搜拏餘匪、卡外運糧	庫車	金頂回子		薩木薩克	戴藍翎	
搜拏餘匪、卡外運糧	庫車	金頂回子		托克塔	戴藍翎	
搜拏餘匪、卡外運糧	阿克蘇	金頂回子		伊布拉依木	戴藍翎	

功　　　績	城　屬	頂戴品級	伯克品級	姓名	恩賞	賞捐軀者子姓名
搜挐餘匪、卡外運糧	阿克蘇	金頂回子		買瑪特阿布都拉	戴藍翎	
搜挐餘匪、卡外運糧	土魯番	金頂回子		阿布都拉孜斯	戴藍翎	
採買糧料、分撥新設各臺站當差	阿克蘇	金頂回子		庫圖魯克	六品頂戴	
採買糧料、分撥新設各臺站當差	阿克蘇	金頂回子		土遜	六品頂戴	
採買糧料、分撥新設各臺站當差	阿克蘇	金頂回子		雅和普	六品頂戴	
採買糧料、分撥新設各臺站當差	阿克蘇	金頂回子		庫爾板	六品頂戴	
採買糧料、分撥新設各臺站當差	庫車	金頂回子		愛散素皮	六品頂戴	
採買糧料、分撥新設各臺站當差	庫車	金頂回子		薩圖峇	六品頂戴	
採買糧料、分撥新設各臺站當差	庫車	金頂回子		斯底克	六品頂戴	
採買糧料、分撥新設各臺站當差	庫車	金頂回子		伊斯拉木	六品頂戴	
採買糧料、分撥新設各臺站當差	庫車	金頂回子		素皮	六品頂戴	
採買糧料、分撥新設各臺站當差	喀什噶爾	金頂回子		莫洛巴依瑪爾	六品頂戴	
採買糧料、分撥新設各臺站當差	喀什噶爾	金頂回子		奈及密頂	六品頂戴	
採買糧料、分撥新設各臺站當差	喀什噶爾	金頂回子		阿布都哈里克	六品頂戴	
採買糧料、分撥新設各臺站當差	喀什噶爾	金頂回子		沙木斯頂	六品頂戴	
採買糧料、分撥新設各臺站當差	喀什噶爾	金頂回子		玉素普	六品頂戴	
採買糧料、分撥新設各臺站當差	喀什噶爾	金頂回子		阿布都拉	六品頂戴	
採買糧料、分撥新設各臺站當差	喀什噶爾	金頂回子		伯占	六品頂戴	

功　　　　　績	城　屬	頂戴品級	伯克品級	姓名	恩賞	賞捐軀者子姓名
採買糧料、分撥新設各臺站當差	喀什噶爾	金頂回子		買瑪特熱依木	六品頂戴	
採買糧料、分撥新設各臺站當差	喀什噶爾	金頂回子		巴柯依	六品頂戴	
採買糧料、分撥新設各臺站當差	喀什噶爾	金頂回子		柯巴克	六品頂戴	
採買糧料、分撥新設各臺站當差	喀什噶爾	金頂回子		愛畢普	六品頂戴	
隨營卡外打仗陣亡	喀什噶爾		五品伯克	瑪哈素特	五品頂戴花翎	阿布都哈里克
道光六年隨營在阿爾土什打仗陣亡	喀什噶爾		五品伯克	依斯瑪依爾	五品頂戴花翎	邁瑪第
派作信探被戕	喀什噶爾		五品伯克	依布拉依木	五品頂戴花翎	雅達噶爾
道光六年守城被害	喀什噶爾		五品伯克	巴柯依	五品頂戴花翎	阿布都里什特
奉派與黑帽回擒張格爾匪知被害	喀什噶爾		六品伯克	推列克	五品頂戴花翎	依斯瑪依爾
奉派與黑帽回擒張格爾匪知被害	喀什噶爾		六品伯克	莫洛皮素	五品頂戴花翎	土爾第
奉派與黑帽回擒張格爾匪知被害	喀什噶爾		六品伯克	阿瓦斯	五品頂戴花翎	依斯瑪依爾
奉派與黑帽回擒張格爾匪知被害	喀什噶爾		六品伯克	呢牙斯	五品頂戴花翎	邁瑪斯底克
道光六年守城被害	葉爾羌		四品伯克	西里普	五品頂戴花翎	邁瑪斯底克
拏送約霍普被玉努斯戕害	和闐	五品頂翎		阿拉瑪斯	五品頂戴花翎	鄂斯滿
以上十名死亡伯克請照嘉慶二十五年(1820)張格爾進卡滋事，阿爾土什六品阿奇木伯克阿布都拉滿被擒，不屈捐軀，宣宗恩賞該伯克之子魯皮拉五品頂戴花翎						
道光六年守城被害	伊犁		七品伯克	怕塔爾	六品頂戴藍翎	阿布都哈爾
道光六年守城被害	喀什噶爾		七品伯克	素皮呢牙斯	六品頂戴藍翎	邁瑪提玉素普
道光六年守城被害	喀什噶爾		七品伯克	阿布都加巴爾	六品頂戴藍翎	推列克

功　　　績	城　　屬	頂戴品級	伯克品級	姓名	恩賞	賞捐軀者子姓名
道光六年守城被害	喀什噶爾		七品伯克	玉素普	六品頂戴藍翎	伊斯瑪依爾
拏送約霍普被玉努斯戕害	和闐		七品伯克	沙木沙	六品頂戴藍翎	約和卜
道光六年守城被害	和闐		七品伯克	阿布都拉	六品頂戴藍翎	邁瑪特若依木
以上六名查各該回人之父俱係七品伯克，請援照前案懇恩均賞六品頂戴藍翎						
拏送約霍普被玉努斯戕害	和闐			阿渾和卓	六品頂戴	則里克雅
該回人請援照阿渾穆圖巴拉之案懇恩賞給六品頂戴						

資料來源：《軍機處・月摺包》，文獻編號第 057098 號，2747 箱，隨營出力大小伯克清單。

　　有許多伯克因為在營當差，加上後來的表現，而得以在伯克品級上一路晉升。喀什噶爾回人托胡達當時也在入侵者滋事時，努力當差，受到烏什辦事大臣常德等的保奏准予賞換六品頂戴。他持續在軍營當差，表現出色，道光十二年（1832），受到揚威將軍長齡的保奏得賞戴藍翎，同年由回疆參贊大臣璧昌奏補他烏什額設的金頂，至道光十五年（1835）咨補為烏什七品巴吉格爾伯克，在道光二十年（1840）又回疆參贊大臣思特亨額賞識，咨補為六品噶雜納齊伯克，道光二十七年（1847），七和卓之亂他隨同阿奇木伯克備辦烏拉馬，並派往要隘防堵有功，經烏什辦事大臣鍾翔保奏得賞換五品頂戴，咸豐元年（1851），葉爾羌五品柯呼克雅喇伯克出缺揀員擬正陪陞補時，因為托胡達隨營當差勇敢任事，被葉爾羌參贊大臣德齡列為正選名單上奏。[353]

---

[353] 《宮中檔咸豐朝奏摺》，文獻編號第 406001574 號，2709 箱，咸豐元年十一月二十二日，德齡奏；《軍機處・月摺包》，文獻編號第 182711 號，2780 箱，咸豐元年十一月二十二日，履歷清單。此件應為《軍機處・月摺包》，文獻編號第 182710 號的附件清單，182710 號是 406001574 號的錄副，二件內容相同。

　　道光十三年（1833），和闐、喀什噶爾各城有應陞與應調之
五品伯克缺，葉爾羌參贊大臣長清在奏摺及提名的清單中，列出
伊敏被調任為和闐五品噶雜納齊伯克，因為他在張格爾之亂捉獲
其中為首的雅和普，額斯滿陞和闐哈拉哈什莊伯克，也同樣是捉
獲另一個為首的滋事者玉努斯，阿布都拉愛孜斯陞喀什噶爾河色
爾布依莊五品阿奇木伯克，亦是捉到滋事者之一的呢雅斯。[354]

　　道光二十八年（1848）正月，葉爾羌所屬密沙爾莊五品喀喇
都管伯克出缺，吉明提名正陪二名，其中約洛達是葉爾羌額設金
頂，於道光十年（1830）浩罕入侵滋事隨營打仗，給予六品頂戴，
道光十八年（1838）年，成為鄂普爾莊六品鄂爾沁伯克，道光二
十六年（1846），布魯特滋事，帶兵出卡緝賊，賞戴五品頂花翎，
道光二十七年（1847），又帶兵前往奎里鐵列莊，協同官兵打仗
出力，經奏准遇有五品伯克缺儘先補用，宣宗以其戰功表現而以
硃圈擇定他任職。[355]在張格爾事件後，回疆戰亂較多，凡是立有
戰功者或隨營效力的資歷，就成了清廷考量伯克進陞的重要資
歷，畢竟邊城伯克若皆為有勇有謀，國家安全才可多份保障。

　　若新疆各地方大臣前來支援回疆戰事，就更需要向各城咨調
伯克支援。道光二十七年（1847）七月，阿里瑪斯玉素普和卓之
子布孜爾罕等十一人聯結卡內外各回莊，葉爾羌參贊大臣吉明於
七月二十七日接獲英吉沙爾大臣德齡據阿奇木伯克稟報，布孜爾
罕將圍攻英吉沙爾，吉明以官兵一千人要面對入侵的六七千人，

---

[354] 《軍機處‧月摺包》，文獻編號第 064299 號，2760 箱，道光十三年六月十四
日，長清奏；《軍機處‧月摺包》，文獻編號第 064308 號，2760 箱，道光十
二年六月初四日，應陞應調伯克清單。此件為《軍機處‧月摺包》，文獻編號
第 064299 號的附件清單。

[355] 《軍機處‧月摺包》，文獻編號第 081233 號，2749 箱，道光二十八年正月二
十二日，吉明奏；《軍機處‧月摺包》，文獻編號第 081232 號，2749 箱，伯
克履歷清單。

實難抵擋，因此飛催伊犁派兵支援。[356]奕山由伊犁率兵前來平定
七和卓之亂，抵達阿克蘇時，先後咨調拜城阿奇木伯克阿布都拉、
阿克蘇五品伯克頭等台吉阿密（米）特（庫車郡王伊薩克之孫）
跟隨前往，阿克蘇辦事大臣扎拉芬泰即上奏備案。同樣的，當烏
魯木齊提督成玉來到阿克蘇後，也以軍營有需要伯克之由，將賽
里木四品伯克沙木斯、五品伯克邁瑪特塔塔里、七品伯克巴海三
人帶往大營差遣。[357]同年十一月，奕山為在營出力的伯克回人奏
請獎勵，他們在剿辦喀什噶爾、英吉沙爾二城七和卓時，與官兵
一起以五千之師抗抵二萬入侵之眾，以及解英吉沙爾之圍有英勇
表現，在獎勵中，阿克蘇五品噶襟那奇伯克頭品台吉阿米特，直
接躍升以三品阿奇木伯克儘先升用，阿克蘇空藍翎土爾底及拜城
六品頂戴伊斯瑪依勒以其在營之功，奏請以七品伯克缺出陞任，
宣宗則諭准以七品伯克升用，二人由此進入伯克之列，而在營伯
克有來自伊犁、阿克蘇、葉爾羌、拜城、和闐、庫車及賽里木等
各城前來支援，品級最高為四品伯克二位，其他多以五至七品，
甚至只有頂戴而未有伯克品級者，而宣宗亦給與伯克之位，或是
以賞帶藍翎之榮作為鼓勵。[358]請見表 10-18 道光二十七年（1847）
十一月奕山奏准在營出力伯克獎勵表。

　　道光二十八年（1848）三月，奕山再奏准喀什噶爾軍營有功

---

[356]《宮中檔道光朝奏摺》，文獻編號第 405010704 號，2731 箱，道光二十七年八
月初一日，吉明、舒興阿奏；《宮中檔道光朝奏摺》，文獻編號第 405010757
號，2731 箱，道光二十七年八月初八日，吉明、舒興阿奏。

[357]《外紀檔》，文獻編號第 303000193 號，頁 87，道光二十七年八月十月十八日，
扎拉芬泰奏；《軍機處‧月摺包》，文獻編號第 079341 號，2749 箱，道光二
十七年八月十月十八日，扎拉芬泰等奏。

[358]此二件檔案依該資料庫排比對照，應是伊犁參贊奕山在道光二十七年十一月時
所奏，《軍機處‧月摺包》，文獻編號第 079865 號，2749 箱，出力大小伯克
清單，奕山奏；《軍機處‧月摺包》，文獻編號第 079866 號，2749 箱，出力
大小伯克清單，奕山奏。

伯克，如布古爾四品伊什罕伯克二等台吉邁瑪特即因查抄叛產及在營有功，而被奏准以三品伯克儘先升用。[359]其伯克名單請見表10-19道光二十八年（1848）三月喀什噶爾軍營有功伯克名單表。

表 10-18 道光二十七年（1847）十一月奕山奏准
在營出力伯克獎勵表

地 區	品級職稱	名 字	功 賞	上諭准賞
伊犁	五品商伯克	魯則	賞戴花翎	賞戴花翎
伊犁	六品密拉普伯克	愛瑪特	以五品商伯克照例陞用	以五品商伯克照例升用
伊犁＊	六品密拉普伯克	托克托買瑪特	賞五品頂翎	賞加五品頂翎
阿克蘇	五品噶襟那奇伯克頭品台吉	阿米特	以三品阿奇木伯克缺出儘先補用	以三品阿奇木伯克儘先升用
阿克蘇	五品商伯克花翎	他特里克	賞四品頂戴	賞加四品頂帶
阿克蘇	六品頂戴	入則	賞五品頂戴花翎	賞五品頂戴花翎
阿克蘇	七品伯克軍功藍翎	巴海	賞五品頂戴花翎	賞五品頂戴花翎
阿克蘇	七品金頂回子	烏舒爾	賞戴藍翎	賞戴藍翎
阿克蘇	七品金頂回子	呢雅斯	賞戴藍翎	賞戴藍翎
阿克蘇	七品金頂回子	邁邁特	賞戴藍翎	賞戴藍翎
阿克蘇	七品軍功	沙木薩克	賞戴藍翎	賞戴藍翎
阿克蘇	空藍翎	土爾底	以七品伯克缺出陞用	以七品伯克升用
阿克蘇＊	回人	愛里雅爾	賞戴藍翎	賞戴藍翎
阿克蘇＊	回人	烏舒爾瑪特	賞戴藍翎	賞戴藍翎
阿克蘇＊	回人	賽里木	賞戴藍翎	賞戴藍翎
阿克蘇＊	回人	愛薩	賞戴藍翎	賞戴藍翎

---

[359] 《軍機處‧月摺包》，文獻編號第 081406 號，2749 箱，清單，為《軍機處‧月摺包》，文獻編號第 081405 號的附件，道光二十八年二月初六日，奕山奏；中國第一歷史檔案館編，《嘉慶道光兩朝上諭檔》，冊53，頁94-96，281條，道光二十八年三月初七日，內閣奉上諭。

地 區	品 級 職 稱	名 字	功 賞	上 諭 准 賞
阿克蘇*	回人	依斯瑪依爾	賞戴藍翎	賞戴藍翎
葉爾羌	三品頂翎四品商伯克	伊布拉依木	以三品阿奇木伯克缺出儘先補用	以三品阿奇木伯克升用
葉爾羌*	世襲貝子	買瑪特愛薩	賞戴花翎	賞戴花翎
葉爾羌*	密拉普伯克	庫爾班	以四品伯克缺出儘先補用	俟四品伯克缺出儘先補用
葉爾羌*	六品頂戴回人	奴爾敦	賞戴藍翎	賞戴藍翎
拜城	四品阿奇木伯克	阿布都拉	賞三品頂戴	賞加三品頂帶
拜城	六品頂戴	伊斯瑪依勒	以七品伯克缺出陞用	以七品伯克升用
拜城*	七品明伯克	入孜瑪特	賞戴藍翎	賞戴藍翎
和闐	七品頂戴	塔依爾	賞戴藍翎	賞戴藍翎
和闐	七品莫提素普伯克	托胡塔爾	賞戴藍翎	賞戴藍翎
和闐*	回人	入斯塔木	賞戴藍翎	賞戴藍翎
和闐*	回人	阿斯木土拉	賞戴藍翎	賞戴藍翎
庫車	五品噶襟那奇伯克	玉素普	以四品缺陞用	俟四品缺出升用
庫車	七品都管伯克	塔賴	以六品伯克缺陞用	以六品伯克升用
賽里木*	現戴花翎四品伊什罕伯克	鮮密斯頂	賞三品頂戴	賞三品頂帶

資料來源：*標誌為《軍機處・月摺包》，文獻編號第 079865 號，2749 箱，為英吉沙解圍出力大小伯克清單，奕山奏；《軍機處・月摺包》，文獻編號第 079866 號，2749 箱，剿辦喀什噶爾英吉沙爾二城五千之師抵二萬賊出力大小伯克清單，奕山奏；中國第一歷史檔案館編，《嘉慶道光兩朝上諭檔》，冊 52，頁 441-443，1271 條，道光二十七年十一月十二日，內閣奉上諭；《嘉慶道光兩朝上諭檔》，冊 52，頁 465-468，1321 條，道光二十七年十一月二十一日，內閣奉上諭。

表 10-19 道光二十八年（1848）三月喀什噶爾
軍營有功伯克名單表

所 屬 城	品 級 職 稱	名 字	奏 准 升 賞
伊犁	軍功藍翎六品密拉普伯克	管瑪特	以五品噶雜納齊伯克缺出儘先升用並賞花翎
拜城	三品頂翎四品阿奇木伯克	阿布都拉	以三品伯克缺出儘先升用
阿克蘇	五品商伯克	塔特里克	以四品伯克缺儘先升用
阿克蘇	藍翎	呢雅斯	賞五品頂帶
阿克蘇	六品頂帶	瓦依斯	賞藍翎
阿克蘇	六品頂帶	玉素普	賞藍翎
阿克蘇	空金頂	托克托	賞藍翎
阿克蘇	空金頂	呢雅斯	賞藍翎
阿克蘇	空金頂	依斯瑪依爾	賞藍翎
阿克蘇	空金頂	塔依爾	賞藍翎
阿克蘇	空金頂	岳勒達什	賞藍翎
阿克蘇	七品伯克	愛里雅爾	賞藍翎
庫車	五品頂翎護衛	雅霍普	賞藍翎
庫車	六品頂帶回人	哈底爾	賞藍翎
喀什噶爾	七品明伯克	巴海	賞藍翎
喀什噶爾	六品頂帶	阿渾	賞藍翎
喀什噶爾	金頂	胡達拜爾	賞藍翎
喀什噶爾	金頂	伊布拉依木	賞藍翎
喀什噶爾	閒散回人	吐底	賞藍翎
和闐	軍功藍翎六品伯克	托胡達爾	賞換五品頂翎
和闐	軍功藍翎	塔依爾	賞換五品頂翎
布古爾	四品伊什罕伯克二等台吉	邁瑪特	以三品伯克儘先升用
布古爾	頭等護衛	胡吐魯克	賞戴五品頂翎
葉爾羌	三品頂翎四品商伯克	依布拉依木	以三品伯克缺出儘先升用
葉爾羌	四品頂翎五品密拉普伯克	庫爾班	賞換三品頂帶
葉爾羌	六品頂帶藍翎通事回人	阿布都克里木	賞換花翎
葉爾羌	世襲五品頂翎七品伯克	邁瑪底閔	以六品伯克缺出升用

資料來源：中國第一歷史檔案館編，《嘉慶道光兩朝上諭檔》，冊 53，頁 94-96，281 條，道光二十八年三月初七日，內閣奉上諭。

咸豐二年（1852）六月初七日，阿奇木伯克連續接獲各路探信回人報稱有倭里罕和卓，在各愛曼勾結布魯特約四百多人，欲往喀什噶爾滋事，阿奇木伯克邁瑪特在喀什噶爾辦事大臣桂齡要求下，帶伯克及回兵隨營聽候調遣，與官兵一起整合作戰，而由於追賊出卡，阿奇木伯克亦在大臣指揮下，選派伯克出卡搜尋，帶回受傷的伯克及遇害的回兵，以及在各莊嚴密搜捕拏獲賊犯。[360]十一月，理藩院咨行伊犁將軍奕山，要求將喀什噶爾辦事大臣特克星額及換防總兵桂齡查明開列之喀什噶爾夷匪入卡滋擾案在事出力伯克名單，文宗批以依議，經奕山復查無異，即上奏理藩院議敘。請見表 10-20 咸豐二年（1852）喀什噶爾剿捕夷匪出力伯克表。

表 10-20 咸豐二年（1852）喀什噶爾剿捕夷匪出力伯克表

城　　　　　名	品　秩	伯克職稱	名　　字
喀什噶爾	三	阿奇木伯克	邁瑪特
喀什噶爾回城	五	哈資伯克	霍加什
喀什噶爾塔什密里克莊	五	阿奇木伯克	入則
喀什噶爾烏帕爾莊	六	阿奇木伯克	胡達巴爾底
喀什噶爾玉斯圖阿爾圖什莊	六	哈資伯克	達烏特
喀什噶爾阿斯阿爾圖什莊	七	明伯克	烏舒爾
喀什噶爾回城	七	明伯克	阿布都拉
喀什噶爾賽里滿莊	七	明伯克	帕爾吐

資料來源：《軍機處‧月摺包》，文獻編號第 087449 號，2780 箱，咸豐二年十月十一日，奕山等奏；《軍機處‧月摺包》，文獻編號第 087450 號，2780 箱，清單。

---

[360] 《奏摺檔》，文獻編號第 305000394 號，頁 52-57，咸豐二年七月，特克星額、桂齡奏。

劉錦棠在光緒三年（1877）平定托克遜後，南疆各城回人紛紛主動前來協助擔任軍營的嚮導，或隨營作戰，清軍收復的各城也交由回人頭目接手所有後勤工作，劉錦棠認為新疆自隸版圖以來，各回城皆設阿奇木伯克及伊什罕伯克等官，庫車、阿克蘇、賽里木、沙雅爾阿奇木伯克均係三品，拜城、烏什阿奇木伯克、庫車、阿克蘇伊什罕均係四品，是否可以將回目等減等，給予頂戴，且委署各城阿奇木伯克及伊什罕伯克，以資經理各項回務工作，而向左宗棠建言，左宗棠上奏建議，授予伯克五品藍翎功牌，以示獎勵，其奏摺寫道：

> 各城阿奇木伯克、伊什罕伯克等名目，纏回信之如內地回民之信阿訇，番民之服土司，不能廢也，自逆回變亂以來，安夷竊踞，幾至淪為異域，茲各城次第收復，所有辦事頭目，於採辦軍糧及偵探防守各務，均無貽誤，自應給予頂戴，暫准署理各職，以期呼應靈通，但不准仍前擅操生殺之權。[361]

由此可見，儘管左宗棠後來認為應該廢除伯克制，在重新匡復新疆之際，也主張伯克名目不能廢除，並肯定伯克在採辦軍需及防務的貢獻，且大軍仍需倚靠伯克辦理各地善後事務。

5、伯克主動出擊

不同於被動守城，伯克面對前來滋擾者，可受大臣之命或主

---

[361]《宮中檔光緒朝奏摺》，文獻編號第 408006129 號，2748 箱，光緒三年十二月十八日，欽差大臣大學士督辦新疆軍務陝甘總督一等恪靖伯加一等輕車都尉左宗棠奏。

動出擊，直接帶兵出卡追討滋事者，伯克需負責，徵調回人，捐備糧食、馬料，帶領回人作戰，偵查、用計智取，有順利完成追緝，亦有受傷被俘者，大臣依事論功奏賞，一般非伯克之回人可因戰功，爭取額設金頂、空金頂，再進陞七品伯克逐次建功，提昇自己的伯克品級及社會地位，即使因故革職的伯克亦可建戰功，豁免其罪。

喀什噶爾塔什密里克孜牙敦聯合布魯特，帶領四、五百人，於嘉慶二十年（1815）八月初三日，不但燒毀馬廠，官兵也被殺害，喀什噶爾參贊大臣成寧依滋事者佔領地之形勢，決定派布魯特蘇蘭齊帶部落人在阿賽地方堵截，以及請英吉沙爾阿奇木伯克玉素普派伯克挑一百回兵，由烏帕拉特卡倫抄近路至阿賽地方包圍截剿，阿奇木伯克率領各莊伯克陸續緝捕一百六十多名滋事者。事平之後，相關有功者和伯克多受獎勵，伯克以隨營總管回兵，或是捉獲孜牙墩之子、外甥、要犯，或是在捉獲人犯傳訊口供、辦理回兵馬料、安慰回眾等事有功，得到進陞及補缺的機會，其中四品商伯克阿布拉因在此事中出力，又逢四品伊什罕伯克阿布都瓦依斯告老請辭，獲補其缺。[362]

伯克接受大臣差遣，協同官兵剿捕，例如道光十年（1830）八月葉爾羌辦事大臣璧昌因浩罕入回莊侵擾，飭阿奇木伯克阿布都爾滿（阿克蘇郡王家族）派五品伯克皮魯斯、阿布拉等帶領回眾五百人，協同巴爾楚克千總吳宗耀所帶的兵丁防堵，阿奇木伯

---

[362]《宮中檔嘉慶朝奏摺》，文獻編號第 404019541 號，2723 箱，嘉慶二十年八月初九日，成寧、永芹奏；《宮中檔嘉慶朝奏摺》，文獻編號第 404019605 號，2723 箱，嘉慶二十年八月十八日，成寧、永芹奏；《宮中檔嘉慶朝奏摺》，文獻編號第 404019488 號，2723 箱，嘉慶二十年八月初三日，回子伯克名單；《宮中檔嘉慶朝奏摺》，文獻編號第 404019683 號附件，2723 箱，嘉慶二十年八月二十五日。

克阿布都爾滿則約定會同阿渾等，帶領五品伯克阿布都爾依、阿
布都里木、五品軍功六品伯克阿布都瓦依特等人，以及一千名回
人，於回城與漢城間的大路上防守，成功擊退浩罕的一萬多人，
過程中，兵丁僅一人陣亡，九人受傷，但回人與伯克負傷有十多
人，陣亡的則有五人。[363]回人的傷亡人數大過於官兵，保衛國土
及家園貢獻甚多。九月間，浩罕又入侵葉爾羌，其所屬舒克舒回
莊之五品阿奇木伯克薩依特即刻帶領伯克們，帶槍手回兵二百人
前往山口防堵，成功奪回被俘走的人畜，而得賞換花翎，五品花
翎伯克愛敢則得賞加四品頂帶，六品明伯克邁瑪特和色木則賞戴
藍翎，阿奇木伯克阿布都爾滿因率領回眾撫馭有方，加恩賞加頭
品頂戴及賞大緞二疋。[364]

　　道光二十五年（1845）四月，英吉沙爾有布孜爾罕結合布魯
特等滋事，葉爾羌參贊大臣飭令喀什噶爾、英吉沙爾、葉爾羌三
處阿奇木伯克密派可信者在附近詳探提拉、薩比爾占等人藏匿之
處。阿奇木伯克邁瑪特瑪哈蘇特（「蘇」亦有檔案寫「素」，吐
魯番郡王家族玉努斯子）在亂事期間，供應羊隻麵斤，又派家兵
二十多人出卡擒獲賊首，但因所屬莊潛匿滋事之人，被處以暫留
四品阿奇木伯克職，停止陞轉，而同城其他伯克仍繼續奮戰不懈，
葉爾羌參贊大臣奕經奏請獎勵，如五品伊什罕伯克薩木薩克出卡
追緝，督率回兵拏獲滋事頭目烏舒爾，殺斃滋事為首之一的捏布
爾沙，奏請賞四品花翎，以應陞之缺陞用；七品卡倫伯克阿布都

---

[363]《廷寄檔》，文獻編號第 406000190 號，頁 183-186，道光十年九月二十三日，
軍機大臣字寄；《奏摺檔》，文獻編號第 305000132 號，頁 23-29，道光十年
十月，葉爾羌辦事大臣璧昌奏；《宮中檔道光朝奏摺》，文獻編號第 405011383
號附件，2726 箱，道光十年九月二十三日，內閣奉上諭。

[364]《廷寄檔》，文獻編號第 406000191 號，頁 1-3，道光十年十月初二日，軍機大
臣字寄。

帶回兵多次出戰，拏獲為首滋事的布孜爾罕，六品明伯克邁買鐵里帶兵殺入侵者，活捉二十多人及奪獲軍械；六品密喇普伯克愛孜孜則是籌辦一切調度，三位伯克均奏賞換五品花翎。而在喀什噶爾四品雜納齊伯克密爾哈色木在索葫蘆地方殺敵，又生擒九名人犯，奏賞補三品伯克缺，其中未有頂戴或伯克職銜的閒散回人、金頂回子等，亦有因打仗出力，拏獲及殺斃賊目，而得到地方大臣奏賞品級頂翎，表彰其守衛疆土之功，亦提昇其社會地位。[365]請見表 10-21 道光二十五年（1845）五月剿辦英吉沙爾滋事餘匪有功伯克升賞名單表。宣宗除准予所請，並對察哈里克、坎帕爾兩回莊之回戶賞以紅花，要求大臣查明二莊應完賦稅數目，酌量加恩，以示鼓勵。[366]不過，這也造成次年阿奇木伯克邁瑪特瑪哈蘇特誣胡完為逆首案，因邁瑪特瑪哈蘇特恐獲罪咎，因而起意與七品明伯克邁買鐵里往拏胡完誣作賊首，經伊犁將軍布彥泰審定，刑部原照誣叛造意律擬以斬候，從量減輕擬為流放，但宣宗念其伊祖為回部郡王伊斯堪達爾，曾為國辛勞，其父玉努斯不甘從逆又遭戕害，以及上年滋事者入卡時調兵剿捕出力，此誣拏係因畏法而起，予以免罪，七品明伯克邁買鐵里亦因殺敵有功，亦予免罪。[367]可見清廷對有功郡王後裔的寬厚。

---

[365] 《軍機處·月摺包》，文獻編號第 074329 號，2752 箱，道光二十五年五月初一日，奕經、賽什雅勒泰奏；《軍機處·月摺包》，文獻編號第 074330 號，2752 箱，清單，此件係《軍機處·月摺包》，文獻編號第為 074329 號附件，道光二十五年五月初一日，奕經奏。

[366] 中國第一歷史檔案館編，《嘉慶道光兩朝上諭檔》，冊 50，頁 277-278，720 條，道光二十五年六月初五日，內閣奉上諭。

[367] 中國第一歷史檔案館編，《嘉慶道光兩朝上諭檔》，冊 51，頁 230-231，827 條，道光二十六年八月初三日，內閣奉上諭。

表 10-21 道光二十五年（1845）五月剿辦英吉沙爾
滋事餘匪有功伯克升賞名單表

功　　　　績	品級職稱	名　字	升賞獎勵
追賊出卡、督率回兵屢仗、拏軍功藍翎獲賊目烏蘇舒爾、殺斃賊目布爾沙、偵探追緝奮勉	五品伊什罕伯克	薩木薩克	賞換四品頂花翎，以應陞之缺陞用
帶回兵節次打仗，殺賊多名，拏獲首逆布孜爾罕	七品卡倫伯克	阿布都損	賞換五品頂花翎
帶兵捕賊希和奈,戈壁殺賊奪軍械,活捉賊匪二十多人	六品頂翎七品明伯克	邁買鐵里	賞換五品頂花翎
打仗出力,槍斃賊目阿瓦斯,殺傷布魯特巴圖魯蘇皮蓋,用槍打傷賊首努爾展	閑散回人	達烏頭	賞戴六品頂藍翎
打仗出力,槍斃賊目阿布都色邁提,殺賊多名	閑散回人	帕唐	賞戴六品頂藍翎
打仗出力,槍斃賊目薩賴,幫同拏獲首逆布孜爾罕	閑散回人	薩依提	賞戴六品頂藍翎
連之打仗,奮勇殺賊多名	閑散回人	黑里伯特	賞戴六品頂藍翎
打仗捕賊,幫同活捉賊匪	金頂回子	愛里木沙	賞戴六品頂藍翎
打仗出力,槍斃賊目條連什巴圖魯	空金頂回子	阿底爾	賞戴六品頂藍翎
打仗出力,槍斃賊目阿布都瓦里	空金頂回子	沙雅爾	賞戴六品頂藍翎
打仗出力,槍斃賊目米拉散	金頂回子	代韋什	賞戴六品頂藍翎
打仗出力,拏賊托捏雅斯	六品軍功金頂回子	薩賴	賞戴六品頂藍翎
卡內打仗出力,幫同拏賊托捏雅斯	額設金頂回子	阿布都舒庫爾	賞戴六品頂藍翎
呈捐接濟回兵馬匹150匹,源源接應急功向義	恩賞六品頂戴	邁買特那依爾	賞換五品花翎
幫辦籌備調度一切事宜	六品密喇昔伯克	愛孜孜	賞換五品花翎
索葫蘆克地方剿殺哈瑪哇子多名，生擒九名	喀什噶爾四品噶雜納齊伯克	密爾哈色木	三品伯克缺即行陞用
打仗出力	世襲五品頂花翎七品明伯克	索皮蓋	以應陞之缺陞用
打仗出力	七品密喇普伯克	阿拉烏頂	以應陞之缺陞用

資料來源：《軍機處·月摺包》，文獻編號第 074330 號，2752 箱，清
　　　　　單，此件係《軍機處·月摺包》，文獻編號第為 074329 號
　　　　　附件，道光二十五年五月初一日，奕經奏。

　　道光二十六年（1846），由於布魯特持續突入卡倫滋擾地方，阿奇木伯克等仍要隨時備戰及管帶失散的回眾。滋事者閏五月來擾，被擊退後，六月二十日又連續數日入侵葉爾羌、英吉沙爾，葉爾羌參贊大臣賽什雅勒泰飭阿奇木伯克伊斯瑪依爾挑精壯回兵五百赴八十里外卡倫駐箚，但因失利，又再組馬步回兵七百名，以及自願捐備口糧麵斤供軍食。由於戰亂伯克管帶的回人，亦大半散逃至別鄉莊，徵調人力之事，則由四品伯克伊布拉依木則負責，而伊什罕伯克薩木薩克也曾因出兵戰敗，受傷而被賊綁去，幸賴被脅入敵方的布魯特六品頂翎巴海求情，才得釋放。[368]

　　道光二十七年（1847）五月，葉爾羌卡外色呼庫勒所屬塔什、浩罕梯子納普兩處有滋事者，當地七品伯克帶回兵殺敵，葉爾羌參贊大臣賽什雅勒泰分二起派葉爾羌伯克帶領回兵，前往會同作戰，並諭以布魯特共同完成計誘殺為首滋事提拉，同時又派喀什噶爾伯克分別前往黑孜爾塔克擒獲限都拉，以及博洛托海拆毀巢穴，賽什雅勒泰亦因伯克及回人們的優秀表現，奏請獎賞。[369]表10-22 道光二十七年（1847）六月剿辦提拉有功伯克回人清單表。伯克在戰亂中，帶領回兵前往卡外邊區及山上，直接負責第一線的偵探情報、打仗、用計誘敵、擒捕及執行破壞，執行任務與正規軍無異。

---

[368] 《宮中檔道光朝奏摺》，文獻編號第 405009297 號，2731 箱，道光二十六年七月十八日，賽什雅勒泰、吉明奏。

[369] 《軍機處・月摺包》，文獻編號第 078342 號，2749 箱，道光二十七年六月十八日，賽什雅勒泰奏；《軍機處・月摺包》，文獻編號第 078345 號，2749 箱，有功伯克回子清單，此件是《軍機處・月摺包》，文獻編號第 078342 號之附件；《外紀檔》，文獻編號第 303000191 號，頁 18-20，道光二十七年八月初三日，賽什雅勒泰、吉明奏。

表 10-22 道光二十七年（1847）六月剿辦提拉
有功伯克回人清單表

功　　　　績	品級職稱	名　字	升賞獎勵
帶兵堵禦,搶斬賊匪多名,協同官兵打仗	色呼庫勒五品阿奇木伯克軍功花翎	卜巴什	賞給四品頂戴大緞二疋
色呼庫勒所屬塔什霍罕、梯子納普二處殺賊 11 名活抓 30 人與伯克卜巴什打仗	色呼庫勒軍功六品頂戴七品伯克	同柱爾	賞戴藍翎
色呼庫勒所屬塔什霍罕、梯子納普二處殺賊 11 名活抓 30 人與伯克卜巴什打仗	色呼庫勒軍功六品頂戴七品伯克	圖拉普	賞戴藍翎
色呼庫勒所屬塔什霍罕、梯子納普二處殺賊 11 名活抓 30 人與伯克卜巴什打仗	色呼庫勒軍功六品頂戴回人	喇札瓦爾	賞戴藍翎
色呼庫勒所屬塔什霍罕、梯子納普二處殺賊 11 名活抓 30 人與伯克卜巴什打仗	色呼庫勒軍功六品頂戴回	邁瑪特熱依木	賞戴藍翎
隨同打仗拏賊	色呼庫勒軍功七品頂戴回人	蘇拉普	賞給六品頂戴
隨同打仗拏賊	色呼庫勒閑散回人	阿布拉散	賞給六品頂戴
打仗殺賊帶傷尤為奮勇出力	色呼庫勒閑散回人	邁買提	賞給六品頂戴
打仗殺賊帶傷尤為奮勇出力	色呼庫勒閑散回人	朵斯密	賞給六品頂戴
打仗殺賊帶傷尤為奮勇出力	色呼庫勒閑散回人	孜江斯依提	賞給六品頂戴
打仗殺賊帶傷尤為奮勇出力	色呼庫勒閑散回人	邁買提	賞給六品頂戴
隨同打仗殺賊均屬出力	色呼庫勒閑散回人	毛拉	賞給七品頂戴
隨同打仗殺賊均屬出力	色呼庫勒閑散回人	瑪呢克	賞給七品頂戴
隨同打仗殺賊均屬出力	色呼庫勒閑散回人	玉素皮沙木蒙	賞給七品頂戴
隨同打仗殺賊均屬出力	色呼庫勒閑散回人	呢雅斯	賞給七品頂戴
葉爾羌頭起派往色呼庫勒防堵斬擒賊督率回兵與色呼庫勒伯克共斬 40 多名賊匪	葉爾羌軍功藍翎五品頂戴六品伯克	薩依木	賞換花翎,以應陞之缺儘先陞用
葉爾羌頭起派往色呼庫勒防堵斬賊多位	葉爾羌軍功藍翎六品伯克	邁買底里	賞戴五品頂戴花翎
葉爾羌頭起派往色呼庫勒防堵隨同打仗	葉爾羌六品伯克	托胡達	賞換五品頂戴
葉爾羌頭起派往色呼庫勒防堵隨同打仗出力斬擒賊匪	葉爾羌軍功六品頂戴	得什達	賞給六品頂戴藍翎
葉爾羌頭起派往色呼庫勒防堵隨同打仗出力斬擒賊匪	葉爾羌回人	邁熱木得什達	賞給六品頂戴藍翎
葉爾羌頭起派往色呼庫勒防堵隨同打仗出力斬擒賊匪	葉爾羌回人	薩底克	賞給六品頂戴藍翎

功　　　　績	品級職稱	名　字	升賞獎勵
葉爾羌頭起派往色呼庫勒防堵隨同打仗出力斬擒賊匪	葉爾羌金頂回子	胡達拜爾底	賞給六品頂戴藍翎
葉爾羌頭起派往色呼庫勒防堵隨同打仗出力斬擒賊匪	葉爾羌閑散回人	邁買底敏希里普	賞給六品頂戴藍翎
葉爾羌二起派往色呼庫勒防堵計殺提拉解獻首級會商卜巴什傳諭布魯誘殺提拉鹹首來獻,才智兼優	葉爾羌戴花翎四品商伯克	伊布拉依木	賞換三品花翎
葉爾羌二起派往色呼庫勒防堵計殺提拉解獻首級	葉爾羌藍翎新陞喀什噶爾五品伯克	阿布拉	賞換花翎
葉爾羌二起派往色呼庫勒防堵計殺提拉解獻首級	葉爾羌軍功藍翎六品伯克	素皮	賞換五品頂戴
葉爾羌二起派往色呼庫勒防堵計殺提拉解獻首級	葉爾羌頂戴回人	阿布都薩依特	賞戴藍翎
葉爾羌二起派往色呼庫勒防堵計殺提拉解獻首級、屢次探報,隨同打仗	葉爾羌閑散回人	努爾敦	賞戴六品頂戴
葉爾羌帶回兵派往黑孜爾塔克緝獲賊限都拉	葉爾羌花翎五品伯克	庫爾班	賞戴四品頂戴
葉爾羌派往黑孜爾塔克緝獲賊限都拉	葉爾羌藍翎六品伯克	邁買提熱依木	賞戴五品頂戴
葉爾羌派往黑孜爾塔克緝獲賊限都拉,屢次探報,	閑散回人	愛里木	賞戴七品頂戴
喀什噶爾帶回兵派往博洛托海拆毀賊巢,前年帶兵在英吉沙爾打仗	喀什噶爾三品頂戴花翎四品噶雜納齊伯克	密爾哈色木	因前年之功奏准應陞之缺儘補,未補,量請恩賞
喀什噶爾帶回兵派往博洛托海拆毀賊巢	喀什噶爾花翎五品阿奇木伯克	阿比提	賞換四品頂戴
喀什噶爾帶回兵派往博洛托海拆毀賊巢,整隊管兵	喀什噶爾六品什胡伯克	斯底克	賞戴藍翎
喀什噶爾帶回兵派往博洛托海拆毀賊巢,捕賊迅速	喀什噶爾二等台吉花翎五品密拉普伯克	額布列拉	以應陞之缺儘先陞用
喀什噶爾隨同帶回兵派往博洛托海拆毀賊巢,偵探捕賊	喀什噶爾世襲五品頂戴花翎六品阿爾瓦普伯克	努爾敦	以應陞之缺儘先陞用
喀什噶爾隨同帶回兵派往博洛托海拆毀賊巢,屢奉差委	喀什噶爾六品頂戴藍翎七六品明伯克	奈曼	以應陞之缺儘先陞用

資料來源：《軍機處・月摺包》,文獻編號第078342號,2749箱,道光二十七年六月十八日,賽什雅勒泰奏;《軍機處・月摺包》,文獻編號第078345號,2749箱,有功伯克回人清單,此件是《軍機處・月摺包》,文獻編號第078342號之附件。

　　葉爾羌所屬舒克舒莊在道光二十七年（1847）六月時，遭滋事者搶掠軍臺及回莊，五品阿奇木伯克伊斯瑪依勒帶回兵馳往應援，滋事者卻已遠走，大臣奏以革職，宣宗則諭以寬免；[370]也有伯克大胆出卡追捕賊匪，如葉爾羌所屬霍什拉普卡倫回莊得巴達克山胡岱達協助，找熟悉山路者，由五品伯克泰來、六品明巴什邁瑪底敏，以及六品頂回人阿布都爾希特帶回兵出卡追捕賊匪，宣宗即下旨要吉明等將有功者奏明。[371]請見表 10-23 道光二十七年（1847）十月葉爾羌出卡追捕布魯特有功伯克回人清單表。到了九月時，伯克們又受葉爾羌參贊大臣指揮在推蓋卜依呢山口、科科熱瓦特兩次打仗出力，其中由剿辦提拉案後，再次建功獲得獎勵的有五品頂戴花翎六品伯克邁買底里，請旨以五品伯克儘先陞用，另一位是六品軍功藍翎回人阿布都薩依提，請旨以七品伯克儘先即補，宣宗於十二月二十日諭示其對伯克的施恩，與吉明所奏相同。[372]請見表 10-24 道光二十七年（1847）九月推蓋卜依呢山口、科科熱瓦特二次戰出力伯克表。

---

[370] 《宮中檔道光朝奏摺》，文獻編號第 405010084 號，2731 箱，道光二十七年三月初三日，賽什雅勒泰、吉明奏。

[371] 《軍機處‧月摺包》，文獻編號第 081227 號，2749 箱，道光二十八年正月二十二日，吉明、舒興阿奏；《軍機處‧月摺包》，文獻編號第 081241 號，2749 箱，清單。

[372] 《軍機處‧月摺包》，文獻編號第 080341 號，2749 箱，道光二十七年十一月十九日，吉明、舒興阿奏；《軍機處‧月摺包》，文獻編號第 080345 號，2749 箱，推蓋卜依呢山口、科科熱瓦特兩次打仗出力伯克清單，此件是《軍機處‧月摺包》，文獻編號第 080341 號之附件；《宮中檔道光朝奏摺》，文獻編號第 405012387 號，2726 箱，道光二十七年十二月二十日，內閣奉上諭。

表 10-23 道光二十七年（1847）十月葉爾羌出卡追捕
布魯特有功伯克回人清單表

功　　　　　績	所屬城	品級職稱	名　　　　字	奏 准 升 賞
道光二十七年（1847）十月，葉爾羌帶回兵追捕布魯特有功	葉爾羌	五品伯克	泰來	賞戴花翎
道光二十七年（1847）十月，葉爾羌堵禦賊匪復出卡追捕布魯特有功	葉爾羌	六品頂藍翎明巴什	邁買底敏	賞換五品頂戴花翎
道光二十七年（1847）十月，葉爾羌追捕布魯特有功	葉爾羌	六品頂回人	阿布都爾希特	賞換五品頂戴並請賞戴藍翎
道光二十七年（1847）十月，葉爾羌追捕布魯特有功	葉爾羌	六品頂回人	胡圖魯克呢雜爾	賞換五品頂戴
道光二十七年（1847）十月，葉爾羌追捕布魯特有功	葉爾羌	六品頂回人	素皮蓋邁買托胡達哈底爾邁買提玉素普邁買提烏舒爾等六人*	賞戴藍翎
道光二十七年（1847）十月，葉爾羌追捕布魯特有功	葉爾羌	七品頂回人	阿布都邁買提邁買底敏斯瑪克等三人*	賞戴六品頂藍翎

* 名字因《軍機處‧月摺包》清單、《嘉慶道光兩朝上諭檔》檔案皆未分隔，不易辨識，目前無其他參考的檔案，筆者尚無能力確認個別名字，故予以保留同一格內。

資料來源：《軍機處‧月摺包》，文獻編號第 081227 號，2749 箱，道光二十八年正月二十二日，吉明、舒興阿奏；《軍機處‧月摺包》，文獻編號第 081241 號，2749 箱，伯克清單，此件是《軍機處‧月摺包》，文獻編號第 081227 號之附件；中國第一歷史檔案館編，《嘉慶道光兩朝上諭檔》，冊 53，頁 74-75，226 條，道光二十八年二月二十六日，內閣奉上諭。

表 10-24 道光二十七年(1847)九月推蓋卜依呢山口科科熱瓦特二次戰出力伯克表

功　　　　績	品 級 職 稱	名　字	升賞已准奏
道光二十七年（1847）九月，推蓋卜依呢山口、科科熱瓦特二次戰隨營打仗出力	二等台吉五品伯克	巴克依	賞戴花翎
道光二十七年（1847）九月推蓋卜依呢山口、科科熱瓦特二次戰隨營打仗出力	五品頂戴花翎六品伯克	邁買底里	請旨以五品伯克儘先陞用
道光二十七年（1847）九月，推蓋卜依呢山口、科科熱瓦特二次戰隨營當差出力	五品頂戴藍翎六品伯克	阿玉普	賞換花翎
道光二十七年（1847）九月，推蓋卜依呢山口、科科熱瓦特二次戰隨營當差奮勉	六品軍功藍翎回人	阿布都薩依提	請旨以七品伯克儘先即補
道光二十七年（1847）九月，推蓋卜依呢山口、科科熱瓦特二次戰隨營差探出力	六品軍功藍翎戈什哈回人	霍加什	賞換五品頂戴花翎
道光二十七年（1847）九月，推蓋卜依呢山口、科科熱瓦特二次戰隨營當差奮勉	六品頂戴回人	巴拉特	賞戴藍翎
道光二十七年（1847）九月，推蓋卜依呢山口、科科熱瓦特二次戰隨營當差奮勉	額設金頂回子	倭斯滿	賞戴藍翎

資料來源：《軍機處‧月摺包》，文獻編號第 080341 號，2749 箱，道光二十七年十一月十九日，吉明、舒興阿奏；《軍機處‧月摺包》，文獻編號第 080345 號，2749 箱，推蓋卜依呢山口、科科熱瓦特兩次打仗出力伯克清單，此件是《軍機處‧月摺包》，文獻編號第 080341 號之附件；《宮中檔道光朝奏摺》，文獻編號第 405012387 號，2726 箱，道光二十七年十二月二十日，內閣奉上諭。

　　有的伯克則多次在不同的任務中竭力奮戰，而逐次升賞品級，如薩依木葉爾羌軍功藍翎五品頂戴六品伯克，在道光二十七年（1847）六月剿辦提拉葉爾羌頭起派往色呼庫勒防堵斬擒賊，

督率回兵與色呼庫勒伯克共斬四十多名滋事者，賞換花翎，以應陞之缺儘先陞用，又在同年十一月兩次被派往黑孜布依剿匪，當時他是四品頂帶五品伯克，被奏賞以四品伯克儘先升用。[373]邁買底里在道光二十七年（1847）六月剿辦提拉葉爾羌頭起派往色呼庫勒防堵斬殺多位滋事之人，當時他任職為葉爾羌軍功藍翎六品伯克，被奏請賞戴五品頂戴花翎，同年九月推蓋卜依呢山口、科科熱瓦特兩次作戰，他又隨營打仗出力，諭旨准以五品伯克儘先陞用。[374]

　　葉爾羌戴花翎四品商伯克伊布拉依木在道光二十七年（1847）六月剿辦提拉事件中，葉爾羌兩次派往色呼庫勒防堵計殺提拉，以及在會商卜巴什傳諭布魯誘殺提拉鹹首來獻事，他才智兼優，完成任務，奏請賞換三品花翎，同年七月至十二月間，在葉爾羌軍務出力，帶領回兵在頭臺防堵，並派往三、四臺驅賊實屬奮勉，十一月，剿辦喀什噶爾英吉沙爾二城時，更參與以五千之師抵二萬入侵者的戰役，奏准以三品阿奇木伯克升用。[375]葉爾羌軍功藍

---

[373] 《軍機處‧月摺包》，文獻編號第 078342 號，2749 箱，道光二十七年六月十八日，賽什雅勒泰奏；《軍機處‧月摺包》，文獻編號第 078345 號，2749 箱，有功伯克回子清單，此件是《軍機處‧月摺包》，文獻編號第 078342 號之附件；中國第一歷史檔案館編，《嘉慶道光兩朝上諭檔》，冊 52，頁 438-439，1268 條，道光二十七年十一月十二日，內閣奉上諭。

[374] 《軍機處‧月摺包》，文獻編號第 078342 號，2749 箱，道光二十七年六月十八日，賽什雅勒泰奏；《軍機處‧月摺包》，文獻編號第 078345 號，2749 箱，有功伯克回子清單，此件是《軍機處‧月摺包》，文獻編號第 078342 號之附件；《軍機處‧月摺包》，文獻編號第 080341 號，2749 箱，道光二十七年十一月十九日，吉明、舒興阿奏；《軍機處‧月摺包》，文獻編號第 080345 號，2749 箱，推蓋卜依呢山口、科科熱瓦特兩次打仗出力伯克清單，此件是《軍機處‧月摺包》，文獻編號第 080341 號之附件；《宮中檔道光朝奏摺》，文獻編號第 405012387 號，2726 箱，道光二十七年十二月二十日，內閣奉上諭。

[375] 《軍機處‧月摺包》，文獻編號第 078342 號，2749 箱，道光二十七年六月十八日，賽什雅勒泰奏；《軍機處‧月摺包》，文獻編號第 078345 號，2749 箱，有功伯克回子清單，此件是《軍機處‧月摺包》，文獻編號第 078342 號之附件；《軍機處‧月摺包》，文獻編號第 079866 號，2749 箱，剿辦喀什噶爾英吉

翎六品伯克素皮在道光二十七年（1847）六月剿辦提拉事件，因葉爾羌分兩起派往色呼庫勒防堵，實施計殺提拉解獻首級計畫表現出色，賞換五品頂戴，又在同年七月至十二月間，於葉爾羌軍務出力，協同撫輯回城，督催一切差務，採買物料等事，奏請以五品伯克儘先陞用。[376]葉爾羌花翎五品密拉普伯克庫爾班在道光二十七年（1847）六月剿辦提拉事件中，因帶回兵派往黑孜爾塔克緝獲賊限都拉有功，得賞戴四品頂戴，同年十一月，派往黑孜布依剿匪，准賞四品伯克儘先升用；接著在道光二十八年（1848）三月在喀什噶爾軍營差探出力有功，他以四品頂翎五品密拉普伯克之位，諭旨賞換三品頂帶。[377]

吉沙爾二城五千之師抵二萬賊出力大小伯克清單，奕山奏；中國第一歷史檔案館編，《嘉慶道光兩朝上諭檔》，冊 52，頁 441-443，1271 條，道光二十七年十一月十二日，內閣奉上諭；《嘉慶道光兩朝上諭檔》，冊 52，頁 465-468，1321 條，道光二十七年十一月二十一日，內閣奉上諭；中國第一歷史檔案館編，《嘉慶道光兩朝上諭檔》，冊 52，頁 441-443，1271 條，道光二十七年十一月十二日，內閣奉上諭。

[376]《軍機處‧月摺包》，文獻編號第 078342 號，2749 箱，道光二十七年六月十八日，賽什雅勒泰奏；《軍機處‧月摺包》，文獻編號第 078345 號，2749 箱，有功伯克回子清單，此件是《軍機處‧月摺包》，文獻編號第 078342 號之附件；《軍機處‧月摺包》，文獻編號第 080740 號，2749 箱，道光二十七年十二月十五日，吉明、舒興阿奏；《軍機處‧月摺包》，文獻編號第 080739 號，2749 箱，伯克清單，此件是《軍機處‧月摺包》，文獻編號第 080740 號之附件；《外紀檔》，文獻編號第 3030000196 號，頁 45-51，道光二十八年正月十七日，吉明、舒興阿奏。

[377]《軍機處‧月摺包》，文獻編號第 078342 號，2749 箱，道光二十七年六月十八日，賽什雅勒泰奏；《軍機處‧月摺包》，文獻編號第 078345 號，2749 箱，有功伯克回子清單，此件是《軍機處‧月摺包》，文獻編號第 078342 號之附件；《軍機處‧月摺包》，文獻編號第 079865 號，2749 箱，為英吉沙解圍出力大小伯克清單，奕山奏；中國第一歷史檔案館編，《嘉慶道光兩朝上諭檔》，冊 52，頁 441-443，1271 條，道光二十七年十一月十二日，內閣奉上諭；《嘉慶道光兩朝上諭檔》，冊 52，頁 465-468，1321 條，道光二十七年十一月二十一日，內閣奉上諭；中國第一歷史檔案館編，《嘉慶道光兩朝上諭檔》，冊 52，頁 438-439，1268 條，道光二十七年十一月十二日，內閣奉上諭；《軍機處‧月摺包》，文獻編號第 081406 號，2749 箱，清單，此為《軍機處‧月摺

咸豐二年（1851）五月二十九日至六月初五日，烏什巴什雅哈瑪卡倫因鐵完庫里率眾數百人在那裡滋擾，於是烏什辦事大臣春熙派阿奇木伯克帶回兵二百人前往卡倫適當地方堵剿，初六日又有六百多人騎馬將畢底爾卡倫燒燬，造成守卡官兵二十一人，有十七人死，一人重傷，三人失蹤，傷亡慘重。[378]咸豐八年（1858）十二月，因原有和闐阿奇木伯克阿里已得實授出任喀什噶爾阿奇木伯克，遺缺由葉爾羌參贊大臣慶英奏擬葉爾羌四品伊什罕伯克邁瑪第敏接任，原因除了家世為阿克蘇郡王貝勒，其父邁瑪特愛孜斯曾任和闐阿奇木伯克，因此對該城熟悉外，更因上年倭里罕滋事，他帶領回兵作仗，安撫回眾，又捐助軍餉，以及捐修軍臺，既具戰功，又有捐款好義之心等緣故。[379]

同治三年（1864）伊犁將軍常清因各地勢力侵擾，奏請將博羅胡吉爾鄂爾果珠勒堵剿打仗出力之回人及伯克予以獎勵，有四品伊什罕伯克阿布都魯遜及五品商伯克莽里克，不避刀鋒，以應升之缺補用，可先換頂戴，六品密拉普伯克愛孜木沙、六品軍功帕提沙普伯克罕巴爾、六品軍功什胡伯克薩依特，三人臨敵不怯，勇往直前，賞五品頂戴，至於已革庫車商伯克玉蘇普及已革庫車明伯克哈底爾，已到戍伊犁五年自備斧資在軍臺效力，認真滾運軍糧，奏請免罪釋回。[380]戰亂不靖的年歲，伯克領兵奮戰，捐修

<hr>

包》，文獻編號第 081405 號的附件，道光二十八年二月初六日，奕山奏；中國第一歷史檔案館編，《嘉慶道光兩朝上諭檔》，冊 53，頁 94-96，281 條，道光二十八年三月初七日，內閣奉上諭。

[378] 《軍機處・月摺包》，文獻編號第 085415 號，2780 箱，咸豐二年七月十五日，奕山奏。

[379] 《宮中檔咸豐朝奏摺》，文獻編號第 406009980 號，2714 箱，咸豐八年十二月二十八日，慶英奏。

[380] 後二件為 096972 號的清單。《軍機處・月摺包》，文獻編號第 096972 號，2742 箱，同治三年四月二十四日，常清奏；《軍機處・月摺包》，文獻編號第 096973 號，2742 箱，清單，及《軍機處・月摺包》，文獻編號第 096975 號，2742 箱，清單。

軍事設施，犧牲生命，守護家園與邊土，實為可敬。

四、善後復原工作

1、緝拿滋事殘餘勢力

回疆嘉慶年末至同治三年（1864）多數的亂事，與乾隆時期大小和卓的大和卓布拉呢敦後裔有關，即白山派阿帕克和卓的後裔，他們曾擁有回疆社會及政治的地位，也是其家鄉之所在，亦受回人敬仰，很具號召力。當和卓子孫卡外或入卡起事需要協助時，回人或周邊民族基於伊斯蘭教信仰及同為穆斯林感情，甚至政治利益考量，多願意給予他們協助。對清廷而言，則需大費周張，平日裡駐箚大臣要求伯克認真查緝，白山派後裔帶眾前來滋擾時，直接指揮各伯克，帶領回兵或協同官兵緝拿，戰亂及滋事後，仍要留意查捕，以防在回疆各城白山派或跟隨滋事者隱匿，蓄積勢力再伺機裡應外合。

道光六年（1826）八月，因張格爾事件，葉爾羌阿奇木伯克玉素普呈出張格爾勾糾城中回眾的書信，緝獲附近支持和卓子孫的白帽回人（白山派），使葉爾羌得以安撫鎮靜。而阿克蘇署理阿奇木伯克巴彥岱安撫回眾，二等侍衛阿布都爾滿（阿克蘇郡王）及其子邁瑪特愛孜斯緝獲探信張格爾部眾二名，審訊後即行梟示，而二十一日滋擾者逼近烏什邊界搶焚察哈拉克將軍臺，阿奇木伯克又得探報呈，張格爾部眾已到阿察他克地方，喀喇沙爾辦事大臣巴哈布率領土爾扈特、霍碩特兵一千，亦請二等侍衛阿布都爾滿引路，趕往救援，郡王父子分別得賞陞頭等侍衛及金頂，巴彥岱陞為三品阿奇木伯克及賞花翎。[381]九月時，烏什辦事大臣

---

[381]《軍機處・月摺包》，文獻編號第 061687 號，2747 箱，道光六年八月二十一

慶廉派伯克伊薩克帶領親隨回兵一百多人，在阿察他克軍臺附近查緝，捉到數十名侵擾者，連同慶廉拏獲回人九名，要伊薩克帶赴阿克蘇，交阿克蘇辦事大臣長清審理。[382]沙雅爾二品阿奇木伯克伊薩克與二等侍衛阿布都爾滿受阿克蘇辦事大臣長清之命，又協同參將帶官兵一千人前往搜捕，以清除阿克蘇境內殘餘的滋事者，且與五品頂帶伯克托克達呢雜爾密稟，查到阿克蘇之西與烏什接壤阿哈特地方，有七品伯克鄂斯滿應允加入張格爾陣營，於是先行帶同伊二子藏匿在阿克蘇回城，聽候調遣，訪拏到案。[383]

　　道光七年（1827）七月，因喀什噶爾等四城已克復，但阿克蘇辦事大臣長清仍恐有滋事者逃竄藏匿，因此要求各城阿奇木伯克派人到各城交界的回莊加強查緝，並赴各回莊陳以利害，要回人將所藏軍械呈繳，也訪拏為數甚多的黨羽，其中署阿奇木伯克愛瑪特及伊什罕伯克色提巴爾第陸續緝獲布魯特、回人等四名，交予審理，長清亦奏請賞予伯克升一級頂戴，隨同辦事當差的回人給予金頂，作為鼓勵。[384]道光七年（1827）十二月，張格爾作

日，那彥成奏；《軍機處‧月摺包》，文獻編號第 061740 號，2747 箱，道光六年九月十二日，長清奏；《軍機處‧月摺包》，文獻編號第 061764 號，2747箱，道光六年八月二十七日，長清、達凌阿奏；《軍機處‧月摺包》，文獻編號第 061763 號，2747 箱，道光六年九月十七日，經筵講官兵部尚書玉麟等奏；《軍機處‧月摺包》，文獻編號第 061908 號，2747 箱，道光六年十月十三日，長清、達凌阿奏；《廷寄檔》，文獻編號第 604000164 號，頁 71-73，道光六年九月十四日，軍機大臣字寄。

[382] （清）曹振鏞，《欽定平定回疆剿捕逆裔方略》，卷 28，頁 10-11，道光六年九月己亥，諭，收入張羽新、趙曙青主編，《清朝治理新疆方略匯編》，冊 9，頁 436-438；《軍機處‧月摺包》，文獻編號第 061784 號，2747 箱，道光六年九月二十一日，長清、達凌阿奏。

[383] 《軍機處‧月摺包》，文獻編號第 061764 號，2747 箱，道光六年八月二十七日，長清、達凌阿奏；《軍機處‧月摺包》，文獻編號第 061789 號，2747 箱，道光六年九月初四日，長清、達凌阿奏。

[384] 《軍機處‧月摺包》，文獻編號第 058409 號，2747 箱，道光七年六月初十日，長清奏；《軍機處‧月摺包》，文獻編號第 058401 號，2747 箱，道光七年七月十五日，長清奏。

最後一搏，再次糾約布魯特欲乘歲除潛入卡倫，在喀什噶爾被阿奇木伯克伊薩克帶領四百多位黑帽回人（黑山派）持械阻攔，旋即竄出卡外，阿奇木伯克與官兵一同出卡追捕，生擒張格爾，宣宗諭庫車貝子阿奇木伯克伊薩克自軍興以來，實心出力，以及帶領回眾出卡擒賊之忠勤，「著加恩晉封郡王，並頒白玉翎管一個，白玉搬指一個，大荷包一對，小荷包四個」。[385]

張格爾事件平息後，官方仍積極捉拿勾結卡外白山派之人。道光九年（1829）十月，伯克伊敏等與章京捉拿了呢牙斯等十二人，經回疆參贊大臣札隆阿審理正法，奏准賞六品阿奇木伯克伊敏升用為五品伯克賞戴四品頂帶，五品阿奇木伯克阿納雅特以四品伯克升用，六品伯克阿布都拉則孜、阿克約洛、阿布都拉襟克皆以五品伯克升用。[386]

英吉沙爾布孜爾罕結合布魯特，於道光二十五年（1845）四月滋事，喀什噶爾鐵匠回人阿瓦斯率滋事者搶奪傷人，七品伯克遵喀什噶爾大臣之令，帶回兵兩百人前往追捕，又派四品噶雜納齊伯克密爾哈木等，在索葫蘆捉獲九名跟隨布孜爾罕滋事者，並傳諭五品伊什罕伯克薩木薩克、七品明伯克蘇皮蓋帶領精壯回兵二百名及招集民勇一百多人，撲壓滋事之人；五月間，雖已捉獲滋事的部分參與者，但主事的提拉、薩木比爾等仍在逃，葉爾羌參贊大臣飭令喀什噶爾、英吉沙爾、葉爾羌三城阿奇木伯克，密派可信幹練者繼續搜捕，以淨根株。[387]

---

[385] 《宮中檔道光朝奏摺》，文獻編號第 405011305 號，2726 箱，道光八年正月二十三日，內閣奉上諭。

[386] 中國第一歷史檔案館編，《嘉慶道光兩朝上諭檔》，冊 34，頁 388，1337 條，道光九年十月十五日，內閣奉上諭。

[387] 《宮中檔道光朝奏摺》，文獻編號第 405007327 號，2731 箱，道光二十五年四月初一日，奕經、賽什雅勒泰奏；《宮中檔道光朝奏摺》，文獻編號第 405007505 號，2731 箱，道光二十五年五月初一日，奕經、賽什雅勒泰奏。

伯克對於為白山派後裔傳信或殘存於城內者，也多注意查緝，以預防亂事再發生。咸豐二年（1852），伯克捉到安集延人住在喀什噶爾的邁買提凱里木，他曾在道光二十七年（1847）追隨倭里罕和卓入卡打仗，今又因出卡時，被倭里罕捉住，差他為其送信，並囑他告知熱布希特備辦鉛丸火藥。熱布希特則為喀什噶爾回人，曾為倭里罕送過羊饟及馬料，雖然拿到倭里罕的信，即撕碎丟入水塘，但仍被伯克查獲緝拿，另有朵斯是吐拉愛益愛曼的布魯特人，七月，隨和卓前往喀什噶爾，被派入卡打探官兵人數，亦在烏帕爾莊被回人捉獲。[388]由於六月間，又有鐵完庫里入侵喀什噶爾及烏什等地，伯克仍對為亂者，保持警戒及緝拿。雖然倭里罕在五年前曾入卡起事失敗，但仍伺機而動。咸豐七年（1857），倭里罕又先後在五月及九月，侵擾英吉沙爾等地，清廷不勝其擾。咸豐八年（1858）四月之前，伊犁參贊大臣法福禮及喀什噶爾辦事大臣裕瑞仍飭暫署阿奇木伯克庫圖魯克，持續在各處搜查殘餘滋事者，該伯克解到熱黑邁頂等二十六人，其中十一人是甘心追隨倭里罕，傷殺官兵、識字者在營作事，或堵水攻城，另有十五人是被倭里罕眾裹脅，僅幫忙放牧牛、羊、馬匹，未作焚汛戕官之事，前者正法，後者給新疆兵丁為奴。[389]

對倭里罕追查，清廷也不放棄，同治二年（1863），清廷由議政王軍機大臣密寄上諭，要求葉爾羌參贊臣景廉派偵探，前往俄羅斯、布魯特查証倭里罕的下落，景廉曾函致喀什噶爾辦事大臣奎英，屬令阿奇木伯克庫圖魯克派回人出卡倫偵查，以回報上奏朝廷。據回報是在浩罕城內不知生死，另一說法是因倭里罕辱

---

[388]《宮中檔咸豐朝奏摺》，文獻編號第 406002610 號，2709 箱，咸豐二年九月十三日，德齡奏；《宮中檔咸豐朝奏摺》，文獻編號第 406002751 號，2709 箱，咸豐二年十月二十二日，刑部尚書總管內務府大臣阿靈阿奏。

[389]《奏摺檔》，文獻編號第 305000462 號，頁 131-133，咸豐八年四月，法福禮、裕瑞奏。

罵胡達爾而遭其殺害，同時也探得布魯特的不同部落、俄羅斯及浩罕間的城池攻伐，及布魯特隨從俄羅斯等情勢的變化，但景廉也承認，浩罕畢竟距喀什噶爾卡外十五六站，中間又有布魯特各愛曼相隔，所得消息多半是傳聞。[390]這代表著總管回疆的參贊大臣仍得透過喀什噶爾阿奇木伯克打探張格爾後裔動向，但其難度確實很高，更可了解在喀什噶爾阿奇木伯克吐魯番郡王玉努斯之前，歷任伯克苦心經營中亞各國情資，實屬不易。

2、協助軍臺採買凱撤官兵所需糧草

為了供應戰爭軍隊糧草需求，各地多設有糧臺委員，但亂事平定即撤，軍隊撤退所需糧草支應，則回歸各地軍臺。然地方軍興以來，採買糧草本就艱難，小地方要供應大量軍隊過境，就更費周章，軍臺又要額外增加運輸的經費，地方大臣只得轉飭伯克辦理。道光八年（1828）七月，張格爾事件平定，庫車軍臺就遇此狀況，宣宗諭令所有凱撤軍隊應支糧草，改歸軍臺支放。換言之，其經費及採購由中央轉成地方支應，對於剛經歷戰爭，百業蕭條的地方官員是相當困難的，於是庫車辦事大臣飭委三品頂戴庫車四品伊什罕伯克阿布拉，率同七品伯克太來巴海、阿散伯爾第、金頂回子多拉素皮，分赴各回莊設法趕緊採買接濟，及整合其他軍臺物資，事後奏賞伊什罕伯克賞戴花翎，其餘各伯克及金頂回子賞戴藍翎。[391]看來這應是伯克自行捐資採買所成，等於又是一件大臣藉公私支，再行功賞伯克之事。

---

[390]《軍機處‧月摺包》，文獻編號第 090755 號，2742 箱，同治二年六月二十八日，景廉奏。

[391]《奏摺檔》，文獻編號第 305000106 號，頁 53-55，道光八年七月，庫車辦事大臣果良額奏。

3、善後安置與追查叛產

　　回疆在收歸於清朝之前,有伯克因戰亂率眾逃至他國,回疆安定後,請求歸來安置的情況。乾隆二十七年(1762)十二月,葉爾羌辦事大臣奏稱克什米爾的呢雅斯伯克,派頭目固爾班伯克賚進奏章,表達其原為喀什噶爾人,因戰亂率葉爾羌等各城四、五百戶回眾,避居於克什米爾,如今俱願遷回,並將攻取克什米爾作為獻禮,高宗以懷土思遷,不必言及克什米爾之事,要他即率眾歸來,並進京入覲,再依情況降旨安置。[392]乾隆二十九年(1764)五月,葉爾羌阿奇木伯克鄂對呈報葉爾羌辦事副都統額爾景額言,有一百八十多名因霍集占之亂事,逃避遠出者,携眷歸來,有七十三戶為葉爾羌回人,其餘一百多戶為喀什噶爾及英吉沙爾回人,且查明並非由回疆遷移至伊犁屯田出逃之回人,因此奏請回到原居處,但因離散多年,已無產業,也奏請給予田畝及籽種安置,且暫緩徵收租賦,以利經理生計。[393]高宗由葉爾羌辦事副都統額爾景額奏摺內,了解自回疆蕩平以來,數年間葉爾羌貿易回人已有二百二十多人陸續歸來,且立業經貿,因此在乾隆二十九年(1764)六月諭示,令其繳交稅額,此年應交一千三百騰格,但優惠酌免五百騰格,嗣後每年交官一千五百騰格;[394]然而三個月後,葉爾羌參贊大臣額爾景額依阿奇木伯克鄂對呈報葉

---

[392] (清)傅恒等,《平定準噶爾方略續編》,卷19,頁20-22,乾隆二十七年十二月丙申,諭軍機大臣,收入張羽新、趙曙青主編,《清朝治理新疆方略匯編》,冊7,頁22。

[393] (清)傅恒等,《平定準噶爾方略續編》,卷25,頁12-13,乾隆二十九年五月丙辰,葉爾羌辦事副都統額爾景額等奏,收入張羽新、趙曙青主編,《清朝治理新疆方略匯編》,冊7,頁68。

[394] (清)傅恒等,《平定準噶爾方略續編》,卷25,頁22-23,乾隆二十九年六月乙酉,諭軍機大臣,收入張羽新、趙曙青主編,《清朝治理新疆方略匯編》,冊7,頁70-71。

爾羌貿易回人二百多人，可照舊交騰格二千，但和闐據伊什罕伯克古爾班和卓查六城貿易回人有八十五位，除了上年即乾隆二十八年（1763）派往屯田，其他五十六位亦照葉爾羌之例酌交五百騰格，但他們並非如葉爾羌回人專於貿易，而是俱以耕織為生，且已繳田賦，致重複徵稅，似應豁免。[395] 由此可知，伯克負責妥善安置逃難歸來回人及伯克，照顧營生，也及時反應回人實際難處和需要協助的狀況。

一般而言，戰亂結束後，因戰火逃離的回人，多陸續回返各城，駐箚大臣及清廷不太予以追究，而是聽由伯克給予協助及安置。道光二十七年（1847），七和卓之亂後，經伯克調查統計，喀什噶爾及英吉沙爾兩城遭擄脅帶出卡倫的回人有一萬七千六百多戶，局勢穩定後，直至十一月為止，伯克們調查各家戶狀況，還有三千多戶，尚未歸來，顯示人心未定，宣宗同意回疆參贊大臣奕山所奏，回眾依戀故土，不願遠徙之心，要大臣勿搜辦過於嚴厲，才不致生畏懼逗留在卡外，畢竟卡倫內減少一位回人，就等於未來卡倫外可能多一位入侵者，因此要以懷柔之心招撫及安插回人；道光二十八年（1848）雖回人陸續返回，但葉爾羌參贊大臣仍知尚有行在路上未歸的回人，令阿奇木伯克適當地給予安置。[396]

然若確查是隨滋擾者鬧事之一，或因故在卡外滯留一年以上，尤其是因受傷、逃難、或被逼脅走的伯克、回人，有的是戰後自己回來的，有些則是被外國使臣或通事等帶回的。當他們回

---

[395] （清）傅恒等，《平定準噶爾方略續編》，卷 26，頁 15-16，乾隆二十九年八月丙戌，葉爾羌參贊大臣額爾景額奏，收入張羽新、趙曙青主編，《清朝治理新疆方略匯編》，冊 7，頁 77。

[396] 《廷寄檔》，文獻編號第 604000266 號，頁 83-85，道光二十七年十一月二十一日，軍機大臣字寄；《軍機處‧月摺包》，文獻編號第 080597 號，2749 箱，道光二十八年十一月二十三日，吉明奏。

來時，大多先經大臣或是阿奇木伯克等審訊，情節重大者，則採取隔離偵訊，確定未跟隨為亂或無做內應等疑慮，再行安置。如浩罕在道光十二年（1832）年十月，派使臣進卡倫貿易時，順便將他們在道光六年（1826）及道光十年（1830）兩次滋事時，脅裹而去的五、六、七品伯克七人，六位阿渾，七百六十三名維吾爾族男女、大人、小孩，還有包括十六名漢、滿兵丁，民人、遣犯二十一人，還有去年在伊犁巡防受傷被掠去的滿兵一名，葉爾羌參贊大臣長清在訊問後，以他們因入侵者軍需及逃難被俘掠，而非自願參與入侵者之列，於是將回人及伯克轉給阿奇木伯克作霍爾敦及阿布都爾滿，加強看管及依舊例安置。[397]

若查證在白山派後裔滋擾事件，確實是跟隨其侵擾之人及其家屬，則給予懲處。七和卓亂事平定後，受創較重的英吉沙爾及喀什噶爾，伯克先清查所管各戶人口及原業田產等狀況，並對回人各歸其莊復其原業方式，加以善後安置。但對跟隨白山後裔滋擾，而遭緝獲的一百一十四位葉爾羌奎里鐵列木莊回人之家屬，則受連帶處分，均由阿奇木伯克發交給各回莊伯克為奴，並按季稽查，至於可疑的回人，亦請阿奇木伯克伊斯瑪依勒及伊什罕伯克、噶雜納齊伯克具結。[398]

各城戰逃回眾歸來安置措施，原則上以一年為限，查明未追隨滋事者，就將原產發還。不過如遇到時限後，才陸續返回原城的回人，駐箚大臣也仍多從寬將其原有產業及田產奏請賞還。道光二十九年（1849）四月，宣宗即准予賞還原業田產給二城超過一年期限以上，才回來的難民一千多人，不過在內閣奉上諭原寫「著該城大臣，妥為安置，勿令失所，餘著照所擬辦理」，宣宗

---

[397] 《軍機處·月摺包》，文獻編號第 063233 號，2760 箱，道光十三年四月十五日，長清奏。

[398] 《軍機處·月摺包》，文獻編號第 081649 號，2749 箱，道光二十八年二月二十七日，奕山等奏。

則以硃批加句修改為「著該城大臣督飭該阿奇木伯克等，妥為安置，勿令滋生事端，餘著照所擬辦理」。[399] 由上之例可知，宣宗認為需要由阿奇木伯克等伯克，直接介入安置及妥為管理勿滋生事端，才是重點的。對清廷而言，不管是伯克與回人，逃出卡外是自願或被脅，也不管他們住在卡外那裡，或是在浩罕生活長達六至二年時間，曾受何種遭遇，都深恐他們日後成為浩罕或是白山派裔入侵者的內應，因此要阿奇木伯克嚴加監管，以免亂事再起。

若確認回人已因戰事身亡、逃亡逾一年期未歸，被擄出卡或者該田產是為支持滋事者所有，伯克則進行叛產的清查，家屬治罪，田產入官。[400] 乾隆二十七年（1762）五月，喀什噶爾清查大和卓布喇尼敦果園陸續呈報，初始調查中雖有伯克瞻徇，但高宗請駐箚大臣曉示，已盡行查出，將阿奇木伯克噶岱默特查出有十三處果園賞給官兵，續報出的果園有二十九處也充公，但仍分賞給阿奇木伯克果園三處，伊什罕以下伯克四處，希卜（皮）察克布魯特散秩大臣阿奇木、英噶薩爾阿奇木伯克素勒坦和卓、沖噶巴什布魯特阿瓦勒比等各給一處，作為來到喀什噶爾城住宿之地，其餘入官交回人看守採果，賞給官兵食用，此外園中有餵馬之苜蓿草，每年可供二萬多束，需造冊，定額徵收，以供飼牧。[401] 乾隆四十一年（1776），駐箚喀什噶爾大臣奏定，將大和卓布喇尼敦的六百五十四帕特瑪二噶勒佈爾地畝給回人耕種，並於同年

[399] 《宮中檔道光朝奏摺》，文獻編號第 405012421 號，2726 箱，道光二十九年四月初五日，內閣奉上諭。

[400] 《外紀檔》，文獻編號第 303000077 號，頁 147，道光十一年十一月十二日，長齡、玉麟、哈朗阿、璧昌奏。

[401] （清）傅恒等，《平定準噶爾方略續編》，卷 17，頁 8-9，乾隆二十七年閏五月癸亥，永貴等奏，收入張羽新、趙曙青主編，《清朝治理新疆方略匯編》，冊 7，頁 2-3。

正月起繳納錢糧，歸作官員兵丁的鹽菜項下使用。[402]

　　財產由伯克登記入官後，若情況有所變化，伯克仍要負責還回事宜。張格爾事件平定後，於道光八年（1828）設立善後局，喀什噶爾大小伯克以及各城阿奇木伯克，需負起清查跟隨滋事者的財產及私墾的田地之責，阿奇木伯克等將此查鈔後，沒入官庫，再標價出售，並記錄存檔，變賣所得皆作為該城行政辦公款項，用來加強軍事防務，如買鐵鑄礮、火藥，以及支付工匠的費用，或是有功伯克的獎勵。[403]依檔案所見，這樣的處理模式，也成為日後回疆在道光十年（1830）、二十七年（1847）及咸豐年間遭遇亂事，善後處理的慣例。如遇外國商民索還田產，則依當時阿奇木伯克檔案記錄處理及贖還。道光八年（1828），張格爾事件後，清廷將浩罕商人在回疆購置田產及財產充公，並禁止浩罕在新疆大黃及茶葉的買賣，也對浩罕在回疆的居住、婚姻加以限制，各城阿奇木伯克查鈔及變賣的銀兩所得，包括喀什噶爾阿奇木伯克作霍爾敦抄獲田產變價銀六千九百多兩，英吉沙爾阿奇木伯克邁瑪特瑪哈素特田產變價銀二百八十多兩，阿克蘇阿奇木伯克愛瑪特為三千四百多兩。宣宗於道光十三年（1833）允許浩罕恢復通商後，浩罕商民即行前來追索田產，阿奇木伯克要依記錄，贖還原有田產數量，贖銀由喀什噶爾庫內支付，再分別交結給浩罕。

---

[402] 帕特瑪是回疆度量單位，《欽定回疆則例》載一帕特瑪合內地倉斛五石三斗，重一噶勒佈爾及一察喇克者準此增算。（清）賽尚阿等修，《欽定回疆則例》，卷6，頁2；（清）托津等人編纂，《欽定回疆則例》，卷4，頁4，收入天龍長城文化藝術公司編，《新疆史志》，第二部，冊11，頁277；（清）賽尚阿等修，《欽定回疆則例》，卷5，頁30。

[403] 《奏摺檔》，文獻編號第305000113號，頁57-60，道光九年二月，欽差大臣那彥成奏；《宮中檔咸豐朝奏摺》，文獻編號第406016517號，2714箱，無年月，無奏者。此奏推估是在咸豐年間葉爾羌參贊大臣所奏，英吉沙爾領隊大臣烏勒欣泰稱去歲賊匪滋事逃避，回人善後，應是道光二十七年隨賊入山案。

404

　　道光二十五年（1845）五月，奕經及賽什雅勒泰等，將追隨布孜爾罕滋事的阿瓦斯、阿布都色邁提、薩賴、捏布爾沙、烏舒爾、阿布瓦里、毛捏雅斯等七名梟示，其妻眷十六口賞給伯克為奴。令阿奇木伯克邁瑪特瑪哈素特查出各犯名下貲產，共計地三百零六畝，房二十四間及零星貴重物品，阿奇木伯克變估市價為普爾錢四十二千五百餘文，奕經等奏請將此項分賞給有功伯克。[405]

　　回疆各城善後工作除了喀什噶爾外，尚有伊犁、拜城、阿克蘇、和闐、布古爾、庫車、葉爾羌各城伯克，協助安置及調查工作，工作包含審訊人犯、搜捕餘匪、查叛產、差探偵查、通譯各犯供詞、招徠回眾，葉爾羌參贊大臣再為他們奏請獎勵。[406]請見表10-25 道光二十八年（1848）搜餘匪審訊稽查回戶叛產有功者表。

[404] 《軍機處・月摺包》，文獻編號第 063232 號，2760 箱，道光十三年四月十五日，長清奏。

[405] 《宮中檔道光朝奏摺》，文獻編號第 405007505 號，2731 箱，道光二十五年五月初一日，奕經、賽什雅勒泰奏。

[406] 《軍機處・月摺包》，文獻編號第 081406 號，2749 箱，清單。此件是為《軍機處・月摺包》，文獻編號第 081405 號的附件，道光二十八年二月初六日，奕山奏。

表 10-25 道光二十八年（1848）搜餘匪審訊
稽查回戶叛產有功者表

功　　績	所　屬　城	原　品　級	姓　　　名	陞缺儘先補用	賞換頂戴
審訊犯供	伊犁	軍功藍翎六品密拉普伯克	愛瑪特	五品噶雜納齊伯克	換花翎
搜捕餘匪	拜城	三品頂翎四品阿奇木伯克	阿布都拉	三品伯克	
搜捕餘匪	阿克蘇	五品商伯克	塔特里克	四品伯克	
搜捕餘匪	阿克蘇	藍翎	呢雅斯		五品頂戴
搜捕餘匪	阿克蘇	六品頂戴	戴瓦依斯		藍翎
搜捕餘匪	阿克蘇	六品頂戴	玉素普		藍翎
搜捕餘匪	阿克蘇	空頂	托克托呢雅斯		藍翎
搜捕餘匪	阿克蘇	空頂	依斯瑪依爾		藍翎
搜捕餘匪	阿克蘇	空頂	塔依爾		藍翎
搜捕餘匪	阿克蘇	空頂	岳勒達什		藍翎
搜捕餘匪	和闐	軍功藍翎六品伯克	托胡達爾		五品頂翎
搜捕餘匪	和闐	軍功藍翎	塔依爾		五品頂翎
搜捕餘匪	和闐	七品伯克	愛里雅爾		藍翎
查叛產	布古爾	四品伊什罕伯克二等台吉	邁瑪特	三品伯克	
差探出力	庫車	五品頂翎	雅霍普		藍翎
差探出力	庫車	六品頂戴	哈底爾		藍翎
差探出力	庫車	頭等護衛	胡吐魯克		五品頂翎
赴各莊招徠回眾	葉爾羌	三品頂翎四品商伯克	依布拉依木	三品伯克	
差探出力	葉爾羌	五品密拉普伯克	庫爾班		三品頂戴

功　　績	所屬城	原品級	姓　　名	陞缺儘先補用	賞換頂戴
通譯各犯供詞	葉爾羌	六品頂戴藍翎	阿布都克里木		花翎
搜捕出力	葉爾羌	世襲五品頂翎七品伯克	邁瑪底閔	六品伯克	
招徠回眾偵探出力	喀什噶爾	七品明伯克	巴海		藍翎
招徠回眾偵探出力	喀什噶爾	六品頂戴	阿渾		藍翎
招徠回眾偵探出力	喀什噶爾	金頂	胡達拜爾底		藍翎
招徠回眾偵探出力	喀什噶爾	金頂	伊布拉依木		藍翎
招徠回眾偵探出力	喀什噶爾	閑散回人	吐底		藍翎

資料來源：《軍機處‧月摺包》，文獻編號第 081406 號，2749 箱，清單。為《軍機處‧月摺包》，文獻編號第 081405 號的附件，道光二十八年二月初六日，奕山奏。

4、陣亡伯克撫卹與建祠

　　為矜卹回眾，旌獎忠良，對於各城被害或陣亡的伯克子嗣，在道光八年（1828）張格爾事件善後議定章程中，依伯克生前品級賞給適當的品級頂翎世襲罔替，其應交種地糧賦及阿爾（勒）板的概行豁免。[407] 被害的金頂回子及因公差遣打仗陣亡的回眾，

---

[407]（清）容慕安輯，《那文毅公籌畫回疆善後事宜奏議》，卷 78，頁 33-35，道光八年六月初七日，奉上諭，收入張羽新、趙曙青主編，《清朝治理新疆方略匯編》，冊 10，頁 344-345。

給予世襲罔替，遇有七品伯克及額設金頂回子缺出時，擇其有才明白，堪以造就者補缺，其餘回人免其烏拉馬及軍臺卡倫差役，並給予卹賞銀兩。[408]這項措施，也為因功陣亡伯克、回人的後裔開啟晉升伯克之路，再加上宣宗多提拔具有戰功的伯克，對於伯克成員生態帶來長遠的影響。

阿奇木伯克查明伯克、回人的承襲者，呈報各城駐箚大臣，內容是承襲者有無子嗣、人數、個人是否已有功勳頂戴；未有功者之名字、年齡；若無子嗣，則由兄弟子侄等承繼，查核有無頂戴等事，再由大臣呈報優卹。浩罕因不滿清廷禁止通商等事務，於道光十年（1830）入侵喀什噶爾，伊什罕伯克托呢褩爾等十七人被害，經阿奇木伯克作霍爾敦查覆後，也比照道光八年（1828）方式辦理，長齡依據作霍爾敦的呈報，上奏承襲世職事宜。[409]

為平定亂事而陣亡的伯克及回人，宣宗於道光九年（1829）六月二十七日諭喀什噶爾參贊大臣扎隆阿奏請將喀什噶爾、英吉沙爾、葉爾羌、和闐四城盡節伯克及回人，與伊犁將軍及駐箚大臣、官兵陣亡者，一體附祠祭祀，每逢春秋歲暮之時，遣令伯克前往致祭，喀什噶爾由原參贊衙門改建為昭忠祠安設牌位。[410]阿奇木伯克也捐輸建祠，以紀念戰亂中陣亡的大臣將士，例如道光十年（1830）郡王阿奇木伯克伊薩克捐資興建，以悼念張格爾事件中為喀什噶爾陣亡的大臣、將士，宣宗硃圈選賜名為彰忠祠，

---

[408]（清）賽尚阿等修，《欽定回疆則例》，卷3，頁23及卷7，頁8。

[409]《外紀檔》，文獻編號第303000077號，頁148-150，道光十一年十一月十二日，長齡、玉麟、哈朗阿、璧昌奏。

[410]中國第一歷史檔案館編，《嘉慶道光兩朝上諭檔》，冊34，頁254，835條，道光九年六月二十七日，內閣奉上諭；《嘉慶道光兩朝上諭檔》，冊34，頁254，836條，道光九年六月二十七日，內閣奉上諭；《嘉慶道光兩朝上諭檔》，冊34，頁275-276，890條，道光九年七月初七日，內閣奉上諭；《奏摺檔》，文獻編號第30500092號，頁95-97，道光七年五月，理藩院奏。

朝廷將捐資之功，賞給伊薩克第三子瑪默特五品頂翎。[411]

5、回報兵燹農糧拖欠因素

軍興之際，阿奇木伯克為因應大軍之需，差派回人輓運、防守等事，伯克必須注意時節，以免造成農務的拖延，伯克也要調查兵燹影響糧賦欠收各事，回報大臣，再上奏定奪。道光七年（1827），因張格爾事件，大軍正在進勦，軍需糧食的輓運，雇用回人牲畜車駝，但是三月融雪，河水盛大，由伊犁運往阿克蘇等地米麵有二萬五千多石，回人背負涉水行難，又逢春耕時節，阿奇木伯克伊薩克進行調查，進而懇請長清奏請回人與牲口可歸家趕種，否則來年恐無養贍之資。[412]道光七年（1827）閏五月，張格爾事件後，宣宗為了表彰阿克蘇、烏什、庫車、喀喇沙爾四城，各回戶在軍興時，協同防守，供應士兵飲水、食物及運補，喀什噶爾、英吉沙爾、葉爾羌、和闐四城，遭張格爾等滋擾，田園廬舍受蹂躪，因此主動免除八城上年及本年應繳糧石、布疋及貢賦的徵收，阿克蘇阿奇木伯克愛瑪特、烏什阿奇木伯克木薩率領眾伯克，分別前往該城辦事大臣衙門表達謝意。[413]

道光十三年（1833），葉爾羌、喀什噶爾、英吉沙爾三城糧賦拖欠，經阿奇木伯克調查回報，因張格爾事件後，又有浩罕及玉素普入侵，兩遭兵燹，且上年秋霜較早，入冬又逢大雪六十餘

[411] 中國第一歷史檔案館編，《嘉慶道光兩朝上諭檔》，冊 35，頁 54-55，189、190 條，道光十年二月二十八日，內閣奉上諭。

[412] 《軍機處‧月摺包》，文獻編號第 058312 號，2747 箱，道光七年四月初一日，長清奏。

[413] 《軍機處‧月摺包》，文獻編號第 058423 號，2747 箱，道光七年六月二十日，長清奏；《軍機處‧月摺包》，文獻編號第 058420 號，2747 箱，道光七年七月十四日，多貴奏。

日，戰亂逃亡的朵蘭回人，以及遭浩罕等擄掠的回人，未全部回返，農務人力不足，或者錯失了播種時節，拖欠應繳數額，大臣再將實情上奏。[414]道光十四年（1834），仍受入寇連年，回戶遭擄掠，田地因兵災、回人逃難等因素影響，元氣功虧一簣，再加上去年入冬大雪，凍斃了耕種的牛馬，影響農作，因此回戶應繳糧石自道光十二年（1832）就有拖欠狀況，道光十三年（1833），交糧又需補繳去年糧額，葉爾羌阿奇木伯克伊斯瑪依爾、喀什噶爾及英吉沙爾阿奇木伯克作霍爾敦皆回報該城如期納糧的困難，經回疆參贊大臣長清調查，為三城奏請緩免繳糧。[415]宣宗則准以豁免道光十二年（1832）及十三年（1833）舊欠糧石豁免十分之六，於道光十五年（1835）起將剩的十分之四分三年繳完，此四分合計共應繳之糧為一萬二千二百七十石，一年應攤交四千九十石，而喀什噶爾及英吉沙爾兩城阿奇木伯克需負責當年原有正賦糧的繳納，喀什噶爾三萬二千百九十三石六升一合三勺，以及英吉沙爾七千一百五十六石二斗七升八合七勺，更要完成催繳攤交之數。[416]

　　而葉爾羌應交布疋及棉花，也同樣因為兵荒馬亂，回戶多流離失所，道光十二年（1832），秋霜較早，冬季又逢大雪，以致道光十二年至十四年（1832-1834）共欠十四萬七千四二十六疋布及棉花三萬斤，大臣嚴飭勒限阿奇木伯克伊斯瑪依爾催交，但回戶實在渴瀝，阿奇木伯克稟稱難處，大臣調查後，奏請概准豁免，

---

[414] 《軍機處・月摺包》，文獻編號第 062460 號，2760 箱，道光十三年二月十一日，璧昌奏。

[415] 《軍機處・月摺包》，文獻編號第 068151 號，2743 箱，道光十四年五月初一日，長清奏。

[416] 《外紀檔》，文獻編號第 303000113 號，頁 4-5，道光十五年七月初一日，西朗阿奏。

要給伊犁的布棉，直接由道光十五年（1835）起按年交納即可。[417]

　　各城應納糧賦依其物產而異，以英吉沙爾所屬察哈里克、坎帕爾兩莊為例，道光二十五年（1845），正逢七和卓之亂，兩莊雖歷亂事，卻無一人跟隨滋事，又完納該年之稅，宣宗為獎勵而下諭，免除兩莊道光二十六年（1855）及道光二十七年（1856）的所有稅賦。[418]請見表 10-26 英吉沙爾所屬察哈里克、坎帕爾兩莊回戶每歲應完賦稅之清單表，回戶每歲應完賦稅之清單如下：

表 10-26 英吉沙爾所屬察哈里克、坎帕爾兩莊回戶每歲應完賦稅之清單表

莊　名	戶　數	正　賦	小　　　麥	回布	紅　銅
察哈里克	27	普爾 5316 文	70 石 1 斗 5 升	14 疋	15 兩 7 錢 3 分
坎帕爾	21	4392 文	54 石 6 斗 2 升 5 合	11.5 疋	10 兩 3 錢
合　計	48	9708 文	124 石 7 斗 7 升 5 合	25.5 疋	1 斤 10 兩 3 分

資料來源：《軍機處・月摺包》，文獻編號第 075522-1 號，2752 箱，清單。

6、修復損壞設施

　　亂事滋擾後，軍臺卡倫首先遭到破壞，若是滋事之眾入本城，城垣、兵房、衙署、倉庫、藥局、信仰中心等各項公共設施，供

---

[417]《外紀檔》，文獻編號第 303000112 號，頁 138-139，道光十五年正月二十七日，興德、關福奏。

[418]《宮中檔道光朝奏摺》，文獻編號第 405008036 號，2731 箱，道光二十五年八月十二日，麟魁、賽什雅勒奏；《軍機處・月摺包》，文獻編號第 075522-1 號，2752 箱，清單；《宮中檔道光朝奏摺》，文獻編號第 405012258 號，2726 箱，道光二十五年九月十八日，內閣奉上諭。

應民生的磨房，水渠等多遭破壞，善後工作亦需將其修護或重建，伯克往往多主動捐資興建。

葉爾羌東路二、三、四軍臺，以及兩路黑孜爾瓦特腰臺皆被焚燬，東路的五臺至十二臺，以及西路哈拉木扎什軍臺，及兩處卡倫房屋也多燬塌，原任回疆參贊大臣正在籌款時，阿奇木伯克伊斯瑪依爾、四品伯克烏舒爾、愛里木沙、伊布拉依木、邁瑪特薩賴五人，呈報願意捐修，並為各軍臺補建新房共計一百一十二間，東路五臺至十二臺，以及西路哈拉木扎什軍臺，坍塌處也都修理完成，由於五人品級一個已是頭品，另三個前次已賞至三品戴花翎，無可再加，因此賞給五人各大緞二疋作為獎勵。[419]英吉沙爾七和卓事件後，軍臺、卡倫、城門、圍牆俱被焚燬，漢城壕溝牆根也多處剝落，四品阿奇木伯克阿木都哈里克、五品伊什罕伯克薩木薩克、六品密喇普伯克愛孜斯等，也都情願捐修，宣宗准其捐辦，並免造冊報銷，為國庫節省了經費的開支。[420]

除了城外軍臺等設施外，城內各項公共建築，多因兵燹遭損，也需要修復。張格爾、浩罕、玉素普等事件，陸續在道光五年（1825）至道光十年（1830）間發生，葉爾羌、喀什噶爾及英吉沙爾等地，在道光十二年（1832）時，皆奏請整修戰時毀損的設施，包括城牆、衙署、官兵房舍、倉庫及藥局，大多於十月前完工，宣宗也為此加以功賞，其中葉爾羌阿奇木伯克阿布都爾滿及其子二品頂帶頭等侍衛邁瑪特愛孜斯，均交理藩院從優議敘。[421]喀什噶爾阿

[419] 《軍機處・月摺包》，文獻編號第 080701 號，2749 箱，道光二十七年十二月初九日，吉明奏；《外紀檔》，文獻編號第 303000212 號，頁 48-49，道光二十九年十二月初七日，德齡奏。

[420] 《軍機處・月摺包》，文獻編號第 080737 號，2749 箱，道光二十七年十二月十五日，吉明奏；中國第一歷史檔案館編，《嘉慶道光兩朝上諭檔》，冊 53，頁 14，48 條，道光二十八年正月十三日，內閣奉上諭。

[421] 中國第一歷史檔案館編，《嘉慶道光兩朝上諭檔》，冊 37，頁 602，1636 條，

奇木伯克阿布都爾滿，亦是葉爾羌郡王，以及頭品頂帶阿奇木伯克作霍爾敦，也因參與整修工程，捐辦各項物資有功，皆得賞大緞二疋，其餘伯克也得賞戴花翎或升品級。[422]英吉沙爾世襲三等台吉四品阿奇木伯克邁瑪特瑪哈素特賞給大緞二疋。[423]

道光二十八年（1848）初，七和卓之亂剛平定，宣宗對於撫馭回莊，使回戶能得安謐，伯克仍在各路偵防，協助善後輓運，為鼓勵伯克，將阿奇木伯克伊斯瑪依爾之子瑪普蘇，於道光二十三年（1843）因修建葉爾羌外城有功賞給五品頂戴花翎，再賞換成三品頂戴花翎，伊什罕伯克烏舒爾之子六品藍翎斯底克，亦賞換五品頂戴花翎。[424]

巴爾楚克在咸豐七年（1857）被倭里罕入侵圍困，用水浸灌所有城垣周圍，以致攔馬牆、甕城、女牆多半坍塌，經查勘丈量共一千一百八十五丈七尺，估計需三萬餘工，由於該城工匠稀少，因此葉爾羌參贊大臣轉飭阿奇木伯克阿克拉依都，由葉爾羌僱覓匠役三十名，回夫二百七十名，委派六品伯克前去協助修建。[425]當時葉爾羌也同樣因倭里罕入侵滋事，城外昭忠祠、普渡寺、東西教場、接官廳，以及察木倫、葉爾羌本城的龍神祠，均被燒燬，伯克、回夫亦不計較本身伊斯蘭教一神的信仰，仍為其興建完竣。

道光十二年十月初九日，內閣奉上諭。

[422] 中國第一歷史檔案館編，《嘉慶道光兩朝上諭檔》，冊 37，頁 640-642，1737條，道光十二年十月二十五日，內閣奉上諭；《軍機處・月摺包》，文獻編號第 062200 號，2760 箱，道光十三年一月二十二日，璧昌奏。

[423] 中國第一歷史檔案館編，《嘉慶道光兩朝上諭檔》，冊 37，頁 687，1885 條，道光十二年十一月十八日，內閣奉上諭。

[424] 中國第一歷史檔案館編，《嘉慶道光兩朝上諭檔》，冊 53，頁 22，64 條，道光二十八年正月十七日，內閣奉上諭。

[425] 《宮中檔咸豐朝奏摺》，文獻編號第 406009577 號，2714 箱，咸豐八年十一月十九日，慶英、固慶奏。

[426]咸豐八年（1858），喀什噶爾阿奇木伯克庫圖魯克等願捐修因亂事受損的漢城外，亦呈報其他商民回人四百三十一人願意捐款修城，共得普爾錢一萬五千串文，但因阿奇木伯克一力出資已足夠修城，故而將此捐款作為官方償還，已積欠喀什噶爾三千五百名防軍十一個月的塩菜銀兩。[427]咸豐九年（1859），英吉沙爾也同樣原因修城，但靠著該城的領隊大臣捐銀六百兩，回務章京九百兩、四品阿奇木伯克捐銀四百五十兩，以及文武的捐輸，湊足經費，不再向朝廷造冊報銷。[428]

　　在戰亂中毀壞的民生供應磨房及水渠，為長遠的考量需尋找更適合的地點，重新設計及建造。咸豐八年（1858），因上年倭里罕滋事，將葉爾羌原設在回城南門外，離漢城二十餘里的兩座官磨房，全部燒燬。該城三品阿奇木伯克阿克拉依都考量磨麵是為提供官兵食用，又需往返運送成本，未來若再遇亂事，如何保全糧食供應，因此覓得城北半里一處空地，但地勢較高，需另行開渠引水，而阿克拉依都也正為莊內田多水少，想要開渠灌溉，於是結合兩項工程。阿奇木伯克主動捐麵一萬斤，並自行出資由巴爾楚克挽運石磨四盤，而其他伯克也捐資木料及各項用品，其中閑散回人因捐麵六萬七千多斤，提供修河壩及廟宇而升任為六品伯克，這些工程由咸豐七年（1857）九月初八日興建，於咸豐八年（1858）七月底修成，計有磨樓二座、大小房有四十五間，共有八間安有石磨四盤，開大渠長九百零一丈八尺，寬一丈八尺，

---

[426]《宮中檔咸豐朝奏摺》，文獻編號第 406009581 號，2714 箱，咸豐八年十一月十九日，慶英、固慶奏。

[427]《奏摺檔》，文獻編號第 305000462 號，頁 123-126，咸豐八年四月，法福禮、裕瑞奏。

[428]《宮中檔咸豐朝奏摺》，文獻編號第 406010281 號，2714 箱，咸豐九年三月初八日，慶英奏。

深九尺五寸，渠中分流，一為水磨房用，一為農田灌溉。[429]伯克善後，搜緝殘留的滋事者，協助安置難民及回人復業，回報民生狀況，捐資重建復原各項建設，不遺餘力，繼續為家園及民眾，貢獻其力。

伯克配合皇帝諭令，高宗採玉，宣宗執行各項禁令，文宗採礦。為實踐高宗與宣宗開墾政策，伯克要找尋新墾之地，配合伊犁移民實邊，伯克需負責募集回人前往，捐助遷出者的口糧、驢、鍋、保暖衣鞋，也要補足遷出人口原有應繳糧賦。開墾期間，需協助雇工、挖渠、捐糧、招撫窮苦回人，安置耕作及辦理將各項事宜造冊，更要維護偏遠回人耕作時的安全，伊犁伯克每年以得賞布匹方式，作為升遷流動不如回疆各城的補償。伯克也要為駐箚大臣的提供所需，包括提供風土歷史的諮詢，為大臣的政策作調查及背書具結、協助處理民族事務，也可向駐箚大臣提出倉儲方式、豐年與欠收之年的賦稅差別的建言。伯克平日裡要負責管理所屬伯克、世襲承繼呈報、催糧賦自墊差額，捐助救災濟貧，自付口糧、物料、銀兩以修繕城工、灌溉渠道。伯克負責審理回人竊盜案，其餘涉及謀財害命均交大臣處置，執行回人與浩罕斷婚，軍民與回人的隔離，管制出入境及守卡，監控白山派後裔。伯克也要負責周邊各國使臣接待、照顧，翻譯使臣文書，為回疆參贊大臣覆信。代表清廷對外交涉，折衝境外國與國的衝突，克盡宗主國之責，緝盜不分國內外，維護公平貿易環境。蒐集周邊各國情資，以維國家安全，聯合外商作戰，維護共同利益，補駐箚大臣能力不足之處或為其疏失善後。

戰亂之時，伯克為軍隊整備糧草，自行墊辦或是捐輸。入侵

---

[429]《宮中檔咸豐朝奏摺》，文獻編號第 406009580 號，2714 箱，咸豐八年十一月十九日，慶英、固慶奏。

者來攻,伯克負責守城、守卡、要道防禦、安撫回莊。持續採購
所需物資及輓運,文書翻譯及遞送。為回兵準備兵器、糧食,帶
領回兵前往卡外邊區及山上,獨立偵防、刺探情報、作戰、反間、
用計誘敵、擒捕,或受大臣及將軍之命,與清軍協同作戰,執行
任務與正規軍無異。伯克也投效大營差遣,協助翻譯文書,戰時
文件奏摺遞送,隨營打仗、搜拏餘匪、後勤支援,開渠造路舖橋,
卡內外物資採買、分撥至新設臺站當差。戰亂善後則要辦理外商
僑民善後各項文書認證,清查財產、搜索殘餘滋事者、安置難民,
協助回復生計,捐資修建或重建軍臺、防禦、官兵房舍、城工、
水渠、磨房等各項設施,調查農損、撫卹,建祠祭拜等各項事宜。
由於伯克多為黑山派回人擔任,當白山派後裔欲返執政入侵,伯
克成為緝拿、脅迫或殺而代之的目標,既可影響民心,防止伯克
向清軍遞訊,又可利用伯克的能力,或需索財物。伯克脫逃成功,
卻被清廷重新檢視其忠誠,因而遭革職或懲處。

綜觀伯克的業務,除了其職位例行的職掌,協力完成各項日
常事務外,還得因應皇帝、大臣所需,協助周邊各國事務,戰亂
前後整備、善後,參戰守城支援各項,事涉內政、外交、國防、
民族、經濟、農業、礦務、司法等層面。伯克也獲得清廷不同的
獎勵,高宗對伯克的付出,多以賞緞匹以示酬庸,成效卓著者升
品級,有時也補還伯克所付銀兩,公私分明,不將伯克額外配合
政策所作之事,視為理所當然;而仁宗對協助運送玉石可升賞頂
戴,則不以為然,認為屯田及守卡者功勞較大,其賞賜以緞匹為
多,兼賞頂戴;道光年戰亂多,伯克配合政策所為,或戰事立功,
至於捐助修復,各城大臣直接採免造冊報銷,宣宗大多回賞升品
頂帶為主,賞緞為次,與高宗公私分明的風範已有不同。儘管宣
宗重視戰功,非回部王公家族的一般維吾爾族人,可因戰功晉升
伯克,為自己帶來榮耀,現任的伯克也可請駐箚大臣上奏時,將

功賞轉給家族子弟，以利累積未來晉升之機，創造及延續家族勢力與社會地位。然而更多伯克所為，只是為了盡其所能，貢獻心力，捐助物資及金錢，甚至犧牲生命的奮戰，無非是希望疆土穩固，家園平安，為所當為而已，其付出與貢獻是值得被正視與敬重。

第十一章　回疆弊端與伯克

　　清高宗依俗而治施行伯克制，是沿用準噶爾統治天山南路時期的制度，但其內涵則有質變，改為分品級與有給制，伯克任職是屬流官，不固定於一城，也非世襲之位，主要的任命權來自於各城辦事大臣、領隊大臣及回疆參贊大臣等駐箚大臣，五品以上高階伯克則由皇帝作最後的定奪。如此設計既是以回治回的間接治理，又有清廷派駐各城大臣的直接管理，駐箚官員上奏適合伯克的人選，反映當地問題與可能因應之道。皇帝可在朝掌控各城五品以上高階伯克的人事，透過諭示、理藩院或各部把關，主導回疆各項事務發展，形成以少治多，符合清朝以少數民族管理回疆眾民族的統治之利。而高宗清楚這樣的設計，必須充分倚賴伯克，才能真正推動回疆所有事務，僅靠少數的駐箚大臣是無法達成的，因此對於提高伯克的政治地位是非常重視的，希望邊疆大吏可與伯克攜手共治，創造西陲的長治久安。

　　然而邊疆大吏卻不以為意。道光朝張格爾事件漫延，回疆長期受戰亂所苦，那彥成善後調查報告，宣宗看到回疆大臣、衙署及伯克的陋規，內部蠶食的隱痛，因而發佈各項禁令，但弊端並未就此停止，時至咸同兩朝白山派仍帶來一次次的動盪，甚至清朝曾一度失去新疆絕大部分的治權，左宗棠以伯克阻隔官民，咎責於伯克，主張廢除伯克制。然而伯克真是回疆弊端之源嗎？本章試由伯克在清朝統治前的禮俗傳統、乾嘉道咸四朝皇帝影響伯克制施行的方向、皇帝用人、駐箚大臣作為、制度等層面，探索回疆弊端的因素。

第一節　乾隆朝致力提高伯克政治地位

一、伯克、汗的宴請及餽送

　　早在高宗統治天山南路前，伯克間已有一套習以為常的禮儀、宴請、位階上的餽贈禮俗，以及制衡伯克之道。當時伯克的收入，是直接來自於所轄的維吾爾等各民族。

　　《欽定皇輿西域圖志》卷三十九，記載乾隆年間，伯克彼此的互動關係及相見禮儀部分，多為準噶爾統治時期所留下的禮俗，其設置的伯克職缺，高宗也依因俗而治，大多予以保留。準噶爾統治時期，回部各城大事由阿奇木伯克及伊什罕伯克共理，小事則各有專司職掌的伯克負責。每年汗王為伯克們設宴三次，各項牲禮果品的準備，由鄂克他克奇伯克負責。而阿奇木伯克則設宴兩次，由各村莊的明伯克備辦，以饗宴犒賞僚屬。伊什罕伯克至明伯克等，見到阿奇木伯克，在過年時，屈一足以雙手捧著阿奇木伯克之膝，阿奇木伯克撫其背而慰其辛勞，就如阿奇木伯克見到準部之汗的禮儀般，若是平日相見，則鞠躬即可。若是騎馬相遇，伊什罕伯克只鞠躬，不下馬，但商伯克以下，則要下馬行抱膝禮，以示職位高低之別。阿奇木伯克每日要與汗相見二次，伊什罕伯克以下至明伯克，要見阿奇木伯克一次，若有事相議，則不在此限。

　　阿奇木伯克及伊什罕伯克新任或離、調職，必須送禮大約九項給其汗，多為遠方的奇珍異寶，商伯克以下如有新任或離開，也是如此，若無奇珍，也會致上馬、牛、鷹、犬、器甲之類物品，

職位較低伯克，則不要求備送。阿奇木伯克若有行軍得勝，也要準備異珍給汗。過年時，則各自送禮，各村莊伯克多以「**烏羔炊黍為禮**」，禮物的數量以九為準，即九項或十八項，以二十七項為禮數最豐。[1]這似乎可以理解，何以阿克蘇阿奇木伯克散秩大臣色提巴勒氏在乾隆二十六年（1761）為恭賀皇太后七旬萬壽聖節時，進獻九色貢物的原由。[2]

而當時唯一有權品評及制衡阿奇木伯克的力量，決定其去留者是伊斯蘭教的阿訇。[3]這個傳統背景，也可以明瞭在乾隆統治回疆初期，為何對於清廷任命的阿奇木伯克有所不滿時，多以阿訇為首另提伯克人選的舉措。

這些禮儀雖是乾隆年間被記錄下來，卻也由來已久，是伯克間傳統的禮儀、宴請、送禮及為官之道，也是代表伯克行政位階高低、從屬，彼此間相互禮敬的文化結叢。

清朝派駐的各城辦事大臣或領隊大臣等，對伯克們而言，就如沿襲過往的汗王，多主動贈禮。在清朝檔案中，駐箚大臣於到任時，也常要求阿奇木伯克等送禮，甚至形成既有的禮數行情，若有不足，大臣尚且派人要求補齊。至於阿奇木伯克新任，各城莊伯克餽送禮物的風俗，時至道光朝也依然存在。而原是禮尚往來，在清朝統治日漸僵化下，大臣恃官位之威，以儀禮輕蔑及苛索伯克，其他派駐官員、隨從、家人等，也以各種方式向伯克需索，伯克不勝負荷，轉向回人苛索，情況日益嚴重，成為伯克制度弊端的因素之一。

---

[1]（清）傅恒等奉敕撰，《欽定皇輿西域圖志》，冊 4，卷 39，頁 16-18。

[2]中國第一歷史檔案館編，《乾隆朝滿文寄信檔譯編》，冊 2，頁 664，208 條，乾隆二十六年十一月二十三日；《大清高宗純(乾隆)皇帝實錄》，卷 649，頁 27，乾隆二十六年十一月丙辰，又諭。

[3]七十一，《新疆輿圖風土考》，卷 4，頁 1，回疆風土記，收入張羽新、趙曙青主編，《清朝治理新疆方略匯編》，冊 19，頁 354。

二、高宗提高伯克政治地位

　　高宗在統治回疆初期，為改變伯克向所轄之民需索的舊俗，將伯克制改為有給職，提供養廉銀、地畝及供役之人（燕齊），以防伯克在準噶爾時期貪瀆的遺風繼續留存，如果有守法自愛者，則以增加養廉銀及賞緞疋等作為鼓勵。[4]若有苛虐回人之伯克，也給予革職或勞役的懲處。

　　同時，為了提升伯克在政治官僚體制中的地位，以及在回疆社會的地位，給予伯克優於各省官員的品級。如齊清順所述，各省之巡撫是正二品，道員是正四品，而知府為從四品，知州則是正五品，知縣為正七品。葉爾羌阿奇木統治人口數，在乾隆二十六年（1761）約有六萬餘人，實不及各省的一個大縣的人口，但是治理之阿奇木伯克卻為三品。[5]就實際人口而言，喀什噶爾、和闐也僅四、五萬人，阿克蘇及烏什也僅一萬多人，東部的庫車、沙雅爾、賽里木更只有一兩千人，皆設三品阿奇木伯克，確實是優於各省。高宗曾諭回疆各城三或四品阿奇木伯克的地位，與各省之督撫相似。[6]即可了解，高宗所欲賦予阿奇木伯克政治位階，及其提升阿奇木伯克的地位的意圖。

　　高宗諭令回疆伯克年班入覲，也是另一個提高伯克政治及社會地位的表徵。年班是各省官員少有的機會，卻與清廷籠絡蒙藏等各少數民族統治階層的心意一般，而伯克即使不具封爵身份，

---

[4]（清）傅恒等，《平定準噶爾方略續編》，卷 14，頁 24-25，乾隆二十六年十一月癸丑，諭軍機大臣，收入張羽新、趙曙青主編，《清朝治理新疆方略匯編》，冊 6，頁 439。

[5]齊清順，〈乾隆皇帝統治新疆的幾項重要措施〉，收入編輯組編，《西域史論叢》（烏魯木齊：新疆人民出版社，1990 年），第 3 輯，頁 235-236。

[6]《大清高宗純（乾隆）皇帝實錄》，卷 678，頁 22-23，乾隆二十八年正月辛未，諭軍機大臣。

也可享有與扎薩克王公大部分相同的年班禮遇，更具有不同的意義。高宗也在伯克們首次入覲之時，任命各城阿奇木伯克。[7]讓伯克們體認伯克權力的賦予，是直接來自於皇帝，與回疆駐箚大臣的任命來源相同，宣示著伯克與大臣同為清朝正式任命的官員地位，都表達了高宗提升回疆伯克政治地位的胸懷。這其中包含籠絡新附民族，考量新疆位處西北邊疆，具有戰略及未來的發展性，視伯克為執行政策及管理回眾等各民族的主力等遠見。

　　高宗為了提高回部王公家族及伯克參與政治之權，與回疆參贊大臣、辦事大臣及領隊大臣，一體同享優渥的恩賞及政治地位，要求大臣要對伯克如其他派駐官員般平等的看待。高宗諭令大臣，凡是回部郡王、貝勒、輔國公被任命為參贊大臣，駐箚各城的滿清大臣在奏摺上需將其一同銜名列奏。以高宗訓斥喀什噶爾大臣永貴為例，就可看出見端倪。高宗諭示凡是蠲免回人的賦役、擬補伯克名單等事後，永貴上奏皆需將參與會議的回部郡王額敏和卓及玉素布（富）等一起列名，他們都是最早歸服於清朝的之人，也是為扎薩克郡王，又欽授為參贊大臣，有何需迴避？因而訓斥永貴未將他們列名，究屬何緣故？是不讓他們存有形跡嗎？且不只是這二人，即便是庫車貝勒鄂對及拜城輔國公噶岱默特，今若授為參贊大臣，也應該要會同辦事，因而諭斥永貴太不明事理。[8]這可以顯見，高宗平日仍持續重視有功的回部王公與伯克，以提升其政治地位，不只納入伯克制的體系，表現優良者也納入滿洲駐箚大臣為主的官僚行政體系，要求駐箚大臣需一視同仁，平等相持。

　　十一年後，類似事情仍在發生，乾隆三十九年（1774），高

---

[7]《大清高宗純（乾隆）皇帝實錄》，卷608，頁11-12，乾隆二十五年三月癸丑，諭軍機大臣等。

[8]中國第一歷史檔案館編，《乾隆朝滿文寄信檔譯編》，冊4，413條，頁472-473，乾隆二十八年正月十三日，奉上諭。

宗又諭烏什參贊大臣綽克托、瑪興阿、福森布等，鄂對及噶岱默特等皆係回人阿奇木伯克、頭目，又得具貝勒、公的爵位，也令他們在乾清門行走，駐箚大臣不可將他們與其他屬下回人一體看待。凡是有關回疆一帶的事件，駐箚大臣奏報時，要將鄂對職名一起列於大臣之後，若有領賞的謝恩奏摺，不只在奏文內提到，更要將他們職名同列具奏，以示高宗對伯克們與大臣一體寵渥之意，必將使伯克們心生感激，愈加互相勸勉，為回疆政事大有裨益。[9]實際上，高宗也藉此曉諭大臣治理伯克之術。

　　同樣地，乾隆五十三年（1788）八月，吐魯番郡王貝子伊斯堪達爾擔任喀什噶爾阿奇木伯克，高宗以其職分較大，又一次諭示喀什噶爾參贊大臣明亮，嗣後喀什噶爾一切事件，俱要將伊斯堪達爾列銜上奏，新疆各處辦事大臣，凡遇貝子以上，皆應稍加優待，以符體制。[10]高宗在乾隆五十四年（1789）十二月諭令，元旦慶賀行禮是朝廷大典，有益於伯克敬君之道，嗣後元旦朝賀及萬壽聖節朝賀，回疆參贊大臣需將喀什噶爾、葉爾羌、阿克蘇三大城的三品阿奇木伯克列銜於與大臣之後，此雖非以前舊例，是為了慶祝高宗八十大壽而起，卻也表達高宗一貫重視伯克同為朝臣之意。[11]

　　高宗不厭其煩地多次提點駐箚大臣注意，對於伯克們的地位要予以尊重，恩威併行，並以身示範。例如傳聞喀什噶爾阿奇木伯克噶爾岱默特有苛取下人物件及侵害之事，高宗要伊犁將軍舒

---

[9]中國第一歷史檔案館編，《乾隆朝滿文寄信檔譯編》，冊11，頁654-655，1770條，乾隆二十九年六月二十九日，奉上諭；《大清高宗純（乾隆）皇帝實錄》，卷961，頁32-33，乾隆三十九年六月庚戌，諭軍機大臣等。

[10]《大清高宗純（乾隆）皇帝實錄》，卷1310，頁671-672，乾隆五十三年八月庚子，諭軍機大臣曰。

[11]《大清高宗純（乾隆）皇帝實錄》，卷1345，頁12-13，乾隆五十四年十二月丙子，諭旨。

赫德可以不追究，即便是與他不和的敏額和卓有誣謗噶爾岱默特之心，也不在意，後來查明噶爾岱默特確實無罪，也加恩寬免額敏和卓之罪。[12]

若遇官員與伯克衝突，高宗也不偏私的懲處官員。如庫車發生七品都管伯克鄂克塔木之子額依穆爾，與守備蘇世義署內餘丁王英鬥毆，蘇世文將鄂克塔木喚來，妄行掌責，庫車辦事大臣秀林將蘇世義革職，但仍留三年令其効力贖罪，王英則判枷號兩個月，及杖責四十，並賞鄂克塔木緞匹及茶封作為賠禮。但高宗不因七品伯克最為低微，而忽視此事在回疆社會的影響，諭秀林將蘇世義革職，傳集回眾，將其重責四十大板，枷號三個月示眾，高宗也讚許秀林，並期望回疆各城駐箚的將軍及大臣，一同建立不偏私祖護派駐官員的威信。[13]高宗不僅珍視吐魯番郡王及各回城有功封爵位阿奇木伯克，也重視低階伯克事件的處置，避免日久因坦護各省民人，而使回人心寒，這都是高宗致力於提高伯克的社會地位的努力。他深知真正善待與尊重伯克，才是治理新疆的根本，然而駐箚大臣卻多未能體會，高宗深遠的眼光及共治的胸襟。

有關大臣與伯克間禮儀的部分，在烏什事件的善後事宜，已提到阿奇木伯克以下伯克，與大臣官員等相見，向來未定儀注，駐箚大臣等常是妄自尊大，高宗諭令嗣後阿奇木伯克、伊什罕伯克，見大臣等官員等，應照總管、副總管例，其餘伯克，俱照官

---

[12]中國第一歷史檔案館編，《乾隆朝滿文寄信檔譯編》，冊 9，1526 條，寄諭伊犁將軍舒赫德等將噶岱默特有無取屬下財物之事據實密奏，乾隆三十六年十一月十四日；中國第一歷史檔案館編，《乾隆朝滿文寄信檔譯編》，冊 10，1541 條，寄諭吐魯番郡王額敏和卓伊誣陷噶岱默特一事著加恩免罪，乾隆三十七年五月初三日。

[13]《大清高宗純（乾隆）皇帝實錄》，卷 1382，頁 4-5，乾隆五十六七月乙亥，又諭。

兵例,大臣官員等,毋得簡傲。[14]

　　不過,烏什事件後的十三年,高宗仍發現大臣與伯克間的儀禮,並無改善。乾隆四十三年(1778)九月,爆發葉爾羌辦事大臣高樸私鬻玉石案,及需索欲升遷補放伯克銀兩之事。同年十一月,高宗召見曾在乾隆三十八年(1773)至四十三年(1778)間,先後出任葉爾羌辦事大臣及喀什噶爾辦事大臣雅德,了解回疆伯克與駐箚大臣的關係。據雅德所稱,伯克每日都要上大臣衙門,每次見面皆需向各大臣叩頭行禮,高宗認為高樸貪婪勒索,使回人含怨,日久不免激成事端,禮儀隆重又豈能懾服人心?明朝重文輕武,武臣又重內而輕外的前車之鑑不遠,當今國家全盛,周邊各國畏服,伯克知法無異心,派駐大臣乃為國家億萬年之計,後世子孫需體其籌謀之意,大臣要伯克每見叩首,實未長計遠慮之舉,大臣若能正己率屬,恩威並施,伯克們自然悅服,伯克犯法,據實參奏,小則降革,大則誅殺,也不為過。但若倚恃尊嚴,欺凌踐踏伯克,是斷不可行,更何況伯克年班入京,施恩優待,與內扎薩克無異。駐箚大臣管理回疆,回眾皆為其屬下,豈可不以恩禮相待,以撫綏遠人。高宗於是要求軍機大臣擬定大臣與伯克、土爾扈特及金川番子等謁見之儀,避免駐箚回疆的滿洲大臣驕傲自恃,須將回疆伯克,甚或是具封爵者,視同大臣或官員。[15]

　　高宗也認為邊疆大臣是為了讓回城百姓可以安居樂業,伯克等雖服屬各駐防大臣,需要進署謁見,以聯絡上下之情,但斷無日日進見之理,因此同意大學士阿桂等商議規範:酌定伯克中如兼有公爵及貝勒、貝子者爵位者,品級較大,與各大臣相見儀注,

---

[14] (清)傅恒等編纂,《平定準噶爾方略續編》,卷32,頁22-26,乾隆三十年十月甲寅,明瑞等奏,收入張羽新、趙曙青主編,《清朝治理新疆方略匯編》,冊7,頁126-127。

[15]《大清高宗純(乾隆)皇帝實錄》,卷1070,頁8-9,乾隆四十三年十一月丁亥,又諭。

皆應更加以禮相待。若為阿奇木、伊什罕及四五品以上大伯克，除了初次謁見時，准其請安致敬外，只定於每月初一十五兩日，進公署與駐劄大臣謁見即可，平常不得私行進見，見面洽談公事，俱毋庸叩頭行禮，至六品以下小伯克，本來就無常見之事，若是因大臣初到時，一起共同謁見許其請安叩頭，平常時日禁止叩頭，各大臣等務宜時加恩禮威並行，以體察高宗愛養回人撫遠懷柔之意，此規範也一體適用於土爾扈特、土司、蒙古王公。[16]這等於再次更明確地提醒疆臣大吏與伯克等相遇禮儀，然而高宗對伯克的看重，及不遺餘力地諭令駐劄大臣要與伯克平等互持，但大臣的表現，卻是誨者諄諄，聽者藐藐。同時也可以見到，阿奇木伯克們在清朝統治的十多年間，每日謁見大臣的禮儀傳統，仍如往昔對待汗王一般。

三、駐劄大臣掌控伯克的任命權

回疆各城駐劄大臣自恃來自朝廷，又掌有伯克陞免權，其地位理所當然地高於伯克，若駐劄大臣對於出任參贊大臣的回部王公，已不視其為大臣，那麼要求對該管之城所屬的伯克平等相待，也就更難做到了。有的學者也認為，從官府的角度，伯克並不是真正的官員。[17]就回疆政治管理結構而言，伯克制度的設計，皇帝對伯克雖擁有最高的任免權，但在回疆各城，伯克直接面對最有權威的人，卻是該城辦事大臣、領隊大臣及回疆參贊臣。回疆參

---

[16]中國第一歷史檔案館編，《乾隆朝上諭檔》，冊 9，頁 476-477，1108 條，乾隆四十三年十月二十日，大學士公阿桂等謹為遵旨議奏；《軍機處・月摺包》，文獻編號第 021696 號，2764 箱，乾隆四十三年十一月二十日；《大清高宗純（乾隆）皇帝實錄》，卷 1071，頁 12，乾隆四十三年十一月丙午，定伯克等官謁見駐劄大臣儀注，軍機大臣議覆。

[17]霍維洮、胡鐵球，《近代西北少數民族社會變遷》（銀川：寧夏人民出版社，2009年），頁 240。

贊大臣擁有揀選五品以上伯克，提擬正陪二人的上奏權，以及同品伯克調動的權力。各城駐箚大臣則擁有五品以上伯克的提名權及六、七品伯克的任免權，兩者都具有直接管理伯克的最大實權。即使是權位最高的皇帝，其掌五品以上伯克決定權，也僅佔伯克總數的百分之二十五至二十六[18]，等於握有四分之一多的決選之權。換言之，駐箚大臣掌有伯克四分之三的任免決定權，且皇帝圈選的高階伯克名單，大多也是他們擬定的，等於他們握有伯克升遷幾近絕對的決定權。儘管在高宗時，曾有未透過駐箚大臣而直接任命伯克之例[19]，但究竟是少數。高宗也曾坦言，若是各省道府，他尚知賢能否，但回部伯克賢否，他是不得而知的，因此需要倚靠各回城大臣在眾伯克中挑選，其中開註誰優，即選誰補授，要求大臣當擇好保奏，不可瞻徇。[20]這表示高宗任命伯克，倚賴駐箚大臣挑選的程度甚高，而乾隆朝統治回疆，伯克幾乎每年進京入觀，高宗已是清代各朝有最多機會認識伯克的皇帝，尚且如此表達，更何況是道光朝以下，伯克年班時有斷續，很少接觸伯克的皇帝。

　　從回疆駐箚大臣的角度而言，六品以下伯克由大臣任命，具有絕對權力，五品以上伯克要提名擬正陪清單奏請，若要徇私推薦，皇帝也不易察覺，駐箚大臣既然被制度賦予決定伯克升遷的權力，對伯克們的索求，也就視為理所當然。而伯克為了加強關係，好讓自己可以透過駐箚大臣的提攜，順利補缺升調，家族或氏族相關成員也有機會出任伯克，持續擁有及擴展其政治及社會地位。那麼平日及升遷之際，就很難不去因應駐箚大臣、官衙的

---

[18] （清）賽尚阿等修，《欽定回疆則例》，卷1，頁1-22。

[19] 《大清高宗純（乾隆）皇帝實錄》，卷1296，頁9-10，乾隆五十三年正月己巳，又諭。

[20] 《大清高宗純（乾隆）皇帝實錄》，卷1110，頁25-26，乾隆四十五年七月己丑，諭旨。

要求，甚至主動為其考量所需，包括上任、卸任、出巡應有的禮數及安排。儘管駐劄大臣不懂當地維吾爾等各民族語文，回城的大小事皆需倚賴伯克去執行及管理，大臣辦事的績效也要仰賴伯克，兩者關係甚是微妙。但駐劄大臣職責本就在於管理該城，而單就掌有伯克制度任免之權，就足以令其恃權而驕。伯克在回疆民族社會是為上層階級，以官需為藉口，對回人勒派是事實，但背後實是受到大臣更大的苛索所致。

四、駐劄大臣苛索伯克及回人

儘管高宗致力大臣以禮相待伯克，但高宗派駐的大臣不但未了解其深意，需索伯克之事更是層出不窮，或許高宗在這些事件中，也需負起任官識人不清之責。而吏治不清，擾害伯克及回人，甚至全城回人一起陪葬，莫過於乾隆三十年（1765）發生的烏什事件。伊犁將軍明瑞曾奏察烏什弊端，官衙買糧不付足數的銀兩，大臣公署及辦公之處，所用的木材及油，皆是向回人索取而來，亦有兵丁欺凌回人，駐劄大臣素誠父子及辦事的筆帖式，任意姦宿回人婦女，見到伯克之妻年少，則找個理由喚入衙署過夜，哈密郡王之弟阿奇木伯克阿卜都拉也隨哈密親隨，恣意妄為。[21]喀什噶爾辦事副都統栢琨亦奏，阿卜都拉將疲瘦馬匹及羊隻，散與回眾，希圖高價出售，素誠未加查問，且將烏什回人妻女任意調戲，官兵也任意姦宿回婦。[22]

---

[21]（清）傅恒等，《平定準噶爾方略續編》，卷 29，頁 26-27，乾隆三十年三月壬寅，伊犁將軍明瑞奏，收入張羽新、趙曙青主編，《清朝治理新疆方略匯編》，冊 7，頁 103。

[22]（清）傅恒等，《平定準噶爾方略續編》，卷 30，頁 7，乾隆三十年四月乙卯，喀什噶爾辦事副都統栢琨奏，收入張羽新、趙曙青主編，《清朝治理新疆方略匯編》，冊 7，頁 107。

　　在阿克蘇及喀什噶爾的回眾及大伯克，也畏懼於在印房行走的官員，納世通及卞塔海接見領隊大臣、侍衛官員，要求他們所行之禮，比見伊犁將軍更為尊貴，大伯克要向他們長跪，且多派回人服差役。誠如領隊大臣觀音保向明瑞表示，當他到任烏什之時，納世通即派回人二百名，作為官兵薪水之役，因此即便伊犁所交的賦稅較烏什為重，烏什回人仍願前往，只因伊犁賦稅是有定額，而烏什則隨時可增。[23]納世通經常行圍，每次都要二三百位回人跟隨，以致回人失去維生之業，誤了耕時，馬匹僱覓多加苛派，苦累回人。納世通不常接見伯克，一切事務委由略通回語的主事烏爾袞，對他寵信有加，放縱其勒索所屬回人，甚至曾因索取衣裘不得，而毆辱布魯特散秩大臣阿奇木，高宗諭以回部伯克俱品級之人，需予善視，該管大臣雖不可過於優容，卻也不任意凌賤，各城大臣應引以為誡。[24]烏爾袞後來被提至烏什正法示眾，並傳集伯克回人觀看。[25]

　　這是高宗統治回疆初期，因官員向回眾、伯克恣意需索，易城而治的阿奇木伯克也妄為的事件。在清朝統治回疆短短六年內即引發抗暴之事，高宗早在事件發生之初，已知其過不在回眾，而是駐箚烏什的滿洲大員及哈密郡王家族的阿奇木伯克苛待回人，前來調查的官員副都統卞塔海等又未查明事實，即以礮擊城民所致。儘管三名官員素誠自戕，納世通、卞塔海遭正法，但事

[23]（清）傅恒等，《平定準噶爾方略續編》，卷29，頁28-29，乾隆三十年三月壬寅，伊犁將軍明瑞奏，收入張羽新、趙曙青主編，《清朝治理新疆方略匯編》，冊7，頁103-104。

[24]（清）傅恒等，《平定準噶爾方略續編》，卷30，頁29-32，乾隆三十年五月甲辰，喀什噶爾辦事副都統栢琨奏、諭軍機大臣，收入張羽新、趙曙青主編，《清朝治理新疆方略匯編》，冊7，頁112。

[25]（清）傅恒等，《平定準噶爾方略續編》，卷31，頁13-14，乾隆三十年六月甲子，諭軍機大臣，收入張羽新、趙曙青主編，《清朝治理新疆方略匯編》，冊7，頁116。

件卻用幾近屠城及遷移淨空方式，將飽受苛待，起而反抗的烏什近兩萬回人一同付出慘痛的代價。而高宗在烏什事件，所提出了善後措施，與道光朝張格爾事件後，那彥成至各回城查弊所見，仍有許多相似之處，可見回疆弊端早已存在，且未有改善。

駐箚大臣額爾景額因烏什事件有所警惕，故而補行參奏和闐總兵和誠，於乾隆二十九年（1764）十二月派阿奇木伯克阿什默特、署筆帖式松科泰及家人李文等，假借巡查六城為由，要松科泰及李文向回人需索金錢衣物，回人無不嗟怨，和誠也私採哈朗圭塔克之玉，隱匿不進貢，高宗諭示將和誠革職問罪，額爾景額予以申飭，並諭各城官員毋得相互瞻狗，應以國事為重，辦事大臣理應守潔奉公，約束下人，撫輯回眾，同官有不法，即鄰城有聞，也應行據實參奏，讓不肖之徒知所顧忌，何至滋生事端。[26]和誠被參奏之事，在兩個月內調查確認後，高宗即行裁定於和闐正法示眾，並要官員傳諭回人等知曉。[27]阿奇木伯克阿什默特受屬下呢雅斯及克伊葉斯唆使懲惡，苛虐屬人，呢雅斯及克伊葉斯又倚勢苛待回人，高宗諭令懲治二人，並酌將失察之過的阿什默特應行調任他城，或送京安插，以期表達朝廷懲處盤剝回人、貪婪、目無法紀官員的決心。[28]

然而回疆駐箚大臣貪瀆之事仍在，疆吏大臣公私不分。如乾隆四十年（1775）喀什噶爾阿奇木伯克噶岱默特報請自費運官布，

---

[26]（清）傅恒等，《平定準噶爾方略續編》，卷30，頁20-22，乾隆三十年五月丁亥，諭軍機大臣，收入張羽新、趙曙青主編，《清朝治理新疆方略匯編》，冊7，頁109-110。

[27]（清）傅恒等，《平定準噶爾方略續編》，卷31，頁26，乾隆三十年七月乙未，諭軍機大臣，收入張羽新、趙曙青主編，《清朝治理新疆方略匯編》，冊7，頁119。

[28]（清）傅恒等，《平定準噶爾方略續編》，卷32，頁5-6，乾隆三十年八月己未，諭軍機大臣，收入張羽新、趙曙青主編，《清朝治理新疆方略匯編》，冊7，頁122。

將本城多織緞匹，共有一萬匹，由他負責自力包裝，找馱運牲口，
與官布一起編隊送往伊犁，喀什噶爾辦事大臣申保為此奏請獎
勵，高宗雖同意，卻也認為申保辦理不當，應照例由官送。[29]這是
高宗避免形成官方苛扣伯克的習慣，但已顯示朝廷派大臣對伯克
態度的偏失。

　　由於駐箚大臣自恃其身份，以及掌控伯克進陞的優勢，伯克
常需因應官衙的要求，也必須了解官員就任的送禮行情，部分大
臣則直接向伯克需索，如乾隆四十二年（1777）高樸以大學士、
兩江總督高晉之姪，及高宗慧賢皇貴妃之姪身份，出任葉爾羌辦
事大臣，即派家人李福、常永等人，向阿奇木伯克鄂對、伊什罕
伯克阿布都舒庫爾、哈資伯克額伊莫爾和卓、都管伯克買瑪特色
依特、哲博伯克莫洛買瑪第敏等多位伯克需索，包括金、銀、珊
瑚、珠寶、玉器、水獺皮、金絲緞、羔羊皮襖等，而這些索求因
高樸私騙玉石案的調查，才得以被發現，事後高樸也在該城就地
正法。[30]

　　有時回疆官員，彼此因隙或是滿洲官員輕視漢族官員等事而
互控，需索之情，也被揭露。乾隆四十六年（1781），和闐辦事
大臣德風被和闐領隊大臣烏什哈達控告，在和闐借修萬壽宮，多
派回人修理衙署，兼由回人私賣玉石案裡，詐贓三千兩銀，及苛
扣官兵鹽菜，又續控將庫貯官錢八千多串，交都司生息；德風則
反控烏什哈達收受阿奇木伯克邁達雅爾綢緞及皮張，高宗恐是高

[29]中國第一歷史檔案館編，《乾隆朝滿文寄信檔譯編》，冊 11，1941 條，寄諭喀
　　什噶爾辦事三品官申保等著賞賜噶岱默特以獎賞奮勉效力，乾隆四十年閏十月
　　十八日。
[30]李桓輯，《國朝耆獻類徵初編》，光緒十六年，收入周駿富輯，《清代傳記叢刊・
　　綜錄類》（臺北：明文書店，1985 年），冊 138，卷 20，宰輔 20，頁 35-47；
　　趙爾巽等撰，《清史稿》，冊 35，卷 310，高斌傳，頁 10639；趙爾巽等撰，
　　《清史稿》，冊 36，卷 339，高恆傳，頁 11073；《軍機處・月摺包》，文獻
　　編號第 021531 號，2764 箱，乾隆四十三年十一月十八日，清單。

樸之案再現，下令審辦。經烏什參贊大臣綽克托及葉爾羌辦事大臣復興調查，實因德風為進士，又有兄長德保為禮部尚書，家族在朝為官者多，對烏什哈達為漢族意存輕視，遇事言詞嚴厲，致烏什哈達無可容忍，將德風查獲回人買賣玉石五百騰格，私用於衙署修繕，再將多項風聞事務羅織呈控。德風原是棄瑕錄用而被派來新疆任官，又干犯罪責，因此被判絞監候，烏什哈達判留於邊卡侍衛，在烏什效力，而同為滿族官員復興及綽克托也在調查過程中，有意維護德風，希圖息事，含混上奏。[31]

在此同時，哈密也發生哈密通判經方官位雖微，卻監守自盜，侵虧帑項達十五萬兩之多，而遭正法，其供稱因哈密為新疆孔道，差使絡繹於途，差務、車輛花費供應，以致賠墊。高宗諭此為藉口，要求調查驛站有無違例供應及濫行支應之事，而該管之前後任的烏魯木齊都統索諾木策凌曾收受節禮，奎林未有察覺，同城為官之哈密辦事大臣明亮及佛德在查抄經方任家財，才全盤托出，皆是有心徇隱，均需分賠。[32]後來又查出烏魯木齊採買糧可與時價不符，發現從乾隆三十九年（1774）即有浮開冒銷之情弊，案情調查延續至乾隆四十七年（1782）八月，前任鎮西府巴彥岱在任內明知經方虧空，卻因經方以饋送銀一千兩，又憚于舉發遭致賠累，而不查揭，巴彥岱被處秋後處決，索諾木策凌令自盡，

---

[31] 見〈德風〉、〈德保〉條，「清代檔案人名權威」資料庫，臺北：國立故宮博物院圖書文獻館；《大清高宗純（乾隆）皇帝實錄》，卷1139，頁33，乾隆四十六年八月丁酉，又諭；《大清高宗純（乾隆）皇帝實錄》，卷1139，頁35，乾隆四十六年八月己亥，又諭；《大清高宗純（乾隆）皇帝實錄》，卷1143，頁6，乾隆四十六年十月丁亥，又諭；《大清高宗純（乾隆）皇帝實錄》，卷1145，頁14-16，乾隆四十六年十一月癸亥，又諭。

[32] 《大清高宗純（乾隆）皇帝實錄》，卷1145，頁4-5，乾隆四十六年十一月乙卯，又諭；《大清高宗純（乾隆）皇帝實錄》，卷1146，頁15，乾隆四十六年十二月乙亥，諭軍機大臣；《大清高宗純（乾隆）皇帝實錄》，卷1146，頁19-20，乾隆四十六年十二月戊寅，刑部議覆。

德平、伍彩雯及王喆等處斬。[33]哈密及北疆等地，陸續發生官員弊案，可知清朝大臣貪瀆，吏治不清的狀況。乾隆四十六年（1781）也發生以賑災為名，查出涉案官員一百多位的王亶望甘肅冒賑案，高宗曾嘆官官相護，舉朝皆然，而感慚懣。[34]乾隆四十七年（1782）十月，和闐玉作成冊寶恭奉入太廟禮成之時，高宗也語重心長地諭示，若是稍有怠忽，用人不當，對回疆撫馭造成疏失，那麼和闐之玉未必見得可以源源而至，如若刻意征索，苛求苦累回人，不惟玉不可得，更將別啟事端，於是下令將此諭抄錄三份，存放在內閣、尚書房及內務府三處，以期未來皇帝、大臣等可以敬承無斁。[35]

　　乾隆五十二年（1787）正月，也曾發生回疆駐箚大臣法靈阿因明伯克莫羅爾雜等，控告阿奇木伯克鄂斯璊之事，大臣不但未加詳細查核，更欲將其事作實，幸賴高宗察覺，懲罰大臣拔去花翎，降為五品，需自備資斧回京，讓阿奇木伯克鄂斯璊免受官員庸蔽之苦。[36]同年十一月，就連全疆最高首長伊犁將軍也收受銀兩等事遭同僚奏參，伊犁參贊大臣海祿參奏伊犁將軍奎林毀棄佛像，辱罵官員，將遣犯手折斷，將人拋入河中，罰遣犯二千銀，縱放他們回籍，及與哈薩克人易羊買布，濫受價款銀三千兩等，事後審訊發現海祿將既有之事，從嚴妄生議論，高宗以奎林性情

---

[33] 《大清高宗純（乾隆）皇帝實錄》，卷1163，頁14-16，乾隆四十七年八月丙戌，又諭。

[34] 《大清高宗純（乾隆）皇帝實錄》，卷1149，頁3-4，乾隆四十七年正月己未，諭軍機大臣等；《大清高宗純（乾隆）皇帝實錄》，卷1150，頁14-15，乾隆四十七年二月丁丑，諭軍機大臣會同刑部議覆。

[35] 《大清高宗純（乾隆）皇帝實錄》，卷1166，頁2-4，乾隆四十七年十月甲子，恭奉重刻五朝冊寶尊藏太廟。

[36] 《大清高宗純（乾隆）皇帝實錄》，卷1273，頁28，乾隆五十二年正月乙未，又諭。

乖張，及海祿挾嫌誣陷，將二人革職及懲處。[37]

　　次年，即乾隆五十三年（1789）十二月，也發現和闐領隊大臣格綳額到任，即收受阿奇木伯克邁瑪第敏等眾伯克之皮張、綢疋並索取銀兩，當時葉爾羌辦事大臣塔琦已知，卻因維護，以恐向阿奇木伯克調查將妄生疑懼，或引發回眾揭告之風為由，欲掩蓋貪婪事實，直到後任的和闐領隊大臣錦格參奏，才交部議處。高宗要求喀什噶爾參贊大臣明亮，務須留心查察，回疆各城尤當潔己奉公，若向回眾需索，必將從重治罪，決不輕貸，格綳額獲判在和闐正法示眾，塔琦革職，而阿奇木伯克邁瑪第敏實屬諂媚迎合，但念其祖拜城輔國公噶岱默特有功，僅將其革去阿奇木伯克之職，保留其公爵之位，前往葉爾羌効力贖罪。[38]然而這也顯現了回疆官員與伯克關係，似乎已形成一個既定的模式了。

　　除了各回城駐箚大臣及家人的需索外，也有武職官員向回人商民賒取者。如英吉沙爾游擊朱越，向商民賒取綢緞，卻未給錢，而被告發，經審理革去游擊職，發往烏魯木齊當苦差，高宗以身為武官卻犯此案，若不重加懲戒，恐日久難免向回人需索，因此將該案輕議之喀什噶爾辦事大臣瑪興阿等嚴行申飭，諭令改判朱越在英吉沙爾本城枷號三個月，並在喀什噶爾、葉爾羌、和闐、烏什、阿克蘇、庫車、喀喇沙爾等城，各枷號三個月示眾為戒。[39]

[37] 《大清高宗純（乾隆）皇帝實錄》，卷1293，頁357-358，乾隆五十二年十一月戊子，諭軍機大臣；《大清高宗純（乾隆）皇帝實錄》，卷1298，頁454-455，乾隆五十三年二月壬寅，諭旨。

[38] 《大清高宗純（乾隆）皇帝實錄》，卷1318，頁4-5，乾隆五十三年十二月庚寅，又諭；《大清高宗純（乾隆）皇帝實錄》，卷1319，頁17-18，乾隆五十三年十二月己酉，諭軍機大臣等，又諭；《大清高宗純（乾隆）皇帝實錄》，卷1322，頁23-25，乾隆五十四年二月己亥，諭旨；中國第一歷史檔案館編，《乾隆朝上諭檔》，冊14，頁805，1910條，乾隆五十四年三月十九日。

[39] 《大清高宗純（乾隆）皇帝實錄》，卷1121，頁19-20，乾隆四十五年十二月壬申，又諭。

乾隆五十六年（1791）十月，又查出駐箚葉爾羌巴爾楚克卡倫護軍校玉保，不但私下役使回人，又向商伯克沙瑪蘇爾勒索馬匹，高宗諭令從重治罪，革去護軍校，鞭打一百為懲戒。[40]

　　儘管高宗極力查處，但乾隆朝新疆駐箚大臣等官員貪瀆、需索已成常事，且視貪瀆為小事，官員相處不睦互揭，事發調查，官員相護現象甚多，高宗也了解，許多官員是不願前往新疆任職的，有些人上任後，以不諳外在事務，偽藉無能，盼可撤調回京。[41]儘管官員在回疆，惟藉伯克才得以指揮行政系統的運作，卻以伯克陞遷大權在握，自恃甚高，高宗以長遠治理的考量，希望藉機嚴懲，警惕各城官民，然貪瀆之風，在官官相護及庸蔽偏執之下，回疆伯克等遇事，大多只能默默承受與配合。

第二節　嘉慶朝用人思維失當

　　嘉慶朝增加伯克不論品級大小，可隨帶子弟二或三人進京，朝覲得賞賜六品虛銜，經該城駐箚大臣委派差使，考核五年，勤奮者准擬以七品伯克補用。[42]這意味著不僅是伯克自己的轉陞與駐箚大臣有關，連伯克家族政治社會地位的延續及擴展，也都掌握在駐箚大臣手中，因為入覲名單的擬定及未來考核全由駐箚大臣及回疆參贊大臣主導。這些設計原是信任各駐箚大臣的管理及負予任用權，並為將來伯克的多作些歷練，卻也形成了駐箚大臣需

---

[40]《大清高宗純（乾隆）皇帝實錄》，卷1389，頁24，乾隆五十六年十月甲子，又諭。

[41]《大清高宗純（乾隆）皇帝實錄》，卷1337，頁16-17，乾隆五十四年八月甲戌，又諭。

[42]（清）托津等人編纂，《欽定回疆則例》，卷2，頁18-19，收入天龍長城文化藝術公司編，《新疆史志》，第二部，冊11，頁139-142；（清）賽尚阿等修，《欽定回疆則例》，卷4，頁1-2。

索伯克的深化程度，賄賂的弊端更多。

　　仁宗感於回疆官員，經常發生向伯克索求之事，在嘉慶十九年（1814）二月閱讀《大清高宗純皇帝實錄》對高宗在乾隆四十三年（1778）十月的聖諭時，贊同高宗統馭回疆、土爾扈特思慮深遠的至意，希望透過駐箚大臣的撫綏，可將帝王威德，全國統於一尊，伊犁將軍及駐箚大臣雖對伯克有約束鎮撫之責，但實同為朝廷臣子，彼此是為同僚，不可妄自尊大，而將伯克視為奴隸，因此向回疆各駐箚大臣傳諭重申遵照高宗此聖諭，不可欺凌與蔑視。[43]由仁宗諭令中已用「奴隸、欺凌、蔑視」等字眼，更可了解高宗費心地提升伯克政治地位，及不斷諭示、罰處官員，未有太大的效果，嘉慶朝駐箚大臣對待伯克的態度及作為，更是每下愈況。

　　駐箚大臣對伯克需索，未曾停止，到了嘉慶年間，疆臣上任禮數在官場上，似乎已有其定額與行情，如松筠奏烏什辦事大臣佛倫保到任時，因阿奇木伯克送禮及皮張數目短少，不肯收受，即令章京達靈阿代為傳令伯克各補足黑色羊、灰色羊皮五十張。佛倫保虧短倉庫庫藏，向伯克等索取禮物，又冒報倉庫無虧損，收受管理屯田處公送禮物，巡視卡倫及進廟上香，都要兵丁抬轎，極盡苛派、貪瀆與需索之事，仁宗諭批「竟非人類」。[44]

　　嘉慶十四年（1809）十一月，烏什倉廠工程本應官事官辦，動用公項興修，卻又藉機令回人攤派，實為苛索，仁宗雖賞阿奇

[43]《大清仁宗睿（嘉慶）皇帝實錄》，卷284，頁23-24，嘉慶十九年二月辛丑，又諭。

[44]《上諭檔》，方本，嘉慶十二年夏季檔五月分，頁159，五月初八日，內閣奉上諭；《宮中檔嘉慶朝奏摺》，文獻編號第404012862號，2724箱，嘉慶十三年十二月二十二日，積拉堪、成林奏；《宮中檔嘉慶朝奏摺》，文獻編號第404013487號，2724箱，嘉慶十四年二月初四日，軍機大臣字寄伊犁將軍松筠；《宮中檔嘉慶朝奏摺》，文獻編號第404013400號，2724箱，嘉慶十四年二月二十四日，松筠奏。

木伯克邁瑪特伊巴喇依木大緞一匹，及七品伯克木薩賞六品頂戴，但仍重申官修工程，應用官項支付，毋許再派捐給伯克。[45]

　　由於嘉慶朝回疆的治理，已呈現穩固狀態，仁宗派任駐箚大臣的思維，已不同於高宗等第地培養邊吏大臣，經營新疆。仁宗認為新疆是大臣思過之地，例如松筠因上疏等過失，由陝甘總督降為副督統銜，充伊犁領隊大臣，嘉慶七年（1802），擢為伊犁將軍。[46]然而松筠為力求表現，誤判喀什噶爾阿奇木伯克吐魯番郡王玉努斯之事，造成清廷對白山派後裔情資及防範，產生重大的疏漏，而有張格爾事件，長達七年的戰亂，以及時至同治初年白山派後裔等多次的入侵，也導致清廷在同光兩朝有十多的時間，失去新疆大多數地區的治權，其影響可謂深遠。又如喀什噶爾參贊大臣松福未查往例，處理布噶爾使臣密爾里木進貢之事失當，以致使臣滯留，又在喀什噶爾生病一年，全由伯克照顧，事後又要求阿奇木伯克逕自給銀打發，等於阿奇木伯克等伯克替大臣負擔使臣所有的費用。[47]斌靜在嘉慶二十三年（1818）出任喀什噶爾參贊大臣，時常立於回城上撒錢，引回人爭相撿拾為趣，並藉此看見婦人容貌，喚入衙署姦宿，其後也被伯克聯合指控，但回務章京綏善、廢員賈炳，以及斌靜家人張福等人，互相結拜為兄弟，繼續仗勢欺壓伯克。[48]而永芹出任喀什噶爾幫辦大臣，以追孜牙敦之名，親自帶人出卡緝捕，卻在途中紮營，仁宗以其畏縮無能革職。[49]但十年後，宣宗卻命他為回疆最高行政長官喀什噶爾參贊大

[45]《大清仁宗睿（嘉慶）皇帝實錄》，卷 221，頁 2-3，嘉慶十四年十一月癸酉，諭內閣。

[46]趙爾巽等撰，《清史稿》，冊 37，卷 342，頁 11114-11115。

[47]《宮中檔道光朝奏摺》，文獻編號第 405006139 號，2719 箱，道光二十二年六月二十二日，圖明額奏。

[48]《上諭檔》，方本，冬季檔，嘉慶二十五年十一月二十七日，軍機大臣寄字。

[49]《起居注冊》，嘉慶二十年九月初九日辛卯，奉諭旨。

臣。道光五年（1825），張格爾聯合布魯特前來滋擾，他派幫辦
大臣巴彥巴圖追緝，滋事者早已遠遁，巴彥巴圖殺戮無辜的汰列
克家人一百多人，反遭報復被殺，永芹不但調度失宜，又奏事不
實。[50]可見其畏縮無能還依舊，但仁宗與宣宗這樣派任官員的思
維，不但直接影響當時之事，也間接影響後來新疆政局的動盪。
高宗苦心經營，重視官員到邊疆實地磨練了解當地，官員尚且藉
無能，以求儘速撤任回京，更何況有過之臣，帶著挫敗或不平之
心，力求表現，或以偏奏實。皇帝任命宗室出任回疆要職，卻識
人未清，宗室斌靜行為荒誕，永芹犯了過失，仍可步步高陞，其
行事造成布魯特的離心，西北藩籬漸失。松福亦是孝獻皇后董鄂
氏親族，皇室宗親造成的外交的誤失，或為回疆帶來動亂，卻由
回眾與伯克承受苦痛，皇帝也有應負之責。[51]

第三節　道光朝勵精圖治查禁弊端

　　張格爾事件結束後，那彥成於道光八年（1828）作善後調查，
認為回疆「西四城從逆猖獗，實係昔於阿奇木伯克苛歛，而阿奇
木伯克之所以攤派，多由大小各衙門供支浩煩，攤派歛錢，藉辦
公之名，又復指稱中飽其囊橐」[52]，此即道破回疆多年來駐箚大臣
及衙門各員需索伯克，伯克只得向回眾攤派，並以公務之名，暗
自取巧，從中飽足私囊備用，形成駐箚大臣、伯克與回眾關係弊

---

[50]《大清宣宗成（道光）皇帝實錄》，卷92，頁23-25，道光五年十二月乙丑，諭
　　內閣。
[51]永芹、斌靜、松福，請見「清代檔案人名權威」資料庫，臺北：國立故宮博物院
　　圖書文獻館。
[52]《奏摺檔》，文獻編號第305000107號，頁105，道光八年八月，欽差大臣那彥
　　成奏。

端與惡性循環的結構，但其關鍵卻是駐箚大臣等的貪瀆，也正是
回疆弊端的源頭所在。

那彥成查訪各城發現，東四城由於回戶較少，各大小衙門陋
規，大多是供給柴薪、苜蓿等物，夏天令伯克們蓋天棚，到了年
節餽送食物，或是以官價採買市場上的物品，或是額設工匠到衙
門當差。然而西四城之擾累，則是日增歲積，如每月阿奇木伯克
在各回戶名下，按戶派紅錢二十五文，名為克列克里克，即意為
衙門需用錢，維吾爾語為四分之一之意，如有不敷用時，再續派，
以所用多寡，按戶均攤錢文，其錢並無定數，稱為色里克，在維
吾爾語為強迫徵稅。[53]各衙門服裝、食物等日用所需，無一不取於
阿奇木伯克，雖有發價之名，卻未有發價之實，尤其以喀什噶爾
為甚，非一任官員所為，也非官員一人所作，而是歷任各城大小
官衙的各成員多是如此，且帳目也按年全數燒燬，無從對質與查
證。

那彥成奏請將各弊端作成禁例，若有各城大臣犯禁例或改易
名目者，由回疆參贊大臣奏參，如乾隆年間格繃額之例正法，中
飽私囊的阿奇木伯克等也予以正法。如果回疆參贊大臣未作表
率，狥庇各城大臣，應由伊犁將軍訪查參奏，如此交相稽核，自
可嚴防弊端，同時也需要增加養廉銀及鹽菜銀兩等津貼，使大臣
不再以辦公不足敷用為需索的藉口。道光年版《欽定回疆則例》
卷七續纂列此禁例，凡是因此被告發之官員，包括屬下官員、阿
奇木伯克等，均照枉法贓嚴行治罪。[54]

---

[53] 高文德主編，〈色里克〉條，《中國少數民族史大辭典》，頁 844；克列克里克
　　 及色里克是維吾爾語解釋，請見林恩顯，《清朝在新疆的隔離政策》，頁 98。
[54] 《奏摺檔》，文獻編號第 305000107 號，頁 106-108，道光八年八月，欽差大臣
　　 那彥成奏；《大清宣宗成（道光）皇帝實錄》，卷 140，頁 9-12，道光八年八
　　 月甲戌，諭內閣；（清）賽尚阿等修，《欽定回疆則例》，卷 7，頁 10-11。

那彥成在道光八年（1828）奏查回疆陋規，有各城大小衙門陋規計十七項，及各城阿奇木伯克陋規計七項，後來將這些回疆各城陋規，予以勒石永禁，並令各大臣而按季查覈咨報，大約由道光十三年（1833）起葉爾羌參贊大臣於年終十一月中旬左右至十二月中旬前，喀什噶爾、英吉沙爾、和闐、烏什、阿克蘇、庫車、喀喇沙爾等各城大臣，要按季咨報大小衙門及伯克，是否有干犯陋規之事，也要各該城阿奇木伯克加具印結，呈請彙奏，而葉爾羌參贊大臣也要根據彙奏，密行訪查確認，與各城奏報情事無異之後，再行上奏。[55]但由奏摺內容而觀，因是例行奏報，內容幾乎千篇一律，且每年皆書「均無干犯陋規」。而伊犁將軍也同樣要奏報伊犁地區所屬回人，伯克及大小衙門是否有陋規等事。[56]

由於七和卓之亂在道光二十五年（1845）發生，宣宗恐怕回疆又因日久弊端再起，亂事不斷。於是再次下諭，給新任伊犁將軍，道光二十六年（1846）四月初九日，伊犁將軍薩迎阿尚在上任途中，行至哈密迤東沙泉子軍臺，即接獲上諭，諭示要如前諭令布彥泰（伊犁將軍）破除回疆各城積習一般，不讓伯克藉口需索，雖然道光八年（1828）籌議的善後章程已是周備，但奉行日久恐怕食用物品及役使工作之類，難保再滋生弊端，因此要求薩迎阿到任後，再將道光八年（1828）以來，歷奉之諭旨繕錄頒發給各城申明嚴禁，並於各城駐劄大臣到任之始，以及每年四季都要召集官員宣讀一次，實力奉行，且需按季咨報，一體查覈，如有陽奉陰違者，即行據實參奏。薩迎阿得旨回奏，認為將軍統轄

---

[55]《軍機處・月摺包》，文獻編號第 066266 號，2743 箱，道光十三年十一月十七日，長清奏。

[56]《軍機處・月摺包》，文獻編號第 066449 號，2743 箱，道光十三年十一月二十八日，特依順保奏。

西陲全域之責，伊犁又為總匯之區，回疆各城時有因公往來的人員，除了會同葉爾羌參贊大臣詳加查訪外，若有陽奉陰違情弊，也將參奏，不敢稍涉瞻徇。[57]自此葉爾羌參贊大臣年終彙報上奏內容，換成另一個版本，即在原有內容前再加入薩迎阿奉旨內容，並增加按季傳集各官吏宣讀曉諭，飭阿奇木伯克按季呈報，各城大臣也要認真稽查大小衙門有無干犯陋規，按季取具該處阿奇木伯克切實甘結，加具印結，一面逐咨伊犁將軍查覈，也要將各城阿奇木伯克甘結，以及由各城大臣加具印結，密行查訪與所報無異後，逐條造冊彙報上奏。[58]換言之，自此年終奏報裁禁回疆陋規的奏摺的內容及程序上多了四道：一是四季傳集宣讀諭旨，二是彙報上奏時，改為二十四條逐條造冊，三是要咨報伊犁將軍查覈，四是各大臣也要如阿奇木伯克一樣加具印結，不過奏報內容仍一律皆是「均無干犯陋規」，請見表 11-1 裁禁回疆陋規年終彙奏表。各項彙報時間中，葉爾羌參贊大臣景廉奏摺內容未錄奏報日期，僅有硃批日期為同治三年（1864）三月二十七日，與伊犁將軍常清於同治二年（1863）十二月十五日所奏，硃批日期為同治三年三月初九日相比對，推估其上奏日期仍應在同治二年（1863）十二月，符合每年例行應奏報時間。[59]

---

[57] 《宮中檔道光朝奏摺》，文獻編號第 405009142 號，2731 箱，道光二十六年六月十一日，薩迎阿奏。

[58] 《宮中檔道光朝奏摺》，文獻編號第 406001578 號，2709 箱，咸豐元年十一月二十二日，德齡奏。

[59] 《軍機處・月摺包》，文獻編號第 095297 號，2742 箱，無奏日，景廉奏，硃批日期同治三年三月二十七日。

表 11-1 裁禁回疆陋規年終彙奏表

彙 報 時 間	職 　 稱	彙 報 者	有無干犯陋規	文獻編碼
道光 13.11.17	葉爾羌參贊大臣	長清	均無干犯陋規	066266
道光 13.11.28	伊犁將軍	特依順保	伊犁無干犯陋規	066449
道光 15.12.22	葉爾羌參贊大臣	興德	均無干犯陋規	069805
道光 18.11.12	葉爾羌參贊大臣	恩特亨額	均無干犯陋規	405002111
道光 18.11.24	伊犁將軍	奕山	伊犁無干犯陋規	405002215
道光 21.11.18	葉爾羌參贊大臣	圖明額	均無干犯陋規	405004534
道光 22.11.18	葉爾羌參贊大臣	圖明額	均無干犯陋規	405007140
道光 22.11.24	伊犁將軍	布彥泰	伊犁無干犯陋規	405007213
道光 24.11.21	葉爾羌參贊大臣	奕經	均無干犯陋規	072401
道光 24.11.25	伊犁將軍	布彥泰	伊犁無干犯陋規	072396
道光 25.11.20	葉爾羌參贊大臣	麟魁	均無干犯陋規	405008526、076686
道光 25.12.9	伊犁將軍	布彥泰	伊犁無干犯陋規	405008646
道光 26.06.11	伊犁將軍	薩迎阿		405009142
道光 26.12.22	伊犁將軍	薩迎阿	伊犁無干犯陋規	
道光 27.11.23	葉爾羌參贊大臣	吉明	均無干犯陋規	080542
咸豐 1.11.28	伊犁將軍	奕山	伊犁無干犯陋規	406001453
咸豐 1.11.22	葉爾羌參贊大臣	德齡	均無干犯陋規	406001578、082707
咸豐 2.11.20	葉爾羌參贊大臣	德齡	均無干犯陋規	406002873、088444
咸豐 2.12.13	伊犁將軍	奕山	伊犁無干犯陋規	088774
咸豐 3.11.19	葉爾羌參贊大臣	德齡	均無干犯陋規	406005487
咸豐 5.11.19	葉爾羌參贊大臣	常清	均無干犯陋規	406007132
咸豐 5.12.28	伊犁將軍	札拉芬泰	伊犁無干犯陋規	406007465 附件1
咸豐 8.11.21	葉爾羌參贊大臣	慶英	均無干犯陋規	406009617
咸豐 9.11.19	葉爾羌參贊大臣	裕瑞	均無干犯陋規	406011409
咸豐 10.11.25	葉爾羌參贊大臣	英蘊	均無干犯陋規	406013533
同治 2.12.15（硃批日期 3.3.9）	伊犁將軍	常清	伊犁無干犯陋規	094780
同治 3.3.27（硃批日期）	葉爾羌參贊大臣	景廉	均無干犯陋規	095297

資料來源：文獻編碼為「清代宮中檔奏摺及軍機處檔摺件」資料庫。

　　另外那彥成也發現回人重視翎頂官職，以為榮寵，於是有伯克出缺時，即向司員及辦事大臣賄賂，尤其是懂漢語的通事，在大臣面前當差，相互熟識，因而瞻狗情面，以致違例進陞為伯克，回人當任伯克後，即可以大小衙門為名苛歛回眾，這些人出入衙門內外串通，無惡不作。[60]雖然通事不可擔任伯克，擾累回眾之事，早在乾隆朝已明令從重治罪，卻也反映嘉道兩朝駐箚大臣對此情況的持續漠視。

　　道光年間歷經張格爾等事件後，宣宗將善後事宜責成總理回疆參贊大臣、欽差大臣那彥成等調查。其中那彥成在道光八年（1828）奏查所有回疆陋規有各城大小衙門陋規有十七項，與各城阿奇木伯克有關的陋規有七項，而回疆兵民商回有干例禁各條則有十六項。由此可知駐箚大臣的大小衙門所犯陋規最多，貪瀆者不僅是大臣本人，還有其家人，衙門內的官員與隨同大臣前來就任之人，皆仗勢欺壓伯克及回眾。就行政管理的體制上，駐箚大臣權力大，所犯陋規也最多，確實需要承擔較大的罪責，然而卻由陋規最少的伯克，背負回疆弊端的罪名。至於兵民商人，也有十六項，即便是乾隆朝以來，施行所謂隔離政策，但以此調查結果而言，外來的兵民商人對回人生活的干擾，依舊很多。

　　理藩院將那彥成之奏摺及諭旨，皆悉歸併、整理，並將其列入道光十三年（1833）三月初五日至道光二十三年（1843）五月初二日完成刊刻的道光年版《欽定回疆則例》卷七及卷八之中。這是《欽定回疆則例》在清朝第二次的修纂，內容將原有嘉慶年間所修的《欽定回疆則例》四卷，大幅度的增為八卷，其中卷六有五項禁令，是嘉慶十九年（1814）二月初四日第一次刊刻《欽

---

[60]（清）賽尚阿等修，《欽定回疆則例》，卷7，頁9；（清）容慕安輯，《那文毅公籌畫回疆善後事宜奏議》，卷78，頁8，道光八年六月初二日，那彥成、楊芳、武隆阿奏，收入張羽新、趙曙青主編，《清朝治理新疆方略匯編》，冊10，頁330-331。

定回疆則例》所訂，僅對內容略做更動。[61]卷七及卷八為續纂，皆是道光年那彥成檢討回疆的弊端，歸併整理而成。[62]具體列為禁止或不准大臣、衙門及伯克作為等事務，共計列二十項。[63]其中衙門及直接指稱大臣與官員的需索者，有十項，與伯克及直接指稱阿奇木伯克的需索，也有十項。請見表 11-2 回疆衙門及伯克弊端表。表 11-2 回疆衙門及伯克弊端表內，將衙門需索對象細分為大臣、大臣家丁及司員等三項，其中買馬由阿奇木伯克代售，大臣及大臣家丁皆列，供給月費及口食，則是大臣家丁及司員等二者皆有，因而表格內有二十二項，但實為二十項。而苛斂項目一欄的數字，是依那彥成檢討回疆弊端奏摺內，條列弊端之序而來。

　　與衙門相關的十項中，除了一項與工匠有關之外，其餘各項需索的對象全是阿奇木伯克，可見其負擔甚重。那彥成等調查發現，奏衙門役使回人，每名每月交紅錢數百至一二千文不等，名為認月錢，回人總希望避掉此項攤派之苦，寧願按名交納認月錢文，可以免去差役，又可免除每年例行額徵錢糧，但只要各城署添一官役，各莊就多攤派一次差役，這是回疆弊端之首。[64]道光年版《欽定回疆則例》因此明定要求各衙門自覓工匠要發給工資，

---

[61]（清）托津等人編纂，《欽定回疆則例》，目錄，頁 9，收入天龍長城文化藝術公司編，《新疆史志》，第二部，冊 11，頁 36-37。

[62]（清）容慕安輯，《那文毅公籌畫回疆善後事宜奏議》，卷 77，頁 23-43，道光八年七月初三日，那彥成、楊芳、武隆阿奏，收入張羽新、趙曙青主編，《清朝治理新疆方略匯編》，冊 10，頁 302-314；（清）賽尚阿等修，《欽定回疆則例》，原奏，頁 14-15、18-21；（清）托津等人編纂，《欽定回疆則例》，目錄，頁 1-12，收入天龍長城文化藝術公司編，《新疆史志》，第二部，冊 11，頁 21-44。

[63]（清）賽尚阿等修，《欽定回疆則例》，卷 6，頁 17-21，共 5 項；卷 7，頁 10-24，共 14 項；卷 8，頁 1，1 項，共計 20 項；（清）賽尚阿等修，《欽定回疆則例》，卷 6、卷 7、卷 8。

[64]（清）容慕安輯，《那文毅公籌畫回疆善後事宜奏議》，卷 77，頁 23，道光八年七月初三日，那彥成、楊芳、武隆阿奏，收入張羽新、趙曙青主編，《清朝治理新疆方略匯編》，冊 10，頁 305。

不得私役回人，充為工匠，這是衙門所屬的官員苛刻攤派回人勞
役，但若調查屬實，回疆參贊大臣即可指明參奏照枉法贓辦理；
阿奇木伯克因按日供工匠口食，有影射投充之弊，也要連帶一併
治罪，所以與阿奇木伯克也有關係，且此條例言明，如該回疆參
贊大臣竟有故意違反容隱，由即伊犁將軍查明參奏，亦准各城大
臣據實揭參，一體治罪。[65]這代表新疆行政執行層級之別，也說明
防範未來的弊端，不僅針對各城大小衙門，也包括總理回疆事務
最高之回疆參贊大臣衙門，若有此陋規發生，則需動用全新疆行
政最高管理者伊犁將軍，前往回疆查明，後來確實也曾發生。

　　宣宗為防官員徇私容隱之事，再次發生，諭示各城回人如受
大小官員剝削，准其赴回疆參贊大臣、伊犁將軍各衙門控告，即
伯克或回人要自行前往伊犁，或是前往回疆參贊大臣移駐的喀什
噶爾及葉爾羌兩地。若衙門不予追究辦理，伯克於年班進京時，
亦可向理藩院提出控告，如果理藩院也未代奏，伯克即可向在京
各衙門控告，但若控告不實，則治以誣告及越訴之罪，以使官員
及伯克回人皆得保障。[66]不過，這立意雖美，但伯克真要有機會上
京年班入覲，名單又都是駐箚大臣及回疆參贊大臣所控制，且道
光二十五年（1845）至同治三年（1864）之前，伯克年班入覲也
僅在咸豐六年（1856）到京入覲一次而已，[67]難度確實很高。儘

---

[65]（清）賽尚阿等修，《欽定回疆則例》，卷7，頁12；（清）容慕安輯，《那文
毅公籌畫回疆善後事宜奏議》，卷77，頁24，道光八年七月初三日，那彥成、
楊芳、武隆阿奏，收入張羽新、趙曙青主編，《清朝治理新疆方略匯編》，冊
10，頁304。

[66]（清）容慕安輯，《那文毅公籌畫回疆善後事宜奏議》，卷77，頁35，道光八
年八月初七日，奉上諭，收入張羽新、趙曙青主編，《清朝治理新疆方略匯編》，
冊10，頁310。

[67]《大清文宗顯（咸豐）皇帝實錄》，卷216，頁22，咸豐六年十二月壬子，和闐
三品阿奇木伯克阿里。

管可以跨城或至北疆伊犁向伊犁將軍控告伯克，讓回人及伯克感
受到有機會可以訴願，但也曾有中途被攔截阻止的情形。

此外，衙門需索的項目尚有：回城各大小衙門平日所有人日
用所需如衣服、食物及生活雜物，喀什噶爾城每月費紅錢五六百
串至七八百串，葉爾羌每月費紅錢七八百至千餘串，和闐每月費
紅錢一百五六十串至三百串，其他尚要隨時需索海龍、水獺、骨
種、羊皮、珊瑚、黃金、綢緞、茶葉、金花布、搭連布等，及各
項匠役工價、口糧，或是官員等遇有差使，過境索取車價元寶二
三十錠，紅錢一二百串，尋常宴客所用海菜、雜耍、技藝犒賞，
烏拉馬的費用以及公私人役使費用，以那彥成等的調查：「**向來
各大臣因阿奇木伯克懇求情願墊辦，遂至概不發價**」[68]。這等於是
阿奇木伯克要負責所屬大小衙門所有人公務、私用的一切支出，
也表示阿奇木伯克墊辦是出於自願懇求而來，且是行之已久的慣
例，衙門早就視為理所當然之事，然而阿奇木伯克真是懇求且出
於情願嗎？或許剛開始是，但是當阿奇木伯克面對如此龐大的費
用，只得借官需用之名，每月錢按定額向所屬回戶收取紅錢[69]。阿
奇木伯克要支付官方的開銷，不僅是泛指衙門所需一切費用，尚
有個人的部分，只得先中飽私囊，未雨綢繆，才足以應付，尤其
是面對他的直屬長官該管大臣，具有掌握其陞遷革調之權者，更
有不得不應其所需、揣測上意、送禮、照料等各項舉措。

在道光年版《欽定回疆則例》，直接指稱大臣的開銷禁止的

[68] （清）容慕安輯，《那文毅公籌畫回疆善後事宜奏議》，卷77，頁19-20，道光
八年七月初三日，那彥成、楊芳、武隆阿奏，收入張羽新、趙曙青主編，《清
朝治理新疆方略匯編》，冊10，頁302。
[69] （清）容慕安輯，《那文毅公籌畫回疆善後事宜奏議》，卷77，頁19-20，道光
八年七月初三日，那彥成、楊芳、武隆阿奏，收入張羽新、趙曙青主編，《清
朝治理新疆方略匯編》，冊10，頁302。

相關各項，如該城大臣到任、年節、壽辰，調職回京或調職所需盤纏，所屬本城及各莊阿奇木伯克要送金絲、綢緞、回人錦花布、玉玩、皮張等作為禮物，稱為博勒克，即為紅包之意[70]，或在任滿回京直接送元寶數十錠，甚至有些大臣表面辭謝，再私下授意轉告阿奇木伯克將禮物一一折價。[71]這雖與伯克在準噶爾時期遺留下來傳統有關，本是人之常情，卻成駐箚大臣固定沿習的陋規。

此外，大臣巡閱各城及卡倫也要索取，如和闐大臣巡閱和闐開雅爾[72]六城時，常藉端需索，各城阿奇木伯克餽送花緞、花紬、花布、皮張、元寶，開雅爾一城給大臣黃金四十兩，家人及隨員、筆帖式各有餽送，甚至書吏、通事均有紅錢二三十千文不等。[73]實為假巡閱，真貪污之例。喀什噶爾等處大臣巡閱卡倫，照官方規定大臣及隨行相關內外當差人，所需烏拉馬匹應照數於額設馬匹內，發給印票傳調，以供騎用，可是阿奇木伯克由城莊私調烏拉馬折價，以供沿途支應及內外當差人的各項雜費，再攤派給回眾。[74]阿奇木伯克對大臣、官員、衙門內外，通通需要出錢出力的侍候

---

[70]維吾爾語的紅包之意，林恩顯，《清朝在新疆的隔離政策》，頁99。

[71]（清）容慕安輯，《那文毅公籌畫回疆善後事宜奏議》，卷77，頁26-27，道光八年七月初三日，那彥成、楊芳、武隆阿奏，收入張羽新、趙曙青主編，《清朝治理新疆方略匯編》，冊10，頁305-306；高文德主編，〈博勒克〉條，《中國少數民族史大辭典》，頁2151。

[72]開雅爾，應是克里雅勒等和闐所屬六城。（清）賽尚阿等修，《欽定回疆則例》，卷1，頁9-11。

[73]（清）賽尚阿等修，《欽定回疆則例》，卷7，頁18；（清）容慕安輯，《那文毅公籌畫回疆善後事宜奏議》，卷77，頁28-29，道光八年七月初三日，那彥成、楊芳、武隆阿奏，收入張羽新、趙曙青主編，《清朝治理新疆方略匯編》，冊10，頁306。

[74]（清）賽尚阿等修，《欽定回疆則例》，卷7，頁21；（清）容慕安輯，《那文毅公籌畫回疆善後事宜奏議》，卷77，頁31，道光八年七月初三日，那彥成、楊芳、武隆阿奏，收入張羽新、趙曙青主編，《清朝治理新疆方略匯編》，冊10，頁308。

著。衙門內的相關者，包括大臣家丁、司員、筆帖式、廚役人等，都由阿奇木伯克供給月費及糧食，司員月費紅錢二十五千文，筆帖式月費五千文，家人、廚役及各項工匠亦供口糧。然而他們皆有朝廷按月支給的鹽菜、口糧，《欽定回疆則例》因此規定就算偶遇食物昂貴，不敷養贍時，大臣應自行調整衙門用度，不得令阿奇木伯克供給衙門所有人麵糧之需。[75]

另一種讓衙門相關人等賺取外快的方式是養馬。喀什噶爾參贊大臣及幫辦大臣就任時，阿奇木伯克均向其遞送馬匹，收受後要家丁以高價出售，請阿奇木伯克變賣，阿奇木伯克將此攤派至各回莊，以致窮回需繳錢購買，難以負荷。[76]而司員、筆帖式、廚役人等則收買便宜的瘦馬，再由阿奇木伯克支應草料，至馬膘壯之時，再行出售，每匹紅錢五千至十餘千文不等，託阿奇木伯克代為買賣。[77]由上而觀，大臣及家人、司員等衙門之人，到新疆任官，不但生活所需一切免費，所有薪給皆可省下，還可由需索及賣馬等方式中飽私囊，費用也全由伯克及回人承擔。

阿奇木伯克禁令的部分，嘉慶年所定的有五項，列於卷六，

[75]（清）容慕安輯，《那文毅公籌畫回疆善後事宜奏議》，卷77，頁25，道光八年七月初三日，那彥成、楊芳、武隆阿奏，收入張羽新、趙曙青主編，《清朝治理新疆方略匯編》，冊10，頁305；（清）賽尚阿等修，《欽定回疆則例》，卷7，頁13-14。

[76]（清）容慕安輯，《那文毅公籌畫回疆善後事宜奏議》，卷77，頁29，道光八年七月初三日，那彥成、楊芳、武隆阿奏，收入張羽新、趙曙青主編，《清朝治理新疆方略匯編》，冊10，頁307；（清）賽尚阿等修，《欽定回疆則例》，卷7，頁19。

[77]（清）賽尚阿等修，《欽定回疆則例》，卷7，頁16；（清）容慕安輯，《那文毅公籌畫回疆善後事宜奏議》，卷77，頁27，道光八年七月初三日，那彥成、楊芳、武隆阿奏，收入張羽新、趙曙青主編，《清朝治理新疆方略匯編》，冊10，頁306。

其餘五項列入卷七及卷八。阿奇木伯克等因清廷授予的職權及政治社會地位，於市場交易、屯墾耕作、司法、宗教及外交上，也多以欺壓回人，作為取得財之道。儘管阿奇木伯克與周邊各國、部落，有語文、風俗、宗教相近之利，清廷及回疆大臣倚賴其進行對外商貿及招待往來使節。但因嘉慶十八年（1813）至十九年（1814）間，伊犁將軍松筠查辦喀什噶爾阿奇木伯克玉努斯，認為其捏造薩木薩克尚有子嗣，授意通事朦蔽回疆參贊大臣，以致枉殺四命之案，事後雖證實薩木薩克確有子嗣，但當時為防止日後阿奇木伯克再有假稱訪查事件，與外藩、浩罕伯克致書、送禮等私下聯結，因此禁止阿奇木伯克與外藩私下通信；[78]當時一體的禁令尚有四項：一是禁止阿奇木伯克藉其管理回人之位，私理刑訊案件，自設刑室及各式刑具夾棍、杠子，酷刑取供；[79]二是巴雜爾（市集）禁止私設牙行彈壓市集；[80]三是回疆雨量稀少，農田引水灌溉，常有大小伯克及回眾侵占渠水之事，以致下游耕地欠收，窮回受累，若遭回人控告，伯克將革職究辦；[81]四是嚴禁莫洛回人

---

[78] （清）松筠、徐松編纂，《欽定新疆識略》，卷3，頁21-28，收入張羽新、趙曙青主編，《清朝治理新疆方略匯編》，冊19，頁126-129；（清）賽尚阿等修，《欽定回疆則例》，卷6，頁17。

[79] （清）松筠、徐松編纂，《欽定新疆識略》，卷3，頁21-28，收入張羽新、趙曙青主編，《清朝治理新疆方略匯編》，冊19，頁126-129；（清）賽尚阿等修，《欽定回疆則例》，卷6，頁18；（清）托津等人編纂，《欽定回疆則例》，卷3，頁34，收入天龍長城文化藝術公司編，《新疆史志》，第二部，冊11，頁263-264。

[80] （清）松筠、徐松編纂，《欽定新疆識略》，卷3，頁21-28，收入張羽新、趙曙青主編，《清朝治理新疆方略匯編》，冊19，頁126-129；（清）賽尚阿等修，《欽定回疆則例》，卷6，頁20。

[81] （清）賽尚阿等修，《欽定回疆則例》，卷6，頁20；（清）松筠、徐松編纂，《欽定新疆識略》，卷3，頁21-28，收入張羽新、趙曙青主編，《清朝治理新疆方略匯編》，冊19，頁126-129。

習念黑經,杜絕外來貿易之克什米爾人,以巫蠱惑眾。[82]這五項是由松筠檢討玉努斯案所奏回疆事宜規條十則,制定出的五項禁令,道光年版的《欽定回疆則例》延續嘉慶年間首次編纂《欽定回疆則例》內容稍作修改,將其歸列卷六。

而列於《欽定回疆則例》卷七及卷八,阿奇木伯克禁令部分有五項:一是阿奇木伯克仗勢於到任時,將需用一切什物,如絨毡、花氈、銅、錫、木、磁等各項器皿,皆攤派給該管回莊,所費不貲;當品級較低的大、小伯克到任,也需向上餽送給阿奇木伯克禮物,如馬匹、金絲緞、皮張、綢布等。[83]這也是伯克間彼此原有的傳統,但如今是大臣及大伯克皆要,承擔更多。二是伯克在秋糧入市前,縱容其家人彈壓市場,把持糧價,不准窮回們先糶賣,而是各伯克先將自家生產糧石糶足了,始准窮回入市,造成小回戶所生產的糧食,賣不到好價錢。[84]三是伯克藉年班朝覲需要進貢之名,橫加聚斂,也不可私派烏拉馬匹勒折錢文。[85]但實際上伯克年班要入貢之物就只是小刀、葡萄乾、瓜乾而已,伯克通

---

[82] (清)松筠、徐松編纂,《欽定新疆識略》,卷3,頁21-28,收入張羽新、趙曙青主編,《清朝治理新疆方略匯編》,冊19,頁126-129;(清)賽尚阿等修,《欽定回疆則例》,卷6,頁21。

[83] (清)賽尚阿等修,《欽定回疆則例》,卷8,頁1;(清)容慕安輯,《那文毅公籌畫回疆善後事宜奏議》,卷77,頁33,道光八年七月初三日,那彥成、楊芳、武隆阿奏,收入張羽新、趙曙青主編,《清朝治理新疆方略匯編》,冊10,頁309。

[84] (清)賽尚阿等修,《欽定回疆則例》,卷6,頁19,卷7,頁24;(清)容慕安輯,《那文毅公籌畫回疆善後事宜奏議》,卷77,頁32-33,道光八年七月初三日,那彥成、楊芳、武隆阿奏,收入張羽新、趙曙青主編,《清朝治理新疆方略匯編》,冊10,頁308。

[85] (清)容慕安輯,《那文毅公籌畫回疆善後事宜奏議》,卷77,頁31-32,道光八年七月初三日,那彥成、楊芳、武隆阿奏,收入張羽新、趙曙青主編,《清朝治理新疆方略匯編》,冊10,頁308;(清)賽尚阿等修,《欽定回疆則例》,卷7,頁22,卷4,頁7-8。

常將聚斂所得，置辦皮張、金線及土產貨物，成為到京變賣的貨物，將私派烏拉馬匹勒折錢文，作為年班往返一年的盤纏，因應不時之需，或者支付伯克由本城出發至哈密需要自備資斧部分，包括所攜帶的貢物、行李、馬車、吃食、住宿等費用，或是沿途購置物品買賣，或者在京置辦綢緞、茶葉帶至回疆販賣謀利。四是伯克燕齊數原有定額，但相沿日久，伯克任意增加燕齊至數百戶，藉免官差徭役，將本身應納官糧分攤各戶，且多是富戶或殷實回眾，以至貽累甚重，因此道光年版《欽定回疆則例》對伯克私役燕齊，要求回到乾隆年間的定額。[86]五是攤派窮苦回人自攜牛及農具，在伯克本身田地及歇荒地畝耕種。[87]由此而觀，伯克不必自己耕作，有供役者為他耕作，所獲又可優先至市場販售，回人的殷實之戶，也要為他分攤官糧，反映伯克應用政治及社會地位獲利，卻貽累回眾的情形。

在兵丁商民部分，新疆初歸清廷版圖，高宗即重視兵丁不擾回人、回婦等事，曾有驍騎校阿克棟阿僕人喜兒偷主人銀兩，窩在回人家匿藏，銀兩用盡，又偷馬匹，引起治安及兵丁風紀的問題，遭正法，高宗要求嗣後類似案件，皆從重治罪。[88]高宗也記取

---

[86]（清）賽尚阿等修，《欽定回疆則例》，卷7，頁20；（清）容慕安輯，《那文毅公籌畫回疆善後事宜奏議》，卷77，頁30，道光八年七月初三日，那彥成、楊芳、武隆阿奏，收入張羽新、趙曙青主編，《清朝治理新疆方略匯編》，冊10，頁307。

[87]歇荒地指如田有百畝，分三年種植，為歇二種一，伯克為其利，將歇地派回夫種植。（清）賽尚阿等修，《欽定回疆則例》，卷7，頁23；（清）容慕安輯，《那文毅公籌畫回疆善後事宜奏議》，卷77，頁32，道光八年七月初三日，那彥成、楊芳、武隆阿奏，收入張羽新、趙曙青主編，《清朝治理新疆方略匯編》，冊10，頁308。

[88]《大清高宗純（乾隆）皇帝實錄》，卷626，頁4-5，乾隆二十五年十二月甲戌，又諭。

準噶爾時期兵丁暴橫強搶回婦的教訓，乾隆二十九年（1763）正月，當索倫披甲掠獲回婦庫圖什，在葉爾羌生一子，因撤兵時不肯從行，因故毆打伊族之叔，帶庫圖什逃亡，被判絞監候，高宗因此申明飭禁兵丁收留掠獲婦女。[89]高宗在乾隆三十五年（1770）即明令回城駐防綠營兵丁及發遣為奴的人犯，皆不可娶維吾爾族婦女為妻，若有違例所屬伯克也要治罪。[90]乾隆五十八年（1793），以回疆入清朝版圖年久，不需要有兵弁作稽查工作，諭令綠營兵丁撤出回城。[91]這些措施的目的，都是為了減少兵丁與回人的事端。高宗曾在乾隆六十年（1795）十二月因喀什噶爾城兵、旗民、回人雜處，發生爭端，駐箚大臣多以偏袒各省外來商民及旗人等事，因而諭令大臣要持平公正的處理。[92]實是考量外來的兵民商人，不熟悉回人伊斯蘭教化生活、飲食、文化的各項禁忌，又時常倚仗政治、軍事、經濟的優勢欺凌回人，引發的不必要衝突或積怨，所作的防範。

　　宣宗在張格爾事件後，檢討回疆弊端，也多依此精神而行。道光年版《欽定回疆則例》卷八，即明文禁止滿、漢兵丁無公差而入回莊。[93]在回疆各城多另建滿城，以提供駐箚官兵戍防，嚴禁回婦私自入滿城，或是官兵招回婦私入滿城，綠營官兵以及發遣

---

[89]（清）傅恒等，《平定準噶爾方略續編》，卷24，頁2-3，乾隆二十九年正月乙丑，見張羽新、趙曙青主編，《清朝治理新疆方略匯編》，冊7，頁57-58。

[90]（清）托津等編纂，《欽定回疆則例》，卷3，頁30，收入天龍長城文化藝術公司編，《新疆史志》，第二部，冊11，頁255。

[91]《大清高宗純（乾隆）皇帝實錄》，卷1442，頁3-4，乾隆五十八年十二月壬戌，又諭。

[92]《大清高宗純（乾隆）皇帝實錄》，卷1488，頁10，乾隆六十年十月癸未，又諭；《大清高宗純（乾隆）皇帝實錄》，卷1492，頁4，乾隆六十年十二月庚辰，諭。

[93]（清）賽尚阿等修，《欽定回疆則例》，卷8，頁9。

新疆給伯克為奴的遣犯，皆不准擅娶回婦，若有查獲，回婦要被離異，官兵遭責革照軍律治罪，遣犯則枷責，阿奇木伯克也要被參奏及遭嚴厲的處罰；[94]相對的，兵丁亦不可任意出入回莊遊蕩，或是潛赴回莊住宿，被發現准伯克及回人等，將其縛送該管大臣治罪；[95]各城營馬牧放吃草，不得恃強任意踐食禾稼，違者一經查出或被回人向伯克告發，照例究辦，並將約束不嚴之該管官員一併懲處；[96]兵丁、遊手漢民不可霸佔回人果園，尤在瓜果成熟之際，不得以低價強買，再轉售獲利，若有此情事發生，回人可向阿奇木伯克衙門告發，由其呈報該城大臣，兵丁將依軍法判刑，遊手漢民照兇棍徒例治罪。[97]各省漢民到回疆，若未持原籍、年貌、執

---

[94] （清）賽尚阿等修，《欽定回疆則例》，卷6，頁16；（清）曹振鏞，《欽定平定回疆剿捕逆裔方略》，卷80，頁18，道光九年四月己巳，那彥成等奏，收入張羽新、趙曙青主編，《清朝治理新疆方略匯編》，冊10，頁185；（清）容慕安輯，《那文毅公籌畫回疆善後事宜奏議》，卷77，頁41，道光九年三月初五日，那彥成、武隆阿奏，收入張羽新、趙曙青主編，《清朝治理新疆方略匯編》，冊10，頁313。

[95] （清）賽尚阿等修，《欽定回疆則例》，卷8，頁9；（清）曹振鏞，《欽定平定回疆剿捕逆裔方略》，卷80，頁18-19，道光九年四月己巳，那彥成等奏，收入張羽新、趙曙青主編，《清朝治理新疆方略匯編》，冊10，頁185-186；（清）容慕安輯，《那文毅公籌畫回疆善後事宜奏議》，卷77，頁41，道光九年三月初五日，那彥成、武隆阿奏，收入張羽新、趙曙青主編，《清朝治理新疆方略匯編》，冊10，頁313。

[96] （清）賽尚阿等修，《欽定回疆則例》，卷8，頁10；（清）容慕安輯，《那文毅公籌畫回疆善後事宜奏議》，卷77，頁41-42，道光九年三月初五日，那彥成、武隆阿奏，收入張羽新、趙曙青主編，《清朝治理新疆方略匯編》，冊10，頁313。

[97] （清）賽尚阿等修，《欽定回疆則例》，卷6，頁16，及卷8，頁8、11；（清）曹振鏞，《欽定平定回疆剿捕逆裔方略》，卷80，頁18-19，道光九年四月己巳，那彥成等奏，收入張羽新、趙曙青主編，《清朝治理新疆方略匯編》，冊10，頁185-186；（清）容慕安輯，《那文毅公籌畫回疆善後事宜奏議》，卷77，頁42，道光九年三月初五日，那彥成、武隆阿奏，收入張羽新、趙曙青主編，《清朝治理新疆方略匯編》，冊10，頁313。

業印票及人票不符者，即行遞解回籍，因為常有漢回藉同為伊斯蘭教，回人私自留他居住，或在回疆詐充阿渾，又聘娶回婦引發紛爭，清廷要求入關查票，回疆各城亦要稽查，如查出即行治罪。[98]伯克要負責執行禁令，受理回人告發案件，伯克若自己未盡責督導，也得受罰。由大臣、伯克、商民三方的各項禁止的陋規而觀，伯克仍要負起最大的查緝及執行責任，未盡責受處的規定，也以伯克最多。

　　那彥成在回疆兵民商回有干例禁其中一條，阿奇木伯克及眾伯克姦佔淫靡之事，即阿奇木伯克訪伯克及回眾之妻女，遇有年輕貌美者喚往姦佔，又隨之拋棄，再另換其他伯克、回眾之妻女，奏請嚴禁，或情願者准其嫁娶，若仍強佔准伯克、回眾提告，阿奇木伯克等伯克從重治罪。但宣宗以此只徒增奏牘之煩，與搜查私藏軍械、嚴禁回眾子外夷私賣人口等三件事，同列為「**非備邊急務，著毋庸置議**」[99]。

　　高宗作為中亞共主，將新疆收歸版圖，國威大盛，周圍新疆周邊各國及部落紛紛前來稱臣納貢，高宗善待各方來使及商民，遇有紛爭，也力求公正、平等的對待各國及部落，並於條例聲明

---

[98]（清）賽尚阿等修，《欽定回疆則例》，卷8，頁13-14；（清）曹振鏞，《欽定平定回疆剿捕逆裔方略》，卷80，頁19-20，道光九年四月己巳，那彥成等奏，收入張羽新、趙曙青主編，《清朝治理新疆方略匯編》，冊10，頁186；（清）容慕安輯，《那文毅公籌畫回疆善後事宜奏議》，卷77，頁42-43，道光九年三月初五日，那彥成、武隆阿奏，收入張羽新、趙曙青主編，《清朝治理新疆方略匯編》，冊10，頁313-314。

[99]（清）容慕安輯，《那文毅公籌畫回疆善後事宜奏議》，卷77，頁39，道光九年三月初五日，那彥成、武隆阿奏，收入張羽新、趙曙青主編，《清朝治理新疆方略匯編》，冊10，頁312；（清）曹振鏞，《欽定平定回疆剿捕逆裔方略》，卷80，頁20，道光九年夏四月己巳，覆議禁約回戶商民條款，收入張羽新、趙曙青主編，《清朝治理新疆方略匯編》，冊10，頁186。

禁止商民至境外各地貿易時，不得倚恃清廷之威，而欺壓各國及部落，且懲處買賣境外人口之商民，體現高宗胸懷遠人，維繫藩籬之意。[100]對於回人購買境外之人為奴，同意葉爾羌參贊大臣復興及特通額所奏，從重責懲，按所買人數酌罰騰格。[101]同年理藩院將有關由境外置買人口之事分列為二項，嘉慶年修撰《欽定回疆則例》亦被收錄。一是各城回人等遇有赴境外置買人口者分別辦理條，乾隆四十七年（1782），理藩院奏定各城回人將境外人丁買來，若查無誘買強擄情況，雙方關係平和，則罰當時買價的十分之三，買來之人仍留給原主人；反之，若是誘買強擄而來，雙方關係又不和睦，則罰款十分之一，賞給查獲之人，並將買來之人，轉給勤勞有功的伯克，對於置買境外人口的回人，視其情節輕重，以枷號或責懲方式，以示警戒，各城大臣年終不論有無置買人口之事，皆要彙報理藩院；二是由境外置買人口之商回等重懲條，文內言明查獲由境外置買人口之商回，將從重懲治，依置買人數多寡，處以罰款，罰金賞給拏獲商回的卡倫、臺站等回人。[102]然而宣宗在修訂《欽定回疆則例》則此二條文一併刪除，這也顯示宣宗對於人口販賣、婦女權益保障的重視，不如高宗，但也顯示人口販賣事務，即使乾隆朝例禁施行罰則，時至道光朝仍未改善的事實。

---

[100] （清）托津等人編纂，《欽定回疆則例》，卷3，頁13-14，收入天龍長城文化藝術公司編，《新疆史志》，第二部，冊11，頁221-224。
[101] 《大清高宗純（乾隆）皇帝實錄》，卷1163，頁32-33，乾隆四十七年八月壬辰，葉爾羌參贊大臣復興、特通額奏。
[102] （清）托津等人編纂，《欽定回疆則例》，卷3，頁31-32，收入天龍長城文化藝術公司編，《新疆史志》，第二部，冊11，頁257-259。

表 11-2 回疆衙門及伯克弊端表

需索者	苛斂項目陋規來源	對象	轉嫁者	奏參者/告發者	懲處				出處
					回人	大臣	衙門人等	伯克	
大臣	到任、節壽，回京盤費，呈遞博勒克或錢／衙：9	阿奇木伯克	回眾	參贊大臣、伊犁將軍、各城大臣		正法		一體治罪	7:15
	買馬，由阿奇木伯克代售／衙：15	阿奇木伯克	窮回			照枉法贓治罪		一體究辦	7:19
	巡閱和闐開雅爾六城藉端需索／衙：14	阿奇木伯克、回眾		參贊大臣		正法			7:18
	喀什噶爾大臣巡卡，要阿奇木伯克沿途支應馬匹、當差人雜費／衙：11、12、13、奇2	阿奇木伯克	回眾	該大臣奏明				從重治罪	7:21
大臣家丁	供給月費、口食／衙：5	阿奇木伯克		參贊大臣			正法	一律治罪	7:13
	買馬，由阿奇木伯克代售／衙：15	阿奇木伯克	窮回			照枉法贓治罪		一體究辦	7:19
司員、筆帖式、廚役人	供給月費、口食／衙：4	阿奇木伯克		參贊大臣			正法	一律治罪	7:13
	買瘦馬，阿奇木伯克支料草餒至臕壯，由伯克代售／衙：10	阿奇木伯克	窮回	該管大臣		照枉法贓治罪	照枉法贓治罪	一體究辦	7:16；7:19

需索者	苛斂項目/陋規來源	對象	轉嫁者	奏參者/告發者	懲處 回人	大臣	衙門人等	伯克	出處
當差官人	食物昂貴，不敷養贍，供麵斤／衙：6	阿奇木伯克				一體治罪	一體治罪	一體治罪	7:14
衙門	日用所需，匠役工價、口食；差使折馬價；公私人役使費／衙：1、4、12、13	阿奇木伯克	回人攤派攤派克列克里克，色里克錢	回人、參贊大臣、各城大臣		照枉法贓辦理		枉法贓	7:10
	衣、食、珊瑚／衙：2、3	阿奇木伯克		參贊大臣、伊犁將軍、各城大臣		照枉法贓辦理		一併治罪	7:11
	雇工不發工價，以免差賦及收受認月紅錢抵／衙：8	回人工匠		回人工匠、參贊大臣、伊犁將軍、各城大臣		照枉法贓辦理		一併治罪	7:12
阿奇木伯克	私交外藩與之通信	周邊外藩		參贊大臣					6:17
	私理刑訊重案，設夾棍、杠子	回眾商民		駐箚大臣					6:18
	巴雜爾禁私設牙行彈壓市集	回人、商民		駐箚大臣				嚴參治罪	6:19
	把持糧價／奇：5	回戶		回戶入城贓控				嚴行治罪	7:24
	阿奇木伯克到任，凡需用一切什物，攤派所屬回莊，及小伯克到任，餽送阿奇木伯克禮物 奇：6、7	小伯克	回莊眾	該管大臣				嚴參治罪	8:1

需索者	苛斂項目 / 陋規來源	對象	轉嫁者	奏參者/ 告發者	懲處				出處
					回人	大臣	衙門人等	伯克	
	占渠水: 大小伯克及回眾等，侵占渠水／疆：6	回眾		回眾	照例嚴懲			治以失察之咎	6:20
		伯克		回眾				參革究辦	
	年班藉土貢之名，橫加聚斂，私派烏拉馬匹勒折錢文／衙：17、奇3	回眾		回眾				照枉贓治罪	7:22
各伯克	莫洛回子習念黑經，伯克藉機滋擾	莫洛回子		該管大臣申明				嚴飭	6:21
	私役燕齊／奇：1	燕齊		該管大臣				照枉法贓	7:20
	本身田地及歇荒地畝，應用牛具、人工，攤派窮回耕種／奇：4	窮回		該管大臣				從重治罪	7:23

表頭內容：苛斂項目：陋規來源
　　　　　衙：各城大小衙門陋規
　　　　　奇：阿奇木伯克陋規
　　　　　疆：回疆兵民商回有干例

資料來源：（清）賽尚阿等修，《欽定回疆則例》，卷6、卷7、卷8；那彥成在道光八年(1828)奏查回疆陋規有各城大小衙門陋規計十七項，及各城阿奇木伯克陋規計七項，以及回疆兵民商回有干例禁各條計十六項，見（清）容慕安輯，《那文毅公籌畫回疆善後事宜奏議》，卷77，頁23-43，道光八年七月初三日，那彥成、楊芳、武隆阿奏，收入張羽新，趙曙青主編，《清朝治理新疆方略匯編》，冊10，頁302-314。

　　檢討回疆陋規寫成則例，是期盼伯克、大臣日後引以為戒，永行禁止，因此則例也列明懲處原則。以這二十項而言，不管苛斂者是大臣、家丁、衙門內司員、筆帖式、廚役人、當差官員，或是阿奇木伯克等各伯克本身，除了大臣巡閱和闐藉端需索一項，阿奇木伯克等伯克無罪責外，其餘各項苛斂者處以正法、照枉法贓治罪時，伯克皆要連帶一體究辦、參革治罪，或是要負失察之罪，就連衙門私自雇工，苛扣工資，阿奇木伯克也要一併治罪，大臣巡視卡倫，所有當差人及馬匹，沿途都要阿奇木伯克支付，若查出攤款於回人，只罰伯克，大臣卻不必罰，似乎所有的罪責都屬於伯克，既要出錢，又要受罰，必須一概承擔。

　　就事實而觀，阿奇木伯克將官衙及自身所需，多轉嫁給所屬回眾，是阿奇木伯克等伯克失當的舉措，但實因大臣及衙門需索負擔太重，且伯克陞降革調及上奏之權，全掌握在大臣之手。回疆陋規真正的始作俑者，其實是駐箚大臣，及其縱容下屬、衙門所有相關人等，上行下效，仗勢貪瀆的結果。而他們卻是皇帝欽任的封疆大吏，甚至是皇室宗親，正官清源，以安邊陲，是其職責所在，卻多圖謀私囊，苛待伯克、回人，終致喪失民心，實為回疆局勢動盪的內部因素，也為白山派和卓後裔累積有利的入侵之機。

　　只是新纂《欽定回疆則例》頒佈禁止事項後，地方官員的貪瀆狀況並未改變。長久以來，阿奇木伯克經常被要求代墊官衙生活購物雜費，甚至大臣養贍費用不足時，也要阿奇木伯克供給麵糧，以致阿奇木伯克又以官需之由，轉嫁攤派苛斂回人，甚至回疆最高官員回疆參贊大臣，也曾發生向伯克借錢及需索之事。道光十八年（1838）喀喇沙爾辦事大臣金和，在擔任回疆參贊大臣

任內，不但擅自更改舊章，又向和闐阿奇木伯克邁瑪特愛孜斯（阿克蘇郡王）揩借銀兩，宣宗下令將金和解任，交由烏魯木齊都統廉敬馳往葉爾羌提取人證及卷宗，嚴行審究，並以哈密幫辦大臣賡福署理喀喇沙爾辦事大臣。道光二十三年（1843）葉爾羌參贊大臣聯順奏參和闐辦事大臣達明阿遣子行賄，宣宗認為交給伊犁將軍布彥泰親自提審較為公允，而達明阿卻奏稱聯順擅作威福，需索伯克銀兩之事，因此將聯順解任，由於牽涉回疆最高官員及地方大臣，故需動用伊犁將軍布彥泰、烏魯木齊都統惟勤及伊犁參贊大臣慶昌一同審理。[103] 可見回疆官員貪瀆之風盛行，駐箚大臣也未從中得到教訓，依然故我。

第四節　咸同兩朝捐輸章程加重弊端

張格爾事件過了大約三十年，咸豐七年（1858），張格爾之子倭里罕入侵，次年善後事宜檢討之際，大臣提出責成伯克，若在回莊發現可能有意圖謀逆或與白山派聯結，在萌發時即由伯克清查據實稟告，即可防患未然，文宗卻認為伯克與回眾素來相親，也不免平日有恩怨者，若因此相互栽贓傷害，彼此復讎，以輕報重，反而要防範流弊之事發生，文宗也在諭示中，提及回疆政局的正本清源之道：

> 總在各城大臣潔己奉公，於所轄伯克，毫無需索，則伯克自能畏法，不至苛派回眾，而回眾生計漸裕，自不至激成

---

[103] 《宮中檔道光朝奏摺》，文獻編號第 405012200 號，2726 箱，道光二十三年十月初七日，內閣奉上諭。

> 事端，即有不肖伯克藉端擾累，加以參劾，亦必帖然共服，
> 若徒寄耳目於伯克，尚非正本清源之道，著該將軍通行南
> 路各城大臣，一體懍遵，務當正己率屬力挽從前積習，以
> 杜亂萌。[104]

文宗直指回疆駐箚大臣、伯克、回眾問題的關鍵，是大臣自己廉潔及奉公守法，不向伯克需索，伯克自然能夠畏法，不去苛派於回眾，將軍及大臣必需改變積習弊端，才是杜絕回疆動亂，正本清源之道。

然而駐箚大臣仍是換個名義，繼續行貪瀆之實。咸豐十年（1860），阿克蘇辦事大臣綿性為補軍餉不足，採變通私征改為公用方式徵稅，要求回戶除繳正賦外，將每年阿奇木伯克向回戶私下攤派多收的普爾錢，本屬陋規應禁之事，現由阿奇木伯克配合官方將私轉公，向回戶加徵稅收，此事文宗諭伊犁將軍常清及回疆參贊大臣景廉調查，常清曾派貴文前往會商，文宗諭斥其不知國家撫馭回疆，輕徭薄役，裁禁陋規，所以安回眾之心，若軍餉不足，輒欲更張成法，將私徵改為公用，實不足以示國家對於回疆之心，調查最後認定是貪瀆案。[105]

不過，咸豐朝大臣貪瀆弊端之首，實屬總管回疆事務的回疆參贊大臣英蘊，他被同為宗室出身的阿克蘇辦事大臣綿性參奏，咸豐十年（1860）冬天，在所管轄葉爾羌城，因攤派銀兩不公，以致固瑪莊回人糾眾抗拒，英蘊拏獲九名回人直接依伊斯蘭法正

---

[104]《大清文宗顯（咸豐）皇帝實錄》，卷 267，頁 4-5，咸豐八年十月乙卯，又諭。
[105]《廷寄檔》，文獻編號第 604000316 號，頁 81-82，咸豐十年十二月初十日，軍機大臣字寄；《廷寄檔》，文獻編號第 604000317 號，頁 11-12，咸豐十一年三月十七日，軍機大臣字寄。

法，而未依大清律法審理，且不服之回眾欲赴他城控告，途中也被阿奇木伯克差人截回。身為總轄回疆之官員，雖是為母祝壽，但明知新疆是禁止請戲班演戲，文宗諭斥其行為荒謬，且認為應查辦是否有額外苛斂情事，否則恐將造成回人冤抑莫伸激成事端，因此要伊犁將軍常清及回疆參贊大臣景廉追查。[106]

常清及景廉在咸豐十一年（1861）雖查明並無固瑪莊事，也無戲班，只是為母壽承歡將舊有太平社雜耍，邀入私舍現耍四日，而遭物議。[107]然而他們卻另外奏參葉爾羌參贊大臣英蘊任內施政，措置乖方的兩件事，其中一個是不理托果斯鉛莊回人糧布棉賦的虧累，仍要求阿奇大伯克胡達巴爾底責成相關伯克催討，致引起回人持械抗拒；二是三品阿奇木伯克阿克拉依都，未把前任回疆參贊大臣裕瑞將已革阿奇木伯克阿皮斯二萬兩之捐款，發商民生息，反而拿去私還商債，又復攤派回眾，英蘊明知阿克拉依都違例攤捐，卻未參奏，也不禁止，形成官員的顧頇與伯克共利結構，雙重剝苛回人之事。[108]但英蘊苛索伯克不只如此而已，他利用捐輸章程反覆需索伯克更甚於此。

咸豐七年（1857），捐輸章程施行，伯克可以捐輸升級，增加晉升機會，實以國家捐輸制度為名，攤派國庫不足，對象為伯克及回部王公，一般回人也可藉捐輸，得到虛銜金頂。[109]駐箚大臣在伯克缺出之際，往往藉機請欲升遷伯克捐輸，捐多者被列較

---

[106]《廷寄檔》，文獻編號第 604000317 號，頁 75-76，咸豐十一年八月初三日，軍機大臣字寄。

[107]《廷寄檔》，文獻編號第 604000318 號，頁 65-66，咸豐十一年十一月十二日，議政王軍機大臣字寄。

[108]《月摺檔》，文獻編號第 603000289 號，頁 32-37，咸豐十一年十一月十一日，英蘊奏；《大清宣宗成（道光）皇帝實錄》，卷 25，頁 45-46，同治元年四月辛未，又諭。

[109]陳炳光/蒙藏委員會編譯室校訂，《清代邊政通考》，頁 276。

有機會出任的正選，捐少的或不捐的伯克即列擬為陪者，為配合把關伯克能力，在上任三個月至一年間，需要再作一次考核，進而再衍生為另一種新的反覆苛索形式，伯克捐輸的沈重負擔，又轉嫁於回眾，弊端實難禁止。咸豐八年（1858），英吉沙爾四品阿奇木伯克伯巴克為軍餉捐輸五百五十兩，但一年後人地不宜撤任。[110]咸豐十一年（1861），英吉沙爾四品阿奇木伯克被撤職，由喀什噶爾四品伊什罕伯克暫署，所遺之缺再由伯巴克調補，近一年時，大臣要查核伯克考語，決定是否適任，伯巴克又在此時捐銀一千兩，英蘊上奏伯巴克考核通過。[111]而伯巴克已為不同職位伯克及考核，分次共捐輸一千五百五十兩。同治元年（1862）五月，又查到英蘊貪瀆的另一件事伯巴克賽頂捐銀一千五百兩，爭取喀什噶爾伯什克呼莊五品阿奇木伯克之位，英蘊只在補授奏摺將伯巴克賽頂擬為正選名單，而將另一名捐銀四百五十串的愛邁提列為擬陪人選，但奏摺皆未列其捐款數額，在新任葉爾羌參贊大臣景廉調查時，英蘊聲稱已全部搭放於葉爾羌兵餉。[112]回疆參贊大臣英蘊後來因藉不同伯克升遷，反覆勒捐肥己等事，遭到調查及革職。[113]

　　咸豐朝若伯克捐輸超過行情，可以直接前往署理該職位，若

[110] 《宮中檔咸豐朝奏摺》，文獻編號第 406009247 號，2779 箱，咸豐八年十月二十五日，慶英奏；《宮中檔咸豐朝奏摺》，文獻編號第 406011411 號，2714 箱，咸豐九年十一月十九日，裕瑞奏。

[111] 《宮中檔咸豐朝奏摺》，文獻編號第 406015001 號，2714 箱，咸豐十一年十二月二十六日，英蘊奏。

[112] 《廷寄檔》，文獻編號第 604000320 號，頁 53--56，同治元年五月初九日，議政王軍機大臣字寄。

[113] 《宮中檔咸豐朝奏摺》，文獻編號第 406015001 號，2714 箱，咸豐十一年十二月二十六日，英蘊奏；《廷寄檔》，文獻編號第 604000321 號，同治元年八月十六日，議政王軍機大臣字寄。

遇依例必須迴避的情況，回疆參贊大臣也多主動以人地相需、以洽輿情等理由奏請不需迴避。阿克蘇所屬賽里木三品阿奇木伯克因新陞出缺，葉爾羌四品伊什罕伯克胡達巴爾底為此捐輸銀二千五百兩，作為葉爾羌軍餉，因而被擬為正選，且裕瑞已先行奏請委由胡達巴爾底署理葉爾羌三品阿奇木伯克事務，競爭對手庫車四品伊什罕伯克呢雅斯，未捐被擬為陪；同摺奏補布古爾三品阿奇木伯克因病出缺，喀什噶爾四品商伯克岳霍普捐助喀什噶爾軍餉錢一千二百串，被提擬為正選，裕瑞令其先行前往布古爾署理三品阿奇木伯克之職，而未捐輸的庫車所屬沙雅爾四品伊什罕伯克托胡達，則被擬為陪；喀什噶爾所屬阿斯圖阿爾吐什莊四品阿奇木伯克密克愛拜都拉因人地不宜撤任，回疆參贊大臣裕瑞以該地處極邊之位，必是精明能幹者才可以勝任，以托胡塔，為人精敏，報捐普爾錢一千串文，但為當地之人不符迴避原則，裕瑞引用咸豐七年（1857）善後案內，准喀什噶爾四五品伯克如本城人員，有妥幹者，仍當間用，以洽輿情之由，奏報陞補。[114]

　　而裕瑞為何直接讓胡達巴爾底、岳霍普署理其位，雖說伯克補放奏摺返數月，政務不可廢，但其二人所捐之數，在官兵協餉欠缺的時期，已足以分別支付回疆參贊大臣、喀什噶爾領隊大臣一年的養廉銀兩千及八百兩，而葉爾羌伊什罕伯克每歲養廉也不過三百兩。

　　同治二年（1863），續定捐輸章程[115]，所定數額更高於咸豐朝，等於可以花錢買伯克的官職，被革職伯克可捐款復職候補，閒散回人也能用高額捐款，得到五品伯克虛銜，伯克品秩捐輸價

---

[114]《宮中檔咸豐朝奏摺》，文獻編號第 406012036 號，2714 箱，咸豐十年三月十六日，裕瑞、英蘊奏。

[115]陳炳光/蒙藏委員會編譯室校訂，《清代邊政通考》，頁 276-277。

格明確化，即使回疆參贊大臣不貪瀆，伯克也很了解，在這樣的捐輸制度下，付錢升遷是現實的生存之道。咸同兩朝駐箚大臣對伯克的苛索，是以捐輸國家之名，光明正大地多重反覆需索，而這僅是需要上奏五品以上伯克，尚有奏摺略窺一二，直接由駐箚大臣任命的六、七品伯克，就更易於檯面下進行。更何況一個缺補，在回疆參贊大臣部分，至少有擬正陪二人，但由各城提名而來的，又何止這二人，而各城伯克具資格或想升遷者，辦事大臣提名作業時，恐怕也要捐輸，或檯面下的打理，伯克被層層的苛索，可以想見一般。回疆大臣、伯克攤派轉嫁苛索回眾的弊端，又如何能止，同光時期十多年，清廷失去新疆大多數地方的治權，又豈是偶然。

　　光緒四年（1878），左宗棠為了新疆長治久安之計，建議改設行省，並對新疆當時設官及伯克制度提出沈痛的批評，認為各地官員，彼此不相統攝，無法監督及歷練，治理士兵之官多，而真正治民之官少，不能體察民情，伯克隔絕官民，可以倚勢作威，致使民只知怨官，不知怨伯克，賦稅不公，官民語言文字不通的情形存在著，應置義塾，教漢文，漢回文併列，改革幣制等。[116]

　　陝甘總督譚鍾麟在光緒八年（1882）也曾奏言，纏頭回人也是人，族類雖與漢人不同，屢次作亂不靖，也是迫於情勢，聽聞亂事未起之前，正賦被需索繁多，大約是官取其一，阿奇木伯克等取其二，官與民語文不通，駐箚官員當堂面諭，而阿奇木伯克等傳語恐嚇，纏回[117]視官如寇讎。[118]光緒八年（1882），為了新疆

---

[116]《月摺檔》，文獻編號第 603000854 號，頁 50-51，光緒四年十一月初九日，欽差大臣大學士督辦新疆軍務陝甘總督二等恪靖侯左宗棠奏。

[117]清朝奏摺多以回人指稱維吾爾族，光緒朝或新疆建省後，多以纏回及纏民稱之，

改設行省，伯克銜額被奏請裁撤。[119]正當改建行省之際，又有沙雅爾阿奇木伯克阿卜都拉因阻納徵糧，希圖中飽，勒索纏民克拉普必倆力等百餘戶贓銀共一千餘兩，並在阿奇木伯克住處起獲私藏洋槍三十三桿及子彈，伯克於光緒十年（1884）正月斬立決梟示。[120]此事在這時間發生，似乎更證明左宗棠等主張廢除伯克制及新疆建省，是正確且有理的建議。光緒十年（1884）五月，劉錦棠也贊同是伯克造成官民隔閡，曾奏言：「惟回疆民事委之阿奇木伯克，情偽無可訪諮，上下恆多隔閡，民怨沸騰，官尚覺馴，至全疆淪陷，一切蕩然無存」，希望去除伯克之權後，賦稅徭役減輕，官員勤求民瘼，誠意治理。[121]

　　但這些批評只見伯克以官意向民需索，卻未言需索源頭是各城大臣，認為新疆的動亂是伯克制度以及阿奇木伯克所造成，所以改為行省設州縣，由各省派官員直接新疆治理，應可改變官民隔閡及稅賦繁多的需索狀況。

　　光緒十年（1884），新疆完成建省，施行一百二十五年的伯克制度，基本上已告終。伯克的養廉地畝，在伯克裁撤後，即歸官招佃承種，額糧依照所定規則納稅，若為未裁之養廉地及作為義學、壇、廟香火的各官地，也須科額糧，以小麥六成，包穀四

回民則多用來指稱陝甘、雲南等信仰伊斯蘭教的回族。

[118]《軍機處・月摺包》，文獻編號第 122133 號，2735 箱，光緒八年三月二十七日，頭品頂戴陝甘總督譚鍾麟奏。

[119]《大清德宗景（光緒）皇帝實錄》，卷 149，頁 17，光緒八年七月丁未，諭內閣。

[120]中國第一歷史檔案館，《光緒朝硃批奏摺》，第 115 輯，561 條，頁 583，光緒十年正月，准統領嵩武軍廣東陸路提督張曜咨呈。

[121]《月摺檔》，文獻編號第 603001056 號，頁 5、18，光緒十年五月十七日，欽差大臣大學士督辦新疆軍務兵部右侍郎二等男劉錦棠奏；《軍機處・月摺包》，文獻編號第 127021 號，2722 箱，光緒十年五月十七日，欽差大臣大學士督辦新疆軍務兵部右侍郎二等男劉錦棠奏。

成交納，若是離城二百里以外，完納本色不便者，酌定小麥一石折銀一兩，包穀一石折銀六錢。[122]

由於光緒二十八年（1902）巡撫饒應祺因認領賠款，加徵耗羨，不分糧色，本折每可隨糧徵收一錢五分，光緒二十九年（1903），巡撫潘效蘇又增加至二兩三銀，自此回疆各地官員浮徵名目愈多，徵糧每石有浮收至三、四兩，甚至到六、七兩之多，柴草部分每石斤，輕者加至四、五倍，折色每斤收至紅錢三、四文，或五、六文不等，其餘雜稅紛雜，差役苛派不可勝紀，不肖官員加收至數倍，直至光緒三十三年（1907）巡撫聯魁與布政使王樹枏一再查訪後，第二年才將折本均於正糧一石耗餘銀一錢五分外，准加收耗糧二斗五升，作為地方官辦公用，此外雜稅清冊等名之攤派，一律革除淨盡，其奏摺言新疆徵收積弊，可望永遠易除。[123]然而根據甘肅新疆巡撫聯魁在任內光緒三十一年（1905）至宣統元（1909）年調查，新疆南路州縣浮徵糧草久成積習，派員調查，各地仍有貪吏苛徵虐民之事，各官員均有折色糧草浮徵現象，有浮收糧草達二倍之多者，尤以和闐為甚，因此將署和闐直隸州知州迪化縣知縣謝維興，以及署海浦縣知縣候補知縣胡清源革職，謝興源在浙江山陰縣原籍家產也一併查鈔。[124]

---

[122] （清）奕訢等編纂，《平定陝甘新疆回匪方略》，卷 320，頁 4-8，光緒十三年四月初四日，劉錦棠奏，收入張羽新、趙曙青主編，《清朝治理新疆方略匯編》，冊 15，頁 213-214；（清）王樹枏、王學曾總纂，《新疆圖志》，卷 30，賦稅一，頁 4-5，收入張羽新、趙曙青主編，《清朝治理新疆方略匯編》，冊 20，頁 151-152。

[123] 《軍機處・月摺包》，文獻編號第 184559 號，2777 箱，宣統元年十一月十三日，頭品頂戴甘肅新疆巡撫聯魁奏。

[124] 《軍機處・月摺包》，文獻編號第 179813 號，2746 箱，宣統元年五月十八日，頭品頂戴甘肅新疆巡撫聯魁奏。

這也輔證了郡縣制度在新疆施行近二十年後，伊犁將軍馬亮在光緒二十七年（1901）至三十一年（1905）擔任伊犁將軍，以其在新疆所見。馬亮於光緒三十四年（1908）在奏摺提到，左宗棠創議新疆建行省，劉錦棠也鑒於從前伯克之苛虐，於是設郡縣而治民，希望可以撫綏安輯，使新疆漸可臻富。光緒十一年（1885），戶部也奏定給甘新歲額四百八十萬，倍優於乾隆朝，然而已歷二十多年，新疆仍歲歲仰賴內地各省供給，各州縣吏治不修，對新疆南路（回疆）的苛擾仍甚，與實行伯克制時無異，馬亮奏言：

> 各州縣吏治不修，恣為朘削，距省率皆，窵遠上司，耳目難周。南路各城苛擾尤甚，該省糧額本輕，風聞本色折色俱浮數倍，柴草折徵則較報部之價，多至二三十倍，牲稅、煤稅以及市集稅、田房契稅，皆可隨意徵收，漫無稽覈，其苛虐殆與伯克無異，雖廉潔自愛者，固不乏人，而不諳例禁，積弊相沿者，亦復不少，纏民非我族類，善政懷柔，猶虞反側，何況如此剝削乎，邇來怨讟，朋興攜貳可慮。[125]

馬亮奏請針對新疆各州縣暴斂橫徵，歲收賦稅中飽私囊，入公者卻不及十之一二情形，應該徹底清查一次，蠲除苛煩，與民可休養生息。[126]雖然滿族官員及漢族官員在光緒年建省之後，勢

---

[125] 《軍機處・月摺包》，文獻編號第 165171 號，2730 箱，光緒三十四年七月十七日，馬亮奏。

[126] 《軍機處・月摺包》，文獻編號第 165171 號，2730 箱，光緒三十四年七月十七日，馬亮奏。

力消長甚大，伊犁將軍對職權的限縮，也多有不滿，但馬亮與饒應祺及聯魁所奏苛徵情形，確是相符。而新疆建省天山南路改以知縣州府等，所任命的官員，多是當年跟隨左宗棠及劉錦棠麾下，且同為湖南籍漢族的將士，然而若伊犁將軍馬亮所見一切如是，這些同鄉後輩，豈不有負於二人當年為新疆費心的籌謀，也顯見貪瀆苛虐之事，漢族官員亦然，更何況他們背後沒有駐箚大臣的需索。

新疆建省後，維吾爾族出任伯克的制度已停，改由漢族官員管轄，回人遭浮徵與苛虐仍然普遍存在，雖然為官之人未必皆是貪污者，卻也證明伯克是造成官民的隔閡與苛虐回人者之論，是為偏失之見，新疆建省前的滿、蒙駐箚大臣，及建省後的漢族的州縣官員之過更甚。

綜觀清代各朝回疆弊端的發展，乾隆朝伯克多存準噶爾時期私派貪瀆的遺風，駐箚大臣因襲伯克對於汗王的慣例，接受餽贈。高宗定立伯克制的流官及有給職，以杜貪瀆，並運用直接任命伯克及銜名同列方式，致力提高伯克政治地位，諭示大臣不論是回部王公的阿奇木伯克及七品小伯克，皆需平等相持，高宗深知伯克才是回疆長治久安的管理主力。高宗費心經營新疆，注重大臣的邊疆實務經驗，培養大臣擁有朝廷及地方的雙重視角。高宗堅持支付國庫該給的費用，不將伯克的付出視為理所當然，以身示範，指正大臣公私不明之處，然而大臣貪瀆之事，卻已層出不窮。嘉慶朝仁宗以新疆為大臣思過之地，弊端更形加重，大臣對伯克送禮數量，已有固定行情，若有不符，大臣甚至主動要求補齊。時至道光朝，由張格爾事件的善後檢討，回疆的弊端已發展成駐

箚大臣與伯克聯成苛虐回人的結構，為了防弊端，施行伯克迴避原則。然而駐箚大臣對自己有利的人選，總是可用人地相宜、以洽輿情為藉口，規避需要迴避的，畢竟駐箚大臣對熟識的伯克需索，要比向新到任的陌生伯克來得容易及穩妥。駐箚大臣憑藉任命及提名伯克的絕對之權，無視於回疆陋規之禁，依然故我，伯克只得因應官員需求，轉嫁回眾攤派。咸同兩朝駐箚大臣憑藉捐輸章程，名正言順地向伯克進行苛索，伯克必須面對沒有捐輸，沒有升遷的現實。

由制度而言，十多位各城辦事大臣及領隊大臣，掌有四分之三伯克的直接任命權，回疆參贊大臣又掌有四分之一高階伯克的提名權及平調權，駐箚大臣應用伯克制的設計，掌握伯克升調遷革之權。咸同兩朝施行捐輸章程，駐箚大臣以捐輸給國家為名，在伯克升遷及考核之際，挾國家兩項制度的賦權，展開公私多重反覆的橫歛，伯克需抉擇以銀兩交換官職，或放棄升遷直至退休，但仍難保大臣一句人地不宜將其補換他人，伯克承受的是國家雙重制度的箝制，但長久以來，卻背負苛虐回眾的罵名。再者，多位貪瀆妄為的回疆參贊大臣，皆是皇室宗親，帶頭敗壞伯克制度，同光兩朝回疆失陷十多年，實是敗落於清廷自家人之手。

回疆弊端是多重因素而成，皇帝未盡人事把關之責，識人不明，吏治不清，大臣薪給不豐，清廷財政惡化，官兵糧餉拖欠延年，無以為繼，是為外部之因。駐箚大臣自恃甚高，歧視伯克為官的地位，未了解以少治多，實需倚重伯克的真義。大臣利用職權，依伯克制度賦予的任命及提名伯克的權力結構，及藉捐輸章程強化需索伯克的正當性與便利，展現人性貪婪之面。伯克的處境深受伯克制及捐輸章程雙重影響，對於升革大權在握的駐箚大

臣索求及各城建設之需，有不得不應的難處，伯克或因倚勢，或因大臣苛索太重，轉嫁回眾分擔，成為一種共犯結構，因此回疆弊端的源頭，實為駐箚大臣不能廉潔自守所致，而伯克制及捐輸章程，則是深化回疆弊端內在的結構因素。

第十二章　結　論

　　高宗將天山南路納入清朝版圖，決定依俗而治，沿用準噶爾統治時期的伯克制，繼續治理回部。高宗採用原有的伯克職稱，但對其內涵作了質性的改變，伯克由世襲改為任命制，高階伯克在各城流動升遷，伯克間不相統攝，設定品級三至七品，有公署、禮部頒給的圖記，並為有給職。西部商貿較為繁盛之城葉爾羌、喀什噶爾、英吉沙爾部分的伯克提供養廉銀、地畝、供役人等各有不一的福利，和闐則是每位伯克之職，皆有養廉銀。其餘各城伯克，依品級及職稱，多給予地畝、供役人，或由執行職務中取得報酬。伯克必須克盡年班入覲的義務，高宗也以年班籠絡各族統治菁英，建立直接任命及封賜的親近關係，高宗也令伯克知其為清朝正式任命的官員，權力的賦予與回疆駐箚大臣同樣來自於皇帝，以期駐箚大臣與伯克平等相持，共同管理回疆。

　　建立清朝伯克制結構主要有三部分：一是皇帝及中央各機構；二是駐箚大臣；三是伯克。皇帝主要是制定政策方針，高宗以修其教不易其俗，齊其政不易其宜的政策原則，用以回治回及以少治多的方式，管理廣袤領土，治理文化、宗教、語文各異的民族，以當地的稅收、耕地，支付伯克薪給，減少國庫開銷，為清朝以少數民族之尊入主中原，而創造最大的統治效益。高宗籌謀經營新疆，尊重各民族間的生活方式及宗教，給予多元的發展及保有各自的空間，減少掌握政、軍、經的強勢民族或權力者，

挾勢干擾，降低各民族間不必要的衝突。高宗是回疆政策及制度的主要建置者，具有恢宏的胸襟與深謀遠慮的眼光，公私分明，恩威併施，重視大臣次第的訓練，結合新疆實地磨練，再回中央出任理藩院或軍機大臣，為新疆提供可行的建言。仁宗重在依循，固步自封，清朝國勢及治理回疆的能力，逐漸下降，仁宗憑藉新疆的穩定，用人的思維由高宗的經營，改為臣子思過之地，部分派任的宗室及有過的官員，位居高位，或有自暴自棄，或有力求表現的妄為者，加重苛斂，或是誤判時勢，導致白山派後裔張格爾等，在道咸同三朝，持續入侵回疆，政局動盪，造成伯克與回眾的傷亡與流離失所。宣宗則是力圖改革，因應戰亂，執行禁令，開闢地畝。咸豐朝面對內外紛亂，以開礦、捐輸充實國庫，道咸兩朝用人，則依循嘉慶朝觀點，吏治持續敗壞，貪瀆日盛。

朝廷派駐十多位的辦事及領隊大臣駐箚於各城，由回疆參贊大臣總管天山南路各城，反應當地事務及建議，駐箚大臣依伯克制度的設計，擁有對伯克的升調降遷革、任免及提擬上奏名單之權，是伯克在回疆的直屬上司。伊犁將軍對回疆作軍事支援及協助必要的調查或建議，遇有較大的戰亂，中央則另派將軍共同協助平定，善後也有欽差大臣等提出建言。理藩院徠遠司是專責主管回部及伯克事務的機構，駐箚大臣奏請事務，由皇帝諭示或由理藩院、軍機處、戶部、吏部、禮部、工部、內務府及兵部等議定相關事宜。伯克制雖是以回治回的間接管理，卻也有中央直接管理之效，形成中央與地方相互合作與支援的關係，有益於清朝採取以少治多的行政管理結構。

嘉慶朝理藩院曾收集清朝統治回疆五十年的相關奏摺，首次編纂成嘉慶年版《欽定回疆則例》，共計四卷。張格爾事件後，

理藩院因應回疆三十年來的發展及那彥成善後改革及禁令，在嘉慶年版《欽定回疆則例》的基礎上，將各條修併，加上增纂、續纂兩部分，成為道光年版《欽定回疆則例》八卷的內容。其中記錄了伯克制的演變的軌跡，顯現伯克制並非一套事先制定的完整規範，而是依回疆實際發展所需，及因應戰亂的變化逐步形成，深具有彈性及變動性。不但是回疆駐箚大臣施政的民族法規，也是一部伯克制的發展史。

伯克的設置在乾隆二十四年（1759）至二十六年（1761）間陸續完成，直至光緒十年（1884）建省告終，共施行一百二十五年，但伯克職位實質運作，直至光緒二十二年（1896），才真正走入歷史。伯克設置包括天山南路的十二城及北路伊犁，共十三城，伯克人數初期為三百五十四位，烏什事件後至嘉慶年間降為三百二十八位，張格爾等事件善後調整，依道光年版《欽定回疆則例》所載，伯克為三百二十九人。伯克的職稱種類，以道光年版《欽定回疆則例》卷一各城所設有三十三種，卷二依職掌則列三十一種，呈現了伯克職位由乾嘉時期至道光朝的變動性。伯克的職位設置及人數是可以隨各城之需添裁移設，但以不增加財政總額支出為前提，保留依實際需求而設的彈性。伯克職掌可分為行政、地畝糧賦、租稅、商貿、水利灌溉、工礦匠役、教育、軍臺交通、園藝及宴會、捕盜詞訟等十類。

伯克制的補放包括升、調、喪、病、休致、撫卹、革職及復職，跨城調放的補助，這些是歷經乾嘉道三朝，遇事逐步發展而來。伯克的補放，六、七品伯克基本上是在各城內升調，五品以上因職位較少，採跨城補放。十三城伯克調放有兩城比較特別，吐魯番的伯克，並不參與天山南路各城伯克的跨城調動，伊犁除

了阿奇木伯克及伊什罕伯克可以轉陞調動至天山南路各城外，其餘伯克以升頂帶、增加供役者及賞緞布匹方式作為獎勵。伯克的任命以五品為準，劃分為地方及中央的權責，六七品伯克及金頂回子在道光朝以前，是由各城駐劄大臣任命，再由回疆參贊大臣驗看同意。道光朝張格爾事件後，簡化由各城駐劄大臣決定，將名單交回疆參贊大臣彙整後，按季造冊咨報理藩院，該院於年終彙題。五品以上伯克及喀什噶爾三莊的六品阿奇木伯克，由各城駐劄大臣提名，回疆參贊大臣揀選二名擬為正陪，奏請皇帝定奪。嘉慶朝因考量喀什噶爾、葉爾羌及阿克蘇三城，位處邊區國防、外交、各國商貿往來、及交通樞紐等因素，事務較為複雜多變，阿奇木伯克應調者的考評要加上祖輩的勞績，道光朝則要載明世襲爵位，有益於回部王公後裔的晉升。

　　基本上，皇帝可直接任命五品以上伯克，佔伯克總數25.2%-26.1%，大約四分之一，等於中央以掌控高階伯克的補放為主。地方的回疆參贊大臣、各城駐劄大臣及伊犁將軍的任命權，掌控大多數的六七品小伯克，佔總數的四分之三。但皇帝所選五品以上伯克的正陪二人，也是由回疆參贊大臣在各城駐劄大臣提名清單中所提擬出來的。在檔案上，尤其在道光朝起，回疆參贊大臣對於三至五品伯克缺出時，他可逕行同品伯克的跨城調任，再將調補後所遺之缺，奏請補放。皇帝選擇伯克的權力，由高宗最初的直接諭令任命，及擁有二選一，或有復職伯克時的三選一之選擇權。到咸豐朝捐輸章程施行，各省協餉不繼時，握有當地人事及財政權的回疆參贊大臣，有時僅提名一人，皇帝只存行使同意權。就實務執行的層面而觀，回疆各城駐劄大臣及回疆參贊大臣對伯克任免權，遠大於皇帝。

　　伯克來源，在乾隆朝統治初期，是以協助將回疆收入清朝版圖的各地原有勢力之家族成員為主，他們因功封爵共有八位，但其中阿克蘇郡王霍集斯及和闐輔國公和什克不受高宗信任，封爵留京，其後裔勢力發展較為受限外，其餘六個回部王公家族成員，多成為各城高階伯克的主力。不過，這六個回部王公家族的後裔，擔任伯克仍要由七品伯克開始。嘉慶朝初年，制定隨年班入覲的子弟，回到本城後，可經駐箚大臣五年的訓練考核後，出任七品伯克，成為伯克及回部王公家族後裔，正式出任伯克的一條途徑。伯克子弟不只是氏族，也有姻親及異姓的結合發展，形成家族傳承，及其在民族社會特別的政治地位。道光朝因戰亂較多，宣宗挑選伯克以具戰功者為主，開啟一般維吾爾族人，可以不必憑藉回部王公或父輩之功，即可為自己開創晉升伯克之道。在戰亂中犧牲的維吾爾等各民族或是伯克，其子弟可以世襲頂帶，而獲得晉升伯克的機會，伯克成員以回部王公為主的生態，就此有了長遠的改變。咸豐朝捐輸章程施行後，伯克的升遷以捐輸為主，若原有戰功、參與開墾、修建城工等功績，再加上捐輸則有較好的晉升機會。不過，就喀什噶爾、葉爾羌及阿克蘇三城而言，仍以回部王公為主，其中尤其以吐魯番額敏和卓家族在清朝各城發展得最好，伊犁阿奇木伯克也多由該家族的子孫出任，成為橫跨南北兩疆的大勢力。道光朝以後，葉爾羌及喀什噶爾大多數是由庫車郡王家族及吐魯番郡王家族輪流執掌。但以戰功為主的伯克，也曾在咸豐朝出任喀什噶爾三品阿奇木伯克之位。

　　伯克有參與年班入覲的義務，乾嘉時期也參加皇帝及皇太后的大壽，地點在京師及熱河皆有。伯克個人自備資斧由本城出發，西部各城伯克先於八月會合於阿克蘇參與辦事大臣的筵宴，再出

發前往哈密，與各城伯克及北疆土爾扈特等會合，搭乘官方準備的車馬入京。乾隆朝由回部王公及其子弟出任阿奇木伯克者，或是當年有特別貢獻的阿奇木伯克擔任領隊，嘉慶朝則回歸伯克制，由回疆九城的三品阿奇木伯克輪值帶領。同行者除了各城不同品級伯克，亦有扎薩克的哈密郡王及吐魯番郡王，或是新疆周邊各國及部落汗王與使臣，並由大臣指定年班伯克作為他們的照顧者。伯克在嘉慶朝也需另外陪同哈薩克入覲者，前往熱河。伯克一般年班往返大約需時九個月至一年多的時間，西部各城以和闐路程最遠，由和闐至哈密大約已佔至京全程的百分之四十五，此段車馬費用往返皆需自費。若去程遇戰火或諭令暫停，則需折返，返程若遇戰火，則由避難之城的駐箚大臣提供安置，直至戰亂平定，再協助返家。伯克年班途中若病重，則需獨自留在當地治療休養，待伯克入覲返程再一同歸疆。伯克病故，清廷則依地點及伯克品級或具回部王公身分之伯克，各有不同的喪葬費用補貼。

　　伯克年班以乾隆二十四年（1759）十二月出發，直至咸豐六年（1856）到京入覲，共維持九十七年。同光之亂後，光緒十二年（1886）恢復回疆年班，因伯克制已廢止，僅由回部王公輪值，直至清末。伯克年班班次，由乾隆朝的四班，改為六班，至嘉慶朝再分為九班，道光朝加間隔二年，改變了每年入覲的慣例。品秩由三至六品，改為三至四品及五品以下新授者，道光再改為五品以上，人數由最初四十六人，改為二十人，嘉慶年維持十五人左右，道光年再限縮至八人。伯克年班行走路線，由哈密出發，經巴里坤，入甘肅嘉峪關，自此多分為兩批前行，走肅州、蘭州，由長武進入陝西省境，西安到潼關渡黃河入山西永濟，經靈石至

平定州，進直隸經保定、良鄉到京；若是陝西潼關不能渡黃河，
則繞至河南省閿鄉，至孟津渡河，由直隸南端磁州，經保定、良
鄉，入京師，繞道要多四天的行程。回疆各伯克抵肅州以十月二
十日以前為限，以十一月二十一日以前出甘肅省境，以十一月二
十九日出陝西省境，到京以十二月二十日，作為定限，正月十九
日以後，行陞辭禮再出京回返。伯克年班沿途返往，在乾隆五十
二年（1787）十二月之前，皆有中央派遣的侍衛全程陪同，並有
輔國公或是至新疆赴任或卸任返京大臣同行，再加上各省分段護
送的官員，乾隆五十三年（1788）正月以後，僅由各省分段接護。

　　以往對於伯克負責的工作內容，多僅簡述職掌。在清朝檔案
中，伯克執行的業務範圍，卻是包羅極廣。平日除了各依職掌工
作外，許多事務需集合眾伯克之力，才可完成。本城及城村阿奇
木伯克要管理所屬伯克、呈報承繼，各伯克要分層負責催收糧賦、
救災，一起捐助口糧、物料，募工、督工完成城工修繕、開闢水
渠。伯克要捉拿盜賊，管制出入境及卡倫，進行對外交涉，照顧
使臣，翻譯使臣文書及覆信，維護貿易公平的秩序，執行維吾爾
人與浩罕禁婚令，及執行兵丁及商民的各項禁令，受理訴訟。配
合皇帝的政策及喜好，執行高宗的採玉、移民至伊犁開墾，乾隆
及道光兩朝各地方土地的開發，及咸豐朝礦業的探採。提供駐箚
大臣當地史地、人文、宗教的諮詢或建議，商民意見的調查，穩
定物價及民族事務的處理。道咸兩朝戰亂較多，戰前墊辦或捐輸
整備糧草，戰時要守護卡倫及要道，協助後勤運輸，參與作戰、
反間，或主動出卡剿敵，或至清軍大營，帶回兵與清軍協同作戰、
翻譯，自備回兵口糧及軍械，伯克亦多有戰死、負傷、被脅走及

遭關押的情形。善後協助境外商民文書認證，搜查、審訊、安置難民，協助復業，清點叛產，回報農損與緩徵，修繕城垣、農耕、軍事及民生設施，建祠祭祀，調查撫卹伯克及子弟承繼等事宜。執行業務包含外交、軍事、國防、交通、經貿、司法、民族、農業及採礦等各項事務，管理事務層面甚廣，貢獻良多。

　　過去的研究，對於伯克的評價，大多以貪瀆苛索，造成官民隔閡較多。然而究其伯克貪瀆之因，駐箚大臣才是回疆苛索弊端的源頭。乾隆朝伯克尚留準噶爾時期，向所屬回人私派貪瀆的之風，駐箚大臣也有收受或主動要求伯克饋贈，甚至發生集體貪污的事情。嘉慶朝大臣上任及卸任回京之禮，已有行情，若有不足，大臣尚且要求伯克補齊或折現。自嘉慶朝以下，幾位行事妄誕及貪瀆的回疆參贊大臣，盡是宗室，各城駐箚大臣亦多皇親或在朝高位者的子弟，皇帝未盡人選的把關之責，吏治不清，伯克受過及為其善後，大臣、衙門及其家人月費、衣食，買售馬匹，中飽私囊，皆委由伯克承擔，伯克轉而攤派回眾，伯克制度更為敗壞。道光朝已發展成駐箚大臣與伯克聯合苛虐回人的體系。駐箚大臣藉伯克制補放的任免及提名的掌控權，向伯克需索。再加上咸同兩朝施行捐輸章程，駐箚大臣在各省協餉不繼，官兵無餉，及行政執行無銀兩的情形下，挾官威及兩項國家制度賦予的權力，向伯克進行公私多重次的苛斂。文宗曾對大臣的貪瀆與外來侵擾，及伯克苛派行為，作了很好的註解及解決之道，文宗諭示各城大臣若廉潔守法，對所轄伯克，毫無需索，則伯克自能畏法，不至於去苛派人民，百姓生計漸裕，自然就不至激成事端及入侵滋擾，實為切重之見，也明白道出駐箚大臣為回疆弊端之源與解決之道。

　　若言伯克介於官與民之間，那麼駐箚大臣則是介於伯克與皇

帝之間，皇帝倚賴駐箚大臣挑選伯克，而伯克的發展僅限回疆各城或伊犁，不似大臣的發展是各省與中央，伯克立基於回部王公背景、戰功、開墾、捐輸、城工事務，為自己及家族創造民族社會的階級流動，成為回疆政局穩定的實質力量。對許多的滿、漢族官員而言，在新疆任職，正處於政治生涯的挫敗與低潮，回疆不過是仕途中暫留的一城，等待政治風向變化，隨時要離去。而大臣挾伯克制度與捐輸章程兩項國家直接賦予的權力，進行苛索，破壞伯克制度，影響伯克及維吾爾族等各族之生計，甚至是國家安全。回疆弊端究其原因有四：一是駐箚大臣多未廉潔自守；二是駐箚大臣的心態，自恃官威，未能與伯克平等互持；三是制度深化的結果，伯克制的設計，將伯克任命及提名權力，過度集中於極少數駐箚大臣手中，再以捐輸章程挾制權位，形成大臣、伯克、回眾苛索體系；四是官員薪資較低，道咸同三朝官兵餉銀不繼，是存在的現實，需提高官員的薪資，再執行嚴格肅貪。

光緒朝新疆建省，滿、維兩族勢力限縮，漢族權勢大增，清朝原有修其教不易其俗，齊其政不易其宜的政策原則，以及依俗而治的多元民族文化發展空間變小，然左宗棠訂立漢化教育政策及義學數量雖有增長，但直至清末實施成效不佳。文化是各民族生活的智慧，伊斯蘭教化的宗教生活方式，需要給予尊重與空間。若是前往民族地區為官者，上任前皆已學習其語言、文化及宗教，容易視民為親，可降低官與民隔閡，減少怨懟與動盪。文化與宗教貴在豐富多元與並存，讓彼此於差異間相互欣賞與學習，而非單一化，這正是高宗身為少數民族，當年擘劃清朝管理廣袤國土內，文化各異且多元的民族，所展現的胸襟、自信與智慧。

儘管伯克中確有貪瀆者或能力不足勝任者，但若以苛索蓋括

伯克所為，實未真正了解伯克承受伯克制及捐輸章程兩項國家制度的雙重壓力，及大臣挾權貪婪的事實，伯克夾在制度與大臣的權力結構間，個中滋味與難處，無由紛說。回疆是伯克們的家園，伯克帶領維吾爾等各民族，協助官員執行公務，服務各民族與國內外商民，以及面對一直想要回家，重返執政的白山派後裔與安集延等侵擾，為了家園與親友平安，努力守護奮戰。同時伯克們也要為自己與家族籌謀在回疆社會的發展，承擔是相當多元的。伯克在伯克制度施行期間，慷慨捐助、出力，貢獻智慧，肩負內政、外交、經貿管理之責，促進國防安全，甚至犧牲生命，為所當為，其所付出，才是構成伯克制度的真正內涵，伯克的歷史評價，值得被重新正視與敬重。

徵引書目

檔案資料

《上諭檔》，方本，臺北：國立故宮博物院圖書文獻館藏。

《月摺檔》，臺北：國立故宮博物院圖書文獻館藏。

《史館檔・食貨志》，清國史館本。臺北：國立故宮博物院圖書
　　文獻館藏。

《史館檔傳包》，「史館檔傳包傳稿」全文影像資料庫。臺北：
　　國　立　故　宮　博　物　院　圖　書　文　獻　館　藏　，
　　http://npmhost.npm.gov.tw/ttscgi/ttsweb.

《外紀檔》，臺北：國立故宮博物院圖書文獻館藏。

《廷寄檔》，臺北：國立故宮博物院圖書文獻館藏。

《奏摺檔》，臺北：國立故宮博物院圖書文獻館藏。

《軍機處・月摺包》，「清代宮中檔奏摺及軍機處檔摺件」資料
　　庫，臺北：國立故宮博物院圖書文獻館，
　　http://npmhost.npm.gov.tw/ttscgi/ttswebnpm.

《宮中檔》，「清代宮中檔奏摺及軍機處檔摺件」資料庫，臺北：
　　國立故宮博物院圖書文獻館，
　　http://npmhost.npm.gov.tw/ttscgi/ttswebnpm.

《起居注冊》，臺北：國立故宮博物院典藏。

《譯漢月摺檔》，臺北：國立故宮博物院圖書文獻館藏。

《議覆檔》，臺北：國立故宮博物院圖書文獻館藏。

「清代檔案人名權威」資料庫,臺北:國立故宮博物院圖書文獻
　　館,http://npmhost.npm.gov.tw/ttscgi/ttsweb.

官書典籍

《大清仁宗睿(嘉慶)皇帝實錄》,臺北:臺灣華文書局,1964
　　年。

《大清文宗顯(咸豐)皇帝實錄》,臺北:臺灣華文書局,1964
　　年。

《大清宣宗成(道光)皇帝實錄》,臺北:臺灣華文書局,1964
　　年。

《大清宣統政紀實錄》,臺北:臺灣華文書局,1964 年。

《大清高宗純(乾隆)皇帝實錄》,臺北:臺灣華文書局,1964
　　年。

《大清德宗景(光緒)皇帝實錄》,臺北:臺灣華文書局,1964
　　年。

《大清穆宗毅(同治)皇帝實錄》,臺北:臺灣華文書局,1964
　　年。

《清代各部院則例》,香港:蝠池書院,2004 年。

《清高宗御製詩文全集》,臺北:國立故宮博物院,1976 年。

《清實錄》,北京:中華書局,1986 年。

(清)七十一,《新疆輿圖風土考》,收入張羽新、趙曙青主編,
　　《清朝治理新疆方略匯編》,北京:學苑出版社,2006
　　年。

(清)七十一撰,《西域見聞錄》,收入張羽新、趙曙青主編,
　　《清朝治理新疆方略匯編》,北京:學苑出版社,2006
　　年。

上海大學法學院、上海市政法管理幹部學院、張榮錚、金懋初、

劉勇強、趙音,《欽定理藩部則例》,上海中國藏學研究中心影印聚珍版,天津:天津古籍出版社,1998 年。

(清)不著纂修人名氏,《回疆誌》,臺北:成文出版社,1968 年。

中央研究院歷史語言研究所編,《明清史料》,臺北:國立中央研究院歷史語言研究所,1972 年。

中國第一歷史檔案館,《光緒朝硃批奏摺》,北京:中華書局,1995 年-1996 年。

中國第一歷史檔案館,《乾隆朝起居注》,桂林:廣西師範大學出版社,2002 年。

中國第一歷史檔案館編,《咸豐同治兩朝上諭檔》,桂林:廣西師範大學出版社,1998 年。

中國第一歷史檔案館編,《乾隆朝上諭檔》,北京:檔案社,1991 年。

中國第一歷史檔案館編,《乾隆朝滿文寄信檔譯編》,長沙:岳麓書社,2011 年。

中國第一歷史檔案館編,《嘉慶道光兩朝上諭檔》,桂林市:廣西師範大學出版社,2000 年。

(清)王樹枏、王學曾總纂,《新疆圖志》,收入張羽新、趙曙青主編,《清朝治理新疆方略匯編》,北京:學苑出版社,2006 年。

(清)永貴、舒赫德,《新疆回部志》,收入張羽新、趙曙青主編,《清朝治理新疆方略匯編》,北京:學苑出版社,2006 年。

(清)托津等編纂,《欽定回疆則例》,收入天龍長城文化藝術公司編,《新疆史志》,第二部,冊 11,中國邊疆史志集成,北京:全國圖書館文獻縮微復制中心,2003 年。

（清）托津等人編纂，《欽定大清會典事例（嘉慶朝）》，臺北：
　　　文海出版社，1991 年。

（清）松筠、徐松編纂，《欽定新疆識略》，收入張羽新、趙曙
　　　青主編，《清朝治理新疆方略匯編》，北京：學苑出版
　　　社，2006 年。

（清）奕訢　等編纂，《平定陝甘新疆回匪方略》(朱絲欄寫本)，
　　　臺北：國立故宮博物院圖書文獻館藏。

（清）奕訢等編纂，《平定陝甘新疆回匪方略》，收入張羽新、
　　　趙曙青主編，《清朝治理新疆方略匯編》，北京：學苑
　　　出版社，2006 年。

（清）奕訢，《欽定平定回疆剿擒逆裔方略》（朱絲欄本），臺
　　　北：國立故宮博物院典藏。

姜亞沙、經莉、陳湛綺主編，《理藩院公牘則例三種》（二），
　　　《理藩院修改回疆則例》，四卷，據清內府抄本影印，
　　　北京：全國圖書館文獻縮微復製中心，2010 年。

（清）紀昀、陸錫熊、孫士毅等纂，《西域同文志》，收入王雲
　　　五主持，《四庫全書珍本》三集，臺北：臺灣商務印書
　　　館，1993 年。

（清）容慕安輯，《那文毅公籌畫回疆善後事宜奏議》，收入張
　　　羽新、趙曙青主編，《清朝治理新疆方略匯編》，北京：
　　　學苑出版社，2006 年。

（清）徐松，《西域水道記》，臺北：文海出版社，1966 年。

（清）桂清揚等奉敕撰，《清代起居注冊-同治朝》，臺北：聯合
　　　報文化基金會國學文獻館印行，1983 年。

（清）崑岡等修、劉啟端等纂，《欽定大清會典事例》，收入《續
　　　修四庫全書‧史部，政書類》，據清光緒石印本影印，
　　　上海：上海古籍出版社，1999 年。

（清）曹振鏞，《欽定平定回疆剿捕逆裔方略》，收入張羽新、趙曙青主編，《清朝治理新疆方略匯編》，北京：學苑出版社，2006 年。

（清）傅恒等，《平定準噶爾方略續編》，收入張羽新，趙曙青主編，《清朝治理新疆方略匯編》，北京：學苑出版社，2006 年。

（清）傅恒等奉敕撰，《欽定皇輿西域圖志》，五冊，臺北：文友書店，1965 年，依據國立中央圖書館珍藏善本影印。

（清）傅恒等，《平定準噶爾方略正編》，收入張羽新、趙曙青主編，《清朝治理新疆方略匯編》，北京：學苑出版社，2006 年。

（清）傅恒等奉敕編纂，《欽定皇輿西域圖志》，收入於張羽新、趙曙青主編，《清朝治理新疆方略匯編》，北京：學苑出版社，2006 年。

楊書霖　編，《左文襄公（宗棠）全集》，近代中國史料叢刊續編第 65 輯，臺北：文海出版社，1979 年。

趙爾巽 等撰，《清史稿》，北京：中華書局，1977 年。

（清）慕暲撰（光緒十年），《新疆回部紀略》，收入張羽新、趙曙青主編，《清朝治理新疆方略匯編》，北京：學苑出版社，2006 年。

聯合報文化基金會國學文獻館，《清代起居注冊-道光朝》，臺北：聯經出版社，1985 年。

（清）賽尚阿等修，《欽定回疆則例》，收入中國社會科學院中國邊疆史地研究中心主編，《蒙古律例‧回疆則例》，蘭州：全國圖書館文獻縮微中心，1988 年。

（清）賽尚阿等編纂，《欽定回疆則例》，收入張羽新主編，《清朝治理新疆方略彙編》，北京：學苑出版社，2006 年。

（清）薩奕、祥霖、薩德，《新疆龍堆奏議》，北京：全國圖書
　　館文獻縮微複制中心，2005 年。

（清）魏源，《聖武記》，收錄《四部備要─史部》，臺北：臺
　　灣中華書局，1962 年。

專書著作

中國大百科全書總編委員會《民族》編輯委員會，《中國大百科
　　全書》民族卷，北京：中國大百科全書出版社，1986 年。

中國伊斯蘭百科全書編委會，《中國伊斯蘭百科全書》，成都：
　　四川辭書出版社，1996 年。

方英楷，《新疆屯墾史》，烏魯木齊：新疆青少年出版社，1989
　　年。

牛海楨，《清代西北邊疆地區民族政策研究》，蘭州：蘭州大學
　　出版社，2004 年。

王希隆，《清代西北屯田研究》，蘭州：蘭州大學出版社，1990
　　年。

王東平，《清代回疆法律制度研究》（1759-1884），哈爾濱：黑
　　龍江教育出版社，2003 年。

田澍、何玉紅、馬嘯主編，《西北邊疆管理模式演變與社會控制
　　研究》，天津：天津古籍出版社，2012 年。

伊斯蘭教辭典編委會，《伊斯蘭教辭典》，上海：上海辭書出版
　　社，1997 年。

艾永明，《清朝文官制度》，北京：商務印書館，2005 年。

余太山、陳高華、謝方主編，《新疆各族歷史文化詞典》，北京：
　　中華書局，1996 年。

（清）李桓輯，《國朝耆獻類徵初編》（光緒十六年），收入周
　　駿富輯，《清代傳記叢刊・綜錄類》，冊 138，臺北：

明文書店，1985 年。

李鵬年、朱先秦、劉子揚、秦國經、陳鏘儀　等編著，《清代中央國家機關概述》，北京：紫禁城出版社，1989 年。

林永匡、王熹，《清代西北民族貿易》，北京：中央民族學院出版社，1991 年。

林恩顯，《清朝在新疆的漢回隔離政策》，臺北：臺灣商務印書館，1988 年。

馬汝珩、馬大正，《漂落異域的民族》，北京：中國社會科學出版社，1991 年。

馬　通，《中國西北伊斯蘭教基本特徵》，銀川：寧夏人民出版社，2000 年。

高文德　主編，《中國少數民族史大辭典》，長春：吉林教育出版社，1995 年。

張體先，《土爾扈特部落史》，北京：當代中國出版社，1999 年。

莊吉發，《清高宗十全武功研究》，臺北：國立故宮博物院，1982 年。

陳炳光／蒙藏委員會編譯室校訂，《清代邊政通考》，臺北：蒙藏委員會，1981 年。

陳維新，《失落的疆域：清季西北邊界變遷條約輿圖特展》，臺北：國立故宮博物院，2010 年。

雪犁 主編，《中國絲綢之路辭典》，烏魯木齊：新疆人民出版社，1994 年。

曾問吾，《中國經營西域史》，臺北：文海出版社，1936 年。

華立，《清代新疆農墾發展史》，哈爾濱：黑龍江教育出版社，1998 年。

馮家昇、程溯洛、穆廣文，《維吾爾史料簡編》，北京：中央民族學院研究部，1956 年。

楊樹藩，《清代中央政治制度》，臺北：臺灣商務印書館，1978
　　年。

賈建飛，《清乾嘉道時期新疆的內地移民社會》，北京：社會科
　　學文獻出版社，2012年。

趙云田，《中國邊疆民族管理機構沿革史》，北京：中國社會科
　　學出版社，1993年。

劉志宵，《維吾爾族歷史》，中編，北京：中國社會科學出版社，
　　1996年。

劉義棠　校註，《「欽定西域同文志」校註》，臺北：臺灣商務
　　印書館，1984年。

潘向明，《清代新疆和卓叛亂研究》，北京：中國人民大學出版
　　社，2011年。

潘志平，《中亞浩罕國與清代新疆》，北京：中國社會科學出版
　　社，1991年。

鄭鶴聲《近世中國史日對照表》，臺北：臺灣商務印書館，1978
　　年5月，臺四版。

鄧淑蘋，《國色天香伊斯蘭玉器》，臺北：國立故宮博物院，2012
　　年。

穆　淵，《清代新疆貨幣史》，烏魯木齊：新疆大學出版社，1994
　　年。

霍維洮、胡鐵球，《近代西北少數民族社會變遷》，銀川：寧夏
　　人民出版社，2009年。

謝高橋，《社會學》，臺北：巨流圖書公司，1988年。

鴻達、劉景憲、季永海、徐凱編著，《清史滿語辭典》，上海：
　　上海古籍出版社，1990年。

魏秀梅　編，《清季職官表》，臺北：中央研究院近代史研究所，
　　2002年。

羅運治，《清高宗統治新疆政策的探討》，臺北：里仁書局，1983年。

翦伯贊（主編），《中外歷史年表》，北京：中華書局，1985年。

論文

王希隆，〈乾隆、嘉慶兩朝白山派和卓後裔招撫政策得失評述〉，《蘭州大學學報》（社會科學版），第42卷第2期（2014年3月），頁36-48。

王希隆、馬青林，〈額敏和卓後裔與清代新疆〉，《中國邊疆史地研究》，第19卷第2期（2009年6月），頁87-101。

王東平，〈關於清代回疆伯克制度的幾個問題〉，《民族研究》，2005年第1期，頁72-79。

艾西熱甫·阿布都拉，〈論祖爾東阿奇木伯克對19世紀維吾爾文化事業的貢獻〉，《新疆社會科學》，2001年第1期，頁71-72。

李恩涵，〈左宗棠收復新疆的幾次重要戰役〉，收入《近代中國史事研究論集》，冊2，臺北：臺灣商務印書館，1987年，頁20-43。

李晶，〈乾隆朝中亞政策研究〉，北京：中國社會科學院研究生院，中國近現代史博士學位論文，2012年。

林恩顯，〈清朝在新疆的政策制度分析〉，收入《新疆論叢》，臺北：唐山出版社，2014年，頁129-168。

林恩顯，〈清朝在新疆開採銅礦分析〉，收入《新疆論叢》，臺北：唐山出版社，2014年，頁313-341。

紅霞，〈清代喀爾喀蒙古王公的朝覲制度述略〉，《內蒙古民族大學學報》（社會科學版），第36卷第2期，2010年3月，頁16-24。

苗普生，〈「伊薩克事件」始末〉，《中國邊疆史地研究》，1997
　　　年第 3 期，頁 100-111。

苗普生，〈伯克制度綜述〉，《中國邊疆史地研究》，2003 年第
　　　2 期，頁 93-107。

苗普生，〈論清初維吾爾族地區伯克制度的改革〉，《清史研究
　　　通訊》，1988 年第 3 期，頁 28-34。

苗普生，〈關於伯克制度的形成和發展〉，《西北歷史研究》，
　　　1987 年第 2 期，頁 127-149。

苗普生，〈關於伯克制度的形成和發展〉，《西北歷史研究》，
　　　1987 年第 2 期，頁 127-149。

張雙智，〈清朝外藩體制內的朝覲年班與朝貢制度〉，《清史研
　　　究》，第 3 期，2010 年 8 月，頁 106-115。

張雙智，〈論清代前後藏朝覲年班制度〉，《西藏研究》，第 5
　　　期，2009 年 10 月，頁 16-24。

莊吉發，〈清初諸帝的北巡及其政活動〉，收錄於《清史論集》
　　　（一），臺北：文史哲出版社，1997 年，頁 235-275。

陳國光，〈中亞納合西底教團與我國新疆和卓、西北門宦〉，《世
　　　界宗教研究》，1988 年第 1 期，頁 106-115。

陳慶隆，〈論白山黨與黑山黨〉，《邊政學報》，第 2 期，1971
　　　年，頁 209-231。

程溯洛，〈論大小各卓木〉，《中央民族學院學報》，1987 年第
　　　1 期，頁 18-21。

趙春晨，〈清季關於新疆問題的爭論〉，《西北史地》，1983 年
　　　第 4 期，頁 37-44。

趙秋蒂，〈新疆依襌研究〉，臺北：政治大學民族所碩士論文，
　　　1994 年。

趙麗君，〈清代新疆鄉約制度研究三題〉，新疆師範大學學報》(哲

　　學社會科學），第 27 卷第 4 期，2006 年 12 月，頁 31-36。

齊清順，〈乾隆皇帝統治新疆的幾項重要措施〉，收入編輯組編，
　　《西域史論叢》，第 3 輯，烏魯木齊：新疆人民出版社，
　　1990 年，頁 224-243。

齊清順，〈清代新疆"回兵"述論〉，《喀什師範學院學報》，
　　第 17 卷第 3 期（總期第 64 期），1996 年第 3 期，頁 18-22。

劉義棠，〈伯克制度的研究〉，收入於《維吾爾研究》，臺北：
　　正中書局，1975 年，頁 271-319。

劉義棠，〈維吾爾宗教信仰研究〉，收入於《維吾爾研究》，臺
　　北：正中書局，1975 年，頁 433-516。

潘志平，〈論乾隆嘉慶道光年間清在天山南路推行的民族政策〉，
　　《民族研究》，1986 年第 6 期，頁 37-41。

賴永寶，〈清乾嘉道三朝治理回疆西四城研究〉，臺北：政治大
　　學民族所碩士論文，1981 年。

聶紅萍，〈嘉慶朝新疆「玉努斯案」〉，《中國邊疆史地研究》，
　　第 17 卷第 1 期，2007 年 3 月，頁 46-54。

聶紅萍、王希隆，〈鄂對家族與清代新疆政治〉，《中國邊疆史
　　研究》，第 13 卷第 2 期，2003 年 6 月，頁 39-47。

羅素娟，〈阿古柏政權興起之研究〉，臺北：政治大學民族所碩
　　士論文，1991 年。

外文論著

（日）片岡一忠，《清朝新疆統治研究》，東京：雄山閣出版株
　　式會社，1991 年。

（日）佐口透，〈清朝統治下の吐魯番〉《金沢大學文學部論集‧
　　史學科篇》2，1982 年第 2 期，頁 24-31。（後由朱風譯，
　　〈清朝統治下的吐魯番〉，《世界民族》，1987 年第 4

期，頁 49-59。）

（日）佐口透，《18-19 世紀東トルキスタン社會史研究》，東京：
　　　吉川弘文館，1963 年。中文譯本：佐口透著，凌頌純譯，
　　　《十八-十九世紀新疆社會史研究》（全二冊），烏魯木
　　　齊：新疆人民出版社，1984 年。

（俄）A.H.庫羅帕特金，中國社會科學院近代史研究所翻譯室譯，
　　　《喀什噶爾》，北京：商務印書館，1982 年。

James A. Millward(米華健) *Beyond the Pass: Economy, Ethnicity,
　　　and the Empire in Qing Central Asia 1759-1864*, Stanford:
　　　Stanford University Press, 1998.（後由 James A. Millward
　　　（米華健），賈建飛譯，《嘉峪關外—1759-1864 年新疆
　　　的經濟、民族及清帝國》，香港：中文大學出版社，2017
　　　年。）

John K.Fairbank , The Cambridge History Of Chian Volume 10 Late
　　　Ch'ing,　1800-1911,Part　Ⅰ ,　Cambridge ： Cambridge
　　　University　Press ,Cambridge London · New York ·
　　　Melbourne ,1978.(後由費正清編，中國社會科學院歷史
　　　研究所編譯室譯，《劍橋中國晚清史 1800-1911》，北京：
　　　中國社會科學出版社，1993 年。）

網路資料

《乾隆朝內府抄本理藩院則例》，諸子百家中國哲學書電子化計
　　　劃維基，2018 年 8 月 10 日，網址
　　　https://ctext.org/wiki.pl?if=gb&chapter=983875
乾隆朝大清會典與則例對照檢索系統，臺北：臺灣大學數位人文
　　　研究中心，2018 年 8 月 10 日，網址 http://cspis.digital.ntu.edu.tw/

附錄表一 奏年與奏請機構《欽定回疆則例》 嘉慶年修與道光年修目次內容表

目次	道　光　年　修	卷：頁	目次	嘉　慶　年　修	卷：頁
1-1	◎葉爾羌城及所屬各城莊額設阿奇木伯克等官	1:1-4	1-1	乾隆二十四年平定回疆按伊等舊俗各城設立阿奇木伯克等官管理一切事務喀什噶爾、英吉沙爾	1:1-4
1-2	◎喀什噶爾、英吉沙爾及所屬各城莊額設阿奇木伯克等官	1:5-8		葉爾羌	1:5-7
1-3	◎和闐城及所屬各城村額設阿奇木伯克等官	1:9-11		和闐	1:8-10
1-4	◎烏什城額設阿奇木伯克等官	1:12		烏什	1:11
1-5	◎阿克蘇城設阿奇木伯克等官	1:13-14		阿克蘇	1:12-13
1-6	◎賽里木設阿奇木伯克等官	1:15		賽里木	1:14
1-7	◎拜城設阿奇木伯克等官	1:16		拜城	1:15
1-8	◎庫車設阿奇木伯克等官	1:17		庫車	1:16
1-9	◎沙雅爾設阿奇木伯克等官	1:18		沙雅爾	1:17
1-10	◎庫爾勒設阿奇木伯克等官	1:19		庫爾勒	1:18
1-11	◎布古爾設阿奇木伯克等官	1:20		布古爾	1:19
1-12	◎吐魯番設伯克等官	1:21		吐魯番	1:20
1-13	◎伊犁設阿奇木伯克	1:22		伊犁	1:21
2-1	回疆各城伯克等職掌	2:1-2	1-2	各城伯克等分任管理	1:22-23
2-2	◎回疆各城補放大小伯克分別奏迴避	2:3	1-3	乾隆二十八年奏定補放各城大小伯克等定例	1:24-26
2-3	◎回子世襲王公家譜十年修辦一次	2:4-8	2-8	乾隆五十二年奉旨回子郡王衙貝勒哈迪爾輔國公託克陀之爵均著世襲罔替	2:11

目次	道 光 年 修	卷:頁	目次	嘉 慶 年 修	卷:頁
	嘉2-8到2-11整併於道2-3		2-9	乾隆五十三年奉旨 郡王銜貝勒額爾德錫爾等十人所襲王貝子公台吉之爵均著世襲罔替	2:12-14
			2-10	乾隆四十九年奉旨 阿奇木伯克鄂斯滿晉封貝子	2:15
			2-11	乾隆二十九年奉旨 回子色提布阿勒迪晉輔國公	2:16
			2-12	乾隆二十八年遵旨 回子薩里賞給世襲三等輕車都尉	2:17
2-4	◎回子王公等准照蒙古例豫保一子授職	2:9	2-1	乾隆三十二年經理藩院 回子郡王銜貝勒和濟斯等子嗣亦照蒙古王公之子嗣例一體豫保授職	2:1-2
2-5	回子世職照蒙古例辦理	2:10			
2-6	○葉爾羌等三城簡調阿奇木伯克	2:11	2-15	嘉慶九年喀什噶爾參贊大臣奏定 喀什噶爾等三城遇有阿奇木伯克缺均由參贊大臣處奏請	2:20
2-7	◎喀什噶爾所屬各莊六品阿奇木伯克缺出揀員調補	2:12	2-5	乾隆四十三年理藩院議定 喀什噶爾所屬三處地方之六品阿奇木伯克缺出仍將六品伯克等開列奏放	2:8
2-8	◎咨補六品以下伯克按季院報	2:13	2-6	乾隆四十四年理藩院議定 各城六品以下伯克等由該參贊大臣處揀放五品以上伯克等擬員奏放	2:9
2-9	◎伯克年老患病休致准留原品翎頂	2:14	2-2	乾隆三十五年奉旨據常鈞奏請 各城回子內遇有伯克年老患病休致者仍准留原品翎頂	2:3-4
2-10	○病痊回子伯克坐補原缺	2:15	2-3	嘉慶十九年伊犁將軍議定 病痊回子伯克坐補原缺	2:5
3-1	◎回子王公等服飭坐褥護衛	3:1	3-2	乾隆四十四年理藩院議定 回子王公應用護衛、補服、坐褥等項，均照蒙古王公例准用	3:2
3-2	○回子世襲台吉給與誥封	3:2	3-3	嘉慶十一年理藩院具奏 新疆回子台吉照住京回子台吉例請領封誥	3:3

目次	道　光　年　修	卷：頁	目次	嘉　慶　年　修	卷：頁
3-3	哈密吐魯番回子郡王例支俸銀俸緞	3:3	3-1	哈密吐魯番回子王公等照蒙古王公例支給俸銀俸幣	3:1
3-4	◎哈密吐魯番揀補協理旗務伯克	3:4	2-7	乾隆五十年理藩院奏定協理哈密回子旗務之伯克由札薩克子弟內揀放	2:10
3-5	◎回子郡王銜和濟斯等人戶編入京旗	3:5	3-10	乾隆四十一年軍機處議定駐京回子郡王銜貝勒和濟斯等著編入蒙古旗分佐領	3:10
3-6	○入旗回子准給孤子錢糧	3:6	3-14	嘉慶七年奉旨戶部奏入旗回子准給孤子錢糧	3:15
3-7	◎駐京回子王公病故靈柩回歸原處	3:7	4-7	乾隆四十七年理藩院議定駐京回子王公病故後聽伊等自將靈柩扶回本處	4:7
3-8	◎各城回子丁眾咨報參贊大臣彙奏	3:8	4-6	乾隆四十五年烏什參贊大臣等奏定查明各城回子丁眾咨報參贊大臣處彙奏	4:6
3-9	◎回子王等病故照蒙古例致祭	3:9	4-8	乾隆四十三年理藩院奏定回子貝勒等病故照蒙古貝勒例致祭	4:8
3-10	◎留京當差回子王公支食俸祿	3:10	3-6	乾隆二十八年理藩院具奏留京當差回子官員等支給全俸	3:6
3-11	◎駐京及年班回子王公伯克等分別筵宴入座應得賞項	3:11-21	2-19	駐京之回子王公台吉等并年班朝觀之哈密吐魯番等所差之人並各城回子伯克等入宴得賞	2:25-33
3-12	**回子王爵卹賞銀兩**	3:22			
3-13	**伯克回兵等陣亡之子嗣卹賞頂戴銀兩**	3:23			
3-14	**回子王公等恭遇皇上大婚典禮應來京慶賀**	3:24			
3-15	**回子王貝勒等供辦兵差車輛給予議敘**	3:25			
3-16	**扎薩克回子王公等捐輸銀兩獎敘[1]**	3:26			

---

[1] 《欽定回疆則例》目錄原寫捐輸兩兩獎敘，卷3，頁26，寫增纂扎薩克回子王公等捐輸銀兩獎敘，應是目錄有勘誤，筆者直接改捐輸銀兩獎敘。（清）賽尚阿等修，《欽定回疆則例》，《欽定回疆則例》，卷3，頁目錄2、卷3，頁26。

目次	道　光　年　修	卷:頁	目次	嘉　慶　年　修	卷:頁
4-1	○年班各城伯克隨帶子弟	4:1	2-13	嘉慶元年理藩院議定 年班朝覲之各城伯克等隨帶子弟按品級限定人數,伊等所得六品虛銜,不得逕放六品伯克	2:18
4-2	○年班伯克子弟等虛銜陞階	4:2	2-14	嘉慶四年理藩院奏定 各城年班伯克等輪班朝覲,其隨帶子弟照例戴六品虛銜回去後,歷役五年,如果奮勉補放七品伯克,不准越階補放六品伯克	2:19
4-3	哈密吐魯番每年例貢折賞	4:3	2-20	進貢方物	2:34
4-4	年班回子伯克進貢折賞	4:4	2-21	年班朝覲回子伯克等貢物咨行內務府折給賞項	2:35
4-5	◎年班伯克等不准額外多給馬匹	4:5	2-24	乾隆五十年奉旨 年班來覲之伯克等不准額外多給車馬	2:38
4-6	◎年班來京伯克等抵廑抵京定限	4:6	2-25	乾隆五十四年陝甘總督奏定 年班朝覲伯克等往返沿途派員照料抵廑抵京定限	2:39
4-7	◎○年班各城伯克及王公等定準攜帶行李斤數	4:7-8	2-26	*乾隆五十六年軍機處議定* *定准年班朝覲之各城伯克及王公等攜帶行李斤數*	*2:40-41*
			2-27	*嘉慶二年軍機處議定* *改定年班朝覲之各城伯克及王公等攜帶,跟役人數行李斤數*	*2:42*
4-8	○各城回子伯克朝覲定為九班	4:9-10	2-28	嘉慶十六年奉上諭鐵保等奏各城伯克等入覲之六班改為九班	2:43-44
4-9	哈密吐魯番回子郡王來使回去馳驛	4:11	2-22	哈密吐魯番回子郡王來使回去馳驛	2:36
4-10	◎回子伯克及布魯特、哈薩克、浩罕來使應得食物等項	4:12	2-23	乾隆二十六年理藩院議定 朝覲之回子伯克及布魯特、哈薩克來使應得吃食盤費等項咨行內務府供給	2:37-38
4-11	○年班伯克等病故賞給銀兩	4:13-14	*4-9*	*嘉慶十六年軍機處奏* *年班朝覲之四品伊什罕伯克遇有病故者,賞給銀二百兩*	*4:9-10*

目次	道　光　年　修	卷:頁	目次	嘉　慶　年　修	卷:頁
			4-10	嘉慶十七年奉旨 年班朝覲之六品伯克遇有病 故者賞給一百兩	4:11
4-12	哈薩克等朝覲貢馬	4:15	4-13	哈薩克等朝覲貢馬	4:14
4-13	哈薩克來京朝覲事宜依回 子伯克之例辦理	4:16	4-14	哈薩克來京朝覲事宜依回子 伯克之例辦理	4:15
4-14	○哈薩克王公台吉等遣子 弟來京令赴避暑山莊	4:17	4-15	嘉慶六年奉旨據保寧奏 哈薩克王公台吉內遇有情願 遣弟子朝覲者，無論出痘未出 痘令其赴避暑山莊	4:16- 17
4-15	○朝覲哈薩克赴熱河朝覲 賞給翎頂衣服等項	4:19	4-16	嘉慶十四年軍機處奏定 來熱河朝覲之哈薩克等賞給 翎頂、衣服等項	4:18
4-16	哈薩克赴熱河朝覲給予食 物、住處蒙古包等項	4:20	4-17	來熱河朝覲之哈薩克等准給食 物、住處、蒙古包、籬柵等項	4:19
4-17	哈薩克赴熱河朝覲事畢旋 回准給驛馬車輛	4:21	4-18	來熱河朝覲之哈薩克等回去 時准給驛馬車輛	4:20
4-18	四川之各部落番子等隔三 年朝覲一次	4:21- 22	4-19	四川之各部落番子等隔三年 朝覲一次	4:21
4-19	◎四川番子土司等朝覲等 項均照回子例辦理	4:23- 24		乾隆四十一年理藩院奏定 番子等朝覲等事件均令照依 回子之例辦理	4:29
5-1	◎兩金川土司官員等賞戴 二品頂戴	5:1	4-24	乾隆四十一年奉上諭 兩金川土司官員等全行准戴 二品頂戴	4:28
5-2	◎哈薩克朝覲照回子例賞 給官銜什物等件	5:2-3	4-26	乾隆四十一年軍機處議定 朝覲之番子、哈薩克等照依回 子之例賞給官銜什物等件	4:30
5-3	◎番子朝覲照回子例分別 賞給頂戴衣帽等項	5:4	4-27	嘉慶十四年軍機處議定 朝覲之番子等分別賞給六品 頂戴衣服等項	4:31
5-4	○年班番子遇有在京病故 賞給銀兩	5:5	4-28	嘉慶十四年軍機處議定 朝覲之番子等遇有在京病故 者賞給銀一百兩	4:32
5-5	◎番子通事札克塔爾阿齋 阿甲之家口入旗	5:6	4-20	乾隆四十二年奉旨 番子通事札克塔爾阿齋阿甲 之家口入旗	4:22

目次	道　光　年　修	卷:頁	目次	嘉　慶　年　修	卷:頁
5-17	◎勻出和闐阿奇木伯克等養廉給予沙爾琥	5:26-27	3-19	乾隆三十一年駐劄喀什噶爾大臣等奏定 和闐之阿奇木伯克等之伯克養廉錢騰格，勻出給沙琥爾之伯克八員，作為養廉	3:25-26
5-18	◎臺站當差回子人等量給幫貼	5:29	3-15	乾隆三十四年大學士等議覆奏定 定准臺站回子人等量給幫貼之費	3:16-17
5-19	◎回疆入官地畝賞給回子耕種	5:30	4-4	乾隆四十一年駐劄喀什噶爾大臣等奏定 喀什噶爾之入官地畝賞給回子等著交納錢糧	4:4
6-1	權量	6:1	4-1	權量	4:1
6-2	◎每一帕特瑪改抵五石三斗	6:2	4-2	乾隆二十五年 每一帕特瑪改抵五石三斗	4:2
6-3	◎伊犁屯田回子應領耕牛倒斃數	6:3	4-12	乾隆五十三年奏定 定准交納官糧之屯田回子等應得種地牲畜倒斃數目	4:13
6-4	鑄定錢制	6:4-5	2-29	鑄定錢制	2:45-46
6-5	◎回疆各城普爾錢鑄乾隆通寶字樣	6:6	3-8	乾隆三十九年奉上諭 各回城所用錢文令鑄乾隆年號	3:8
6-6	○回疆各城普爾錢鑄嘉慶通寶字樣	6:7	3-9	嘉慶五年奉上諭 新疆各回城所用錢文令鑄乾隆通寶二成嘉慶通寶八成	3:9
6-7	一百普爾錢為一騰格	6:8	3-5	以一百普爾錢為一騰格	3:5
6-8	◎喀什噶爾葉爾羌每年餘剩錢文分撥各城搭支軍餉	6:9	3-12	乾隆四十七年軍機處議覆奏定 喀什噶爾葉爾羌每年所用餘剩貯庫普爾錢文著分給烏什庫車喀喇沙爾等三城與貯庫銀兩錢文搭用	3:12
6-9	回疆藩夷進卡貿易一體免稅	6:10	3-4	定准商稅徵額	3:4
	刪除		3-7	乾隆二十八年伊犁將軍等奏定 增定烏什商稅	3:7

目次	道　光　年　修	卷：頁	目次	嘉　慶　年　修	卷：頁
6-10	◎回子赴外藩貿易勒限給票	6:11-13	3-13	乾隆五十九年奉旨 前赴外藩貿易回子等勒限給票	3:13-14
6-11	◎托漫卡倫添派官員回目	6:13	4-11	乾隆五十年駐劄和闐辦事大臣等奏定 托漫卡倫添派官一員回目一名看守	4:12
6-12	○巴里坤五臺站金頂回子應支鹽菜口糧	6:14	2-16	嘉慶十一年軍機處議定 巴里坤等五臺站當差回子十名內揀戴虛銜金頂回子各一名	2:21
6-13	○巴里坤五臺站當差回子頭目分別勸懲	6:15	2-17	嘉慶十一年軍機處議定 巴里坤等五臺站戴虛銜金頂回子照坐臺外委例支給鹽菜口糧，半年一換，分別勸懲	2:22-23
6-14	◎禁止換防綠營弁及發遣為奴人犯擅取回婦	6:16	3-22	乾隆三十五年理藩院會同兵部奏定 駐防各回城綠營兵弁發遣為奴人犯娶回婦為妻室者概行禁止	3:30
6-15	○阿奇木伯克不得私交外藩	6:17	3-25	嘉慶十九年理藩院議定 阿奇木伯克不得私交外藩	3:33
6-16	○阿奇木伯克不得私理刑訊重犯	6:18	3-26	嘉慶十九年理藩院議定 阿奇木伯克不得酷刑取供	3:34
6-17	○巴雜爾市集禁止私設行	6:19	3-28	嘉慶十九年理藩院議定 巴雜爾市集禁止私設牙行	3:36
6-18	○禁止大小伯克侵占渠水	6:20	3-29	嘉慶十九年理藩院議定 禁止侵佔渠水	3:37
6-19	○禁止莫洛回子習念黑經	6:21	3-27	嘉慶十九年理藩院議定 禁止莫洛回子習念黑經	3:35
7-1	四五品伯克缺出合例人員乏人准於本城回子內揀選	7:1			
7-2	葉爾羌等處回子伯克四川土司等分別年限朝覲	7:2-3			
7-3	哈密吐魯番回子郡王等例貢分別年限呈進	7:4			
7-4	哈密吐魯番回子郡王等俸銀俸緞在外關支	7:5			
7-5	回子王公留京當差俸緞折米	7:6			
7-6	阿克蘇鼓鑄普爾錢文	7:7			
7-7	世職回子免納糧賦	7:8			

目次	道　光　年　修	卷:頁	目次	嘉　　慶　　年　　修	卷:頁
8-14	稽查漢回擅娶回婦	8:14			
8-15	禁止私採硇磺	8:15			
	刪除		2-4	乾隆三十九年駐劄烏什大臣等奏定 葉爾羌之六品密喇布伯克西哩布，暫授六品頂戴調放和闐七品伯克之缺，俟伊父屬城六品伯克之缺出，再行補奏	2:6-7
	刪除		2-18	嘉慶十五年軍機處議定 公缺之阿奇木伯克伊什罕伯克，遇有缺出均由參贊大臣處驗看，擬定正陪奏請	2:24
	刪除		3-23	乾隆四十七年理藩院議覆奏定 各城回子等遇有赴外藩置買人口者分別辦理	3:31
	刪除		3-24	乾隆四十七年駐劄葉爾羌辦事大臣等奏定 由外藩置買人口之商回等重懲	3:32

◎列乾隆年定；○列嘉慶年定；*斜體字為道光年版併修條文*；**粗黑為增纂條文**

資料來源： 1. （清）賽尚阿等修，《欽定回疆則例》，卷1-8。

2. （清）托津 等人編纂，《欽定回疆則例》，卷1-4，收入天龍長城文化藝術公司編，《新疆史志》，第二部，冊11。

3. 《理藩院修改回疆則例》，卷1-4，收入姜亞沙、經莉、陳湛綺主編，《理藩院公牘則例三種》（二）。

附錄表二 伯克道光至同治年間捐輸表

時間	原因	用途	捐給城	品級	名字	銀兩或普爾串文	合計	奏賞	恩賞	資料來源
道光13-30年		開銅廠	阿克蘇		愛瑪特	500兩			恩賞加一級	《外紀檔》303000267-96 咸豐6.11.28
道光26.閏5	七和卓亂	軍火器械口糧馬匹	葉爾羌	三品阿奇木伯克	伊斯瑪依爾				姪藍翎六品伯克希爾賞換五品頂帶花翎	《外紀檔》3000191-14-15 道光27.8.3
道光26.閏5	七和卓亂	軍火器械口糧馬匹	葉爾羌	伊什罕伯克	烏舒爾				子六品頂戴邁羅斯底克賞戴藍翎	《外紀檔》303000191-14-15 道光27.8.3
道光26.閏5	七和卓亂	軍火器械口糧馬匹	葉爾羌	噶雜納齊伯克	愛里木沙				子六品頂戴邁羅斯底里賞戴藍翎	《外紀檔》303000191-14-15 道光27.8.3
道光26.閏5	七和卓亂	軍火器械口糧馬匹	葉爾羌	商伯克	邁瑪特薩賴				子六品頂帶薩木薩克賞戴藍翎	《外紀檔》303000191-14-15 道光27.8.3
咸豐年		軍餉	葉爾羌		愛瑪特	5000兩			恩賞加五級	《外紀檔》303000267-96 咸豐6.11.28
咸豐6.11.28	世受天恩由阿克蘇調補喀什噶爾	捐軍餉	喀什噶爾	三品阿奇木伯克	愛瑪特	六千串文				《外紀檔》303000267-96 咸豐6.11.28
咸豐7.8.25	倭里罕來攻			三品阿奇木伯克	阿克拉依都	向商民借銀3000捐麵8萬斤				《外紀檔》303000275-177-178，咸豐7.8.25，慶英、固慶奏
咸豐7.8.25	倭里罕來攻			四品伊什罕伯克	邁瑪第敏	捐麵4萬斤				《外紀檔》303000275-177-178 咸豐7.8.25，慶英、固慶奏

時間	原因	用途	捐給城	品級	名字	銀兩或普爾串文	合計	奏賞	恩賞	資料來源
咸豐8.10.25	兵丁鹽菜積欠過多	可供軍餉兩個月	英吉沙爾	四品阿奇木伯克	伯巴克	550兩		(人地不宜撤任406011411-2714咸豐9.11.19裕瑞)		《宮中檔》406009274-2779，慶英奏。
				伊什罕伯克	那滿	250兩				
				署六品密喇普伯克七品明伯克	愛散	300兩				
				署六品都管伯克七品明伯克	吐底	250兩				
				署七品明伯克額設金頂回子	邁買提薩賴邁買提雅爾					
				署七品卡倫伯克金頂回子	薩底爾金					
				金頂回子	巴海空都斯巴海	以上七人各100兩	以上11人共2050兩			
咸豐9	軍務案遭撤任聲名平常遭革	補缺	布古爾	已革三品阿奇木伯克	阿皮斯	20000兩		以各城四品伯克補缺	和闐四品伊什罕伯克(咸豐9.11.19)	《宮中檔》406016550-2779，咸豐無年月日無奏者。406011411-2714裕瑞9.11.19
	賽里木三品伯克缺	軍餉	葉爾羌	四品伯克	胡達巴爾底	2500兩				《宮中檔》406012036-2714，裕瑞、英蘊奏

時間	原　因	用途	捐給城	品　級	名　字	銀兩或普爾串文	合　計	奏　賞	恩　賞	資料來源
	喀什噶爾阿斯圖阿爾吐什莊四品阿奇木伯克人地不宜缺	補缺捐報	喀什噶爾	五品阿奇木伯克	托胡塔克	1000串文				
咸豐10.6.13	葉爾羌四品商伯克調缺	軍餉	葉爾羌	葉爾羌五品密喇普伯克	塔依爾	500兩				《宮中檔》406012535-2714，裕瑞、英蘊奏
	和闐玉隴哈什城四品阿奇木伯克病缺	軍餉		葉爾羌哈爾噶里克莊五品伯克	那斯爾	1000兩捐修稅局				
	喀什噶爾罕愛里克莊五品阿奇木伯克病缺	軍餉		五品頂花翎候補五品伯克	克薩依提	1200串文				
咸豐10.10.11	勸捐軍餉	抵充兵餉	英吉沙爾	四品阿奇木伯克	邁瑪特阿普都拉	400兩				《宮中檔》406013283-2714，英蘊奏
				五品伊什罕伯克	愛散	400兩			奉旨補葉爾羌四品噶雜納齊伯克於同治3.3.27前見《軍機處·月摺包》095291-2742及《軍機	

時間	原因	用途	捐給城	品級	名字	銀兩或普爾串文	合計	奏賞	恩賞	資料來源
									處·月摺包》095292-2742清單,景廉奏	
				七品明伯克	阿布拉喇	100兩				
				各莊富戶十名捐普爾錢		440/名,共4400串文	官、伯克銀1930兩;普爾錢4400串文			
咸豐11.3.20	喀什噶爾塔什密里克莊升任缺	捐作軍餉	喀什噶爾			10年捐240串文此次再捐200兩				《宮中檔》406014219-2714,英蘊奏
同治2.5.27	葉爾羌軍餉	軍餉紐用	葉爾羌	葉爾羌三品阿奇木伯克	如斯塔木	10000串				《軍機處·月摺包》090414-2740,景廉奏
				阿克蘇三品阿奇木伯克	薩依提	10000兩				
同治2.10.19	喀什噶爾勸捐一年有功	官兵塩菜	喀什噶爾	四品伯克	西里普,捏孜爾			二人於各城三品阿奇木伯克儘先即補		《軍機處·月摺包》091942-2742,奎英奏
				五品伯克	沙雅爾			四人賞戴軍功花翎		
				軍功藍翎五品伯克	賽頂					
				軍功藍翎五品頂六品伯克	毛拉帕爾					

時間	原因	用途	捐給城	品級	名字	銀兩或普爾申文	合計	奏賞	恩賞	資料來源
				軍功花翎五品頂七品伯克	愛依提					
				四品頂五品伯克	愛密爾			二人賞換三品頂戴		
				軍功花翎四品六品伯克	毛拉巴依			四名各以五品伯克出缺即補		《軍機處·月摺包》091942-2742奎英奏
				四品頂六品伯克	阿渾					
				世襲五品頂花翎六品伯克	阿布都熱依木					
				軍功藍翎五品頂六品伯克	斯瑪依爾,帕孜里					
				軍功藍翎六品伯克	霍加拉克			賞換五品頂戴		
				軍功藍翎七品伯克	愛里雅爾,阿布都拉(38歲《軍機處·月摺包》095301-2742同治3.3.27景廉	阿布都拉道光賊匪滋事打仗出力		九名換五品頂戴軍功花翎四品頂以五品伯克儘先即補;阿布都拉奏補葉爾羌奎里鐵列木莊五品柯呼雅勒克伯克擬陪		

時間	原因	用途	捐給城	品級	名字	銀兩或普爾串文	合計	奏賞	恩賞	資料來源
					奏)密曼,帕爾吐,鄂斯曼吐拉,玉素普,阿布都凱里木,帕爾吐					
				六品軍功七品密喇普伯克	斯底克(40歲)	七年賊匪滋事在卡防堵	咸豐10年捐軍餉賞記三次《軍機處·月摺包》095301-2742同治3.3.27景廉奏	奏補喀喇沙爾布古爾五品商伯克擬陪《軍機處·月摺包》095301-2742同治3.3.27景廉奏	奉旨以六品伯克缺出儘先升用《軍機處·月摺包》095301-2742同治3.3.27景廉奏	《軍機處·月摺包》091942-2742,奎英奏
				軍功花翎五品受頂回子	玉素普蘇皮,受玉普			三名賞戴四品頂戴		
				軍功藍翎回子	胡達拜底里,提普毛拉伊有拉依,木熱依,買提巴特			五名賞換五品頂翎		
同治2.10.19	已革郡王阿奇木伯克報效軍餉	軍餉	葉爾羌	因欠繳發商生息及攤派各莊銀兩遭都	吐魯番札薩克郡王阿克拉依都	應繳利銀14659兩5錢,捐世俸4800兩				《軍機處·月摺包》091965-2742,景廉奏

時間	原　因	用途	捐給城	品　級	名　字	銀兩或普爾串文	合　計	奏　　賞	恩　賞	資　料　來　源
				革葉爾羌三品阿奇木伯克		及現銀7200兩，共捐12000兩				
同治2.10.19	勸辦官兵塩菜有功	官兵塩菜	喀什噶爾	三品阿奇木伯克將功轉其子納思爾其己是三品花翎三品伯克儘先即補	庫吐魯克			賞其子納思爾為二品頂		《軍機處・月摺包》091944-2742，奎英奏
同治3.3.27	樂捐軍餉	軍粉	和闐	和闐策呀莊四品阿奇木伯克	呢雅斯	10000兩		未揀缺之前已奏請補放和闐三品阿奇木伯克請再予獎勵		《軍機處・月摺包》095304-2742，景廉奏
同治3.3.27	南疆各城經費萬分支絀以捐輸章程辦理指捐兵餉	兵餉	葉爾羌、喀什噶爾、烏什	葉爾羌三品阿奇木伯克	如斯塔木	10000串按市價合抵10000兩		獎敘		《軍機處・月摺包》095291-2742及095292-2742清單，景廉奏，是參贊大臣整理同治2.9至同治3.3三城捐款，其餘各城均未收獲指捐
				阿克蘇三品阿奇木伯克	薩依提	10000兩二人在同治2.5.27已捐奏於《軍機處・月摺包》2090414-2740，景廉奏		獎敘		

時間	原 因	用途	捐給城	品 級	名 字	銀兩或普爾串文	合 計	奏　賞	恩 賞	資 料 來 源
				已革阿奇木伯克庫車回部郡王	愛瑪特	2000串			准免其罪	
				已革葉爾羌三品阿奇木伯克	吐魯番札薩克郡王阿克拉依都	12000兩《軍機處‧月摺包》091965-2742，景廉奏				
同治3.3.27				已補葉爾羌四品伊什罕伯克	庫楚克	800串折合市價800兩				《軍機處‧月摺包》095291-2742 及095292-2742 清單，景廉奏，是參贊大臣整理同治2.9 至同治3.3 三城捐款，其餘各城均未收獲指捐
				已補四品噶雜納齊伯克	愛散	400串合市價400兩，《宮中檔》40601328 83-2714，英蘊奏				《軍機處‧月摺包》095291-2742 及 095292-2742 清單，景廉奏，是參贊大臣整理同治2.9 至同治3.3 三城捐款，其餘各城均未收獲指捐
					塔依爾	1000串合銀1000兩		奏補和闐哈拉哈什莊四品阿奇木伯克		
					胡達巴爾底	350串合銀350兩		奏補葉爾羌托果斯鉛莊五品阿奇木伯克		
					庫爾班	350串合銀		奏補葉爾羌哈爾噶		

時間	原因	用途	捐給城	品級	名字	銀兩或普爾串文	合計	奏　賞	恩賞	資料來源
						350 兩		里克莊五品伯克		
					阿布都希里普			奏補葉爾羌舒克舒莊五品阿奇木伯克		
同治 3.3.27					素皮呢雅斯	350 串合銀 350 兩		奏補葉爾羌五品帕提沙普伯克		《軍機處·月摺包》095291-2742 及 095292-2742 清單，景廉奏，是參贊大臣整理同治 2.9 至同治 3.3 三城捐款，其餘各城均未收獲指捐
					阿布都薩依特	350 串合銀 350 兩		奏補葉爾羌伙什喇普五品阿奇木伯克		
					吐密爾	300 串合銀 300 兩		奏補阿克蘇拜城五品伊什罕伯克		
					剴里木	200 串合銀 200 兩		咨補葉爾羌六品閑散回人剴里木		
同治 3.3.27					哈色木 (47 歲)	150 串合銀 150 兩		奏補葉爾羌奎里鐵列木莊五品柯呼克雅勒克伯克擬正《軍機處·月摺包》095301-2742（同治 3.3.27 景廉奏）		
同治 3.3.27					邁瑪底敏	150 串合銀 150 兩		奏補葉爾羌和爾罕五品阿奇木伯克擬正《軍機處·月摺包》095301		

時間	原 因	用途	捐給城	品 級	名 字	銀兩或普爾串文	合 計	奏　賞	恩 賞	資 料 來 源
							-2742(同治3.3.27 景廉奏)			
同治3.3.27					愛木爾(43 歲)	150 串合銀150 兩		奏補喀喇沙爾布古爾五品商伯克擬正《軍機處‧月摺包》095301-2742(同治3.3.274143.3.27 景廉奏)		
同治2.9 至同治3.3					葉爾羌桑珠莊五品阿奇木伯克	300 串合銀300 兩		奏請獎敘		《軍機處‧月摺包》095291-2742 及 095292-2742 清單，景廉奏，是參贊大臣整理同治 2.9 至同治 3.3 三城捐款，其餘各城均未收獲指捐
同治3.3.29	經費短絀	官兵塩菜	喀什噶爾	軍功花翎以三品伯克缺出即補回人	納斯爾	1000 兩				《軍機處‧月摺包》095353-2742，奎英奏
				五品伯克	愛密爾	1000 兩